仓修良先生（摄于 2012 年春）

中国古代史学史

仓修良 著

图书在版编目（CIP）数据

中国古代史学史 / 仓修良著. — 北京：商务印书馆，2021
ISBN 978-7-100-19633-8

Ⅰ. ①中… Ⅱ. ①仓… Ⅲ. ①史学史－研究－中国－古代 Ⅳ. ①K092.2

中国版本图书馆CIP数据核字（2021）第037208号

权利保留，侵权必究。

中国古代史学史

仓修良　著

商 务 印 书 馆 出 版
（北京王府井大街36号　邮政编码 100710）
商 务 印 书 馆 发 行
三河市尚艺印装有限公司印刷
ISBN 978-7-100-19633-8

2021年11月第1版	开本 710×1000　1/16
2021年11月第1次印刷	印张 40 1/2　插页 1

定价：198.00元

出版说明

仓修良先生（1933—2021）是当代著名历史学家、方志学家，江苏省泗阳县人。1958年毕业于浙江师范学院历史系，一直在杭州大学历史系任教。1998年国务院决定四校合并，为浙江大学历史系教授。生前社会兼职有中国历史文献研究会名誉会长、学术委员会主任委员，中国地方志学会学术委员，浙江省地方志学会副会长，华中师范大学历史文献研究所、华东师范大学中国史学研究所、宁波大学、温州大学兼职教授等。

仓先生毕生致力于中国史学史、历史文献学、方志学和谱牒学等方面的教学与研究，著述宏富。出版学术专著有《中国古代史学史简编》（与魏得良合著）、《中国古代史学史》、《方志学通论》、《谱牒学通论》、《章学诚和〈文史通义〉》、《章学诚评传》（与叶建华合著）、《章学诚评传》（与仓晓梅合著），自选文集《史家·史籍·史学》、《仓修良探方志》、《史志丛稿》、《独乐斋文存》。主持二十五史辞典丛书的编纂工作，主编《中国史学名著评介》（三卷本、五卷本）、《史记辞典》、《汉书辞典》、《二十五史警句妙语辞典》、《中国历史文选》（下册，与魏得良合编）、《中国史学史参考资料》、《中国华东文献丛书·华东稀见方志文献》（全五十卷），《中国历史大辞典·史学史卷》编委，撰写《中国历史要籍介绍及选读》要籍解题。古籍整理有《爝火录》（与魏得良合校）、《文史通义新编》、《文史通义新编新注》等。在《历史研究》、《新华文摘》、《中国史研究》、《文史》、《人民日报》、《光明日报》等报刊发表论文两百余篇，科研成果多次受到国家和省部级的奖励。事迹被收入中外名人辞典三十多种，治学经历被收入朝华出版社《学林春秋》，享受国务院特殊津贴。

仓先生在2017年出版《谱牒学通论》后，有意出版本人文集，将生平著述作一总结，集中呈现给学界朋友与广大读者。文集的出版，承商务印书馆的大力支持，同时得到浙江大学中国古代史研究所"双一流"项目经费出版资助。编纂工作从2019年底正式启动，由于身体原因，仓先生委托留系弟子鲍永军负责，从事制订编纂计划、搜集整理并复印论文、整齐文献格式、校对清样及引文、联络沟通等编务。仓先生确定文集编纂计划与目录，指导编纂工作，夫人任宁沪女士、女儿仓晓梅女士提供书信与照片资料，对封面设计、文集装帧等提出宝贵的意见建议。文集编纂工作，得到先生弟子们的积极参与热忱帮助。叶建华同志校对文集排版文字、核对论著引文。陈凯同志参与制订编纂计划，负责书信整理编纂工作，参与统一文集文献格式，编撰《学术论著编年目录》。张勤同志编撰《学术活动年表》。先生其他弟子，钱茂伟、舒仁辉、刘连开、殷梦霞、文善常、范立舟、陈鹏鸣、金伟、白雪飞、郜晏君、邢舒绪等同志，始终关注支持文集编纂工作。

本文集包含五方面内容，依次为专著、古籍整理、论文集、附录、书信集。文集凡十卷：第一卷《中国古代史学史》；第二卷《方志学通论》；第三卷《谱牒学通论》；第四卷《章学诚评传》（与叶建华合著）；第五卷《章学诚和〈文史通义〉》、《章学诚评传》（与仓晓梅合著）；第六卷《文史通义新编新注》；第七卷《中国史学史论集》；第八卷《方志学论集》；第九卷《谱牒学与历史文献学论集》，附录《学术活动年表》、《学术论著编年目录》；第十卷《友朋书信集》。仓先生所撰中国历史要籍解题，收入第七卷《中国史学史论集》。仓先生主编的《中国史学名著评介》、《文史通义新编》、《爝火录》以及《中国历史文选》，所撰《中国历史大辞典·史学史》、《史记辞典》、《汉书辞典》、《二十五史警句妙语辞典》词条，限于篇幅，本文集不再收录。原四本论文集《史家·史籍·史学》、《仓修良探方志》、《史志丛稿》、《独乐斋文存》中的相关序言、前言、后记，分别收入第七、八、九卷中。

文集中的专著，有增订本者，收增订本。已出版著作与发表的论文，注释体例多有不同，此次出版，为方便读者，重新编排，核对引文，尽可能按照最新出版规范，统一注释体例。

文集编纂尚在进行，仓先生不幸于2021年3月逝世，遗憾不可弥补。文集第一卷即将于11月问世，后续各卷陆续出版，以慰先生在天之灵。先生之风，山高水长；先生之学，百世流芳。

编者

2021年10月26日

自 序

一

1983年我们出版了《中国古代史学史简编》一书，由于当时出版的这类著作不多，因此出版后曾受到广大读者特别是青年朋友的欢迎。如今二十六年过去了，不仅书店里早就购买不到，就连许多图书馆也无法借到，馆藏之书也早已被借光了。因为许多借者出于需要，宁可交高出几倍的赔款，也不愿还书，久而久之，藏书自然也就没有了。因而许多青年朋友希望能够再版，对于他们的深情与信任，首先在此表示谢意！当然，原样的再版自然是不可能了，众所周知，二十六年来各个学科都有很大的发展，历史学科自然也不例外。况且从今天的回顾来看，那本书中有些结论显然是不太恰当，有的甚至是错误的，还有个别史料征引上有错误。所有这些，无疑都曾对读者产生过误导，在此有必要向广大读者致以歉意！近几年来先后有多家出版社向我提出，希望我在此基础上写一本新的《中国古代史学史》，其中有人民出版社、商务印书馆、华东师范大学出版社、国家图书馆出版社等。由于人民出版社最早提出，所以就答应了他们。既然有此机会，我想有必要首先在此对那本书中明显的错误列举几点，以示向读者作一公开的道歉，我觉得这是一个做学问的人应当有的责任感。在几十年的学术生涯中，慢慢养成了自己的行为准则，即"永远追求真理，随时修正错误"，并在做学问过程中，一直以此自律。每个人在做学问过程中产生一些这样那样的缺点、错误是免不了的，早年作品中的缺误，晚年著作中加以更正，这也是很正常的，只要自己认识到，就应当这样做，古人早就说过，学无止境。现按时代顺序，列举如下：

第一，关于《越绝书》的产生时代和作者问题。在那本书的《汉代其他史家和史著》最后一段曾这样讲："东汉时期，还曾出现了专写古代历史的著作，赵晔的《吴越春秋》、袁康的《越绝书》，都属于这一类。"这样论述，实际上就肯定了《越绝书》是东汉时代人袁康所作，这就是说这部书的成书时代与作者都是没有问题的，而当时的根据就是《四库全书总目提要》。事实上并非如此，后来在读书过程中逐步发现这个结论是完全错误的，因此，1989年我就写了《〈越绝书〉是一部地方史》短文，刊登在《历史研究》1990年第4期上。现将其中有关内容摘录于下：

> 从唐初所修《隋书·经籍志》和五代、宋初所修《两唐志》(《旧唐书·经籍志》和《新唐书·艺文志》)以来，人们多认为该书作者为子贡。……直到宋代，陈振孙才对其成书时代和作者表示怀疑，在其所著《直斋书录解题》中说："《越绝书》十六卷，无撰人名氏，相传以为子贡者，非也。其书杂记吴越事，下及秦汉，直至建武二十八年。盖战国后人所为，而汉人附益之耳。"余嘉锡对此说十分赞赏，他在《四库提要辨正》中广征博引，将有清以来所有考证该书作者的观点一一加以辨正后说："自来以《越绝》为子贡或子胥作者，固非其实，而如《提要》……以为纯出于袁康、吴平之手者，亦非也。余以为战国时人所作之《越绝》原系兵家之书，特其姓名不可考，于《汉志》不知属何家耳。要之，此书非一时一人所作。《书录解题》卷五云：'《越绝书》十六卷，无撰人名氏，相传为子贡者非也。盖战国后人所为，而汉人又附益之耳。'斯言得之矣。"这实际是说，该书不是东汉人所作，著之者非一人也，成之者非一世也。汉人是在前人已作的基础上附益而成。究竟是谁所作呢？余氏同意《外传本事篇》(《外传本事篇》是今本《越绝书》第一篇)所云，是吴越贤者所作，并指出"古之《越绝》，虽袁康、吴平辈，已不能确指其人，吾谓当以吴越贤者所作近是"。此言自然是相当有道理的。而顾实在《汉书艺文志讲疏》"伍子胥"条中说："审其文字，当即杂家之《伍子胥》书，而余为后汉袁康作也。《文选注》、《太平御览》并引《越绝书》伍子胥水战法，当为《兵法篇》(《兵法篇》是《越绝书》已散佚之篇目)之佚文。"看法虽与余氏有别，但有一个共同之处就是他们都提出原书并非袁康、吴平所作。这些考订，尤其是余氏所论，应当说是颇为精详，言之成理的。可惜至今未能引起人们足

够的重视。各类著作，仍都相沿《四库提要》所定之说。笔者以为陈振孙和余嘉锡所言比较准确。该书实际上正像《战国策》一样，是当年一些政治家游说吴越国君，由战国后期人追记汇编而成，直到东汉还在有人"附益"，因而并不是一人一时的作品。①

那么，袁康、吴平究竟是何许人也？看来谁也无法讲清楚，因为历史上根本就不存在这两个人物，而是明朝杨慎析隐语析出来的。如何揭开这个谜底，正在琢磨之际，周生春教授请我为他的《吴越春秋辑校汇考》一书作序，从中得到很大的启示。《吴越春秋》的作者不仅正史《后汉书》中有传，地记《会稽典录》中亦有记载，而且历代谈论或摘引《吴越春秋》时，总也必然谈到赵晔，这本是理所当然之事，再按此道理来查找被杨慎誉为"百岁一贤"的袁康、吴平，自东汉至明代中叶以前，历史文献中竟然蛛丝马迹全无，这难道不值得深思吗？为此，我于1998年初写成了《袁康、吴平是历史人物吗？——论《越绝书》的作者》(此文亦收入《史家·史籍·史学》一书)，并于当年刊于台湾《历史月刊》3月号上，指出袁康、吴平不是历史人物，而是杨慎臆造的人物。文章经过多方论证分析后，归纳出三点：

其一，析隐语就如同考证，析出后必须具备可靠的旁证，胡应麟称之为"佐验"。杨慎在其论述中为了取得人们的信任，先说明这是东汉末年文人间一种风气，接着列举了孔文举、蔡中郎、魏伯阳三人为例，都曾用过隐语。要知道，他们当时都是大名人，因此当时的正史《后汉书》中有传，其他许多文献特别是诗文中都能找到他们的名字。杨慎自然也为没有这个旁证而心慌，于是越找越露出马脚，不管他怎么做文章，总是漏洞百出，无法自圆其说。我们可以这样说，他所析出的两个人物，总是无案可查、无书可证，如何能取信于人？

其二，他这析隐语之法，从文字学上来说，也是不科学的。清代学者李慈铭在《越缦堂读书记》中已经指出："而袁字隐语乃曰：'以去为姓，得衣乃成。'吴字隐语乃曰：'以口为姓，承之以天。'……而以'袁'为'袞'，以'吴'为'吴'，已大谬六书之恉。"这里批评的是，不应当用经过多年

---

① 这篇文章后来收入笔者自选集《史家·史籍·史学》，山东教育出版社2000年版。

演变的字型去解释古代的字型,否则就不符合历史的真实。

其三,这篇文章的重点不在于袁康、吴平是否作过《越绝书》,而是东汉时代,会稽究竟有无这两个人物,为什么史书里找不到他们的名字。不仅范晔《后汉书》中没有,就连专门记载会稽地方乡贤的虞预的《会稽典录》中也没有,我们上文讲了,竟连蛛丝马迹全无,该作何解释?

值得庆幸的是,2004年上海古籍出版社出版的武汉大学原古籍所所长李步嘉先生的《〈越绝书〉研究》一书中,也提出袁康、吴平不是历史人物,而是政治隐语,书中是这样说的:"我认为《越绝书》中'袁康'、'吴平'也是属于政治隐语,杨慎以及后人之所以遍寻书卷中不见其名,是因为这并不是人名,杨慎从一开始就把'袁康'、'吴平'放在文人隐语中比较,没有找到破解隐语的正确方向,所以不能自圆其说。"可见我们的看法是不谋而合,他倒是直接从析隐语的角度来否定杨慎的错误结论。这就说明,只要加以深入研究,这样的问题早就该解决了,令人遗憾的是清修《四库全书总目提要》竟轻信杨慎之说,遂使两个子虚乌有的人物堂而皇之地在流传,如今到了应当将其从所有历史记载中清除出去的时候了,不应当让其以《越绝书》作者名义再继续去蒙骗我们的子孙后代了。至于成书时代,尽管有人提出东汉、三国、魏晋诸说,我认为最早成书应当是在战国后期,这要从此书主要篇卷的内容和文字风格来定(关于这点,余嘉锡先生文中也已指出),而不能从后人"附益"的内容来定,因为有些篇明显成于后人之手,我们不能以偏(篇)赅全。总之,既然检讨原来的错误,当然也就有责任将正确的结论交给大家,所以过程就讲得长了些。

第二,那本书中对朱熹评介文字并不多,但对其人其书都作了非常不公正的评介,有的结论还有违于历史事实,尽管新书中均已作了正确的论述,还是有必要向读者作一交代。当时最明显的错误有两点:

其一,关于《通鉴纲目》的著作问题,究竟此书主要是由谁而作,那本书上是说:"纲为朱熹自定,目为其门人赵师渊所作。"此说明末已有人提出,而在《四库全书总目提要》中讲得又非常明确,加之历史学家全祖望又力持此说,尽管自己将信将疑,毕竟由于自己未作过深入研究,只得沿用此说。20世纪80年代,叶建华同志跟我读研究生,并确定研究朱熹在史学上的贡献,研究过程中发现此说不可信,于是便在我主编的《中国史学名著评介》（山东教育出版社2006年版）一书中，对《资治通鉴纲目》写了评介。文章第一部分就对该书编纂过程作了详尽考证，指出朱熹主编《通鉴纲目》，绝不像我们今天那些挂名主编，他是实实在在参加该书的编撰工作的，从制订凡例，到列出大纲，从编写初稿，到修改定稿，都有他亲自参加的劳动成果，实际上当年只差一篑之功，就引来身后这么多莫名其妙的议论。为了把问题说明清楚，叶建华同志特地于1994年在《文史》第39辑上发表了《论朱熹主编〈纲目〉》一文，对朱熹在编纂《通鉴纲目》中究竟做了哪些工作，作了较为详细的考证和论述，用历史事实否定了《四库提要》的作者和全祖望所下的错误结论。这么一来，总算将长期以来后人加给朱熹关于《通鉴纲目》编修方面的不实之词作了一次清除，还历史以本来面目。由于这一不正确的说法影响非常广，加之自己也直接传播过，更有必要在此予以澄清。

其二，书中将《通鉴纲目》说成"毫无史学价值"，特别是最后两句："尽管《纲目》在史学上没有什么价值可言，但其影响和流毒却是十分深远。"这种说法自然是不符合历史事实的，是不公平的。几年前为了清理这一错误，笔者特地写了《〈资治通鉴纲目〉和纲目体》一文，对《通鉴纲目》的流传及其在社会上的影响，尤其在史学发展上的影响，作了一番探索，结果发现纲目体史书对于传播历史知识，使史学走向社会确实起到了很大的作用，这种影响到了明代尤其明显。其实就以《通鉴纲目》本身而言，宋元以来社会上就已经掀起了"《纲目》热"，而这股"《纲目》热"几乎历元明清而不衰，只有深入研究，才有可能发现这一历史现象。因为有了这部《纲目》，所以早在元代朱熹已被推为孔子以后第一人了，而注疏发明《纲目》的著作已经有数十家之多，与言《春秋》的著作已经几乎相当了，其影响之大，自可不必多言。这样一来，社会需求量自然大增，因而公私竞相刊刻，也就产生了许多不同版本。关于历代统治者对此书的重视和提倡，这里不必去谈，而民间之所以欢迎《通鉴纲目》，关键在于简明与通俗，特别是它提纲挈领，大的事件可以做到一目了然。这对于那些需要了解历史的社会大众自然就方便得多了，特别是适合于参加科举考试的士人。正如朱熹自己所说："此书无他法，但其纲欲谨严而无脱落，目欲详备而不烦冗耳。"（《御批资治通鉴纲目》卷首下《朱熹与赵师渊书》）尤其是全书卷帙不大，仅五十九卷,为《通鉴》的五分之一,这就更加适合于社会上广大人群读史的需求。因为在我国古代社会里,从启蒙教育开始,就是通过读史来求得各种知识和伦理道德,乃至修身齐家、治国平天下等大道理,也是通过学习历史而获得。所以近代著名思想家龚自珍在《尊史》中便说:"欲知大道,必先为史。"因此,我们可以毫不夸张地说,在我国古代社会,几乎人人都要学习历史,家家都要阅读史书,而《通鉴纲目》正好就成为比较合适的一部历史教材,这就是宋元以来特别是到了明代,社会上产生"《纲目》热"的原因之所在。所以,这不正是说明《通鉴纲目》在普及历史知识,把史学推向社会方面作出了很大贡献吗?

当然,问题还并非到此为止,就在"《纲目》热"的影响之下,明代学术界有些人和书商们很快就从中得到启发,并从中悟出一个道理,那就是社会上非常需要一种通俗易懂的历史书籍,于是明代初期开始就有人对《资治通鉴》和《通鉴纲目》两部书打起了主意,即进行节略工作,并且社会上也确实出现了诸如对《通鉴》的详节、节要之类的书籍。但是人们总觉得,这种删节的做法,不仅要影响历史事件的连贯性,而且也免不了要影响历史发展的完整性,自然也失去了简明历史的性质。于是怎样编写一部为社会大众所接受的通俗简明的历史读物,已经成为当时社会的迫切要求。"纲鉴"这类通俗史书,就是在这种形势下产生的。其实只要你仔细阅读就会发现,它们实际上不过是"纲目体"的变异而已,因为这类书虽名曰"纲鉴",而其体裁仍为"纲目"。而从史料记载和这类书籍的流传来看,大多为有些学问的书贾自己所为,也有的则是约请一些无名之士编写,刊刻时则冠以某某名人所编纂。对此著名学者王重民先生在所撰《中国善本书提要》中,通过对具体书的提要撰写进行剖析,以及对《提要》或按语的分析,人们可以清楚看到书商们伪托所用的各种手段相当全面,相当高明,如果不具备阅读古籍的许多常识和相关历史知识,很难识破其伪托真相。例如伪托中为了让人们相信其真,还在《凡例》中假借袁黄之口,说出了"《纲》、《鉴》二书古来未有合编者,合之者自荆川唐老师"。这么一来,就把作为学者、文学家的唐顺之推上了"纲鉴类"著作的始作俑者的地位。于是明代中期以来,便流传了这一看法,其实这顶桂冠很明显是书商们所加。从文献记载来看,当时被伪托的名字相当多,如王世贞、张居正、叶向高、焦竑、何乔远、钟惺、冯琦、冯梦龙等。这些人本身就是历史学家，有历史著作问世，这就更容易迷惑人。当时社会上流传了那么多以"纲鉴"命名的书，中间究竟有无上述那些学者所写，今天谁也说不清楚。我们在研究中也发现，在明代后期学者中，被伪托最多的无过于王世贞了，在当时流传的各种著作的"纲鉴"中，冠以王氏之名的就有六种之多，其中流传最广的则是《王凤洲先生纲鉴会纂》，此书至清朝末年和民国初年还不断刊印问世。我还存有一部"光绪己亥（1899）长夏上海富文书局石印"本，全书四十六卷，内容上起远古，下至五代。从这部"纲鉴"来看，还有一个特点，那就是除提纲挈领分列大事、细目详载历史事实外，还汇集一些历代名家对某些重大历史事件和重要历史人物所作的评论，间或对《通鉴纲目》编纂中存在的问题亦加以议论。看来这一特点在这类著作中大多存在，故王重民先生在《中国善本书提要·编年类》的《纲鉴统一提要》中就这样说："此类《纲鉴》之编纂，评注方面，在嘉靖、万历期间，由简而繁，万历末年，达于顶点。天启、崇祯又由繁趋简。"对于《王凤洲先生纲鉴会纂》，早年我曾相信确为王世贞所编纂，因而在有些论著中还曾引用过书中一些记述来评论王世贞的史学思想和观点，当然也就误导了广大读者，特别是在那本《简编》中，引用得最为明显，在这里自然也应向广大读者致歉！可见对于历史上一些有争议的著作、人物、事件等等，在未作深入研究之前，切忌轻下结论。就如我们上述这些纲鉴著作，其中究竟是否有真正出于名家本人之手的作品，我觉得也有必要再作深入研究，因为在近年来出版的书籍中，有的还在肯定"袁黄确编过《历史纲鉴补》"，并说"冯梦龙的《纲鉴统一》，是崇祯时期比较好的一部纲鉴教材"。这显然与上文所引王重民先生的论述相左。在存在不同看法的情况下，只有通过深入细致的研究，才终究会真相大白。总之，明代中后期所掀起的"纲鉴热"中，社会上产生的以"纲鉴"命名的著作相当多，钱茂伟同志《明代史学的历程》一书就列举了三十四种之多，他在《明代史学编年考》中所征引的《白眉纲鉴凡例》则云："历代纲鉴之刻，近纂修者不啻百种。"而这些书在当时看来，主要是"为举业家祈快捷方式也"。这样众多的纲鉴著作，由于登不了历史学的大雅之堂，因此在当今的史学论著中，还很难取得一席之地。我总觉得，作为通俗史学之一种的纲鉴，我们无论如何也不应当忽视它在传播和普及历史知识方面所产生过的作用和影响。况且这种著作在当时社会中具有广阔的市场，具有广大的读者群，而这种读者群又并不仅限于从事科举考试的士人。正因如此，直到清代还有人在编纂这种"纲鉴"形式的史书，著名的有山阴吴乘权等编纂的《纲鉴易知录》，全书一百零七卷，共一百八十万字，是一部纲目体通史，上起盘古，下迄明末。

综上所述，朱熹的《通鉴纲目》在史学上的贡献，我们以前只是说创立了一种新史体——纲目体。就是这一点，当代许多史学史专著也很少给予一席之地。实际上它的价值与贡献却远不止这一点，正因为这种纲目体，在明代便又催生出"纲鉴热"，因而我们说纲目体史书，在推进史学走向社会、走向通俗化的道路上，起到了意想不到的作用。可惜的是，似乎早已被人们所遗忘，因为这类通俗史书难以走进学术殿堂，自然也就很少有人问津。值得高兴的是，这些早已被人们所遗忘的通俗史书已经开始引起人们的注意，如钱茂伟同志在近几年出版的《史学与传统文化》和《明代史学的历程》中，均已列有专门节目，介绍这种通俗史书发展的情况，这无疑是可喜的现象。这也提醒我们，今后应当进一步加深对这类通俗史学的研究，这对我们当前如何让史学研究走向社会，走向通俗化、大众化，有一定的启示作用。但是有一点必须指出，这些"纲鉴"，虽然大多为书商所为，而其内容却大都能忠于史实，当然就可以起到传播历史知识的作用。而绝不像我们今天社会上的一些文人趋时媚俗，打着史学通俗化的旗号，而对历史完全按照自己意愿，肆意歪曲，胡编乱造，于是在有些人的口中或笔下，历史就大变样。"三过家门而不入"的大禹治水精神，几千年来，一直激励着我们这个民族与自然灾害作斗争，然而有人却异想天开地说，大禹之所以会"三过家门而不入"，乃是"婚外恋"的关系；对于爱国诗人屈原，司马迁在《史记》中歌颂他的爱国精神"虽与日月争光可也"，如今同样有人站出来大唱反调，硬说屈原"与楚王妃有染，因失恋绝望而投江"。更加令人不能容忍的是，如今竟然有人把史学经典的《史记》拿来开涮。众所周知，鲁迅先生曾赞美《史记》"固不失为史家之绝唱，无韵之《离骚》"，就是这样的经典史书，竟然也被人编造出两本"让人捧腹"（"出版说明"）的《趣读〈史记〉》[①]。在这两本书中，奇谈怪论，层出不穷，诸如《史记》中竟会冒出

---

① 详见司马卒：《趣读〈史记〉不可取》，《中华读书报》2008年9月17日第7版。

"金屋藏娇"的故事;而西汉开国君主刘邦竟变成了汉朝第一个私生子,不仅如此,还说汉朝好几个名人都是私生子;更妙的是,汉朝宫中草坪上居然已经有了音箱,而音箱里还会播放出邓丽君的歌曲;此时的刘邦早已有了自己的防弹车,如此等等,这些无稽之谈的内容,全是打着《史记》旗号在贩卖。本是一派胡言,该书出版说明中还不知廉耻地说是"对《史记》作出了新奇、别致的解读",凡此种种,难道真的都在向社会普及历史知识吗?我想如果读者能将当前形形色色打着史学通俗化旗号的书籍一一拿来,验明正身后,将其与明代"纲鉴热"中所产生的书籍作一对比,肯定能写出一篇很有学术价值的感言。

第三,在那本书中,评介《明儒学案》时,又由于轻信《四库全书》所收之书,没有注意研究该书的版本,以致铸成了错误,又向读者传播了错误的说法。尽管在1990年《书品》第1期上已发表的《阅读古籍应当注意选择版本——读〈明儒学案〉所联想到的》一文中,已经向广大读者表示过歉意,但是能够看到这一刊物的人毕竟不会太多,这里有必要再加以说明。我们从该书作者黄宗羲在八十四岁时所作自序中可以看出,作者在世时已有许氏刻本、万氏刻本和贾氏刻本三种。不过前两种刻本均未全,贾氏刻本虽全而黄氏本人却未曾见过。至于抄本流传之多,那就可想而知了。雍正十三年(1735),慈溪郑性承接着万氏刻本,续完万氏之未刻,于乾隆四年(1739)刻完,这就是后来流传比较广的"二老阁本"。光绪八年(1882),冯全垓再刻"二老阁本",并在所作跋中说,对该本仅做了"修其疏烂,补其缺失"的工作,所以内容并无不同。道光元年(1821),会稽莫晋根据家藏抄本,参校万氏原刻,重加订正。他在序中说:"予家旧有抄本,仅据万氏原刻,重加订正,以复其初,并校亥豕之讹,寿诸梨枣。"光绪十四年(1888),南昌又根据莫氏刻本刊刻。这样万氏刻本就有两个系统本子流传下来,这两个系统的刻本在内容上也确实有些不同,故范希曾《书目答问补正》中说:"会稽莫晋刻本善。"所以,这个刻本流传最广。而流传于北方的便是贾氏刻本,贾润盛赞该书学术价值之高,决定刻印,尚未开始便去世了。其子贾朴继承父志,历十四年于康熙四十六年刻完,因贾润斋名紫筠,故亦称紫筠斋本。这个刻本问题较大,一直被认为有失黄氏原意。郑性在序中说:"康熙辛未,鄞万氏刻本其原本三分之一而辍。嗣后故域贾氏一刻,杂以臆见,失黄子著书本意。"莫晋在序中更具体指出："是书清河贾氏刻本行世已久，但原本首康斋，贾本改而为首敬轩，原本《王门学案》，贾本皆改为《相传学案》。与万五河原刻不同，似非先生本旨。"可见贾氏刻本，未能忠于原作，编排顺序既已变动，著作意图自然就无法反映。《四库全书》所收《明儒学案》，用的是山东巡抚采进本，从《四库提要》介绍可知正是贾氏刻本。版本错了，越是分析，离作者意图就越远。可见阅读古籍，选择版本非常重要。

第四，转引史料，未查对原文，造成错误，误导读者。那本书中在讲到《明清之际野史成风》时，曾引用全祖望的话来说明"晚明野史，不下千家"。此话我最初得自谢国桢先生的《晚明史籍考·自序》，按理讲如果转引应当查一查出处，即应当查阅全祖望的《鲒埼亭集》原文，当时也是这么想的，但是不知怎么阴差阳错竟将此事搁了下来，等发现引文有误时，书已出版了。全祖望的原话是："明野史，凡千余家"，载《鲒埼亭集外编》卷四四《与卢玉溪请借抄续表忠记书》。意思虽然相差不大，但与原意毕竟还是有区别的，这自然又是误导了读者。这在资料引用上自然是一次深刻的教训，因此，后来每次给研究生讲课时，总都以此为例，要大家在资料征引上引以为戒，特别是在转引二手材料时，要更加慎重，最好能查对到原文。而当前许多地方修志工作者苦于资料难找，转引资料的现象非常普遍。每次参加志稿评议会时，我总是建议他们对转引来的资料，在写入志书之前，最好能认真查找一下原始出处，因为许多转引资料，经过多次转引，错字、漏字乃是常事，有的意思最后也变了。更有甚者，所注原始出处，根本就没有这条材料。如在上一轮修志中，杭州某县盛产枇杷，该县新修县志中，讲到本地土特产枇杷时，说"唐武德年间已作为贡品"，出处注《唐书·地理志》，懂得史学常识的人都知道，《唐书》有《旧唐书》、《新唐书》两部，你这《唐书·地理志》是指《旧唐书》还是《新唐书》？为了弄个明白，我便将《旧唐书》、《新唐书》的《地理志》都查了，结果都无这条记载，方知这条材料是不知道从什么地方抄来的，人家错了，抄录使用者自然也就错了。我如果不指出，读者会认为这部志书记载肯定是对的，这样就会永远错下去。我列举这一事例，旨在说明转引二手材料的危险性。希望广大读者，能从我上条错误中永远引以为戒！虽然事情早已过去二十多年了，许多读过那本书的广大读者可能都早已忘记了，我总觉得，既然有这样的机会，还是应当公开向广大读者道歉，相信广大新老读者朋友，对于我这迟到的道歉，也许会给以谅解和接受的。

二

《中国古代史学史》，是在《中国古代史学史简编》一书的基础上，加以修订、扩充撰写起来的，因此修订、编写的原则，必须考虑到广大读者对《简编》的认可程度。为此，在考虑修订编写过程中，首先确定三点：第一，对原书基本结构不变；第二，文字表述风格不变；第三，基本内容不变。上文已经讲了，那本书中有些结论是不太确当的，还存在个别史料征引上的错误和版本选择上的错误，尽管数量不多，但是，我觉得首要任务，是要对这些错误认真加以修订，要给读者以正确的结论和可靠的历史知识。其次就是内容的扩充问题，并且这是此次撰写的重点，因为这次增加的内容是比较多的。除了一些史学常识性的书籍如《越绝书》、《吴越春秋》、《汉官仪》、《高僧传》、《大唐创业起居注》等，特别是《汉官仪》，对两汉的"朝廷制度，百官典式"都有记载，两汉的朝章制度，之所以能千百年来得以流传，都有赖于此书，而《大唐创业起居注》，则是如今唯一流传下来的当事人所写之大唐开国史料；还增加了与史学有着密切关系的地理学名著、目录学著作和历史笔记的代表作等。尤其需要告诉广大读者的是，唐宋以来，广大学者为我们留下了大量的内容丰富的笔记，这实际上是一座待开发的史料宝藏，但是，大家对其内容和价值知道得很少，所以这次特增以篇目，并举例以说明。当年司马光编修《资治通鉴》时，就非常注意搜集利用这些史料，他曾对范祖禹说："实录、正史未必皆可据，杂史、小说未必皆无凭，在高鉴择之。"（《司马温公传家集》卷六三《贻范梦得》）据史料记载，司马光编修《资治通鉴》，除采用正史外，所用杂史诸书有三百二十种之多，其中笔记一项就有十五种。当然，大家看了篇目就会发现，这次增加的内容中，方志和谱牒两项比较突出，尽管原书也曾有此内容，但是绝对没有如今这样多而有系统。我觉得，大家既然都认为方志和谱牒是史学发展过程中所产生的两大分支，那么就应当在研究和讲述史学史发展过程的各类著作中，给它们安排适当的位置加以论述。这样做也正足以说明我们中华民族传统史学发展的多样性。而这个内容或许会成为这部史学史与诸多史学史著作在内容上的一点点差别吧。

至于上文谈到的基本结构不变，所谓结构就是指这部史学史的分期问题和篇章划分之事。目前大多数史学史著作，都是采用朝代发展作为阶段，而很少再另外划分。20世纪70年代末80年代初，我们在撰写《中国古代史学史简编》时，因受到史学界对中国封建社会内部分期讨论的影响，于是就结合中国古代史学发展的自身规律和特点，特将其分为四个阶段，即中国史学的起源和战国秦汉间史学、以人物传记为中心的汉魏六朝史学、主通明变的唐宋元史学、具有启蒙色彩的明清史学。虽然这么分了，但在书中却没有作任何说明，当时由于赶时间和其他一些原因，除了那个几百字的《后记》外，连一篇前言序论都未写，因而分期之事也就无从向读者表述了。直到该书出版前，方应《史学史研究》刊物的约请，撰写了一篇《谈谈中国古代史学史的分期问题》，发表在该刊1983年第2期上（后收入自选集《史家·史籍·史学》）。虽是公开发表，但是，看到的人肯定不会很多，因为订阅该刊的人不可能很多。三十年过去了，今天再回过头看看，当年这样的划分法，还是能够体现出我国古代史学发展的规律和特点的。因此，今天有必要将这种分期法向广大读者约略作些介绍。

也许有读者要问，当年你是怎么考虑要作如此划分的？我想还是引用《谈谈中国古代史学史的分期问题》一文引言中一段话来作回答，这样可能会更加符合我当年的想法：

> 史学作为一种社会思想意识形态，它不是孤立的，无论是从产生到发展，都与当时的社会政治、经济、阶级斗争有着密切的联系。它是阶级斗争的工具，势必要曲折地反映政治斗争。所以研究史学史的分期，必须联系中国封建社会发展各个阶段的政治生活与阶级斗争等状况。我个人认为，中国古代史学的发展可以分为四个时期……

这就是说，分期的标准，除了考虑了史学发展自身的阶段性特点外，又考虑到中国封建社会内部分期问题，因为我总认为马列主义的文化反映论观点应当是正确的、可信的。不论别人的看法如何，我这个看法是坚定不移的，因为我正是使用这个观点，才有可能将我国方志发展历史讲清楚。这四个阶段中，第一个时期"中国史学的起源和战国秦汉间史学"，用白寿彝先生的话说这是"中国史学的童年时期"。它包括了史学从产生到初具规模所经历的极其漫长的岁月。当然，史学的产生，必须具备文字、历法这两个条件。从文献记载来看，春秋时期，已经出现了像样的史书，我国第一部编年体史书《春秋》就是产生于这个时期。特别是此时诸侯各国也都设置了史官，编写了自己的史书，如晋《乘》、郑《志》、楚《梼杌》、鲁《春秋》、秦《秦纪》等等。虽然名称各异，其性质都是历史书。在这些史书中，以鲁国的编年体《春秋》最为进步，其他各国史书因未留传下来，属于何种体裁已不得而知。只有《秦纪》，据司马迁记载，说它内容简单，年月不详，这与秦国当时文化落后有关。当时除了编年体而外，还出现了"语"、"志"、"世"、"训典"之类，由于体裁的不同，所记载的形式也就不同。到了战国时期，形势大变，特别是春秋以来开了私人著述、讲学之风，早已打破了"学在官府"的垄断局面，社会上出现了大量的知识分子，即士阶层。士的成分很复杂，他们依附于不同阶层和社会团体，对社会制度大变动中的许多问题都提出了自己的见解和主张，有的著书立说，有的聚徒讲学，成为当时学术界、政治界的活跃人物。由于所代表阶级、阶层的利益不可能一致，因而各学派的思想理论，既有根本对立，亦有同中有异，异中有同。各派之间，展开争论，于是就出现了战国时期"百家争鸣"的局面。这个因前所未有的社会大变革而产生的"百家争鸣"，既为历史学家提供了丰富多彩的社会题材，又向历史学家提出了新的要求，要求他们把兴亡盛衰的历史详细记载下来。因而从前那些专记王朝、诸侯诰命和大事记之类的《尚书》、《春秋》等史书形式，已远远不能满足新时代的要求，新的史书内容既要能反映出各诸侯国的政治、军事和外交诸活动，而且还必须记载新兴地主阶级夺取政权的胜利过程，总结其经验教训。于是《左传》、《国语》、《战国策》等新型历史著作，就在这样的社会历史条件下相继产生。而这个时期还先后产生了编年体《竹书纪年》、谱牒类的《世本》以及《越绝书》、《逸周书》等。从总体来看，这一时期产生的史书，品种多，而以编年体较为成熟，除少数著作外，大多数比较粗放，没有后世史书那么严谨；还有一个非常特殊的现象，即几乎全都没留下作者姓名，这是很值得研究和思考的问题。

第二个时期"以人物传记为中心的汉魏六朝史学"，特点最为明显，这就是说，在这段时间，史学发展的主流就是人物传记。汉代大一统局面的出现和经济、文化的高度发展繁荣，为史学发展提供了物质条件，因此，在汉武帝时代便产生了我国历史上杰出的史学名著——《史记》，到了东汉又产生了班固的《汉书》。《史记》、《汉书》的产生，标志着我国史学发展进入了成熟阶段，特别是《史记》，具有划时代的意义。

这一时期的史学思想及其特点，是通过人物传记总结经验教训。春秋以来，天命、鬼神的思想已经不断衰退，春秋时期出现的重人事的思想则获得迅速发展，到了战国时期，各类政治人物无论是进行辩论还是说明问题，大多以历史上的人事为依据。战国七雄之间生死存亡的斗争、强弱兴衰的事实，无一不说明人的主观能动性在其中所起的重要作用。秦亡以后，刘邦、项羽进行了长达四年之久的楚汉战争，鸿门宴前，楚强汉弱的形势十分明显，可是最后竟以项羽失败而告终。对历史上的这些重要经验教训，地主阶级自然都希望加以总结。司马迁之所以采取纪传而不用编年，应当说这是一个很重要的因素。纪传体可以突出各种人物在历史进程中所起的作用，突出各种人物在文化创造上的功绩，特别是突出每个人的功或过，从而可以总结出经验和教训。所以，以人物为中心的纪传体史书诞生并获得迅速发展，不仅在于社会发展、政治形势提出了要求，而且史学发展本身也为这种新史体的诞生创造了条件。这种史体一产生，不仅很快得到社会认可，而且得到广泛地模仿，继班固的《汉书》以后，东汉政府便命刘珍、班固等人编修《东观汉记》，尤其是接下来的魏晋南北朝四百年间，曾产生了近百部史学著作，其中就以纪传体的断代史和人物传记最多，在二十四史中，就有《三国志》、《后汉书》、《宋书》、《南齐书》、《魏书》五部都成于这个时代。至于以地域为中心的人物传记那就更多了，如谢承的《会稽先贤传》、陈寿的《益部耆旧传》、习凿齿的《襄阳耆旧传》等。另外，袁宏的《名士传》，皇甫谧的《高士传》、《逸士传》、《列女传》，释慧皎的《高僧传》等，则是按同类编写的人物传。这一方面是由于《史》、《汉》二书的影响，另一方面则是由于九品中正制度的实行，有利于褒贬人物史学思想的发展，从而使得以人物为中心的纪传体史书逐渐取得了独尊的地位。当然，这也反映了这一时期的社会精神面貌,当时统治者和社会都特别注重纪传体。因为撰写人物传记,比较容易反映出一个人的史学观点与才能,故当时选用史官,皆以此试之。"著作郎始到职,必撰名臣传一人"(《晋书·职官志》),以试其史才之高下。因为当时不单是史学本身重点在写人物传记,还有作为方志初期形式的地记和谱牒也都是以人物为主体。为什么这一时期注重人物传记的撰写,上面我们讲了,从学术渊源来看,《史》、《汉》的盛行,对于这一时期史学发展确实有相当大的影响。而从社会和政治因素来说,门阀制度的发达,九品中正制度的实行,又为这种史体的流行提供了社会基础和政治条件。两汉实行的是察举制,也要评品人物,所以汉魏六朝史学的特点是以人物传记为中心成为史学发展的主流。

第三个时期是"主通明变的唐宋元史学"。众所周知,唐宋元时期是中国封建社会发展和繁荣时期,特别是唐宋,封建中央集权得到了进一步巩固和加强,经济繁荣也很显著,中外经济文化交流更趋频繁,从而促使科学文化事业也得到长足发展。特别是纸的普遍使用和印刷术的发明,对于科学文化的传播和史学的发展都起了很大的推动作用。随着社会的发展和变化,这一时期史学的发展也出现了与以前不同的特点。

首先,社会上的明变思想促使这一时期通史发达。唐太宗李世民即位不久,便提出了怎样才能使子孙长久、社稷永安的问题,并征求大臣们的意见,于是引起了一场"封建"与"郡县"的大争论。这场争论一直延续到唐代中叶以后。争论实质,就是巩固中央集权还是维护地方分权问题。主张分封的人认为历代国祚所以长久者,莫不分封诸侯;反对分封说的人指出欲巩固唐王朝封建统治,必须实行郡县制。在长时间的辩论中,双方都引用大量历史事实,作为自己立论之依据,这就势必要熟悉以往各朝的历史事实。由于政治斗争的需要,迫切要求通贯古今的历史著作出现。另外,选举制度的改变,同样也出现过一番激烈的斗争。当唐朝正式确定以科举制为选拔官吏的主要制度后,曾引起不少人的反对,这个争论同样说明择官用人之权是集中于中央还是分散于地方。争论双方为了说明某种制度的优劣,自然也都要凭借史实进行比较,这同样需要丰富的通史知识,把各个时期的典章制度全部纳入历史发展的长河。更为重要的是,唐宋时代的封建统治者都很重视前代的历史教训,如唐太宗就曾把历史当作一面镜子,他曾说:"将欲览前王之得失，为在身之龟镜。"(《册府元龟》卷五五四《国史部·恩奖》)司马光撰写《资治通鉴》，明确表示"专取关国家兴衰，系生民休戚"(《司马文正公传家集》卷一七《进资治通鉴表》)，"穷探治乱之迹，上助圣明之鉴"(同上书，《谢赐资治通鉴序表》)，既要探明变化之由，寻求演变之迹，自非一朝一代之史所能做到，只有贯通明变的通史才能达到这样的目的。可见社会上的明变思想，正是促使这一时期撰写通史之风盛行的主要原因之一。

其次，史学本身发展要求贯通，促使通史的发达。自从司马迁创立纪传体通史以后，直到唐代初年，七百多年来，除了南朝梁武帝时曾编写过一部六百卷的《通史》外，所有史著，无论是编年还是纪传，无一不是断代为书，就数量而言，虽是蔚为壮观，但能够贯通古今的史著则一部也没有。唐宋时，在封建政治、经济、文化高度发展的社会条件下，史学发展的本身也提出了"通"的要求。为了总结以往史书编纂的经验，了解其长短得失，以指导今后史书的撰述，唐代的刘知幾首先写出了《史通》一书，从理论上提出"通"的要求。另外，以往主要的断代史大多都有书志一门，各述其本朝的典章制度，但是，各个朝代之间很少沟通。杜佑撰述《通典》，汇通历朝典章制度于一书，开创了制度通史的先河，它源于纪传体史书的书志，但越出了以人物纪传为叙事中心的范畴，发展成为政治、经济、礼、乐等典章制度专史，这就为著述政治、经济、文化专史开辟了一条新的途径。其后北宋的司马光编纂了《资治通鉴》，是为编年体的通史，南宋郑樵写作的《通志》，又是一部纪传体通史，宋末元初的马端临又著成制度通史《文献通考》。这些事实说明，这一时期的通史观念已大为盛行，各种史体都在求通，这不仅是社会上明变求通思想的反映，而且也是史学发展的必然趋势。特别是郑樵还从理论上论述了史书的编纂必须力求贯通。他说，史书的编写，只有"通为一家，然后能极古今之变"(《通志·总序》)。这个论述是很正确的，既要明变，就得贯通，只有从通贯古今的历史长河中，才能看出历史的变化，比较各朝制度的优劣得失。

第三，选举制度的改变对这一时期史学发展的影响。不论是汉代的察举制，还是魏晋南北朝的九品中正制，首先都要对人物进行品评褒贬，而这种品第人物的选举制度，又积极地影响着褒贬人物的史学思想的发展，所以汉魏六朝，以人物为中心的纪传体史书占据了绝对优势的地位。隋朝开始，采用了科举选士的制度,到了唐代,进一步确定科举制为选拔官吏的主要制度。这种制度,是以才取士,无需对人物进行褒贬品评,更不受门第高低的限制。这一改变,对史学思想的发展有一定的影响,因为生者既然不重视褒贬,单纯褒贬死者也就失去了政治上的意义和作用,从而也就不能不引起以褒贬人物为中心的史学思想发生相应的变化。同时,选举制度改变以后,社会上议论的中心也随之发生变化,以往的议论都是集中在人物上,而现在所关心的却是哪一种制度更有利于加强封建国家的统治。唐玄宗时就曾先后下令编辑《唐六典》、《大唐开元礼》等书,这说明政府对典章制度的重视,因为这些内容与社会发展、民生利弊、国家安危有着密切关系。这种政治上的要求,自然也要反映到史学思想上来。杜佑作《通典》的目的,就是想通过对历代典章制度的研究,总结经验教训,以寻求"富国安民之术"。他在《通典序》中说:"所纂《通典》,实采群言,征诸人事,将施有政。"在《献通典表》中又说:"往日是非,可为来今龟镜。"(《旧唐书·杜佑传》)可见杜佑的史学研究亦是在为政治服务。从此史家的注意力不再集中于纪传体史书的编撰上面,加之隋文帝又曾明令禁止私人修史、臧否人物,唐太宗时,更开设史馆,专门从事修史工作,纪传体正史的编修权便收归政府掌握。这样一来,政府虽然重视,私家却很少有人问津,连同上述原因,从此以褒贬人物为中心的纪传体史书退居次要地位,比较出名的纪传体史著再也不曾出现过。而主通明变的史学思想继之而起,成为这一时期史学发展的主导思想,特别是反映各个朝代政治的演变、制度的变革情况,更成为这一时期历史学家从事史学著作的主要任务。因此,各类通史名著相继产生。

第四,史馆修史和监修制度。我国官修史书最早可溯源于东汉,汉明帝曾命班固等人撰《世祖本纪》,其后由刘珍等人继续纂修,写成《东观汉记》一书。因此,《东观汉记》实系奉君主之命而修撰,可视为最早的官修史书。魏晋南北朝时期,这类著作就比较多见了,如王沈《魏书》、韦曜《吴书》、魏收《魏书》等,都是奉君主之命而修。但这些史书,大多为众手分纂,一人裁成,既未开设史馆,亦无大臣监修,名为官修,实同私撰。至于政府特地开馆,集合众人共同编修前代史书的风气,是到唐代才开始的。武德五年(622),唐高祖李渊采纳令狐德棻的建议,集中一批文臣编修魏、周、齐、梁、陈、隋六朝历史而未成。贞观三年(629),唐太宗别置史馆于禁中,专修国史,由宰相大臣监修,并别调他官兼任纂修,下设修撰、司直,从事编述,号曰史官。所修诸史,每部皆派定一人为主修,如魏徵主修《隋书》、李百药主修《北齐书》等。这一措施,是中国封建社会史书编纂工作的一个重大变化。从此,纪传体正史的编修大权全由政府掌握,而宰相监修国史也就成为以后历朝修史的定制。专门设立史馆指令监修的修史制度,是国家垄断史书编修的一种形式。唐初由于这一制度刚刚开始,加之统治集团重视修史工作,国力强盛,经济实力雄厚,当时又有一批具有权威性的大臣和史家参与其事,所以短期之内即修成梁书、陈书、齐书、周书、隋书和《晋书》、《南史》、《北史》共八部史书,进度之快,成书之多,在封建社会中是很少见的。但时间一久,如同其他官僚机构一样,矛盾就全部暴露出来了。五代时修的《旧唐书》、宋代修的《旧五代史》以及元修《宋史》、《辽史》、《金史》,无一部可与前四史相比,长期以来,很少受到过好评。既然政府垄断了纪传体正史编修大权,于是许多有才华的史家根据史学发展和政治形势的需要,转而从事其他史体的创立和研究,所以后来还是其他史体出现了不少有名著作。

第四个时期是"具有启蒙色彩的明清史学"。中国封建社会发展到明代,已进入了封建社会的晚期,特别是从明代中叶开始,由于商品经济的发展,已经出现了资本主义因素的萌芽,它反映在手工业、商业和农业生产等各个领域。尽管这种微弱的资本主义因素,在自然经济占统治地位的条件下,不可能得到迅速发展,但它毕竟是历史上新出现的事物,它的出现,标志着封建社会已开始走向没落。从阶级关系而言,不仅出现了市民阶层,而且阶级斗争也出现了前所未有的新特点。历史的转变,在意识形态领域的反映虽不可能做到直射,但迟早要曲折地、或明或暗地反映出来。

在这一时期,史学思想上有两点显著变化很值得注意,即"六经皆史"口号的提出与"经世致用"思想的出现;特别强调史学的作用,注重提高史学的地位。众所周知,在中国长期的封建社会里,经与史的地位是全然不同的。六经一直作为儒家"经典"而受到尊崇,因为这些都是出自"圣人"之口,是"万世之至论",人人都得顶礼膜拜,句句皆须谨慎照办。可是到了明代中叶以后,社会发生了变化,思想意识也随之起了变化,于是作为儒家经典的六经,在人们心目中的地位也开始动摇了,许多人对它产生了怀疑,

"六经皆史"说的出现，就生动地说明了这一事实。这一口号至迟在明代中叶就已经出现于王阳明的《传习录》里。

从王阳明提出"六经皆史"以后，在明清两代，持此论者大有人在。明胡应麟、顾炎武等都曾论及"六经皆史"。明代的文学家、史学家王世贞，不仅沿用"六经皆史"之说，而且认为"天地之间无非史而已"，"六经，史之言理者也"（《弇州山人四部稿》卷一一四《艺苑卮言一》）。清代钱大昕则批评"经精史粗"说，同样含有贵史的精神。甚至连文学家袁枚也说："古有史而无经，《尚书》、《春秋》，今之经也，昔之史也；《诗》、《易》者，先王所存之言；《礼》、《乐》者，先王所存之法，其策皆史官掌之。"（《小仓山房文集》卷一〇《史学例议序》）至于章学诚则大加发挥。史学家、思想家、文学家都围绕这个问题发议论，这些事实都足以说明，"六经皆史"说在中国封建社会后期是一股社会思潮，它反映了封建统治的衰落造成了统治思想的动摇。

明清之际，由于社会大变动，学术思想界就显得特别活跃。明朝刚亡，清廷初建，许多学者在反清复明遭到失败以后，纷纷转入学术研究活动，他们主张研究学问必须做到"经世致用"，坚决反对明末以来理学家那种空疏玄谈之弊。顾炎武曾尖锐地批评说："昔之清谈谈老庄，今之清谈谈孔孟……不考百王之典，不综当代之务……以明心见性之空言，代修己治人之实学。"（《日知录》卷七《夫子之言性与天道》）他提倡"实学"，特重"当世之务"，提倡关心国计民生的天下大事，要作解决社会问题的文章，凡不关当世之务者，可一切不为。他写《天下郡国利病书》，就是按照"经世致用"的目的进行实践的。顾祖禹撰《读史方舆纪要》，这一思想更是贯穿始终。黄宗羲教导生员，治经必须读史，目的亦在"经世"。这种治学思想，其实正是对反动理学的有力回击。而这一时期总的来说史论特别发达。

在这一时期中，作为史学本身也还有些特点表现得比较明显，众所周知，明朝初年，先后发生过两次政变，史官记载失实，造成实录不实，引起社会不满，于是，掀起私人写史之风，加上明代中叶以后党派斗争，明朝末年又有农民大起义，都又促使野史盛行。因此，有明一代之野史，在封建王朝中数量最多，用全祖望的话说，"凡千余家"。这也称得上史学发展上的奇迹。另外一个特点，那就是应社会上的读史需求，明代曾产生过"纲鉴热"，由于这是一种通俗读物，还登不上史学殿堂，因此至今很少有史学史著作对它作过介绍，其实这是史学走向社会、走向大众的一种很好的形式。而它正是由朱熹的《通鉴纲目》变异而来。至于清朝，由于实行文化专制主义政策，因而史学界也大多以考证的方法从事史学研究工作，而其中所采用的手段和途径又各不相同，有的是对旧史的校勘注释，有的是专门从事辨伪，有的则是对失传的史籍进行辑佚，也有的则对旧史进行补作、改写和考证。史学界在这些方面都做了大量的工作，取得了相当大的成就。为了对旧史进行研究，于是围绕着这个中心，又产生了为其服务的辅助学科，如文字学、音韵学、训诂学、校勘学、版本学、辨伪学等，都是为考证而服务，因此，大家可以看到，考证就成为这一时期史学的主流。

总之，史学史的分期确实是个大问题，从某种意义上来说，也许比单纯的社会分期要难得多，因为它不仅要考虑到社会发展的变革和阶段，而且更要考虑史学本身发展的阶段与特点。以上分期仅是三十年前提出的粗浅看法，如今在这里做些重述，一则是告诉广大读者，我这部史学史的分期问题，是做过考虑的，这样分法是否妥当，可供大家讨论；再则是抛砖引玉，希望大家对搁置多年的老问题——分期问题能引起注意，最好能因此而引发出一场讨论。

三

中国古代史学史，其内容范围，就是要讲中国传统史学产生发展的历程，内容是相当丰富的，我早就讲过，就是要"研究中国史学发生、发展的过程，并找出它发展的规律，不仅表现在形式上（如史体的演变、史著的产生、史料范围的扩大等），而且表现在内容上（如史学思想、史学流派、史学传统等）"（《中国古代史学史简编·后记》）。列起来就这么几项，但是每一项中的内容都非常之多，要讲清楚也就很不容易，何况是全部内容。好在先辈学者们的辛勤劳动已经为我们开辟了一些途径，我们有可能在此基础上，不断加以修整、开拓，使之逐渐达到完善。对于上述这些内容，大多数是要在历史发展长河中，在其产生时代加以展现，并从中看到发展过程中的前后连贯性及其规律性。但是关于史学传统，在书的内容中却无法加以集中体现，因为许多优良传统，是在整个史学发展过程中，通过每个史学家、每部史学著作逐步积累起来的。为此，我在2004年撰写了《中国的传统史学与史学传统》一文，并将其作为当年赴韩国讲学的内容，韩国《湖西史学》第42辑和中国历史文献研究会的《历史文献研究》总24辑同时作了刊登。文章分两大部分：第一部分《传统史学的特点》，第二部分《传统史学的优良传统》。这篇文字较长，现摘其要点在此叙述，当然，有些地方还作了必要的修改和内容的增加，以此来回答上文所讲的史学传统。我们应当知道，四千多年来，我们的祖先创造了光辉灿烂的文化，留下了非常丰富的文化典籍。其中单以史籍而言，已是浩如烟海，不仅数量之多，内容之丰富，而且记载之连续，体裁之多样，都是世界历史上所罕见的。仅仅一部二十五史，已经足以称奇于世界，它不仅是中华民族发展的记录，也是中华民族对世界文明所作贡献的见证。而在长期发展过程中，传统史学不仅形成了自己所特有的特点，而且留下了许多优良的传统，值得我们很好地总结。关于传统史学的特点，表现在下述三个方面：

第一，史书编修的连续性。

中国史书的编著从《春秋》、《左传》以来，在整个封建社会发展过程中，一直处于兴盛不衰的"显学"地位，得到历朝统治者的重视和关爱。许多帝王都亲自过问修史问题，足见史学与发展文化、巩固统治都有着密切的关系。特别是纪传体《史记》诞生以后，班固《汉书》整齐划一，断代为书，历朝相仍而不改。郑樵在《通志·总序》中评论司马迁所创立的这种史体时说："使百代而下，史官不能易其法，学者不能舍其书，六经之后，惟有此作。"赵翼也说："自此例一定，历代作史者，遂不能出其范围，信史家之极则也。"（《廿二史劄记》卷一《各史例目异同》）虽然说不上是史家之"极则"，但它确实直接影响着两千年来正史的编纂，在我国漫长的封建社会里，许多史家编写史书，确实都采用了司马迁所创立的纪传史体，并且因为它适合封建统治者的需要，而被确立为正史。直到《清史稿》，正史就有"廿四史、廿五史、廿六史"之多，所以会如此连续不断，其实除了封建王朝统治者重视外，全国上下士大夫无不重视史学。因为从史书中不仅可以得到丰富的文化知识，更可以得到处世做人的道理，而文天祥的"留取丹心照汗青"的心愿，更成为士大夫们精神之寄托。因此，在中国古代社会里，一直流传着"国可亡，史不可灭"的观念，你可以灭亡一个国家，但必须保留这个国家的历史，这在当时来说，已经成为不成文法。元代学者许有壬在《题牟成甫作邓平仲传》中就曾这样说："国家得宋而天下始一，三百年道学之明、家法之正、人才之多、文物之盛，三代而下无与伦匹，其国可亡，其史不可亡。宋之史，我之责也。"（《至正集》卷七一）又元朝翰林王鹗，曾为金官吏，被俘后，在元朝官至翰林学士承旨，他也说："宁可亡人之国，不可亡人之史，若史馆不立，后世亦不知有今日。"（苏天爵《元名臣事略》卷一二）可见修史在中国古代士人心目中是处于多么高的地位，所以也就形成了国亡史作的一个传统。元灭宋以后，修了《宋》、《辽》、《金》三史，明修《元史》，清修《明史》，都是这个道理。特别是清修《明史》时，黄宗羲本人虽然不愿意做清朝的官吏，但为了能够如实反映一代贤奸治乱之迹，他毅然同意其得意门生万斯同以布衣参与其事，并作诗以送其行，"四方声价归明水，一代贤奸托布衣"。这充分反映出封建时代士大夫们对修国史所产生的情怀。

当然，连续性并不限于纪传体正史而已，其他体裁亦复如此。编年体自《左传》以后，先后产生了《汉纪》、《后汉纪》、《蜀本纪》、《晋纪》等书，特别是司马光的《资治通鉴》，记载了自三家分晋至五代十国一千三百六十二年的历史。南宋李焘写了《续资治通鉴长编》，元明清时期，续补《通鉴》的著作就更多了。至于政书体，自《通典》以后，则先后产生了"三通"、"九通"、"十通"；纪事本末体自《通鉴纪事本末》产生以后，亦产生了十多种，贯穿古今而自成了一个系统。这都足以说明中国传统史学编修的连续性。

第二，内容的广泛性与丰富性。

中国传统史学的许多史书，内容都非常丰富，所记之事非常广泛，政治、军事、经济、文化、天文、地理、典章制度，真可谓样样齐全，而不像西方史书那样单一化。就以人物而言，有政治家、军事家、文学家、艺术家、科学家、探险家，并有不同类型的妇女，还有下层劳动人民、少数民族，乃至外国的相关情况也有记载，真称得上是应有尽有。即使是编年体史书，内容也同样相当丰富，这仅是就一部史书而言。若是从记载内容各不相同的各类史书来看，就更足以反映出其内容之丰富多彩。

我们先看《隋书·经籍志》的史部，就分有正史、古史、杂史、霸史、起居注、旧事、职官、仪注、刑法、杂传、地理、谱系、簿录，共十三类。这反映了封建社会早期史学发展的情况，也是对封建社会前期史学发展的一次总结。成书于封建社会晚期的《四库全书总目提要》，则对封建社会晚期的史学发展又作了一次大的总结，并将史籍分为正史类、编年类、纪事本末类、别史类、杂史类、诏令奏议类、传记类、史抄类、载记类、时令类、地理类、职官类、政书类、目录类、史评类等十五大类。而在地理类之下，又区分有总志（指全国地理总志）、都会郡县（指府州郡县志）、河渠、边防、山川、古迹、杂记、游记、外记九类，政书类下又分通制、典礼、邦计、军政、法令、营建六类，目录类下也有经籍、金石两类。如此众多的分类，本身就说明了中国史籍种类的繁多，内容的丰富，其他自然也就无须多作说明了。当然，如果按照章学诚所修之《史籍考》各分类目录来看，那内容就更加丰富了。

第三，体裁的多样性。

我们可以毫不夸张地说，中国史书体裁的多样性，是世界上任何一个国家所无法比拟的。其中许多体裁都是适应不同内容的需求而产生的，并且有些也是其他体裁所无法替代的。中国史书最早产生的比较规范的当然是《春秋》、《左传》，按时间先后顺序记事，这就是编年体史书，后来慢慢形成了编年体系统。到了西汉，司马迁采用纪传体形式编写的《史记》产生以后，班固将这种体裁加以整齐划一，编写了首尾完整的西汉一代历史——《汉书》，首创了断代为史的先例，这就为以后每个朝代编修一部史书树立了典范，最后就形成了纪传体史书系列。《史记》有八书，《汉书》在此基础上加以扩充和发展，变成十志，当然记事内容比八书也更为丰富。以后各代所修的正史之志，大都是依据《汉书》十志加以损益而成，从而形成了中国史学史上的书志体。这种书志体又多为记载典章制度的历史，这又对典章制度史的产生和发展，起到了继往开来的作用，对于《通典》、《文献通考》等书的著述也有过重大的影响。

需要指出的是，纪传体史书虽然大多有志，但每部书不仅篇目不同，记载也各自为政，况且所记又多限于某一朝代，很难从中看出历代王朝典章制度因仍沿革的情况。所以到了唐代，杜佑利用自身各种有利条件，编写出《通典》一书，创立了典章制度史的专书著作。全书分为食货、选举、职官、礼、乐、兵、刑、州郡、边防九门。若与纪传体的书志作一对照，这些门目，许多书志中都是早已有的，可见这种典制体（后称政书体）就是脱胎于纪传体的书志体，当然，它源于书志，而高于书志。南宋时郑樵编写了《通志》，宋末元初，马端临的《文献通考》问世，典制体又成了系列。郑樵的《通志》，名义上还是一部通史，而实际上它的真正价值应当是在二十略，这是全书的精华所在。后人将它与《通典》、《文献通考》并称"三通"，着眼点自然也就在这里。还有一种内容与此相近而专记一个朝代典章制度的"会要"，自唐产生以后，有《唐会要》、《五代会要》、《宋会要》等，最后也形成了一系列"会要"著作。其所记内容往往是其他史书所不记载的，如我在《五代会要》中得到一条长兴三年（932）下令各地按时编送图经的材料，对于研究隋唐五代图经的发展有着至关重要的作用。南宋袁枢《通鉴纪事本末》一书完成后，实际又创立了纪事本末体。南宋朱熹著《通鉴纲目》，则又产生了纲目体系列。

到了明末清初，黄宗羲又创立了封建社会最后一种史书体裁——学案体，这是专为反映学术流派的发展而创立的一种史书体裁，与一般学术史全然不同。它与纪传体一样，有一定组成形式，一般以一个学派立一个学案。先有小序一篇，简介这个学派的特点、成员及渊源关系；其次是案主小传；传后乃是传主主要语录摘编。这三个部分，负担着各自不同的职能，有机地组成一种新史体。后来全祖望在续补《宋元学案》时，又在每一学案之前，先立一"学案表"，在表中备述该学派的师友弟子。最后又增设"附录"，载录学者的逸闻逸事和时人及后人的评论。因为这种史体在一般史学史论著中均不论及，故多作些论述。

最后介绍的一种史体则是史论史评，这是世界各国都有的一种史书体裁。在一些西方学者看来，中国封建时代史学理论是最贫乏的，并且说什么中国传统史学只注重微观，而不重视宏观。令人遗憾的是，中国学术界居然也有一些人出来与之相唱和。我可以毫不客气地告诉大家，这种说法完全是一种无知的表现。因为他们对中国传统史学并没有认真研究，对中国封建时代所产生的史书不仅没有认真研究，许多著作连见都未见过，就来下如此结论，自然是出于无知。很简单，先秦诸子论著中那丰富的史论谁去认真研究和总结过？贾谊《过秦论》那么好的一篇文章，实际上它是一部不可多得的史论著作，又有多少人对它做过认真的研究呢？又如黄宗羲的《明夷待访录》一书，一般都把它作为"政治专著"，因为它确实是反映了黄氏政治、经济思想的代表作，但大家却忽略了它也是反映黄氏历史观的代表作，书中的所有结论，基本上都是从历史事实研究中得出的，实际上又是一部史论著作，又有几个人从史论角度去研究过呢？谈论起来，似乎中国只有刘知幾的《史通》、章学诚的《文史通义》、王夫之的《读通鉴论》这少得可怜的几部史论而已。《四库全书总目提要》史部史评类著录著作达一百二十种之多，除了少数几部外，大多数许多人连见都未见过，那又凭什么来说中国传统史学中史论是最贫乏的呢？连自己家底厚薄都不知道，而只是跟在外人后面喊喊喳喳，难道这也是在做学问吗？

这里我还想做个提醒，不同的地区，不同的民族，不同的国家，都有自己不同的历史，不同的生活习惯，不同的风俗民情，自然就形成了人类文化的多样性。而这种文化的多样性，又大多体现在民族性和地域性上，这应当是研究学术文化最起码的常识，只有懂得这个道理，才能够理解为什么不同民族、不同国家会产生不同的学术文化。既然如此，就不应当用西方历史的标尺来衡量中国的传统史学，反之，我们也不应当用我们的标尺去要求西方史学，因为他们各自生长的土壤是完全不一样的，随意批评指责都是无知的表现。

综上所说，中国历史学家向来有着优良传统，许多历史学家总是站在时代的高度对社会历史进行总结，直接或间接地满足反映时代的要求，根据不同时代，创造出不同的反映形式。正因为他们在整个封建时代创造出了那么多史书体裁，才造就了中国史书丰富多彩的表现形式，显示了中国传统史学所特有的民族特色。

中国传统史学经过长时间的发展和演变，不仅为后人留下了浩如烟海的各类珍贵史籍，丰富了人类的文化宝库，而且留下了许多宝贵的优良传统，我们应当珍视它，认真加以总结和研究，有选择地予以继承和发扬。

在众多的优良传统中，比较明显的有据事直书、文史结合、及时反映社会现实、详近略远、史论结合、传信存疑、经世致用等。这些传统应当说个个都很重要，正是因为有了这些，才有可能产生出丰富多彩的传统史学。对于这些优良传统，限于篇幅，不可能一一加以评述，我想只选择文史结合、史论结合和传信存疑三个问题和大家一起讨论，当然，我这个选择自然都是有目的性的，大家看了自然也就明白了。众所周知，目前大多数的史学著作，学术性有余，可读性不足，没有文采，枯燥无味，不受大众欢迎，这确实是放在史学工作者面前的一个大问题，如何让史学走向社会，走向大众，自然也就成为社会争论的一个焦点。对此，我们不妨来看看我国古代历史学家是如何编著史书的，也许会从中得到一定的启发。

文史结合是中国古代史书一个优良传统。一部著名的史学著作，它同时也是一部优秀的文学作品。最早的一部编年史《左传》，不仅是一部内容丰富、史料价值很高的重要历史著作，而且还是一部富有文学价值的历史散文名著。作者善于用简练的文句写出复杂纷繁的历史事件，用较少的笔墨把多样的人物性格生动而又形象地刻画出来。大家一致公认，善于描写战争，是《左传》比较突出的一大特点。春秋时期几次大规模战争它全都写了，并且写得都很成功。每次战争几乎都能抓住战争的性质，战争双方政治、军事的特点和力量的对比，从而生动地写出战争的全貌。全书叙事都富有故事性、戏剧性，情节紧张生动，语言精练形象。特别是对行人辞令的表达，既委婉曲折，而又刚强有力。这种辞令之美，又为它的文学价值增添了光彩，因此，深得刘知幾的好评，认为该书的文字"跌宕而不群，纵横而自得。若斯才者，殆将工侔造化，思涉鬼神，著述罕闻，古今卓绝"（《史通·杂说上》）。可见文史结合这一古代历史著作的优良传统和特色，正是由《左传》所开创。它为后世的历史学家树立了一个良好的榜样。

这一优良的传统，到了司马迁的《史记》，得到了更大的发扬。《史记》不但是一部伟大的史学著作，同时也是一部杰出的历史文学作品，在中国文学史上具有很高的地位，所以鲁迅赞美它："固不失为史家之绝唱，无韵之《离骚》。"（《汉文学史纲要》）司马迁善于用不同的笔调、不同的语言，去刻画各式各样的人物的性格和形象，使他们个性分明，神态毕露。他特别善于运用符合人物身份的语言来表现人物精神状态和性格特征。但是，我们必须指出，《史记》中所有人物事件都是真人实事，不夸张，不虚构，它是一部实录，一部信史，与单纯的文学作品有着本质的区别。同时又因为司马迁能够抓住文学特点，通过种种艺术加工，根据历史事实，忠实地塑造了各类人物典型，巧妙地使两者结合起来，创造了历史和文学统一的典范。所以刘知幾十分推崇《左传》和《史记》在这方面所取得的高超的成就，认为两书在文史结合方面树立了典范，它们都能做到"言近而旨远，辞浅而义深，虽发语已殚，而含义未尽。使夫读者望表而知里，扪毛而辨骨，睹一事于句中，反三隅于字外"（《史通·叙事》）。有鉴于《史记》很高的文学成就，竟引起外国人的怀疑，认为它不是一部史书，而是文学作品。于是国内也就有人从一知半解出发，莫名其妙地指责《史记》许多记载的可靠性。于是《子虚乌有鸿门宴》等文章纷纷出笼。这种研究方法和思维方法，实在是可笑又可悲。

此后相继产生的《汉书》、《三国志》、《后汉书》，除了史学价值外，在文学上也都仍旧具有相当高的地位。即使到了宋代，司马光的《资治通鉴》，其文学品位依然很高，所以清代史家王鸣盛说："此天地间必不可无之书，亦学者必不可不读之书也。"（《十七史商榷》卷一〇〇《资治通鉴上续左传》）自古以来，文史一家，所以刘知幾当日就曾说过："文之将史，其流一焉。"（《史通·载文》）

后来由于时代的发展，学术的变化，文史才逐渐分家，所谓"时移世异，文之与史，皎然异辙"（《史通·核才》）。特别是魏晋南北朝以来，在修史领域里，盛行着浮夸雕饰之风，把文学著作的写作手法全部引入写史之中，于是修史中大多着意于文学技巧，润色文字，雕饰辞藻，"在逐文字而略事实"，特别是唐初所修诸史，执笔者大多是长于诗词文赋的文人，他们以骈俪相尚，因之四六骈体，充满史书。对此，刘知幾当时就提出了严肃的批评，指出："大唐修《晋书》，作者皆当代词人，远弃史、班，近宗徐、庾（指徐摛、徐陵父子和庾信，都是宫体诗的重要作者，有'徐庾体'之称）。夫以饰彼轻薄之句，而编为史籍之文，无异加粉黛于壮夫，服绮纨于高士者矣。"（《史通·论赞》）对于这种状况，刘知幾十分反感，指出："喉舌翰墨，其辞本异。而近世作者，撰彼口语，同诸笔文，斯皆以元瑜（阮瑀字元瑜）、孔璋（陈琳字孔璋）之才，而处丘明、子长之任。文之与史，何相乱之甚乎？"（《史通·杂说下》）他在《叙事》篇中又说："史之为务，必藉于文。自五经已降，三史而往，以文叙事，可得言焉。而今之所作，有异于是。其立言也，或虚加练饰，轻事雕彩；或体兼赋颂，词类俳优。文非文，史非史，譬夫乌孙造室，杂以汉仪；而刻鹄不成，反类于鹜者也。"刘知幾认为史家之文与文士之文应该有所不同，虽然作为一个好的历史学家，应该写出一手好的文章，一部优秀的史学著作，必须具有文质并茂的特色，但它与专讲技巧、立意修辞的文学作品毕竟有别，不能因为讲求文字优美而影响史书记事的真实。而文人所作之史，每每"喻过其体，词没其义，繁华而失实，流宕而忘返，无裨劝奖，有长奸诈"（《史通·言语》）。所以刘氏当时就提出文人不能修史。他同时又指出，史书的文字表述也十分重要，因为言之不文，行之不远。对于刘知幾这一观点，后来章学诚又加以发挥，他在《跋湖北通志检存稿》就曾明确指出："余尝论史笔与文士异趣，文士务去陈言，而史笔点窜涂改，全贵陶铸群言。"（《文史通义新编新注》外篇六）又说："文人之文，与著述之文不可同日而语也。著述必有立于文辞之先者，假文辞以达之而已。"（同上书，内篇六《答问》）所以，"文士撰文，惟恐不自己出；史家之文，惟恐出于己。……史文而出于己，是谓之无征"（同上书，外篇一《与陈观民工部论史学》）。

可见自魏晋以后文史已分道扬镳，除前四史外，二十五史中就很少出现过具有很高文学价值的纪传体史书，虽说是社会发展分工所致，但仍不能不说是史学发展上的一个重大损失。如今史学著作之所以读者不多，重要原因之一自然是可读性不强。因此，今后的出路应当多注意可读性和通俗性，多写一些人人爱读、人人能读的史学著作。重走文史结合之路，这不是不可能的。

但是，有一点还得指出，那就是必须做到守住底线——历史事实，必须尊重历史事实，无论如何通俗，都不能改变历史的性质，否则就称不上是史书。

史论结合这一优良传统，在史学发展过程中表现得还是比较明显的，自中国传统史学产生之日起，随着史书的不断增多，这一优良传统就一直伴随着传统史学的成长而不断在发展。《左传》的"君子曰"，《史记》的"太史公曰"，其后，"班固曰赞，荀悦曰论，《东观》曰序，谢承曰诠，陈寿曰评，王隐曰议，何法盛曰述，扬雄曰譔，刘昞曰奏，袁宏、裴子野自显姓名，皇甫谧、葛洪列其所号。史官所撰，通称史臣。其名万殊，其义一揆。必取便于时者，则总归论赞焉"（《史通·论赞》）。后来司马光的《资治通鉴》，则称"臣光曰"等。这些论赞，自然都是属于史学理论。当然，也有在史书内容的叙述中间借历史人物或历史事件而展开的议论，那就更加丰富了。除此之外，史书注释之中，书目提要之中，也都包含有丰富多彩的史学理论，只不过长期没有人去专门加以总结、研究和探索而已，因而有些外国学者在未作深入了解和研究之前，就认为中国的史学没有理论，于是国内学术界也有人不分青红皂白地随声附和。虽然1988年白寿彝先生已经批评"这是不符合事实的"，但是，我们自己下功夫进行深入研究和发掘确实做得很少，自然就会使人们产生某些错觉。值得高兴的是，瞿林东先生在1999年出版的《中国史学史纲》一书中，已经适当突出在史学发展过程中"理论成就的积累"。当然，笔者希望能够有更多的人对这一问题进行探索和研究。

这里笔者从如下几方面做点尝试。

首先来看《史记》。关于《史记》的史论，一般只是讲"太史公曰"，其实这是不全面的，因为《史记》中还有序二十三篇、《太史公自序》一篇，这些都是属于史论性质，特别是后者，更是全书的总论。对此，章学诚早就指出："太史叙例之作，其自注之权舆乎？明述作之本旨，见去取之从来，已似恐后人不知其所云而特笔以标之，所谓'不离古文'及'考信六艺'云云者，皆百三十篇之宗旨，或殿卷末，或冠篇端，未尝不反复自明也。"（《文史通义新编新注》内篇五《史注》）按照章氏的说法，这些序论，或"明述作之本旨"，或"见去取之从来"，总的都在述"百三十篇之宗旨"，都是属于史论性质。

我们随意列举，都足以得到证实。上文我们讲了《史记》编写是详近略远，他在《六国年表序》中有一段话正反映了这一思想，他说："然战国之权变亦有可颇采者，何必上古！秦取天下多暴，然世异变，成功大。传曰'法后王'，何也？以其近己而俗变相类，议卑而易行也。学者牵于所闻，见秦在帝位日浅，不察其终始，因举而笑之，不敢道，此与以耳食无异。悲夫！"由于司马迁的着眼点是在秦取天下，"世异变"，"成功大"，因而对于那些不识时代变化而"牵于所闻"、以古非今的思想提出了批评。这段议论谁能说不是很好的史论呢？"究天人之际，通古今之变，成一家之言"是司马迁写作《史记》的宏伟目标。如何看待天人关系，这在当时是一个大问题。以董仲舒为代表的正统思想家，宣扬天人感应，鼓吹天有意志并享有绝对权威。在这种情况下，司马迁提出要"究天人之际"，自然是有现实意义的。他是一位具有丰富科学知识修养的学者，精通天文历法，他根据天文科学知识，说明自然界的发展、天体的运行都有自己一定的规律，而这种规律又是不以人的意志为转移的,人们只能并且必须按照这种规律去行事。他在《太史公自序》中说:"夫春生夏长,秋收冬藏,此天道之大经也,弗顺则无以为天下之纲纪,故曰:'四时之大顺,不可失也。'"这就说明在司马迁的心目中"天道"不是永恒不变的,"《易》著天地阴阳四时之行,故长于变",他强调的是天地的变化,这与"天不变,道亦不变"的思想是对立的。我们再看他关于治理国家的理论,他创立以人物为中心的纪传史体,本身就在于突出各种人物在历史进程中的作用。他在《楚元王世家》中就这样说:"国之将兴,必有祯祥,君子用而小人退;国之将亡,(必有妖孽,)贤人隐,乱臣贵。"这就是说,只要"君子用而小人退",政治就上轨道,国家就会兴旺;"贤人隐,乱臣贵",政治必然腐败,国家肯定危亡。这充分表明人谋在历史进程中起着重要的作用。凡是研究过司马迁史学思想的人都很了解,他对当时国家经济和社会财富的发展状况是非常关注的,他在《史记》中曾写了《平准书》、《货殖列传》的专门篇章来论述,我们可以毫不夸张地讲,这是中国封建社会早期两篇高水平的经济学论文。他试图从经济的发展状况来寻求社会历史发展的原因。在《货殖列传》中,他分析人类社会物质生活资料的生产发展情况时说:"故待农而食之,虞而出之,工而成之,商而通之,此宁有政教发征期会哉?人各任其能,竭其力,以得所欲,故物贱之征贵,贵之征贱,各劝其业,乐其事,若水之趋下,日夜无休时,不召而自来,不求而民出之。岂非道之所符,而自然之验邪?"这里一方面说明物质生产的历史有其自身规律可循,是不以人的意志为转移的;另一方面说明社会的分工是由生产和交换的需要决定的,而社会生产的发展又是由于个人为满足物质需要而从事工作的结果。这些论点都表明了司马迁已经认识到物质生产对社会生活所起的重要作用,并且还力图用这种社会经济生活状况来探索历史发展的原因。这是一种朴素的唯物历史观。这难道不是史学理论吗?两千多年前能够对人类社会历史的发展作这样的分析,这在中国历史上确是罕见的。要特别指出的是,他还肯定人们对物质利益的要求是合理的,认为人们关心自己的生活,谋求个人的利益,是人的"天性",他总结了"虞夏以来,耳目欲极声色之好,口欲穷刍豢之味,身安逸乐,而心夸矜势能之荣。使俗之渐民久矣,虽户说以眇论,终不能化"的社会现象。他还形象地指出:"故曰:'天下熙熙,皆为利来;天下攘攘,皆为利往。'夫千乘之王，万家之侯，百室之君，尚犹患贫，而况匹夫编户之民乎！"针对当时统治者利用仁义道德来抹杀人民物质利益需求的重"义"轻"利"思想，书中则针锋相对地提出："'仓廪实而知礼节，衣食足而知荣辱。'礼生于有而废于无。"（以上引文均见《史记·货殖列传》）可见司马迁是把人的物质生活需求放在首要地位，一个人如果连吃穿问题都无着落，你对他谈仁义道德自然是毫无意义的。所以他在《史记·游侠列传》中很含蓄地说："何知仁义，已飨其利者为有德"，"侯之门仁义存"，有钱有势就有仁义，这是司马迁所发现的真理，也是对封建统治者的道德虚伪性与片面性的无情揭露。当然，司马迁所发现的真理在任何时候都很适用。

通过上述简单的评介足以看出，司马迁的伟大著作《史记》，其中包含了极为丰富的史学理论，那些怀疑中国史学没有理论的中外先生们，这部伟大著作你们阅读过吗？

我们再看司马光的《资治通鉴》，司马光在《通鉴》中所发表的史论，一般都认为有两种形式，一是"臣光曰"，二是引前人的史论，据宋衍申先生统计，前者为一百一十九条，后者为九十九条，两者总数为二百一十八。[①]其实除这两种形式外，司马光在书中还常常借历史人物之口来发表议论，阐释自己的观点。现在我们限于篇幅，仅列举"臣光曰"中关于治国用人方面的一些史论加以评介。司马光以为一个国家能否治理得好，关键在于能否选拔到一批得力的人才，他说："为国之要，莫先于用人。"（卷七三）所以他在《资治通鉴》中非常注意并着重叙述了举贤用能、信赏必罚的史实。在用人问题上，他主张用人唯贤，反对用人唯亲。他说："臣闻用人者，无亲疏、新故之殊，惟贤不肖之察。"（卷二二五）他还反对以门第、族望、资历等为取人的标准，指出："选举之法，先门第而后贤才，此魏晋之弊而历代因之，莫之能改也。"（卷一四〇）而在用人的标准上，司马光认为必须以德为本，德才兼备的人，才称得上为"贤"。所以他说："夫聪察强毅之谓才，正直中和之谓德。才者德之资也，德者才之帅也。""为国为家者苟能审于才德之分而知所先后，又何失人之足患哉！"（卷一）在众多的评论中，我们可以看到，司马光的思想深处，是把才德兼备、智勇双全

[①]《〈资治通鉴〉究竟附有多少"史论"？》，载《司马光与资治通鉴》，吉林文史出版社1986年版。

的大臣，视为国家的无价之宝。他在评论王猛谋杀慕容垂时所说的话就充分表现出了这种观点："昔周得微子而革商命，秦得由余而霸西戎。吴得伍员而克强楚，汉得陈平而诛项籍，魏得许攸而破袁绍。彼敌国之材臣，来为己用，进取之良资也。"（卷一〇二）为此，他在《进历年图·论序》中对选人、用人提出了精辟的见解："凡用人之道，采之欲博，辨之欲精，使之欲适，任之欲专。"我觉得这个用人主张，即使在今天也非常适用。选拔时要广开门路，挑选时要慎重审查，选好后要分配以合适的岗位，使用时就该大胆放手，有职有权。他还告诫君主，对于有功之臣千万不要猜忌，"知其不忠，则勿任而已"；如果"任以大柄，又从而猜之，鲜有不召乱者也"。（卷一〇〇）为了巩固封建统治，司马光还建议君主必须做到刑赏严明，持法公正，亲疏如一，"凡中外之臣，有功则赏，有罪则诛，无所阿私，法制不烦，而天下大治"（卷五七）。在司马光看来，"政之大本，在于刑赏，刑赏不明，政何以成？"（卷七九）他还提出，要使法令行之有效，君臣上下必须执法如一。因为"法者天下之公器，惟善持法者亲疏如一，无所不行，则人莫敢有所恃而犯之也"（卷一四）。如此等等，单是用人方面的理论就如此丰富，其他方面的史学理论就可想而知了。

对于"史注"，在许多人看来，这纯粹是史料性的东西，根本谈不上什么史学理论。我们认为这完全是对"史注"一无所知的表现。现以胡三省的《通鉴注》为例，来说明这种看法是错误的。只要认真阅读过《资治通鉴》的人都知道，《通鉴》"胡注"，不仅在文字方面作了详细注释，辨证前人注释的错误，考辨史事上记载的讹误，而且对以前的历史学家、历史事件、历史人物都有很多评论，这些评论都具有很高的史论价值。《通鉴》卷六四，汉献帝建安十年，记载了"秘书监、侍中荀悦作《申鉴》五篇，奏之"。胡三省即在注中评论说："荀悦《申鉴》，其立论精确，关于国家兴亡之大致，过于彧、攸；至于揣摩天下之势，应敌设变，以制一时之胜，悦未必能也。曹操奸雄，亲信彧、攸，而悦乃在天子左右。悦非比于彧、攸，而操不之忌，盖知悦但能持论，其才必不能辨也。呜呼！东都之季，荀淑以名德称，而彧、攸以智略济，荀悦盖得其祖父之仿佛耳！其才不足以用世，其言仅见于此书。后之有天下国家者，尚论其世，深味其言，则知悦之忠于汉室，而有补于天下国家也。"这两百多字的议论，将荀悦一生言论、德行、立身、处世都作了概括。在胡三省看来，荀悦仅仅是位理论家，而不是政治家，他在政治上不会有什么作为，但其言论，对于君主治理国家却很有价值。又如《通鉴》卷一〇四，晋孝武帝太元七年（382）有这样一条记载："是岁，秦大熟，上田亩收七十石，下者三十石，蝗不出幽州之境，不食麻豆，上田亩收百石，下者五十石。"在这条记载下面，胡三省注曰："物反常为妖。蝗之为灾尚矣，蝗生而不食五谷，妖之大者也。农人服田力穑，至于有秋，自古以来，未有亩收百石、七十石之理，而亩收五十石、三十石，亦未闻也。使其诚有之，又岂非反常之大者乎！使其无之，则州县相与诬饰罔上，亦不祥之大者也。秦亡宜也。"这里胡三省未用多少大道理，而是采用一般常理来推断其妄，并且很具有说服力。《通鉴》在梁武帝大同十一年（545）记梁武帝称："我自非公宴，不食国家之食，多历年所；乃至宫人，亦不食国家之食。"这自然是十足的欺人之谎言，封建帝王与封建国家的利益能够截然分开吗？对此，胡三省在注中曾加以无情揭露，指出："帝奄有东南，凡其所食，自其身以及六宫，不由佛营，不由神造，又不由西天竺国来，有不出于东南民力者乎？惟不出于公赋，遂以为不食国家之食。诚如此，则国家者果谁之国家邪！"（卷一五九）我们再看一条，《通鉴》于唐玄宗开元二十二年（734）记"上种麦于苑中，帅太子以下亲往芟之"。对于此事，胡三省在注中评论道："种蓺之事天有雨旸之不时，地有肥硗之不等，而人力又有至不至，故所收有厚薄之异也。若人君不夺农时，人得尽其力，则地无遗利矣，岂必待自种而观其实哉！"（卷二一四）这无异是对最高统治者矫揉造作丑态的无情鞭笞和严厉谴责。历史事实正像胡三省所说，封建统治者若做到"不夺农时"，让人民有一个较为安定的社会条件，使得人人都能尽其力，社会生产自然可以得到发展。以上所举，虽然都是短小的议论，但它毕竟是史论，并且相当丰富。

至于政书体，因记载典章制度历史，因而在有些人看来，这些史籍都不过是些史料汇编而已，自然更谈不上有什么史学理论可言。其实不然，只要阅读过这类史书的人都会发现，它同样蕴藏着丰富而宝贵的理论。就以《通典》而言，杜佑编写此书，目的在于寻求"富国安民之术"，所以书中辑录了治理国家的各方面理论。难怪瞿林东先生在《〈通典〉评介》一文中将"重议论"列为该书三大特点之一，而"重议论""在具体表述上有三种不同形式"（载《中国史学名著评介》）。限于篇幅，这里我们就不再展开了。最后我还要指出的是，除了上述正式史书外，其他野史、杂史，乃至数量众多的笔记亦无不如此，既有对史事的记述，又有对史事或人物的评论，特别是唐宋以来众多的笔记中，就蕴藏着许多十分精彩的史学评论，可以说是一座尚待开发的史学宝藏，现在大家比较熟悉的仅有洪迈的《容斋随笔》、王应麟的《困学纪闻》和沈括的《梦溪笔谈》等几种而已，就是这几种，大家也并不十分了解。我们就以流传比较广的洪迈的《容斋随笔》来说，其条文不仅有许多是对历史典籍、历史事件进行考证、辨误和纠谬，而且更有许多是在谈论历史，品评得失，诸如历史上的许多政治成败、官场风气、选官得失、科举考试、赋税制度、历代国难等，议论形式不拘一格，精彩纷呈，耐人寻味，真是让外国人和一些不大读书而又好发议论者无法想象。这些笔记中，既保存了许多正式史书所未记载的重要史料，更写下了许多别开生面的重要议论，这些史论又有多少人研究过？通过以上论述，我们可以心安理得地告知世人，中国的传统史学内容是丰富多彩的，而中国传统史学理论也是丰富多彩的，那种认为中国传统史学没有史论或史论贫乏的说法是没有根据的。

　　传信存疑也是中国史学发展史上的一个优良传统，这一问题对今天社会来说，似乎更有现实意义，无论是讲史还是写史或是修志，在没有真凭实据的情况下，千万不要胡说八道，胡编乱造。应当记住，自古以来，许多史家写史都是抱着十分谨慎的态度，对于不太清楚的事件，宁可存疑，以待后人去解决。在这个问题上，孔子确实为后人树立了榜样。尽管在当时，他已经被公认为是"博于诗书，察于礼乐，详于万物"（《墨子·公孟》）的杰出人物，对于自己不知道的东西就回答不知道，从来都不以不知为自知，他再三教导自己的学生："君子于其所不知，盖阙如也。"（《论语·子路》）又说："多闻阙疑，慎言其余。"（《论语·为政》）平时就应当做到"知之为知之，不知为不知，是知也"（《论语·为政》）。子路曾"问事鬼神"，他回答说："未能事人，焉能事鬼。"子路又"敢问死"，他又答道："未知生，焉知死！"（《论语·先进》）请看回答多么干脆，不知道就回答不知道。对于历史研究，孔子同样抱着这种态度。他曾说："夏礼吾能言之，杞不足征也；殷礼吾能言之，宋不足征也。文献不足故也。足，则吾能征之矣。"（《论语·八佾》)意思是说，夏代的典章制度，他还能够说出，但是作为夏朝后代的杞国没有证据；殷的典章制度他也能够说出，但作为殷商后代的宋国同样没有证据。主要是因为文献不足，如果有足够的文献，对这两个小国的历史文化他照样可以解说清楚。可见，在没有足够文献证据的情况下，他绝不轻易发表看法，这就是中国古代史学家所具有的高贵品德。

我们再看一直被后代史学家推崇为"实录"的《史记》，正是司马迁以传信存疑的态度所写成。司马迁在掌握了丰富的史料以后，并没有为史料所役使而随便引用，凡是采录的，都经过一番考订选择的工夫，有可疑的则存疑，写作态度十分审慎。"百家言黄帝，其文不雅驯"(《史记·五帝本纪》)，既然不雅训，他就不采纳；"神农以前，吾不知已"(《史记·货殖列传》)，自己不知道，就不随便写；"至《禹本纪》、《山海经》所有怪物，余不敢言也"(《史记·大宛列传》)，许多古书记载的奇谈怪物，他更不随声附和。他在《史记·三代世表序》中对自己撰写本书的态度讲得十分清楚，"五帝、三代之记，尚矣。自殷以前诸侯不可得而谱，周以来乃颇可著。孔子因史文次《春秋》，纪元年，正时日月，盖其详哉。至于序《尚书》则略，无年月，或颇有，然多阙，不可录。故疑则传疑，盖其慎也"。旨在说明，三代以前，由于时间久远，尚无确切年代可记，诸侯都还无法按年代来为之列表("不可得而谱")，因此，只好作《三代世表》，就是如此，尚有好多残缺不全，无法记录，这也是不得已而为之。为了慎重起见，对那些解决不了的问题，只能"疑则传疑"。又如他在《高祖功臣侯者年表序》中再次申述了这个意思，因为即使是近代、当代之事，有时也未必都能了解清楚，故序文最后说："居今之世，志古之道，所以自镜也，未必尽同。帝王者各殊礼而异务，要以成功为统纪，岂可绲乎？观所以得尊宠及所以废辱，亦当世得失之林也，何必旧闻？于是谨其始终，表其文，颇有所不尽本末；著其明，疑者阙之。"尽管他想把这些诸侯得宠与废辱的终始都予以表述，但是仍"颇有所不尽本末"，再次表明要"疑者阙之"。如此审慎的著史态度，传信存疑，为后世史家树立了典范。后来班固著《汉书》，陈寿作《三国志》，亦都先后使用了存疑之法，限于篇幅，这里就从略了。

最后还值得一提的是，章学诚在《文史通义》一书中，提出在方志人物传的编修中，应当设立《阙访列传》，把许多姓名可知而事迹不详的人物材料保存下来，以待后人进一步搜集和研究，同时对那些有怀疑、有争论而难以判断的人物，亦可列入此传，保存其材料，待后人搜集更多材料再行研究，以便得出公正的结论。为此，他在修《和州志》和《永清县志》时均立有《阙访列传》，如今还保留有《和州志阙访列传序例》和《永清县志阙访列传序例》两文，收在《文史通义》一书中（分别载《文史通义新编新注》外篇五、外篇六）。文中一再强调，设立《阙访列传》是采用孔子《春秋》阙疑之意旨。章氏这个创意，无疑可以有意识地保存那些悬而未决的和一时很难作出判断的许多重要史料，待后人有了新的发现再作定论，这就可以避免许多草率论定而成为冤假错案的情况，不愧为史学理论家的见解。

我们仅从上述三个特点和这三个优良传统的介绍和评述，就足以感受到中国传统史学内容的丰富多彩，博大精深。同时也就深深感到以个人绵薄之力，要在一本《中国古代史学史》中将其讲深、讲透、讲全面、讲准确是不可能的，起码我个人是不可能的。我只能说，现在呈现在广大读者面前的《中国古代史学史》，仅仅是一本帮助大家了解中国传统史学的启蒙读本。

四

当前社会上谈论传统文化又渐成时尚，但是对传统文化所包含的内涵和真正概念，知道的人实际上并不太多。作为我国传统文化，其内容当然是非常丰富的，起码要包含今天分科的文、史、哲等学科，当然也就容纳了儒、道、佛多家内容。旧时代常说，文史不分家，其实这是不太确切的，我们应当这样说，在古代社会中，学者们实际上都是文史哲不分家，特别是唐宋以来尤其如此，这从"文集"内容的变化就可以充分得到证实。史学评论家章学诚在《史考释例》中就曾这样说："文集仿于东京，至魏晋而渐广，至今则浩如烟海矣。然自唐以前，子史著述专家，故立言（入子）与记事（入史）之文，不入于集，辞章诗赋，所以擅集之称也。自唐以后，子不专家，而文集有论议，史不专家，而文集有传记，亦著述之一大变也。彼虽自命曰文，而君子以为是集中之史矣。"（《文史通义新编新注》外篇一）这就说明，在古代社会中，学者们做学问不像今天这样社会分科非常明确，他们是文史哲内容交织在一起的,可大文学家柳宗元不是照样写出著名的《封建论》吗?唐宋八大家的文集,不相信你可翻阅看看,其中就有好多都是评论历史人物和历史事件的文章。因为它们之间是相互牵连、交织在一起的,有时很难将其严格加以区分。明清之际的三大思想家顾炎武、王夫之、黄宗羲,他们都是杰出的思想家,同时又都是著名的历史学家和文学家,各自都有这些方面的代表作。而近代学者魏源、王国维、龚自珍、章太炎等亦都如此,他们都是传统文化的传承人物,由于做学问的需要,从没有将这些内容区分为此疆彼界。因此,传统文化按今天的观点和习惯来说,它是应当包括文、史、哲和儒、道、释等这些内容在内的,它们在祖国大家庭丰富多彩的文化发展中都起过各自不同的作用,所以我们说是缺一不可的。

令人不解的是,打开许许多多文化史论著,你会发现其中好些著作中历史学竟无一席之地,这样的著作,起码也该说是内容不全面、不完整,何况所缺的还是文化的核心内容。这自然就说明这些作者对文化的内涵缺乏完整的理解,于是一些对传统史学一无所知或知之甚少的人,照样在大谈传统文化,这不能不说是一种怪现象。当然,我们说史学是文化的核心,许多青年朋友或许还不太清楚,复旦大学张广智、张广勇教授,早在 1990 年就出版了《史学,文化中的文化》(浙江人民出版社 1990 年版)一书,在第一章中,专门立了《史学与文化》一个标题,指出"我们以为,本书题名'史学,文化中的文化',在一定程度上反映了这两者之间的关系,从中也不难看出历史学的特点及其在整个文化中的地位。这一命题,我们可以从以下几个方面略加论列"。接着书中从三个方面进行论述,为了说明问题,现将第一个内容节录如下:

> 第一,史学文化的独特性与重要性。历史是知识的海洋,历史学致力于人类的整个文化领域。从纵的看,在一个历时性的进程中,史学显示了人类文化自古迄今的演变和进步,犹如一颗颗璀璨的珍珠,是历史把它串在一起,在人类文明史上闪烁出不灭的光彩;从横的看,它联系的是人类文化在各个部门的活动及其业绩。论者指出,史学将提供给人们其他学科所不能给的两个概念:一个是全面的概念;另一个是必然的概念,各门学科只是研讨某一方面的知识,而历史学则着眼于从社会变

迁中探讨整个文化的发展进程，给人以全面与发展的观点。由是观之，历史学就是广义的文化史，世界历史，则是整个人类文化的历史，正如布克哈特所说："在通常情况下，文化史即是从整体上来考察的世界史。"① 这样看来，其他各门学科相对于历史学科来说，都有难以避免的学科局限。以文学而论，它虽能通过塑造典型人物、艺术的虚构与夸张等手段，去振奋或激起人们的共鸣，使他们深切感受到一种文化传统的存在，但在对此进行完整的叙述和科学的分析方面不能不逊色于历史。这是文学本身的特点所决定的，无法苛求。

那种认为历史学与现实生活缺乏联系的观点是不足为据的。诚然，从表面上看来，历史是记录过去的。但是，作为对过去进行反思的史学，与人类生活之间存在着某种必然的联系。人类生活的繁衍不息，决定了历史学的永恒性。世代相续的人类生活总是在过去、现在和未来这三个世界里度过的，人类对过去的反思，是绝不能同现在与未来分隔开来的。过去、现在和将来虽有区别，但史学又把它们作为相互赓继的锁链联系在一起。因此，历史学的价值就在于使人类了解自己的过去，从而无所畏惧地迎接来自现实的挑战，并满怀信心地走向未来，这是历史学的永恒课题，这也为世代历史学家的努力提供了永不枯竭的源泉⋯⋯为什么历史学家在世界各国各民族的文化中，发挥了如此重要的作用？为什么一代又一代的历史学家在连续不断的社会嬗变中，要一再对历史作出新的解释？事实只能说明，历史学与人类生活存在着不可分割的永恒联系。

⋯⋯但是，怎能想象人类在步入二十世纪，现代文明给历史学的发展创造了更加有利的客观条件之后，历史学反而可以无足轻重，竟至它成了其他学科的附庸或与人类生活隔绝了联系呢？

总之，无论从哪一方面来看，历史学的这些特点是其他学科所不及的，这就决定了它在整个文化中的独特的与重要的地位。不管这种地位能在多大程度上为人们所认识，它本身所具有的这种价值则是不能动摇

---

① 转自〔美〕卡尔·J.温特劳布：《文化视野》(Karl J. Weintraub, *Visions of Culture*, University of Chicago Press, 1966)，第138页。

的。只要史学研究不归结为某种套语或某种公式，而是进行全面的考察与客观的评价，它就将在人类的社会生活中，发挥出它特有的文化功能。

我不厌其烦地大段加以摘引，目的是要告诉大家：史学是文化的核心，并不是我一个人的主张，张广智先生也持同样看法，他是研究西方史学史的专家。同时我觉得他的这段论述已经相当全面了，而在论述过程中，他还三次引用了西方学者关于这一问题的见解（因篇幅所限，省略了两次），可见这一观点，在世界学术领域已经有了共识，只不过我们没注意罢了。因此，希望今后在研究文化史的时候，千万不要再不明不白地将史学随意遗弃，以维护文化的完整性，尤其是中国的传统文化！

最后，对于"国学"笔者也想谈点自己的看法。最近几年来，国内上上下下，都在谈论"国学"，国学院、国学馆、国学班等，真是遍地开花，非常热闹。若问什么是国学，恐怕真正能够回答出来的人并不很多，似乎在讲一部《论语》、一部《三字经》、一部《弟子规》就是在讲国学了。但是又有的将国学讲得神乎其神，高深莫测，让人望而却步。我可以告诉广大读者，国学其实就是指中国的传统文化，也就是中国固有的学术文化，这个词汇是在特定的历史时期产生，也就是说是在西学东渐以后才产生的，是相对西学而言的。当然，最早提出这一概念的是章太炎先生。他称之曰"国故"，就是指中华民族旧有的历史文化。五四运动以后，他专意讲学，提倡国粹，所讲内容有小学、经学、史学、诸子学、文学等，他还写了一本《国故论衡》。后来"国故"一词能够得以定名为"国学"，并得以扬名和广泛流传，胡适自然应居首功。1920年他在《新思潮的意义》一文中就明确提出："我们对于旧有的学术思想，积极的只有一个主张——就是'整理国故'。……现在有许多人自己不懂得国粹是什么东西，却偏偏要高谈'保存国粹'。林琴南先生做文章论古文不当废，他说：'吾知其理而不能言其所以然！'现在许多国粹党，有几个不是这样糊涂懵懂的？这种人如何配谈国粹？若要知道什么是国粹，什么是国渣，先需要用评判的态度，科学的精神，去做一番整理国故的工夫。"[①] 而在《〈国学季刊〉发刊宣言》一文中

---

① 载《胡适文选》，台北远流出版公司1986年版。

讲得就更加明确而具体了,文中说:"'国学'在我们心眼里,只是'国故学'的缩写。中国的一切过去的文化历史,都是我们的'国故';研究这一切过去的历史文化的学问,就是'国故学',首称为'国学'。'国故'这个名词,最为妥当;因为他是一个中立的名词,不含褒贬的意义。'国故'包含'国粹';但他又包含'国渣'。我们若不了解'国渣',如何懂得'国粹'?所以我们现在要扩充国学的领域,包括上下三四千年的文化,打破一切的门户成见;拿历史的眼光来整统一切,认清了'国故学'的使命是整理中国一切文化历史,便可以把一切狭陋的门户之见都扫空了。"(载《胡适文选》)我们觉得,胡适对"国学"所作的这样定名,是非常确当的,它是来自"国故学"的省称,而作为"国故学",就是指我们中华民族旧有的学术文化,也就是我们习惯常称的传统文化。胡适的论述也相当客观,指出"国学"中既有"国粹",也有"国渣",并不是说"国学"样样都是宝贝,样样都得继承,正像我们所常说的,对于传统文化的整理研究,一定要取其精华去其糟粕,其意自然是一样的。同时他还指出,研究过程中要"打破门户成见",庙堂的固然要研究,草野的也应当研究,做到一视同仁,更不必去区分什么儒学元典还是道藏经典,他认为"道教经典和《尚书》、《周易》有同等的研究价值"。

  需要指出的是,当年在对"国故"的讨论期间,参与讨论的学人是很多的,不同观点,不同看法,确实是见仁见智,就以"国学"的定名而言,胡适之外,当然还有不同的说法,如邓实的《国学讲习记》则说:何谓"国学"?"一国所有之学也"。近来有的作者在文章中就极力主张这一说法,文章说:"长期以来,对于什么是国学,各家都有自己的指说,但究其大意,逃不出邓实《国学讲习记》所做的'一国所有之学也'的论定。"[①]我们认为,这一"论定"缺乏时空概念,我们在上文中已经讲了,讨论这一问题,必须注意特定的历史条件,西方学术思想源源不断地进入,而国内又兴起了新文化运动,特别是白话文的提倡与传播,于是一些守旧者们就哀叹"古学要沦亡了"!讨论就是在这样的历史条件下产生的,如何对待和处理历史文化,就

[①] 毛文琦:《对古代经典的礼意——〈国学人文读本〉读后》,《文汇读书周报》2009年5月15日《新学术》版。

曾产生了许多不同的声音，有的人就高喊"要保存国粹"，至于什么是"国粹"，要如何保存就没有下文了。当时，作为新文化运动的前沿人物胡适，高举"整理国故"大旗，提出了一套整理研究历史文化的思路，指出："研究这一切过去的历史文化的学问，就是'国故学'，省称'国学'。"并且告诉人们："国学的使命是要使大家懂得中国的过去的文化史；国学的方法是要用历史的眼光来整理一切过去文化的历史；国学的目的是要做成中国文化史。"(《胡适文选·〈国学季刊〉发刊宣言》)那么，"一国所有之学也"的概念与界限是如何呢？按理说，既然是讲"一国所有之学"，必定要包括自古至今国内所有之学问，自然也就应当包括五四新文化运动的内容了，否则就解释不通了。因此我们认为用"一国所有之学"来说明"国学"是不太贴切的。

上面我们将"国学"的内涵讲清以后，自然也就不存在神秘感了。因此，希望广大读者，对于"国学"，还是抱平常心态就行了，既不要跟随人家将其捧得神乎其神，讲得玄而又玄，也不应当将其任意贬斥，或随心所欲地加以曲解。把它作为文化遗产，认真加以整理和研究，如此而已，也就很不错了。当然，更希望学术界不要再把"国学"当作唐僧肉一样，不管讲的是什么内容，也不管讲的人是否真的读过几本经史诸子，一律都要贴上"国学"的标签，似乎只有这样才能体面。就连一些与"国学"并无牵挂的著名画家也写了《国学刍议》之类的文章，内容又是错误百出。[①]我真替这位画家惋惜，何苦硬要去出此洋相。

也许有人会说，本文后面三个问题，并不是史学史的研究范围，严格讲来，确实如此，但是，它们又都与史学史有着密切关系，就以国学而言，难道能少得了史学内容和史学经典吗？显然是不可能的。既然各自存在问题，也就有必要谈些自己的看法，希望有助于读者正确看待这些问题。

作者

2009年仲夏序于

浙江大学独乐斋

[①] 陈福康：《能这样谈国学吗？》，《中华读书报》2009年6月3日《文化周刊》。

目 录

第一编 中国史学的起源和战国秦汉间的史学

第一章 中国史学的起源 3
第一节 史学产生的时代 3
第二节 史料和史官 7
第三节 孔子以前的史学 14
第四节 孔子和《春秋》 23

第二章 战国秦汉间的史学 27
第一节 战国秦汉间历史发展的特点 27
第二节 编年体巨著——《左传》 31
第三节 各种史著的撰述 38

第二编 以人物传记为中心的汉魏六朝史学

第三章 纪传史体的兴起与发达的原因 53
第一节 大一统局面的出现与经济文化的繁荣 53
第二节 重视人的作用，通过人物传记总结经验教训 55
第三节 选举制度在史学上的反映 55

第四节 《史》、《汉》二书的影响和直接推动 56

第四章 伟大的历史学家司马迁 58
第一节 司马迁创作《史记》.................58
第二节 司马迁的史学 63
第三节 《史记》的人民性与艺术性 73

第五章 两汉之际的史学 83
第一节 断代史的创立者班固 83
第二节 汉代其他史家和史著 91

第六章 魏晋南北朝史学的蓬勃发展 108
第一节 魏晋南北朝史学发展的新地位 108
第二节 陈寿与《三国志》.................129
第三节 范晔与《后汉书》.................140
第四节 魏晋南北朝时期其他的史家和史著 153

第三编　主通明变的唐宋元史学

第七章 唐宋元史学的特点 171
第一节 唐宋元时期社会发展概况 171
第二节 通史之风的盛行和各种新史体的出现 173

第八章 唐设史馆修史 178
第一节 史馆的设立 178
第二节 起居注和实录 181
第三节 唐初史馆所修之五代史和《晋书》.................183
第四节 李延寿的《南史》和《北史》.................189

第九章 杰出的史学评论家刘知幾 192
第一节 刘知幾著《史通》.................192

第二节　刘知幾对史学的贡献.................196

　　第三节　刘知幾的史学思想.................214

第十章　典章制度通史——《通典》和《文献通考》.................225

　　第一节　杜佑和《通典》.................225

　　第二节　马端临和《文献通考》.................235

第十一章　编年体通史——《资治通鉴》.................248

　　第一节　《资治通鉴》编修的经过.................248

　　第二节　《资治通鉴》在史学上的地位.................254

　　第三节　司马光的史学思想.................261

　　第四节　胡三省和《通鉴注》.................270

第十二章　纪传体通史——《通志》.................278

　　第一节　郑樵和《通志》.................278

　　第二节　郑樵在史学上的贡献.................286

　　第三节　郑樵的史学思想.................290

第十三章　唐宋元时期其他史家和史著.................296

　　第一节　新史体的创立.................296

　　第二节　新旧《唐书》和新旧《五代史》.................313

　　第三节　两宋时期当代史的编修.................324

　　第四节　元修宋、辽、金三史.................330

　　第五节　目录学的新发展和高度发展的唐宋笔记.................336

　　第六节　唐宋元时期地方志的编修和舆地学的发展.................346

　　第七节　唐宋谱学发展.................356

　　第八节　唐宋元时期杂史举要.................366

　　第九节　大规模类书的编纂.................369

第四编　具有启蒙色彩的明清史学

第十四章　明清时期史学特点……373
- 第一节　封建社会晚期的明清社会特点……373
- 第二节　理学与反理学的斗争……379
- 第三节　清初统治者的高压政策使史学走上考据道路……385

第十五章　再度以褒贬人物为中心的明代史学……391
- 第一节　形成重当代、重人物褒贬的原因……391
- 第二节　明代传记概述……394
- 第三节　明代设馆编修的史书……396
- 第四节　纲目体盛行和史学走向社会……401
- 第五节　王世贞和李贽……410
- 第六节　胡应麟和辨伪学……422
- 第七节　谈迁和他的编年体史著《国榷》……428
- 第八节　其他野史举要……433

第十六章　清代前期史学概况……442
- 第一节　开辟一代新学风的清初史学家顾炎武……442
- 第二节　王夫之和《读通鉴论》……452
- 第三节　顾祖禹和《读史方舆纪要》……462
- 第四节　清政府设馆编修《明史》……470
- 第五节　对《资治通鉴》的续补……474
- 第六节　三通、四库馆的开设……477

第十七章　清代浙东史学……481
- 第一节　浙东史学的统系和特点……481
- 第二节　浙东史学的开山祖——黄宗羲……491
- 第三节　万斯同在史学上的贡献……501

- 第四节　全祖望在史学上的贡献...507
- 第五节　邵晋涵的史学...514

第十八章　清代杰出的史学评论家、浙东史学殿军章学诚..............524
- 第一节　章学诚和《文史通义》...524
- 第二节　章学诚的史学思想和在史学上的贡献...................................533
- 第三节　章学诚的方志学...551

第十九章　乾嘉史学..562
- 第一节　乾嘉史学的特点和概况...562
- 第二节　方志与谱牒之盛行...571
- 第三节　乾嘉时代的史家及其代表作...579

第一编

中国史学的起源和战国秦汉间的史学

第一章
中国史学的起源

第一节 史学产生的时代

一、原始社会内史学的因素

我国古代有过许多神话故事的传说。这些传说，在先秦的史籍中以各种不同形式的记载得以保存和流传下来。虽然这些记载在很大程度上经过了后人的加工，但它们毕竟保存着原来历史的真实性，并非完全属于虚构。

在文字没有发明之前，人们要想表达自己的思想，只有依靠语言。可是语言是口中发出的声音，这种声音既不能达到很远的地方，也不能长期保存下去，出口之后，随即消失。我们祖先为了解决传播知识上的困难，就借助于自己的记忆，把听来的话牢牢记住，然后再对别人重复讲出来。这样一来，人们讲过的话，不仅可以传到远方，而且可以一代一代传得很久。因此，古代的许多传说，在一定程度上都具有历史的性质，有其历史的成分，反映了我们祖先传述历史的概况。虽然它们还不是严格意义的历史，更不能叫作史学作品，但毕竟已经包含着史学的因素。

从内容来看，这些传说大致可以分为两类。一类是有关氏族社会里英雄人物的故事，如与自然斗争取得胜利的故事、氏族部落间原始战争的故事；一类是对于自己的祖先和氏族起源的传说。在第一类传说中，治水和农耕的故事流传最广，这是当时社会生产发展水平和生产状况的反映。在古代生产力低下的情况下，无论以农业还是畜牧业为生的部族，都不能不在近水之地生活。可是当时族小人少，聚居在大河附近，一旦洪水泛滥，全族人都有生命危险。这样，洪水也就自然被看作当时莫大的灾害，而在对洪水抗争中立下功劳的人，无疑也就被大家公认为英雄。所以很多氏族中，都流传着治水有功的英雄人物的故事，其中最突出的是夏禹。大禹治水不是虚构的神话，而是有史实为背景的传说。他在治水过程中创造了有名的疏导治水法，治服了洪水，平息了水患，使人民从"洪水横流，泛滥于天下"（《孟子·滕文公上》）的困境中解脱出来，安居乐业。于是大禹治水的故事，就在人们心中留下长久不灭的印象，而大禹本人受到全体人民的尊敬崇拜，历久不衰，并被尊为神，也就完全可以理解了。

在耕稼当中传说的英雄人物也很多，但名声可以跟大禹媲美的只有后稷了。他不仅教人们播种"百谷"，而且自己也熟练地掌握着一手好农艺。在生产中他很注意选好品种，他种的庄稼长得特别好；他还会把粮食加工成食品。后来大家为了纪念他，就把他尊为农神而加以崇拜。

关于部落之间战争的传说，黄帝大战蚩尤是最突出的一例。传说中蚩尤的势力和本领都很大，经过惊心动魄的战争，最终还是被黄帝所制服。这反映了我国古代部落之间曾经有过规模很大、对抗很激烈的战争。

至于对自己祖先、氏族起源的传说，如商代始祖简狄吞卵生契，实际上反映了原始社会只知有母不知有父的对偶婚姻关系。

由此可见，我国先民对于历史的传述和对于历史的看法，都是远在有文字记载以前的。今天我们从先秦史籍中还能看到被保存下来的一部分古代的神话、故事传说，尽管这些资料记载是零星的，并且免不了都经过后人的加工，而且各书的记载亦互有差异，但无疑都是现实生活的反映，是古代历史的镜子，而不是后人凭自己的臆想所虚构出来的。因此研究这些神话、故事传说，对于研究我国史学的起源是有意义的。值得注意的是，这许许多多的神话、故事传说，反映先民在对自然的抗争中战胜困难，取得胜利，更何况许多传说的本身，又都带有传播生产知识的作用，所以它们的生命力特别强，流传得十分广泛。

二、史学产生的基本条件——文字和历法

1. 文字的发明

没有文字就不可能有书。对于某件事情，如果没有文字记载，单凭记忆，不仅会产生错误，而且也不可能维持长久。因此人们曾采用过"结绳以

记事"的办法来弥补记忆的缺陷。但是，对于一些比较复杂的历史事件，要长久记住不忘，靠这种结绳记事的办法也还是无法解决的，那就只有借助于文字的记载了。有了文字，就可以把所发生事件的原因、经过和结果都记载下来。有了文字记载的材料，才能编纂成为史书和产生史学，这一点与文学的情况是有所不同的。

文字的发明，是适应着社会生产的发展和政治上的需要而出现的。文字是阶级社会的产物，因为文字的创造，虽和其他事物的创造一样，同为劳动的结果，但这种劳动已经是脑力劳动，必须有大批脱离生产而从事脑力劳动的人，才有发明文字的可能。另外，进入阶级社会，国家产生了，也需要有文字，因为推行军令、发布文告，均需以文字来表达。所以文字的发明和国家的产生是息息相关的。斯大林在《马克思主义和语言学问题》中说："生产的继续发展，阶级的出现，文字的出现，国家的产生，国家进行管理工作需要比较有条理的文书。"这就充分说明文字对于国家管理工作的作用。

至于我国文字究竟创始于什么时候，学术界意见尚不一致。目前我们所能见到的最古的文字，是在殷墟发现的甲骨文。但经过专家们的研究，这是属于殷商后期的，还不是我国最早的文字。根据现有材料来看，夏代应当已有文字。古籍记载，夏代已经进入了阶级社会，出现了国家。从夏禹以后，就由"公"天下变为"家"天下了。"家"天下的出现，意味着财产私有制在政治上的完成，从此帝王世袭制正式确立。自禹至桀十七帝四百多年，世系分明。夏代还曾划分其领土为九个区域（《左传》襄公四年），设官分治（《左传》宣公三年），并且出现了镇压人民的刑法（《左传》昭公六年）。生活在春秋时代的孔子曾一再提到"夏礼"，说"夏礼，吾能言之"（《论语·八佾》），"殷因于夏礼，所损益可知也"（《论语·为政》）。有了国家机构，有了刑法，有了礼仪制度，要说还没有文字，自然是不可设想的。再从殷商的甲骨文来看，它已经不是最原始的文字，它的象形字字形已经是事物的象征而不是图画式的写实。特别值得注意的是，甲骨文中已经有了会意、形声和假借文字的出现，说明殷代的文字已经得到高度的发展。就其文字数目而言，在已经发现的甲骨文里有三千个以上的字。字形如此老练，词汇这样丰富，没有长期的磨炼发展过程，不可能达到这样高的水平。再从文字演进的规律来看，中国文字的起源，必然远在甲骨文之前。郭沫若先生说：

"汉字究竟起源于何时呢？我认为，这可以以西安半坡村遗址距今的年代为指标……要之，半坡遗址的年代，距今有六千年左右。我认为，这也就是汉字发展的历史。"(《古代文字之辩证的发展》)所以我们认为在夏代已经有了文字，那自然是不成问题的。

2. 历法的产生

历法的产生，是史学产生的一个重要条件，因为史学是以时间为基础的，就像地理以空间为基础一样重要。有了历法，才能推算时间，确定岁时年月。年月不清，就没有时间观念。一部史书如果没有确定的时间，那么史料再丰富也是毫无价值的。作为一部真正的史书，必须是时间、地点、人物、事件四者有机地结合。

在原始社会里，人们对于天体运行的观察，最初只限于白天和黑夜，"日出而作，日入而息"，这是当时人们所能知道的自然规律。又经过长期的观察，慢慢地发现了月盈月亏的规律，其周期等于二十九次或三十次日出，这样，人们的头脑中就开始形成了日月的观念。天时观念的发达，又是与农业生产的发展相关联的。因为农业生产需要寻求天时周期规律，以便及时地播种和收获。随着农业生产的进一步发展，在生产实践中逐步认识到季节更替和气候变化的规律，于是产生了把一年分为十二个月，一月分为二十九或三十天的比较精确的历法。这样一来，计时的问题也就解决了。

我国历法的产生是相当早的。据研究，以太阴月为一月的方法，其源应远溯于唐虞夏以前。到了夏代，历法已经相当精密了，所以孔子主张"行夏之时"(《论语·卫灵公》)。战国时流传的"夏历"和《夏小正》一书，大约就是保留了相当部分的夏代历法。《诗经》中西周诗歌大部分用的是夏历。这种以建寅之月为岁首的夏历，对后来影响很大。

三、史学起源于奴隶社会

在奴隶社会，生产力的提高和生产的发展，为产生历法和发明文字提供了物质基础。有了历法和文字，就具备了产生史学的必要条件。但是，史学之所以起源于奴隶社会，还有它的内在因素，这就是奴隶社会的统治阶级需要史学为它的统治服务。所以史学从它诞生之日起，就被统治阶级利用来为其政治服务。先秦史籍中所记载的奴隶主阶级的一些代表人物的言论，便充分反映了这个问题。西周的统治者曾声称"我不可不鉴于有夏，亦不可不鉴于有殷"（《尚书·召诰》）。既然要用前朝兴亡的事实作为自己统治的借鉴，那就只有借助于记载着前朝兴亡事迹的史书。周内史过在论述国家兴亡在于国君的修德与否时，也曾列举夏商兴亡的历史，引用古代史籍《夏书》、《汤誓》、《盘庚》作为议论的依据（《国语·周语上》）。到了春秋时代，政治上的代表人物引用古代史籍的论述作为自己议论或施政根据的，那就更普遍了。如庄公八年（前689），鲁师及齐师围郕，郕降于齐师，当时有人劝请庄公讨伐齐师，庄公不同意，认为还需"修德以待时"，并引了《夏书》"皋陶迈种德，德乃降"作为论证（《左传》庄公八年）。晋悼公好田猎，魏绛引《夏训》所载有穷国后羿为家众所杀的事以谏悼公（《左传》襄公四年）。楚大夫王孙圉与赵简子对话时所提到的利用历史作为借鉴，那就更典型了："又有左史倚相，能道训典，以叙百物，以朝夕献善败于寡君（指楚国国君），使寡君无忘先王之业。"（《国语·楚语下》）可见当时的史官每天还得给国君讲述历史，以使国君"无忘先王之业"。不仅如此，当时统治阶级还把史书作为教育自己后代的课本，申叔时回答楚庄王关于教育太子的内容，就是一个明显的例证。申叔时给太子所开的书目中，特别注重历史，认为太子应当学习《春秋》、《世》、《语》、《故志》、《训典》，这五种都是历史方面的书，其中《春秋》就是当时的编年体国史。为什么要学习《春秋》呢？申叔时说："教之《春秋》而为之耸善而抑恶焉，以戒劝其心。"（《国语·楚语上》）以上事实说明，在奴隶社会，奴隶主是非常重视历史的，其目的就是要从历史上的得失成败中汲取教训。

第二节　史料和史官

一、成文史料的形成

我国从夏代就进入了阶级社会，出现了国家机构。有了国家机构，就必然要订立各种制度，发布命令，从而就产生了文书。各个部门进行工作，都有各自的文件，如军事、政治、生产技术等。把这些文件分类加以保管，就成为档案。这种档案资料便是最早的成文史料，流传至今的《尚书》，就是我国最早的一部档案文件汇编。

夏、商、周三代的文书，大都是写在竹片和木板上面，其名称，用竹片的在周代称作"简"或"简策"，用木板的叫作"方"或"方板"。《中庸》有两句话："文武之政，布在方策。"意思就是说，周文王和周武王所说的道理，都已经记在书上了。当时所说的方策，就等于我们今天所说的书籍。有些重要的文书，则刻在玉石上，称之为"玉版"。一根竹简所写字数有限，因此一部书得用很多竹简。为了阅读方便，这些竹简必须依次编连起来，使之成策（册），这就是一册书。编连用的绳子一般是用麻绳和各式丝绳，也有用牛皮带的。用丝绳的叫"丝编"，用牛皮的叫"韦编"，故有"孔子读《易》，韦编三绝"的传说。一般编成一策的，大都是书中一篇首尾完整的文字，所以又叫作"篇"，古人对这种编连起来的书就是以"篇"为单位来计数的。现在写书也叫编书，意思就是从这里来的。

二、负有双重职能的古代史官

"史"字原义，并非指书，而是指用文字记事的人，是职务名称，如同后世起草文书、掌管文件的秘书、书记之类的官吏，职位并不太高。在西周，一些下级机关部门，凡是从事于记事的官吏皆称史。《说文解字》云："史，记事者也，从又持中。"对此，清代学者江永曾作过解释，认为这里的"中"是指簿书，"又"是指右手，手持簿书为"史"，这正与周代那些起草文书、掌管文件的官吏叫"史"之义相符合。为什么当时把簿书叫作"中"呢？清代另一学者吴大澂有过进一步的说明，认为"中当作中，即册之省形。册为简策本字，持中，即持册之象也"（《说文古籀补》）。也就是说，"中"字是"册"的简笔字，持中就是持册。周代把办理文书的工作叫作"治中"，这个"治中"也就是治册，是办理文书的同义词。

夏代既然已经出现了国家，那么在奴隶制国家机构中，设置这类性质的官吏应当说是不成问题的，而且古籍中亦记载夏代设有太史令。如《吕氏春秋·先识》篇说夏桀荒淫无道，太史令终古出其图法进行劝谏，劝谏无效，即弃而奔商。至于殷代设置这种官吏，则更无争议，不仅在《尚书》、《逸周书》、《左传》、《国语》等先秦史籍中都记载有内史等名称，而且甲骨文中亦有"作册"、"史"、"太史"、"内史"、"尹"等职称的出现。这些职称，直到西周初期还在沿用着，西周金文里就有"作册"、"内史"、"作册内史"、"内史尹"等称呼。在《周礼》中则还记载了周代的史官设置，有太史、小史、内史、外史、御。这五史之说，前人依据春秋时期史料考定，除小史、外史两者外，基本上都得到证实。① 另外，在《礼记·玉藻》篇和《汉书·艺文志》还载有左史、右史的名称，不过所记职责互不相同，前者言："动则左史书之，言则右史书之"；后者曰："左史记言，右史记事"。对此，清代学者黄以周曾作过考辨，指出："《大戴礼·盛德》篇：内史、太史，左右手也。谓内史居左，太史居右。《觐礼》曰：太史是右。是其证也。古官尊左，内史中大夫，尊，故内史左，太史右。"(《礼书通故》卷三四）这就是说，左史即是内史，右史便是太史。而其具体分工，应是左史记言，右史书事。这二史都是设在国王身边的官吏，所谓记言，就是为国王起草文书，发布文告，推行政令，《尚书》里的《诰命》一类，正是属于这一性质；所谓书事，则是指负责记录所发生的与国王有关的一些事件，这就不单局限于人事方面，自然界的重大变化（即所谓"天道"）亦均需记载。当然，左右二史职责是否就是如此分明，恐怕不应作绝对机械的理解。

从周朝开始，不仅王室有史官，各诸侯国亦纷纷设置史官，从事史事的记载。如鲁国有太史（见《左传》文公十八年、昭公二年、哀公十一年，《国语·鲁语》），齐国有太史、南史（见《左传》襄公二十五年），楚国有左史（见《左传》昭公十二年、《国语·楚语上》），郑国有太史（见《左传》襄公三十年、昭公元年），秦、赵则皆有御史（见《史记·廉颇蔺相如列传》）。各国史官有名可考者如：晋国有史赵、董狐（见《左传》襄公三十年），楚有倚相（见《左传》昭公十二年）、史皇（见《左传》定公四年），赵有史墨（见《左传》昭公二十九年）。

---

① 黄云眉先生在《略论〈周礼〉五史与〈礼记〉左右史》（载《史学杂稿订存》，齐鲁书社1980年版）一文中指出，在古代，只有太史、内史、左史，而没有小史、外史、右史。

从夏、商、周三代来看，古代史官的职能是两个方面：一是关于人事方面；一是关于天道（即宗教迷信）方面。不过随着时代的发展，这两个方面的比重在不断地起着变化，人事活动的内容逐步超过了天道。这一变化，就使史官的职守逐步地摆脱了神道宗教的事务，慢慢地分离而成为某种专业，因而使史官有更多的机会从事于历史的记载和史料的搜集、汇编与保存，这就为以后史学进一步的发展准备了条件。

三代以来的史官，其性质既如后世政府中之文职人员，所以他们的职能首先是保管典籍，记录时事，起草文书，宣达王命，献书规谏，讲颂史事。如夏代的太史令终古、殷代的内史向挚，从史籍记载来看，其主要职能就是保管图籍、献书规谏。晋太史董氏、籍氏，就是因为他们世代"董督晋典"，所以被称为"董氏"、"籍氏"（《左传》昭公十五年）。记录时事，内容就更为广泛，不但记录本国发生之事，而且包括各国交往会盟的内容。如《左传》襄公二十九年载："鲁之于晋也，职贡不乏，玩好时至，公卿大夫相继于朝，史不绝书。"又僖公七年载："夫诸侯之会，其德刑礼义，无国不记。"当时各诸侯国会盟，史官务必亲临实录，秦、赵渑池之会，可算是史官记录时事的典型。

古代史官职守，除了上述任务外，还要从事于宗教性的迷信活动，配合政权统治进行着各种神权思想的宣传活动，为巩固统治者的政治地位服务。祈祷、享祭、贞卜等活动，可以说是古代史官的日常工作。关于这点，殷商的卜辞是最能说明问题的，国王的一举一动，诸如出征、祭祀、打猎、疾病等，无一不需史官贞卜以问吉凶，并把贞卜结果如实记录，就现象而言，全以宗教形式出现；而究其内容，则已经包括了当时国家的全部政治生活。所以这类记载，亦多属可信的史料。到了春秋时代，史书上还有所谓"祝史陈信于鬼神"（《左传》襄公二十七年）的记载。把"祝"与"史"连在一起，正说明当时史官所从事的工作之两重性质。一旦出现所谓"怪异"之事，君主就要问于史官，提出对策。如《左传》哀公六年记载楚国上空出现"有云如众赤鸟，夹日以飞，三日"的怪事，楚王忙派使者求问于周太史，周太史即教楚王祷禳以消灾。由于史官还掌司历法，故还具有一定的天文知识。但是他们的这种知识往往夹杂着占星术、巫术等宗教迷信成分，于是他们又成为预言家，他们根据星象的变化，来预言人事的吉凶或国家的盛衰。周内史叔服根据"有星孛入于北斗",预言"不出七年,宋、齐、晋之君皆将死乱"(《左传》文公十四年)。晋史墨据"越得岁而吴伐之",预言"不及四十年"越必灭吴(《左传》昭公三十二年)。

综上所述,可见古代史官是肩负着天道、人事两种职责的。而这两种职能又大多是交织在一起,越往上古,两者越是不易分开。当然,需要说明的是,如此头绪纷繁的工作,并非只是由某一史官全部承担,而是设置众多史官分掌其事的。

三、中国最古的档案文件汇编——《尚书》

1. 关于孔子删订六经

孔子是否删订过六经,学术界还有不同看法。范文澜先生说孔子"删订六经,保存了三代旧典"(《中国通史简编》),这话是很有道理的,因为许多史籍记载,都说明了孔子与《诗》、《书》等这几种典籍发生过很多关系。而《史记·孔子世家》里,对于《诗》、《书》、《易》、《春秋》等著作的删订、整理和编修又是说得那么具体而明确。众所周知,司马迁撰述《史记》的态度是相当审慎的,叙事作文,一般都有所本;从大量出土的文物来看,《史记》中所记载的史实基本上也是可靠的。所以孔子删订六经之说是可以相信的。就以《尚书》而言,它是我国现存最早的一部史书,其体裁属史料选辑。因为它的内容主要是政府档案,如报告、公告、誓词、命令之类,所以它也是一部远古历代的政治论文集。可以想见当初数量一定很多,经孔子删订整理后还有一百篇。《孔子世家》说:"孔子之时,周室微而礼乐废,《诗》、《书》缺。追迹三代之礼,序《书传》,上纪唐虞之际,下至秦缪,编次其事。"简单数语,既道出了孔子删《书》的时代背景,又讲明了删《书》的前后断限,只是未曾交代具体篇数。而《汉书·艺文志》和《隋书·经籍志》都明言为百篇。可见孔子对《尚书》确是作过一番整理的。尽管现在流传的《尚书》篇目中,经过专家们考证,有些篇章是出自孔子以后人之手,如《禹贡》,史学家们公认是战国时代的作品,但这并不影响孔子对它曾经作过整理,正像古代许多著作,同样经过后人的窜改和补充,可是从来没有否定过它们的原来作者,其道理是完全一样的。正因为《尚书》后来有过窜改和补充，加之又遭秦火，篇目散乱，因此孔子原来删订的篇数究竟有多少，自然也就更加无从查考了。

2. 今本《尚书》有真伪之别

《尚书》即上古之书，王充《论衡·正说》篇称之为"上古帝王之书"。它是儒家经典六经之一，故又称《书经》。经过秦始皇的焚书，《尚书》一度散失，到了汉文帝时，才由秦时任过博士官的老儒生伏生口授出来，共二十八篇，用的是当时通行的隶书抄写，因之称为《今文尚书》。汉武帝时，鲁共王刘馀，"坏孔子宅，欲以广其宫，而得《古文尚书》及《礼记》、《论语》、《孝经》凡数十篇，皆古字也"（《汉书·艺文志》）。所谓古字，是指秦以前的字体（即籀书，也称蝌蚪文）。经过孔安国的校读整理，结果比伏生传授的多出十六篇，于是世间便出现了今文与古文两种不同本子的《尚书》。不过《古文尚书》流传不久就亡佚了。到了东晋元帝时，豫章内史梅赜又奏上孔安国作传的《古文尚书》，比伏生传授的增多二十五篇。对于这一《古文尚书》，从宋代开始，就有不少学者怀疑，元明两代，亦有学者进行考辨。直到清朝，阎若璩花了三十年精力加以研究，写出《古文尚书疏证》一书，惠栋亦作《古文尚书考》，一一揭发梅赜所献的《古文尚书》确系伪作。清末康有为撰《新学伪经考》一书，又一次指出西汉孔壁发现的《古文尚书》实属伪造。这就是在《尚书》问题上今古文之争的始末及其真相。现在通行的《十三经注疏》本中的《尚书》，是《今文尚书》与《古文尚书》的合编本，共五十八篇。如何辨别其中的真伪？简单地说，今文、古文篇目均有三十三篇为真，其余的都是伪造。这里需要附带说明的是，《今文尚书》汉代时原为二十八篇，伪《古文尚书》出来后，有的把一篇分成两篇或三篇，如《盘庚》在汉代为一篇，后被分成上、中、下三篇，因而其篇目也就比原来的增加了五篇。

3.《尚书》的内容及其史料价值

西汉时伏生所传的二十八篇，尽管其中有些可能经过窜改或为后人根据传说整理编定，但内容大致可信，而且不少篇目从出土的有关资料中已得到了印证。如《大诰》、《康诰》之与大丰簋、大盂鼎铭文，《牧誓》之与利簋铭文等都可互相参证。因此可以肯定，《尚书》是我国奴隶社会最早的史书。

二十八篇中以朝代分，计《虞书》二篇：《尧典》、《皋陶谟》；《夏书》二篇：《禹贡》、《甘誓》；《商书》五篇：《汤誓》、《盘庚》、《高宗肜日》、《西伯戡黎》、《微子》；《周书》十九篇：《牧誓》、《洪范》、《金縢》、《大诰》、《康诰》、《酒诰》、《梓材》、《召诰》、《洛诰》、《多士》、《无逸》、《君奭》、《多方》、《立政》、《顾命》、《费誓》、《吕刑》、《文侯之命》、《秦誓》。

《尚书》是以记言为主的史书，其内容大都是历史人物的言语，诚如唐代刘知幾所说："盖《书》之所主，本于号令，所以宣王道之正义，发话言于臣下，故其所载，皆典、谟、训、诰、誓、命之文。"(《史通·六家》) 若按其性质而论，可以分为如下六类：

（1）讲述帝王事迹：如《尧典》，这已经可以称之为正式历史，所以大家认为这是战国时人根据传说追记而成的。

（2）记载典章制度：属于后来志书性质，如《禹贡》，可以说是我国最早的地理志，据近代学者考证，它也是战国时代的作品；《吕刑》则类似于后世的刑法志。

（3）议论国家政治：《洪范》就是箕子为武王论天地之大法、谈治国平天下的道理。

（4）誓师词：如《甘誓》、《牧誓》就分别为夏启、周武王对外作战的誓词。

（5）策命：《文侯之命》是周平王封晋文侯为方伯（诸侯的领袖）的命令。

（6）诰：诰在全书中所占比重最大，其内容所涉及的范围也很广，有的是自上而下，也有是自下而上。《盘庚》是商王对臣民的训话，属于前者；《无逸》则是周公劝告成王之词，属于后者。

从上述分类可以看出，前三类乃是历史记载，后三类则为文书档案。总的来看，尽管它还称不上是真正的历史著作，但其史料价值却不容忽视，因为它是我国现存最古而又较完整的史书，保存了我国奴隶社会最早的一批重要文献，特别是商、周二代。这些文献资料对于研究当时社会的政治情况、生产关系以及意识形态等方面都有重大的作用。盘庚迁都是商代历史上一件大事，这位商朝的"中兴贤主"，为了迁都到殷，先后发表过三次讲演。由于当时从世族百官到百姓庶民几乎一致反对，所以他反复说明迁都的原因，劝告群臣必须服从王命，指责群臣不该以"浮言"鼓动群众，并告诫人民应当听从他的命令，否则将如乘船一样，会有沉溺的危险。《盘庚》篇就是这三次讲演的记录，它不仅反映了迁殷前后臣民的不安情绪，而且也反映了当时的生产力水平、阶级关系和统治集团内部矛盾等情况。虽说是当时的政治文件，却成了宝贵的历史资料。至于《周书》十九篇，除少数篇目外，大都为西周初期的文献，从不同角度反映了周初统治者所进行的一系列活动，诸如武王伐纣、周公讨叛、营建洛邑、封树侯国等。特别值得注意的是《无逸》篇，已经体现出周初统治者具有以殷为鉴的思想，它告诫成王不应贪图安逸，要效法文王勤劳节俭，"怀保小民"，"无淫于观、于逸、于游、于田"，"无若殷王受之迷乱，酗于酒德"。这种敬天保民、以殷为鉴的思想，在当时来说，具有一定的进步性。

当然，《尚书》既是政治文件汇编，因此在内容上各篇之间互相独立而缺乏内在联系，加之又无明确的时间记载顺序，这就为研究古代史的人留下了很多的困难。

第三节　孔子以前的史学

一、夏商两代历史记载的萌芽状态

1. 夏代已有太史和文书

当夏之将亡，夏桀荒淫无道，太史令终古曾出其图法，执而泣之以谏桀。以此看来，夏代不仅有史官，而且有图书。先秦史籍上也常提及所谓《夏书》，不过具体内容没有流传下来罢了。有国家，必然就有文件；有史官，必然就有记载。像《尚书》中的《甘誓》，就是夏启讨伐有扈氏的一篇誓师词。同样性质的文书，在殷、周二代，数量自然不会很少。又像夏代的历书《夏小正》，不仅史籍多有记载，而且影响极为广泛与深远。对于《甘誓》的成书时代，顾颉刚先生所撰《〈尚书·甘誓〉校释译论》认为"其较稳定地写成文字，大概就在殷代"①，但顾先生在此文中又同时肯定"夏代当时应有文献资料"。有了文书，有了文献资料，也就有了编写历史的材料，这就是史学产生的一个重要条件。所以研究我国史学的起源，我认为应当从夏代开始。

2. 商代已经有典有册

周朝初年的周公曾经讲过："惟殷先人，有册有典。"（《尚书·多士》）这里所说的典册，指的自然是像《尚书》里的《盘庚》、《高宗肜日》、《西伯戡黎》等一类的文献。这些文献，其实都是殷商史官所记的誓、命、训、诰，并且在当时都是作为重要的文献而加以保存的，所以有可能流传下来。《说文》第五篇解释"典"字云："典，五帝之书也，从册丌上，尊阁之也。"这就是说，在古代往往把尊贵的文书用器物高搁起来，这个器物类似于今日的书架。这种典册在殷代应该已经相当多了。据记载，当时有所谓作册内史，代替国王起草文书，发布命令。这作册内史也就是记言之史。由于殷代已经具有高度发达的光辉灿烂的文化，所以才有可能产生像《盘庚》篇那样洋洋千言的长篇文诰。可见在殷代之所以能够出现大量的典册，这与当时的物质基础、文化条件和政治要求是完全相适应的。

3. 甲骨文——殷商重要的史料

甲骨文是刻在龟甲和兽骨上的古体文字，因为它是殷商王家占卜的文辞，所以也称之为卜辞。殷人信奉鬼神，事无大小，都要取决于占卜。凡政治、军事、病丧、祭祀、风雨以及日常大小事件，事先都要先占卜一下，并把占卜的原因和结果刻在甲骨上面。这种做法，实际上就是古籍里所说的"君举必书"的最早起源。正因为一举一动都有记载，所以其内容非常广泛，可以说反映了殷商社会的各个方面：

（1）反映自然界的变化：风、雨、日食、大风暴的来临，天象的恶劣变化等。

（2）反映对外战争：为了获得大量的奴隶以满足奴隶主阶级的贪欲，殷

---

① 载《中国史研究》1979 年第 1 期。

王朝曾向周围方国部落不断发动战争，抓捕俘虏以充当奴隶。武丁时代战争特别频繁，甲骨文中有大量记载"隻（获）羌"的卜辞。

（3）关于阶级斗争情况的反映：据专家研究，殷代全国各地建造了很多监狱，用来囚禁奴隶，而奴隶则用逃跑、暴动等方式与奴隶主进行反抗斗争。这类记载在卜辞中数量相当大，它一方面反映了殷代统治者利用庞大的国家机器对广大奴隶进行统治和镇压，同时也反映了当时阶级矛盾和阶级斗争的日益尖锐和激烈。

（4）关于生产活动的反映：在殷代，特别是盘庚迁殷以后，农业逐步发展起来，在卜辞里有禾、黍、麦、稻、米、田、圃、蚕、桑等字，并且占卜有年、受年和祈年的记录很多。和农业生产密切相关的历法，也已经相当严密。在甲骨文中，习见"十三月"的名称，足见殷人是懂得置闰的。手工业方面，地下发掘资料证明，不仅种类很多，而且所造的工艺品还非常精致。甲骨文里除了载有铜、石、玉、骨等工种外，还有造船、织绸、制革、酿酒等部门。特别值得注意的是，殷代在交通方面已有了驿传制度。①

另外，关于殷王的生活、迁都的情况以及各种祭祀活动，甲骨文中均有记载。

从上述内容可以看出，尽管甲骨文不是有意识的历史记载，同时它的内容又是以王家活动为中心，但毕竟为我们透露出当时社会的一些情况。这些情况又不像后世史书那样往往经过有意的粉饰、歪曲和篡改，因而其真实性自然也就不言而喻了。更何况殷王朝的王家活动又不可能是孤立的，它与当时社会的各方面都有着密切的联系。所以，甲骨文无疑是我们研究三千年前殷商社会历史、政治、军事、农业、手工业生产以及社会风俗习惯等珍贵的历史资料。

4. 古代史籍和卜辞中所反映的殷商历史观念

殷人信奉鬼神，宗教巫术成为当时奴隶主阶级在思想意识上统治奴隶的主要工具。《礼记·表记》篇说："殷人尊神，率民以事神，先鬼而后礼。"正因为如此，所以他们是以神意来看待历史的发展的。大量的卜辞反映，殷

---

① 详见于省吾：《殷代的交通和驿传制度》，《东北人民大学社会科学学报》1955年第2期。

王对于风雨、阴晴、年成丰歉、战争成败乃至各种日常活动，都要通过占卜以测知神意。在殷商奴隶主看来，神意不仅决定了天时，而且也决定着人事。当时的政权实际上是和神权紧密地扣结在一起，他们常常用神权对人民进行威胁以巩固其统治。盘庚曾教训其臣民说："先王有服，恪谨天命。"（《尚书·盘庚》）殷纣王在即将灭亡的前夕，还自认为他的宝位是有天替他保护的，说什么"我生不有命在天"（《尚书·西伯勘黎》）。在这种时代背景下，社会上便出现了一批沟通鬼神人事、代表鬼神发言的巫史和占卜的专门人才。从卜辞中可以看到有大批巫史之类的人员存在，这种人既会写字，又懂得历法占星之术，是社会上精神文化的权威，同时他们又整日守在统治者身边，以便对各种活动随时进行占卜和记载。因此，就其活动的形式与内容而言，和宗教有非常密切的联系；但就其实质而言，这些人又是我国奴隶社会最早的史官，他们的所作所为正是"君举必书"的原始历史记载的史官职务。

二、西周时代的历史记载

1. 金文——研究西周社会的重要史料

金文就是铸在青铜器上的铭文。在青铜器上铸字的风气，大约商朝后期已经开始，到西周最为盛行。西周青铜器的数量多，形体大，器上所铸的铭文具有很高的文献价值。尤其值得注意的是，字数在百字上下，以致达五百字左右的长篇铭文占有相当的分量，这也正反映了西周社会生产力的提高，特别是冶铸手工业技术的高度发达。铭文的内容大抵不外有关奴隶主贵族的事功、讼断和赏赐等。因此，在征伐、俘获、赐臣仆、赐土地等史事的记载上，往往写得详细而且具体。如著名的大盂鼎、小盂鼎铭文，生动具体地写出了战争规模之大、赏赐臣仆数目之多，反映了当时以俘获为奴隶的重要来源和劳动者的奴隶身份这一历史面貌。铭文一般为散文，但也有用韵文的，如《虢季子白盘铭》就是韵文，内容记述周宣王时作器者同玁狁作战立功受赏的事迹。这种铭文在时间记载上一般都不太完整，尽管它比甲骨文要好一些，但仍然给历史研究者带来不少的困难。

2. 编年史体的发明

编年史体的发明在西周，创此说者为章太炎。中国有确切纪年从西周共和元年（前841）开始，说明此时历法精确，已有可能创立编年史体。而太史就是这种史体的创立人。首先，太史是古代唯一的历史著作家，《左传》里讲到"史为书，瞽为诗"（襄公十四年），"史为书"，就是说太史编著史书。这种太史，其实就是古代王室的御用历史学家，当然他们发明史体的机会也就多了。其次，编年史体着重年月时间，而太史兼管历法天文，天文记录要求时间精确，因此他们对于时间观念必然十分重视。再加上古代有浓厚的天人感应思想，往往把天象的变化与人事联系起来，从天象的变动进而观察人事的变化，两者同时记录下来，这就成了编年体历史的雏形。《春秋》记天象很多，可以说是有力的旁证。所以最初编年史体的产生，就是把天文记录配之以人事关系，它是由太史在工作实践中无意识地创造发明出来的。

3. 西周历史观念的变化

从史籍记载所反映的西周社会虽然还是表现出神意史观，但与殷商相比已经有所不同。《礼记·表记》中说："殷人尊神，率民以事神，先鬼而后礼。"周人不同，有了发展和变化："周人尊礼尚施，事鬼敬神而远之。"一个是"先鬼而后礼"，一个是"事鬼敬神而远之"，这个显著的变化，说明了随着社会的向前发展，作为上层建筑的思想意识也在向着进步的方向不断变化。西周统治者在灭亡殷商取得政权以后，虽然还继续凭借天命巩固其统治，但由于他们看到殷王朝很快覆灭的重大历史事变，感到天命并不完全可靠，因而喊出了"我不可不鉴于有夏，亦不可不鉴于有殷"（《尚书·召诰》）的呼声。正是在这种情况下，出现了"天命靡常"的观点。《诗·大雅·文王》篇说："商之子孙……侯服于周，天命靡常。"这几句话说的是，商朝的子孙，现在都臣服于周了，天命不是不可改变的，如果统治得不好，照样要垮台。所以必须"永言配命，自求多福"。即要想统治长远多福，还必须自己求之，好好配合天命而行事。这种思想正是周人代殷这一重大历史事变在意识上的反映。周统治者除了继续宣扬神权、君权至上外，已不得不承认接受前朝灭亡这一历史教训的重要性。《大雅·文王》篇又说："殷之未丧师，克配上帝。宜鉴于殷，骏命不易。"这正是从正面教训统治者不要重蹈殷纣王的覆辙，与上引《尚书·召诰》的思想内容是完全一致的。这两处都提到了"殷鉴"二字，这是中国历史上第一次提出要注意汲取前人的历史经验教训，成为三千年来在政治上重视历史经验、接受历史教训的重要观念。《尚书》里的《周书》，特别是其中的"八诰"，在周代殷命和天命靡常的问题上，反复陈说，并且大多借重于史事，说明周朝统治者从阶级斗争的实践中，从殷商灭亡的历史教训中，已认识到尽管宗教迷信的天命在实行阶级统治中还可以起到很大作用，但单凭天命已经是不够了，还必须注意"怀保小民"。

由于西周统治者曾利用劳动人民的武装力量打败商王朝，这就使他们对"民"的力量不能不有所估计和警惕。周公说："天惟时求民主。"（《尚书·多方》）意思是，上帝关怀下民，为民求主。又说："民之所欲，天必从之。"（《左传》襄公三十一年引《泰誓》）正是在这样的思想认识下，西周统治者必然要考虑适当地改变统治手法，于是他们就把着眼点逐步从宗教转移到人事上来。实行"礼治"，成为西周奴隶主贵族的另一种统治手法。史载周公曾经"制礼作乐"，他根据当时现实需要，汲取前代经验教训，对"夏礼"、"殷礼"进行损益，从而建立起一套严密的"礼治"系统。对于"礼"的实质，《左传》曾说得非常明显："夫礼所以整民也。"（庄公二十三年）说明所谓"礼"，不过是奴隶主阶级用以统治人民的制度、秩序和规范罢了。

三、春秋时代的历史概况

1. 春秋时代的历史特点

春秋时期，在我国古代历史上是一个由奴隶制向封建制过渡的大变革时期。西周初年大规模的建侯封国活动，有助于推动有关地区生产的发展。到了它的晚年以后，各诸侯国的社会经济继续发展。特别是从春秋开始，我国已从青铜时代进入了铁器时代，铁制的农具和工具，在生产和生活、农业和手工业等各个领域，被广泛地使用起来。与此同时，牛耕也得到了推广，从而把生产力向前大大地推进了一步，社会生产出现了前所未有的发展，这样，就使得作为封建生产方式基础——即一家一户为单位的个体生产的出现成为可能。

奴隶和自由民的不断反抗和斗争，沉重地打击了奴隶制的生产关系。奴隶的大批逃亡，使得奴隶主阶级无法照旧统治下去，许多诸侯国家都出现了"公田不治"（《汉书·食货志》）、"道路不可知，田在草间"（《国语·周语中》）的严重荒凉局面。大量的"公田"荒废而无人耕种。

在生产力的发展和阶级斗争的推动下，产生了一种新型的生产关系——封建租佃关系，出现了采用新的剥削方式的封建主，而劳动者则转变成为依附佃农。

一些主要大国在争霸的形势下，为了顺应社会变革的潮流，都实行了不同程度的改革，以适应发展了的社会经济。其中以管仲在齐国的改革最为突出。他推行了一项"相地而衰征"的政策，即根据田地的好坏来征收军赋。这实际上是从法律上肯定了土地的私有。接着而来的就是春秋中期以后以"初税亩"为代表的各国赋税改革。这一个大的变革，从更大的范围内在法律上承认了土地的私有。于是土地不得自由买卖的局面被打破了，奴隶主在土地上的世袭权利也被冲垮了。

社会变革的结果是诸侯的逐渐崛起和周王室的日益衰微。周天子这时在经济上连一个诸侯也不如，而政治上的威信更是一落千丈。过去是"普天之下，莫非王土。率土之滨，莫非王臣"（《诗经·小雅·北山》），而且"礼乐征伐自天子出"；现在情况大不相同了，特别是那些大国，都在尽力发展自己的实力，扩大自己的地盘，企图以霸主的地位取代周天子去统率诸侯。这样，从春秋时期开始，便出现了一个旷日持久的、错综复杂的"大国争霸"局面。这种强吞弱、大役小的兼并战争，在当时是有其一定的社会经济背景的。到后来，不但周王室的政治威信日益衰落，而且各诸侯国公室的政治权力也逐渐下移，出现了"陪臣执国命"、"政在家门"的局面。整个春秋时期的政治史就是沿着"以下克上"也就是新旧势力递嬗这一规律在演变的。史书记载当时的局面是："弑君三十六，亡国五十二，诸侯奔走不得保其社稷者不可胜数。"（《史记·太史公自序》）各诸侯国之间兼并争霸战争以及朝觐聘问互相交往的频繁，就构成了春秋时期的历史特点。这样的一个时代，不仅为史书的编写提供了条件，而且为史学的发展提出了要求。我国第一部编年体史书《春秋》出现于这个时期，也就绝非偶然了。

2. 史学发展的一般情况

西周时，只有周天子设置史官，记载历史，而各诸侯国的历史，即"四方之志"，同样也是由周天子的史官记载的。到了春秋时代，情况不同了，随着周王室的衰微，各诸侯国都先后有了自己的纪年，设置了自己的史官，从事于历史的记载，突破了周王室垄断历史记载的局面。同时记载的形式也不再局限于官文书，而是逐渐发展为按年代顺序连续记载的编年的国史形式了。如晋《乘》、郑《志》、楚《梼杌》、鲁《春秋》、秦《秦记》等，虽然名称不一，其性质则完全相同，都是历史书（参见《孟子·娄离下》）。各国史书的出现，正反映了当时地方经济、文化的发展。在这些史书中，以鲁国编年史体《春秋》最为进步，其他各史因为没有流传下来，究竟属于何种体裁已不得而知，只有《秦记》，据司马迁说，它的内容简单，年月不详，这与秦国文化的落后是有关系的。至于各国史书记载的内容，不外是朝聘、会盟、征伐、祭祀和王侯贵族间争权夺利的活动等。而在史体方面，当时除了编年以外，还出现了语、志、世、训典之类的体裁。由于体裁不同，所以记载的形式也就各不相同，有的着重记述某时发生了某个事件，这就是编年史体；有的则专门记言，或以记言为主兼及记事，这就是语体，后来的《国语》、《国策》便属于这一类。

由此可见，春秋时期，由于社会经济的发展和文化的繁荣，在史学园地里呈现了一派前所未有的繁荣景象，并为今后史学的发展打下了良好的基础。

3. 春秋时期对人事的重视

春秋时期，对于神意的崇拜虽然在历史观念中仍占统治地位，但社会生产力的发展、自然科学的进步、阶级斗争的推动和社会制度的迅速变化，促使人们对传统思想的看法产生动摇和怀疑，于是有些人开始认识到盲目信赖鬼神不一定能得到什么好处，人的吉凶祸福与"天"并没有什么直接的关系。在开始怀疑上帝和祖先神的同时，出现了一种重视人事的新思想，有些人已经不再从神意出发而是用历史上的人事来解释和说明问题。就以思想保守的孔子而言，虽然他并不否认鬼神的存在，并且在他的心目中"天"仍然是个有意志的主宰者，可是值得注意的是他也不再以天和鬼神去进行说教了，相反是在努力推动人的因素，重视人的主观作用。他说："人能弘道，非道弘人。"(《论语·卫灵公》)对于富有神秘意味的天道和鬼神总是敬而远之,避而不谈,所以《论语》说:"子不语怪、力、乱、神。"(《述而》)子路问事鬼神,他回答说:"未能事人,焉能事鬼?"子路又问关于死的问题,他的回答很干脆:"未知生,焉知死?"(《论语·先进》)这都说明孔子的着眼点是想在人事上下功夫。又如周襄王七年(前645),在宋国发生了陨石和六鹢遇迅风而退飞,这本是自然现象,但人们却议论纷纷,认为是不祥之兆,国家可能发生灾难,而周内史叔兴则撇开天道,说"吉凶由人"(《左传》僖公十六年),强调吉凶祸福是由人自己造成的。郑国的子产更提出了"天道远,人道迩,非所及也,何以知之"(《左传》昭公十八年)的反天道的名言来。

与否认"天命"、重视"人事"有密切联系的,在这时期还有人进而提出"民"的问题比"神"的问题更为重要的论点,认为"神"也是依赖于"民"的,如果大家都背叛了国君,那国君也就得不到神的保佑了,所以季梁说:"夫民,神之主也。是以圣王先成民,而后致力于神。"(《左传》桓公六年)过去对于国家的盛衰兴亡总认为是由天或神所主宰,可是史嚚却说:"国将兴,听于民;将亡,听于神。"(《左传》庄公三十二年)《管子·牧民》篇更提出了"仓廪实则知礼节,衣食足则知荣辱"的名言。所有这些都反映了这样一种思想认识,即统治者必须首先使人民生活过得下去,然后才能谈得上侍奉鬼神,如果他们抛弃人民只崇拜鬼神,那就一定会失掉政权。这种思想虽然没有完全把神抛开,但已把神从绝对统治地位上降了下来,这正是神权统治思想衰落的反映。更可贵的是在当时还出现了进化论历史观的萌芽,晋史墨在回答赵简子关于鲁国大夫季氏专权和鲁昭公逃亡死在国外无人同情的原因时说,这是由于鲁君好几个世代失德失民,季氏好几个世代有德有民的结果,因此"民忘其君"而拥护季氏,这不仅是合理的,而且也是历史发展所必然的;指出:"社稷无常奉,君臣无常位,自古以然"(《左传》昭公三十二年),承认自古以来事物的变革是不可避免的。

以上事实说明,春秋时期天人关系或神人关系在人们思想上的变化,一方面由于生产力的提高,自然科学(如天文)的进步,促使人们的认识水平也有了提高;同时也是由于这一时期阶级斗争急剧发展,新兴地主阶级利用奴隶、平民反抗奴隶主贵族斗争的结果在意识形态上的反映。许多人事的变迁、制度的演变，都不是用天命或神意所能解释得了的，从而引起了人们对人事的重视。于是史官们在论及国家兴亡盛衰的时候，也不再是海阔天空地议论，而是列举他们所掌握的历史知识作为论据。如周内史过就明确地认为国家兴亡在于国君的有德与否，国君有德，其国必兴，并列举夏、商、周的历史进行具体论述（《国语·周语上》）。又如太子晋在劝灵王勿"壅川"时，亦曾历论古代王者兴废的历史经验教训，强调王者施政要以过去的历史为鉴，他说："启先王之遗训，省其典图刑法，而观其废兴者，皆可知也。"（《国语·周语下》）

对人事的重视，反过来又促进了对历史知识的注意，以便从中寻求经验和教训。春秋时期贵族中非常注重历史教育，申叔时给太子所开的书目中就有五种是历史。这样，自然也就促使人们重视历史记载，注意保存历史资料，推进史籍编写工作，所以这一时期的史学取得了空前的成就，达到了我国奴隶社会史学发展的顶峰，为今后史学的发展打下了良好的基础。许多典型记载成为千百年来史学家写史的光辉榜样。

第四节　孔子和《春秋》

一、关于《春秋》的名称

"春秋"本为古代各国史官编写的编年体史书的通称，它的含义就如同我们今日所称的历史，所以墨翟说："吾见百国春秋。"（隋李德林《答魏收书》引文，见《隋书·李德林传》）而《墨子·明鬼》篇中则载有周之春秋、燕之春秋、宋之春秋、齐之春秋等。这类编年体史书，刘知幾认为："其先出于三代……孔子曰：'疏通知远，《书》教也'；'属辞比事，《春秋》之教也。'知《春秋》始作，与《尚书》同时。"（《史通·六家》）杜预在解释《春秋》书名时说："春秋者，鲁史记之名也。记事者以事系日，以日系月，以月系时，以时系年，所以记远近，别异同也。故史之所记，必表年以首事，年有四时，故错举以为所记之名也。"（《春秋经传集解序》）这就是说，编年史体之所以称为春秋，就因为其书是以年为纲，举春以包夏，举秋以赅冬。因此，春秋时代以后仍然有许多编年体的历史书籍沿用着这一古老的名称，如《吴越春秋》、《楚汉春秋》等。遗憾的是奴隶社会那些"百国春秋"几乎都失传了，今天我们所能看到的唯一完整的一部春秋，就是孔子所修的《春秋》。

二、孔子生平

孔子（前551—前479）名丘，字仲尼，春秋鲁国人，生于鲁国陬邑（今山东曲阜）。他的祖先原是宋国奴隶主贵族，由于统治集团内部斗争的失败，迁居鲁国，家庭衰落。所以孔子早年生活贫困，靠给富贵人家相礼为生，也做过管理仓库和看管牛羊的小吏。中年时曾一度担任过鲁国季氏政权的中都宰和司寇等职。此后便"周游列国"，宣传自己的政治主张，可是并无成效。他一生当中，很大部分时间是用在讲学和整理典籍上面。他一个人招收大批学生进行讲学，据说他有弟子三千，其中有突出成就的为七十二人，并且个个身通六艺。他的学生如颜回、原宪等不少人的出身是很贫苦的。孔子主张"有教无类"，他说："自行束脩以上，吾未尝无诲焉。"（《论语·述而》）古时学在王官，而他却大开私人讲学之门，这在当时影响是很大的，对"官府之学"的冲击和对非官方学术活动的开展都起了很大作用，使学术文化得以在比较广泛的范围内开放。在教育过程中，他还创立了因材施教和启发式的教育方法，而教育学生的内容则包括有"文、行、忠、信"。因此，他不愧为我国历史上第一位伟大的教育家。

在讲学的同时，孔子还整理了古代典籍六经，并用它作为教材教育学生，从而使这些典籍得以保存和流传下来。因而他又是我国文献整理的首创者。孔子在教育史、文化史上都作出过重大贡献。

在社会政治生活和教育文化实践中的丰富阅历以及好学勤思的习性，使孔子成为春秋时代最大的思想家和学者，在当时就已被人们认为是"博于诗书，察于礼乐，详于万物"（《墨子·公孟》）的杰出人物。

三、《春秋》的内容和记事原则

孔子以鲁国的历史为基础，运用他在周游列国时所采集的史料，修成了流传至今的这部《春秋》。因此，我们今天所看到的《春秋》与原来的鲁《春秋》，面貌已经不相同了，它已经过孔子的笔削整理工作，其中有袭用旧史而删繁就简的，也有削而不用的，诚如司马迁所说：孔子"西观周室，论史记旧闻，兴于鲁而次《春秋》……约其辞文，去其烦重"（《史记·十二诸侯年表》）。其内容以鲁国历史为主，故记载鲁国的内政特详。但是凡涉及列国之事亦均有记载，就这点而言，它又具有国际史的意味，故于当时列国间的朝聘、盟会、战争等均有记载。当然主要是记录统治阶级人物活动的事迹，而经济、文化则很少记载。上起鲁隐公元年（前722），下至鲁哀公十四年（前481），共二百四十二年。孔子在笔削整理这部史书时，是有自己的义例和原则的，其原则就是："据鲁"、"亲周"，即以记载鲁国历史的内容，来体现尊奉和维护周朝王室统治的精神。根据这一原则，他又规定了常事不书、详内略外的办法，就是说所记之事，必须是具有重大政治意义，足以稽考时事之变迁者。如果事情与大局无关，虽大不书；而重点所在，虽小必记。这样做，就是要假借此书对当时统治阶级的人物加以褒贬，渗入他的政治主张，以达到其"正名"的目的。

四、孔子作《春秋》对史学的贡献

1. 孔子是私人修史的开创者：在此以前，著述历史皆是史官之职，孔子《春秋》的创作，标志了私人著述的出现，这是中国史学史上的一件大事，从此，史书从官书中解放出来，私人著作的风气随之兴起。这是个很大的进步，表明学术已不再为少数贵族所垄断。尽管这种解放是有限的，但其影响很大。

2. 初步创立了编年体史书的雏形：《春秋》采用编年体，初步将人物、地点、时间、事件四个因素结合起来记述历史，它已有了明确的时间顺序，把事件有系统地按年代先后加以编排，上下连贯，从中可以看出历史的发展过程，这与甲骨文的记事零碎、金文的一篇篇孤立相比，已完全不同，它是我国第一部名副其实的历史书。

《春秋》纪事，一般都有年、时、月、日，日子不明则有年、时、月，至少也有年、时。同时它所记的，正如上文已经指出过的，并不单纯只是鲁国一国的历史，而是把春秋一代天下大势的演变，作了全面的记载，涉及了一百二十四国之事，实际上它是一部春秋国际史，这也是孔子的一种创造。

3. 属辞比事，提出了一套历史编撰方法：孔子在《春秋》的编写过程中，对于用词和史料的选择编排都是很讲究的，力求用简单的字句区分出不同的事态。如同样写战争，就有伐、侵、战、围、入、灭、救、取、败等不同的字眼：声罪致讨曰伐，潜师掠境曰侵，两兵相接曰战，环其城邑曰围，造其国都曰入，毁其宗庙社稷曰灭……同样杀人，又有杀、诛、弑等区别：杀无罪者曰杀，杀有罪者曰诛，下杀上曰弑。作者为了表达自己的意图，在选词用字上规定一些义例，这是《春秋》书法上的一个特点，也是史学上一种新的写作方法，这种方法对后世史家撰史有一定的影响。

4. 重人事而不宣扬鬼神：孔子对鬼神是抱着"敬而远之"的态度。他虽不否定鬼神的存在，但也不去宣扬。《春秋》里面尽管也记载了许多灾异，可是他对这些灾异并没有人为地去披上神秘的色彩，更没有把它与人事关系牵连在一起。这种思想内容正体现了以天道解释历史变动的史观转向以人事解释历史变动的史观的过渡。

综上所述，我们不难看出，孔子作《春秋》，在中国史学史上确实是一件大事，它标志着我国古代史学的发展从此进入了一个新阶段。孔子是中国奴隶社会史学的结束者，又是中国封建社会史学的开创者，其承先启后之功应当给予充分的肯定。当然，作为第一部史书的《春秋》还是存在着不少的弱点和问题。首先是记事太简单，每条文字很少，一般只在十个字左右，最少的仅一个字，如"雨"（僖公三年夏六月），最多的也只有四十五字（定公四年春三月）。一部包括二百四十二年历史的著作，总共只有一万八千多字，可以说是只有标题而无具体内容，使人看了无法了解历史事件的因果关系，这一缺陷正反映了史学发展的低级阶段的先天不足。另外，历史记载要求真实，而孔子《春秋》却为亲者讳，为尊者讳，不是从史实出发而是以个人主观来定褒贬。这种用属辞比事一字定褒贬的做法，即所谓"春秋笔法"，对后来史家起了很坏的影响。刘知幾在《史通》一书中对此曾提出了尖锐的批评，后来南宋的郑樵更是竭力反对。这种任情褒贬的做法，正是孔子《春秋》所开的先例。

第二章
战国秦汉间的史学

第一节　战国秦汉间历史发展的特点

一、巩固社会变革成果的各国变法运动

经过春秋二百多年的兼并和地主阶级的夺权，原来一百多个诸侯国，到战国初年，形成了秦、楚、齐、燕、赵、魏、韩七国并峙的局面。社会大变革的结果，使阻碍社会生产力发展的奴隶主贵族的土地所有制为封建的土地私有制所代替，新的封建制度先后在这七国中都取得了胜利。但是，由于封建生产关系刚刚取得统治地位，所以社会上存在着错综复杂的矛盾：农民和地主阶级之间，奴隶和奴隶主之间，新兴地主和奴隶主之间，以及由于发展的不平衡在各诸侯国之间等，都存在着深刻的矛盾。面对这些矛盾，取得了胜利的新兴地主阶级，为了摧毁奴隶主贵族的统治势力，巩固他们在社会大变革中所取得的成果，进一步完成土地所有制的变革，加强封建政权的统治，在各国先后开展了变法运动。这一变法潮流，在当时前后经历了一百多年。

七国中最早实行变法的是魏国。魏文侯时任命新兴地主阶级政治家、法家著名人物李悝为相，进行了一些重大的改革，推进了封建生产方式的发展和巩固，不仅建立了比较稳定的封建统治秩序，而且建立了一支强大的军队。这就使魏国一跃而成为战国前期最强大的国家，先后打败过秦、楚、齐诸大国，一度独霸中原。到魏惠王即位之初，已经处于"功大而令行于天下"（《战国策·齐七》）的优势了。

接着赵、韩、齐也实行了改革，进一步巩固了封建制度，加强了封建统治。

七国之中以秦国的变法为最迟，但改革最彻底，收效最大。秦孝公即位

后，任用商鞅实行变法。改革内容比较全面：废除世卿世禄，奖励军功，建立新的爵位等级制度；废除奴隶主贵族对土地的垄断，承认土地的私有和买卖；实行"重农抑商"政策，奖励农业生产；建立集权的政治制度，实行郡县制。这些改革，严重地打击了相沿千余年的奴隶制度，为封建地主经济的发展创造了条件。通过变法，使原来落后的秦国，一跃而为先进的秦国，并成为当时最强大的国家，为后来秦王朝统一六国打下了基础。

二、生产关系的改变促使了社会经济的发展

战国中期以前，各国的阶级斗争和变法运动，都剧烈地冲击着奴隶制度，促进了封建土地所有制的发展，封建生产关系取代了奴隶制生产关系，奴隶转变成了农民。这是社会生产力的一次大解放。这种解放，正是广大奴隶在同奴隶主长期斗争中用流血牺牲的巨大代价换取来的。在封建生产关系中，农民虽然同样遭受阶级压迫和剥削，处于依附地位，但地主已不能再把农民当作物品来占有了，他们只能占有农民的劳动，并强迫农民提供徭役。农民与奴隶相比，"在某种程度上是由自己支配自己了"（列宁《论国家》），他们已有了更多的劳动主动性，从而使他们的生产经验、劳动技能以及运用和改进生产工具的积极性得到较大的发挥。所以，同奴隶制度相比，封建的生产关系对生产力的发展起着显著的促进作用，这也就是战国时期社会生产迅速发展的主要原因。这种封建生产方式的优越性，当时新兴地主阶级的某些代表人物也已经有所认识了。《吕氏春秋·审分》篇说："今以众地者，公作则迟，有所匿其力也；分地则速，无所匿迟也。"所以地主阶级在改变奴隶主土地所有制的基础上，普遍地把土地出租给农民，收取实物地租，建立起封建租佃关系，在广大农民的辛勤劳动下，战国时期的农业生产得到了长足的发展。加之当时铁器的使用，牛耕的推广，水利灌溉的发展，生产技术的进步，也都对农业生产的迅速发展起着巨大的促进作用。

铁工具的普遍使用，也促进了手工业的发展。战国时期的手工业不仅门类增多了，生产规模扩大了，制作技术也较前有了明显的提高。

农业和手工业的发展，自然又促进了商品的交换和都市的繁荣。战国时代的城市，已经不再只是奴隶主贵族的防御堡垒了，而是逐渐变为工商业

的集中地和文化、交通的中心点了。当时城市规模之大与商业的繁荣都达到了前所未有的程度。赵奢说:"古者,四海之内,分为万国。城虽大,无过三百丈者;人虽众,无过三千家者……今千丈之城、万家之邑相望也。"(《战国策·赵三》)如齐的临淄、赵的邯郸、魏的大梁、秦的咸阳等,都是当时有名的大城市。临淄一城就有七万户,"甚富而实,其民无不吹竽、鼓瑟、击筑、弹琴、斗鸡、走犬、六博、蹹鞠者;临淄之途,车毂击,人肩摩,连衽成帷,举袂成幕,挥汗成雨,家敦而富,志高而扬"(《战国策·齐一》)。这一描述的确呈现出封建经济、文化生活一派熙熙攘攘的繁荣气象。这种百业汇集、文化集中的都市,绝不是西周和春秋初年所能产生的。

三、反映社会大变革的"百家争鸣"

春秋战国在我国历史上是一个封建制取代奴隶制的阶级关系大变动时代,而政治、经济领域的阶级斗争必然要反映到思想意识领域中来。面对着新制度、新秩序的确立,各阶级、各阶层、各派政治力量的人士都得表示自己的政治态度,提出自己的政治主张:是支持还是反对?加之春秋以来,开了私人讲学之风以后,已经打破了奴隶主贵族垄断文化教育的局面,社会上出现了大量的知识分子,即士阶层。由于奴隶主贵族政权与新兴封建地主政权斗争的剧烈,因之养士风气也就相当普遍。如"(齐)宣王喜文学游说之士,自如邹衍、淳于髡、田骈、接予、慎到、环渊之徒七十六人,皆赐列第,为上大夫,不治而议论。是以齐稷下学士复盛,且数百千人"(《史记·田敬仲完世家》)。士的成分很复杂,有的是新兴地主,有的是没落贵族,也有出身于下层社会的人物,因而他们就必然要依附于不同的阶级、阶层和社会集团,成为这些阶级、阶层和社会集团的代言人,对于当时社会制度大变动中的许多问题,提出种种见解和主张。他们著书立说,聚徒讲学,成为那个时期学术界、政治界的活跃人物。即使是代表同一个阶级利益的,对问题所持的见解和主张也不是完全一致。因而当时各个学派的思想理论,既有根本对立的,也有同中有异、异中有同的,各派各家之间展开相互争论,各自宣传自己的主张,于是就出现了战国时代思想领域所特有的"百家争鸣"局面。在这些学派当中，重要的有儒家、墨家、道家、法家、阴阳家、名家、纵横家、杂家等。所谓百家争鸣，只是就其形式而言，若从思想体系和阶级实质来说，主要的就是新兴的封建地主和没落的奴隶主两家。所以有学者认为这种百家争鸣，是由奴隶制向封建制过渡时期所特有的现象。它的主流是封建主义的文化革命，是为地主阶级提供统治思想的。这个论断是很有道理的。

四、由频繁的兼并战争到统一趋势的形成

战国以来，由于社会经济的快速发展，各地区间经济、文化联系的日益密切，割据混战的局面已成为社会经济进一步发展的严重障碍，实现全国统一在战国后期已成为历史发展的必然趋势。当时各国都想以自己为中心来实现统一。但是由于各国变法的先后和程度的不同，就直接影响到国势强弱和实力的变化。为实现统一的目的决定了这个时期战争的性质与规模，这是一场封建的兼并战争，并且是决一雌雄的关键性战争，所以战争的规模越来越大，每次重要战役，双方出兵动辄几十万，甚至上百万。战争不仅是为了占领对方土地，更主要是为了消灭对方有生力量，从根本上摧毁对方。正是在这种形势下，七国之间，一方面在战场上展开了生死存亡的搏斗；另一方面在外交上亦出现了错综复杂的斗争。当时出现的纵横家一类人物，就是适应这种需要而专门从事于"合纵连横"的外交活动的。由于秦国的变法比较彻底，在兼并战争中，无论军事、政治、经济等各方面，都逐步取得了压倒性的优势，最后终于由秦王朝完成了全国的统一事业。至于秦汉之际的楚、汉战争，从某种意义上说，仍然可以看成是战国统一战争局势的继续。

综上所述，战国时期那种尖锐激烈的社会变革和错综复杂的社会矛盾，百家争鸣中各个学派代表人物丰富的思想意识，所有这些都促进了人们历史观的发展。当时各国的成败以及后来楚汉战争中楚以原先的优势而最终失败于汉，这些兴衰成败的原因，不能不引起当时政治家们极大的关注，他们认真地思考这些问题，以便从中汲取经验教训。而这时的政治特点又是国有大事，互相赴告；会盟朝聘，史不绝书。这样，各国史官也因此而积累了大量的档案资料，为编撰史书准备了条件。所以，这个前所未有的社会大变革的

新时代，以及由此而出现的百家争鸣的新局面，既为历史学家提供了丰富多彩的社会题材，又向历史学家提出了十分迫切的新的要求，要求他们把那些兴亡盛衰的人类史迹，更加详细地记载下来。这是阶级斗争的需要，也是历史所赋予的新使命。因而从前那些专记王室、诸侯诰命和大事记之类的《尚书》、《春秋》等史书形式，已远远不能满足新时代的要求。新的史书内容既要能够反映出各诸侯国的政治、军事和外交等活动，而且又必须记载新兴地主阶级夺取政权的胜利过程和总结其经验教训。《左传》、《国语》、《战国策》等新型的历史著作，正是在这样的社会背景下相继产生的。

第二节　编年体巨著——《左传》

一、《左传》与《春秋》的关系

1.《左传》作者及其成书年代

《左传》作者是谁，长期以来一直未曾有过定论。司马迁和班固都认为是左丘明，班固并说左丘明为鲁太史，但也有人说他是孔子的弟子。据《论语》所载，与孔子同时确实有个叫左丘明的人，《公冶长》篇说："左丘明耻之，丘亦耻之。"但这位左丘明不可能是孔子的弟子，倒像是孔子的先辈。根据《左传》记载的历史的下限来看，它的作者也很难说是这位左丘明，因为《左传》不仅记载了三家分晋，田氏代齐，而且还预言郑国先亡（襄公二十九年）和郑先卫亡（昭公四年）。这些历史事件都是在孔子死后七十多年到一百多年以后才发生，不可能为孔子同时的人所知道。宋代史学家郑樵则提出《左传》的作者是楚国左史倚相的后代，又有人说它很可能是吴起所作，但也均无强有力的论据。目前史学界大多数人根据《左传》所载历史的断限，认为它的成书年代应在战国初年，其作者自然也只能是战国时代的历史学家，而不可能是春秋时代的左丘明。当然成书以后，并不排除后人的陆续增补，所以顾炎武说"左氏之书，成之者非一人，录之者非一世"（《日知录》卷四《春秋阙疑之书》），这个论断是有一定道理的。

2.《左传》与《春秋》的关系

《左传》是《春秋左氏传》的简称，这个名称是从西汉才开始的。司马迁的《史记》还是称它为《左氏春秋》，至班固作《汉书》才有《春秋左氏传》之称。"传"是对"经"而言，就是用和原文不同的语句而加以说明的解释，即所谓以传解经。为《春秋》作传的还有公羊、谷梁二家——《春秋公羊传》和《春秋谷梁传》，三者合起来就是通常所说的《春秋》三传。《左传》究竟是不是为《春秋》而作，自西汉以来，也是一个长期争论不休的问题，直到目前尚无定论。《春秋左氏传》这个名称在西汉出现，显然是有其用意的，目的就是为了说明此书是为《春秋》而作，为解释《春秋》经文而作。但这一说法并不可信。

首先，此书最早的名称是《左氏春秋》，单就这个名称而言，就可推知它是一部独立的史学著作，因为在春秋战国时期有不少著作都叫"春秋"，但它们与孔子的《春秋》毫无关系。

其次，现在流传的《左传》，实际上是经过杜预按照《春秋》经文重新编排过的，即使这样，从书中仍旧可以看出有合经者，有不合经者，还有些内容则在《春秋》经文中是根本没有的。就是那些所谓"合经者"，也不过是后来的经师们所强加进去的。崔适曾根据《汉书·刘歆传》中"歆治《左氏》，引传文以解经，转相发明，由是章句义理备焉"等语，说明《传》文的伪造者就是刘歆。崔适说："《传》自解《经》，何待歆引。歆引以解，则非《传》文。原其大旨，谓解经之文歆所作尔。"（《春秋复始》卷一《左丘明不传〈春秋〉》）这些情况说明，《左传》并没有像《公羊传》、《谷梁传》那样"附经立传，经所不书，传不妄发"（《晋书·王接传》）的体例，何况《左传》记事的断限亦与《春秋》不同，它所包括的时间远远超过《春秋》。

第三，《左传》和《春秋》这两书的作者对于春秋以来的社会大变革所抱的态度和所流露的思想感情也是不相同的。对于社会的变革与矛盾，尽管《春秋》也作了记载，但由于孔子是以维护周天子的一统天下和重建文武周公事业为己任的，因而对于社会的各种变化，诸如经济关系的新旧蜕变，政治实权的逐步下移，宗法制度的日益涣散，人民暴动的此伏彼起，他都大不以为然，认为是"礼坏乐崩"，"天下无道"，因此表示了不能容忍的愤慨。对于整个旧秩序的破坏所流露出来的感情又是留恋与惋惜的。《左传》则不然，它对于春秋时期旧秩序的破坏不仅没有什么惋惜，而且相反，对于新兴地主阶级在各国纷纷夺取政权表示了同情，认为这是历史发展的必然趋势。《左传》作者非常明显地支持齐国新兴地主陈氏的夺权，通过两个有影响的政治人物叔向与晏婴的对话，讲出了齐国的民众对陈氏是"爱之如父母，而归之如流水"（昭公三年）。他还同情鲁国的季氏，通过史臣之口，讲出了季氏赶走鲁君昭公是民众心服而诸侯赞同的，并指出了鲁昭公垮台的历史必然性，因此昭公最后死在国外得不到任何人的同情也是势所必然了。这种思想与孔子《春秋》是根本对立的。政治态度不同，如何还谈得上替它作"传"呢！

二、《左传》在史学上的地位及其贡献

1. 完成了编年体的创造

《春秋》作为编年体史书还带有很大的原始性，它虽然把人物、地点、时间、事件四个基本因素统一了起来，但记事非常简单，可以说是有纲而无目，因而往往使人读其文而不知其微言大义是些什么。《左传》记事就相当详细了，对于历史事件一般都能做到首尾完整，而且还能吸收其他史体的长处，把其他史体的史料按年代顺序组织进去，使编年史体达到基本成熟的程度，所以说，《左传》是我国第一部真正名副其实的历史著作。

2. 它是一部完整的春秋史

《左传》把春秋一代天下大事的演变作了比较全面的记载，虽然有人认为它主要记的是晋国之事，其实对当时的一等国、二等国也都有很详细的记载，实际上是一部春秋时期霸主递嬗的历史，通过《左传》一书，基本上反映了出来。它的记事范围亦不只局限于政治、军事、外交活动，而是涉及社会的各个方面，经济、学术文化、社会生活、自然现象等都有不同程度的反映。特别值得指出的是，它还为我们保存了非常宝贵的自然科学方面的资料，记录了我国古代一些自然科学上的成就，如在全书中记录了三十七次日食，对恒星作了观测，观察到了彗星的出没，记录了陨石的降落，地震发生的时间、地点以及水旱虫灾等，这些记录，就是在世界科技史上来说，也都

是最早的宝贵资料。

3. 反映了当时社会的各种矛盾

《左传》通过对各国历史事实的记述，暴露了当时社会的各种矛盾和政治斗争，特别是统治阶级内部的矛盾，如王权的衰落，诸侯的强大，卿大夫的专权。这里既包含了新兴地主阶级与奴隶主贵族之间的斗争，又包含了旧贵族之间的相互矛盾。另外还有不少的记载则从不同角度反映了统治阶级与人民群众之间的矛盾。通过这些矛盾斗争，暴露了统治者荒淫残暴的罪行，以及因此而带给人民的深重灾难。如记晋灵公时的情况是："庶民罢敝，而宫室滋侈；道殣相望，而女富（指晋灵公女宠家的财富）溢尤。"（昭公三年）这是一个多么鲜明的对比！由于这个原因，晋国民众对统治者恨之入骨，"闻公命如逃寇雠"，反映出阶级矛盾的尖锐激烈。在齐国，由于统治阶级的拼命剥削，官府贮藏的粮食多得霉烂生虫，而劳动人民的生活则痛苦不堪，甚至连小吏三老也都挨冻受饿。人们为了生活下去，不断进行反抗，结果又遭到统治者的残暴镇压，《左传》记载当时的情况是："国之诸市，履贱踊贵"，说明人民被处刑砍脚的人很多，在市场上出现了假脚昂贵，鞋子倒反而无人购买的反常现象。这些记载，自然都是研究春秋时期社会历史的重要资料。

4. 可贵的民本思想

通过春秋时期的复杂斗争，特别是激烈的阶级斗争，使得统治阶级里面有政治远见的一些人物，在实际斗争中也逐步意识到了人民群众力量的重要性，深深感到人心向背在政治斗争中的重要意义，他们把国家的盛衰、战争的胜败，看成是能否得到人民支持的结果。所以当时一些政界人物在议论国事时，都把这种思想认识作为重要的论题。如师旷在回答晋侯所问"卫人出其君"这一事件时说："天之爱民甚矣！岂其使一人肆于民上以纵其淫，而弃天地之性？必不然矣。"明确指出像卫君这样的"困民之主"，"弗去何为？"（襄公十四年）又在另一次和晋侯议论为什么会发生石头说话这件怪事时，师旷说，石头本身是根本不会说话的，出现这样的怪事，原因在于失却了"民听"，接着他就指出："今宫室崇侈，民力凋尽，怨讟并作，莫保其性。石言，不亦宜乎？"（昭公八年）在逢滑跟陈怀公的一段对话中，则更直接地指出了国家的兴亡祸福，完全取决于对民的态度如何，逢滑说："臣闻国之将兴也，视民如伤，是其福也。其亡也，以民为土芥，是其祸也。"（哀公元年）这些都是根据人民的利害关系来发表政见的，表面上看似乎还没有摆脱天道观念，其实只不过是借题发挥而已。正由于《左传》作者本身具有这种民本思想，因而书中才不断地引述这些言论。另外，书中还两度引用《太誓》"民之所欲，天必从之"（襄公三十一年、昭公元年）这句话，来说明执政者不应违抗众人意志，并引"梁以民叛亡国"（僖公十九年）这一历史事实来给统治者敲警钟，指出"众怒难犯"，"违民不祥"。这种民本思想的出现，正是当时政治斗争在史学领域里的反映。

5. 历史进化论观点

《左传》一书的历史进化论观点，主要表现在它对春秋以来旧秩序的破坏没有什么留恋惋惜之情。春秋战国以来，中国社会无论政治、经济和社会组织，都起了剧烈的变化，这是中国历史上一个大变革的时代。面对这种变化，是拥护还是反对，每一个阶级的人物，其思想都要在这个问题上经受检验。作为历史学家来说，对待这些问题的反应就更为敏感。事实证明，《左传》作者在对待这些问题上的态度是积极的。众所周知，《左传》记载齐桓、晋文的霸业，晋悼的复霸，是全书精彩的篇章。然而书中并没有流露出像孔子那样鼓吹恢复西周宗法封建秩序的观点或感情，对于春秋初年开始衰微没落的周王室也没有给予任何同情，所以能够如实地记录了周郑交质、晋侯召王（僖公二十八年），王室向诸侯求金、求车（隐公三年、桓公十五年）等史实。这些史实反映了当时的周王室无论在政治上还是在经济上，已连一个诸侯的地位也不如了。对于由"王"而"霸"的过程中所出现的大国兼并小国和吞灭同姓国的历史事实也毫不掩饰，并且认为这种兼并是很自然的趋向，而不是什么违天不道的事情。相反，对于那些不符合社会发展趋向的旧制度的残迹，如人祭、人殉的暴行，却是坚决反对。书中不仅多次引用当时著名的政治人物、贤大夫的言论，对那些用人祭祀和殉葬的国君加以无情的谴责，而且作者还借用"君子"之言来直接发表议论。如秦穆公以子车氏之三子为殉，作者就借"君子曰"发表了一大段议论，谴责"秦穆之不为盟主也,宜哉。死而弃民","难以在上矣"(文公六年)。这种抨击是很激烈的。可见作者对于野蛮、残忍、灭绝人性的行为是深恶痛绝的。这些言论,显然又与《左传》作者的"民本"思想密切相关。

到了春秋晚期,诸侯衰微、政在大夫又成为整个社会的政治趋势,而三家分晋、田氏代齐,则标志着新的社会历史时期的开始。对于这种局面,特别是对那些所谓"乱臣贼子"的掌权行为,《左传》作者大都寄予一定的同情。鲁国新兴地主势力季氏赶跑了鲁昭公,《左传》记载说:"季氏出其君,而民服焉,诸侯与之。"(昭公三十二年)这就表明季氏赶走鲁君,是深得民心并且得到诸侯赞同的正当行动。他还引用了晋范献子评论季氏政权的一段话,来进一步说明鲁政权操在季氏之手的局面已定,鲁昭公就是要想复辟也只能是徒劳的。范献子说:"季氏甚得其民,淮夷与之,有十年之备,有齐、楚之援,有天之赞,有民之助,有坚守之心。"(昭公二十七年)像这样一个基础稳固、四处有援、大得民心的新兴政权,有谁能够把它推翻呢?这种承认社会、事物发展变化的历史进化观点,在许多史实的记载叙述中都有所反映,特别是昭公三十二年所载史墨评论昭公之死的一段结论性的话更为典型。他说:"社稷无常奉,君臣无常位,自古以然。故《诗》曰:'高岸为谷,深谷为陵。'三后之姓(指虞、夏、商),于今为庶。"这种观点自然和作者的思想是一致的,所以他不仅如实地记下了这些历史事实,而且记下了对这些历史事实所作的观点鲜明的重要评论,也就绝非出于偶然。这种观点,正是西周末年以来王室势力衰微、地方权力加大、诸侯国政权不断更迭的历史反映。《左传》作者既能承认并又肯定这一社会变革的现实,其本身就是一大进步。这种历史进化的观点,对于后来的许多历史学家都产生了良好的影响,成为此后中国史学园地里发展起来的一种优良传统。

6.《左传》在历史文学上的成就

《左传》不仅是一部内容丰富、史料价值很高的重要历史著作,而且还是一部富有文学价值的历史散文名著。作者善于用简练的文句写出复杂纷繁的历史事件,用较少的笔墨把多样的人物性格生动而又形象地刻画出来。大家一致公认,善于描写战争,是《左传》比较突出的一大特点。春秋时期几次大规模战争全都写了,并且写得都很成功。每次战争几乎都能抓住战争的性质，战争双方政治、军事的特点和力量的对比，从而生动地写出战争的全貌。从《左传》一书对全部战争的描写来看，作者并不只是单纯地叙述战争的过程，他总是把军事和政治联系起来一并考虑，并且往往把一个国家的政治搞得如何看成战争胜负的关键。长勺之战，鲁弱齐强，战前曹刿求见鲁庄公，一见面开口便问"何以战"，直到庄公回答"小大之狱，虽不能察，必以情"时，曹刿才说"可以一战"（庄公十年）。这就充分说明作者是把政治因素和战争性质视为战争胜负的先决条件的，而并不只是单纯地取决于双方军事力量的对比。在叙述战争过程时，则又条理井然，情节曲折细致，绘声绘色，生动逼真，有些场面确实可以扣人心弦，表现了作者高度的组织能力和艺术才能。全书叙事都富有故事性、戏剧性，情节紧张动人，语言精练形象。特别是对行人辞令的表达，既委婉曲折，而又刚强有力。这种辞令之美，又为它的文学价值增添了光彩。

刘知幾说："《左氏》之叙事也，述行师则簿领盈视，哤聒沸腾，论备火则区分在目，修饰峻整；言胜捷则收获都尽，记奔败则披靡横前；申盟誓则慷慨有余，称谲诈则欺诬可见；谈恩惠则煦如春日，纪严切则凛若秋霜；叙兴邦则滋味无量，陈亡国则凄凉可悯。或腴词润简牍，或美句入咏歌，跌宕而不群，纵横而自得。"（《史通·杂说上》）这段话完全是从文学角度对《左传》所作的评价。可见文史结合，是中国古代历史著作的优良传统和特色，而这个传统和特色，正是由《左传》所开创的，它为后世的历史学家和文学家树立了一个良好的榜样。

当然我们也必须指出，《左传》虽然是我国一部重要的历史著作，在中国史学史上有极为重要的地位和价值，但也存在不少值得注意的问题。

由于作者的历史观是唯心主义的，所以总是把历史的创造归之于王侯将相，甚而归之于天命；在天人关系和鬼神关系的看法上也显得很混乱，书中记载了不少对鬼神的怀疑和无神论的言论，但更多的是记载了关于卜筮、星占、望气等预断人间祸福的事，并且几乎是没有一件不得到验证的。关于这一点，历代研究《左传》的人亦多有论述，这就说明《左传》作者并没有能够完全冲破天命和鬼神的藩篱，因而留下了这么多严重的落后的迷信思想。这当然也反映了当时的社会特点所产生的思想矛盾状况。同时他对于当时的一些重大事件，有时亦只能从表面现象作出结论。书中批判或歌颂了一些人物和事件，但所用的标准自然是封建统治阶级的政治道德，要维护的也只能是当时"尊卑有别"的封建秩序。这些情况我们应当看到而绝不是故意苛求。

第三节　各种史著的撰述

一、编年类

春秋战国时期，各国史书大多采用编年史体，因为编年体在当时来说是比较进步的一种史体。但是流传下来的并不多，除《左传》以外，比较重要的还有《竹书纪年》和《穆天子传》。

1.《竹书纪年》

（1）《竹书纪年》的古本与今本。

《竹书纪年》是战国时魏国的史书，正像鲁国的《春秋》一样，它也是一部原始性的编年史。但这书直到晋朝才从古墓中被发现。晋武帝太康二年（280年，一说元年），汲郡（今河南卫辉）有人盗魏襄王冢，得竹书数十车，其中有不少已被盗墓人用来照明烧掉了。在剩余部分有纪年十三篇，经束皙、荀勖看后，知道是古代的史书。所记内容，起自夏禹，继述夏、商、周之事。但至周宣王以后，则特记晋国之事，晋灭以后，又特记魏国的事，至魏襄王二十年称为今上。可见这是魏国史官所写的史书。书中是以夏正纪年（《春秋》是用周正纪），以建寅之月为岁首。其文字用蝌蚪古文书写，体裁采用编年，记事简短如同《春秋》经。《竹书纪年》这个书名是后人取的，因为它原是书写在竹简上，又是纪年的。又由于它是从汲冢中被发现的，所以又有人称之为《汲冢纪年》或《汲冢书》。这书自从发现以后，就经常为人所引用，如《水经注》、《史记索隐》、《史记正义》、《史通》等书都有引证。但唐以后就不见于著录了，可知这书已佚。这就是古本《竹书纪年》。

到了明朝，忽然又出现一本《竹书纪年》，内容从黄帝讲起，共二卷，近人称为《今本竹书纪年》。许多事实古本有而今本却不载。经过清人考订，证明今本乃是明朝人拼凑成的一部伪书，其内容几乎无一不是袭用《史记》等书，所增加者不过年月而已。但近年来学术界不少学者对于《今本竹书纪年》伪书说又提出了不同看法，认为只是辑佚不同版本而已，而不应称其为伪书。持此观点者国内学者有曹书杰、陈力等，外国汉学家则以斯坦福大学倪德卫教授为代表。因此，《今本竹书纪年》的真伪至今仍是一个值得研究的问题，最后结论自然有待于未来的研究。

（2）《竹书纪年》的史料价值。

《竹书纪年》既是魏国史官所撰，因此对战国史实的记载自然也就较为正确，其中有些材料与《左传》所记相一致。由于司马迁写《史记》时没有见到过这部书，所以还可以帮助我们纠正《史记》中的某些错误。如关于田齐的世系，在田和之前一代为悼子，田和之后一代为剡，可是《史记》将这两代遗漏了，于是把以后一系列的承袭年代也都搞错了。对于魏国的世系，《史记》记载亦有错误。周显王三十五年（前334），魏惠王与齐宣王约定在徐州相会，在这一年以后，魏惠王由侯改为王，又做了十六年王才死。可是《史记》因为不知道惠王改元一事，于是就把后来的十六年说成是襄王的，又把襄王的在位年代改成为哀王的，实际上哀王就是襄王，是一人而不是两人。

清代及近代学者对《古本竹书纪年》做了辑佚工作，成绩很大，著名有王国维的《古本竹书纪年辑校》。今人研究的代表作则是范祥雍《关于〈古本竹书纪年〉的亡佚年代》（载《文史》总第二十五辑）一文。

2.《穆天子传》

内容记周穆王西巡之事，有日月可寻，并详记所行里数。但是书中所记只是些生活片断，名虽曰传，其体裁实属编年。晋郭璞曾为本书作注，序中指出其体例与今起居注同，故隋唐各志都把它列入史部起居注类。

二、谱牒类

《世本》是今存最早的谱牒著作。

《汉书·艺文志》载："《世本》十五篇。"班固自注云："古史官记黄帝以来讫春秋时诸大夫。"而《后汉书·班彪传》亦说："又有记录黄帝以来至春秋时帝王公侯卿大夫,号曰《世本》,一十五篇。"于此可知其书原为十五篇,内容的时间断限是从黄帝直至春秋。但从现在所见到的佚文来看,实际上已记到战国末年,并称赵王迁为"今王迁"。所以近人陈梦家考订,说此书是战国末年赵人所作(见所著《世本考略》)。司马迁作《史记》不仅引用过此书,而且受其影响而作史表,到唐代已经残缺,大约在南宋时就失传了。对于该书的成书时代,学术界还有人认为成于楚汉之际或成于汉代。所以会有这些说法,原因在于今本《世本》有后人羼入的成分。为了辨清问题,赵生群先生统计了《史记》三家注称引《世本》二百二十多条资料,排比后得出结论是:"据三家注称引《世本》之文,可知《世本》记载战国诸侯世系,不仅相当系统,而且时间划一,都截止于战国末年,且无一涉及秦及楚汉之际事。因此,《世本》的最后成书,应当是在战国末年。"(《〈世本〉评介》,载《中国史学名著评介》第一卷)这样研究得出的结论是相当科学、相当准确的。至于作者,尽管有这样或那样说法,全都出于推测,并无史料根据,因而笔者以为班固所说"古史官"所记,还是合乎情理的,因为古代史官的职能之一就是"奠世系,辨昭穆",这是史书有记载的。

由于《世本》早在南宋就已经失传了,因而到了清代,从事此书辑佚工作的不下十家。终因失传时间较久,对其内容自然就难以搜集完整。从现有佚文来看,其内容大约可分为这样几类:

(1)《帝系篇》:是记自黄帝以下和尧、舜、禹等帝王传授的统系。

(2)《王侯谱》:是记夏、商、周三代和鲁、齐、晋、秦、楚、卫、宋、陈、赵、魏、韩等三十三个诸侯国的谱系、谥、名号等。

(3)《卿大夫谱》:是记载列国四十五家卿大夫世系、谥、名号。

(4)《姓氏篇》:记录当时所有姓氏,赵生群先生根据相关资料统计,《世本》共载有一百四十九个姓氏。

(5)《居篇》:讲建都和迁徙的情况。

(6)《作篇》:记录一些制作和发明,如神农作琴、昆吾作陶、伶伦造律名等。

后面四类实际上都具有后来史书中书志的性质,这种志对后世史家启发影响是相当大的。刘知幾在《史通》里就主张在正史中要写氏族志、都邑志等。郑樵《通志》二十略中就立有《氏族略》、《都邑略》、《谥法略》。这显然都是受到《世本》的启发。而司马迁作《史记》得益于《世本》那就更加直接了。《史记》凡记载五帝、三王及诸侯各国之事，大多本于此书，特别是《三代世表》和《十二诸侯年表》更加如此。司马贞《三代世表》索隐云："此表依《帝系》及《系本》。"而《太史公自序》和《十二诸侯年表序》中，司马迁自己亦已多次表示。可见《世本》对后世谱牒学的发展亦是起到非常重要的作用，因为它是如今流传下来最早的一部谱牒著作，所以笔者在1982年所撰之《试论谱学的发展及其文献价值》一文中就已经指出："其所记虽然皆属帝王、诸侯、大夫之世系，实为后来记载一家一姓家谱宗谱之滥觞。"（载《史家·史籍·史学》）

三、语类

1.《国语》

（1）《国语》同《左传》的关系。

《国语》的作者是谁，至今尚无定论。汉代以来，许多人都说是左丘明所作，司马迁在《史记》中有所谓"左丘失明，厥有《国语》"的说法。晋代韦昭《国语解叙》并说左丘明既撰《左传》，"复采录前世穆王以来，下讫鲁悼、智伯之诛，邦国成败，嘉言善语，阴阳律吕，天时人事逆顺之数，以为《国语》。其文不主于经，故号曰'外传'"。这些说法都是不可信的。史学界已基本公认它是战国时期的作品。

近代的康有为、崔适等人则又武断地说《国语》、《左传》原为一书，至汉末刘歆才"从《国语》分出《左传》来"，改为编年，引传解经，为的是想压倒公、谷二家，其"无可比附者剔出，仍其旧名及旧体例，谓之《国语》"[1]。这种说法也是不能成立的，因为《左传》、《国语》两书，虽然同是记载春秋时期的历史，同时成书于战国时期，但无论在史料的详略去取上，还是在编写的体裁、记载的形式上，两书都是有其各自的特点。就体裁而言，《左传》采用编年，而《国语》则按国别编写。从记载形式看，《左传》

---

[1] 梁启超：《古书真伪及其年代》，中华书局1955年版。

以记事为主,《国语》以记言为主;《左传》是详载事件的过程,《国语》则着重于对事件发表议论。再就内容来说,两者所记,很多重复、抵触,即使同记一个主题,彼此之间也往往详略互异,差别很大。这些都说明两书的编纂并非出于一手。

(2)《国语》在编纂上的特点。

《国语》在编纂上打破了春秋时期各国国史的界限,把周王朝与各诸侯国的历史汇合编排在一起,这与《左传》的编写方法有共同之处。但《左传》编年而不分国,《国语》首先分别不同国家,然后于一国之内再按年代编次。全书分二十一卷,按周、鲁、齐、晋、郑、楚、吴、越分国编辑,起自周穆王,终于鲁悼公。另外,《国语》以记言为主,偏重于记述历史人物的言辞议论。虽然语言艺术不及《左传》,两者在文学史上的地位相差较远,但它也自有其独特之处,文章用词简练,逻辑严密,叙述历史事件往往通过对话来交代。如《越语》"勾践灭吴"一段,讲勾践注意人民的生聚教训,卧薪尝胆,发愤图强,得到百姓的拥护,"国人皆劝,父勉其子,兄勉其弟,妇勉其夫,曰:孰是君也,而可无死乎?"寥寥数语,勾画出当时人们勇于参加战争的动人场面。而且有些篇章还写得相当生动风趣,如《晋语》记齐姜与子犯谋遣重耳一段,重耳和子犯的对话幽默生动,当日情景历历在目。再如《晋语》写骊姬,《吴语》写夫差,《越语》写勾践,刻画人物也都比较成功。这些地方,皆有胜过《左传》之处。需要指出的是,《国语》、《尚书》虽同属记言之书,但两者还是有其差别,《尚书》记言限于官府文书,《国语》所记多属所谓贤士大夫的言辞议论。

《国语》在编写上的又一个特点,就是在一件事情议论结束后,往往指出这一事件发展的结果或历史发展的趋势,如《周语》在记厉王止谤之后,指出"于是国莫敢出言,三年乃流王于彘";《楚语》记灵王拒谏的结果是乾谿之乱,令尹子常聚货的结果是柏举之败。这样的结论,言语不多,却点出了这些事件的历史影响,同时也反映了作者的观点和思想倾向。

(3)《国语》的史料价值。

《国语》和《左传》一样,在相当程度上反映了春秋时代的社会矛盾,这种社会矛盾,一方面表现在各国统治阶级与人民群众之间;一方面表现在各国统治阶级内部和各国统治阶级之间。如《楚语》所记令尹子常当政时,楚国的国内情况是:"民之羸馁,日已甚矣。四境盈垒,道殣相望,盗贼司目,民无所放。是之不恤,而蓄聚不厌,其速怨于民多矣。积货滋多,蓄怨滋厚,不亡何待?"可见当时楚国由于统治者贪得无厌的剥削,阶级矛盾已经达到非常尖锐的地步,于是"期年乃有柏举之战,子常奔郑,昭王奔随"。

《国语》在揭露社会矛盾的同时,对统治阶级的残暴、淫侈亦作了揭露和批判,对于重要政治人物的精神面貌亦有所反映。因此,全书内容基本上勾画了春秋时期社会政治变动的大体趋势,在研究春秋这段历史时,可把它和《左传》相互参证。但是,在《国语》一书的许多篇章中夹杂着不少天命、鬼神的迷信思想,并且有些地方仍保留着原始材料的形式,因此严格地说,它还很难算是一部严整的史学著作。

2.《战国策》

《战国策》是战国时期纵横家游说诸侯国君或互相辩论时所发表的政治见解和斗争策略,由后人追记汇编而成,并不是一人一时的作品。原来编排很乱,名称很多,有所谓《国事》、《短长》、《事语》、《长书》、《修书》等名,后经汉代刘向重新加以编辑、校订,按东周、西周、秦、齐、楚、赵、魏、韩、燕、宋、卫、中山十二策分编,共三十三卷,才定名为《战国策》。时代上接春秋,下至秦并六国,约二百四十五年。

《战国策》里,反映了战国这一历史时期各诸侯国之间进行兼并的政治斗争,特别是对于士阶层一类人物的政治活动,作了非常生动的描写。七国之间的兼并战争,固然很大程度是决定于军事,但更重要的还得看各国政治攻势的运用和外交上面的安排,当时有所谓"横成则秦帝,纵成则楚王"的说法,正是指此而言。而那些谋臣策士,既没有坚定的政治主张,也没有固定的政治立场,朝秦暮楚,见风使舵,凭着自己的口才辞令,达到爬上政治舞台、猎取个人功名富贵的目的。因而一切攻守和战之计、钩心斗角之事,都是围绕着这一时期政治局面的变化和个人利害的得失而展开的。唯其如此,他们对于战国时期各国的政治动态,特别是"战国七雄"之间力量的消长、尖锐复杂的斗争,都能具有较为深刻而具体的反映,对于统治阶级的黑暗残暴统治,也能起到一定的暴露作用,因而本书对于研究战国时期的历史自然具有很大的参考价值。

《战国策》在文学上的成就，远远超过了它在史学上的地位。由于语言辞令的需要，这一时期的文章更为注意语言艺术。铺陈夸张，畅所欲言，变本加奇，气势横生，成为《战国策》所具有的历史散文特色。在描写人物时，通过对话，绘声绘色地揭示他们内心的活动，再加上侧面的烘托，就使人物的鲜明形象呈现了出来。如苏秦说秦不成及其相赵归家，前后颓丧和得意的情景以及庸俗的世态人情，都能做到跃然纸上。在说明事理上，善于运用形象的语言，把抽象的理论具体化，并尽量做到夸张渲染，使读者容易受到感染和打动，同时，还经常引用生动的比喻和风趣的寓言以增强其感染力。如《邹忌讽齐王纳谏》，内容生动，方法巧妙。邹忌不是用正面说教的方法劝齐王纳谏，而是以亲身体验的生活琐事现身说法，由小及大，使齐王感到身被谄臣包围的危险，收到了说服的效果。

　　总的说来，《战国策》的思想性与其艺术性相比，显得相当贫乏。书中对一些贵族统治的不合理现象，作者反用封建伦常观念予以赞扬，鼓吹封建道德，散布忠君思想，而对所记的辩士的说辞，也是采取赞赏的态度，并不表示任何批评。如对苏秦一家的描写，只是在说明势利地位和富贵的不可忽视，并无讽刺意味。这些都正好反映了作者自己的思想状况。

3.《越绝书》

　　《越绝书》是一部十分奇特的地方史著作，它不仅不著作者姓名和成书时代，而且在体例上也是与众不同。它既不是编年体，也不是纪传体，虽然有些类似《国语》或《战国策》，但又不尽相同，因而使历史目录学家在分类上无所适从。唐初修《隋书·经籍志》和五代、宋初修《旧唐书·经籍志》、《新唐书·艺文志》均分在杂史类，宋陈振孙《直斋书录解题》亦列在杂史类，元修《宋史·艺文志》则列于霸史类，清修《四库全书总目提要》又分在载记类。但不论如何分，都承认它是一部史书。

　　可是浙江有些人硬要将其说成是地方志，为此，笔者于1990年在《历史研究》第四期发表了《〈越绝书〉是一部地方史》一文，从该书的著作宗旨、著作体例、编纂形式、记载内容等多方面论述了《越绝书》只能是一部地方史，而绝不是地方志。文章发表后，新华社还发了消息，中央人民广播电台在早间新闻里作了广播，《人民日报》(海外版)、《光明日报》、《解放日报》等国内多家报纸分别以《〈越绝书〉论述治国强兵之道》、《〈越绝书〉是战国时论述治国的史书》[1]等标题加以转载,其影响自然可想而知。

关于《越绝书》的作者,历来著录就不一致,有的作子贡,有的说伍子胥,宋代目录学家陈振孙对上述都采取否定态度,他在《直斋书录解题》中说:"《越绝书》十六卷,无撰人名氏,相传以为子贡者非也。其书杂记吴越事,下及秦汉,直至建武二十八年。盖战国人所为,而汉人附益之耳。"明代官私目录,或因袭子贡、子胥之说,或从陈振孙主张。到了明代中叶,杨慎从该书《篇叙外传记》一段文字析"隐语"得出是东汉初年袁康、吴平所作。此说一出,附和者不少,反对者也相当激烈。清代修《四库全书总目提要》时亦依此说而定,因是官修,似乎遂成定论,于是许多著作沿袭而不改。笔者于1983年出版《中国古代史学史简编》时,由于对其还未做深入研究,故亦采其说。

其实近代学者余嘉锡在《四库提要辨证》中将有清以来所有考证该书作者的观点加以辨证后说:"要之,此书非一时一人所作",并指出《直斋书录解题》云"盖战国后人所为,而汉人又附益之耳",紧接着一句赞语:"斯言得之矣"。陈、余诸人考订,不仅言之成理,而且相当精详,可惜未能引起学界丝毫注意,足见墨守之弊端,影响实在太深。

后来为替周生春教授《吴越春秋辑校汇考》一书作序,笔者从中得到启发,《吴越春秋》作者赵晔不仅《后汉书》有传,地记《会稽典录》亦有记载,且历代谈论或摘引《吴越春秋》时,总也必然提到赵晔。再按此道理查找被誉为"百岁一贤"的袁康、吴平,自汉至明代中叶以前,竟然蛛丝马迹全无,这难道不值得深思吗?再者,析隐语与考证一样,必须有很硬的旁证,否则就难以成立,杨慎当日所析隐语,就是找不到旁证,这是研究者皆知的事,所以笔者经过研究发现,杨慎析出的两个全然不是历史人物,实乃子虚乌有。[2]非常庆幸的是,李步嘉先生在上海古籍出版社出版的《〈越绝书〉研究》中也提出袁康、吴平不是历史人物。两人研究,不谋而合。令人遗憾的是清修《四库提要》竟轻信杨慎之说,遂使两个子虚乌有的人物堂而

---

[1] 见《人民日报》(海外版)1990年8月14日,《光明日报》、《解放日报》1990年8月15日。
[2] 1998年,笔者在台湾《历史月刊》3月号发表了《袁康、吴平是历史人物吗?——论〈越绝书〉的作者》一文。

皇之地流传，如今到了应当将其从所有历史记载中清除出去的时候了，不应当让其以《越绝书》作者名义再继续去蒙骗我们子孙后代了。因为重要，故有必要多说几句。至于成书时代，笔者认为最早成书应是在战国后期，这要从此书主要篇卷的内容和文字风格来定，而不能从后人"附益"的内容来定。对此，陈振孙、余嘉锡也都讲了。

至于《越绝书》的内容与价值，笔者认为这是一部吴越争霸的历史，因此在研究它的内容与价值时，首先得从这个方面着眼，因为它是全书的主要内容。同时又必须看到，其内容并不局限于吴、越两国的战争，还涉及吴灭强楚，北上中原称霸，最后还有越国的称霸，其所记内容，已经超越了一般地方史的范围，还带有"国际性"战争的内容和价值。当然也要指出，我们说主要讲两国争霸历史，并不是说它的内容就是讲两国之间的打仗。和其他史书一样，必然还记载许多相关的问题，诸如民族、民俗、方言、地名、生产、水利、古城建筑、冶炼等都有记载。简而言之，要争霸，就得富国强兵，如何富国强兵，涉及内容自然就多了，全书内容其实就是由此而展开。

四、志类

1.《逸周书》

《逸周书》连序共七十一篇，今缺十一篇，尚存六十篇。刘知幾在《史通·六家》篇中说："《周书》者，与《尚书》相类，即孔氏刊约百篇之外，凡为七十一章。上自文武，下终灵景。甚有明允笃诚，典雅高义；时亦有浅末恒说，滓秽相参，殆似后之好事者所增益也。至若《职方》之言，与《周官》无异；《时训》之说，比《月令》多同。斯百王之正书，五经之别录者也。"其内容包括西周至春秋间约六百年左右的事迹，而全书编排则以所记史事之年代为次。至于成书时代，历代学者多有争议。朱右曾在《周书集训校释序》中肯定其为春秋以前作品。郭沫若也认为《世俘》、《克殷》、《商誓》为西周初年所作，特别是《世俘》，"除文字体例当属于周初以外，其中所记社会情形与习尚多与卜辞及古金中所载者相合"（见所著《中国古代社会研究》附录《追论及补遗》七《古代用牲之最高纪录》）。顾颉刚力主其说，以为《世俘》著作时代早，最可信，"无论在用语上，在历法上，在制度上，在史实上，《世俘》必然是西周时代的一篇记载，它写出了武王克殷，以掠夺为其目的，以武力镇压为其手段，他在两三个月中派兵遣将，用血腥的铁腕获得了彻底的胜利，建立一个新王朝，这是得到当时历史的内在最本质的真实，跟后来周人所宣传的人本主义的说法和战国诸子的'仁政'理想以及许多唯心主义者的见解恰恰立于完全相反的地位"（见氏著《〈逸周书·世俘篇〉校注、写定与评论》，载《文史》1963年第二辑）。而竺可桢在《物候学与农业生产》（载《新建设》1964年第8—9期合刊）一文中，从物候学推算，认定《逸周书》应当作于东汉时代。春秋时代物候只限于一年中八个节气以上（即二分、二至、四立），西汉刘安《淮南子》里物候是按二十四节气，在《逸周书》里则更进一步以七十二候记物候，即每隔五天记一个物候，可见《逸周书》应是《淮南子》以后的作品。

近年来，学术界对此书研究又有新的进展，黄怀信在《〈逸周书〉评介》（载《中国史学名著评介》第一卷）一文中就明确指出："纵观全书，我们自会发现：《逸周书》是一部内容庞杂、时差较大的作品。就时代言，有西周原作，有本出西周而经春秋（襄昭以前）人整理、加工或改写者，有作于春秋早期者，有作于春秋中期者，有作于襄昭时期者。全书之中，除《官人》末段系后人增益，《周月》、《时训》之'雨水'、'惊蛰'二名经后人改易外，其余虽程度不等地经汉人解过，但并无窜乱，基本上未失春秋编定之旧。""就性质言，《逸周书》中有礼书、有兵书、有史记、有训诰、有政令、有政论、有说教，而除兵书外，又均可归于'史'的范畴之内。可见其书以史为主。后世归之'杂史'，显然是合理的。刘向本题'周时诰誓号令也'，《汉书·艺文志》（实自刘歆）改题'周史记'，无疑也是正确的。另外其书多数篇章，尤其是第五十篇以前之几乎全部，有可能本在旧《书》之中，说明'孔子所论百篇之余'的说法，也是基本可信的。"

2.《山海经》

《山海经》的性质相当于地理志，可以说是我国古代的一部地理书。如今流传的本子乃是"经"、"注"合刊本，"经"指《山海经》原文，"注"指后人注文。"经"、"注"合刊本共分十八卷，计三万零八百字，而据张步天统计经文为二万一千四百七十八字。从书的内容来看，并非一时一人所作。据张先生考证，最早的一部分成于春秋中后期，定稿人乃周敬王时刘文公所属大夫苌弘（？—前492），此人于天地之气、日月之行、风雨之变、律历之数，无所不通，为孔子所赞赏（《〈山海经〉评介》，载《中国史学名著评介》第一卷）。其次则为齐燕早期方士作品。流传当中又不断为后人增削窜改，所以全书是经过逐渐附益而成的，而最后定稿人则为汉代尹咸、刘向、刘歆，他们都参加了当时的校书工作，特别是刘歆收到的《山海经》有不同版本，且十分零乱，最后将收集到的三十二篇编定为一十八篇，从此《山海经》才有完整的定本。

全书十八篇也即十八卷，由《山经》、《海经》两大部分组成。《山经》又称《五藏山经》，简称《五藏经》，共有《南山经》、《西山经》、《北山经》、《东山经》、《中山经》五篇，为五卷。《海经》指海内海外八经（《海外南经》、《海外西经》、《海外北经》、《海外东经》、《海内南经》、《海内西经》、《海内北经》、《海内东经》）、大荒四经（《大荒东经》、《大荒南经》、《大荒西经》、《大荒北经》）、《海内经》共十三篇，为十三卷。《山经》以山岳山系为纲目，共记述四百四十八座山，每座山为一目，主要内容记述山川、民俗、动物、植物、矿物和神话，而叙及神话的仅有五座山。《海经》所记的"是自人类诞生之初以至作者当时的漫长年代沉积起来的各种事物"。《海经》的"海"和"大荒经"的"荒"其意都是指未开发的地区，也就是说指很远的地方，而不能理解为"海洋"。在《山海经》中，"荒"比"海"似乎更远。从《国语·周语》中可以知道，西周王室与地方关系中之五服就有"戎狄荒服"，荒服列在最后，可见是边远地区。

《山海经》记述上有一个特点就是通过神话形式，因而往往被看成荒唐不经的书。而从学术研究领域来说，地理学家称为地理书，神话研究者则视为神话小说，当然也有人称其为巫书。从其内容来说，涉及的面是相当广泛的，有历史、地理、文学、天文、历法、动植物、矿物、民俗等。书中记载了全国的山水矿藏资源，据统计有九十二种，达六百五十二处，金属矿物有铂、金、银、铜、铁、锡，非金属矿物有玉、碧、赭、雄黄、盐等，据称还有石油、天然气的记载。至于动植物，记载有二百六十多种动物、一百八十种植物，这些记载都具有很高的学术价值。值得指出的是，书中除了记述以上内容外，还记载了古代的一些社会情况，反映了许多图腾崇拜等，是了解中国原始社会的一个重要窗口。因此，本书不仅对研究自然科学史有重要价值，而且对研究中国原始社会同样具有重要价值。北魏郦道元的《水经注》是众所周知的地理书，当年注时引用《山海经》的就有八十多条，并都经过郦道元的考证，足见其学术上的价值。

五、史论

史论是战国时代史学园地里新出现的一种史体，它的萌芽起源于《左传》，《左传》里的"君子曰"，就是史论的最初形式。战国时期的诸子百家之学，都是通过对历史的议论而后提出自己的政治主张，因此，他们的著作并不单纯是论议之书，而大都是记载了有关历史人物的言行而加以评述的。法家代表作《韩非子》中的许多篇章，都是类集史事，以张其说。杂家代表作《吕氏春秋》，号称是"上观尚古，删拾《春秋》，集六国时事"（《史记·十二诸侯年表序》）以成其书。《孟子》书中评论历史人物的地方也很多，至于《荀子》则更提出了"天行有常，不为尧存，不为桀亡"（《天论》）的人定胜天思想，并认定古今之变，古不如今。这都说明在诸子著作中，为了阐明自己的政治主张或观点，往往大量引用历史事实加以论证，因而议论中间，史论不断增多。这些情况对后来史学的发展和新史书的产生都有很大影响。

秦汉之际，出现了不少具有史论性质的长篇文章，引用大量的历史知识来为当时的政治服务。贾谊的《过秦论》表现得尤为突出。这是一篇以批评秦朝政治得失、成败原因为主题的政论文章，文中引用大量历史资料作为立论的依据。作者贾谊是西汉初年一位年轻的杰出的政治家、文学家和历史评论家。他深入研究历史，掌握大量史料，从中提炼出一些理论性的结论。历史知识启发贾谊更深刻地认识现实，而贾谊也能充分地利用历史知识和历史见解来阐发他对现实问题的看法和解决的对策。研究历史目的在于解决现实，所以他特别重视近现代历史。《过秦论》总结了秦朝兴亡的原因，目的就是提供给汉文帝作为改革政治、避免社会危机爆发的借鉴。文中指出，秦朝所以能实现统一，主要由于春秋战国以来，天下长期战乱，人民反对诸侯割据战争，要求和平统一，过安定生活，而秦的统一政策正符合了人民的要求，所以能够成功。而它的迅速灭亡，则是由于"赋敛无度，天下多事"，"百姓困穷而主不收恤"，"繁刑严诛"，"仁义不施"。一句话，就是行暴政，失民心，因此"天下莫不引领而观其亡"。陈胜只是振臂一呼，各地便纷纷响应。这就说明秦王朝的成功和失败，都是由人心向背所决定的。总结秦朝兴亡历史，为的是对汉朝施政有所借鉴，所以文中反复分析说明"前事之不忘，后事之师也"，"前车覆而后车戒"。治理国家，应当汲取历史经验，根据现实情况，制定方针政策，以便更好地适应客观形势变化的需要。这些见解，在当时来说，无疑是很杰出的。

但是，由于贾谊站在封建统治阶级立场，只能幻想统治阶级施行仁义以消除阶级矛盾，达到他的所谓"长治久安"的目的，而不理解对农民的剥削压迫完全取决于地主阶级的本质，剥削阶级与劳动人民的阶级利益是根本无法调和的。这个根本问题，他是无法认识到，更是不可能解决的，这是阶级和历史的局限所决定的。

第二编

以人物传记为中心的汉魏六朝史学

第三章
纪传史体的兴起与发达的原因

汉魏六朝时期，在史学园地里，最突出的是以人物为中心的纪传史体的兴起及其蓬勃地发展，并且很快地占据了绝对优势的地位。这一情况的出现，绝不是偶然的，它主要由以下几个方面的原因所促成。

第一节　大一统局面的出现与经济文化的繁荣

公元前221年（秦王政二十六年），秦统一六国，结束了割据混战的局面，建立起中国历史上第一个统一的多民族的封建专制主义中央集权国家。秦始皇在统一全国以后，采取了一系列巩固统一和加强封建专制主义中央集权的措施。这些措施，在当时符合新兴地主阶级的利益，有利于国家的统一和生产力的发展，在历史上起着积极的进步作用。但是由于秦始皇和二世的残暴统治，使一开始就存在的农民和地主阶级之间的矛盾很快地激化，并爆发了以陈胜、吴广为首的我国历史上第一次农民大起义，短短几个年头，就把强大的秦王朝推翻了，紧接着是四年的楚汉战争，最后由刘邦建立起西汉封建王朝。

经过秦末农民大起义风暴的扫荡，在一定程度上调整了土地占有关系，有利于推动社会生产的向前发展，加上汉王朝的上层统治者大多起自民间，参加过秦末农民起义，了解人民力量的伟大，不得不实行减轻剥削、减轻压迫等缓和矛盾的各项措施，采取了比较符合人民要求的"轻徭薄赋"、"无为而治"的政策。经过汉初六七十年的"休养生息"，由于广大人民的辛勤劳动，社会经济得到了迅速的恢复和长足的发展，至武帝初年，汉王朝的经济力量已经十分雄厚，出现了社会经济空前繁荣的局面。在政府的府库里，积储了大量财富，史书记载："非遇水旱之灾，民则人给家足，都鄙廪庾皆满，而府库余货财。京师之钱累巨万，贯朽而不可校。太仓之粟陈陈相因，充溢露积于外，至腐败不可食。"（《史记·平准书》）经济富庶，国力也随之强大起来，史称武帝"遭值文景玄默，养民五世，天下殷富，财力有余，士马强盛"（《汉书·西域传·赞》）。西汉封建王朝进入了鼎盛时期，也是我国封建社会历史上前所未有的一个繁荣时期，屹立在当时世界文明国家的前列。

和政治经济的发展相适应，汉武帝对思想文化的发展也采取了一些重要措施，因而在这期间，不仅社会富庶，国力强大，而且在学术文化上也是一个高涨时期。武帝接受董仲舒的建议，在学术思想上实行罢黜百家、独尊儒术，思想定于一尊，结束了战国以来"百家争鸣"的局面。同时还下令全国征求图书，"建藏书之策，置写书之官，下及诸子传说，皆充秘府"（《汉书·艺文志》）。经过最高统治者的征求搜访，皇家图书馆的藏书量越来越多。随着经济文化的繁荣，特别是大一统局面的出现，又为史家撰写历史提出了新的课题。

在西汉末年农民起义后建立起来的东汉政权，最初几十年间，在国内安定统一的局面下，社会经济还是向上发展的，社会生产力的水平比西汉有所提高，因而东汉初期的几十年，是两汉四百年中继西汉武帝之后又一个经济和学术文化高涨的时代。

从东汉末年军阀割据的混战局面开始，直到隋的统一，这三百六十多年时间，我国社会处于长期分裂和动乱不安的状态之中。可是在这种动乱的政治局面下，思想界倒反而呈现出特别活跃的景象：汉武帝时定为一尊的儒家思想，这时已无法继续垄断学术思想了，名、法、兵、纵横等家思想又有了不同程度的发展；同时汉代在经济、政治各方面所创立的封建社会的形态，魏晋以来各代虽有损益变通，但主要还是因袭，可是在社会分裂动乱、阶级关系错综复杂的情况下，私人撰史的风气却得到了很大发展。正是在这样的社会条件下，魏晋南北朝时期所写的史书，不但数量上比两汉有显著的增加，而且史书的种类也不断地增多，这正反映了乱世多史这一历史特点。

第二节　重视人的作用，通过人物传记总结经验教训

春秋以来，天命、鬼神思想在不断地衰退，而重视人事的观点则在迅速地发展着。到了战国时期，各类政治人物在进行辩论或说明问题时，已很少有人再援引神意，而大多以历史上的人事作为依据。战国七雄之间生死存亡的斗争、强弱兴衰的变化，无一不说明人的主观能动性在其中所起的重要作用。战国初年，秦与山东诸国相比，政治、经济都是比较落后的，可是由于秦孝公采用商鞅的变法主张，实行比较全面、彻底的改革，收到了显著的效果，使秦国由落后一跃而为先进，最后统一全国。齐魏马陵之战，齐军在名将孙膑的指挥下，针对魏军骄傲轻敌思想，避开正面作战，实行诱敌深入，在马陵伏下精兵，大败魏军，俘虏魏太子申，魏将庞涓自杀。经此一战，魏国一下子就从战国前期的首强地位跌了下来。又如秦赵长平之战，起初赵军在老将廉颇的指挥下采取坚守战略，两军相持三年，秦军不得前进一步。后来赵孝成王中了秦国的反间计，任用只会纸上谈兵的赵括去替代富有军事实践经验的廉颇，缺智无谋的赵括，很快中计身亡，四十万赵军全部投降于秦。特别是在项羽、刘邦之间长达四年之久的楚汉战争中，主将的能动作用更加显而易见。鸿门宴之前，两军几次火并，楚强汉弱的形势十分明显，可是最后楚方竟以项羽自刎乌江的惨败而告终，这个结局绝非出于偶然。司马迁在《项羽本纪》中指出，刘邦怯懦而有智谋，项羽坦率而少谋略。关键就在这里。地主阶级在掌握政权以后，对历史上这些重要的经验教训自然都要加以总结。纪传体可以突出各种人物在历史进程中所起的作用，突出人物在文化创造上的功绩，特别是突出每个人的功或过，从中总结出成败得失的经验和教训。所以，以人物为中心的纪传体史书在汉魏六朝时期的出现和迅速发展，司马迁《史记》之所以采取纪传而不用编年，应当说这是一个很重要的原因。

第三节　选举制度在史学上的反映

早在西汉初年，封建统治者为了选拔官吏，搜罗地主阶级人才，就已采取了由郡国举荐贤良方正的措施。到了武帝元光元年（前134），又设孝廉

一科，命令郡守和王国相每年各推荐孝廉一人，孝廉一科成为此后尚书、侍中、侍御史和刺史、守、令等各级官员的主要来源，这就是汉代选拔官吏的察举制度。东汉的察举一般都以名士主持的乡间评议为主要根据。这种乡间评议，就是对一个人的品德学问进行褒贬。举为孝廉的人经过考核合格，一般都有官做，尤其在东汉，成为求仕进者的必由之路。魏晋以来各朝则又相继实行九品中正制，这种制度实际上是汉代察举制的发展。九品中正制就是在各州郡设置大小中正，负责评定本地方的人物，依人才高下分为九等，也就是九品，作为吏部除授官职的依据，所以称为九品中正。州郡的中正官多以籍隶本州的中央官员兼任。这一制度初实行时，士人品定之权掌握在政府的中正手中，中正采择舆论，按人才优劣以定品第，多少改变了东汉以来名士"臧否人伦"、操纵选举的局面。可是随着地方豪族势力的发展，门第制形成，中正官便逐渐为一些大族名士所掌握，品定人物之权也就完全落入他们的手中。在这种情况下，品定士人等第的标准，也就很自然地由才德而逐渐为单纯以家世门第的高低所替代，因此到西晋时就形成了"上品无寒门，下品无世族"和"据上品者，非公侯之子孙即当途之昆弟"的局面。

但无论察举制还是九品中正制，都是封建统治者用以选拔人才的制度，它们有一个共同的特点，就是对被选拔的士人都要进行一番评论。既然政治上盛行对人物的评论，就必然直接影响到史学上也注重褒贬人物。而纪传体史书的重心，正是放在列传上，它的长处就是突出人物。所以汉代以来，特别是东汉末年以来，纪传体史书得到很大的发展，不仅史书的数量迅速加大，而且种类也显著增多。加之东汉末年起，地方豪族割据势力的恶性膨胀，魏晋时期门第制度的形成，那些高门贵族为了标榜门第，夸耀本族人才出众，大写家传、家谱，于是传记、谱学盛行，这样，既增加了纪传体史书的种类，又直接为纪传体史书的编写提供了丰富的材料，两者相互影响，交互促进，从而使纪传体史书在这一时期得到了蓬勃的发展。

第四节 《史》、《汉》二书的影响和直接推动

《史记》的产生在我国史学史上具有划时代的意义，它开创了我国纪传

体史学，树立了纪传史体编纂的典范，对后世史学的发展起着极为重要的作用。后世史家撰著纪传体史书，基本上是沿着这个路子走的，诚如郑樵所说："百代而下，史官不能易其法，学者不能舍其书。"(《通志·总序》)从班固《汉书》起，历代的所谓正史，在体裁形式上几乎完全承袭《史记》。而且自从以人物为中心的《史记》问世以后，它还启发着人们研究历史的方法和兴趣，因此不断地有许多人为它写续编，其中以班彪、班固父子最有成绩，并写出了《汉书》。由于《汉书》的"正统"观念强烈，因此当它出现以后，就深受统治者的欢迎和大力提倡，班固也因撰《汉书》而见称于明帝，明帝还命刘珍等作《汉纪》，以续班书。和帝时，又特指派高材郎官（皇帝侍从集团）马融等十八人，跟从班固的妹妹班昭学习《汉书》。到魏晋南北朝时，对《汉书》进行研究、注释的竟达二十五家之多，人们还把它与五经相比，认为《汉书》的地位仅次于经，这样一来，在汉魏六朝时期，《汉书》的影响竟在《史记》之上。因此从《汉书》出现以来到南北朝时期，撰史之风被于一世，史学得到了空前的发展，《隋书·经籍志》史部就著录了一万六千五百五十八卷，特别是纪传体，已为当时学者所普遍采用，得到更大的发展。现仅就魏晋南北朝时期所编撰的几个主要王朝的史书作一比较，就可明显地看出纪传体史书在这个时期已占绝对优势的地位：

体裁	后汉史	三国史	晋史	南北朝史
纪传体	11 种	7 种	12 种	17 种
编年体	4 种	2 种	11 种	6 种

另外，这种体裁，不仅私人撰史者普遍采用，而且也为封建王朝统治者所认可，明帝就曾命班固、陈宗等人共撰《世祖本纪》，班固还作功臣、平林等列传载记二十八篇。后来刘珍等人受诏撰《东观汉记》，亦采用此种史体。事实表明，纪传史体已经得到皇家的正式承认，成为撰写国史的法定体裁，所以在唐初官修的《隋书·经籍志》中把纪传体史书定为正史，这一举动，也就使人毫不感到突然了。

第四章
伟大的历史学家司马迁

第一节　司马迁创作《史记》

一、司马迁的生平

　　司马迁（前145—前87？），字子长，左冯翊夏阳（今陕西韩城）人，我国历史上伟大的历史学家。他生长的时代，正是我国封建社会的政治、经济和文化全面发展的时代，也是大一统局面出现后第一个经济文化的高潮时代。司马迁的幼年，是跟着父亲司马谈在家乡度过的，"耕牧河山之阳"，参加过一些农业劳动，可见他的家庭应是一个中产以下的人家。司马谈是一位具有渊博学问的人，曾"学天官于唐都，受《易》于杨何，习道论于黄子"。写过《论六家要旨》，对儒、墨、名、法、阴阳、道德各家进行了分析和评论，他肯定地赞扬了道家，批判了其他各家学说。这些思想对司马迁自然都有很大影响。汉武帝建元年间，司马谈做了太史令，移家长安，这对司马迁来说，有了更好的学习环境。他在父亲的亲自指导下，加上自己的刻苦努力，自谓"年十岁则诵古文"。所谓"古文"，就是古代的文字，就是某些用古文写的书，不一定专指某一本书。这表明他很早就有古文修养，很早就能阅读用古文写的古代典籍。后来还曾向董仲舒学习公羊派《春秋》，跟孔安国研究《尚书》，并进而博览和研究古代典籍以至当代的档案文书，为日后继续他父亲的史官事业准备了条件。

　　司马迁在青年时代就开始了漫游生活，据他自己说："二十而南游江、淮，上会稽，探禹穴，窥九疑，浮于沅、湘；北涉汶、泗，讲业齐、鲁之都，观孔子之遗风，乡射邹、峄，厄困鄱、薛、彭城，过梁、楚以归。"这次远游，足迹遍及长江中下游广大地区和今山东、河南等地。回到长安后，任职郎中，平时是宫门武装侍卫，皇帝外出就是车驾的侍从。虽然郎中只是一个小官，但司马迁从此却开始了他的仕途生涯。后来因"奉使西征巴蜀以南，南略邛、筰、昆明"（以上引文均见《史记·太史公自序》。本章凡不特别注明者，均出自《史记》一书），又有过第二次远游，一直到达了今天的四川和云南西部。在侍奉武帝出巡的时候，也到过很多地方，自云："余尝西至空桐，北过涿鹿，东渐于海，南浮江淮。"（《五帝本纪》）可见他的游踪几遍全国。

这样多次的长途漫游，对司马迁后来进行伟大著作《史记》的写作起着很大的影响。在游历过程中，他不但观赏了祖国雄奇壮丽的山河，考察了各地的历史遗迹，收集了大量古代的文物资料和历史故事传说，掌握了许多重要历史人物的逸闻轶事，了解了各地的风土民情、经济生活和地理形势，而且也有更多的机会接触下层群众的实际生活状况。所有这些，不仅使他扩大了眼界，开阔了胸襟，丰富了生活，增长了阅历，而且对他的政治见解和历史观念的形成、发展也都起着一定的作用。为什么《史记》能够写得那么生动、逼真而又富有活力？这是其中一个很重要的因素。特别是彭城、丰、沛一带的漫游，对于他描写秦楚、楚汉战争的形势，重要人物的活动和汉朝初年统治集团的面貌，都有很大的影响。而这些实地调查所得的资料又往往都是在官方簿书的记载中无法见到的非常珍贵的资料。所以游历对于司马迁来说，是他一生中进行学习和实践的一个重要过程。

元鼎六年（前111），司马迁奉武帝之命出使巴蜀以南，代表汉王朝视察和安抚少数民族地区，这个重大使命的委派，说明他的才能和学识已被汉武帝所看中。这时他年仅三十五岁。元封元年（前110），汉武帝东巡，登泰山举行封禅，司马谈以太史令侍从武帝。到了洛阳，却因病留了下来。封禅在封建统治阶级看来是千载难逢的盛典，司马谈因病未能参与，确使他又急又气，恰好这时出使西南的司马迁回到了洛阳。当时已经处于病危的司马谈向他儿子交代说："余先周室之太史也，自上世尝显功名于虞夏，典天官事。后世中衰，绝于予乎？汝复为太史，则续吾祖矣。今天子接千岁之统，封泰山，而余不得从行，是命也夫，命也夫！余死，汝必为太史；为太史，无忘吾所欲论著矣！"司马迁很悲痛地垂着眼泪回答说："小子不敏，请悉论先人所次旧闻，弗敢阙！"（《太史公自序》）司马谈去世的第三年，即元封三年，司马迁果然做了太史令，这对于他的著作大业，无疑提供了极为有利的条件，他可以方便地查阅"石室金匮"，也就是皇家图书馆里所藏的各种典籍文书和档案资料了。又过了三年，即太初元年（前104），司马迁倡议并主持了改革历法的工作，这是中国天文学史上的一件大事，也是司马迁任太史令以后所做有益于人民的一件好事。汉兴以来，一直沿用秦的《颛顼历》，以致出现"朔晦月见，弦望满亏，多非是"（《汉书·律历志上》）的现象，早有改正的必要。掌管历法是太史令的重要职务之一，所以司马迁为太史令后，于元封年间与太中大夫公孙卿、壶遂等上书，言"历纪坏废，宜改正朔"（《汉书·律历志上》）。原来武帝在封禅典礼后，亦准备来一次改制，于是他就把司马迁等人的建议和统治阶级受命改制的思想联系起来，"改正朔，易服色"，并正式命令司马迁等人共同制订汉历。在司马迁的主持下，聘请了许多懂得历法的专家和民间的历法研究者共数十人，经过共同努力推算，终于制订出一个以正月为岁首的新历，这就是有名的《太初历》，亦即今天还在通行着的"夏历"。改历工作的胜利完成，充分说明了司马迁对于天文历法的精深造诣，他确实称得上是一位上知天文，下通地理，并知医药，长于文史的学识渊博的通才。

太初元年，在改历工作完成以后，司马迁就开始他的伟大著述工作。从二十岁起，他就已经在着手准备了，二十多年以来，无论是著述思想还是历史资料，应当说已经基本酝酿积累就绪，特别是从全国范围的长期游历中所得的调查资料，自然比任何本本史料都要可贵，加之任太史令后又有四五年的资料整理准备，于是太初元年就正式开始写作《史记》。这年他正是四十二岁的壮年。天汉二年（前99），正在专心著述的司马迁，因为李陵案件说了几句公道话，触怒了汉武帝，被捕入狱，处以死刑，这确是一场飞来横祸。按照汉律，判死刑的人，有两种情况可以免死，一种是纳钱赎罪，另一种是受"腐刑"。前者司马迁是办不到的，他说："家贫，货赂不足以自赎；交游莫救，左右亲近不为一言。"这种亲身遭遇，使他看到了当时社会人情的冷暖、世态的炎凉，看到了这个社会人与人之间关系的虚伪性与残忍性。第一条路既然走不通，要活下去，那就只有忍受耻辱而受残酷的"腐刑"。这时的司马迁，精神极为痛苦，徘徊于生死斗争之中。但他想到自己的著述尚未完成，父亲的遗志没有实现，就这样死去那是毫无价值，很不值得的。他想到了历史上许多于国有功的英雄人物,"皆身至王侯将相,声闻邻国",但到了大祸临头的时候,也都只有忍垢于尘埃之中。他还想起了古代的许多先辈,也都是在苦难的境遇中,发愤著作,以鸣其不平于天下后世的:"文王拘而演《周易》;仲尼厄而作《春秋》;屈原放逐,乃赋《离骚》;左丘失明,厥有《国语》;孙子膑脚,兵法修列……"司马迁为了实现平生的著作理想,决计步先辈之后尘,忍辱含垢,终于在天汉三年,下"蚕室",受"腐刑"。这种遭遇,自然加深了他对封建专制统治的认识,从而也就增强了他的作品的进步性,从此以后也给他的创作事业带来更大的力量。在他给好友任安的信里,就反映了他当时精神上难以形容的痛苦和发愤著书的决心。出狱不久,司马迁做了中书令,名义上地位比太史令为高,实际上只是个"闺阁之臣",与宦者无异。这种处境,常常刺痛他那受了损害、受了侮辱的心灵,他"每念斯耻,汗未尝不发背沾衣"(以上引文均见《报任安书》)。司马迁初任太史令时,心中充满了对生活前途的美好理想,并对仕宦表示很大的热心。现在担任了名义比太史令显贵得多的中书令,他的仕宦兴趣却反而消失了。他除了坚持著述工作以外,对其他一切事情全然抱定沉默的态度,毅然以刑后余生的全部精力,贡献于他的著作。太始四年(前93),他在给友人任安的信中,透露了他的著作已经基本完成的消息:"近自托于无能之辞,网罗天下放失旧闻,略考其行事,综其终始,稽其成败兴坏之纪,上计轩辕,下至于兹,为十表,本纪十二,书八章,世家三十,列传七十,凡百三十篇。"这是司马迁用整个生命换取来的一部伟大的著作,是他理想、血汗和精神的结晶。这时他大约五十四五岁。此后,他的事迹就无从查考了,卒于何年也无从确定,大概逝世在武帝末年,他的一生约与武帝相终始。

二、伟大的著作——《史记》

《史记》是我国第一部纪传体通史,开创了史学家编写纪传体史书的先河。它的出现,在中国史学史上具有划时代的意义,标志着史学体裁到此已经成熟。作者司马迁在研究古代所有史籍的基础上,吸收了先秦史学的一切成就,创立了一种前所未有的规模宏大的、组织完备的新体裁——纪传体,从而把我国史学发展推到了前所未有的新阶段,在史学上树立了一座不朽的丰碑。全书用五种体例组织起来：十二本纪、十表、八书、三十世家、七十列传，共一百三十篇，五十二万六千五百字。本纪——主要是用编年的形式，提纲挈领地写出一代大事，并非专为叙述帝王政迹而立。司马迁心目中的本纪，是纲纪天下政治的意思，也就是把当时在政治上起主导作用的中心人物立为本纪。所以项羽并非皇帝，吕后也非天子，而司马迁把他们都列入本纪，因为在楚汉战争期间，项羽是"五年之间，号令三嬗"的中心人物；而吕后在惠帝时实际上是掌握实权的人物。后来史家在撰述纪传体史书时，虽然模仿《史记》，却是貌同而心异，实际上已失去了司马迁立本纪的真实精神。就像刘知幾这样杰出的史评家，也不理解这一精神，因而在《史通》里对司马迁为项羽立本纪大为不满，这正说明刘知幾在这个问题的看法上，还是从封建正统观念出发，思想境界远比不上司马迁。表——是各个历史时期的简单大事记，对于那些起过作用而没有立传的人物，"不容尽没"，亦以表载之。所以表是全书的联络和补充。书——以叙述社会制度和自然界现象为主体，对天文、历法、水利、经济、文化等制度的发展和现状加以系统的记述，具有文化史性质，为后来文化典章制度史提供了良好的开端。世家——主要叙述贵族王侯的历史，虽然也是以人物为中心，但它与列传不尽相同，往往把某一家族的世代活动也记录下来。列传——是记载各个时代不同阶层、不同类型的各种人物的历史。当然，这五种体例，并不是各自独立，而是相互配合，互为补充，从而连成一个不可分割的整体。这种史体的产生，对后世史学的发展起了重大的影响。郑樵说："使百代而下，史官不能易其法，学者不能舍其书，六经之后，惟有此作。"（《通志·总序》）赵翼说："自此例一定，历代作史者，遂不能出其范围，信史家之极则也。"（《廿二史札记》卷一《各史例目异同》）虽然说不上是史家作史的"极则"，但它直接影响着两千年来正史的编纂，在我国漫长的封建社会里，许多史学家编写史书，确实都采用了司马迁所创立的纪传史体，并且因为它适合封建统治者的需要，而被确定为正史。《史记》记事内容，上起传说中的黄帝，下至汉武帝太初年间，包括上下三千年的历史，是对我国古代历史的伟大总结。无论是涉及时代之远、包含范围之广，还是史学价值之高、艺术影响之大，《史记》都是空前的。这与当时社会经济的空前繁荣，对外发展的不断胜利，国际文化、贸易交流的开展，前所未有的大一统局面的出现是相适应的。采用新的形式，记载新的历史内容，这就是司马迁适应时代要求而作出的伟大贡献。

第二节　司马迁的史学

一、在历史编纂学上的贡献

1. 创立了完整的纪传史体

《史记》的体裁，是司马迁在总结继承先秦史学成就的基础上创立起来的。尽管五种体裁各有渊源，但其原来的性质、用途却与《史记》不尽相同，何况把这五种体裁有机地结合在一部书里，使它们相互配合，形成一个完整的体系，发挥各自不同的作用，自然要经过一番精心的安排和组织，因此，它绝不是随意的凑合，更不是因袭，而是一种创造。正如梁启超所说："诸体虽非迁所自创，而迁实集其大成，兼综诸体而调和之，使互相补充而各尽其用，此足证迁组织力之强，而文章技术之妙也。"(《中国历史研究法》)

2. 在史料搜集和取舍上为后世史家树立了典范

司马迁能够写出这样一部贯穿古今三千年历史的伟大著作，首先就得掌握极为丰富的历史材料，否则是不可想象的。凡是读过《史记》的人，都可以发现作者对于史料搜集的辛勤、史料来源的广阔、史料掌握的丰富、史料取舍的审慎，都是十分惊人的。司马迁用自己的创作行动，在史学建设上作出了杰出贡献。南宋郑樵虽然扬马抑班，但由于他自己对《史记》未作认真考察，轻信了班彪、班固父子之言，竟然也说出"亘三千年之史籍，而跼蹐于七八种书，所可为迁恨者，博不足也"(《通志·总序》)这一番话来，实在未免厚诬古人。

司马迁《史记》的史料来源，大致可分为三个方面：

一是先秦典籍和当世流传的著作。这些书大多收藏在皇家图书馆里，即所谓"石室金匮之书"。汉武帝很喜欢收藏书籍，多次下令全国，征求图书，并在宫廷里设了几个藏书的地方。经过最高统治者的搜访征求，皇家图书馆的藏书越来越多，"天下遗文古事，靡不毕集"（《汉书·司马迁传》）。司马迁以其特殊身份，对这些藏书完全有机会看到并加以利用。这部分书籍，数量肯定十分可观，司马迁用"六经异传"、"百家杂语"来概括，也肯定不会只有七八种，凡《汉书·艺文志》见录的书目，除晚出者外，皇家图书馆里应该都有收藏。

二是档案文书，这一部分资料也是大量的，因为不但有当代的，而且还有前代留下来的。如秦东向以争天下，"悉内（纳）六国礼仪"（《礼书》）；到了天下并起亡秦的时候，"（萧）何独先入收秦丞相御史律令图书藏之"（《萧相国世家》）。像这一类的档案公文材料，自非一般人所能见到，而司马迁因职务关系，在撰写《史记》时却能得到充分的利用，尤其有关秦汉之际的历史，许多内容都是依据这类材料写成的，如《曹相国世家》、《樊哙列传》等所记战功，若是没有档案材料可资依据，要写出那样精确的数字是很难想象的。又如《三王世家》，就曾全录封策原文，保存了"汉廷奏覆颁下施行之式"。

三是重视运用亲身见闻和实地调查的材料。这种由实地采访所得的材料，其价值往往胜过有形的文字记载，它不但可以补充书面史料之不足，订正旧日载籍之谬误，并且可以加深对真实历史了解的程度。《史记》之所以能够取得那样伟大的成就，与作者掌握并运用这类丰富的活的材料是分不开的，特别是秦以来至汉初这近百年历史的撰写，主要就是依据这部分活的资料。如秦楚、楚汉战争的叙述，秦汉之际各种人物的描写，能够写得那么生动而有文采，都与此有极大的关系，而秦汉之际大小战役战场的复杂变化，如果没有一个了如指掌的形势在胸中，也是无从加以捉摸和叙述的。正如顾炎武所说："秦楚之际，兵所出入之途，曲折变化，唯太史公序之如指掌。以山川郡国不易明，故曰东、曰西、曰南、曰北，一言之下，而形势了然……盖自古史书兵事地形之详，未有过此者。太史公胸中固有一天下大势，非后代书生之所能几也。"（《日知录》卷二六《史记通鉴兵事》）司马迁用实际行动告诉了大家，编写史书，亲历其境采访史事是非常重要的。他从复杂的社会中，创造性地积累丰富的现实材料，为史学建设提供了宝贵的经验。

司马迁在掌握了丰富的史料以后，并没有为史料所役使而随便引用，凡所采录的，都经过一番考订选择的工夫，有可疑的则存疑，写作态度十分审慎。"百家言黄帝，其文不雅驯"（《五帝本纪》），既然不雅驯，他就不采纳；"神农以前，吾不知已"（《货殖列传》），自己不知道的，就不随便写；"至《禹本纪》、《山海经》所有怪物，余不敢言也"（《大宛列传》），古书所记奇谈怪物，他更不随声应和。由于他对史料采取这样谨严详审的态度，严肃地忠实于信实的史料，所以他的《史记》才被后人一致公认为"实录"。

3. 详近略远的编撰原则

重视当代史的研究，这是《史记》的一大特点。司马迁是汉武帝时代人，而其书就有《今上本纪》，他把历史一直写到当代的汉武帝。以朝代而言，夏、商、周三代各成一纪，到了秦朝，既有《秦本纪》，又有《始皇本纪》。至于汉代，则从高祖到武帝，每人各为一纪。在十表中，三代作"世表"，十二诸侯作"年表"，秦楚之际则作"月表"。全书一百三十篇，其中专记汉代历史的就有六十二篇，兼记汉代及秦代的有十一篇。自天下并起而亡秦到《史记》成书约百年时间，这一百年的历史，在全书分量的比重上要比过去几个时代的总量大得多。这种重今思想，不单表现在具体篇章数量的比重上，更主要地还直接反映在内容中。他对秦汉大一统局面的出现，一直是抱着热情歌颂的态度，而对上古倒并不抱多大敬意。他在《六国年表》中有一段话正反映了这一思想，他说："然战国之权变亦有可颇采者，何必上古。秦取天下多暴，然世异变，成功大。传曰'法后王'，何也？以其近己而俗变相类，议卑而易行也。学者牵于所闻，见秦在帝位日浅，不察其终始，因举而笑之，不敢道，此与以耳食无异。悲夫！"由于司马迁的着眼点是在秦取天下，"世异变"，"成功大"，因而对于那些不识时代变化而"牵于所闻"、以古非今的思想提出了批评。班固也称"司马迁据《左氏》、《国语》，采《世本》、《战国策》，述《楚汉春秋》，接其后事，讫于天汉，其言秦汉，详矣"（《汉书·司马迁传》）。所有这些都说明了司马迁在《史记》的撰写中，确实是贯彻了详今略古这一原则，成为史学领域里发展起来的优良传统之一。

4. 运用时代语言反映时代特点

撰写历史少不了要记述人物的言语，这种言语如何表达，在史学领域里显然存在着两种完全不同的做法：一种是采用当时的口语和方言；另一种则是"援引《诗》、《书》,宪章《史》、《汉》","怯书今语,勇效昔言"(《史通·言语》)。这两种做法,效果自然不同。因为人们的语言可以透露出各自的生活经验和心理状态,是其全部生活的反映,而每个人又都生活在特定的社会环境之中,这样,各种语言也就必然具有一定的历史背景,反映一定社会所具有的特点。所以刘知幾在写《史通》时,就从理论上提出了史家写史必须采用当时语言,"从实而书","记其当世口语",不必加以文饰的主张,认为只有这样才能反映出真实历史情况。其实这一主张,司马迁在写《史记》时,早已躬行有得,并且做得十分出色,为《史记》的成就增添了光彩。秦朝二世而亡,二世皇帝"肆意极欲",司马迁除正面列举其苛暴外,还借优旃之口暴露其荒淫无度和给人民带来巨大的灾难:"二世立,又欲漆其城。优旃曰:'善,主上虽无言,臣固将请之。漆城虽于百姓愁费,然佳哉!漆城荡荡,寇来不能上。'"(《滑稽列传》)这一讽刺何等深刻、生动!又如写陈胜年轻时为人佣耕的一段对话:"陈涉少时,尝与人佣耕,辍耕之垄上,怅恨久之,曰:'苟富贵,毋相忘。'庸者笑而应曰:'若为庸耕,何富贵也?'陈涉太息曰:'嗟乎,燕雀安知鸿鹄之志哉!'"(《陈涉世家》)简单数语,活生生地刻画出一群农民天真质朴的性格,反映了陈胜对现实不满的心情,透露出他那非凡的理想。《李将军列传》写李广因击匈奴兵败,革职家居,一天晚上外出归来,路经霸陵亭,亭尉喝醉了酒,竟呵止他不给通行,司马迁引了李广从骑和亭尉的一段对话,广骑曰:"故李将军。"尉曰:"今将军尚不得夜行,何乃故也!"只这一句话,就强烈地反映出失势人物的遭遇和亭尉作威作福的那副神态。像李广那样的失势人物和神气活现的亭尉这两种人,在当时都是不少的,司马迁对前者的同情,对后者的憎恶,自己虽未发一言,其情状则已溢于字里行间。此外,如《魏其武安侯列传》引儿歌:"颍水清,灌氏宁;颍水浊,灌氏族",来反映广大人民对于那些横行乡里的豪族的极端愤恨;《曹相国世家》引民间歌谣:"萧何为法,顜若画一;曹参代之,守而勿失。载其清净,民以宁一",来说明广大人民在长期战争后对社会安宁的强烈期望;《李将军列传·赞》引谚语:"桃李不言,下自成蹊",来表达群众对一个善良人物的热爱表现;《佞幸列传》引谚语:"力田不如逢年,善仕不如遇合",来表示广大群众对佞幸"柔媚取宠"的嫉恶。这类例子,《史记》中确实很多,运用亦很自如,大多按捺在筋节处。民间口语,反映每一个时代的特征自不必说,而歌谣、谚语等,更是民间在实际生活中概括出来的,自然也反映了社会现实。司马迁在社会实践中,仔细观察社会,处处留心民间口头语言,从而有可能大量吸取这些生动的口语,恰当地使用在自己的著作中,这就使他在写人叙事上,既富有战斗性,又增强了形象的真实感。

5. 创造了"寓论断于叙事之中"的写作方法

《史记》在叙述史事当中,可以不必着上一句议论,不置任何可否,读者顺文一读,就会明白作者主观评价之所在,这是一种在史实的叙述中就把自己的论点体现出来的写作方法,这种方法为司马迁所独创,也是《史记》叙事的一大特点。顾炎武说:"古人作史,有不待论断而于序事之中即见其指者,惟太史公能之。"(《日知录》卷二六《史记于序事中寓论断》)司马迁所采用的这种叙述史事的方法,其形式又是灵活多样的,基本的、常见的有下列三种:一种是借别人的评论或反映来表达自己的观点。陈胜为王,六月而败,这位出身"佣耕",曾经以戍卒九百人起而亡秦的农民领袖,为什么后来会造成故人不亲、诸将不附的局面呢?司马迁写道:其故人尝与佣耕者"入宫,见殿屋帷帐,客曰:'夥颐,涉之为王沈沈者!'……故天下传之,'夥涉为王'由陈涉始"(《陈涉世家》)。这里,司马迁并没有直接亮出自己的观点,但人们读了以后,就会很自然地理解到,骄侈忘本乃是造成故人不亲、诸将不附的根源之所在。又如《叔孙通列传》,更是一篇体现这种形式的典范,全篇多次对叔孙通进行了评论,可是作者本人却一次都未直接出面,先借秦诸生的话:"先生何言之谀也",点出叔孙通为了升官发财,违背事实,对秦二世奉承拍马。接着就借鲁之两生的话指出他在汉高祖时制定朝仪,不过是为了"面谀以得亲贵"。而这套朝仪,确实使汉高祖喜得心花怒放:"吾乃今日知为皇帝之贵也。"这是高祖第一次行朝仪后所说的一句得意忘形的话,自然也意味着对定朝仪的人的赞赏。其实司马迁引这句话,还是在于针对叔孙通的"谀"而进行的批评。此外,传中还引用叔孙通一批弟子的埋怨和吹捧的话,来衬托叔孙通的虚伪与狡猾。总之,对于叔孙通的为人,司马迁个人没有发过一句议论,都是通过别人的评论,把这个历事十主,以面谀得亲贵的叔孙通的面目,赤裸裸地暴露了出来。用这种形式来表达作者自己的观点,在《史记》的许多篇章中都反映得非常明显。当然,司马迁并不只是限于引用别人的议论或反映来表达自己的观点,他往往还通过吸收当时民间流传的歌谣、谚语、俗语等穿插在他的叙述和论赞里,来反映自己主观的评价,并且做得非常出色。

另一种是在历史叙述的过程里,把自己对所叙人物、事件和现象的态度、论点表现出来,也就是说采用客观的内容来体现主观的评价。这是《史记》寓论断于叙事之中的最基本形式。如《叔孙通列传》的末尾记叙了这样一件事:"孝惠帝曾春出游离宫。叔孙通曰:'古者有春尝果,方今樱桃熟,可献,愿陛下出,因取樱桃献宗庙。'上乃许之。诸果献由此兴。"司马迁对这件历史事实虽未作过任何评论,但人们一眼就可从中看出叔孙通这个专事"面谀以得亲贵"者的可憎面貌。又如《李斯列传》,司马迁通过对李斯生平事迹的叙述,使人们看到这是一个极端自私自利的典型人物。列传开头说李斯"年少时为郡小吏,见吏舍厕中鼠,食不洁,近人犬,数惊恐之。斯入仓,观仓中鼠,食积粟,居大庑之下,不见人犬之忧。于是李斯乃叹曰:'人之贤不肖,譬如鼠矣,在所自处耳。'乃从荀卿学帝王之术"。这个故事,深刻地揭露了李斯卑鄙的思想品质和丑恶的人生观。《廉颇蔺相如列传》则通过完璧归赵、渑池之会、将相交欢等历史情节的描绘,突出了蔺相如勇敢机智的英雄性格和"先国家之急而后私仇"的高贵品质。通过历史叙述以表达其论断的形式,在《史记》一书中是广泛地得到使用的,特别是对著名历史人物的叙述,如《项羽本纪》、《陈涉世家》、《李斯列传》、《淮阴侯列传》、《李将军列传》等,表现得更为突出。

还有第三种,《史记》里还经常采用对比衬托的形式来表现作者的意旨。这一形式,在《李将军列传》中表现得比较明显。列传里,司马迁插进程不识治军来衬托和说明李广在作战中所以常常获得胜利,原因就在于得到士卒的拥护。他先借程不识作陪衬,这是以客衬主;后来又用程不识之口道出两人治军的异同,这又是反客为主;最后通过叙述,把两人作了对比,这就更进一步加强了作者对李广的肯定评价。这种并叙比较的艺术手法,极尽抑扬变化之妙。这样一来,李广的神采,就给读者留下了一个永难遗忘的印象。不仅如此,司马迁还通过《李将军列传》和《卫将军骠骑列传》这两篇文章的比较叙述,写出了李广跟卫青、霍去病的出身不同、治军不同、战争经历不同和所享名声与下场也各不相同的情况，通过这种对比，更加衬托出李广一生为保卫祖国奋身疆场和体恤士卒热爱人民的品质。但是这样一位深得军心、民心的爱国将领，却一直受到贵戚的排挤和压抑，最后落得个"引刀自刭"的悲惨结局，而卫青、霍去病却步步青云。司马迁在这两篇传记中，处处给予李广以深厚的同情，并对他的遭遇表露出愤愤不平。李广的功绩和声誉，通过司马迁的笔深深地铭刻在人们的心上，千百年来，一直为人们所景仰。在《项羽本纪》里，写鸿门宴中的项羽和刘邦，一方是轻敌、不忍而少谋略，一方是怯懦、沉着而有机智；在《刘敬叔孙通列传》里，一方写刘敬见刘邦不肯着鲜衣，一切主张全由心发，一方写叔孙通投刘邦所好，改着楚制短衣，处处面谀，希世求荣；在《平准书》里，一方写兴利之臣如桑弘羊等榨取民财，利析秋毫，无所不至，一方写黎民重困，不得粮食衣着，以致天下骚动，反抗四起。就这样，通过人物事件的对比刻画，不但使作者的观点立刻在读者面前展现出来，同时也体现了作者运用语言的高超艺术手法。达到这样的境界是很不容易的，所以在长期的封建社会中，虽然史家辈出，史著繁多，但是能够做到"寓论断于叙事之中"的史著却并不多见，说明这不仅仅是个写作方法问题，更重要的还在于渊博的学识水平和高超的艺术才能。

二、进步的历史观

1. "究天人之际，通古今之变"

"究天人之际，通古今之变，成一家之言"，这是司马迁写作《史记》的宏伟目标。如何看待天人关系，这在当时来说是一个大问题。以董仲舒为代表的正统思想家，宣扬天人感应，鼓吹天有意志并享有绝对权威。司马迁在这种社会条件下，提出要"究天人之际"，无疑是很有现实意义的。他是一位具有丰富科学知识修养的学者，精通天文历法。他根据天文科学的知识，说明自然界的发展、天体的运行都有自己的一定规律，而这种规律又是不以人们的意志为转移的，人们只能并且必须按照这种规律去行事。他说："夫春生夏长，秋收冬藏，此天道之大经也，弗顺则无以为天下之纲纪，故曰'四时之大顺，不可失也'。"（《太史公自序》）所以，在司马迁心目中的

"天道"不是永恒不变的,"《易》著天地阴阳四时五行,故长于变"(《太史公自序》),可见他强调的是天地的变化,这与"天不变,道亦不变"的思想显然是对立的。他还认为天是没有意志的,"无造福先,无触祸始,委之自然,终归一矣"(《悲士不遇赋》,载《全汉文》卷二六引《艺文类聚》卷三〇)。人的祸福与天毫无关系,这种思想,不仅有力地打击了宗教迷信,更重要的还在于他敢于和当时的官学天人感应论针锋相对地唱对台戏。要知道,他还是董仲舒的"及门"弟子呢,能够有如此成就,便越发显得难能可贵了。另外,还必须注意的是,他所指的天,有时亦指时势而言,如《魏世家》说:"天方令秦平海内";《秦楚之际月表》称赞刘邦的成功:"岂非天哉!岂非天哉!"等等。像这一类的"天",与其把它解释成具有意志的、带有迷信色彩的内容,不如把它按照"势"或"时势"的观点来理解更适合于司马迁作《史记》的原意。尽管由于科学发展水平所限以及司马迁本人所承受的思想的复杂性,天人之间的关系还不可能说明得很清楚,但是他能够表明天道、人事各有自己的规律,不能由任何人的主观愿望去作随心所欲的安排,人的祸福与天毫无关系,天道、人事都按照自己的规律在不断地变化(当然两者之间,也常常会产生相互制约与影响的作用,人谋可以制约历史的进程,时势也可以影响人事的变化)。这种思想在当时来说,无可否认是一大进步。

"通古今之变",目的在于从古往今来的历史事实的变化和相互联系中,找出一些因果关系作为当今的借鉴。关于这点,司马迁曾明白表示,"居今之世,志古之道,所以自镜也,未必尽同。帝王者各殊礼而异务,要以成功为统纪,岂可绲乎!"(《高祖功臣侯者年表》)这就说明他是用"原始察终,见盛观衰"(《太史公自序》)的方法来研究历史的发展与变化。为了达到"通古今之变"的目的,他创立了前所未有的通史体裁,把自有史以来到汉武帝为止上下数千年人类历史的活动过程全部贯穿在一起。这种通史体裁,本身就可以"通古今之变",使各个时期的历史特点以及礼法制度的因革损益,在这条历史长河中比较得一目了然。所以郑樵竭力称颂其"会通之义"。《史记》中以十表体现"通古今之变"最为明显,但在其他各种体例的编写中,也同样贯穿了这一精神。他在评论秦取天下而成帝业一事时,不是就事论事,而是从秦国的历史谈起,并联系当时社会的巨大变动以及秦在各国之间所处的地位，从而肯定了秦成帝业的历史影响。他的结论无疑是符合历史发展规律的。他在《平准书》里，历举各代史实来说明社会的发展与变化，并且在研究复杂的历史变化过程中，得出了"物盛则衰，时极而转，一质一文，终始之变"的历史辩证发展的法则。有人只就"一质一文，终始之变"，便把它说成是循环论，其实不然，这里的"文"是指形式，"质"是指内容，两者是对立而又统一的，何况这一论点又是在论述历史发展时提出来的，所举的社会历史都是在发展变化着而不是简单的循环重复。事实证明，司马迁在当时提出"究天人之际，通古今之变"作为自己编撰《史记》的目的要求，在当时来说，不但具有重要的现实意义，而且具有深远的历史意义，为后来史家写史指出了应走的道路，树立了光辉的榜样。

2. 重视人在历史上的作用

司马迁创立以人物为中心的纪传体，突出各种人物在历史发展中的作用，突出人物在物质文化创造上的功绩，这本身就是对宣扬天的作用和宗教鬼神思想的否定。他认为决定人类命运的不是天和鬼神，而是人类自己。他说："国之将兴，必有祯祥，君子用而小人退；国之将亡，（必有妖孽，）贤人隐，乱臣贵。"（《楚元王世家》）这就是说，只要"君子用而小人退"，政治就上轨道，国家就会兴旺；"贤人隐，乱臣贵"，政治必然腐败，国家肯定危亡，充分表明人谋在历史进程中起着重要的作用。楚汉战争开始时，楚占绝对优势，但最后却以楚败而告终。这个变化，当然不是出于偶然，司马迁在评论这一事件时指出，汉之所以能夺取天下，与它军事上"谋计用兵"，政治上集思广益是分不开的，而人心向背又是楚汉之争成败的一个关键。他批评项羽："身死东城，尚不觉悟，而不自责，过矣，乃引'天亡我，非用兵之罪也'，岂不谬哉！"（《项羽本纪》）他写项羽所到之处实行坑杀政策，所过之境"无不残灭"；还写他坑杀秦降卒二十万人，写他屠城阳、烧秦宫室火三月不灭；写他坑田荣降卒，虏其老弱妇女，于是"齐人相聚而叛之"。对于刘邦，则写他破武关后约束大家"诸所过毋得掠卤，秦人憙，秦军解，因大破之"；写他在关中"与父老约，法三章"，"秦人大喜，争持牛羊酒食献飨军士"，而他"又让不受"。通过这样鲜明的对比，两种不同的后果也就生动地体现出来了，汉得楚失，绝不是出于天意，而在很大程度上是决定于人谋。

3. 用社会经济生活来探索历史发展原因

司马迁对于当时国家经济和社会财富的发展状况是非常关切的,他在《史记》中写了《平准书》、《货殖列传》的专门篇章来论述国家经济和社会财富生产状况,试图从经济的发展来寻求社会历史发展的原因。在《货殖列传》中,他分析人类社会物质生活资料的生产发展情况时说:"故待农而食之,虞而出之,工而成之,商而通之,此宁有政教发征期会哉?人各任其能,竭其力,以得所欲。故物贱之征贵,贵之征贱,各劝其业,乐其事,若水之趋下,日夜无休时,不召而自来,不求而民出之。岂非道之所符,而自然之验邪?"这里一方面说明物质生产的历史有其自身规律可循,是不以人的意志为转移的;另一方面说明社会的分工是由生产和交换的需要而决定的,而社会生产的发展又是由于各人为满足物质需要而去努力工作的结果。这些论点都表明了司马迁是认识到物质生产对社会生活所起的重要作用,并且还力图用这种社会经济生活来探索历史发展的原因。这是一种朴素的唯物历史观。两千多年前能够对人类社会历史的发展作这样的分析,在中国历史上确是罕见的。他还肯定人们对物质利益的要求是合理的,认为人们关心自己的生活,谋求个人的利益,是人的"天性",在书中他还描述了社会上各种人物都围绕着物质利益而奔波忙碌:"天下熙熙,皆为利来,天下攘攘,皆为利往",总结了"虞夏以来,耳目欲极声色之好,口欲穷刍豢之味,身安逸乐,而心夸矜势能之荣使。俗之渐民久矣,虽户说以眇论,终不能化"的社会现象,因而得出了"'仓廪实而知礼节,衣食足而知荣辱',礼生于有而废于无"(《货殖列传》)的光辉结论。这种观点同统治者利用仁义道德来抹杀人民物质利益的重"义"轻"利"思想是背道而驰的。司马迁把人对物质生活的需求放在首位,一个人如果吃穿都无着落,也就谈不上仁义道德。所以他很含蓄地说:"何知仁义,已飨其利者为有德","侯之门仁义存"(《游侠列传》)。有钱有势就有仁义,这是司马迁所发现的真理,也是对封建统治阶级的道德的虚伪性与片面性的无情揭露。当然,司马迁的这一观点,同时也给统治者指明,所谓仁义道德并不能起万能作用,对于劳动人民首先要满足他们最起码的物质生活要求,否则再宣传也无济于事。这种思想在当时来说是大胆的、进步的，它有利于广大人民生活的改善，有利于社会经济的发展。

但是我们在肯定司马迁历史观进步性的同时，也必须注意到他的世界观和历史观都还是比较复杂的，时代和阶级的局限，不能不在他的思想上留下深刻的烙印，我们在研究司马迁历史观时应进行实事求是的分析和批判。

第三节 《史记》的人民性与艺术性

一、《史记》的人民性

1. 大胆地歌颂农民起义领袖的历史功绩

《史记》把农民起义领袖陈胜列入世家，项羽列入本纪，这种举动在整个封建时代的史学家和史学著作中确是绝无仅有的范例。不仅如此，司马迁还在他的书中反复地论述了陈胜的首义之功，并把《陈涉世家》置于汉代诸世家之前，以显示陈胜在历史上的特殊地位与作用。篇中又着重叙述了陈胜起义以后如何迅速得到全国各地纷纷响应的具体历史过程，篇末则特别点出：“陈胜虽已死，其所置遣侯王将相竟亡秦，由涉首事也。”而在《太史公自序》中又说："桀纣失其道而汤武作，周失其道而《春秋》作。秦失其政，而陈涉发迹，诸侯作难，风起云蒸，卒亡秦族。天下之端，自涉发难。"他把陈胜领导的农民起义比做汤武征伐桀纣，孔子写作《春秋》，这在古代史上是最高的评价了。作这样的比拟，那是有其深刻的含义的。司马迁一再强调陈胜的"首事"之功，实际上就是把陈胜起义作为开辟历史新时代的代表人物来看待的。汤武伐桀纣、孔子作《春秋》、陈胜起义，确是代表着中国古代历史发展中的几个不同阶段。没有陈胜的首难，就推不倒暴秦，从而也就不可能出现汉朝的大一统局面。这种观点的提出，在当时是非常大胆而杰出的。司马迁为项羽立本纪，是因为项羽曾经一度成为全国的首脑——西楚霸王，成为发号施令于全国的政治中心人物。他说："初作难，发于陈涉；虐戾灭秦，自项氏；拨乱诛暴，平定海内，卒践帝祚，成于汉家。五年之间，号令三嬗，自生民以来，未始有受命若斯之亟（急）也。"（《秦楚之际月表》）后来项羽"位虽不终"，失败了，可是他灭秦的历史功绩，为"近古以来未尝有"（《项羽本纪》），是永远也否定不了的。因而在《项羽本纪》的全篇文章中，司马迁倾注了饱满的精神和同情的笔锋。司马迁身处汉代，敢于把汉的敌手列入本纪，与高祖并列，其卓识大胆和推崇景慕之意不是灼然可见了吗？对于农民起义领袖的英雄形象和历史功绩，竟能如此热烈地歌颂，这就充分说明司马迁同情劳动人民反抗统治阶级的残酷剥削和压迫，承认"官逼民反"的合理性和正义性，肯定他们推动历史前进的不朽功勋。所有这些，都表现了司马迁史学思想中卓越不凡的人民性。

2. 热情地颂扬对国家民族有贡献的历史人物

司马迁在《史记》里，还热情地颂扬了那些对国家民族作过贡献，对广大人民有过好处的历史人物。他在叙述这些英雄人物时，都是怀着崇敬的心情、抱着热爱的态度，分别不同情况，给予颂扬和评价，使这些英雄人物的形象和业绩，千百年来一直在人民群众中广泛流传。对于我国古代伟大爱国诗人屈原的一生遭遇，司马迁是寄以满腔的同情，对他崇高的品质加以大力地赞扬。司马迁之所以如此崇拜和热爱屈原，就因为屈原热爱自己的祖国，能与恶劣势力作不妥协的斗争，尽管两次被流放，他仍始终不忘自己祖国的危亡和人民的痛苦，所以司马迁赞扬他："虽放流，眷顾楚国，系心怀王，不忘欲反，冀幸君之一悟，俗之一改也。其存君兴国而欲反覆之，一篇之中三致志焉。"并认为像屈原这样的人物，"虽与日月争光可也"。他在《廉颇蔺相如列传》里，突出地描述和颂扬了他们两人以国事为重的高尚品质。在《田单列传》里，司马迁竭力赞扬田单以妙计打败燕兵，保存了齐之社稷；而对于王蠋，则强调他爱国精神之重大影响，面对敌人高官厚禄的引诱，宁愿牺牲自己，不肯背叛祖国，这种爱国精神，在当时的齐国曾经起到很好的教育作用。再如他写信陵君、司马穰苴、李广等人物时，也都能从不同角度和在不同程度上，发扬爱国精神，倾注爱国思想，在长期的封建社会里，曾经起过积极的教育作用。另外，司马迁在评论历史人物时，还以对人民态度的好坏作为衡量的标准。凡是对人民起过有益作用的人，大都得到表扬和赞美，反之，则受到批评和谴责。同样，对于将领来说，凡是能和士卒同甘苦的，也总是加以肯定和赞扬。如《司马穰苴列传》说：穰苴对"士卒次舍井灶饮食问疾医药,身自拊循之。悉取将军之资粮享士卒,身与士卒平分粮食"。《吴起列传》说:"起之为将,与士卒最下者同衣食。卧不设席,行不骑乘,亲裹嬴粮,与士卒分劳苦。卒有病疽者,起为吮之。"《田单列传》说:田单"身操版插,与士卒分功,妻妾编于行伍之间,尽散饮食飨士"。《李将军列传》说:"广之将兵,乏绝之处,见水,士卒不尽饮,广不近水,士卒不尽食,广不尝食。"而对屡立战功的霍去病,在肯定其战功的前提下,对他不关心士卒疾苦则加以无情的揭露和批判:"少而侍中,贵,不省士。其从军,天子为遣太官赍数十乘,既还,重车余弃粱肉,而士有饥者。其在塞外,卒乏粮,或不能自振,而骠骑尚穿域蹋鞠。事多此类。"(《卫将军骠骑列传》)又如在《大宛列传》里,司马迁在叙述了贵戚、将军李广利第二次进攻大宛的功劳后,紧接着就说:"贰师(李广利)后行,军非乏食,战死不能多,而将吏贪,多不爱士卒,侵牟之,以此物故众。"非常明显,这些对不同人物的赞扬和批评,正反映了司马迁评价历史人物是以对待下层群众的态度如何作为准绳的。这在《蒙恬列传》里表现得更为突出。尽管蒙恬主持筑长城、通直道,对秦实有大功,最后被赵高、胡亥处死,也自觉冤枉。然而司马迁从被压迫人民的利益出发,认为当时天下未定,百姓困穷,痍伤满目,根本不应当兴此规模巨大的工程,而蒙恬"阿意兴功",完全无视千百万人民的痛苦,落得个惨死的下场,实属罪有应得。对此,他在《蒙恬列传》的论赞里是说得那么恳切而入理,字里行间无不流露出对人民的同情心理。他说:"吾适北边,自直道归,行观蒙恬所为秦筑长城亭障,堑山堙谷,通直道,固轻百姓力矣。夫秦之初灭诸侯,天下之心未定,痍伤者未瘳,而恬为名将,不以此时强谏,振百姓之急,养老存孤,务修众庶之和,而阿意兴功,此其兄弟遇诛,不亦宜乎!"当然,司马迁在《史记》中所颂扬的人物,范围是相当广泛的,除了上述两类人物外,对于那些为安定社会秩序作过重大贡献、尽忠补过立有大功、高节至贤敢于反抗强暴者的人物,也都分别不同情况,有分寸地予以颂扬和评论。

3. 勇敢地揭露统治者真实面貌

司马迁同情广大被压迫人民的思想感情,不仅表现在对许多人物的歌颂上,而且表现在他敢于对当时最高统治者汉武帝及其爪牙凶残狠毒面貌的揭露上。他在《史记》里立了《酷吏列传》的专篇，所写人物全属汉代，并且除一人为景帝时外，其余九人都是汉武帝时暴力统治的执行者，这些人的共同特点是善于采用两面手法，挑拨离间，排除异己，结党营私，榨取钱财。对于他们穷凶极恶的面目，司马迁都以辛辣的语言一个个刻画出来。他写宁成，说"其治如狼牧羊"，并引了当时民间流传的谚语"宁见乳虎，无值宁成之怒"，来说明人民对他的憎恨。说周阳由在二千石中，"最为暴酷骄恣。所爱者，挠法活之；所憎者，曲法诛灭之"。张汤"为人多诈，舞智以御人"，惯会揣摩主子心理，根据主子眼色行事，"所治即上意所欲罪，予监史深祸者；即上意所欲释，与监史轻平者"。巧立名目杀人，更是他的拿手。杜周为廷尉，"其治大放张汤而善候伺。上所欲挤者，因而陷之，上所欲释者，久系待问而微见其冤状"。当时有人责问他："君为天子决平，不循三尺法，专以人主意指为狱。狱者固如是乎？"他毫不含糊地回答说："三尺安出哉？前主所是著为律，后主所是疏为令，当时为是，何古之法乎？"这一问一答，不仅赤裸裸地暴露出杜周阿谀逢迎的丑恶嘴脸，更主要地还道出了封建社会法律的实质，揭露了封建社会法律的虚伪性，所谓法律，在封建社会中只不过是统治阶级任意杀人的工具，他要怎样杀人，就会有怎样的法律。正由于司马迁看到了这一点，所以才能够揭露得如此尖锐和深刻。对于统治阶级所津津乐道的仁义道德的虚伪性，司马迁也同样给予无情的揭露和批判，指出它不过是掌权者粉饰门面欺骗人民的一种手段，"窃钩者诛，窃国者侯，侯之门仁义存"，"何知仁义，已飨其利者为有德"（《游侠列传》）。什么仁义道德，什么法律科条，说到底，都不过是束缚、镇压被压迫被剥削阶级的工具而已。对于统治者残酷屠杀人民的罪行，司马迁在《酷吏列传》中亦加以深刻的揭露。义纵任用牙爪之吏，"以鹰击毛挚为治"，"所诛杀甚多"。做定襄太守时，一天之内竟杀"四百余人。其后郡中不寒而栗"。王温舒更是个屠杀人民的刽子手，在任河内太守时，"捕郡中豪猾，郡中豪猾相连坐千余家"，"大者至族，小者乃死"，杀人"至流血十余里"。他还感到不满足，竟顿足叹道："嗟乎，令冬月益展一月，足吾事矣！"（汉王朝惯例，春天不杀人）司马迁气愤地指出："其好杀伐行威不爱人如此！"这些酷吏的凶残罪行无不使人切齿，可是他们的所作所为反而受到"上以为能"的称赞。这就说明这批掌握生杀大权，到处淫威杀人的刽徒，是完全得到汉武帝的直接怂恿和支持的。所以司马迁不仅对那些酷吏进行了揭露和批判，而且对于罪魁祸首的汉武帝亦予以谴责和讽刺。他在《平准书》里，列举了大量的事实，记录了各种不同的巨大数字，揭露汉武帝轻用民力、厚敛于民的罪行，指出所谓"平准"，只不过是在为国兴利的幌子下，进一步加重对人民的剥削、压榨和迫害而已。批评汉武帝表面上似乎很讲究"仁义道德"，实际上却是严刻寡恩。司马迁还借用汲黯的话，一语道破了汉武帝欲行"仁义"的本质："天子方招文学儒者，上曰吾欲云云，黯对曰：'陛下内多欲而外施仁义，奈何欲效唐虞之治乎！'上默然，怒，变色而罢朝。"（《汲郑列传》）这一叙述，是借了汲黯之口，揭示了汉武帝两面派的阴暗心理，一语中的，给予读者不可磨灭的印象。卫宏《汉书旧仪注》说："司马迁作《景帝本纪》，极言其短及武帝过，武帝怒而削去之。"但即使被削去，在《史记》中仍然还保存着大量揭露汉武帝暴虐奢侈以及妄求长生不死愚昧可笑的记载。对于当今皇上尚且如此直书，其勇敢大胆的精神也就可以想见了。这种精神在封建时代史学家当中又有谁可以和他相媲美呢！

4. 忠实地据事直书的精神

司马迁《史记》，从汉代刘向、扬雄、班固等人起，都一致公认它是部"实录"，班固并解释说："其文直，其事核，不虚美，不隐恶，故谓之实录。"（《汉书·司马迁传》）何谓实录？刘知幾在《史通》里有过说明："爱而知其丑，憎而知其善，善恶必书，斯谓实录。"（《惑经》）这个说明与班固的四句话十二个字精神是一致的，即用实事求是的科学态度编写历史。司马迁写《史记》正是这样做的。他对于汉初近百年历史，首先记载了它的繁荣、强盛和前所未有的大一统局面。由于七十多年的休养生息，武帝执政初期，农业和工商业都得到很大发展，人民生活一般说是比较好过的。所以司马迁对这一繁荣景象是歌颂的。他在《平准书》里说："至今上即位数岁，汉兴七十余年之间，国家无事，非遇水旱之灾，民则人给家足，都鄙廪庾皆满，而府库余货财。京师之钱累巨万，贯朽而不可校。太仓之粟陈陈相因，充溢露积于外，至腐败不可食。众庶街巷有马，阡陌之间成群，而乘字牝者傧而不得聚会。守闾阎者食粱肉，为吏者长子孙，居官者以为姓号。故人人自爱而重犯法，先行义而后绌耻辱焉。当此之时，网疏而民富……"

类似的记载,还散见于《史记》其他的许多篇章中,诸如"民务稼穑,衣食滋殖"(《吕太后本纪·赞》),"海内殷富,兴于礼义"(《孝文本纪》),"百姓无内外之徭,得息肩于田亩","人民乐业",等等,不胜枚举。可是汉武帝为了夸张功德,发动了一系列对外战争,同时又耗费大量金钱来搞封禅、求仙和巡游的勾当,结果是"兵连而不解,天下苦其劳,而干戈日滋。行者赍,居者送,中外骚扰而相奉","财赂衰耗而不赡"(《平准书》)。"贫民流徙,皆仰给县官,县官空虚。"(《酷吏列传》)"国家用竭,海内萧然",以致人民反抗不断发生,"大群至数千人","小群以百数","攻城邑,取库兵,释死罪,缚辱郡太守、都尉,杀二千石,为檄告县趣具食"(《酷吏列传》),整个王朝统治出现了严重的危机。以上这些治乱盛衰截然相反的记载,充分说明司马迁在撰写《史记》时,对具体历史事实的处理,确实做到了"不虚美","不隐恶","善恶必书"。他记载汉对匈奴的战争也同样直书其事。汉朝为了征伐匈奴,是付出了巨大的人力、物力和财力的,尽管取得了很大胜利,但是损失也是十分惨重,这在《匈奴列传》和其他许多有关篇章中都有翔实的记载。记事是如此,记人也同样是如此。项羽和刘邦是两个有重大影响的历史人物,凡是读过《史记》的人都会感到司马迁是爱项羽而憎刘邦的,可是他在具体叙述两人的历史功绩时,却又能做到"爱而知其丑,憎而知其善,善恶必书"。在《项羽本纪》里,司马迁集中了许多重要事件,以饱满的精力,把项羽那种叱咤风云、气盖一世的英雄形象描绘在读者面前,他热情地歌颂其勇猛地"将五诸侯灭秦"的历史功绩,深切地同情其乌江自刎的悲惨结局。但是,对于项羽坑杀秦卒、分封诸侯、刚愎自用以及专重武力等等,同样表示了极大的不满和尖锐的批评,特别是通过韩信之口批判了项羽在政治上的重大弱点。韩信说:"请言项王之为人也。项王喑恶叱咤,千人皆废,然不能任属贤将,此特匹夫之勇耳。项王见人恭敬慈爱,言语呕呕,人有疾病,涕泣分食饮,至使人有功当封爵者,印刓敝,忍不能予,此所谓妇人之仁也。项王虽霸天下而臣诸侯,不居关中而都彭城。有背义帝之约,而以亲爱王,诸侯不平。诸侯之见项王迁逐义帝置江南,亦皆归逐其主而自王善地。项王所过无不残灭者,天下多怨,百姓不亲附,特劫于威强耳。名虽为霸,实失天下心。故曰其强易弱。"(《淮阴侯列传》)韩信所列举的这些缺点和错误,不是无关紧要的小节,而是关系到胜败存亡的大端。

对于这些弱点，司马迁并不因为同情喜爱项羽而加以讳饰。西汉王朝的开国君主刘邦，在司马迁的笔下无疑属于被贬斥的人物，而所处的时代又使他不可能进行明显的褒贬，于是他就把对刘邦的批判，巧妙地借有关人物之口在有关的列传中表露出来，这样，既记载了历史，又进行了揭露。在《项羽本纪》中，通过与项羽的对比，衬托出刘邦的怯懦无能而又残酷无情的流氓无赖嘴脸；在《留侯世家》中写出了刘邦的贪财好色；在《萧相国世家》中写出了刘邦的猜忌功臣；在《淮阴侯列传》中更借韩信之口谴责了刘邦诛杀功臣的罪行。综合这一系列散见于各篇的叙述，一个狡诈多端的流氓无赖的本色也就完全暴露出来了。但在另一方面，司马迁对于刘邦在楚汉战争和建立西汉王朝中所起的作用还是照样加以肯定，并承认他比项羽机智而多谋。刘知幾在《史通·曲笔》篇中指出："史之不直，代有其书。"而"不直"的重要原因之一，便是为本朝及个人恩怨而讳饰，因为这直接关系到切身的利害问题。而司马迁写当代历史敢于据事直书，不向暴力屈服，特别是对当朝开国君主和当今皇上的丑恶行径，照样大胆地进行揭露和讽刺，如实地记载下真实历史情况，他的不朽之作《史记》，自然无愧于"实录"之称。这种"善恶必书"的实录精神，为我国封建时代的史学编纂树立了光辉的榜样。

5. 扩大了史书的记事范围

司马迁写作《史记》，扩大了史书的记事范围，使它不单只是记载帝王将相的历史。《史记》作传的对象，范围极其广泛，几乎涉及整个社会各阶层中不同类型的典型人物，其中有：历代的帝王、贵族、大小官僚、政治家、军事家、文学家、思想家、经学家、说客、策士、刺客、游侠、隐者、土豪、商贾、医者、卜者、农民、俳优、妇女，等等，在这些人物中，有许多是属于中下层的。就以西汉王朝初年的统治集团人物来说，从开国君主到佐命元勋，也大都出身于社会的中下层，有屠狗的屠户，养马的马夫，小商贩，甚至是专给做丧事人家充当吹鼓手的。这就使《史记》一书有可能比较深刻地反映社会的全貌。值得注意的是，司马迁的《史记》，不单写了汉族的历史，也写了少数民族的历史，如《匈奴列传》、《南越列传》、《西南夷列传》等。此外，还替朝鲜、大宛等邻近中国的国家立了专传，并对中亚许多国家的历史也作了记载，这些记载对于研究世界史，特别是这些国家的古代历史,具有很高的史料价值。以后许多史家对司马迁这一创造大都予以继承,而成为我国历史学家编纂史书的优良传统之一。

二、历史文学上的一面旗帜

1. 人物描写中的形象性与典型性

《史记》不但是一部伟大的史学名著,同时也是一部杰出的历史文学作品,在中国文学史上有很高的地位,所以鲁迅赞美它:"固不失为史家之绝唱,无韵之《离骚》。"(《汉文学史纲要》)《史记》作者善于用不同的笔调、不同的语言,去刻画多种多样的人物性格和形象,使他们个性分明,神态逼真。同为贵族出身的四公子,各人有各人的性格特点;同样都是策士,每人有每人的脸谱特色。司马迁正是通过对各人不同形象的描绘,表现出他的爱和憎、表扬和批评。他把项羽刻画成一个力拔山兮气盖世、专欲以力服人、终于为人所制的失败英雄的形象,把大诗人屈原塑造成一个对祖国无限热爱和忠诚的爱国志士的形象。对于管仲和晏婴,前者突出和鲍叔之间高尚的知己情感,后者则集中记叙了和越石父以及御者的逸事,通过不同的艺术概括,使这两个历史人物的形象,深深地铭刻在人们的心目中,而为人人所喜闻乐道。对于反面人物也一样,像历事十主、以面谀得亲贵的叔孙通,出身微贱、骤致富贵的外戚田蚡等,经过生动的描绘和精心的塑造,一个个原形毕露,他们的内心世界和精神面貌全部呈现在读者面前。抓住主要情节,具体细致地描写人物的活动,避免千人一面的概念化叙述,这是司马迁写作人物传记的最大特色。历史人物经过他的艺术加工,个个性格突出,人人形象逼真,收到了如闻其声、如见其形的效果。

司马迁在人物形象的刻画中,还善于根据历史事实,塑造出各种类型的典型人物。《李斯列传》就是根据李斯生平事迹而塑造出的一个封建地主阶级中极端自私自利的典型人物。从"年少时为郡小吏"起,直到"上书言赵高之短"而为赵高所害,一生中的所作所为,没有一件不是从个人利益出发的。司马迁虽然也肯定了他在辅佐秦始皇统一中国过程中起过的某些作用,但是他的思想品质始终是极端卑鄙的。再看司马迁笔下的石奋:"过宫门,万石君必下车趋,见路马必式焉……上时赐食于家,必稽首俯伏而食之，如在上前。"(《万石张叔列传》)寥寥数语，活现出一个处处小心谨慎、对专制皇帝极端恭顺的奴才相。大儿子石建，与其父也是一个模样。像这种典型的封建奴才，当然是专制皇帝所最欢喜的，所以他们父子五人先后都爬上了年俸"二千石"的大官高位，而石奋竟然还得到了"万石君"的美称。司马迁正是通过或大或小的具体事实和不同风格的语言来体现各种人物的不同性格、作风和品质，塑造各式各样的人物典型，而这些典型人物，又没有一个不给予读者以强烈的印象。《史记》之所以传诵千古，与它塑造了这些典型人物是分不开的。后来许多小说、戏曲，就是从《史记》汲取题材的。

2. 高超的语言艺术

司马迁在语言艺术上有很高的成就，他是一位当之无愧的语言艺术大师。他善于运用丰富多彩的语言，生动地刻画出多种多样的典型人物的形象。特别是善于运用符合人物身份的语言来表现人物的精神状态和性格特征。项羽和刘邦都曾见过秦始皇，并且都讲过想要取代秦始皇的话。但是由于他们两人的身份地位和性格的不同，因此在司马迁的笔下，他们两人说话的语气也就大不一样："(项)籍曰'彼可取而代也'"(《项羽本纪》)；而刘邦则"喟然太息曰：'嗟乎，大丈夫当如此也！'"(《高祖本纪》)。前者粗犷直率，后者欣羡延慕。如果把这两句话加以对调，则于两人的形象性格就会显得大不相称。又如张良在鸿门宴说的一段话："臣良奉白璧一双，再拜献大王足下；玉斗一双，再拜奉大将军足下。"(《项羽本纪》)同样两句赠送礼物的话，前者说"献"，后者言"奉"，一字之别，正好反映了对方——项羽和范增两人身份地位的不同。可见司马迁在语言的选择和运用上，每句话、每个字都是经过精心细致的推敲的。在《史记》中，司马迁还大量采用当时的口语，来刻画人物的性格和神态，而且很成功。《张丞相列传》里写周昌口吃："臣口不能言，然臣期期知其不可！陛下虽欲废太子，臣期期不奉诏！"《项羽本纪》里写刘邦在鸿门宴上不告而别，范增得知此事，立即敲破玉斗，怒气冲冲地说："唉！竖子不足与谋。"《苏秦列传》中写苏秦与他嫂嫂的一段对话："苏秦笑谓其嫂曰：'何前倨而后恭也？'嫂委蛇蒲服，以面掩地而谢曰：'见季子位高金多也。'"等等，都表现出由于作者成功地使用了生动、活泼的口语，把说话人的声音笑貌也都形象逼真地表现出来了。因此，在《史记》中熟练地使用语言艺术，特别是大量地采用当时的口语来刻画人物个性，可以说这是司马迁成功地塑造典型人物的一个很重要的条件。

司马迁还通过人物的语言，来进一步反映和揭露各种社会矛盾。如上引苏秦和他嫂嫂的对话，就活画出了封建社会的世态炎凉。而在《汲郑列传》中，司马迁通过翟公的遭遇，更加典型地揭露了封建社会人情的虚伪与冷酷："下邽翟公为廷尉，宾客阗（盈）门；及废，门外可设雀罗。翟公复为廷尉，宾客欲往，翟公乃大署其门曰：'一死一生，乃知交情。一贫一富，乃知交态。一贵一贱，交情乃见。'"这一揭露是多么的真切而深刻！显然与司马迁本人的亲身遭遇，使他看透了封建社会里人与人之间残酷的利害关系是分不开的。另外，司马迁还常常利用歌谣、谚语、俗语等穿插在叙述和论赞里，同样使他在写人叙事上，增强了形象的真实感和作品的战斗力。

3. 历史和文学统一的典范

《史记》既是一部史学名著，又是一部文学杰作，但它首先是一部史学名著，作者司马迁用他那不畏最高统治者残酷迫害的坚强毅力和实事求是的科学态度，根据大量历史事实，创造性地写下了第一部纪传体通史，这是我国秦汉以来出现的大一统局面在历史文化上的反映。书中所有人物事件，都是真人实事，不夸张，不虚构，它是一部实录、一部信史，与单纯的文学作品有着重要的差别。但是另一方面，司马迁又能抓住文学的特点，通过种种艺术加工，根据历史事实，忠实地塑造了各种类型的人物典型，巧妙地使两者结合和统一起来，创造了历史和文学统一的典范。《史记》在中国文学史上有着重要的地位，它对文学发展曾经起了巨大而深远的影响。

第五章
两汉之际的史学

第一节 断代史的创立者班固

一、《汉书》的史学地位

1. 班固著《汉书》

《史记》只写到汉武帝时为止，所以到了东汉，续补《史记》的人很多，其中成就最大的是班彪，曾作《史记后传》六十五篇，为其子班固后来编写《汉书》创造了条件。

班固（32—92）字孟坚，扶风安陵（今陕西咸阳东）人，出身于"家有赐书，内足于财"的世代显贵的豪富家庭，并有家学渊源。父彪，字叔皮，光武帝时官至望都长，是当时著名的儒学大师，"好古之士自远方至，父党杨子云以下莫不造门"，是个"唯圣人之道然后尽心"（《汉书·叙传上》）的人物。在这样一个家庭中成长起来的班固，"年九岁，能属文诵诗赋"，十六岁即入洛阳太学，博览群书，诸子百家之言，无所不读，"所学无常师，不为章句，举大义而已"。建武三十年（54），父班彪死，曾返回乡里三年。在家居丧期间，便着手整理他父亲的《后传》，并立志欲竟其业。明帝永平元年（58），"探撰前纪，缀集所闻"，开始编写《汉书》。五年后，有人向明帝告他私改国史，被捕入狱。其弟班超诣阙上书为他辩白，明帝阅读了书稿后，对班固的才学非常赏识，并任命他为兰台令史。一年后，又升为郎，典校秘书，要他继续完成《汉书》的编写工作。经过二十年的努力，于章帝建初七年（82）基本完成，唯八表和天文志未曾完稿，后由其妹班昭和马续相继补写完成。章帝建初四年（79），召集诸儒讲论五经同异于白虎观，并由班固编集《白虎通义》一书。和帝永元元年（89），大将军窦宪出征匈奴，班固为中护军，随军出征。后窦宪因罪自杀，班固受牵连被捕，死于洛阳狱中，时年六十一岁。

班固编写《汉书》有两点很值得注意：第一，出身仕宦家庭，受他父亲正统儒家思想的影响很深，加之后来又是直接奉皇帝之命来编写《汉书》，他既无司马迁的那种卓识远见，又无司马迁的斗争精神，当然所写的《汉书》也就不可能像《史记》那样具有强烈的人民性与战斗精神。第二，他在《叙传》里说明自己编写《汉书》时，认定"汉绍尧运，以建帝业"，因此指责《史记》把汉的历史"编于百王之末，厕于秦项之列"，是降低了汉的历史地位。实际这就是班固自己编写《汉书》的指导思想，明确这一点，对于研究班固的史学思想和《汉书》的历史地位，都是很有意义的。

2. 首创了纪传体断代史

《汉书》是我国第一部纪传体断代史，体例全袭《史记》而略有变更，如"书"改为志，"世家"并入列传，并进一步整齐了纪传体的体裁。全书由十二本纪、八表、十志、七十列传组成，共一百篇，八十余万言，记载了汉高祖元年（前206）到王莽地皇四年（23）计二百三十年的历史，这就使一朝一代的历史内容保存得更为完备了。因此，从历史编纂学来说，当然是一种创造。班固为什么要写断代史？这是当时客观条件的要求。他生活的时代，正是东汉社会生产发展、经济文化繁荣的时期，这就为史学的发展提供了物质条件；而东汉统治者为了总结前朝的历史经验，迫切需要编写前朝的历史，司马迁的《史记》又只写到武帝，天汉以后便缺而不录，虽有许多学者相继加以续补，总归不是一部完整的史著；加之司马迁又把汉初的历史"编于百王之末，厕于秦项之列"，这与"汉承尧运"是不相称的，也是东汉统治者所不能允许的。西汉一代历史应该重新编写，独立成书，这些就是班固创立断代史的客观要求。《史记》中没有惠帝本纪，只是在《吕太后本纪》中用惠帝纪年而已，班固《汉书》则特为惠帝立纪，从而确立了本纪"系日月以成岁时，书君上以显国统"（《史通·本纪》）的性质，也就是说只有天子能入本纪，这就失去了司马迁创立本纪的原意。由此可见，班固所创立的断代史，完全以帝王将相为中心，这种形式，自然很符合封建统治者的胃口，后来各个朝代的正史，基本上沿袭了《汉书》的编纂方法。章学诚对班固断代为史有过评论："迁书一变而为班氏之断代，迁书通变化而班氏守绳墨，以示包括也。就形貌而言，迁书远异左氏，而班史近同迁书。""盖迁书体圆用神"，"班氏体方用智"，"迁史不可为定法，固书因迁之体而为一成之义例，遂为后世不祧之宗焉"。这就是说，司马迁著作《史记》的精神与笔法，深奥莫测，难以学习，就连班固《汉书》也仅做到"形貌相近"。自从班固整齐了纪传体的纪、表、志、传而创立断代史以后，历代史家相仍不变，"同于科举之程式，官府之簿书"（以上引文均见《文史通义新编新注》内篇一《书教下》）。照样模仿，自然很难写出别具新意的有价值的史书来。

3. 扩大了书志的范围

《汉书》的书名叫"书"，所以将篇名中"书"改称为"志"。《汉书》的十志，是在《史记》八书的基础上扩充发展起来的，记事内容比八书更为丰富而完备。《沟洫志》详于《史记·河渠书》，记载了有关秦汉的水利建设和治河对策，所载贾让《治河三策》，尤为珍贵文献。《地理志》为班固所创立，是我国第一部以疆域政区为主体的地理专著，它不单限于西汉地理，上自《禹贡》、《周官》的九州，下至秦汉郡县封国建置的由来和变革，以及西汉王朝的疆域政区、领土面积、郡县户口、垦田数字、山川方位、重要物产、城邑关塞、祠庙古迹等等都有详细记载，篇末还对各地区的经济、文化、风俗习惯及海外交通作了综合的叙述，所以它也是我国一部较早的历史地理著作。《食货志》也基本上是班固创立的，系统地记述了自西周以至王莽时期的农政、钱法，反映了这一千多年社会经济发展的重要侧面，特别是对于研究西汉经济制度、阶级关系和社会生产力的发展，具有重要的史料价值。《艺文志》主要是根据刘向、刘歆父子的《七略》而创立的，虽然仅是一种书目，但它不仅反映了西汉官府藏书的基本情况，更重要的是还为研究学术发展史上各个学派的源流、盛衰及其长短得失提供了重要的资料，贡献是很大的，以后正史中大都立有《艺文志》。刘向、刘歆父子的《七略》后来失传了，但《汉书·艺文志》却为我们保存了许多古代典籍的目录，在目录学史上具有很重要的地位。

《汉书》十志，对纪传体史书的书志部分有很大影响，以后正史的志，大都是依据《汉书》十志加以损益而成的,从而形成了中国史学史上的书志体。同时,在典章制度史的发展上,它也起了继往开来的作用,对于《通典》、《文献通考》等书的著述有过重大的影响。

4. 保存了丰富的文献资料

《汉书》在搜集和保存重要文献资料方面,有其特殊的作用和重大的贡献,许多重要的学术、政治文献,都是通过它而被保存到今天。董仲舒是统一儒家思想的创议者和实践者,他的《天人三策》在《汉书》中全文照录,这对于研究儒家正统思想是很有用的第一手资料。他的《限民名田说》也保存在《食货志》中,这篇文章对于我们了解汉武帝时代土地兼并的情况和阶级矛盾发展的动向有很大的帮助,大家熟知的"富者田连阡陌,贫者无立锥之地"这两句名言,就出自本文。其他如贾谊的《治安策》,晁错的《教太子疏》、《言兵事疏》、《募民徙塞下疏》,路温舒的《尚德缓刑疏》,贾山的《至言》,邹阳的《讽谏吴王濞邪谋书》,枚乘的《谏吴王谋逆》,公孙宏的《贤良策》,等等,也都全文分别载入了他们的本传,这些文章都是有关政治、经济、军事方面的珍贵文献。又如司马谈的《论六家要旨》、司马迁的《报任安书》,则是研究他们父子两个人的学术主张、史学思想的重要文献,也是通过班固将其收入《司马迁传》而得以流传至今。这些事实足以说明,班固作《汉书》时,对于史料的权衡取舍,自有其独到的主见,而不能说他专事抄袭。

5. 扩大了对少数民族和邻国历史的记载

在史书中专为少数民族立传和记载邻国的历史,始于司马迁的《史记》,而班固则出色地继承了这一优良传统并有所发展。在《汉书》中,对边境少数民族和邻国历史作了比较详细的叙述,他搜集了许多新的资料,把《史记·大宛列传》改写成《西域传》,叙述了今新疆境内各民族的风土人情,记载了匈奴在西域进行战争的历史以及汉与西域经济文化交流的历史。同时,对安息、大月氏、大夏、犁靬、条支等中亚、西南亚国家的历史也作了记述。《史记》的匈奴、南越、东越、西南夷以及朝鲜诸列传,班固也全都作了补充。西南夷传增加史料近乎一半;匈奴传增加五分之三,使匈奴的历史自远古至更始末年首尾完备。这些记载，不但是研究我国古代各兄弟民族历史的珍贵资料，也是研究中亚、西南亚等古民族史的重要文献。

6.《汉书》在史传文学上的价值

《汉书》在语言、文采上虽比不上《史记》，但在史传文学上还是有它一定的地位，有不少人物传记写得相当成功，往往通过对话，刻画出人物的性格和精神面貌。如著名的《苏武传》，表扬了苏武坚贞不屈的民族气节和高贵的品德，通过具体情节的描写，突出了苏武视死如归的英雄形象。在高官厚禄的利诱面前，苏武丝毫不为所动，他大义凛然地说："自分已死久矣！王必欲降武，请毕今日之欢，效死于前！"表示了忠于祖国的决死信念。在《朱买臣传》中，描写了朱买臣在失意和得意时的不同精神面貌以及在不同环境中所受到的不同待遇，讽刺了封建社会中趋炎附势、贪财爱利的炎凉世态。在《外戚传》中，暴露了宫闱里的惊人黑幕，特别是成帝和昭仪亲手杀死许美人儿子一节，揭露出封建统治者残忍狠毒的本性。在《张禹传》中，通过张禹自己的言行，刻画出这个大官僚淫侈腐化、贪财图位而又善于阿谀取宠、保持禄位的丑恶形象。另外，如《东方朔传》、《霍光传》、《龚遂传》、《陈万年传》等，也都写得生动活泼，既表达了人物的个性和情感，也反映了社会现实。因此，尽管《汉书》的语言不如《史记》的通俗流畅、千变万化，叙事不及《史记》的生动活泼，但在写人叙事方面还是有较高的艺术成就，在史传文学上对后世仍有其一定的影响。

二、班固的史学思想

对于班固的史学思想，史学界历来的争论是比较大的。但多数认为他是封建时代的正宗史学家，他奉旨修史，公开为巩固东汉统治制造舆论，因此，在他所写的《汉书》中，封建性也就表现得非常突出。

1. 宣扬天人感应

司马迁写《史记》的目的之一是要"究天人之际，通古今之变"，《史记》是否做到这一点，可以另当别论。班固的《汉书》则完全背弃了这一进步思想，而把天人感应的神秘观点充斥于全书，把五行灾异学说当作社会现象的永恒规律来加以宣扬。西汉后期，讲灾异之风十分盛行，并且都用五行说加以附会，班固的《汉书·五行志》如实地反映这一社会现象，这本来是无可非议的，问题在于他本人也相信这一套，并力图利用天人感应思想来为巩固汉王朝统治服务。在天人关系问题上，他承袭了董仲舒和刘向、刘歆父子阴阳五行说的论述而加以附会于人事，《五行志》集中地反映了这一思想。对此，刘知幾在《史通》里曾立专篇加以批驳，指出："当春秋之时，诸国贤俊多矣。如沙麓其坏，梁山云崩，鹢退蜚（飞）于宋都，龙交斗于郑水。或伯宗、子产，具述其非妖；或卜偃、史过，盛言其必应。盖于时有识君子，以为美谈。故左氏书之不刊，贻厥来裔。既而古今路阻，闻见壤隔，至汉代儒者董仲舒、刘向之徒，始别构异闻，辅申他说。以兹后学，凌彼先贤，盖今谚所谓'季与厥昆，争知嫂讳'者也。而班《志》尚舍长用短，捐旧习新，苟出异同，自矜魁博，多见其无识者矣。"（《史通·汉书五行志错误》）《汉书·天文志》详细记述了秦楚以来天变对人事的证验，并强调说："政失于此，则变见于彼，犹景之象形，响之应声。"力图说明水火木金土等自然现象，可以反映政治上的得失。在《律历志》里，他更把从传说中的太昊一直到东汉的刘秀，都按五德终始说的次序排列起来。为了说明汉朝的正统地位，他还以刘向父子的五行说为依据，说什么："高祖始起，神母夜号，著赤帝之符，旗章遂赤，自得天统矣。昔共工氏以水德间于木火，与秦同运，非其次序，故皆不永。由是言之，祖宗之制盖有自然之应，顺时宜矣。"（《汉书·郊祀志·赞》）既然刘邦建立的汉朝全由神意安排，而这种安排又是合乎五德终始说的次序，是"顺时"的，那么汉的天下自然也就可以长治久安了。班固的这种灾异迷信思想，在本纪、列传中同样也有大量的反映，每篇本纪按年代顺序都要分别加上灾异的记事，而新立的传记亦大多盛言灾异，大谈天人之遭，这一精神几乎贯穿了《汉书》的始终。十分明显，这种思想代表着班固史学思想的主流。至于班固在《五行志》里记录了自然灾害、地震和日食等，保存了科学史的资料，这只不过是客观上所起的作用，而不是作者的主观愿望，更不能据此来说明班固史学思想的进步性或首创精神。

2. 宣扬人性分为"三品"

人性三品说是封建地主阶级为了抬高自己、丑化劳动人民所臆造的一种反动理论。对于这种唯心观点，班固在《汉书》中同样加以宣扬，突出地表现在《古今人表》上。表中把人性分成"上智"、"中人"、"下愚"三品，而在每品中又各分三等，上上者为"圣人"，尧、舜、禹、汤、文、武、周公、孔子等皆属上上；上中者为"仁人"；上下者为"智人"；而下下者则为"愚人"，如纣、管叔、蔡叔、六国亡国之君等都属于下愚这一等。在《古今人表》序中，还援引孔子"唯上智与下愚不移"的话作为理论依据。以这样的观点和方法来评论人物，显然是地地道道的唯心史观。曾经有人提出《古今人表》不一定是班固自己所作，笔者也认为这种可能性是存在的，因为表中所列出的只有古人而无今（汉代）人，很有可能出于西汉时人所作。但这并不妨碍用它来评论班固的史学思想，因为班固既然把它收入《汉书》，自然也就代表了他本人的看法，何况这种观点与班固一意利用史学为汉王朝统治服务的思想又是完全相一致的。这种评论人物的方法，对后世影响很大，魏晋南北朝时期实行的九品中正制，以九品选拔人才，应当说是受到这种思想方法的影响。

3. 正统史观的典型代表

班固批评司马迁的《史记》是"论大道则先黄老而后六经，序游侠则退处士而进奸雄，述货殖则崇势利而羞贱贫"（《汉书·司马迁传》）。对此批评，历来有许多学者为司马迁鸣不平。宋代沈括说："凡《史记》次序说论，皆有所指，不徒为之。班固乃讥迁'是非颇谬于圣人'，论甚不慊。"（《梦溪笔谈·补笔谈》卷一《辩证》）这一批评恰恰揭出了班固封建正统史观的面目，班固的《汉书》正是按照这一精神来编写的，特别是各篇帝纪，这种思想倾向尤为显著。《汉书》中有五十多篇依据于《史记》，只作了不多的改动，而这些不多的改动，正突出地体现了《史》、《汉》在历史观上的对立。《汉书·高帝纪》几乎全部因袭《史记·高祖本纪》，但却特意编造了从尧舜到刘邦的刘氏世系和斩蛇的奇迹，据此，作者又进一步宣扬说："汉承尧运，德祚已盛，断蛇著符，旗帜上赤，协于火德，自然之应，得天统矣。"（《汉书·高帝纪·赞》）这种言语，哪里像是在写作历史，完全是一套为巩固刘家王朝而进行的说教。同样语言,在《汉书》中曾一再出现,这自然不是出于偶然。又如司马迁曾特地列入本纪、世家的项羽和陈涉,在《汉书》中皆被贬入列传。不仅如此,《史记》在《陈涉世家》最后指出:"陈胜虽已死,其所置遣侯王将相竟亡秦,由涉首事也。"这一精神在《史记》中曾再三强调,可是《汉书》却把"由涉首事也"这五个带关键性的字眼抹去了,与《高帝纪》两相对照,这一增一减,显示了作者对待农民起义的立场和观点。特别是把项羽由本纪贬入列传,更突出地反映了班固那种"成则为王,败则为寇"的封建正统史观。同样的游侠传,对于同一个人物的评价,《汉书》竟全然不同于《史记》,司马迁对"布衣之侠"郭解的评价是:"状貌不及中人,言语不足采者。然天下无贤与不肖,知与不知,皆慕其声,言侠者皆引以为名。"而班固则认为郭解是"以匹夫之细,窃杀生之权,其罪已不容于诛矣"。所有这些,都表现了《史记》和《汉书》在历史观点上所存在的重大差别,这些差别,又正好暴露了班固的封建正统史家的立场和观点。此外,还有一件很值得我们注意的事,即建初四年(79),汉章帝在白虎观曾经召开了一次儒家代表人物讲论五经同异的会议,而且皇帝亲临裁决,以成定论。通过这次会议,经学与宗教神学(即谶纬神学)更紧密地结合起来。事后,班固奉命将会议内容整理编撰成《白虎通义》一书。此书内容主要是复述董仲舒的基本观点和学说,使之更加完整和系统化,它代表了当时封建地主阶级的正统思想,这种思想必然大量地反映在《汉书》里。

长期以来,人们总是把《史》、《汉》并称,其实两者是很不相称的。《汉书》后来影响之所以大,主要是由于它的正统思想在起作用。加之班固的《汉书》开创了断代为史的先河,即以一个王朝为中心而编写历史,这就更加方便于突出帝王将相的地位和作用,这种以一个王朝为"正统"的历史著作,自然十分符合两千年来不断改朝换代的封建统治阶级的政治需求,班固为改朝换代开了"国亡史作"的先端。我们明确了这一点,那么对于汉魏六朝时期为什么《汉书》的影响甚至在《史记》之上,也就不难理解了。

第二节　汉代其他史家和史著

一、两汉之际对《史记》的续补

司马迁的《史记》自从由他的外孙杨恽传布于世以后，一直影响、支配着两汉之际一百多年间史学的发展，成为许多史家学习研究的对象。对它进行续补工作的人很多。元帝、成帝之间，沛（今江苏沛县）人褚少孙最先做了补缺工作。由于《史记》记事到武帝太初为止，其后许多学者便又纷纷"相次撰续，迄于哀、平间，犹名《史记》"（《史通·古今正史》），著名者如刘向、刘歆、冯商、卫衡、扬雄、史岑，等等。《汉书·艺文志》载冯商"续太史公七篇"。又《汉书·张汤传》注引如淳说：冯商"受诏续《太史公书》十余篇"，可见当时朝廷也只是要他们续撰《史记》。建武中，班彪对《史记》的这些续作都不满意，"以为其言鄙俗，不足以踵前史；又雄、歆褒美伪新，误后惑众，不当垂之后代者也。于是采其旧事，旁贯异闻，作《后传》六十五篇"（《史通·古今正史》）。这是《史记》续作中成绩最大的一家，曾受到郑樵的大力称颂，认为《后传》一书，"既无衍文，又无绝绪，世世相承，如出一手"，"可谓深入太史公之阃奥矣"（《通志·总序》）。

二、刘向、刘歆的史料整理工作

1. 刘向的《列女传》

刘向（约前77—前6）字子政，西汉沛郡人，汉王室楚元王刘交四世孙。曾任谏议大夫，敢于直言。元帝、成帝时，两度任光禄大夫，终中垒校尉。他生活在西汉王朝由盛转衰的历史时期，眼看着宦官、外戚专权，社会矛盾日趋激化，为了维护汉朝王室统治，因而多次上书，指呈时弊，力主削弱外戚势力，曾遭到宦官和外戚势力的打击报复，使他三次丢官，两度下狱。他是一位学问非常渊博的学者，在东汉学者眼中，他和扬雄是博学的典范。他的主要精力还是用在学术研究上面。他曾利用史学的劝诫功能，作了我国第一部为妇女立传的史书《列女传》，又编次了《新序》和《说苑》两书，想通过这些劝诫史学的形式，以达到维护汉朝王室的统治地位。

刘向的《列女传》，据近人钱穆《刘向歆父子年谱》所载，撰作于汉成帝永始元年（前16），显然是成书于晚年，并且撰作此书是有一定针对性的，这在《汉书·楚元王传附刘向传》中讲得十分明确："向睹俗弥奢淫，而赵、卫之属起微贱，逾礼制。向以为王教由内及外，自近者始，故取《诗》、《书》所载贤妃贞妇，兴国显家可法则，及孽嬖乱亡者，序次为《列女传》，凡八篇，以诫天子。"实际上是汉成帝由于宠爱赵飞燕姐妹（一为皇后，一为昭仪）及卫婕妤，不问朝政，故刘向特作此书以讽谏。当然矛头则是指向整个外戚集团，因为正是这个集团已经危及汉家王朝统治的地位。全书在《别录》中称七篇，而本传则云八篇，是因为加上《颂义》一篇，此篇犹如自序，七篇则仅指传而言。原书还有图画屏风，故《汉书·艺文志》称《列女传颂图》。此书结构很奇特，每篇前有四言诗十句的小序，均著于目录间，第七篇仅六句，清人顾广圻说，可能在传播刊刻中漏了四句。七篇中的每一传都以"君子曰"和"诗云"结尾，最后还有四言八句的"颂曰"，颂实际是评论性质，并非歌颂。这种形式对东汉至魏晋流行的先贤赞应当说有着直接影响。除个别篇外，每篇均有十五个传，七篇的篇名为《母仪》、《贤明》、《仁智》、《贞顺》、《节义》、《辩通》、《孽嬖》。

这部书的基本思想是宣传封建伦理道德、贤妻良母。特别是宣扬"君臣、父子、夫妇三者，天下之大纲纪也"，提出"妇人无擅制之义，而有三从之道"。这些无疑都是在向广大妇女强加精神上的压力。不过，刘向编写之初衷是供家庭妇女阅读，只是后来才流传向社会。其实只要人们注意剔除其封建糟粕，还有不少思想倾向值得肯定。从所收录的这些人物而言，人们可以发现，古代许多妇女都是有知识、有才能并参加政治活动，当时的地位也是比较高的。这在客观上是肯定了妇女的社会地位与作用。在这些妇女中，有的是表现她们爱国主义精神；有的勇敢果断，不向权势低头；有的忧国忧民，身怀治国本领。提出"妇人以色亲，以德固"的标准，对于美色而薄于德的妇女大加挞伐。所以这些都在一定程度上反映了刘向进步的社会政治思想倾向。刘向通过对古代妇女的不同类型人物的评价，反映出他对统治者选贤用能、礼贤下士的要求。他还力主薄葬，反对浪费资财的厚葬不良风气；主张仁德之治，强调教化重于刑法，如此等等，在中国古代政治思想史上都产生过积极的影响。因此，不应当不加分析地一律斥之为封建糟粕。

最早为该书作注的是东汉时期我国著名的女历史学家班昭，并续写二十个传，将原书分为十四篇，故《隋书·经籍志》等均著录为十五卷（加《颂义》一卷）。东晋顾恺之还为其重新绘图。宋代研究此书的人很多，苏颂曾重新加以编次，复定为八篇，并称《古列女传》；班昭所撰之二十传，以时相次，称《续列女传》。故《文献通考》著录为八卷，《四库全书总目提要》著录为七卷。清郝懿行妻王照圆作《列女传补注》，汪远孙妻梁端作《列女传校注》。1990年，山东大学出版社出版了张涛先生的《列女传译注》，为研究该书最新的成果。

《列女传》是我国古代第一部专为妇女作传的人物传记，问世以后，对史学发展产生了重大而深远的影响，自此以后，不仅纪传体史书大都有了《列女传》，而且这种专为妇女而作的人物传记又出现很多，《隋书·经籍志》著录的就有八种之多。随着这种人物传记在全国乃至地方性的纷纷出现，加之刘向在作《列女传》后，据《隋书·经籍志》载，还作过《列仙》、《列士》传，在其影响之下，其后袁宏著《名士传》，皇甫谧作《高士传》、《逸士传》、《列女传》，梁时和尚释慧皎作《高僧传》等。而以地域为中心的传记，更是如同雨后春笋，著名的如圈称《陈留耆旧传》、谢承《会稽先贤传》、陈寿《益部耆旧传》、刘义庆《徐州先贤传》、刘芳《广州先贤传》，等等。其影响之大，于此可见。尤其是后来各地所修之地方志，亦大多撰有《列女传》，只不过有些地方已经变了味，"列女"变成了"烈女"。对此史学评论家章学诚曾多次提出过批评，他在《答甄秀才论修志第二书》中指出："列女名传，创于刘向，分汇七篇，义近乎子；缀《颂》述《雅》，学通乎《诗》，而比事属辞，实为史家之籍。班、马二史，均缺此传。自范蔚宗《东（后）汉书》中，始载列女，后史因之，遂为定则。然后世史家所谓列女，则节烈之谓，而刘向所叙，乃罗列之谓也。节烈之烈为列女传，则贞节之与殉烈，已自有殊；若孝女义妇，更不相入，而闺秀才妇，道姑仙女，永无入传之例矣。夫妇道无成，节烈孝义之外，原可稍略；然班姬之盛德，曹昭之史才，蔡琰之文学，岂转不及方技伶官之伦，更无可传之道哉？刘向《传》中，节烈孝义之外，才如妾婧，奇如鲁女，无所不载，即下至施、旦，亦胥附焉。列之为义，可为广矣。自东汉以后，诸史误以罗列之列，为殉烈之烈，于是法律之外，可载者少，而蔡文姬之入史，人亦议之。"(《文史通义新编新注》外篇四）章学诚的一段议论，既反映了刘向所作《列女传》的内容价值，也反映了该书的社会影响。它虽谈不上是史学名著，但它在史学发展史上的影响却是不可忽视，历代许多著名学者都曾对它产生过浓厚的兴趣。

2. 纂辑古史遗说，编次《说苑》、《新序》

出于劝诫目的，刘向还曾采摘了前人的行事和议论，编次了《新序》和《说苑》两书。也有人说这两种书本来就有，刘向只是删繁就简，重为订正。对此，近人余嘉锡在《四库提要辨证》中则曰："《新序》、《说苑》，则虽本有其书，其文亦悉采之传记，然向既除其两书之复重者，与他书之但除本书之复重者不同，又删去其浅薄不中义理者，与《晏子》等书但聚而编之虽明知其不合经训亦不敢失者不同。盖已自以义法别择之，使之合于《六经》之义。况本传云，采传记行事。《说苑序》云，更以造新事，则向又已有所增益于其间。既奏上之，以诫天子，亦以成儒者一家之言，故虽采自古书，仍不能不谓为刘向所序，犹孔子因鲁史修《春秋》，述而不作，要不能谓《春秋》非成于孔子也。夫一书有一书之宗旨，向固儒者，其书亦儒家者流，但求其合乎儒术，无悖于义理足矣。至于其中事迹皆采自古书，苟可以发明其意，虽有违失，固所不废。譬之赋诗，断章取义，要在读者不以文害辞，不以辞害志耳。"这两部书中所记的人和事，大都是春秋战国时期的，体裁相当于《国语》、《国策》，着重记载了许多在刘向看来是具有教育意义的言论，借古喻今，用诫当世。书中所记古事古语，多与先秦及汉初史书相出入，既可作为史料研究，由于异说并存，对校勘古书尤有参考价值。这两部书今人赵善诒作有《新序疏证》和《说苑疏证》，均由华东师范大学出版社出版。

3. 校勘皇家图书，编著《七略》、《别录》

刘向、刘歆父子在学术上最大的贡献是出色地完成我国首次全国规模的校书编目工作。自从"武帝广开献书之路，百年之间，书积如丘山。故外有太史、博士之藏，内则延阁、广内、秘室之府"（《太平御览》卷六一九引刘歆《七略》），国家收藏的图书迅速增多，虽于公元前26年建造了国家图书馆，但因收藏分散，又无统一的目录，既不能适应日益发展的文化教育上的需要，也不能反映出一代文化典籍的盛况。所以成帝河平三年（前26），命令刘向组织一批学者进行校书编目，其子刘歆也参加了这一工作。这是一次由国家大规模组织人力，分工合作，整理天下群书的空前壮举。由刘向总其成，其余分委专才，各效所长。《汉书·艺文志》云："每一书已，向辄条其篇目，撮其指意，录而奏之。"这就是说，每书校毕，写成"叙录"一篇，犹如后世的解题、提要、评述之类。"最初是每书一篇《叙录》，写在本书上面；后来又将群书《叙录》抄集在一起，成为一部总的叙录汇编，以便别行于世，所以又称为《别录》。"① 至于《七略》，其实亦并非出于刘歆一人之手。从《汉书·艺文志》所载来看，河平三年"诏光禄大夫刘向校经传诸子诗赋，步兵校尉任宏校兵书，太史令尹咸校数术，侍医李柱国校方技"，说明刘向等开始校书时，就已将全部图书分为六大类，经过近二十年的努力，到刘向死时，整个校书编目工作已经达到基本完成的地步，六大类中所包括的主要图书都校定了新本，而每一新本又都作了叙录。刘歆正是在这个基础上，继承了刘向未竟的事业，删繁就简，才有可能在大约两年的短时间内，完成《七略》的编辑工作。刘向晚年的全部精力几乎都倾注在校书编目工作上，他为孝成皇帝典校书籍二十余年。因此，《七略》乃是刘向父子共同劳动的成果。《七略》的编辑，完成了我国第一部系统的图书目录，它反映了当时社会政治、经济的发展和科学文化成就的水平，分类著录了当时所有的重要文化典籍，系统地反映了各种学术思想体系和流派的历史发展概况。因此，它不仅在中国目录学上是一项辉煌成就，在中国史学史上也有其重要地位。范文澜先生曾经说过："西汉后期，继司马迁而起的大博学家刘向、刘歆父子，做了一个对古代文化有巨大贡献的事业，那就是刘向创始、刘歆完成的《七略》。"还说："西汉有《史记》、《七略》两大著作，在史学史上是辉煌的成就。"（《中国通史简编》）后来班固作《汉书》，又在《七略》的基础上，创立了《艺文志》，历代史志，多沿其体，对后来学术界特别是历史学的发展，起着极其深远的影响。

当然，我们在肯定刘向、刘歆学术成就的同时，也必须指出他们父子

---

① 张舜徽：《中国校雠学叙论》，《华中师院学报》1979年第1期。

都是封建正统学派的代表人物。他们分别撰有《洪范五行传论》，以阴阳五行、天人感应作论证的依据。《汉书·五行志》保存了刘向《洪范五行传论》一百五十条左右，其中论灾异跟君主失势、国家兴亡间关系的近四十条，论灾异跟后妃及外戚间关系的三十余条，这说明了他是有意地利用阴阳五行说作为政治斗争的工具，反映了他的神学史观。刘歆还著有《三统历谱》，据《汉书·律历志》所保存的关于《三统历谱》材料来看，他是主张历代兴衰按照五行相生的顺序进行的。不过，他们父子虽然同讲阴阳五行，但说法上也不完全相同。

三、《东观汉记》

《东观汉记》是我国封建时代第一部官修史书，也是一部在古代曾产生过深远影响的史学巨著。它在产生以后，从三国时代开始就受到人们的重视，并把它与《史记》、《汉书》合称"三史"。但隋唐以后逐渐散佚，南宋以后便散佚殆尽，以致知道的人也就很少了。清人姚之骃始辑已经散佚的八种东汉史书，而第一种即为《东观汉记》八卷。清乾隆时，四库馆臣在此基础上又扩大辑佚范围，增为二十四卷，内容增加了近十分之六。当代学者吴树平又重新辑集遗文，并作校勘和注释，经过整理编排，使其原貌逐渐显现出来，使失传近千年的史学名著又可以与广大读者见面。为此笔者在主编《中国史学名著评介》时，特请吴树平先生专门写了一篇对该书的评介。

这部纪传体史书的编写，先后经过四个阶段，起初还有一个戏剧性的插曲。班固在写《汉书》的时候，有人上书汉明帝，告他私自改作国史而被收系下狱，其弟班超"诣阙上书，得召见，具言固所著述意"（《后汉书·班彪传》）。明帝看过班固所写书稿后很欣赏，命他继续写下去，并召他到校书部，任命他为兰台令史，继而要他与睢阳令陈宗、长陵令尹敏、司隶从事孟异等作《世祖本纪》。后又撰光武帝功臣和平林、新市、公孙述事，共撰列传、载记二十八篇奏上。这就是该书撰作的开始。可见由于一个偶发的事情，引发了明帝要班固等人撰作此书，但仅限于光武帝一朝，没有让人再续补下去。

安帝时，"又诏史官谒者仆射刘珍及谏议大夫李尤，杂作纪、表、名臣、节士、儒林、外戚诸传，起自建武，讫乎永初。事业垂竟，而珍、尤继卒。复命侍中伏无忌与谏议大夫黄景作诸王、王子、功臣、恩泽侯表，南单于、西羌传，地理志"（《史通·古今正史》）。

桓帝在位期间，"元嘉元年，复令太中大夫边韶、大军营司马崔寔、议郎朱穆、曹寿，杂作孝穆、崇二皇（应为献穆、孝崇皇后）及《顺烈皇后传》，又增《外戚传》入安思等后，《儒林传》入崔篆诸人。寔、寿又与议郎延笃杂作《百官表》，顺帝功臣孙程、郭愿及郑众、蔡伦等传。凡百十有四篇，号曰《汉纪》"（《史通·古今正史》）。这是《东观汉记》第二次续修，通过这次续修，一部纪传体史书已经粗具规模，并称之曰《汉纪》。有的著作根据《隋书·经籍志》将始有《汉纪》之名定在刘珍等人续修之时，恐未必妥当。

最后一次续修是在灵帝、献帝之时，《史通·古今正史》篇云："熹平中，光禄大夫马日䃅、议郎蔡邕、杨彪、卢植著作东观，接续纪传之可成者，而邕别作《朝会》、《车服》二志。后坐事徙朔方，上书求还，续成十志。会董卓作乱，大驾西迁，史臣废弃，旧文散逸。及在许都，杨彪颇存注记。至于名贤君子，自本初以下阙续。魏黄初中，唯著《先贤表》，故《汉记》残缺，至晋不成。"

以上便是《东观汉记》的编修始末。至于该书为何称《东观汉记》，是因修书所在地而得名。从章帝、和帝开始，国家收藏图书的中心由兰台移至南宫东观，而《东观汉记》的撰修地点从刘珍等开始便移到了东观，直到蔡邕续修也未离开过东观。不过当时一直只称《汉记》，前面加上"东观"二字，文献并无确切记载，三国两晋还未出现，到了南朝梁时，刘勰作《文心雕龙》，刘孝标作《世说新语注》，《东观汉记》之称便出现了。

这是一部成于众人之手的史书，其中贡献最大的按刘知幾所说应是刘珍和蔡邕，因此，许多著作往往冠以"刘珍等人著"。以笔者之见，具有首创之功的班固，还是不应忽视，因为该书创立"载记"之体，在第一阶段已经确立。这部史书原来究竟有多少卷，并无确切记载，《隋书·经籍志》载有一百四十三卷，也只是个约数，因为此书长期在续写中，始终没有最后定稿，实际上本朝人写本朝历史要写得完整也有客观上的困难，因为王朝尚未灭亡，就无法写它的结束局面，所以全书所写帝纪是起自光武帝而迄于灵帝；十志尽管蔡邕早有打算，后因流放朔方而未能全部完成；东汉末年许多该入传的人物自然也未列入。这可视作本朝人写本朝史的无法弥补的缺陷。

这部史书的最大价值，就在于史料非常丰富，特别是保存了大量的原始资料。因为是奉命而修，所以史料来源就相当方便，从历朝起居注到政府档案，至于皇家藏书自不用说，各种私家著作乃至遗闻轶事，都尽可采录，因而使《东观汉记》有可能保存大量的原始资料。晚出的许多私家所作之后汉书中，许多都是以该书为底本，《史通·古今正史》篇就明确指出："华峤删定《东观记》为《汉后书》。"而《史通·曲笔》篇又说："中兴之史，出于东观。"可见该书对诸后汉史书的著作影响之大。就是今日列入二十四史之数的范晔《后汉书》，对其采摘亦不在少数，这在唐人李贤为范书作注时已经指出。尤其是有些列传，文字都大体相同。所以我们可以这样说，《东观汉记》一书对后来东汉历史的研究和撰述，影响是深远的。

从体裁来讲，基本上是沿袭了《汉书》整齐划一后的纪传体史书体例，即纪、志、表、传俱全，除此之外，又新创立"载记"一体。这种"载记"的创立，实际上也是为适应社会的需要，因为有些内容既不是本纪所能撰写，又非列传所能容纳，其中当然也有等级名分问题，但恐怕并不完全如此。值得注意的是，入此体者据《后汉书·班固传》和《史通·古今正史》篇载有新市、平林、公孙述等，很明显这些都是农民起义团体和地方割据政权，为了体现出与纪、传之不同，因而创立此体以示区别。正像司马迁在《史记》中将孔子和陈胜列入世家，绝对不是取其开国承家、世代相续之意，而是要显示这两人在中国历史发展的关键时刻所作的特殊贡献，关于这点，当代学者研究中很少见到有不同意见。所以我认为研究"载记"之体的产生，不能单纯地用封建正统的等级名分史观来作解释。此体创立后，唐初修《晋史》时就被采用，在记载北方分裂割据历史时，十六国中除前凉、西凉入列传外，其余都是以载记形式来叙述这些割据政权的兴亡。而这些载记的撰写叙事，详略相间，首尾相次，远胜于帝纪的单调刻板，又不同于列传局限于只叙个人之事。

另外，这部纪传体史书还首次单独为妇女立传。《史记》、《汉书》虽写了不少妇女形象，但并未为之单独立传。刘向首作《列女传》，在史学发展上起了不小的影响，《东观汉记》的作者，应当说也是在其影响下，在纪传体史书中首次为妇女单独立传。当然，是否已有类传之名"列女传"现在还很难确定，但是它为妇女单独立传的首创精神是可以肯定的，正如吴树平先生所说："其实《东观汉记》有没有'列女'这一标目是次要的，关键的是它确确实实为妇女设立了一篇篇传记，即使尚未标目'列女'，纪传体史书辟设列女传也应把《东观汉记》视为先河。谢承《后汉书》之传列女，范晔《后汉书》之综妇女成事，述为《列女篇》，盖皆源出《东观汉记》。"（《〈东观汉记〉评介》，载《中国史学名著评介》）

但是，《东观汉记》存在的问题应该也是显而易见的。上文讲了本朝人修本朝历史，无法做到首尾完整，加之该书之修，不仅是成于众人之手，而且是经过几代人续修，又无一个人从总体上进行加工，各自为政，不可避免的笔调不一，甚至重复、矛盾都无法避免。更重要的是由于是在最高统治者直接控制下所修，加之东汉统治集团的各种矛盾的影响和修史者本人的品德不一，因而要他们秉笔直书只能是一句空话，于是曲笔阿时之文、灾祥图谶之事，连篇累牍，不绝于书。所以刘知幾在《史通·核才》篇说："昔傅玄有云：'观孟坚《汉书》，实命代奇作。及与陈宗、尹敏、杜抚、马严撰中兴纪传，其文曾不足观。岂拘于时乎？不然，何不类之甚者也？是后刘珍、朱穆、卢植、杨彪之传，又继而成之。岂亦各拘于时，而不得自尽乎？何其益陋也？'嗟乎！拘时之患，其来尚矣。斯则自古所叹，岂独当今者哉！"可见对《东观汉记》内容的评价，前人并不很高，所以范晔等人的多种后汉史书相继问世以后，该书很快散佚乃至失传，其自身不良因素实在是起着重要的作用。所以任何一部史书乃至其他著作，要想能够藏之名山，传之后世，必须完善自身的各项必要的因素，否则都只能是昙花一现。

四、荀悦的《汉纪》

荀悦（148—209）是我国编年体断代史的首创者，字仲豫，颍川颍阴（今河南许昌）人。汉献帝时，任黄门侍郎、秘书监等职。献帝以《汉书》"文烦难省"，建安三年（198）命荀悦按编年体改编《汉书》，前后三年，成《汉纪》三十卷，上起秦二世元年（前209），下迄王莽十五年（23），共十一帝，每帝为一纪，还有《高后纪》，连同王莽在内共二百四十二年。当时人称赞它"文约事详"。另外，荀悦还著有《申鉴》五篇。

就《汉纪》本身而言，并无多大新意，只是对《汉书》删繁存要，用编年体重新编纂而已，新增的材料很少（当然并不是说没有），但在编纂过程中也采用了《左传》"君子曰"形式对有些史事用"荀悦曰"加以议论，正如有的著作讲"是《申鉴》思想的照搬、修补和深化"，当然，它已与所述史事融为一体，成为《汉纪》的组成部分，是研究其史学思想重要内容。在改编中，荀悦采用了以传释经的编纂方法，用《汉书》本纪为纲，采摘各传及志表之文，按其年月之先后，散入本纪各年之下，对于那些无年可考或不便分散于年月之下的史事，则用连类列举的方法进行安排，这在编年体史书的编写上是一个新的创造，特别是他为用编年史体撰写断代历史创建了典范，对后世编年史的发展起着一定的影响。当然，荀悦在对《汉书》材料的取舍上和文章的节录上，都有他自己一定的标准，而这种取舍的标准，又正反映了他的历史观。

值得注意的是，荀悦很注意历史的劝诫作用，他在所著的《申鉴》一书中，对历史著作的鉴戒作用，提出了比较全面系统的主张。在该书《时事第二》中说："君举必记，臧否成败，无不存焉。下及士庶，等各有异，咸在典籍，或欲显而不得，或欲隐而名章。得失一朝而荣辱千载，善人劝焉，淫人惧焉。故先王重之，以嗣赏罚，以辅法教。"又在该书《杂言》中说："君子有三鉴：世、人、镜。鉴前惟训，人惟贤，镜惟明。夏商之衰，不鉴于禹汤也；周秦之弊，不鉴于民下也；侧弁垢颜，不鉴于明镜也。故君子惟鉴之务。"可见他把历史的鉴戒作用看得十分重要，视其是巩固封建统治必不可少的一种工具，是关系到国家治乱兴衰的大事，所以三鉴之中，史鉴放在首位，要治理好国家，必须以史为鉴。这个思想对后世有着深远的影响，唐太宗治国所用的三面镜子，无疑就是受到过这种思想的影响。当然，要能够达到"劝善惩恶"这个目的，在史书的编写内容上还必须有一定的要求，所以他对历史记载的对象、史书内容的选材，提出了五点要求——即"五志"："达道义"、"彰法式"、"通古今"、"著功勋"、"表贤能"（《后汉书·荀悦传》）。他在《汉纪·序》中，还对该书编纂的方法作了说明，即"通比其事，例系年月"。至于内容则"祖宗功勋，先帝事业，国家纲纪，天地灾异，功臣名贤，奇策善言，殊德异行，法式之典，凡在《汉书》者，本末体殊，大略粗举"。他对自己这部书是十分自信的，序中说："凡《汉纪》，有法式焉，有监戒焉，有废乱焉，有持平焉，有兵略焉，有政化焉，有休祥焉，有灾异焉，有华夏之事焉，有四夷之事焉，有常道焉，有权变焉，有策谋焉，有诡说焉，有术艺焉，有文章焉。斯皆明主贤臣命世立业，群后之盛勋，髦俊之遗事。是故质之事实而不诬，通之万方而不泥。可以兴，可以治，可以动，可以静，可以言，可以行，惩恶而劝善，奖成而惧败，兹亦有国者之常训，典籍之渊林。"这里所讲，可以说全面展示出立典要有五志的思想，这个主张对后世有着深远的影响。东晋学者常璩在其所著《华阳国志》的《序志》中就引用了荀悦的"立典有五志"的主张，并且把它作为《华阳国志》编写的准则，如果阅读过该书便可发现，这个精神确实在其中得到了贯彻和体现。因此，荀悦改编《汉书》而成《汉纪》，不仅是将八十万字的纪传体史书变为十八万字的编年体著作，而且也做了编年体史书本身的革新工作，除了上面已经讲的他采用了"通比其事，例系年月"外，还加强了对历史的评论。重视对历史的评论，也是我国古代史学的优良传统，如《左传》有"君子曰"，《史记》有"太史公曰"，《汉书》有"赞"，等等，而荀悦在《汉纪》中则既有"赞"，又有"荀悦曰"。"赞"是分纂于十二帝纪之后，因此，全书只有十二则，除《高帝纪·赞》为荀悦自撰外，其他都取材于《汉书》帝纪而有所增损，当然，这种增损不仅反映了荀悦的观点，同样也反映出他的史学才能。就以《惠帝纪·赞》来看，比较简单，《汉书》的《惠帝纪·赞》是："孝惠内修亲亲，外礼宰相，优宠齐悼、赵隐，恩敬笃矣。闻叔孙通之谏则惧然，纳曹相国之对而心悦，可谓宽仁之主。遭吕太后亏损至德，悲夫！"而荀悦则省略为："《本纪》称孝惠内修亲亲，外礼傅相，优宠齐悼、赵隐，恩爱笃矣，可谓宽仁之主。遭吕太后亏损至德，枉流滥哉，深可悲矣。"这是作了删节，但其意不变。而增加得最多的要算是《宣帝纪·赞》了，《汉书》该赞不足一百个字，而此书则多达四百余字，此赞着重论述武帝、宣帝时的用人政策，指出"汉武之世，得贤为盛"，汉宣帝则继承了这一优良传统，"招选茂异"，从而使国家形成了人才众多、名臣辈出的盛况。这些论赞都是通过对具体历史的记载而作出的评述。

该书另一种论史形式则是"荀悦曰"，据邹贤俊先生统计，这种形式近四十则，一万多字，占全书文字的十八分之一（《〈汉纪〉评介》，载《中国史学名著评介》）。因此，它无疑成为该书论史的主要形式。写法灵活，长短不一，少的仅十多字，长的达千余字，大多数在二百字左右。各卷之间条数也不一，因为多是因事立论，并非泛泛而谈，《高帝纪》有四卷之多，只有三则，而《惠帝纪》仅仅一卷，尚有两则。可见其议论并非平均分配。而所议论之事件也大小不一，主要是看其重要性与否。如郦食其建议刘邦"复六国之后"，张良则提出八点否定意见，对此重大事件，荀悦发表了长篇议论，指出制定政策必须与当时的形势相适应，"立策决胜之术有三，一曰形，二曰势，三曰情"，"策同事等而功殊者，三术不同也"。通过分析议论，最后并说："权不可预设，变不可先图，与时迁移，应物变化，设策之机也。"这就告诉人们，政策制定要因时因事而异，做到随机应变，才能取得预期的效果，这是任何时候都不能忘记的。可见荀悦不仅很有历史眼光，而且很有政治头脑。又如在《惠帝纪》末尾叙述官制与俸禄时，接连两度发表议论，关于制禄曰："先王之制禄也，下足以代耕，上足以克祀，故食禄之家不与下民争利，所以厉其公义，塞其私心，其或犯逾之者，则绳以政法。是以君子劝慕，小人无怨。"在荀悦看来，官吏既拿了俸禄，就不该再与民争利，否则将会被绳之以法。可见荀悦的史论不仅有内容，不尚空论，而且很有价值。正因如此，他的史论对后世起着非常深远的影响。前面讲的"立典要有五志"，就被常璩引为编写《华阳国志》的准则。众所周知，唐太宗治国所以能出现"贞观之治"的盛况，与他能常用三面镜子有着密切的关系，他曾多次对大臣讲："以铜为镜，可以正衣冠；以古为镜，可以知兴替；以人为镜，可以明得失。朕常保此三镜，以防己过。"（《旧唐书·魏徵传》）我们可以这样说，唐太宗的治国三面镜子思想，是直接来源于荀悦"君子有三鉴"的主张。一个君主治理国家，若能真的用此三鉴，国家一定治理得很有成效。在荀悦看来，三鉴之中，史鉴最为重要，故反复强调，他的史论可以说都贯穿着明确的史鉴思想，这是我们在研读《汉纪》时应当特别注意的重点。

当然，荀悦是一位典型的正统史家，他在改编的《汉纪》中，充分贯彻了天人感应的神学思想，这一思想的实质就是宣扬汉家永得"天统"。这个思想在班固写《汉书》时就非常突出，而《汉纪》一书更是有过之而无不及，经过改编的《汉纪》，字数不到《汉书》的四分之一，而《汉书》所记西汉的灾祥，它却基本上照录。目的在于宣扬天人感应的神学思想，王权乃是出于天授，并非任何人都能取得。该书卷一开头，详细叙述了刘向父子的五德相生之说，说明汉王朝乃继尧之运；卷三〇末尾又用班彪对隗嚣的说辞及其《王命论》，反复论证"神器有命"，和卷一做到首尾呼应。这都明显地反映了作者的史学观点和态度。

五、赵晔的《吴越春秋》

东汉赵晔曾作过《吴越春秋》十二卷，记载吴、越两国的历史，这是许多史书有确切记载的，所以谈起《吴越春秋》，就必然想到其作者赵晔。后来在其影响下，又有不少人用同样题材、同样书名作书多种，知道的人就很少了。然而经过近两千年的发展，流传至今的仅有一种。经过周生春先生的考证，流传的这种已经不是东汉赵晔的原作了。尽管如此，它对于研究赵晔的《吴越春秋》仍具有重要价值。

由于两汉的史学发展达到了相当成熟的阶段，不仅重要史体相继产生，而且公私史学著作都有出现，《吴越春秋》虽然称不上史学名著，但是，作为研究两汉史学者来说，还是应当有所了解。它的体裁也很特别，因而研究者说法并不一致。它是东汉人研究古代历史的著作。《史记》、《汉书》、《东观汉记》、《汉纪》等书，大多为当代人写当代史著作，《史记》当然是通史，但记载内容重点仍在当代。而该书仅局限于写吴、越两国之事，实属地方史性质，况且作者又是南方当地人，前此重要史家大多为中原人，诸如《左传》、《国语》、《史记》等书也涉及吴、越二国史事的记载，但绝无此书内容集中与丰富，加之所述之事多取自地方史乘和当地传说，显然比北方学者大抵采自传闻来得优越，还有不少是他书所不载的独一无二的材料。这就给研究先秦时期吴、越两国历史提供了有利条件。

关于《吴越春秋》的体裁，看起来有些四不像，其实只要认真研究就可以发现，它仍是属于编年体史书。《左传》是这种体裁成熟的代表，因为它不仅突破了刻板的逐年编排形式，而且也突破了先秦分别记言、记事的格局，做到了"言事相兼，烦省合理"（《史通·二体》），这是前人早已有的定论。我们可以这样说，《吴越春秋》的编纂形式，乃是远学《左传》，将某些事件相对集中叙述；近效《史记》，将吴、越两国分别加以编写。可以说《史记》的本纪和世家，正是为赵晔分国编写提供了效法的榜样。当然，我们也不应当忽略《国语》的分国编写法对赵晔的影响。附带要指出的是，就我国史学发展的历史来看，除《吕氏春秋》特殊外，凡书名标曰"春秋"者，皆为编年体史书，直到魏晋南北朝时期成书的孙盛的《魏春秋》和《晋春秋》、习凿齿的《汉晋春秋》、王韶之的《晋安帝春秋》等无不如此。至于杜预为"春秋"所下的定义，自然更能说明问题。编年史体之所以称"春秋"，就因为其书是以年为纲，举春以包夏，举秋以赅冬。孔子的《春秋》之后，许多编年体的历史著作仍称"春秋"，这显然不是出于偶然，所以，我们只要根据书名标曰"春秋"，一般可以知其为编年体裁。按理讲，此书作为一部史书是不成问题的，所以历代史书和目录学家一直是这样处理，《隋书·经籍志》列为杂史，《旧唐书·经籍志》、《新唐书·艺文志》亦列为杂史，《宋史·艺文志》列为霸史，《四库全书总目提要》则列入载记，总之都是归于史部。然而，不知什么时候开始，有人提出此书乃是小说，对此，笔者在为周生春先生的《吴越春秋集校汇考》一书所写的序中作了较为详尽的辩驳。此书1997年由上海古籍出版社出版。

需要指出的是，《吴越春秋》在流传过程中，自然也免不了被后人加进了不少东西，如《阖闾内传》所载楚乐师扈子作的《穷劫之曲》，近人俞樾已经指出，"可为七言诗之祖矣……然词意均浅薄，不似春秋人语"。又如伍子胥的言论中有"胡马望北风而立，越燕向日而熙"，等等，当然也不是春秋时期的语言，这显然都是用自己的想象而强加于古人的语言。所以元人徐天祜在为该书作序时，已经感到"观其所作，不类汉文"，汉人著作文字，为什么"不类汉文"？原因就在这里，后人改动补进的内容实在不少。既然如此，如今看到的该书许多乱七八糟的内容，自然不应全部归咎于原作者赵晔，对于后人的篡改、补进和传抄中的掺入，赵晔同样不应当负责。关于这本书的详细内容和价值，可以参阅笔者所写的《〈吴越春秋集校汇考〉序》。

六、应劭《汉官仪》、《风俗通义》

应劭，字仲远（亦作仲瑗），东汉汝南郡南顿县（今河南项城境内）

人。少年时代便勤奋好学,《后汉书》本传称"少笃学,博览多闻",为日后治学打下了基础。出生在世代通显的官僚世家,并凭借先世的权势,在灵帝初年,由郡举孝廉,熹平二年(173)为郎,辟车骑将军何苗掾,又曾为萧令。中平六年(189),做了五个月的营陵令,便被擢为泰山太守。献帝初平二年(191),黄巾起义军三十万人攻入泰山郡境,应劭进行大肆镇压,使起义军受到很大挫折。兴平元年(194),曹操之父曹嵩及其弟曹德由琅邪郡到泰山郡,曹操令应劭派军队接送,在劭军未到达之前,陶谦已密派数千骑袭杀了曹氏父子,应劭怕受到曹操之惩罚,遂弃官投奔冀州牧袁绍。二年,诏拜为袁绍军谋校尉。后从未离开过冀州,最后病死在邺(今河北临漳西南)地。其生卒年,《后汉书》本传均无记载,唯《三国志·武帝纪》裴松之注引《世语》述"太祖令泰山太守应劭送家诣兖州"事,附带讲了"后太祖定冀州,劭时已死"。而曹操平定冀州,是在汉献帝建安九年(204)八九月间,那么,应劭在此之前已死是毫无疑问的。

应劭是一位学识渊博的学者,在政治上的作为并不足道,而在学术上确颇有贡献,著有《汉官仪》、《礼仪故事》、《中汉辑叙》、《风俗通义》等,"凡所著述,百三十六篇,又集解《汉书》,皆传于时"(《后汉书·应劭传》)。尤其对汉代典章制度、百官仪式贡献最为突出。自从汉献帝迁都许后,"旧章堙没,书记罕存",应劭深感忧虑。"慨然叹息,乃缀集所闻",著成《汉官仪》十卷,对两汉官名、职掌、俸秩、玺绶制度、各式礼仪及其他故事,都作了详尽的记载。由于其内容丰富而翔实,一直为历代学者所重视。范晔在《后汉书》本传中已经指出,"凡朝廷制度、百官典式,多劭所立"。正因如此,两汉的朝章制度,百官典式,所以能千百年间流传下来而不亡,很大程度上确实要归功于应劭的记载。还在魏晋时期,人们已有此结论,《三国志·王粲传注》引《续汉书》曰:"劭又著《中汉辑叙》、《汉官仪》及《礼仪故事》凡十一种,百三十六卷,朝廷制度,百官仪式,所以不亡者,由劭记之。"当然,这并不是简单的记载,还包含着广泛的搜集和精心的整理。尽管东汉时期先后曾产生过六部关于汉代官制仪式的著作,但"于六种《汉官》之作中,《汉官仪》最为系统而翔实,史注及唐宋类书征引亦最多",这是周天游先生在对六种著作进行了比较研究之后所写的《汉官六种点校说明》中下的结论,这是代表了古往今来众多学者的共识。应劭对于两汉典章制度的熟悉与贡献自然也就无须多论。可惜的是，此书唐代虽已经不全，但仍为十卷；到了宋代，仅存一卷，陈振孙《直斋书录解题》职官类还将此书列为第一部，指出"《唐志》有《汉官》五卷，《汉官仪》十卷。今惟存此一卷，载三公官名及名姓、州里而已。其全书亡矣，李埴季允尝续补一卷"。由于早已散佚，故元明清以来，常有人进行辑佚。中华书局已出版《汉官六种》一书，有关辑本均已收入。

至于应劭为《汉书》所作集解，一般不大为人们所注意，其实这也是他对史学界一大贡献。众所周知，《汉书》是一部十分难读的史书，因为作者班固不仅好用古字，而且许多列传又引用大量诗赋，典故迭出，所以就在东汉时，该书刚刚流传，一般士人竟无人能读通它，只有班昭才能通解，著名学者马融还要伏于阁下，从昭受读，其难度之大，于此自然可以想见。而应劭能够替它作集解，足见其确实是位博学多识之士。这部集解虽未能流传下来，但唐代历史学家颜师古在注《汉书》时，已将其成果作了大量的征引，从所征引内容来看，真是上自天文，下至地理，并涉职官典制、名物训诂、历史典故等，有时还带有议论，内容非常广泛。需要指出的是，到颜师古注《汉书》之前，为《汉书》作注者已达二十五家之多，颜师古自然吸取了众家的注释成果，而应劭注文为颜氏所征引者则居于前列，其注学术价值之高，于此可以想见。

应当看到，应劭是当时统治阶级中头脑比较清醒的人物，面对行将崩溃的东汉政权的严重危机，他已看到其危险性，因而在《风俗通义序》里大声疾呼："王室大坏，九州幅裂，乱靡有定，生民无几。"面对这种局面，为了挽救危机，他想从思想上、舆论上着手来做工作。他认为"为政之要，辩风正俗最其上也"。于是他企图通过"辨正物类名号，解释时俗嫌疑"，用封建正统思想来整齐风俗，使全国上下"咸归于正"。这就是他编撰《风俗通义》的思想根源之所在。虽然他的这一努力，并未能挽救东汉王朝灭亡的命运，甚至未起到丝毫作用，但是应当看到他已认识到社会风俗、社会风气之好坏，将直接影响着一个社会的巩固与安定。这个见解显然是十分重要的，即使在今天又何尝不是如此！正因如此，他在序中引经据典，反复说明社会风俗的好坏，将直接影响着社会的安定与否和国家的治乱兴衰，所以历代统治者都很重视，每年定期派人前往各地采风，并整理成册，藏之秘室，"令人君不出户牖而知异俗"，成为治国安邦的一个重要举措，足见其重视程度。

《风俗通义》是一部很有意义的古籍名著，但长期以来却少为人所重视，主要原因在于它的内容广泛，体例庞杂，作为史籍来说，似乎无类可归。它既不是编年、纪传之体，又不是政书、学术史著，因而打开诸多的历史要籍介绍论著，和新中国成立前后所出版的十多种史学史著作，全都没有谈及该书，唯张舜徽先生主编的《中国史学名著题解》将它列入"杂史类"，看来很有见解，因为它是一部反映时代风尚的重要著作，对于研究东汉社会历史、文学（小说）、民俗学乃至方志学的发展都有着重要的作用。

《风俗通义》原书据《隋书·经籍志》记载为三十一卷，其中有《录》一卷，《旧唐书·经籍志》、《新唐书·艺文志》仍记载为三十卷，可见北宋初年还完好地在流传，可是到了神宗元丰年间，苏颂看到的只有十卷，也就是我们今天所见到的十卷本，而大半已散佚。苏颂当时曾用官私版本作了互校，写了《校风俗通义题序》，从而使剩下的十卷能较为完好地流传下来，这里显然也有苏颂一份功劳。如今流传下来十卷的篇目是：《皇霸》、《正失》、《愆礼》、《过誉》、《十反》、《声音》、《穷通》、《祀典》、《怪神》、《山泽》。散佚的二十卷篇目，苏颂在序中曾有记载。清代学者陆心源亦曾作过《风俗通义篇目考》，为了使大家全面了解该书的内容，亦抄录如下：《心政》、《古制》、《阴教》、《辨惑》、《析当》、《恕度》、《嘉号》、《徽称》（陆文作《秽称》）、《情遇》（陆文作《恃遇》）、《姓氏》、《讳篇》、《释忌》（陆文作《释忘》）、《辑事》、《服妖》、《丧祭》、《宫室》、《市井》、《数纪》、《新秦》、《狱法》。单从这些篇目来看，内容涉及的范围非常广泛，从不同侧面反映了当时社会生活状况和文化思想面貌，可为我们研究当时社会历史、典制、民风习俗等方面提供丰富的资料。1981年，天津人民出版社出版了吴树平先生的《风俗通义校释》一书，是至今为止最好的版本，书中不仅有详尽的校释，而且书后还辑佚了数量非常可观的佚文，并分二十七类编排，从而为阅读和研究提供了方便条件。

第六章
魏晋南北朝史学的蓬勃发展

第一节 魏晋南北朝史学发展的新地位

一、魏晋南北朝时期史学发展的客观条件

从东汉末到隋初四百年间，除西晋的短暂统一外，我国社会处于长期分裂和动荡不安的状态，地主割据政权之间的斗争、民族斗争和阶级斗争交织在一起。复杂的历史情况，丰富的历史事实，为史书的编写提供了条件。特别在西晋灭亡后的一百二十多年间，各族统治者在北方建立了许多政权，旧史书上称为"五胡十六国"，其实共有七族二十三国。这些割据政权，旋起旋灭，国亡史作，因而历史著作的数量随着历史的急剧发展变化而大为增多，出现了从来未有过的史学发展的新局面，成为我国史学发展上一个重要阶段。和以前相比，这一时期的史学，不仅取得了许多新的成就，而且出现了不少新的特点。由于政治上的长期分裂局面，官修史书的制度还不很健全，因而私家撰史之风大为盛行，史学著作数量之多十分惊人。据《隋书·经籍志》记载，经、史、子、集四大部类的书，存亡合计达四千七百五十七种、四万九千四百六十七卷，其中史部书，存亡合计即占八百六十七种、一万六千五百五十八卷。这些书除极少量以外，大都是魏晋南北朝时期的作品（据姚振宗《〈隋书·经籍志〉考证》的核计）。再就断代史来看，同一种史书，往往多到二三十家。如这一时期所编写的后汉历史有十二家，三国历史二十余家，晋史二十三家，十六国史三十家，南北朝史十九家。这还只是限于纪传、编年二体有据可查的断代史而言，四百年间竟出现百部以上的著作，撰史风气之盛也就可以想见了。这一时期，不但史著数量大增，史著门类也在不断扩大，有通史，有断代，有纪传，有编年，另

外还有传记、史注、方志等，其中尤以纪传体的断代史和人物传记为最多。这一方面固然由于《史》、《汉》两书的影响，另一方面更重要的还在于九品中正制的实行有利于褒贬人物的史学思想的发展，从而使得以人物为中心的纪传体史书逐渐取得了独尊的地位。同时，我们也还应看到，这一时期史学的空前发展，与科学技术的发达也有很大的关系，特别是造纸术的改进和推广，为史书的编写和流传在物质上提供了前所未有的有利条件。

二、史学地位的提高

1. 政府注重史学

魏晋南北朝时期史学的发达，与国家对史学的重视也有很大的关系。当时政府曾采取许多措施，如设置史官、储备史料、建立"史学"（创立传授历史知识的学馆），对史学的发展起着一定的促进作用。

魏晋以前，虽有史官，但并非以著史为其专职。就以司马迁、班固而言，他们当时也不是著史之官，撰述历史仅是他们个人的爱好。设官著史，始自曹魏。魏明帝太和年间，在中书省设著作郎，职掌修史。《晋书·职官志》云："著作郎，周左史之任也，汉东京图籍在东观，故使名儒著作东观，有其名，尚未有官。魏明帝太和中，诏置著作郎，于此始有其官，隶中书省。"从此著史有了专官。中书省长官要同皇帝一道决定国策，所以史官隶属中书省是有道理的，可以了解到国家的机密大事。晋代开始，又改属秘书省，号称大著作郎，专掌史任。据《晋书·职官志》记载："元康二年，诏曰：'著作旧属中书，而秘书既典文籍，今改中书著作为秘书著作。'于是改隶秘书省。后别自置省而犹隶秘书。"南朝唯宋不设著作郎，而其余各朝，则著作不再设省，仍为秘书省的属官。北朝的魏于秘书省下设著作局，有正郎二人、佐郎四人，以后又别置修史局。由于统治者重视国史的编修，往往还指派高级官员兼领史局，如北齐时设立史馆，以宰相兼领，掌监修国史，这一制度经北周、隋到唐而成为定制。当时许多割据政权，亦都设有史官，撰修国史。所以刘知幾说："至若偏隅僭国，夷狄伪朝，求其史官，亦有可言者。"（《史通·史官建置》）至于著作官从属于秘书省，这是指多数情况而言，但不能因此就认为凡秘书省的属官都是史官，因为这一时期史官的隶属是经常有所变更的，而且史官的名称前后亦不尽相同，如曹魏初置著作郎，晋时又增置佐著作郎，宋齐以来则改佐著作郎为著作佐郎，而北周又"改著作之正郎为上士，佐郎为下士"，"齐梁二代，又置修史学士，陈氏因循，无所变革"（《史通·史官建置》）。

对于担任史官职务的人，是有一定要求的，他们必须是"才堪撰述，学综文史"（《史通·史官建置》）。当时社会风气特重纪传史体，加之撰述人物传记又最能反映出一个人的史学观点与才能，故"著作郎始到职，必撰名臣传一人"（《晋书·职官志》）以试其才。这也说明统治者对史官人选的重视。

为了撰修国史，当时政府对于史料的储备工作也很重视，委派专人编写起居注，广泛搜集资料。如晋武帝泰始六年（270）曾下诏说："自泰始以来，大事皆撰录，秘书写付。后有其事，辄宜缀集以为常。"（《晋书·武帝纪》）魏晋南北朝时期，这一工作多由著作佐郎承担，故刘知几说："佐郎职知博采，正郎资以草传"（《史通·史官建置》），即由佐郎大量搜集资料，以供正郎撰写传记之用。所以著作佐郎兼领修起居注，几乎成了这一时期的定制，唯有北魏专置起居令史，侍从皇帝，"每行幸宴会，则在御左右，记录帝言及宾客酬对"。后又别置修起居注二人。唐宋以来则多于门下省设起居郎和起居舍人分掌其事，以后各代相沿未改，正说明了对这一工作的重视。起居注的撰写，为后来历史学家提供了丰富的官方资料："夫起居注者，编次甲子之书，至于策命、章奏、封拜、薨免，莫不随事记录，言惟详审。凡欲撰帝纪者，皆称（一作'因'）之以成功。"（《史通·史官建置》）

政府重视史学的另一表现是建立"史学"，创立传授历史知识的学馆。后赵君主石勒于建国之初（319）建立史学，与经学、律学并列，以任播、崔濬为史学祭酒（《晋书·石勒载记》）。石勒是羯人，出身低微，少年时随同邑人行贩，并曾为人力耕，二十多岁时还被掠卖到山东为奴隶，显然不可能有读书的机会。像这样一个人，却能如此重视史学，这是有原因的。因为在封建社会里，经学、史学固然都是封建统治者用来维护统治的工具，但经学重在抽象的义理，而史学则重在具体的事实，提供历史的教训。对于文化素养不高的石勒来说，具体的东西，自然比较容易接受。据《晋书·石勒载记》说："勒雅好文学，虽在军旅，常令儒生读史书而听之，每以其意论古帝王善恶，朝贤儒士听者莫不归美焉。尝使人读《汉书》，闻郦食其劝立六国后，大惊曰：'此法当失，何得遂成天下！'至留侯谏，乃曰：'赖有此耳。'"石勒从前人成败的历史知识中获得了大量的政治、军事斗争经验，锻炼了他的思想，开阔了他的见识。他建立史学的创举，正是切身体会到史学功用的结果。他还命记室佐明楷等撰《上党国记》，中大夫傅彪等撰《大将军起居注》，参军石泰等撰《大单于志》（《晋书·石勒载记》）。可见他对历史是非常重视的。

石勒创建史学以后，南朝宋文帝亦继起仿行，元嘉十五年（438），下令设立儒学（经学）、玄学、史学、文学，分别由雷次宗、何尚之、何承天、谢元立主持。当时国子学尚未成立，这四学还是私人讲学的场所，到元嘉二十年才加以合并，成立国子学。何承天曾受命修撰国史，至此为国子学博士，传授史学。他的弟子中，以山谦之最为有名，后来何承天所草创的国史，就是由他和苏宝生相继完成的。

2. 社会上对史学的重视

封建统治者对史学的重视，促使了史学地位的提高；而史学地位的提高，又引起了整个社会对史学的关注。班固《汉书》问世以后，由于它符合不断改朝换代的封建统治阶级的要求，一直受到统治者的大力提倡和利用，因而从事《汉书》研究的人也就越来越多："始自汉末，迄乎陈世，为其注解者凡二十五家。至于专门受业，遂与五经相亚。"（《史通·古今正史》）与此同时，经学的势力，由于受到汉末黄巾起义军的扫荡和魏晋时期道家哲学的严重挑战而逐渐衰退，失去了它在学术思想界原有的独占统治地位，这就刺激了学者们以史学作为努力的方向，并以名列史家为荣，于是世族子弟竞相争入史局，作为显名进仕之阶。晋华峤言当时的佐著作郎"职闲廪重，贵势多争之，不暇求其才"（《晋书·阎缵传》）。宋著名史家何承天年老撰国史，"诸佐郎并名家年少"（《宋书·何承天传》）。北齐谚云："上车不落则著作，体中何如则秘书。"（《颜氏家训·劝学篇》）随着史学社会地位的提高，史职竟成了沽名钓誉的工具，当时慕史家之名的大有人在。为了达到个人的虚荣，甚至出现了许多不择手段的怪现象。如"著作郎虞预私撰《晋书》，而生长东南，不知中朝事，数访于（王）隐，并借隐所著书窃写之，所闻渐广。是后更疾隐，形于言色。预既豪族，交结权贵，共为朋党，以斥隐，竟以谤免，黜归于家。贫无资用，书遂不就，乃依征西将军庾亮于武昌。亮供其纸笔，书乃得成，诣阙上之"（《晋书·王隐传》）。而何法盛窃人史著更是传为千载奇谈："时有高平郗绍亦作《晋中兴书》，数以示何法盛。法盛有意图之，谓绍曰：'卿名位贵达，不复俟此延誉。我寒士，无闻于时，如袁宏、干宝之徒，赖有著述，流声于后。宜以为惠。'绍不与。至书成，在斋内厨中，法盛诣绍，绍不在，直入窃书。绍还失之，无复兼本，于是遂行何书。"（《南史·徐广传》）这个传说虽不一定属实，但它却反映了史学在当时社会上所处的地位，只要能够写出历史著作，就可一举扬名于世，说明魏晋南北朝时期史学的发展和繁荣，与当时重视史学的社会风气也是分不开的。

3. 目录学所反映的史学地位的变化

图书的分类，直接反映着一个时代学术发展的面貌。西汉刘歆的《七略》，首次提出将图书分为六类：《六艺略》、《诸子略》、《诗赋略》、《兵书略》、《术数略》和《方技略》，另有《辑略》，则为六类图书目录的总序。班固作《艺文志》，基本上抄录《七略》，只是删去其中的《辑略》。刘《略》、班《志》都没有把史学著作独立分类，《艺文志》把《世本》等九部史书依附于《六艺略·春秋家》之后。马端临认为，"盖《春秋》即古史，而《春秋》之后，惟秦汉之事，编帙不多，故不必特立史部"（《文献通考》卷一九一《经籍考》史部正史各门总）。这是有一定道理的。但是后来随着历史著作的不断增多，这种把史部从属于经书的归类方法就不适用了，因此晋初荀勖便以魏时郑默的《中经》（或叫《中经簿》）为底本，写成《中经新簿》，他把所有图书分为四部，创造了四部分类法：一曰甲部，包括《艺文志》的《六艺略》所列的书；二曰乙部，包括《艺文志》的《诸子略》、《兵书略》、《术数略》、《方技略》所列的书；三曰丙部，包括当时所有的历史著作；四曰丁部，包括《艺文志》的《诗赋略》，又加上图赞和《汲冢书》。荀勖的四部分类法，第一次把历史著作独立专部，肯定了史学的地位。后来东晋著作佐郎李充又"因荀勖旧簿四部之法，而换其乙、丙之书"（阮孝绪《七录序》），就是说把"子"、"史"的次序倒换过来，成为经、史、子、集的次序。这个变动绝不是随个人意志而定，而是史学著作的大量增多和史学社会地位的不断提高在图书目录分类中的反映。此后中国一般的图书目录，都是按照这四部分类法，几乎成为定例。南朝宋时王俭的《今书七志》虽又以史附经，但后来梁朝阮孝绪作《七录》，仍把史部独立了出来，而且他在《记传录》序论中还特别说明了对史部的处理不同于刘歆、王俭的理由："刘、王并以众史合于《春秋》。刘氏之世，史书甚寡，附见春秋，诚得其例。今众家记传，倍于《经典》，犹从此志（按：指《今书七志·经典志》），实为繁芜。且《七略》诗赋不从六艺诗部，盖由其书既多，所以别为一略。今依拟斯例，分出众史，序《记传录》，为内篇第二。"（《广弘明集》卷三）可见图书部类之分合，是随着学术的发展、书籍的多寡和地位的高下而决定的。由"七略"而变为"四部"以及史部之独立、次序之提前，正是史学发达、史著增多和史学地位提高在目录学中的反映。

三、史学发展的新趋向

1. 编写断代史成风

魏晋南北朝时期，由于政局动荡不安，朝代更迭、国家兴亡显得十分频繁，前朝刚亡，后朝就要为它修史，这是编写断代史成风的一个重要原因。另外，这一时期的统治者特别重视本朝历史的编写，如东吴政权建立不久，孙权即命史官撰写吴书。据《三国志·薛综传附薛莹传》载："大吴受命，建国南土。大皇帝末年，命太史令丁孚、郎中项峻始撰《吴书》。孚、峻俱非史才，其所撰作，不足纪录。至少帝时，更差韦曜、周昭、薛莹、梁广及臣（指华覈）五人，访求往事，所共撰立，备有本末。"魏文帝时，曾命史官编著《魏书》："黄初、太和中，始命尚书卫觊、缪袭草创纪传，累载不成。"又命韦诞、应璩、王沈、阮籍等人共撰定，"其后王沈独就其业，勒成《魏书》四十四卷。其书多为时讳，殊非实录"。晋武帝泰始六年（270），亦曾命撰录晋朝建立以后之大事，为编撰国史储备史料。至于那些旋兴旋灭的短命王朝或政权，亦多设官修史，为自身树碑立传。前凉张骏于太元十五年（339）"命其西曹边浏集内外事以付秀才索绥，作《凉国春秋》五十卷"。后燕建兴元年（386），"董统受诏草创后书（指后燕书），著本纪并佐命功臣、王公列传，合三十卷。慕容垂称其叙事富赡，足成一家之言"（以上引文均见《史通·古今正史》)。这一时期，私人撰述历史更是蔚然成风，而王朝的频繁更迭又为私人著史提供了有利条件。由于个人编写某个王朝的历史，史料便于搜集，撰写容易见效，首尾完整，自成一书，因而成为断代史特别发达的一个重要因素。在汉末到隋初的四百年间，涌现了不少有才学的史学家，产生了许多有价值的历史著作，有据可查的断代史著就达百种以上。这种盛况的出现，在整个封建社会史上可以说是绝无仅有的。就以东汉史的著述而言，在纪传史方面，有吴谢承《后汉书》，晋薛莹《后汉记》、司马彪《续汉书》、华峤《汉后书》（一称《后汉书》）、谢沈《后汉书》、张莹《后汉南纪》、袁山松《后汉书》、刘义庆《后汉书》，宋范晔《后汉书》、梁萧子显《后汉书》；在编年史方面，有晋袁宏《后汉纪》、张璠《后汉纪》、习凿齿《汉晋阳秋》、孔衍《后汉春秋》。至于三国两晋南北朝的史著那就更多了。这些著作，虽然绝大部分都已亡佚，但是它们在史学发展过程中都曾起过不同程度的作用，为繁荣我国的史学作出过应有的贡献。如司马彪的《续汉书》虽已亡佚，但其八志却补充了范书所缺，同时范晔在撰《后汉书》时，还从华峤、司马彪等人的著作中多所采摘。对于许多早已失传的史著及其作者的贡献，历来也是给予应有的肯定评价的，如对华峤、陈寿、陆机、束皙、王隐、虞预、干宝、裴子野、沈约等，刘知幾认为"并史官之尤美，著作之妙选"（《史通·史官建置》）。干宝《晋纪》，"其书简略，直而能婉，咸称良史"（《晋书·干宝传》）；孙盛著《晋阳秋》，"词直而理正，咸称良史"（《晋书·孙盛传》）。特别是那些不畏强暴，敢于据事直书的人，不仅当时受到尊敬，而且千载为之称颂。桓温看了孙盛的《晋阳秋》，"怒谓盛子曰：'枋头诚为失利，何至乃如尊君所说！若此史遂行，自是关君门户事。'其子遽拜谢，谓请删改之。时盛年老还家，性方严有轨宪，虽子孙班白，而庭训愈峻。至此，诸子乃共号泣稽颡，请为百口切计。盛大怒。诸子遂窃改之。盛写两定本，寄于慕容儁。太元中，孝武帝博求异闻，始于辽东得之，以相考校，多有不同，书遂两存"（《晋书·孙盛传》）。这一记载，尽管在史实上有出入，但孙盛那种不为切身利益而改变历史真相的精神，确是继承和发扬了古代史家据事直书的优良传统。又如北魏太武帝神䴥年间，崔浩等撰国书，"叙述国事，无隐所恶，而刊石写之，以示行路。浩坐此夷三族，同作死者百二十八人"（《史通·古今正史》）。诸如此类，史不绝书，有的称颂其人，有的赞美其书，从不同角度肯定了他们在史学发展进程中的地位和功绩。由于当时政局动乱不安，王朝兴废无常，战火连年，兵灾不断，加之其他一些原因，这许多史著得以留传下来的寥寥无几。至今尚存的有：陈寿《三国志》、袁宏《后汉纪》、范晔《后汉书》、沈约《宋书》、萧子显《南齐书》和魏收《魏书》。就是这几部仅存的著作，无论从史学思想、史书内容和编撰技巧等各方面，也足以反映出这一时期史学领域的基本面貌，代表了这一时期史学发展的巨大成就。

2. 人物传记的发达

魏晋南北朝时期史学发展的又一特点，是人物传记特别发达，这也反映了这一时期的社会精神面貌。当时学者和统治者都特别注重纪传体，从学术渊源来看，《史》、《汉》的盛行，对这一时期史学的发展有相当大的影响；而门阀制度的发达、九品中正制的建立，更为这种史体的风行提供了社会基础和政治条件。纪传体的重心在于人物传记，它最能够表现史家的才能，反映作者的史识，因此纪传史作者精心构思之处亦多集中于此，而社会上品评史家长短、评价史书优劣，也大都着眼于人物传记。所以魏晋南北朝许多史家一意致力于传记的经营，对于表和志往往不太重视，陈寿的《三国志》就是一部典型的代表作。这种情况的产生，当然不应单从史家的学力和才华寻找原因，主要应从当时的史学思想追究根源。当时史学思想的重点在于褒贬人物，而对于典章制度并不那么重视，这正是社会客观条件在史学上的反映。正因如此，摆脱其他内容，叙述人物始末的人物传记，在这时得到了空前的发展，既有分类传记，也有以地域为中心的传记。著名史家谢承曾撰《会稽先贤传》七卷，陈寿著《益部耆旧传》十篇，习凿齿作《襄阳耆旧记》五卷，等等，都是记载某一地区的人物传记。袁宏著《名士传》三卷，皇甫谧作《高士传》、《逸士传》、《列女传》三书，梁时和尚释慧皎撰《高僧传》十四卷，等等，则是按照门类编写的人物传记。这些著作的出现，都从不同角度反映了当时的社会现实，丰富了历史著作的内容。魏晋时期的清谈，实际上这是当时一批代表寒门庶族地主阶级利益的知识分子，对门阀士族地主阶级所进行的软弱的抗议，是统治阶级内部斗争在思想领域的反映，而《高士传》、《逸士传》等著作，则在一定程度上为研究这一社会现象提供了史料。又如魏晋南北朝时期佛教大为盛行，为封建统治者增添了一种新的统治工具，给劳动人民套上了一副新的精神枷锁。它不仅影响着当时的政治、经济，而且成为这一时期文化思想领域中的突出现象，佛教已经充斥于当时社会的各个领域，几乎支配着当时的整个社会。随着佛教中许多流派的先后传入和创立，也就涌现了一批有名望的僧人，其中有不少人还参与了当时的政治斗争。这些内容正史中很少记载，因此，像《高僧传》这类著作，又正可补充正史记载之不足。同时，随着佛教的传入，也带来了今天的印度、尼泊尔、巴基斯坦等地的古代绘画、音乐艺术和医学、音韵学、逻辑学等知识。因此，《高僧传》对于研究中西交通史、中西文化交流史以及佛教史来说，更有其特殊的重要性，张星烺先生的《中西交通史料汇编》第六册的主要材料，就是采自《高僧传》。由此可见，魏晋南北朝时期所出现的各类人物传记，为研究当时的社会历史提供了宝贵的资料，为史学的发展充实了丰富的内容。可是，随着人物传记的发展，同时也产生了许多的家传、别传和墓志、碑铭，这类文章大多是些隐恶扬善、歌功颂德之作，必须善于区别。

四、地方志的起源和地理学巨著《水经注》

1. 地方志的起源

地记和图经是我国方志发展史上两个不同历史时期所表现的两种著作名称，反映了方志发展的两大阶段。说来也很有意思，这两种著作都产生于汉代，更确切点说同时产生于东汉时代，由于其所适应的服务对象有所不同，因此，各自得以发展的时代也就不同。地记主要适应于为地方上的世家大族分裂割据服务，所以在魏晋南北朝时期得到了空前的发展，其间图经虽亦时有出现，但数量毕竟很少；而图经主要适应于为统一的中央集权服务，因此到隋唐时期就因统治者所提倡而成为发展的主流，地记则明显地退居次要地位。

地记最早还是以风俗传的名义出现，并且是由最高统治者提倡开始的，《隋书·经籍志》"杂传类"小序曰："后汉光武，始诏南阳，撰作风俗，故沛、三辅有耆旧节士之序，鲁、庐江有名德先贤之赞。郡国之书，由是而作……推其本源，盖亦史官之末事也。"这一段话实际上有三层意思：第一，东汉光武帝刘秀，为了表彰乡里之盛，诏撰了《南阳风俗传》，其内容所记皆为这里的人物、风俗、山川、物产等，而并非单纯人物传记。这么一来，沛、三辅、鲁、庐江这些地方亦都相继仿效而作。第二，"郡国之书，由是而作"。编写郡县方面的著作，从这个时候便开始了，因为这里"国"字是指县。古代学者一般都将最早的方志著作称作"郡书"、"郡国之书"。第三，这种著作开始亦多由史官而作，故称"史官之末事"，所以这种著作亦是史学的一个支流。上述小序文字虽然不多，作用却是很大，它确切地记载了方志的起源正是东汉产生的地记。令人不解的是方志学界有些人对此记载不仅视而不见，而且还是紧紧抱着《周官》、《禹贡》、《山海经》来谈方志起源。正史记载都不相信，反将《周官》奉为经典，如此研究何以取信于人！上述《南阳风俗传》和《关东风俗传》等书，虽名为传记，实际已包含风俗等内容，兼有人物传记与地理性质，已成为最初形态的地记。有的人不了解此情况，总以为凡是称传者自然都是讲人物，其实这是一种误解，《南阳风俗传》、《关东风俗传》是这种性质，《陈留耆旧传》、《襄阳耆旧传》亦是如此。就以圈称的《陈留耆旧传》而言，《隋书·经籍志》著录于"杂传类"，二卷；而在"地理类"又著录有《陈留风俗传》三卷。对此，清人姚振宗在《隋书经籍志考证》卷二一考证曰："《陈留风俗传》三卷，圈称撰。案此《风俗传》与《耆旧传》本为一书，前世著录家乃分出《耆旧传》二卷入杂传，而此连《风俗传》并入于地理，务欲各充其类故也。《唐·经籍志》总入此类，《新志》则两头互见。"可见圈称之传，并不单记人物。又如习凿齿的《襄阳耆旧传》，虽然大多称其为《襄阳耆旧记》，终因有"耆旧"二字，往往也被误认为单纯人物传记。因为《隋书·经籍志》也是将其入"杂传类"，而《旧唐书·经籍志》和《新唐书·艺文志》并作《耆旧传》，《崇文总目》、《直斋书录解题》也都作《耆旧传》。晁公武对此作了辨正，《郡斋读书后志》卷一曰："《襄阳耆旧记》五卷，晋习凿齿撰。前载襄阳人物，中载其山川城邑，后载其牧守，《隋·经籍志》曰《耆旧记》，《唐·艺文志》曰《耆旧传》，观其书记录丛胜，非传体也，名当从《经籍志》云。"为什么在看法上与分类上会产生如此分歧呢？正足以说明它是两种性质兼而有之，所以目录学家各取一端，这正反映了地记初产生时的形态。随着不断地发展，以后名称遂都归于称某某记或某地记。需要指出的是，地记这种著作所以会非常风行，同当时的门第制度的形成有着十分重要的关系。门第制度需要标举郡望，以显示自己门第的高贵，因此，单纯夸耀本地人物出众显然还不能满足要求，还需要宣传产生这些杰出人物的地理条件等的优越性，于是那些单写人物的传记已经满足不了这个要求，这样一来，地方性的人物传记与地方性的地理著作两者走上结合的道路，这就产生了第三种著作形式——地记。而在产生初期，还都称为某某风俗传、某某耆旧传，原因也就在这里。随着时间的推移，这类著作不仅数量不断增加，内容不断丰富，名称也就逐渐趋于统一；而人物传则相反，产生数量在逐年减少。笔者作过一个数字统计：

朝代	地记	人物传	朝代	地记	人物传
东汉	六部	九部	两晋	四十四部	十四部
三国	十四部	九部	南北朝	七十二部	八部

以上数字表明，地记不仅是直线上升，而且增加速度快得惊人，三国时为人物传的一倍半，两晋时达到三倍，南北朝时已为九倍了。而从总数来讲，亦为三倍半。可见当时地记发展的生命力是十分旺盛的。同一个时代，就曾有数人同写一个地方的地记：

《冀州记》：在晋曾有裴秀、荀绰、乔潭先后写过。

《关中记》：在晋曾有葛洪、潘岳先后写过。

《会稽记》：在晋曾有孔晔、贺循、虞预先后写过。

《洛阳记》：在晋曾有华延儁、陆机、戴延之、杨佺期先后写过。

《永嘉记》：在南朝宋曾有谢灵运、郑缉之先后写过。

《荆州记》：在南朝宋曾有盛弘之、庾仲雍、郭仲产、刘澄之先后写过。

《湘州记》：在南朝宋曾有庾仲雍、郭仲产、甄烈先后写过。

从统计中笔者还发现，有的人曾先后写过好多部地记，比较典型的有南朝宋刘澄之曾先后写过《扬州记》、《豫州记》、《荆州记》、《江州记》、《鄱阳记》、《广州记》、《梁州记》，共七部之多；其次则为南朝宋郭仲产先后写过《秦州记》、《仇池记》、《荆州记》、《南雍州记》、《湘州记》，共五部。

南朝宋史学学士山谦之一人也撰写了《丹阳记》、《南徐州记》、《吴兴记》、《寻阳记》四部。至于一人撰写两部的那就相当普遍了。

所以会产生上述这种现象，只要稍作考察便可发现，有许多地记作者，大都在某地任过官职，有的实际上就在任官期间所作。因为当时社会上特重世家门阀，因此，官吏们到某地任职，必须对当地的世家大族有所了解，这样可以避免在施政过程中触犯他们的利益。特别是当时的用人制度，推行的是九品中正制，与族姓、门第有着密切的关系，并非任何有才华之士皆可得到荐举。因为九品中正的选举制度，实际上就是保护世家大族利益、促进门第制度发展的用人制度，选举的标准，不是以人才优劣为本，仅以门第高下为据，于是"尊世胄，卑寒士，权归右姓"（《新唐书·儒学中·柳冲传》），实际上已成为当时社会的不成文法，可见当时的族姓、社会地位、权力是密切相连的。结果便出现了"上品无寒门，下品无世族"（《晋书·刘毅传》）的现象。既然如此，主管选举之官，尤其必须熟悉本郡世家大族的家世和社会地位，否则荐举错了，不仅触犯了世家大族的利益，而且自己亦有丢官的危险。正因如此，我们可以这样讲，编撰地记，对于地方官吏来说，实际上已成为政治上的需要。这也正如当时地方官吏需要熟悉谱学一样。史书记载，魏晋南北朝时期，主管选曹者非精于谱学不可，以便熟悉每个族姓人物的状况。故南朝宋刘湛为选曹，就曾自撰《百家谱》，以助铨叙，最后竟成为谱学家。这与地方官撰写地记，其精神自是一脉相通。当然，当时许多地方官也出身于世家大族，其中还必然存在着相互庇护的关系，自然都属情理之中。如《益州记》作者李膺，据《南史》记载，曾任"益州别驾，著《益州记》三卷行于世"。《衡阳郡记》作者，据《梁书》本传载，齐高帝时，"除衡阳内史"，有政绩，其书显然作于任职期间。《临川记》作者荀伯子，《南史》本传载，曾为尚书左丞，出补临川内史。《荆州记》作者范汪，曾做过荆州留守。《江州记》作者梁元帝萧绎，任过江州刺史。《洛阳记》作者陆机，亦出仕洛阳多年。至于崔鸿之撰《西京记》、陶季直之撰《京邦记》、薛寘之撰《西京记》、姚察之撰《建康记》，他们大多供职京师，更具优越条件。尤其是崔、姚诸人，又多身居史职，写史本是分内之事。

所以不厌其烦地列举，目的在于充分证明这种现象绝非巧合。还有很大一部分地记的作者，其本人就是出身于该地的世家大族，贺循作《会稽记》、顾夷作《吴郡记》，就是当地人所撰地记中较为突出的两部。我们知道，贺、顾两姓是江东的两个大姓，就连司马氏过江重建政权，都得对他们进行拉拢以便取得其支持，势力之大，可以想见。《徐州人地录》的作者刘芳，不仅是徐州本地的名门望族，加之是帝王之后，自己又身任徐州大中正，是操持着"定门胄，品藻人物"（《柳冲传》）大权的官吏，拥有选拔用人之大权。处在这样一个环境之中的刘芳，亲自撰写《徐州人地录》，其用意显而易见。《三晋记》的作者王遵业，乃太原晋阳人。太原王姓是当时的著姓，累世显贵，世称"鼺王"，他本人曾"位著作佐郎"，后又历任高官。《襄阳耆旧记》作者习凿齿，襄阳人，史称"宗族富盛，世为乡豪"，自己又在仕途。他们分别撰写地记，目的很明显，就是要维护他们所拥有的特殊社会地位、权势和利益，以宣扬自己门第的高贵、郡望的优越和人才的出众。

根据上面这些事实，可以作这样一个结论，即绝大部分的地记作者，不是出身于该地的高门大族，便是在该地任官。他们与该地的世家大族有着血肉难分的利害关系，因此，他们所写的地记，直接是为这个郡望门第服务的。

对于这种地记的弊病，唐代史学评论家刘知幾就曾多次提出批评，指出："夫郡国之记，谱牒之书，务欲矜其州里，夸其氏族，读之者安可不练其得失，明其真伪者乎？"（《史通·采撰》）又说："汝颍奇士，江汉英灵，人物所生，载光郡国。故乡人学者，编而记之……郡书者，矜其乡贤，美其邦族，施于本国颇得流行，置于他方，罕闻爱异。"（《史通·杂述》）刘知幾的评论，言语虽然很简单，但却抓住了要害，既指出了这种郡书著作意图，在于"矜其乡贤，美其邦族"，又指出这种著作大多由"乡人学者，编而记之"。它和那些地理书一样，也都是"人自以为乐土，家自以为名都，竞美所居，谈过其实"（《史通·杂述》）。这些评论，确实都符合当时这类著作的实际情况。所以要"矜其乡贤"，"竞美所居"，目的无非就是我们上面所讲的显耀门第的高贵和郡望的优越，以维护其门第制度下的特殊社会地位和权益。正因如此，笔者在拙著《方志学通论》一书中早就指出："谱学和地记，是为了维护世家大族利益、巩固门第制度而形成的两种史学方式，它们产生的社会条件和肩负的任务是一致的，都是世家大族所建立的庄园经济在意识形态上的反映，可以说是一根藤上结出两个不同形状的瓜。可见到了魏晋南北朝时期，史学发展所以会衍生出两个旁支——谱学、方志，绝不是出于偶然。当时的社会现实既向人们提出了要求,同时又提供了产生的土壤和温床。这就进一步说明,地记乃是时代的产物,它负有时代的使命,因此,从内容到形式,都具有强烈的时代精神。它的产生,绝不是凭空而降,而是有本有源,那种脱离时代背景,孤立地用某部著作来说明方志的起源,不仅不符合马列主义观点和方法,而且是徒劳无益的。总之,郡望观念是在门第制度下产生的,标举郡望,则在于显示门第的高下,而门第的高下,与每个人的社会地位、政治权利,都有着十分密切的关系。因此,宣传郡望的优越,以巩固门第制度,这就是地记产生后所肩负的社会使命。"

可惜的是,尽管当时产生过数量相当多的地记,但留传下来的典型的地记,几乎一部也没有。《华阳国志》虽然我们认为可视为地记,但因不太典型,故有的学者认为是地方史。而《襄阳耆旧记》虽是典型地记,却有严重的残缺,已无法恢复全貌。以上两书笔者在《方志学通论》中作过较详细的论述,限于篇幅,这里就不多讲了。对于已经散佚的地记,今人作过辑佚的有《永嘉记》、《东阳记》和《会稽典录》等,后者为鲁迅先生所辑,载《鲁迅全集》中《会稽郡故书杂集》。这也是一部典型的地记,作者为东晋初年余姚人虞预,他还作过《晋书》四十卷。其书《隋书·经籍志》著录为二十四卷,两《唐书》著录同,宋人著述,时见称引,可见当时社会上还在流传;《宋史·艺文志》已不见载,可知在元代已经失传。

2. 地理学巨著《水经注》

《水经注》是南北朝时期分裂局面下产生的一部地理学巨著,作者就是北魏郦道元(?—527),字善长,范阳涿州(今河北涿州)人。出生于官宦之家,父亲郦范,曾任官给事东宫。年轻时初入仕时任尚书郎,后不断得到升迁,历任郡太守、州刺史、河南尹、御史中尉等。孝昌三年(527),在出任关右大使时,被叛将杀害,北魏政府还特地给以褒奖,"赠吏部尚书、冀州刺史、安定县男"(《北史·郦道元传》)。据《魏书》和《北史》本传所载,郦道元生前有著作"《水经注》四十卷,《本志》十三篇,又为《七聘》及诸文,皆行于世"。唐初李延寿撰写《北史》时尚能见到,可见当时或许都还流行于世。但除《水经注》一书外,其余均已不见于隋唐诸志的著录了。据文献记载,我国古代流传过几部《水经》,郦道元所注只是其中之一，而这部《水经》经文原作者，学术界研究只论定为三国时人所撰，由于有了郦道元为之作注才得以流传下来。众所周知，地理学是非常重视野外实地考察的，郦道元在注《水经》时，就曾做了大量的力所能及的实地考察工作，对此，不仅在此书《序》中有所说明，而且许多考察的成果都反映在书的篇章文字之中。他是北方人，故对北方诸水，大多有亲身考察的机会，因而对这里的河流以及自然、人文概况，记载得就更加真切细致，诚如清代学者刘献廷所说："予尝谓郦善长天人，其注《水经》妙绝古今。北方诸水，毫发不失。"（《广阳杂记》卷四）当然，说"毫发不失"未免夸张，说其记述相当精确乃是事实。由于作者所处正是南北分裂时期，因此南方诸水即使有考察的愿望也无法实现，为此，他就大量搜集文献资料，加以细致研究考辨，择善而注。据陈桥驿先生统计，全书所征引文献达四百八十种，碑碣和铭文达三百五十七种。"而他所引及的文献碑碣，其中有许多至今都早已亡佚，依靠他的征引而留下了这些古代佚书的吉光片羽。其中有些佚书属于郦氏独家所引，更属无比珍贵"，"郦注所引用的书信近二十种，其中有非常珍贵的资料"（《〈水经注〉评介》，载《中国史学名著评介》）。可见无论是野外的实地考察，还是大量地搜索文献资料，为注好此书，郦氏都尽到了最大的努力。

至于全书内容的丰富自然是不言而喻的。从自然地理方面来看，据陈桥驿先生在《〈水经注〉评介》一文中统计，全书记叙了一千多条河流、五百多处湖泊、三百多处河流峡谷、六十多处瀑布，举凡流域中的地貌、矿物、土壤、生物等，凡所涉及，注文都会有多少不等的反映。而对于古代的农田水利、著名水利工程、河流交通、各种产业、居民人口分布等，也都有丰富的资料。"全书记及的各类地名约两万左右，而其中注文作了渊源解释的在两千以上，称得上是南北朝时期的地名词典。"尤其是对于正史地理志失载的郡县，《水经注》亦往往为之注出补上。不仅如此，书中还征引了许多历史资料。综上所述，足见《水经注》内容之丰富。还要特别指出的是，《水经注》文字的优美、语言的生动，也给这部历史名著增添了许多光彩，阅读此书，会使你收到不可多得的美的享受，祖国的山川河流通过作者的描绘，更加绚丽优美，读了令人神往。难怪刘献廷极口称赞其"更有余力铺写景物，片言只字，妙绝古今"（《广阳杂记》卷四）。正因如此，所以陈桥驿先生在《〈水经注〉评介》一文最后说,这是一部"包罗了许多学问的书","在学术上有长远的研究价值","在文学上有无穷的欣赏价值"。"熟悉此书的人,当然会继续深入研究,不曾见过此书的人,不妨尝试一读,它必将引导你乐此不疲,爱不释手。"尽管如此,我们也要指出,郦道元所作之注,也有许多不妥之处,所以清代钱大昕已经在《十驾斋养新录》中列出《水经注》难尽信的条目:"《水经注》载汉时侯国难以尽信,如《河水篇》以临羌为孙都封国,不知孙都本封临蔡,其地在河内不在金城也。以西平为公孙浑邪封国,不知浑邪本封曲平,其地在高城不在金城也。《汾水篇》以河东之平阳为范明友封国,不知明友本封平陵,其地在武当不在河东也。安成侯刘苍,在《赣水篇》以为长沙之安成,在《汝水篇》以为汝南之安成。桃侯刘襄,在《沛水篇》以为酸枣之桃虚,属东郡,在《浊漳水篇》以为信都之桃县。建成侯刘拾,在《赣水篇》以为豫章之建成,在《淮水篇》以为沛之建成。皆彼此重复,不相检照。又《淮水篇》云:'山阳城,即射阳之故城也。汉世祖建武十五年,封子荆为山阳公,治此。'考山阳侨治射阳,乃在东晋安帝之世。汉之山阳郡,自治昌邑,今金乡县境。以典午之侨治,当东汉之故封,岂其然乎?"(《钱大昕全集·十驾斋养新录》)因此,希望读者在阅读此书时,还是留心一些为好。

五、谱牒学的高度发展

魏晋南北朝时期的史学,取得了许多新成就,出现了许多新的特点。谱学正是反映时代精神的一个特色,它是从史学中分离出的又一个分支,应时代的需要而广泛得以发展。它之所以能够盛极一时,是由当时社会上多种因素所造成的。

首先,这和门阀制度的发展是息息相关的,我们可以这样讲,门阀制度是谱学迅速发展的社会基础和政治条件。当时的世家大族,凭借着在社会上的特殊地位,只要得到推荐,很快就能登仕。为了显示自己门第的高贵,他们往往又各自标举郡望,以达到垄断权势的目的。同样姓崔,独以清河崔氏为上;同是姓王,又以琅邪王氏、太原王氏为高。清河崔氏、琅邪王氏和太原王氏,便以此别于他郡的崔氏和王氏,以便显示自己门第的高贵。而郡望观念是在门第制度下产生的。标举郡望，目的在于显示门第的高下，而门第的高下，直接关系到每个人的社会地位和政治权利，因此，对于姓谱的记录重视，被视为当时的大事。唐代著名谱学家柳芳就曾指出："善言谱者，系之地望而不惑；质之姓氏而无疑；缀之婚姻而有别。"(《新唐书·柳冲传》)这就是说，研究当时族谱的发展，必须熟悉人物的郡望，以了解其社会政治地位，了解族姓的来源和支派，辨清婚姻血统关系。可见族谱与世家大族、门阀制度的关系是如此之密切。所以我们说魏晋南北朝时期的谱学是维护门阀豪族利益、巩固门第制度而形成的一种史学。处在这样的社会环境中，那些寒门素族之士，即使能够发迹，做到达官显贵，官场中地位也很高，但其门第仍不得与那些世家大族相比，可见门第之中仍有区别，在这里"郡望"就起到决定作用了。尽管在官场中地位很高，仍不得与旧贵族比肩同席而坐。史载：王敬则"与王俭俱即本号开府仪同三司。时徐孝嗣于崇礼门候俭，因嘲之曰：'今日可谓连璧。'俭曰：'不意老子遂与韩非同传。'"(《南史·王敬则传》)王俭乃琅邪王氏，而王敬则乃晋陵王氏，姓氏虽同，由于郡望不同，门第相去甚远，故王俭愤愤不平，认为这样一来，是降低了自己的身份地位。又如已经官至冠军府参军、主簿、南台御史的纪僧真，"容貌言吐，雅有士风，武帝尝目送之，笑曰：'人生何必计门户，纪僧真堂堂，贵人所不及。'"(《南史·恩幸传》)尽管官位已经很高，统治者又已经如此恩宠，但是仍旧享受不到与旧世族们同样的社会地位。无奈之下，只好再向最高统治者齐武帝提出请求，"谓帝曰：'吾小人，出自本县武吏，邀逢圣时，阶荣至此，……即时无复所需，惟就陛下乞作士大夫。'帝曰：'由江敩、谢瀹，我不得措此意，可自诣之。'僧真承旨诣敩，登榻坐定，敩便命左右曰：'移吾床让客。'僧真丧气而退，告武帝曰：'士大夫故非天子所命。'"(《南史·江夷传》)可见当时门第制度是何等森严，虽位为人主，亦无法改变此等社会风气。于是有些寒门素族为了提高自己的社会地位，往往伪诈高门，诡称郡望，千方百计挤入高门旧望。这样一来，就更加显示出族谱的重要性，从而也就更加促进修谱事业的迅速发展。

其次，九品中正的用人制度，同样成为促使谱学发展的政治因素之一。

九品中正的用人制度，大都凭借"世资"、"门第"，选举的标准不是以人才优劣为本，仅以门第高下为据。因为无论是大小中正、主簿和功曹，无不出身于豪族大姓，故其取士必然偏袒右姓大族。对此，唐代谱学家柳芳就曾指出："魏氏立九品，置中正，尊世胄，卑寒士，权归右姓已。其州大中正、主簿、郡中正、功曹，皆取著姓士族为之，以定门胄，品藻人物，晋宋因之，始尚姓已。然其别贵贱，分士庶，不可易也。"（《新唐书·柳冲传》）既然如此，家谱族谱在这里便又起到决定作用。而有司选举，必稽谱籍，那么主管选举之官必须熟悉谱学不可。故刘宋刘湛为选曹，就曾自撰《百家谱》，以助铨叙。又如南朝陈人孔奂，在任期间，"时有事北讨，剋复淮、泗、徐、豫，酋长降附相继，封赏选叙，纷纭重叠，奂应接引进，门无停宾。加以鉴识人物，详练百氏，凡所甄拔，衣冠缙绅，莫不悦伏"（《陈书·孔奂传》）。再如姚察，"既博极坟素，尤善人物，至于姓氏所起，枝叶所分，官职姻娶，兴衰高下，举而论之，无所遗失。且澄鉴之职，时人久以梓匠相许，及迁选部，雅允朝望"（《陈书·姚察传》）。可见无论是在地方还是在中央，凡是任选官者都必须精通谱学，否则就无法胜任。据《南史》记载："永明中，武帝欲以明帝代晏领选，晏启曰：'鸾清干有余，然不谙百氏，恐不可居此职。'乃止。"（《南史·王晏传》）任职中央选官如此，而各级地方选官就更加重要了，因为后来地方之选官未必都是本地人，要做好本职工作，非得精通谱学，否则推举错了，门第高的未被推举，自己的官帽非丢不可。这就说明当日的官场必须精通谱学，当然就促使谱学发展。

第三，避讳流行使得社会交往中必须懂得谱学，否则不仅会引发是非，而且还会得罪人。

生活在当时的颜之推深有感触地说："今人避讳，更急于古，名子者当为孙地。吾亲识中有讳襄、讳友、讳同、讳清、讳和、讳禹，交疏造次，一座百犯。闻者辛苦无僇赖焉。"（《颜氏家训·风操篇》）作为当时有名的一位学者尚且发出如此之感叹，其影响也就可想而知。北齐高祖高欢，父名树生，《北齐书·杜弼传》载："相府法曹辛子炎谘事，云须取署，子炎读'署'为'树'。高祖大怒曰：'小人都不知避人家讳！'杖之于前。弼进曰：'《礼》，二名不偏讳，孔子言"徵"不言"在"，言"在"不言"徵"。子炎之罪，理或可恕。'高祖骂之曰：'眼看人瞋，乃复牵经引《礼》！'叱令出去。"可见一不小心触犯了帝王的忌讳，还要遭到如此的厄运。于是有些人由于自己的名字犯了帝王之讳，宁可弃官不干，以免引来祸害。南齐时身为太子之文惠太子长懋，因为曾祖父名承之，因而"以与宣帝讳同"，而不就任秘书丞（详见《南齐书·文惠太子传》），其他人自然就可想而知。此时不仅是帝王需要避讳，就连后妃的名字也在所难免。著名的如郑太妃小名阿春，故当时凡"春"字地名，悉以"阳"字易之，如富春就改曰富阳，宜春则改曰宜阳，等等，而历史书"春秋"，则一律改称"阳秋"，于是就出现了《晋阳秋》、《汉晋阳秋》等书名。至于社交中，凡涉及对方父祖之名时必须避讳，否则有可能引起对方的痛哭流涕。熊安生乃北朝名儒，见徐之才、和士开二人时，"以徐之才讳'雄'，和士开讳'安'，乃称'触触生'"（《北史·熊安生传》）。看起来好像是笑话，其实是历史的真实。这些记载，都说明当时社会上避家讳的风气非常流行，不独官场中如此。唯其如此，欲避免在谈话中触犯对方家讳，必须熟悉各姓人物的名讳，这就非借助于谱学不可。史载王弘"日对千客，不犯一人之讳"（《南史·王僧孺传》）传为佳话，也显示了这位谱学家的本领。徐勉"居选官，彝伦有序，既闲尺牍，兼善辞令，虽文案填积，坐客充满，应对如流，手不停笔。又该综百氏，皆为避讳"（《梁书·徐勉传》）。由于选官本身就得熟悉谱学，所以更能做到"该综百氏，皆为避讳"。可见由于社会上避讳之风流行，无形中又促进谱学的发展。

第四，婚姻的门当户对，要以谱牒为其依据。

在门第森严的魏晋南北朝时期，必须门当户对方能通婚，这在当时已经是不可逾越之鸿沟，如有违者，还将遭到制裁。所以郑樵在《通志·氏族略序》中早已指出，在当时"官之选举，必由于簿状，家之婚姻，必由于谱系"。为了证明门第相当，谱牒在此就显得非常重要了。许多出身寒门的官僚，在得到高官以后，总想通过联姻的关系，高攀衣冠世族，以改变自己的社会地位。拥有大权的侯景请婚于王谢，是大家比较熟悉的故事，梁武帝回答他说："王谢高门，非偶，可于朱张以下访之。"（《南史·侯景传》）而宠贵一时的赵邕，想与范阳卢氏联婚，卢氏有女，其父早亡，该女叔父许之，而其母阳氏不肯。"母北平阳氏携女至家藏避规免，邕乃拷掠阳叔，遂至于死。阳氏诉冤，台遣中散大夫孙景安研检事状，邕坐处死，会赦得免，犹当除名。"（《魏书·赵邕传》）为了达到联婚目的，竟然逼出人命也未能得逞。因为范阳卢氏毕竟是当时望族大姓，必然得到当权者保护。门阀豪族王源将女儿嫁予富阳满氏，世族出身的历史学家沈约认为门第不当，专疏奏弹王源，并要求把王源"置之明科，黜之流伍"，要把王源从士籍中罢黜出去。（《文选》卷四〇《奏弹王源》）以上事实说明，在门第制度下，世族与寒门之间的通婚限制是很严的，社会上的舆论比法律还要严厉。因为联婚与选官一样，社会都很关注，特别是上层社会，一旦出现"越轨"现象，很快就会有人弹劾，何况一般官吏对于郡望、姓氏和婚姻关系也都比较熟悉，似乎这些内容都是他们职责范围之内的事。如傅昭"博极古今，尤善人物，魏晋以来，官宦簿伐，姻通内外，举而论之，无所遗失"（《梁书·傅昭传》）。这些内容自然都是通过谱牒而掌握的。所以，门当户对的通婚现象同样是促使谱牒发展的重要因素。

第五，社会动乱，家族之间为了保持联系，亦需要编修家谱。

从东汉末至隋初四百年间，除西晋的短暂统一外，我国社会处于长期分裂和动荡不安的状态，给广大人民生活带来极大的灾难，大量无辜者遭受屠杀，于是中州广大人民避乱南迁者十居六七。为了保持家庭之间的联系，编修家谱族谱就成为必不可少的手段。尤其是那些名门望族，家谱族谱本来就是他们享受特权的重要证据，离开故土后这种维护特权的证据自然就显得更为重要。这也都是促使家谱族谱编修发达的重要因素。不仅如此，那些世家大族为了保持自己的特权，甚至将自己的郡望也带到江南，这就是历史上所称在这一时期产生的侨置州郡。晋成帝咸康元年（335）在江乘县（今江苏句容北）境内设置了第一个侨郡——南琅邪郡（为了和北方原有的琅邪郡区别，故加"南"字）。此后又在京口（今江苏镇江）界侨置南徐州和南兖州，在广陵（今江苏扬州）界内侨置南青州，在芜湖界内侨置南豫州等州一级的地方机构。而在今天江苏常州一带便设置了十五六个郡级和六十多个县级侨置郡县。这都是那些有权有势的世家大族南迁后的所作所为，因为这些都是他们标榜门第高尚的招牌，而家谱族谱则更是他们保住其高门望族的护身符。所以他们无论迁徙到任何地方，家谱、族谱不仅要带走，定居后还必须及时续修。他们就是靠这些才能得到当时政权的百般关怀和照顾。可见谱牒对于这些世家大族来说实在太重要了，为了自己的特权和利益，当然就特别重视族谱，因为只要有了谱牒，就可以"使贵有常尊，贱有等威"（《新唐书·柳冲传》）。

综上所述，我们可以看到，魏晋南北朝时期谱学所以能够得到蓬勃的发展，并成为我国谱学发展史上的黄金时期，既有其重要的政治原因，又有诸多的社会因素，这是任何时代所不能比拟的。众所周知，魏晋南北朝时期的政权是建立在世家大族的基础上，而谱学又是为维护世家大族利益服务的一种工具，它不仅是选官的主要依据，而且又是统治者用以控制剥削对象的一种手段。因此统治者都特别重视，并且都设有专门机构和官员加以管理，详细可参阅笔者所写《谱学发展的鼎盛时期——魏晋南北朝的谱学发展》[①]。为了加强管理，规定所修谱状都必须上交政府有关部门，"凡百官族姓之有家状者，则上之官"。而主管机构有的称"谱问"，有时则称"左民曹"。上文已讲了，有些寒门素族出身的人，为了改变自己的社会地位，于是便在编修家谱中，伪诈高门，诡称郡望，以达到挤入高门旧望。对此，当时统治者凡是发现者都严加惩处。南齐时著名谱学家贾渊，建武初迁长水校尉，"荒伧人王泰宝买袭琅邪谱，尚书令王晏以启高宗，渊坐被求，当极法，子栖长谢罪，稽颡流血，朝廷哀之，免渊罪"（《南齐书·贾渊传》）。这就说明，作为谱学家尚且替人作伪，伪诈现象之多也就可想而知了。在这一时期，由于产生了名目繁多的家谱、族谱，也就产生了专门从事于这类著作研究的人，他们综合概括各地名门大族的家谱、族谱，编为统谱，或曰百家谱，也有专记一州或几州郡的，挚虞的《族姓昭穆记》，可视为这种统谱之滥觞。统谱的出现和数量的不断增多，遂逐步形成一种专门学问——谱学或谱牒学。这种谱学在魏晋南北朝时期，曾出现鼎盛局面，当时不仅出现许多谱学著作，而且产生了许多著名的谱学家，在这些谱学家之中，还形成了以贾弼、贾渊为代表的贾氏之学和以王俭、王僧孺为代表的王氏之学两大学派。据《隋书·经籍志》记载，这个时期的谱牒著作，连同亡佚在内，共有五十余种，近一千三百卷，在这中间，统谱占多数，家谱只有几种，这是可以理解的，因为家谱太多，收不胜收。但是，《世说新语注》当时就征引家谱达三十九种之多，这就从一个侧面说明当时家谱之多。值得指出的是，《隋书·经籍志》第一次在史部立了《谱系篇》，这就说明这类著作不仅数量多，而且社会影响大，所以唐初的史学家及时在《隋书·经籍志》目录学中反映了这一社会现实。当然，南朝

---

① 载《历史文献研究》总第二十一辑，华中师范大学出版社 2002 年版。

时王俭作《七志》，曾单独立有《图谱志》，深得郑樵的称赞，可惜已散佚。王俭是著名谱学家，兼治目录学，又生当谱学极盛之时，故有此创见。这也再次反映了中国封建时代的历史学家具有及时反映社会现实的优良传统。《谱系篇》立在史部，也充分体现了史学家们的观点——谱牒学是史学的内容之一，是名副其实的史学的一个分支。

第二节　陈寿与《三国志》

一、三国史的撰述

三国史的著作，原来的数量是很多的，《隋书·经籍志》著录的就有二十余种。还在三国并存的时候，各国都已命史官修撰国史，韦昭《吴书》和王沈《魏书》，都是当时受诏命而修撰的。至于私家著作，为数更多，常见于著录的有孙盛《魏氏春秋》、鱼豢《魏略》、孔衍《魏尚书》、虞溥《江表传》、王崇《蜀书》、张勃《吴录》，等等。不过这些著作大多专写一个地区，也就是一个国家的历史，只有陈寿的《三国志》是合三国历史而为一书。《江表传》虽然"皆述魏、蜀、吴事，而吴事尤详"（章宗源《隋书·经籍志考证》），与《三国志》全面叙述三国历史有很大差别。又习凿齿的《汉晋春秋》，中间虽然讲了三国之事，但也不是专写三国历史。由于种种原因，除陈寿《三国志》外，其他著作大都陆续失传。当然其中有些著作陈寿在撰写《三国志》时已经作过采摘，特别是后来裴松之在给《三国志》作注时，对于所有三国历史的著述，几乎都作了大量的引录。所以我们可以这样说，现今流传的这部《三国志》，已经包含了所有三国史作者的劳动成果，尽管他们的著作早已亡佚，但是他们的贡献被继续地保存着。

二、陈寿和《三国志》

1. 陈寿的生平和《三国志》的撰述

陈寿，字承祚，巴西安汉（今四川南充）人，生于蜀汉后主刘禅建兴十一年（233），卒于晋惠帝元康七年（297），终年六十五岁。他曾求学于当时著名的历史学家谯周。谯周对古代历史很有研究，曾撰《古史考》二十五篇，还写过《蜀本纪》，对陈寿有很大影响。所以在很早的时候，陈寿就开始研读古代历史名著《尚书》、《春秋》三传、《史记》等书，并早就打算对蜀汉地区乡邦文献进行搜集、整理和研究，《益部耆旧传》的写作，可以说是他从事历史撰述工作的一次尝试，为后来编写《三国志》打下了良好的基础。他经历了两个朝代，在蜀汉时任东观秘书郎（据《华阳国志·陈寿传》，《晋书·陈寿传》作"仕蜀为观阁令史"）。炎兴元年（263），蜀汉为曹魏所灭，两年后，司马炎夺取曹魏政权，建立晋国。晋统一后，因张华很欣赏陈寿才学，得以推举为孝廉，任佐著作郎，后迁著作郎，兼领本郡中正。在任佐著作郎期间，受中书监荀勖、中书令和峤的委托，定诸葛亮故事，并于武帝泰始十年（274）编辑成《诸葛亮集》二十四卷。武帝太康元年（280）灭吴，中国统一。这时陈寿四十八岁，开始撰述《三国志》。在陈寿之前，对于三国的历史著述，已有好多部，但都限于一个地区，或只写曹魏，或专记吴事。像陈寿这样合三国历史而为一书，这在纪传体史上，也还是个创举。

陈寿写《三国志》以前，魏、吴两国历史，政府、私家均有编写，如王沈《魏书》、鱼豢《魏略》、韦昭《吴书》等。这些著作都是陈寿著作《三国志》时的主要参考资料。蜀汉历史虽无专著，但陈寿本是蜀人，又在蜀汉做过官，对于故国文献早有留意，蜀汉军国大事也比较熟悉，又编订过《诸葛亮集》，所有这些都是他撰写《三国志》时的有利条件，加之许多事件都是亲身见闻，即使采访搜集也比较方便，因此对于史事的记载也就较为正确。清代史学家钱大昕曾经指出："盖史臣载笔，事久则议论易公，世近则见闻必确"，"蔚宗（即范晔）号称良史，然去东京（指东汉）岁月遥远，较之承祚，则传闻之与亲睹，固不可同年而语矣"（《潜研堂文集》卷二四《三国志辨疑序》）。

《三国志》向以叙事简洁而著称。由于记事简略，全书只有六十五卷，其中《魏书》三十卷，《蜀书》十五卷，《吴书》二十卷。记述了自184年黄巾起义以后至280年晋灭吴约一百年的历史。书中无表无志，名称上也无本纪，但《魏书》的前四卷（如武帝操、文帝丕、明帝叡等）实即本纪。陈寿是以曹魏的几篇帝纪来提挈这一时期历史的大事,又分立魏、蜀、吴三书以叙三国鼎立的开始、发展和结束。书成以后,在当时就已得到好评:"时人称其善叙事,有良史之才。夏侯湛时著《魏书》,见寿所作,便坏己书而罢。张华深善之,谓寿曰:'当以《晋书》相付耳。'其为时所重如此。"(《晋书·陈寿传》)刘勰在《文心雕龙·史传》篇也说:"及魏代三雄,记传互出。《阳秋》、《魏略》之属,《江表》、《吴录》之类,或激抗难征,或疏阔寡要。唯陈寿三志,文质辨洽,荀(悦)、张(华)比之于迁、固,非妄誉也。"

陈寿虽然很有才学,但一生中很不得志,在蜀、在晋都曾屡次遭到无故的谴绌。蜀汉时期,宦者黄皓专权,陈寿不愿谄附,屡被排斥;入晋以后,居父丧期间,因病使侍婢调治药丸,时人认为有碍于社会风化,触犯封建礼教,受到贬责,沉废累年。又其母临终时,嘱咐安葬洛阳,陈寿遵照遗嘱办理,又遭无由非难,清议指责他不以母丧归葬蜀中故乡是为不孝,结果再次遭到贬责,数年之后就病死于洛阳。生平著作除《三国志》外,还撰有《益部耆旧传》十卷、《古国志》五十卷,另编订《诸葛亮集》二十四卷,均已亡佚。《三国志》一书也是陈寿死后,经梁州大中正尚书郎范𫖮等上书请求,才由朝廷命地方官派人至其家抄录,保存于政府。

2.《三国志》的评价问题

"善叙事,有良史之才",这是当时人对陈寿的评价。这里所谓"善叙事",其实并不是单指对历史事实的叙述即历史的编纂方法,同时还应当包含着史识。因为"善叙事",就不能只是一般的历史叙述,更主要的是对历史事实的去取、组织和编排必须具有超过一般人的见识和才能,否则就谈不上"善叙事"。所以他的"良史之才"突出地表现在"善叙事"上,从《三国志》的编纂,就足以反映出这一点来。陈寿对三国的历史是有他自己的一个总揽全局的看法和处理原则的。要把一个头绪纷繁的时代,用纪传史体归纳为一书,反映出历史的全貌,这本来已不是一件容易的事,加之当时他已做了晋朝的官,晋是承袭曹魏而统一全国的。在这种情况下,既要真实地反映三国鼎立的历史面貌,不能任意贬低蜀、吴两国的历史地位,又要不触犯晋代魏而立这一政治现实。为了处理好这种种关系,陈寿确是煞费苦心的。

他摒弃了时人写"晋书"的体例，即为蜀、吴两国各撰载记而统署曰"魏书"的做法，而采用了三国历史并叙的方法，只不过在形式上做了点文章，如把《魏书》居前，并对曹魏的几代帝王加上个"帝"字；蜀、吴的皇帝只称"先主备"、"后主禅"、"吴主权"，皆不加"帝"字，但记事方法仍与本纪基本相同，均按年叙事，实际上还是把蜀、吴放在与魏同等的地位的，而且书名也是并列而分署《魏书》、《蜀书》、《吴书》，以示鼎足三分之势，全书又统署曰《三国志》，这就如实地反映了真实的历史情况。对三国的历史能够提出这样一个总揽全局的看法和处理原则，自然就不单是个历史编纂的方法问题，要是没有超过一般人的史识是根本办不到的。所以说陈寿是一位有创见的史学家。书中的列传，照顾面很广，凡是三国时期在政治、经济、军事上的重要人物，以及在学术思想、文学艺术、科学技术上有贡献者，他几乎都网罗其事迹，编写在书中。

《三国志》的文章，叙事简洁，这是大家一向所称道的。魏晋以来许多历史书写得很芜杂，"时无良史，记述烦杂，谯周虽已删除，然犹未尽，安顺而下，亡缺者多"（《晋书·司马彪传》）。对此状况，当时学者们已纷纷表示不满，《汉后书》作者华峤，就是"以《汉纪》烦秽，慨然有改作之意"（《晋书·华表传附华峤传》）。袁宏《后汉纪·自序》亦云："予尝读《后汉书》，烦秽杂乱，睡而不能竟也。"唯其如此，陈寿《三国志》问世后，立刻得到好评，也就很自然了。他的文章简洁，不只是文字上精练，而且取材也很审慎，不铺陈堆砌，裴松之《三国志注》中所引的不少材料，其实陈寿在当时都是看到了的，但是他没有采用，这里面自有其取舍的原则。特别是引用当时人物的语言，一般都能做到既简洁精练而又能表达出人物的情状与风貌。如《蜀书·先主传》记"曹公从容谓先主曰：'今天下英雄，惟使君与操耳。本初（即袁绍）之徒，不足数也。'先主方食，失匕箸"。寥寥数语，就把曹操和刘备当时的神态及心理状况表述了出来。又《诸葛亮传》写刘备得诸葛亮后，"情好日密。关羽、张飞等不悦，先主解之曰：'孤之有孔明，犹鱼之有水也。愿诸君勿复言。'"只引了三句话，就把当日刘备得诸葛亮后的喜悦之情以及关、张等人对此的态度描绘了出来。类似这些记载，都足以说明陈寿写作《三国志》确实做到了用词简洁，引语精练，整个文章干净利落。

另外，《三国志》还有一个显著特点，就是陈寿在书中反映了魏晋时期士大夫中间流行的品题人物的风气。这方面的内容书中不仅有很多记载，如记乔玄称曹操是命世之才，徐庶称诸葛亮为卧龙，等等；而且作者本身对三国人物亦作了各种名目的品题，如说刘备是英雄，曹操是人杰，孙策、孙权是英杰，诸葛亮、周瑜、鲁肃是奇才，等等。这一做法，一方面固然反映了当时社会的风气，同时也与陈寿所担任过的官职有很大关系。他曾长期任职巴西郡中正，这是一种"定门胄，品藻人物"（《新唐书·柳冲传》）的官。这种品藻人物并无多大历史价值，只不过是反映了当时流行的社会风尚。可是书中对人物的评论，一般说还是比较恰当的，基本上反映了当时人的看法，因而容易吸引人们的重视。他对曹操等人的评论就是如此。说曹操是个"非常之人，超世之杰"；刘备"知人待士，盖有高祖之风……机权干略，不逮魏武"；孙权"屈身忍辱，任才尚计，有勾践之奇英"；关、张"并有国士之风。然羽刚而自矜，飞暴而无恩，以短取败，理数之常也"。这些评论，确实点出了各人的特点和地位，刻画了他们的个性和才能。

对于《三国志》的评论，长期以来一直存在着争论，其中争论最大、责难最多的就是所谓"正统"问题。陈寿撰《三国志》，很明显是以魏为正统的，书中对魏国的君主实际上都列为本纪，而对蜀汉和东吴政权的君主则处以列传。在《魏书》中，对于刘备、孙权称帝之事皆无所表示，而在《蜀书》、《吴书》中，凡蜀、吴君主即位，必记明魏之年号，说明正统在魏。东晋习凿齿作《汉晋春秋》，反对这种做法，提出了蜀以宗室为正，魏为篡逆的主张。南宋朱熹作《通鉴纲目》，力主习氏之说，帝蜀而伪魏。其实这种争议与当时的政治局势有着密切的关系。对此，《四库全书总目提要》有段论述颇能说明问题："以理而论，寿之谬万万无辞；以势而论，则凿齿帝汉顺而易，寿欲帝汉逆而难。盖凿齿时晋已南渡，其事有类乎蜀，为偏安者争正统，此孚于当代之论者也。寿则身为晋武之臣，而晋武承魏之统，伪魏是伪晋矣，其能行于当代哉！此犹宋太祖篡立近于魏，而北汉、南唐迹近于蜀，故北宋诸儒皆有所避而不伪魏；高宗以后，偏安江左，近于蜀，而中原魏地全入于金，故南宋诸儒乃纷纷起而帝蜀。此皆当论其世，未可以一格绳也。"这一论述相当明确，即以对当时封建统治是否有利为权衡。司马光编撰《资治通鉴》，对于三国历史，同样维持陈寿的看法，原因就在于西晋承魏，北宋因周，且同建都于中原，这一政治局面，使他不得不维护魏的正统之说。况且他认为"叙前世帝王，但以授受相承，借其年以纪事尔，亦非有所取舍抑扬也"（《司马文正公传家集》卷六一《答郭长官纯书》）。可见，正统之说是随着政治形势的变化而变化的，它完全是为封建统治服务的。当然，这一争论在今天来说是毫无意义了，但是认清这一争论的实质之所在，还是有必要的。

历史上对《三国志》的批评，意见最集中的是曲笔太多，回护过甚，也就是说替魏晋统治者隐恶溢美太过分了，以致使历史记载失实。这一批评确是击中了陈寿政治态度的要害。不过近来也有学者认为，陈寿叙事往往做到隐讳而不失实录，扬善而不隐蔽缺点。其实这一看法并不符合陈寿《三国志》的实际情况。既要隐讳，如何还能做到"实录"？对于陈寿《三国志》的回护坏事，不敢直书，刘知幾早就把它当作坏典型来批评过了，他说："当宣（指司马懿）、景（指司马师）开基之始，曹（曹髦）、马（司马昭）构纷之际，或列营渭曲，见屈武侯，或发仗云台，取伤成济。陈寿、王隐咸杜口而无言。"（《史通·直书》）对于历史事实，既然"杜口而无言"，"实录"又从何而来？清代赵翼更于《廿二史劄记》中专门列出《三国志多回护》一篇，对书中回护曲笔之处加以列举评论。如齐王曹芳之被废，完全出于司马师之策划，事前太后一无所知，事情原委《魏略》全有记载，可是《齐王芳纪》反载太后之令，极言齐王无道不孝，以见其当废。高贵乡公曹髦亲自率兵讨伐司马昭，被司马昭党羽成济所杀，这在《汉晋春秋》、《魏氏春秋》等书均有记载，而《高贵乡公纪》只书"高贵乡公卒，年二十"。不仅如此，在这篇《纪》中还载入司马昭的奏议，于是一个弑君的罪魁，反使他享有讨贼之功，所以赵翼愤愤地指出："本纪如此，又无列传散见其事，此尤曲笔之甚者矣。"对待魏、蜀之间的战争，凡魏取胜者则大书特书，而蜀汉的几次胜魏，魏纪中皆只字不录，甚至在有关将领的传中亦不提及双方交战之事。凡此种种，充分说明陈寿在撰写《三国志》时，确实是处处替魏、晋统治者隐恶扬善，而没有能够坚持据事直书的原则，这正是《三国志》思想性较差的具体表现。诚如刘知幾所指出，史多讳饰，是在一定历史条件下产生的，最主要的便是屈从于当局者的权势，"故宁顺从以保吉，不违忤以受害也"（《史通·直书》）。陈寿的曲笔就正是如此。

当然，我们说陈寿在《三国志》中为了回护西晋统治者曾作了不少的曲笔，但也不能因此就认为全书纪事都是如此，正如赵翼所说："《三国志》虽多回护，而其剪裁斟酌处，亦自有下笔不苟者，参订他书，而后知其矜慎也。"(《廿二史劄记》卷六《三国志书事得实处》)对于整个史事的叙述，基本上还是比较审慎的。就以大家熟悉的诸葛亮而言，关于他的事迹，文献资料和口头传说都很丰富，陈寿作《诸葛亮传》时，在史料的取舍上，是经过仔细斟酌的，如对于刘备和诸葛亮最初相见一事，《魏略》和《九州春秋》都说是诸葛亮先见刘备，但诸葛亮《出师表》中有"先帝不以臣卑鄙，猥自枉屈，三顾臣于草庐之中"的自述，所以《传》中乃有徐庶"谓先主曰：'诸葛孔明者，卧龙也……此人可就见，不可屈致也。将军宜枉驾顾之。'由是先主遂诣亮，凡三往，乃见"这一段记述。《晋书·陈寿传》说诸葛亮斩马谡时，陈寿父亲亦受牵连而坐罪，寿因而怀私怨而贬抑诸葛亮，以此说明陈寿在评论人物上所持态度的不够公允。其实这种说法并不确实，因为在三国史中，诸葛亮是最受陈寿称颂的一个人，在本传中引用司马懿的话肯定亮为"天下奇才"，而传后的评论可以说全是颂词，并无贬言。其"评曰：诸葛亮之为相国也，抚百姓，示仪轨，约官职，从权制，开诚心，布公道；尽忠益时者虽仇必赏，犯法怠慢者虽亲必罚，服罪输情者虽重必释，游辞巧饰者虽轻必戮；善无微而不赏，恶无纤而不贬；庶事精练，物理其本，循名责实，虚伪不齿；终于邦域之内，咸畏而爱之，刑政虽峻而无怨者，以其用心平而劝戒明也。可谓识治之良才，管（仲）、萧（何）之亚匹矣。然连年动众，未能成功，盖应变将略，非其所长欤！"单就这篇评语，亦足见陈寿对诸葛亮是推崇备至的，他反复称赞其刑赏得当，深得民心。至于说他"应变将略，非其所长"，也是据实而书，况且这一看法，他人也都讲过，并非陈寿一人之私言，更谈不上是对诸葛亮的贬抑了。赵翼在《廿二史劄记》卷六《陈寿论诸葛亮》，列举许多例证，说明陈寿"颂孔明可谓独见其大"，"而谓其以父被髡之故，以此寓贬，真不识轻重者"，"此真无识之论也"。不过陈寿虽然非常推崇诸葛亮，但是对于那些把诸葛亮吹得十分神奇的传说并不采用，可见他还是努力于记录历史的真相的。对于三国时期各国徭役的繁重，刑政的苛虐，制度的变革，相互间的交往，等等，只要不触犯晋朝统治者的忌讳，大都能够做到从实而书，史料的取舍选择亦很严谨慎重，仍不失为一部信史。

《三国志》虽以简洁而见长，但文采并不怎么高明，在艺术性方面，如语言艺术的运用、艺术手法的表现、人物形象的刻画、典型性格的塑造，等等，都不及司马迁的《史记》，也不如班固的《汉书》，因此它在文学史上并不享有很高的地位。清人李慈铭说："承祚固称良史，然其意务简洁，故裁制有余，文采不足。当时人物，不减秦、汉之际，乃子长作《史记》，声色百倍，承祚此书，黯然无华。范蔚宗《后汉书》较为胜矣。"（《越缦堂读书记·三国志》）这一分析，对《三国志》文学艺术的评价还是比较恰当的。

3. 陈寿的历史观

陈寿的历史观是和他的政治态度相一致的。梁州大中正尚书郎范頵等在向晋王朝推荐《三国志》的奏表中说："陈寿作《三国志》，辞多劝诫，明乎得失，有益风化，虽文艳不若相如，而质直过之。"（《晋书·陈寿传》）可见《三国志》刚一问世，它的作用就被世族豪门的代表发现了，所以立即受到重视。"辞多劝诫"，"有益风化"，正说明了《三国志》一书所反映的历史观点，它是"有益"于当时世家豪族统治的社会"风化"的。在《三国志》一书中，陈寿通过历史的叙述，大肆宣扬了天人感应和皇权神授的迷信思想，为巩固封建统治制造理论。这种思想，当然受到当时统治者的极大欢迎。建安五年（200）官渡之战，曹操以少胜多，一举打败了袁绍，通过这次决定性的胜利，奠定了统一北方的基础。战争胜负，本是兵家常事，它主要取决于人的因素。但陈寿在《武帝纪》中叙述了这次战争以后，接着就插入这样一段话："初，桓帝时有黄星见于楚、宋之分，辽东殷馗，善天文，言后五十岁当有真人起于梁、沛之间，其锋不可当。至是凡五十年，而公破绍，天下莫敌矣。"这就是说，曹操大败袁绍的这一胜利，五十年前已有预兆，它不是决定于人而是取决于天。按照五行相生说，黄是土德，必然要接替火德之汉，因此在魏纪中又多次记载了"黄龙见"，以示土德之兴旺。在曹丕称帝这一年（220），《文帝纪》中又记上这样一段话："初，汉熹平五年（176），黄龙见谯，光禄大夫桥玄问太史令单飏：'此何祥也？'飏曰：'其国后当有王者兴，不及五十年，亦当复见。天事恒象，此其应也。'内黄殷登默而记之。至四十五年，登尚在。三月，黄龙见谯，登闻之曰：'单飚之言，其验兹乎！'"谯是曹操的故乡，陈寿节外生枝地加上这样一段叙述，目的在于说明前后四十五年，黄龙两见于谯，因此曹魏之代汉完全是出于天意，并且早有预兆，于是就在这年十月，像煞有介事地记上了一段"汉帝以众望在魏，乃召群公卿士，告祠高庙。使兼御史大夫张音持节奉玺绶禅位"的文字，告诉人们，曹魏之称帝，既是天意之所属，又是"众望"之所归。陈寿还唯恐人们不知道曹魏尚黄、属土德，又在《明帝纪》中借有司之口说出"魏得地统"的话，可见作者在运用阴阳五行说来宣扬天人感应的天命思想方面是做得相当周到的。对于吴的称帝，也同样先以黄龙、凤凰并见的祥瑞作为征兆，再用吴中童谣加以衬托。不仅如此，陈寿还在某些人的传记中，通过这些人物的预言、占候等活动，宣扬皇权神授的神学史观。在《周群传》中，先讲周群占候的灵验，"所言多中"，"蜀郡张裕亦晓占候，而天才过群"，然后就一一列举所谓预言多中的事例，如张裕曾经"私语人曰：'岁在庚子，天下当易代，刘氏祚尽矣。主公得益州，九年之后，寅卯之间当失之'"，"后魏氏之立，先主之薨，皆如裕所刻"。在《杜琼传》中，先引杜琼的话说："古者名官职不言曹；始自汉已来，名官尽言曹，吏言属曹，卒言侍曹，此殆天意也。"继而又引谯周的话说："先主讳备，其训具也，后主讳禅，其训授也，如言刘已具矣，当授与人也。"接着就记"景耀五年（262），宫中大树无故自折，周深忧之，无所与言，乃书柱曰：'众而大，期之会，具而授，若何复？'言曹者众也，魏者大也，众而大，天下其当会也，具而授，如何复有立者乎？蜀既亡，咸以周言为验"。如此等等，其目的都是为了说明一个中心思想，那就是曹魏之登上皇帝宝座完全是顺应天意，取得政权则出于神授。这些记载与魏帝纪中的叙述是相互呼应的，可见这种思想绝非出于偶然。陈寿为了讨好西晋王朝，对于晋之代魏，也同样说成是天命之所归，所以在《三少帝纪》的卷末，行禅位大礼之前，也特地安排上一段"襄武县言有大人见，（长）三丈余，迹长三尺二寸，白发，着黄单衣、黄巾，拄杖，呼王始语云'今当太平'"的迷信说教，作为西晋代魏前的祥瑞和征兆，然后再写出"天禄永终，历数在晋"，以表示晋之代魏是顺情合理的。这就不仅反映了陈寿的神意史观，而且更主要是反映了他的政治态度。在陈寿看来，谁建立政权谁就是顺应天意，谁取得政权谁就是天命所归。作为人臣来说，只要尽心竭力为已经取得政权的王朝服务就好了，不必去问是新朝还是旧代，这样便可以自保家世、门第如常。因此，他在书中还告诫人们："神明不可虚要，天命不可妄冀。"(《蜀书·刘二牧传》) 这些思想，完全是从维护当时封建统治出发的，当然大受豪门世族的欢迎。他的著作《三国志》为什么在当时就受到称赞，道理正在于此。另外，上文已经谈到，陈寿在《三国志》中很注意对历史人物的品评，而在这些评论当中，有不少地方又往往过分夸大杰出人物的历史作用，从而也暴露了他的唯心主义英雄史观。

三、裴松之的《三国志注》

魏晋南北朝时期，史学的发达还表现在对重要史书注释工作的重视。当时从事注释工作的人很多，单以《汉书》而言，从汉末至陈，为它作注的就有二十五家之多。裴骃的《史记集解》和裴松之的《三国志注》便是在这个时期所完成的著名的史注。

裴松之（372—451）字世期，河东闻喜（今山西闻喜）人。出身于世代官僚的家庭，八岁就已学通《论语》和《毛诗》，后更"博览坟籍，立身简素"，二十岁便开始做官，东晋武帝时历任殿中将军、员外散骑侍郎。晋恭帝元熙二年（420），刘裕代晋称帝，建立宋朝，这时裴松之已四十九岁。宋文帝时，官中书侍郎，司、冀二州大中正，并被封为西乡侯。文帝以《三国志》过于简略，乃命裴松之作注。于是松之"上搜旧闻，旁撷遗逸"（《上三国志注表》），"鸠集传记，增广异闻"，于元嘉六年（429）七月，书成奏上。宋文帝极为称赞，说它是一部不朽的著作（《宋书·裴松之传》）。

对于《三国志注》的内容，裴松之在《上三国志注表》中曾作了概括的说明："臣奉旨寻详，务在周悉"，"其寿所不载，事宜存录者，则罔不毕取以补其阙；或同说一事而辞有乖杂，或出事本异，疑不能判，并皆抄内以备异闻。若乃纰谬显然，言不附理，则随违矫正以惩其妄。其时事当否及寿之小失，颇以愚意有所论辩"。可见裴松之注《三国志》，重点不在于训诂名物，而在于史料的补阙和纠谬。清人撰《四库全书总目提要》时，曾将其内容归纳为六类："一曰引诸家之论，以辨是非；一曰参诸书之说，以核讹异；一曰传所有之事，详其委曲；一曰传所无之事，补其阙佚；一曰传所有之人，详其生平；一曰传所无之人，附以同类。"由于补注的内容涉及面很宽，所以搜集采摘的资料也就特别广博，引用的书籍达一百五十余种，作注时所费功力之大也就可想而知了。

由于陈寿的《三国志》过于简略，因此裴松之的《三国志注》就显得特别重要，加之他所引用的那些历史著作后来绝大多数都亡佚了，如果要想对三国时期的历史事件和历史人物了解得更详细些，那就只有依赖于裴氏的《三国志注》。大家比较熟悉的曹操在许昌实行屯田一事，陈寿在《魏书·武帝纪》中只用了"是岁用枣祗、韩浩等议，始兴屯田"十三个字来叙述。在《魏书·任峻传》中也只用了"是时岁饥旱，军食不足，羽林监颍川枣祗建置屯田，太祖以峻为典农中郎将。数年中所在积粟，仓廪皆满"四十一个字。从这简单的记载中，要想比较清楚地了解曹操屯田的来龙去脉，自然是很困难的。裴松之在《武帝纪注》中补充了有关屯田事迹一百四十字，在《任峻传注》中又补充了一百八十二字。经过这样的补充，于是曹操实行屯田的目的、措施和结果都清楚地表达出来了，这就为研究曹操屯田解决了一大困难。对于历史人物，补充的资料也很多，如三国时期著名的科学家马钧，陈寿在《三国志》中只字未提，裴松之分别在《魏书·明帝纪注》和《杜夔传注》中引了有关著作的记载共一千二百余字，对马钧的生平事迹和创造发明作了详细的交代，从而使马钧在科学技术上的成就得以流传下来。又如对当时的哲学家王弼，陈寿在《魏书·钟会传附王弼传》中仅用了二十三个字，当然也就难以讲清王弼的生平事迹和学术思想。裴松之在注中引了七百五十余字，既补充了生平事迹，又增叙了思想学说，为后人研究这位哲学家提供了方便。

另外，从史学史的角度来看，通过裴松之的《三国志注》，可以反映出魏晋时期史学发展的趋向和水平。这一时期史学非常繁荣，史家人才辈出，史著成果累累，就是三国史的著作，也是蔚为大观。可惜这些著作后来大都失传，不过它们的成果，在《三国志注》中却被大量引述，加上裴松之所引用的大都首尾完具，一般均不加剪裁割裂，对于了解这些著作的大概情况无疑是个有利条件。同时我们从裴注的引文中还可以看出，当时许多历史学家在搜集资料、考订史实、编纂史书等方面，都曾作出过很大的成就，对于历史事件、历史人物、历史著作也都发表过各自不同的意见。所有这些，对于我们研究当时的历史编纂、史学思想乃至整个史学的发展水平，提供了有利的条件。再就裴松之《三国志注》本身来说，在史学史上也有着重要的贡献。前人为史书作注，大都着眼于名物训诂、音义地理等的解释，《三国志注》除此之外，还大量补充史实，汇集异同，考辨真伪，进行评论，为史书注释工作开拓了新的途径。特别是对辨别史料真伪，确定史料取舍，提出了一系列的看法，对于历史编纂学来说有很大的贡献。

当然，裴松之的《三国志注》也还存在着不少缺点，正如前人所指出的，在补充史实方面，"其中往往嗜奇爱博，颇伤芜杂……凿空语怪，凡十余处，悉与本事无关，而深于史法有碍，殊为瑕颣"（《四库全书总目提要·史部·正史类》，《三国志》提要）。同时所引史料考订失实、荒唐不经的情况亦多有之，所以刘知幾批评说："喜聚异闻，不加刊定，恣其击难，坐长烦芜。"（《史通·补注》）至于遗漏之处亦在所不少，特别是许多重要历史人物，原书不详，裴注未补，原书未载，裴注不增。赵翼曾经指出："裴松之注《三国》，号称详核……然钟繇书法妙绝古今，本传不载，注中自应补入，而裴注不及一字。华歆从逆奸臣，管幼安视之殆犹粪土，则其先割席捉金之事亦应附载，以见两人品识之相悬，本传既遗，而注亦并不及，则世期之脱漏亦多矣。"（《陔余丛考》卷六《三国志》）

第三节　范晔与《后汉书》

一、后汉史的撰述

对于东汉历史的著述，与西汉相比，情况完全不同。西汉的历史，除司马迁《史记》之外，就只有班固《汉书》和荀悦《汉纪》两种。虽然续补《史记》者很多，但都没有成为独立的专书。东汉的历史，从明帝开始，就已陆续命班固、刘珍、蔡邕等人编写本朝历史，成《东观汉记》一书。汉末以来，历经魏晋南北朝，从事后汉史研究著述的达数十人之多，独自成书者就有十五六家。其中纪传体的有：吴谢承《后汉书》、晋薛莹《后汉记》、司马彪《续汉书》、华峤《汉后书》、谢沈《后汉书》、张莹《后汉南记》、袁松山《后汉书》、刘义庆《后汉书》、宋范晔《后汉书》、梁萧子显《后汉书》；编年体的有：晋张璠《后汉纪》、习凿齿《汉晋阳秋》、孔衍《后汉春秋》、袁宏《后汉纪》。这些著作，在史料的搜集、整理和考订方面，都作出过不同的贡献，其中不少著作并不亚于范晔《后汉书》、袁宏《后汉纪》，受到历代史家的好评，其中尤以司马彪和华峤二家最受称赞。刘勰在评论后汉诸史时说："若司马彪之翔实，华峤之准当，则其冠也。"（《文心雕龙·史传》）因而，华峤的《汉后书》，在成书之日就已经受到了好评，当他把此书奏上之后，"诏朝臣会议。时中书监荀勖、令和峤、太常张华、侍中王济咸以峤文质事核，有迁、固之规，实录之风，藏之秘府"（《晋书·华峤传》）。刘知幾对于司马彪和华峤也是同列并举的，而对华峤更是推崇备至，认为在作者相继的后汉史中，"为编年者四族，创纪传者五家，推其所长，华氏居最"（《史通·古今正史》）。至于司马彪之书，虽然纪传部分早已亡佚，然其八志却保存在范晔《后汉书》中。观此八志之功力，足可与班书相媲美，对于他的贡献自然也不应淹没。

二、袁宏的《后汉纪》

编年体的后汉历史，流传下来的只有袁宏的《后汉纪》。袁宏（328—376）字彦伯，东晋陈郡阳夏（今河南太康）人，做过桓温的记室，温重其文笔，让他专综书记，后自吏部郎出为东阳郡太守，并死于任所，年仅四十九岁。史称"宏有逸才，文章绝美"，"性强正亮直，虽被温礼遇，至于辩论，每不阿屈，故荣任不至"，"谢安常赏其机对辩速"（《晋书·袁宏传》）。所著除《后汉纪》外，还有《三国名臣颂》及《咏史诗》、《东征赋》、《竹林名士传》等，后三种均已失传。

袁宏在《后汉纪·自序》中曾讲述了他编写此书的动因和简单经过，说他读了当时流传的后汉历史著作，感到"烦秽杂乱"，不足以藏之名山、传之后人，于是立志撰写《后汉纪》。自序中还进一步说明了他写这部史著所要达到的目的和起的作用，他说："史传之兴，所以通古今而笃名教也。丘明之作，广大悉备。史迁剖判六家，建立十书，非徒记事而已，信足扶明义教，网罗治体，然未尽之。班固源流周赡，近乎通人之作，然因籍史迁，无所甄明。荀悦才智经纶足为嘉史,所述当世,大得治功已矣,然名教之本,帝王高义,韫而未叙。今因前代遗事,略举义教所归,庶以弘敷王道前史之阙。古者方今不同,其流亦异,言行趣舍各以类书,故观其名迹想见其人。丘明所以斟酌抑扬,寄其高怀;末吏区区,注疏而已,其所称美,止于事义;疏外之意,殁而不传,其遗风余趣蔑如也。今之史书,或非古之人心,恐千载之外所诬者多,所以怅怏踌躇,操笔恨然者也。"很明显,在他看来,史书的编写,目的就在于"通古今而笃名教",也就是说要通过历史事实的记载,叙述政治上的治乱得失,用前代旧事,维护和宣扬"名教之本",以达到惩劝的作用。他认为司马迁和班固等人在这方面都做得很不够,所以要写作《后汉纪》以弥补其不足。他对历史记载的教育意义十分重视,认为"得失一朝,荣辱千载,善人劝焉,淫人惧焉"(《后汉纪》卷二九)。袁宏所说的"名教之本"指的就是"君臣父子"关系,因为这是封建社会中最重要的两重关系,能够维护好这两重关系,自然就不会产生"犯上"、"作乱"的现象,封建国家也就可以得到长治久安了。他说:"高下莫尚于天地,故贵贱拟斯以辩物;尊卑莫大于父子,故君臣象兹以成器。天地,无穷之道;父子,不易之体。夫以无穷之天地,不易之父子,故尊卑永固而不逾,名教大定而不乱,置之六合,充塞宇宙,自今及古,其名不去者也。未有违失天地之性而可以序定人伦矣乎!自然之理而可以彰明治体者也。"(同上书,卷二六)这里,袁宏把君臣关系这一社会现象和天地高下、父子相继的自然现象混为一谈,并且相提并论,通过偷换概念的手法,从而把封建的君臣关系说成如同自然法则一样的永恒不变。他的这种封建伦理的观点,显然是董仲舒那种"三纲五常"思想在史学领域里的反映。董仲舒根据他的阴阳五行的神学理论,提出了"阳尊阴卑"的观点,把君臣、父子、夫妇的关系说成是固定不变的,他说:"君臣、父子、夫妇之义,皆取诸阴阳之道,君为阳,臣为阴;父为阳,子为阴;夫为阳,妻为阴。"(《春秋繁露·基义》)阳是永远处于主导地位,阴则永远处于从属地位,于是就产生了君为臣纲、父为子纲、夫为妻纲的"三纲"原则,以说明臣、子、妻完全是为了配合君、父、夫的存在而存在的。他并把这种封建社会的绝对服从的秩序,说成是就像天地的阴阳一样不可以改变,是完全出自于天意。所以他又说:"天子受命于天,诸侯受命于天子,子受命于父,臣妾受命于君,妻受命于夫。诸所受命者，其尊皆天也。"(《春秋繁露·顺命》)故"王道之三纲，可求于天"（《春秋繁露·基义》)。这样，就把封建社会的统治秩序神化为自然界的不变法则。而袁宏的思想，就是从董仲舒的这种"三纲五常"演化而来的。在历史著作中像袁宏那样明确地、公开地宣扬封建伦理思想，在此之前还是不多见的。

袁宏不仅在理论上提出历史著作要宣扬"名教之本"，而且在后汉历史的编写中又具体地体现了这一观点。曹操是作为人臣而窃取政权的，这显然不符合名教思想，因而袁宏在记载和评论有关曹操事迹时，同陈寿为曹操隐讳并把曹魏代汉说成是天命所归的做法完全不同，而与习凿齿的《汉晋春秋》倒是同唱一个调子。习凿齿认为："蜀以宗室为正，魏武虽受汉禅晋，尚为篡逆，至文帝平蜀，乃为汉亡而晋始兴焉。引世祖讳炎兴而为禅受，明天心不可以势力强也。"临终前在上疏中习凿齿还申述："臣每谓皇晋宜越魏继汉，不应以魏后为三恪。"当时桓温专权，图谋取晋而代之，所以时人以为习凿齿著《汉晋春秋》，是对桓温"觊觎非望"的"裁正"(《晋书·习凿齿传》)。这就说明习凿齿撰写《汉晋春秋》是有一定政治目的的。袁宏在《后汉纪》中，对于曹操一系列的活动也都一一加以揭露，指出他迎献帝的目的在于把献帝作为号召的工具，然后步步紧逼，迫使献帝最终不得不让出皇位。所以袁宏在评论中指出："时献帝幼冲，少遭凶乱，流离播越，罪不由己。故老后生未有过也，其上者悲而思之，人怀匡复之志，故助汉者协从，背刘者众乖。此盖民未忘义，异乎秦汉之势。魏之讨乱，实因斯资，旌旗所指则以伐罪为名，爵赏所加则以辅顺为首。然则刘氏之德未泯，忠义之徒未尽，何言其亡也。汉苟未亡，则魏不可取。今以不可取之实而冒揖让之名，因辅弱之功而当代德之号，欲比德尧舜，岂不诬哉！"(《后汉纪》卷三〇) 这一评论表明了袁宏对于曹魏窃取汉家天下是抱着极大不满的。可是他对蜀汉政权相当重视，《后汉纪》最后竟用了这样一句话作为全书的结束："明年，刘备自立为天子。"其用意之深可以想见。由于袁宏对桓温那种不合名教的举动极端痛恨，反映在书中，指桑骂槐、借古讽今者也就屡见不鲜。当然，我们也必须看到，袁宏之所以如此重视名教观点在历史叙述中的作用，根本的原因在于它能够为巩固封建统治而服务。可见名教观点和正统观点一样，都是封建社会的伦理标准，是否利用它和如何利用它，与当时的政治形势有着密切的关系，其是非标准，是以对当时的封建统治是否有利为权衡的。

三、范晔与《后汉书》

1. 范晔与《后汉书》的撰述

范晔字蔚宗，顺阳（今河南淅川）人，生于东晋安帝隆安二年（398），卒于宋文帝元嘉二十二年（445），年仅四十八岁，与裴松之同时。其父范泰，长于经学，能文章，自东晋至宋，两朝均任大官。范晔是一位才华出众的史学家，史称"少好学，博涉经史，善为文章，能隶书，晓音律"。还在少年时代，就已显露出他的多才多艺。由于他是少子，在家庭里很受兄长们的妒忌。后"出继从伯弘之，袭封武兴县五等侯"（《宋书·范晔传》），初为彭城王义康冠军参军，历官至尚书吏部郎。元嘉九年（432）冬，因在彭城太妃（义康生母）丧中饮酒作乐，触怒义康，贬宣城太守，时年二十七岁。因不得志，"乃广集学徒，穷览旧籍，删烦补略，作《后汉书》，凡十纪、十志、八十列传，合为百篇"（《史通·古今正史》）。由于宋文帝很赏识他的才能，后来又累官至左卫将军、太子詹事，很受重视，但却因此引起"谗夫侧目"（《资治通鉴》卷一二四，元嘉二十二年），受到同僚们的妒忌和排挤。特别是作《和香方序》，此序所言，"悉以比类朝士"（《宋书·沈约传》），一时朝贵咸加讥刺，加之"争权妒宠"，终于在元嘉二十二年被诬下狱，并于同年十二月以谋反罪被杀。

对于范晔因谋反被杀一事，历来学者都为之深抱不平。王鸣盛在《十七史商榷》一书中反复辩白，认为范晔"决不当有谋反事"，"想平日恃才傲物，憎疾者多，共相倾陷"（卷六一《范蔚宗以谋反诛》）。清人陈澧还专作《申范》一书，为之申雪"千古之至冤"，指出"其甥谢综与孔熙先谋反，蔚宗知之，轻其小儿，不以上闻，遂被诬害以死"（《申范序》）。

范晔撰述《后汉书》的目的，他在狱中时给诸甥侄书中有过说明："欲因事就卷内发论，以正一代得失。"（《宋书·范晔传》）话语很简单，但意思很清楚，就是要通过历史事实的叙述，发表自己的政治见解，鞭策当今的政治得失。李延寿在《南史·范晔传》中说："不得志，乃删众家《后汉书》

为一家之作。至于屈伸荣辱之际，未尝不致意焉。"这几句话，实际上是对范晔撰史的意图作了进一步的说明。究竟采用何种体裁比较确当，他在写书之前曾作过一番比较，他说："春秋者，文既总略，好失事形，今之拟作，所以为短。纪传者，史、班之所变也，网罗一代，事义周悉，适之后学，此焉为优，故继而述之。"（《隋书·魏澹传》引）所以他采用了纪传体。全书主要记载东汉光武帝刘秀到献帝刘协一百九十多年的历史。原来计划写十纪、十志、八十列传。十志委托谢俨，"搜撰垂毕，遇晔败，悉蜡以覆车。宋文帝令丹阳尹徐湛之就俨寻求，已不复得，一代以为恨，其志今阙"（《后汉书·皇后纪下》"皇女"注引沈约语）。十志虽说托别人撰述，但如何写法，他自己是有过考虑的。在狱中给甥侄书中也讲到了这点："欲遍作诸志，《前汉》所有者悉令备。虽事不必多，且使见文得尽。"可见他对十志的要求，既要内容完备，又要文省事赅，简洁明了。十志既缺，至梁刘昭为范书作注时，始取司马彪《续汉书》的律历、礼仪、祭祀、天文、五行、郡国、百官、舆服八志补入。当然，这与范氏"《前汉》所有者悉令备"的要求显然未能相符，特别是刑法、食货、艺文等志，都是反映政治、经济、文化等方面的重要历史文献，而司马彪书并缺。所以清人王先谦指出，以司马彪八志来补范书之缺，"未足弥范氏之憾"（《后汉书集解述略》）。

2.《后汉书》的史学价值

范晔的《后汉书》也是我国一部史学名著，无论从体裁的编撰技巧，还是从所写内容的思想性来说，在史学史上都有其相当高的地位和价值。首先在编纂体例上，它具有自己的特点。虽说其体裁略如《汉书》，但不尽相同，在因袭之中仍有其创见。《史》、《汉》二书把后妃一律列入外戚传，范晔则把后妃与外戚分别叙述，另立"后纪"。这一做法可能是受华峤的启发。同时，在纪传体史书中，对于妇女的事迹，以前虽也有所记载，可是专为妇女立传的却不曾有过，范晔在《后汉书》中首创《列女传》，这在史学史上也是一大进步。这样的处理，无疑是肯定了妇女的历史地位，因此，这就不能单纯地看作只是史书体裁上的一个小小变革，而应当看到它是史学思想上的一大创举，如果不具有杰出的史识和无畏的胆量，要在史书记载内容和形式上作出这样的变革是不可设想的。特别是在董仲舒根据神学理论建立起"三纲"、"五常"的道德观念以后,能够在正史中为妇女立传,那就更要有胆有识了。范晔对以前史书不为妇女立传是很不满意的,曾不平地指出:"高士弘清淳之风,贞女亮明白之节,则其徽美未殊也,而世典咸漏焉。"至于《列女传》的内容,他提出要"搜次才行尤高秀者,不必专在一操而已"(《后汉书·列女传》),就是说不能只是限于表扬贞节。正因如此,所以他把"博学有才辩,又妙于音律"(《后汉书·列女传·董祀妻》),才华出众的蔡文姬收入了该传。可是这一杰出见解,一直遭到后来封建正统史家的批评和讥刺。特别是清人梁玉绳还挖苦地指责说:"昔人讥范史列女不传秦嘉妻徐淑,而传蔡琰。余谓蔡邕有二女,其一适羊祜之父,贤而知义,不知蔚宗何以舍祜母而载祀妻,弃行取文,未免倒置。"(《瞥记三》)其实这些批评恰恰显示出范晔思想的可贵,范书此例一开,后来作史者一般沿用,从而使妇女在正史中占了一席。不过晚出各史作者站在封建正统立场,改变了范晔立传的目的,把《列女传》改为《烈女传》,一字之改,性质大变,一个是为妇女当中才华出众的巾帼英雄立传,一个则替宣扬三纲五常的贞妇烈女树碑,这也反映了史学领域里两种思想的斗争。另外,范晔在书中还建立了《文苑列传》,把文学从经学的附庸中独立出来而与儒林并列,反映了当时重视文学的社会风气。魏晋时期由于思想得到解放,因此文学也获得蓬勃的发展,成为我国古代文学发展史上的一个重要阶段,它和汉代文学相比,有着许多新成就和新特点,所以这个时期出现的图书目录,也正式把图书分为六经、诸子、史书、诗赋文集四个部类,说明文学地位已经起了很大变化。根据形势发展的要求,范晔在史书中给予及时反映,自然是很必要的。自他创立文苑传后,历代史家也都相仍不变。为了在书中反映出东汉一代的社会风尚和历史特点,他还创立了"党锢"、"宦者"、"独行"、"逸民"等传。东汉政治上一个突出现象,就是外戚和宦官交替掌握着最高统治权,随着外戚、宦官之间的剧烈斗争,皇帝随立随废,简直成了他们手中的傀儡。党锢事件的发生,正是这一斗争的延续和结果。东汉统治集团就是在这种相互倾轧中一天天腐烂下去的。范晔在《宦者列传序》中,既分析了宦官得宠的原因,又指责了他们"手握王爵,口含天宪",作威作福的罪行:"虽时有忠公,而竟见排斥。举动回山海,呼吸变霜露。阿旨曲求,则光宠三族;直情忤意,则参夷五宗。汉之纲纪大乱矣。"由于宦官势力自中央一直延伸到地方，在政治上的影响极大，因此《宦者传序》中又进一步揭露说："败国蠹政之事，不可单书。所以海内嗟毒，志士穷栖，寇剧缘间，摇乱区夏（即华夏）。虽忠良怀愤，时或奋发，而言出祸从，旋见孥戮。因复大考钩党（指兴党锢之狱），转相诬染。凡称善士，莫不离被灾毒。"清代史学家王鸣盛对《党锢列传序》十分称赞："党锢传首总叙，说两汉风俗之变，上下四百年间，了如指掌，下之风俗，成于上之好尚，此可为百世之龟镜。蔚宗言之切至如此，读之能激发人。"（《十七史商榷》卷三八《党锢列传总叙》）至于那些"逸民"，虽说都是些沽名钓誉的人物，可是东汉统治者却对他们非常重视，礼遇甚厚。范晔在《逸民列传》中揭露这是东汉君主们所玩弄的政治手段，是为了通过那些戏剧性的征、聘、召、赐，以达到"举逸民天下归心"（《逸民列传序》）的目的。所有这些，都反映了东汉一代的社会风尚，写出了时代的特色。如果没有"良史之才"，没有独到的史识，要做到这个地步是不可能的。因此，作为断代史的《后汉书》，是一部写得相当成功的史书，应当承认在历史编纂学的发展上范晔是有贡献的。

《后汉书》在编纂上还有一个特点，就是叙事以类相从。在《史记》、《汉书》已有的类传之外，根据东汉一代的特点，又创立了许多新的类传，诸如上面所列举的列女、文苑、党锢、宦者、逸民，等等。同时对许多人物的专传，亦多不拘时代先后，各就其人之生平事迹，以类相从。赵翼对此十分赞赏，他在论述范书以类相从的编写方法时说："卓茂本在云台图像内，乃与鲁恭、魏霸、刘宽等同卷，以其皆以治行著也；郭伋、杜诗、孔奋、张堪、廉范皆国初人，王堂、苏章皆安帝时人，羊续、贾琮、陆康皆桓、灵时人，而同为一卷，以其治行卓著也；张纯国初人，郑康成汉末人，而亦同卷，以其深于经学也。"此外，有的"以其皆著书，恬于荣利"；有的"以其皆和光取容，人品相似"；有的"以其皆明于法律，决狱平允"；有的"以其立功绝域"；有的"以其文学"；有的"以其皆仗节能直谏"，如此等等，皆有原由而同为一卷。值得注意的是，有些人物虽然有类传可入，但却为他们另立专传，这也是有其用意的。如"樊宏、樊谦、樊准、阴识、阴兴、阴就同卷，以其皆外戚而有功绩可纪，故不入外戚而仍列一卷也；苏竟、杨厚、郎𫖮、襄楷同卷，以其皆明于天文，能以之规切时政也"。有些人物既无类传可入，又不能各立一传，"而其事可传，又不忍没其姓氏。故立一人传，而同事者用类叙法尽附见于此一人传内，亦见其简而该也"。赵翼还通过对具体史实的列举，极口赞扬范书的编写"详简得宜而无复出叠见之弊"，"此更可见其悉心核订"(《廿二史劄记》卷四《后汉书编次订正》)。对此，刘知幾在《史通·补注》篇中亦早有评论，他说："范晔之删《后汉》也，简而且周，疏而不漏。"又在《书事》篇中称赞说："范晔博采众书，裁成汉典，观其所取，颇有奇工。"可见范晔在编写《后汉书》时，绝不是简单的材料排比，取舍之间，都是经过一番周密思考的。

范晔生活的时代去东汉已经较远，因此在编写《后汉书》时，与当时统治者并无直接利害关系，当然在编撰时也就有条件据事直书，无须回护隐讳，对于人物评价，亦大体能够做到"立论持平，褒贬允当"。特别是与《三国志》相比较，显得格外突出，凡为陈寿回护曲解之事，《后汉书》中统统改转过来，还历史以本来面貌，如直称"曹操自为丞相"，"曹操自立为魏公，加九锡"，"曹操自进号魏王"，等等。关于这一点，清末学者章太炎曾有过很高的评价，认为"《史》、《汉》之后，首推《后汉书》"[①]。赵翼在《廿二史劄记》中亦肯定地指出："范蔚宗于《三国志》方行之时，独不从其例"，对东汉一代史事加以如实记载，"此史家正法也"(《廿二史劄记》卷六《后汉书三国志书法不同处》)。

但是，《后汉书》在编写上更为显著的一个特点是它的"论赞"，这在本书中占着相当重要的地位。每篇纪、传，大都是既有论，又有赞，而在《皇后纪》和类传的前面还有"序"。这种形式是其他史书所少见的。每篇纪、传后面的"论"，是对历史人物和历史事件的评论，有时也议论一些历史问题的古今变化。"赞"都在每篇纪传的最后，一律采用四字一句的韵语组成。范晔对此曾十分自负地说："赞自是吾文之杰思，殆无一字空设，奇变不穷，同含异体，乃自不知所以称之。"(《狱中与诸甥侄书》)

范晔在南朝宋时，虽属上层统治集团中的一员，而且是重要的一员，但他对于腐朽的现实政治局面十分不满，而且性格耿介，不愿媚事权贵。他"善弹琵琶，能为新声，上（文帝）欲闻之……终不肯为上弹"(《宋书·范晔传》)。皇帝尚且不肯奉承，他人自然更不在话下。因此，在当时极端腐

---

① 见所著《略论读史之法》，原载《制言月刊》第53期。

朽的官场中，范晔不仅不可能受到重用，而且遭致越来越多的权贵们的排挤、打击，直至被陷而死，也就势所必然了。这种政治遭遇，在《后汉书》的编写中，得到了强烈的反映。在《班固传》中，他尖锐地批评了班固"论议常排死节，否正直，而不叙杀身成仁之为美"的错误做法，以及由此而产生的"轻仁义，贱守节"的严重恶果。因而"贵德义，抑势利，进处士，黜奸雄，论儒学则深美康成，褒党锢则推崇李、杜；宰相多无述，而特表逸民，公卿不见采，而惟尊独行"（《十七史商榷》卷六一《范蔚宗以谋反诛》），就成为《后汉书》思想内容方面一个非常显著的特色。这个特色表明范晔对于"节义"的重视，并把它作为衡量历史人物的一个重要条件。书中对于许多人物的叙述，几乎都是从这个基点展开的。他歌颂那些在权势面前不低头，敢于同恶势力作斗争、视死如归的人物。李固、陈蕃、李膺、范滂等人在死亡面前不畏惧，在利禄面前不动摇，守大节而不屈，临危惧志更坚。这些人物，在范晔的笔下，个个慷慨陈词，悲壮高亢，的确读之能激发人。在《范滂传》里，他是怀着敬意和同情的心情来叙述这个刚介不屈的人物的，写得真切动人。特别是最后一段记范滂与县令郭揖的对话以及跟他母亲的诀别，更是字字扣人心弦，句句使人感动。他是这样写的："建宁二年（169），遂大诛党人，诏下急捕滂等。督邮吴导至县，抱诏书，闭传舍，伏床而泣。滂闻之，曰：'必为我也。'即自诣狱。县令郭揖大惊，出解印绶，引与俱亡，曰：'天下大矣，子何为在此？'滂曰：'滂死则祸塞，何敢以罪累君，又令老母流离乎！'其母就与之诀。滂白母曰：'仲博（滂弟）孝敬，足以供养，滂从龙舒君（指滂父）归黄泉，存亡各得其所。惟大人割不可忍之恩，勿增感戚。'母曰：'汝今得与李（膺）、杜（密）齐名，死亦何恨！既有令名，复求寿考，可兼得乎？'滂跪受教，再拜而辞。顾谓其子曰：'吾欲使汝为恶，则恶不可为；使汝为善，则我不为恶。'行路闻之，莫不流涕。"这一段叙述，既颂扬了"节义"，又揭露了黑暗统治的罪行。对于李固，范晔是这样写的："顺桓之间，国统三绝（顺帝死，冲帝立一年亦死，质帝一年又死）。太后称制，贼臣虎视。李固据位持重，以争大义，确乎而不可夺。"（《李固传》）而在《陈蕃传》的论赞中则说："桓灵之世，若陈蕃之徒，咸能树立风声，抗论惛俗。而驱驰崄陀之中，与刑人腐夫同朝争衡，终取灭亡之祸者，彼非不能洁情志、违埃雾也。愍夫世士以离俗为高，而人伦莫相恤也。以遁世为非义,故屡退而不去;以仁心为己任,虽道远而弥厉。及遭际会,协策窦武,自谓万世一遇也。懔懔乎伊、望之业矣!功虽不终,然其信义足以携持民心。汉世乱而不亡,百余年间,数公之力也。"推崇之甚,评价之高,于此可见。范晔在记叙这些人物的时候,往往在具体事迹交代之后,紧接着用一两句话点出社会上的反映来。如《李膺传》中,在叙述了李膺的政迹及其与恶势力斗争取得显著成效后,接着指出:"是时朝廷日乱,纲纪颓阤,膺独持风裁,以声名自高。"可是就在这个时候,"遭党事","下膺等于黄门北寺狱"。坏人当道,好人下狱,是非自有公论,于是范晔紧接着就说:"天下士大夫皆高尚其道,而污秽朝廷。"这两句话起到了画龙点睛的效果。

范晔《后汉书》在"表死节,褒正直,而叙杀身成仁之为美"(《十七史商榷》卷三六《范矫班失》)的同时,又通过具体而形象的史事的叙述,揭露了外戚宦官的专权和政治的腐败黑暗。如《梁冀传》中写出了"冀一门前后七封侯,三皇后,六贵人,二大将军,夫人、女食邑称君者七人,尚公主者三人,其余卿、将、尹、校五十七人。在位二十余年,穷极满盛,威行内外,百僚侧目,莫敢违命,天子恭己而不得有所亲豫"的骄横得势情景,这些数字一列举,人们就可以清楚看到,当时的汉王朝,名义上是刘氏政权,实际已成梁家天下。在《张纲传》中,范晔还借用张纲所说的"豺狼当路,安问狐狸"这两句话,形象生动地刻画了当时社会的黑暗和政治的腐败。东汉末年,董卓操权,残暴专横,朝野内外,人人切齿。范晔在书中直接揭露董卓罪恶的地方虽然并不太多,可是他却借用群众欢庆董卓被杀时的盛况,来衬托他的恶贯满盈,"士卒皆称万岁,百姓歌舞于道。长安中士女卖其珠玉衣装市酒肉相庆者,填满街肆"。群众的高兴,不正说明人们对董卓的痛恨吗!董卓死后,从他的堡坞中抄出了珍藏的"金二三万斤,银八九万斤,锦绮缋縠素奇玩,积如丘山"(《董卓传》)。这些数字一摆,不就更加具体地揭露了董卓的罪恶吗!

对于劳动人民的悲惨遭遇,范晔在书中也是有一定同情的。如在《张纲传》中,通过张纲和广陵张婴的对话,揭露了农民暴动完全在于官逼民反:张纲说:"前后二千石多肆贪暴,故致公等怀愤相聚。二千石信有罪矣。"张婴说:"荒裔愚人,不能自通朝廷,不堪侵枉,遂复相聚偷生,若鱼游釜中,喘息须臾间耳。"一个承认"二千石多肆贪暴",造成了"怀愤相聚";一个表明"不堪侵枉,遂复相聚偷生"。两个都是当事人,所讲的话自然更足以取信于人。在《张让传》中,范晔引用了郎中张钧的上书来说明当时百姓投奔张角聚而起义的原因在于十常侍及其爪牙的逼迫:"窃惟张角所以能兴兵作乱,万人所以乐附之者,其源皆由十常侍多放父兄、子弟、婚亲、宾客典据州郡,辜榷财利,侵掠百姓,百姓之冤无所告诉,故谋议不轨,聚为盗贼。"这一类记载还很多,如《单超传》说:"五侯宗族宾客虐遍天下,民不堪命,起为寇贼。"《王涣传》载:"时天下饥荒,竟为盗贼。"虽然范晔没有能够像司马迁那样来看待人民群众在历史上的作用,歌颂农民起义领袖的丰功伟绩,但以上事实,也足以说明他的史学思想的进步性。

范晔《后汉书》的文采也是可以与班固的《汉书》相媲美的,所以在文学史上占有一定的地位。他用词简练,文笔优美,议论放纵,不少人物传记写得相当真切动人,读了以后很能引人入胜。正因如此,有的学者就简单地认为范氏作史,最注重的是文,他自命不凡的也在于他的文章。这种说法是很可商榷的。范晔原来是位文学家,自然以文学见长。但他写《后汉书》时是否最注重的是文呢?不是的。关于这一点,他在狱中给诸甥侄书中曾有明确的表白。他说:"常耻作文士,文患其事尽于形,情急于藻,义牵其旨,韵移其意。虽时有能者,大较多不免此累,政可类工巧图缋,竟无得也。常谓情志所托,故当以意为主,以文传意。以意为主,则其旨必见;以文传意,则其词不流。然后抽其芬芳,振其金石耳。此中情性旨趣,千条百品,屈曲有成理,自谓颇识其数。"可见他所强调的是"以意为主,以文传意"。这封信是在《后汉书》成书以后写的,类似于经验总结,自属比较可靠。"意"是什么,信中也是讲到了的。他说:"吾杂传论,皆有精意深旨","欲因事就卷内发论,以正一代得失"。可见范晔作史,最注重的是"意",而不是"文"。

当然,我们在肯定《后汉书》的同时,也必须指出它的缺点。就史体而言,它效法《汉书》,且无表无志。后人虽以司马彪的八志补其书,但重要的食货、艺文二志仍缺,对于研究当时的经济制度、学术源流自然是一大缺陷。就史学思想而言,《后汉书》虽然具有比较进步的史学观点,但作者毕竟是个封建文人,尽管对于当时的腐朽政治有所讥讽和揭露,但最终目的仍是为了维护封建统治，所以《后汉书》中不仅将黄巾污蔑为"盗贼"，并且还不给予单独立传，而只是把有关黄巾起义的事迹附之于《皇甫嵩传》之后，这与司马迁相比，自然是逊色得多了。

3. 范晔是无神论者

对于范晔的历史观，争论较多的一个问题是有神论还是无神论。笔者认为他是一个不彻底的无神论者，也就是说，他的思想主流是反对佛教、图谶和阴阳禁忌的，但在书中又有很多地方表现出对符瑞、气运、期数、阴德等迷信的肯定。之所以说他的思想主流是反对佛教、图谶和阴阳禁忌等迷信的，首先他反对佛教所宣传的人死精神不灭和行善行恶皆有报应的荒谬说法。《宋书·范晔传》载："晔常谓死者神灭，欲著《无鬼论》。"在《后汉书·西域传》中，他还对佛教进行了批评，指出："详其清心释累之训，空有兼遣之宗，道书之流也。且好仁恶杀，蠲敝崇善，所以贤达君子多爱其法焉。然好大不经，奇谲无已，虽邹衍谈天之辩，庄周蜗角之论，尚未足以概其万一。又精灵起灭，因报相寻，若晓而昧者，故通人多惑焉。"有的学者为了论述范晔不是个无神论者，只摘引了这段文字的前两句，说"范晔认为佛教可取者有二"。这种说法与范晔的思想是根本不相符的。范晔的论点很清楚，整段议论的中心在于说明佛教的"好大不经，奇谲无已"，可是那些所谓"贤达君子"和"通人"，受其现象的迷惑，信其巧语的宣传，竟然"爱其法"而"多惑焉"。为了说明人死神灭，不存在因果报应，他还通过人物传记中具体史事的叙述来体现这一观点。如《郭躬传》后所附吴雄、赵兴、陈伯敬三人的事迹就是个非常突出的例子：廷尉吴雄，"少时家贫，丧母，营人所不封土者，择葬其中。丧事趣办，不问时日，（医）巫皆言当族灭，而雄不顾。及子䜣、孙恭，三世廷尉，为法名家"。司隶校尉赵兴，"亦不恤讳忌，每入官舍，辄更缮修馆宇，移穿改筑，故犯妖禁，而家人爵禄，益用丰炽，官至颍川太守。子峻，太傅，以才器称。孙安世，鲁相。三叶（即世）皆为司隶，时称其盛"。与此相反，有个叫陈伯敬的，"行必矩步，坐必端膝，呵叱狗马，终不言死，目有所见，不食其肉，行路闻凶，便解驾留止；还触归忌，则寄宿乡亭。年老寝滞，不过举孝廉。后坐女婿亡吏，太守邵夔怒而杀之。时人罔忌禁者，多谈为证焉"。对这三个人的事迹，作者显然是有意识地采取鲜明对比的叙述方式，来揭露当时社会流行的因果报应等迷信思想，这就比任何长篇大论的说教都要具有更大的说服力。更何况在本传中已明确记载他"欲著无鬼论"，甚至在临上刑场之前，还托人"寄语何仆射（尚之），天下决无佛鬼，若有灵自当报应"（《宋书·范晔传》）。可见范晔思想的主流是个反对宗教迷信的无神论者，自当不容置疑。

另外，范晔在《后汉书》中还揭露了东汉皇帝笃信图谶的一些丑态。开国君主汉光武帝不但自己迷信图谶，并且还滥用权威，强迫他人也相信图谶。对于这种愚蠢可笑的行为，范晔曾给予极大的讽刺。他在《桓谭传》中揭露说："是时帝方信谶，多以决定嫌疑。""有诏会议灵台所处，帝谓谭曰：'吾欲［以］谶决之，何如？'谭默然良久，曰：'臣不读谶。'帝问其故，谭复极言谶之非经。帝大怒曰：'桓谭非圣无法，将下斩之'。"别人不信图谶，竟以"非圣无法"的罪名欲斩其首，盛气凌人之状历历在目，这无疑是对汉光武帝愚昧迷信、无知专横的深刻揭露和极大嘲讽。而对于桓谭反对图谶的斗争，传中则一再加以肯定和颂扬。在《张衡传》中，他再次指出："初，光武善谶，及显宗、肃宗因祖述焉。自中兴之后，儒者争学图纬，兼复附以妖言。衡以图纬虚妄，非圣人之法。"紧接着传中又详细地引录了张衡的上图谶疏，从历史上揭露图谶的虚妄，指出"此皆欺世罔俗，以昧势位，情伪较然，莫之纠禁"。因此建议"收藏图谶，一禁绝之"。

综上所述，我们认为范晔对佛教、鬼神、因果报应、图谶等迷信活动是反对的，具有无神论思想，这是他的主流。尽管这种思想还很不彻底，但在佛教思想占统治地位的南北朝，仍然是难能可贵的，何况他比著名的《神灭论》作者范缜还早五十年呢！

第四节 魏晋南北朝时期其他的史家和史著

一、晋人撰写晋史成风

魏晋以来，学术思想领域起了很大变化，人们突破了经学的束缚，抛弃了西汉以来的经学章句，思想上得到了一次较大的解放。《宋书·臧焘传》说："自曹氏膺命，主爱雕虫，家弃章句，人重异术。"正说明了这一变化。这个变化对于史学的发展起着明显的影响，许多文人学士抛弃经学章句，纷纷转向于史学的研究和史书的编写。加之西晋亡后，偏安江左的东晋迫切需要总结前代覆亡的历史经验教训，这就成为东晋人纷纷编撰西晋历史的政治因素。由于时代近，材料搜集比较容易，这又是东晋人编写西晋历史的有利条件。刘勰在《文心雕龙·史传》篇中说："至于晋代之书，繁乎著作。陆机肇始而未备，王韶续末而不终。干宝述《纪》，以审正得序；孙盛《阳秋》，以约举为能。"充分说明了晋人著书写史者的众多。据有史可查的晋史著作有：陆机撰《晋纪》四卷，束皙撰晋书帝纪及十志，荀绰撰《晋后略记》五卷，曹嘉之著《晋纪》十卷，郭颁著《魏晋世语》十卷，干宝著《晋纪》二十三卷，虞预著《晋书》四十四卷，傅畅著《晋诸公赞》二十一卷和《晋公卿礼秩故事》九卷，王隐著《晋书》九十三卷，谢沈著《晋书》三十余卷，孙盛著《晋阳秋》三十二卷，习凿齿著《汉晋阳秋》四十七卷，邓粲著《晋纪》十一卷，徐广著《晋纪》四十六卷，王韶之著《晋安帝阳秋》，朱凤著《晋书》十四卷，何法盛著《晋中兴书》七十八卷。先后成书者大约有十八种之多。其中成绩显著、影响较广的首推干、孙二书，在当时就已经获得好评，"咸称良史"。刘勰在《文心雕龙·才略》篇亦称赞"孙盛、干宝，文胜为史，准的所拟，志乎典训；户牖虽异，而笔采略同"。刘知幾也一再盛誉干宝，不过他更为推崇的却是何法盛。他说："东晋之史，作者多门，何氏《中兴》，实居其最。而为晋学者，曾未之知，傥湮灭不行，良可惜也。"（《史通·杂说中》）由于简文帝太后名阿春，故晋人讳春，多改"春秋"为"阳秋"。如孙盛的《魏阳秋》、《晋阳秋》，习凿齿的《汉晋阳秋》，王韶之的《晋安帝阳秋》等都是如此。

二、沈约、萧子显和魏收

在南北朝，也是史家辈出，史著林立，重要的有沈约《宋书》、萧子显《齐书》和魏收《魏书》等。

1. 沈约著《宋书》

沈约（441—513）字休文，吴兴武康（今浙江德清西）人。他历仕三朝，宋时为尚书度支郎，齐时官至五兵尚书、国子祭酒，在齐梁政权交替之际，曾力劝梁武帝萧衍代齐称帝，因而入梁以后被封为建昌县侯，官至尚书左仆射、尚书令。史称沈约"笃志好学，昼夜不倦"，"遂博通群籍"。他以文学见长，能诗善文，"谢玄晖善为诗，任彦升工于文章，约兼而有之"（《梁书·沈约传》），他自己也以此自负。南齐永明五年（487）春，他奉诏修撰《宋书》，至次年二月即告完成。全书分本纪十卷，列传六十卷，志三十卷。所记史实，上自东晋安帝义熙初年刘裕实际掌握东晋军政大权起，下至宋顺帝昇明三年（479）亡国时止，首尾七十五年。宋朝国史的编修，从宋文帝元嘉十六年（439）就已开始，草立了纪传，止于武帝功臣；又写了《天文》、《律历》二志。著名科学家何承天曾参加这一工作。后来著名史学家山谦之、裴松之和苏宝生也先后参与其事。大明六年（462），徐爰领著作郎，在前人基础上，编成国史，起于义熙之初，迄于大明之末。沈约《宋书》成书之快，就是因为有徐爰所修国史作为底本，所以赵翼说："约书多取徐爰旧本而增删之"，有不少地方由于沈约急于成书，遂全抄旧文而"不暇审订"（《廿二史劄记》卷九《宋书多徐爰旧本》）。另外，时代靠近，便于采访，加之他"历仕三代，该悉旧章，博物洽闻，当世取则"（《梁书·沈约传》），这当然也是迅速成书的一个重要原因。不过三十卷的志是后来续成的。他的著作很多，除了《宋书》和文集九卷外，还写过《晋史》、《齐纪》、梁《高祖纪》、《宋文章志》等，但除《宋书》和文集外，其余均已亡佚。关于南朝宋的历史，与沈约同时或稍后，还有不少人写过，如南齐孙严著《宋书》六十五卷、王智深著《宋纪》三十卷，梁时裴子野著《宋略》二十卷、王琰著《宋春秋》二十卷。然而这些著作都早已亡佚，所以研究南朝宋的历史，主要得依靠沈约的这部《宋书》。这也说明沈约《宋书》具有优于其他著作的长处。

就《宋书》本身而言，八志是它的精华，卷数虽然不多，分量却几占全书的一半。特别是《律历》、《天文》二志，由于当时天文、数学等自然科学特别发达，何承天又是有名的数学家，沈约自己也懂得数学，可取之处更多。同时，在《律历志》中还收录了杨伟的《景初历》全文，以及何承天的《元嘉历》、祖冲之的《大明历》全文，这几种历法又都是能够反映当时自然科学水平的著作，因此在科技史上也具有一定的地位。另外，《州郡志》不但把南方地区自三国以来地名的演变，特别是针对东晋以来侨置州郡"名号骤易，境土屡分……千回百改，巧历不算"的错综复杂情况，理出头绪，详加说明，而且在每个州郡的名称下面，还记有户口数。虽然这些户口数字不一定准确可信，至少能够反映出一个大概情况。《百官志》中把三国至宋的官职演化进行了系统的叙述。《乐志》则历叙歌舞乐器的起源和变革，保存了汉魏以来一直至南朝宋的歌词、舞曲和乐章，在各史乐志中具有独特的风格。《符瑞志》虽属沈约特创，但除了能反映一些当时的社会风尚——风行一时的佛教迷信外，并无其他价值，它与《五行志》一样，旨在宣扬天命论思想。各志所论之事，往往远溯三代，近及汉魏，而于当代更为详尽，颇与断代为书的体例不合，因此有人讥笑它失于断限。其实这一做法正可补前史之所缺。如三国时本来就未作过志，研究这个时期的典章制度，就可参阅《宋书》八志。

　　《宋书》中选录的文章特别多，凡诏诰、符檄、章奏、辞赋等等，几乎备载全文，只字不遗，所以前人病其繁冗，但也因此而保存了不少的历史资料，可以从中看出一些当时的社会、政治和经济的实际情况。如《羊玄保传羊希附传》收录了西阳王子尚上书，提到南朝初期农村阶级分化的情况是："富强者兼岭而占，贫弱者薪苏无托，至渔采之地，亦又如兹。"《谢灵运传》载谢灵运的《山居赋》全文，提供了研究地主庄园的资料。沈约编撰《宋书》，不但在形式上模仿范晔《后汉书》，也立有《恩幸》、《孝义》、《隐逸》、《索虏》等类传，而且在史论的写法上也是效法范书的。不过《宋书》在叙事上也有其特点，就是在列传中大量采用了带叙的方法，对于那些没有立为专传的人物，如果在他人列传中提及，往往将其简历、事迹也附带写出。如《王义真传》叙述义真从关中逃回时，途中遇见段宏来寻，于是插入段宏身世、历任官职的一段记载，然后再接叙王义真的事迹；在《何承天传》中则带叙了谢玄的事迹。这种方法，"既省多立传，又不没其人，此诚作史良法"（《廿二史劄记》卷九《宋齐书带叙法》）。带叙法与附传不同，附传都在本传最后，而带叙法则是插在叙事之中夹带写出。

　　但是《宋书》所存在的问题也是很突出的。由于沈约在历史观上是个有神论者，因而书中充满着神秘主义的思想，特别是《天文》、《符瑞》、《五行》三志，以十二卷的篇幅，集中地宣扬了天命思想，用隐语、谶书、相术、星占、阴阳、灾异、望气、符命、巫卜等神秘的记载，来证明皇权神授和天命有数，而且汉魏以来的帝王也无一例外地都是"受命之符，天人之应"。在《符瑞志》中，沈约还全文引录了班彪的《王命论》，来说明"神器之有授无贪"，"贫穷亦有命也"的宿命论观点，一切都由上天安排，命中注定，"天心不可违，人情不可失，苟是历数所至，虽欲谦光，亦不可得已"（《梁书·沈约传》）。并大力宣扬信奉佛教，凡事逢凶必能化吉的迷信思想，如《王玄谟传》载："初，玄谟始将见杀，梦人告曰：'诵《观音经》千遍，则免。'既觉，诵之得千遍，明日将刑，诵之不辍，忽传呼停刑。"

沈约出身于仕宦家庭，在宋、齐、梁三代，他自己也都是官爵显赫，为了维护当时盛行的门阀制度，他大肆吹捧高门士族，凡属高门士族的就有"佳传"、"美名"，因此，在他编撰的《宋书》列传中，入传的高门士族几乎占了半数，仅王、谢两大姓就达三十人之多。当然，这也在一定程度上反映出时代和阶级的特点。

赵翼曾经指出："自《三国志·魏纪》创为回护之法，历代本纪遂皆奉以为式。"（《廿二史劄记》卷六《后汉书三国志书法不同处》）事实的确如此，自陈寿一开此例，魏晋南北朝时期写史，曲笔、回护几乎成风，能够像孙盛那样"词直而理正"的史家并不多见。特别是处于宋齐易代之际、身为这二朝显宦的沈约，既要替宋忌讳，又要为齐回护，这样"两头隐讳"，势必把历史真相搞得黑白混乱，是非颠倒。篡夺说成"禅位"，已经成为朝代更替的习惯用语；"反"、"叛"、"功"、"义"，一切唯主是从，全无是非标准；谋人之国，照样称"义"。所以刘知幾批评说："隐侯（即沈约）《宋书》多妄"，"舞词弄札，饰非文过"，"用舍由乎臆说，威福行乎笔端，斯乃作者之丑行，人伦所同疾也"（《史通·曲笔》）。对这一时期撰史曲笔之风，郑樵也曾十分气愤地指出："桀犬吠尧，吠非其主。《晋史》党晋而不有魏，凡忠于魏者目为叛臣，王凌、诸葛诞、毌丘俭之徒，抱屈黄壤；《齐史》党齐而不有宋，凡忠于宋者目为逆党，袁粲、刘秉、沈攸之之徒含冤九原。噫！天日在上，安可如斯？"（《通志·总序》）

2. 萧子显著《齐书》

萧子显（489—537）字景阳，南兰陵郡南兰陵县（今江苏常州西北）人，是齐高帝萧道成的孙子。少好学，工文章，入梁，累官侍中、领国子博士、吏部尚书。大同三年（537）出为吴兴太守，未几，卒，年仅四十九岁。南齐建元二年（480），萧道成即命檀超、江淹等人编撰国史，檀超等上表，提出修史例议。江淹则"以为史之所难，无出于志，故先著十志以见其才"（《史通·古今正史》）。《梁书》及《南史》江淹传均称十志"并行于世"。另外，沈约、吴均亦分别撰有《齐纪》和《齐春秋》。梁天监中，太尉录事萧子显请撰齐史，成书六十卷，现存五十九卷，包括本纪八卷，志十一卷，列传四十卷。起自宋顺帝昇明年间（477—479）萧道成专权，终于齐和帝中兴二年（502），主要记载南齐三十多年的史事。萧子显修《齐书》，曾参考了檀超、江淹、沈约和吴均等人的著作，删削去取，还是有其自己的见解。如列传中，无帝女、列女等传，又改处士为高逸传，另立幸臣传。尤其是八志，食货、刑法、艺文并缺，宋晁公武的《郡斋读书志》引萧子显《进书表》有所谓"天文事秘，户口不知，不敢私议"（卷一下《正史类》）之语，说明由于资料缺乏，无法补充，所以缺如。可见对于上述史著虽有采及，但绝非照录。此书原名《齐书》，并无"南"字，《新唐书·艺文志》载"萧子显《齐书》六十卷，李百药《北齐书》五十卷"。是知唐修《北齐书》后，此书名称也还是未变，大约到了宋代以后，为了有别于《北齐书》，才冠以"南"字。

萧子显身为南齐宗室，因而撰述南齐历史时，对其祖先不仅曲笔回护，而且必然还要颂扬溢美，所以南宋学者王应麟指出："子显以齐宗室，仕于梁而作齐史，虚美隐恶，其能直笔乎？"（《困学纪闻》卷一三）在《高帝本纪》中，记述宋齐革易之际的史事，隐讳更多，"绝不见篡夺之迹"。为了抬高他父亲豫章王萧嶷的地位，故意不编入《高祖十二王传》中，而是另立专传，置于文惠太子传的后面，以示尊崇，并且铺张增饰至九千余字。这样的做法在以前史家中也是很少见到的。

萧子显虽是南齐宗室，但入梁以后仍然身居显宦，因此他所编撰的《南齐书》同时又必然处处为维护梁王朝的封建统治而卖力。在书中他大力宣扬天命论和佛教的因果报应观点，把王朝的更替一律说成是天意的安排，一旦历数已尽，即使通过改元等努力，也是无济于事的，从而得出结论说："故知丧乱之轨迹，虽千载而必同矣。"（《海陵王本纪·论》）借此论证梁朝的建立，同样也是"天命攸归"。南朝以来，统治者一直利用佛教来维护他们的统治，而梁的开国君主武帝萧衍更为突出。所以佛法在《南齐书》中被吹捧成超越于儒、道、法等各家之上的最好之法，人们的一举一动、善善恶恶，都体现出因果报应。《高逸传·论》可以说是这种思想的集中表现。

当然，《南齐书》也还是有它的可取之处。首先，萧子显以当代人写当代事，比较容易搜集到第一手材料，在与其利害关系没有直接冲突的情况下，还是能够写出真实的历史情况，提供不少重要的历史资料。如《祖冲之传》是现存关于大数学家祖冲之的最早记载，内容翔实，是科学史的珍贵资料。又如《檀超传》中著录了檀超所上的修史议例，对于研究史学史来说自有其一定的价值。其次，《南齐书》叙事比较简洁，许多列传对于其人所上章奏不是全文照录，而是通过概括加以扼要叙述。唐初李延寿编写《南史》时，对于《宋书》是删多增少，而于《南齐书》则是有增无删。第三，列传中又多用类叙法，如《褚澄传》叙述其精于医术，由此而又叙及徐嗣的医术更精于澄。这样就可由立传一人而兼叙他人，记述一事而推及他事。赵翼对《南齐书》所采用的类叙法颇为赞赏，他说："人各一传则不胜传，而不立传，则竟遗之。故每一传辄类叙数人"，"传不多而人自备载"（《廿二史劄记》卷九《齐书类叙法最善》）。它与《宋书》的带叙法一样，在史书编写上具有很大的参考价值。

3. 魏收著《魏书》

魏收（505—572）字伯起，巨鹿下曲阳（今河北平乡）人。历官魏、齐两朝。在魏，典修国史；入齐，除中书令，仍兼史职，官至尚书右仆射。他是北齐著名的文学家，史称"以文华显"。北魏节闵帝时，黄门郎贾思同就曾在皇帝面前称赞他"虽七步之才，无以过此"（《北齐书·魏收传》）。他和温子升、邢子才齐名，被称为"北地三才"。北齐文宣帝高洋天保二年（551）奉诏撰《魏书》，他根据当时公私各家魏史，并搜集遗闻轶事，从事纂辑，至天保五年（554）三月，完成帝纪十二，列传九十二；同年十一月续成十志二十卷，全书共一百三十卷。其书在宋时已残佚二十六卷，经刘恕、范祖禹等人据他书校补,乃成今书。当魏收的《魏书》写成后,因书中党齐毁魏,很合高洋胃口,因此便把邓渊、崔浩、高允、李彪等人所著魏史统统烧毁。可是因为魏收性轻薄,恃才傲物,借修史来酬恩报怨,凡参与修史诸人的"祖宗姻戚多被书录,饰以美言","夙有怨者,多没其善","每言:'何物小子,敢共魏收作色,举之则使上天,按之当使入地'"。如杨休之的父亲杨固,"魏世为北平太守,以贪虐为中尉李平所弹获罪,载在《魏起居注》",收因受过杨休之的好处,便为其父"作佳传","收书云:'固为北平,甚有惠政,坐公事免官。'又云:'李平深相敬重'"(《魏收传》)。由于魏收如此任情褒贬,故书出后众议沸腾,反对甚烈。特别是《魏书》列传在人物去取褒贬上触犯了一些门阀地主,故书成后,诸家子孙"前后投诉百有余人"。在皇帝高洋和宰相杨愔、高德正的庇护之下,总算暂时压下这场风波,而收书却也因此不能行于世。至齐孝昭帝即位,又命魏收重修,但大臣仍攻其失,故武成帝时,又作了一次修改。这时魏收已死。其书前后凡经四次修改,始成定本,颁行于世,可是攻击者仍视之为"秽史"。魏收死后不久,齐王朝亦随即灭亡,他的墓也被仇人挖掘,弃尸骨于外。基于上述原因,长期以来,其书其人一直受到讥评。刘知幾认为魏收曲笔之甚,已经达到无法容忍的地步,他说:"收谄齐氏,于魏室多不平。既党北朝,又厚诬江左。性憎胜己,喜念旧恶,甲门盛德与之有怨者,莫不被以丑言,没其善事。迁怒所至,毁及高曾(高祖曾祖)……由是世薄其书,号为'秽史'。"(《史通·古今正史》)他又说:"夫史之曲笔诬书,不过一二,语其罪负,为失已多。而魏收杂以寓言,殆将过半,固以仓颉已降,罕见其流。"(《史通·曲笔》)史家写史,本当据事直书,歪曲历史、捏造事实,这是任何时候都不容许的。但在封建社会里,史家修史大半都是站在当朝最高统治集团的立场上来叙述旧事,对于当朝统治者必然有所回护和忌讳,真正的信史是很难见到的,尤其在魏晋南北朝时期,王朝更替频繁,曲笔回护几乎成了当时史家修史的通病。魏收既然没有南史、董狐词正理直的品德,势必与时同流而合污。但他的《魏书》是否真的就是一部毫无价值的"秽史"呢?笔者认为这样的评论也是很可商榷的。事实上,《魏书》的历史价值和文学地位,绝不会低于这一时期所写的其他史书。清人所作《四库全书总目提要》指出:"收恃才轻薄,有'惊蛱蝶'之称,其德望本不足以服众;又魏齐世近，著名史籍者，并有子孙，孰不欲显荣其祖父？既不能一一如志，遂哗然群起而攻。平心而论，人非南、董，岂信其一字无私？但互考诸书，证其所著，亦未甚远于是非。'秽史'之说，无乃已甚之词乎？李延寿修《北史》，多见馆中坠简，参核异同，每以收书为据。其为收传论云：'勒成魏籍，婉而有章，繁而不芜，志存实录。'其必有所见矣。"我们以为这段议论是颇有道理的。王鸣盛在《十七史商榷》中也指出：魏收《魏书》"未见必出诸史之下"。尽管后人不满收书而纷纷改撰，如隋开皇中诏魏澹、颜之推等更撰《魏书》九十二卷，大业中又诏杨素、欧阳询等重修，唐代张太素亦撰《魏书》一百卷，"而总不能废收之书，千载而下，他家尽亡，收书岿然特存"（《十七史商榷》卷六五《魏收魏书》）。说明《魏书》确有其独存之价值。

《魏书》的主要贡献也是在"志"上，它的十志当中，有些是他的独创，比如为了记载北魏佛、道的流行，书中首创了《释老志》。魏晋以来，佛教盛行，上自帝王，下至民间，都有极大影响，它已经不单是个宗教问题，而是个现实的政治问题了。同样，对于学术思想也起着很大的影响。佛教、道教于汉代就已流传，但史书不曾有过记载，到了魏晋，几乎已经成了全社会的问题了，可是其他史书仍无专门记载，而魏收首创此志，可见他在史学上还是有其独到见解的。同时《释老志》的创立，对于史学的发展也有其重要贡献，历史就是要记载反映社会的客观现实，《释老志》的创立正是符合了这一要求。该志叙述了佛教传入中国的过程及其发展情况，对于一些影响较大的高僧的名字也一一都有记录，同时还介绍了太和八年（484）北魏孝文帝开凿龙门石窟的情况。但是更为重要的是通过对佛、道在北魏时期盛行的叙述，揭示了由于寺院和僧尼数量的激增而出现的"寺夺居民，三分且一"这一严重社会现象，这对于我们了解当时的寺院经济和阶级关系无疑是很有用的资料。僧、道虽然都是出家之人，实际上是脱离不了政治的。南北朝时期佛、道的流行及两教之间斗争的始末、世俗地主和寺院地主之间的矛盾以及劳动人民在寺院地主残酷压榨下的惨痛遭遇，从《释老志》中可以基本得到反映。当然，它也宣扬了许多宗教迷信思想。如崔浩建议太武帝毁佛时，寇谦之曾警告崔浩说："卿今促年受戮，灭门户矣"，"后四年，浩诛，备五刑，时年七十"。这段记载，非常明显地宣扬了非佛的因果报应。魏收还根据北魏的特点，创立了《官氏志》。北魏本为鲜卑拓跋氏，原是一个部落，进入中原后建立了国家。部落中又分成许多氏和族，孝文帝下令一律改称汉姓。《官氏志》中的"姓氏部"，分别列举了拓跋部和所属各部落、氏族原来的姓氏以及所改的汉姓，基本上反映了拓跋部族的形成和许多部落、氏族间离合的过程。《食货志》载有北魏孝文帝实行均田制的内容，还选录了太和九年（485）的均田令和与此相关的三长制及租调制，是研究北魏和此后三百年封建土地所有制的重要文献。《灵征志》的上卷，则保存了北魏建国以来一百五十年间各地地震的记录，是研究地震史的珍贵资料。当然，在十志中内容疏略、详简失当的亦在不少，前人曾多有指出。而在思想上又有很多是在宣扬天命论，如《天象志》、《灵征志》、《释老志》等都是用很大的篇幅，记载灾变、祥瑞、因果报应等内容，充满着神秘主义的思想，这与沈约、萧子显的史学思想有其共同之处，同样具有神学史观。

从编纂体例来说，《魏书》是比较烦琐而芜杂的，特别是附传过多，往往一人立传，他的好几代子孙，不管有无记载之必要，都统统附在后面，多的竟达数十人，使得列传十分庞杂，崔玄伯、李顺、李宝等传尤为突出。《李顺传》附载其子孙和同宗族的人有二十人之多，简直成了李氏家谱。此例一开，《南史》、《北史》也都大受其影响。

三、十六国史的撰述和崔鸿的《十六国春秋》

西晋灭亡以后的一百二十多年间，各族统治者在北方先后建立了许多割据政权，总计不下七族二十三国。这些割据政权也都设置史官，修撰国史。前赵刘聪时，领左国史公师彧撰《高祖（刘渊）本纪》及功臣传二十人，"甚得良史之体"。刘曜光初十一年（328），和苞撰《汉赵记》十篇。后赵元年（319），石勒命任播、崔濬为史学祭酒，并诏史官先后撰《上党国记》、《大将军起居注》、《大单于志》等。李雄在蜀，亦兴学校，置史官。前燕设史官修起居注，杜辅全曾依据起居注编成《燕纪》。前凉张骏十五年（339），命史官撰《凉国春秋》五十卷。前秦史官赵渊、车敬、梁熙、韦谭亦相继撰述国史，能直书其事。后燕建兴元年（386），董统受诏撰《后燕书》，有本纪并佐命功臣、王公列传共三十卷。慕容垂称其书"叙事富赡，足成一家之言"。南凉太初元年（397），亦命郭韶为史官，撰录时事。西凉李嚚于建国后即置史官记事（参见《史通·史官建置》及《古今正史》等篇）。综上所述，可见这些少数民族的统治者，对于史学也是非常重视的。

除了官修以外，对于这些国家的历史，私人著作也很多，如晋常璩撰《汉之书》十卷，后燕申季、范享著《燕书》二十卷，晋喻归著《西河记》二卷，等等。但是价值最高、影响最大的首推崔鸿的《十六国春秋》，他把这么多国家的历史综成一书。所以自《十六国春秋》行于世，而十六国史著尽皆散亡。

崔鸿字彦鸾，鄃县（今山东平原）人。仕魏为中散大夫，以本官编修国史，后迁黄门侍郎，加散骑常侍、齐州大中正，死于孝昌年间（525—527）。史称："少好读书，博综经史"，"弱冠便有著述之志，见晋魏前史曾成一家，无所措意"。以刘渊、石勒等国"并因世故，跨僭一方，各有国书，未有统一，鸿乃撰为《十六国春秋》，勒成百卷，因其旧记，时有增损褒贬焉"（《魏书·崔光传》）。全书共一百卷，另有序略、年表各一卷。每国自为篇卷，叫作"录"。由于国家众多，头绪纷繁，尽管皆有国史可据，但组织编排，材料去取，都不是短时期内所能完成的，故自景明之初（约500）开始搜集诸国旧史，至正始三年（506）草成九十五卷，用时约七年，尚缺李雄父子据蜀始末。常璩所撰《汉之书》一直求购不得，因而长期辍笔无法完稿，直至正光三年（522），始于江东购获，乃增其篇耳，完成了一百零二卷的巨著，前后迁延达二十五年之久。可惜原书于北宋时就已散失，现今流传的乃是明人屠乔孙、项琳、姚士粦诸人根据《晋书》所载十六国史事及类书中所引《十六国春秋》佚文，汇编而成，对于研究当时历史来说，虽不失其使用价值，毕竟已非崔鸿原书。由于《晋书》所叙十六国史事与崔鸿所述不尽相同，当然这书也不能反映崔鸿的整个史学思想。

四、几种反映当时社会风尚的著作

魏晋南北朝时期，由于社会政治状况和时代思想的变化，文学创作非常活跃。特别是冲破了经学章句的束缚以后，思想得到解放，因此一般文人不拘于陈规旧矩，而注意于创新，使得文学上出现了前所未有的繁荣景象，不仅形式多样，而且题材广泛，反映社会现实的作品也越来越多。有不少作品虽然不是历史著作,但却在很大程度上反映了当时的社会风尚和精神面貌,比较出名的如《洛阳伽蓝记》、《世说新语》等,虽属文学作品,却具有很高的史学价值。

1.《洛阳伽蓝记》

《洛阳伽蓝记》,北魏杨衒之撰。衒之生卒年不详,北魏平州北平郡(今河北遵化东)人。孝庄帝时为奉朝请,后历任抚军府司马、秘书监、期城郡太守等职。他博学多才,兼通佛教经典,对北魏王公贵族的残酷剥削人民、沉溺佛教和寺院僧尼的淫侈腐朽生活深感不满,曾上书痛斥奉佛求福者的祸国殃民行为。北魏统治阶级利用佛教作为巩固政权的工具,自从迁都洛阳以后,竭力提倡佛教,大量兴建佛寺,全盛时期,单洛阳城内外就有寺院一千三百六十七座。永熙之乱(534),孝静帝为高欢所迫,迁都于邺,这些佛寺多半毁于兵火之中,所以杨衒之在《洛阳伽蓝记序》中说:"武定五年(547),岁在丁卯,余因行役,重览洛阳。城郭崩毁,宫室倾覆,寺观灰烬,庙塔丘墟……恐后世无传,故撰斯记。"这是他自述撰写此书的目的。《广弘明集》亦云:杨衒之"见寺宇壮丽,损费金碧,王公相竞,侵渔百姓,乃撰《洛阳伽蓝记》,言不恤众庶也"(卷六《叙列代王臣滞惑解》)。这更说明他写作这部书,是要通过对这些伽蓝(梵语,即佛寺)兴废历史的叙述,揭露王公百宦豪富地主劫夺百姓财物,广建寺塔,挥霍无度的罪行。全书以记载洛阳名寺的兴废为纲,所记大小寺庙约六十五座。每记一庙,必叙其位置、历史及房子主人,这就必然涉及政治和人物。同时对于艺文古迹、苑囿建筑、民间风俗、传闻故事等也都有所记载。所以它是研究北魏、北齐历史和古代城市建筑的重要资料。如在《高阳王寺》(卷三)和《寿丘里》(卷四)两段中,通过北魏几个王侯荒淫腐朽生活的描述,比较具体而形象地揭露了那些王公贵族的穷奢极欲的生活和残酷剥削人民的罪行,反映了当时的社会面貌。又如《宋云行纪》(卷五),更是研究当时中亚交通和中国同印度、阿富汗、巴基斯坦等文化交流的重要史料之一。当然,书中对洛阳城市的描写,也较为全面地反映了作为都城洛阳的商品经济面貌,因为当年这里不仅是北方地区的商贸中心,也是当时国际性的商贸大都市。

2.《世说新语》

《世说新语》为南朝宋宗室刘义庆所编撰。刘义庆（403—444）是宋武帝刘裕弟弟长沙景王道怜次子。临川王道规无子，立义庆为嗣，后袭封临川王。史称义庆"性简素"，"爱好文义"，"招聚文学之士，近远必至"（《宋书·刘道规传》），如袁淑、陆展、何长瑜、鲍照等，都是当时著名的文人，特别是鲍照，他是南北朝时期杰出的诗人，因向刘义庆献诗而得到赏识，并擢为国侍郎。《世说新语》实际上就是刘义庆和这些手下文人采摘众书编纂而成的。原名《世说新书》，北宋初年犹称此名，后来才改为《世说新语》。梁刘孝标为之作注，广征博引，所用书达四百余种。原为八卷，刘孝标作注分为十卷，今本分为三卷。全书将汉至东晋士族阶层人物的逸闻轶事，按类编录，计分三十六门，内容非常广泛，反映了士族地主阶级的精神面貌和生活方式，有些篇章对于豪门贵族的荒淫腐朽、凶暴残忍和虚伪成性的丑态都有所暴露。《汰侈篇》中，记王恺与石崇斗富的情况，反映了这批豪贵大肆挥霍人民血汗已达到令人发指的地步。就在这《汰侈篇》中，还揭露了这些人凶残暴虐，甚至以杀人取乐的狰狞面目：石崇宴客，"常令美人行酒，客饮酒不尽者，使黄门交斩美人。王丞相与大将军（王敦），尝共诣崇，丞相素不能饮，辄自勉强，至于沉醉。每至大将军，固不饮以观其变。已斩三人，颜色如故，尚不肯饮。丞相让之，大将军曰：'自杀伊家人，何预卿事！'"短短数语，就把石崇的横暴、王敦的残忍，形象鲜明地勾画了出来，给人们留下了深刻的印象。书中除了记录豪门士族荒淫骄奢的生活情态和颓废空虚的精神面貌外，也有一些篇章描写了忠于友情、顾全大局、廉节自恃和不阿权势的好人好事。由于它在艺术上具有较高的成就，文字简洁精练，叙事生动真切，对后世文学有着深远的影响。从反映社会现实来说，它不仅是一部艺术成就很高的文学作品，而且也是研究当时社会历史的有价值的史学著作。当然，由于作者是从士族阶级的观点来搜集记录这些人物的逸事，加之又为当时的社会风气所囿，对于荒淫无耻的生活和颓废的精神面貌，大多抱着欣赏的态度，这不仅有损他的思想性，同时也给读者带来不良的影响。

3.《高僧传》

《高僧传》为南朝梁释慧皎撰,共十四卷,是我国佛教文献典籍中现存最早、最完整的一部僧人传记。慧皎,会稽上虞(今浙江上虞)人,生平事迹不详,据僧果为《高僧传》所写的跋云:慧皎于梁承圣三年(554)二月"舍化,春秋五十有八",以此上推,当生于齐明帝建武四年(497)。此跋还说:"此传是会稽嘉祥寺释慧皎法师所撰。法师学通内外,精研经律。著《涅槃疏》十卷、《梵网经》等义疏,并为世轨。又著此《高僧传》。"可见慧皎是一位相当有学问的僧人,家中藏书也相当丰富,而对法书大有研究,他能编著出这样一部内容丰富的《高僧传》实属情理之中。在此书编著之前,他做了大量的搜索工作,"博咨故老,广访贤达,校其有无,取其同异"(《高僧传》卷一四)。而在书的序中还明确表示自己是"述而不作"。对于书名,他也作过慎重考虑,摒弃了前此标"名"的做法,如以前曾有过《名德传》、《名僧传》。但都是名不副实,慧皎认为有名者未必德高,那些寡德者因能趋炎附势,就可以得名,而许多品德高尚者则未必有名,特别是那些韬光潜辉、隐居实修者。既然如此,为什么要为那些徒有虚名者立传呢?因此,慧皎决定要为德行高尚者立传,故曰《高僧传》。全书所收人物涉及时间四百多年,"始于汉明帝永平十年(67),终于梁天监十八年(519),凡四百五十三载"。所收人数四百多人,其中正传二百五十七人,旁出附见者二百余人。书中编排还将全部入传者分成十大类("十科"),每类中又按年代顺序编写,按慧皎自己的话说:"开其德业,大为十例:一曰译经,二曰义解,三曰神异,四曰习禅,五曰明律,六曰遗身,七曰诵经,八曰兴福,九曰经师,十曰唱导。"(《高僧传》卷一四)而在每"科"之末作"论"一篇,论述本"科"的意义,有些历史事实不能记入个人传内者,则放到"论"中来说明。这部人物传,不仅内容十分丰富,而且体例也相当完善,可见作者确实是一位学术修养很高的僧人。陈垣先生在《中国佛教史籍概论》一书中,对《高僧传》相当推崇,认为在佛教史籍中,以"《出三藏记集》、《高僧传》为首"。谈到价值,首先就是保存了丰富的史料,汤用彤《慧皎〈高僧传〉所据史料》[①]一文就列举慧皎作《高僧传》时参考的史

[①] 载《汤用彤学术论文集》,中华书局1983年版。

料达七十九种之多,如今这些著作大多散佚,此书自然就更加显得珍贵了。总之,它不仅对研究佛教的历史、佛教的经典有重要价值,而且对于研究中西交通史和中印交通、关系史以及研究当时的社会、政治、经济、文化等方面都有参考价值。详细可参考陈长琦、许展飞二位所撰《〈高僧传〉评介》(载《中国史学名著评介》)。

第三编

主通明变的唐宋元史学

第七章
唐宋元史学的特点

第一节 唐宋元时期社会发展概况

一、各种制度的变化和发展

唐宋元时期是中国封建社会的发展和繁荣时期，特别是唐宋，专制主义中央集权得到进一步的巩固和加强，封建经济空前繁荣，中外经济文化交流更趋频繁，从而促使科学文化事业的长足发展。唐宋时期不仅是中国封建社会的黄金时代，而且在当时的国际上也享有很高的威望。

隋末农民大起义，在很大程度上摧毁了魏晋以来士族豪门在政治、经济上的特权，"关东魏齐旧姓"，"皆沦替"（《旧唐书·李义府传》），"燕赵右姓，多失衣冠之绪"（《唐会要·嫁娶门》），出现了"冠冕皂隶，混为一区"（《新唐书·高俭传赞》）的现象。说明这些地区的名门大姓，不仅失去了世袭的政治特权，而且标志"郡望"等级的谱牒和原来那种门第森严的等级制度也全被打乱了。这样一来，引起了阶级关系的新变化，原来以世族豪门为代表的地主和以部曲为代表的农民的对立，逐步变为以庶族官僚为代表的地主和以佃农为代表的农民的对立。广大农民摆脱了魏晋以来那种奴婢、部曲对地主的严格的人身隶属关系，开始形成了佃农阶层，并成为封建国家的编户，人身依附关系相对地减弱了。因此，从唐代开始，租佃关系得到了普遍的发展。到了宋代，还出现了地主和农民订立契约，以出租土地榨取实物地租的方式剥削农民。随着封建租佃关系的发展，实物地租逐渐成为封建剥削的主要方式，中国封建社会也就进入了一个新的阶段。

随着剥削关系的变化，也相应地引起了阶级斗争的新变化。唐代以前，阶级斗争的焦点是农民为了摆脱对地主的人身依附关系、反对无限期的徭役负担而进行斗争。租佃关系确立以后，实物地租代替了徭役地租而占主导地位，这是生产力发展的表现，但是这种变化并没有使农民摆脱贫困和受压迫的地位，于是在长期的斗争实践中，他们逐渐认识到，地主占有大量土地，而自己没有土地，这是陷于贫困和遭受压迫的主要根源，因而这一时期的阶级斗争，便出现了旨在反对财富不均的新特点。唐末农民起义就已表露出要求"均平"的思想，王仙芝自称"天补均平大将军"绝不是出于偶然，在此之前，浙东裘甫起义就已建号"罗平"，铸印"天平"，反复强调要"平"，正反映当时社会财富的极端不平；在此之后，五代时期的农民起义则提出了"富者贫，贫者富"的口号，而北宋初年王小波起义更明确地提出了"均贫富"的战斗纲领。这一系列事实，充分说明这一时期的阶级斗争，已经进入了一个新的阶段。阶级斗争的这一新特点，正是阶级关系和土地占有方式发生变化后的直接反映。

唐宋以来，由于土地占有方式的变化、租佃关系的普遍发展、农民的阶级地位在一定程度上有所改变——从地主的私属变为人身比较自由的佃农，他们的生产积极性也就随之有了较大的提高，从而促使了社会经济的长足发展，无论农业、手工业、商业和科学技术，都达到了封建社会的繁荣阶段。特别是手工业方面，作坊的规模、产品的种类、制作的技术等，都远远超过了前代。而且随着独立手工业的大量出现，还产生了"行会"组织。在农业和手工业发展的基础上，商业和对外贸易也比前代有了更为显著的发展，不仅出现了许多商业贸易十分繁荣的大都市，而且在农村中也涌现了大量定期开放的集市——草市和镇市。与商品经济的发展相适应，并出现了世界上最早的纸币——交子。上述情况表明，当我国封建社会进入中期以后，各种经济制度都发生了较大的变化。

从政治上来说，专制主义中央集权制的封建统治，在这一时期也得到了进一步的加强。统治者采取了一系列集权政治措施，并对中央到地方的职官制度进行了改革、调整和充实，把用人大权集中到中央。这突出地表现在实行科举考试以选拔人才上。我们知道，选拔官吏，在汉代是实行察举制，魏晋以来又改行九品中正制，在这种制度下，用人大权实际上完全操纵在地方豪族的手中。科举选士正是一种剥夺地方豪族割据势力、加强中央集权的有力措施。在科举制下，与过去任人唯视门第高下的情况不同，强调以才取士，这就比较广泛地向中下层地主阶级知识分子打开了入仕的途径，使广大的庶族地主通过科举参与各级政权机构，使封建政权的基础更为扩大，进一步加强了封建专制统治。

二、印刷术的发明促进了科学文化的传播和发展

纸的普遍使用，对于文化的传播和史学的发展，曾经起过很大的推动作用。但在印刷术未发明以前，书籍都是用手抄写，抄成一部书，不仅很费时间，而且容易抄错，所以书籍的流通受到很大的限制。隋唐之际，我国已经发明了雕版印刷术，到了唐代后期，就被广泛使用。北宋庆历年间（1041—1048），布衣毕昇又在雕版印刷使用发展的基础上，发明了活字印刷术。印刷术的发明、改进和广泛使用，对于文化的传播、普及和提高，都起了很大的促进作用。有了印刷术，书籍的生产快了，错误少了，价格低了，因而流通面也就更为广泛，知识技术的传播也就更为方便，有力地推动了社会经济文化的发展。这是中国人民对世界文化发展的重大贡献。唐代以前，由于书籍靠手抄，成书困难，流传不易，公私藏书量都很有限，西汉时国家藏书为一万三千二百余卷；梁元帝好书，也只收藏了七万余卷。唐开元年间，长安、洛阳两京所藏，共计才十二万五千九百余卷。私人方面，唐宰相李泌之子李繁插架三万轴，要算最多的了。而印刷术普遍使用后，宋朝中央藏书不重复者就将近十二万卷。私人藏书，不但数量大为增多，而且相当普遍，如北宋司马光家藏书一万多卷，宋敏求家藏书三万卷，而王仲至家藏书则多至四万三千卷。后虽经靖康之乱，但南宋藏书之家仍相当可观，如叶梦得的藏书竟多至十万卷，陈振孙亦有五万一千卷。说明随着印刷术的发明和普遍使用，书籍得到了广泛的流通，这对史学的发展无疑也提供了前所未有的方便。

第二节 通史之风的盛行和各种新史体的出现

一、社会上的明变思想促使通史的发达

唐太宗李世民即位不久，便提出了怎样才能使"子孙长久，社稷永安"

的问题，征求大臣们的意见，于是引起了一场"封建"与"郡县"的大争论。这一争论十分激烈，时间也持续很久，一直延续到唐代中叶。争论的实质是巩固中央集权还是维护地方豪族分权的问题。

尚书右仆射萧瑀，出身豪门，是梁明帝的儿子，九岁封新安王，他竭力主张分封，认为历代国祚所以长久者，莫不封建诸侯，"封建之法，实可遵行"（《旧唐书·萧瑀传》）。李百药、魏徵、马周等人都表示反对。

李百药说，如果把古代封建之法行之于今朝，无异"锲（刻）船求剑，未见其可"（《旧唐书·李百药传》）。他还列举历史事实，用古今情势不同的观点对萧瑀的分封说进行了驳斥，指出巩固李唐王朝的封建统治，郡县制势在必行，如果实行分封，就必然会从政治、经济、军事等各个方面削弱中央集权，助长地方割据势力的复活。

唐太宗听了双方的激烈论辩后，果断地采纳了后一种意见。但是这一争论并没有因此而结束，直到唐中叶以后，杰出的政治改革家、文学家柳宗元还曾写了一篇著名的《封建论》进行论战。在这么长时间的辩论中，双方都引用大量的历史事实作为自己立论的依据，这就说明，由于政治斗争的需要，迫切地要求有贯通古今的历史著作出现。

另外，随着选举制度的改变，也发生过一番激烈的斗争。当唐朝正式确定以科举制为选拔官吏的主要制度后，曾引起不少人的反对，如吏部尚书杜如晦在给唐太宗的上书中就曾指出，近来吏部选择人才，只取能说会写的，不考察他的品行，因此，他建议应效法两汉"行著乡闾，州郡贡之，然后入用"（《贞观政要·择官》）的办法取士，也就是要恢复汉代的察举制度。后来刘祥道、刘峣、魏玄同等人也都先后提出过反对科举制的意见。这个争论反映了择官用人权是集中于中央还是分散于地方的问题。争论双方为了说明某种制度的优劣，自然要把各个时期的典章制度全部纳入历史发展的长河中来进行比较，这样，人们也同样迫切要求有丰富的通史知识。

更为重要的原因在于唐宋时代的封建统治者都很重视前代的历史教训，作为自己巩固统治的借鉴。如唐太宗曾说："将欲览前王之得失，为在身之龟镜。"（《册府元龟》卷五五四《国史部·恩奖》）又如司马光撰写《资治通鉴》的目的，就在于"叙国家之盛衰，著生民之休戚"（《资治通鉴》卷六九），"鉴前世之兴衰，考当今之得失"（《进通鉴表》）。既要探明变化之由，寻求演变之迹，自非一朝一代的断代史所能做到，而只有贯通明变的通史才能达到这样的目的。

以上事实充分说明，社会上的明变思想，正是促使这一时期撰写通史之风盛行的重要原因之一。

二、史学本身的发展要求贯通而促使通史的发达

自从西汉司马迁创立纪传体通史以后，直到唐朝初年，六百多年来，除了南朝梁武帝时曾编写过一部六百年的"通史"外，所有史著，无论是编年的还是纪传的，无一不是断代为书。但是到了唐宋，在封建的政治、经济高度发展的社会条件下，史学发展的本身也提出了"通"的要求。为了总结以往史书编纂的经验，了解其长短得失以指导今后史书的撰述，唐代的刘知幾首先写出了《史通》一书，从理论上提出了"通"的要求。

此外，以往的断代史大多都有书志一门，各述其本朝的典章制度，但是各个朝代之间很少沟通。杜佑编撰的《通典》，汇通各朝典章制度而集于一书，开创了制度通史的先河，为史学发展闯出了一条新途径。其后，北宋的司马光编纂了《资治通鉴》，为编年体的通史；南宋郑樵写作的《通志》，则是一部纪传体的通史。这些事实说明，唐宋时期的通史观念已大为盛行，各种史体都在努力求"通"。这不仅是社会上明变求通思想的反映，也是史学本身发展的必然趋势。特别是郑樵，还从理论上论述了史书编纂必须力求贯通的必要性。他说："百川异趋，必会于海，然后九州无浸淫之患；万国殊途，必通诸夏，然后八荒无壅滞之忧，会通之义大矣哉！"同样，史书的编写也必须如此，只有"通为一家，然后能极古今之变"（《通志·总序》）。这个论述是很正确的。既要明变，就得贯通，只有通为一家，才能从中看出历史的发展变化，比较各朝制度的优劣得失。所以他力主编写通史，反对断代为书。唯其如此，他对孔子的《春秋》、司马迁的《史记》推崇备至，把它们视为主通明变的通史创作的楷模。

三、选举制度的改变对史学发展的影响

不论是汉代的察举制，还是魏晋南北朝的九品中正制，都需要对人物进

行品评褒贬。而这种品第人才的选举制度，又都积极地影响着褒贬人物的史学思想的发展，所以汉魏六朝以人物为中心的纪传体史著占据了绝对优势的地位。隋朝开始，采用了科举选士的制度，到了唐代，并确立为选拔官吏的主要制度。这种科举制，与以前的察举制和九品中正制不同，它是以才取士，无须对人物进行褒贬品第，更不受门第资望的限制。这一改变，对史学思想的发展有着一定的影响，因为活人既然不用褒贬，单纯褒贬死者也就失去了政治上的意义和作用，从而也就不能不引起以褒贬人物为中心的史学思想发生相应的变化。同时，选举制度改变以后，社会上议论的中心也随之发生变化，以往议论的都集中在人物上，而现在所关心的却是哪一种制度更有利于加强封建国家的统治。还在唐玄宗时，就先后下令编修了《唐六典》、《大唐开元礼》两书，说明政府对与社会发展、民生利弊、国家安危具有密切关系的典章制度的重视。这种政治上的要求，自然也要直接反映到史学思想上来，于是史家的注意力不再专门集中在纪传体史书的编撰上了。加之隋文帝又曾明令禁止私人修史、臧否人物，唐太宗时更设置史馆，专门从事修史工作，纪传体正史的编撰权全由政府掌握，这样一来，政府虽然重视了，私家却已无人问津。连同上述的种种原因，从此以褒贬人物为中心的纪传体史书退居于次要地位，比较出名的纪传体史著再也不曾出现过，而主通明变的史学思想继之而起，各种史体的通史著作不断涌现，成为这一时期史学发展的主流。特别是反映各个朝代政治的演变、制度的变革，更成为这一时期历史学家从事史学著作的主要任务。

四、新史体的出现和编年史体的新发展

随着时代的发展和各种制度的演变，史学发展到唐宋时代，又产生了许多新的史体。自唐代杜佑仿纪传正史书志之体，搜集整理历代典章制度，编纂成贯通古今的典章制度专史《通典》一书，为史书的著述开辟了新的途径后，这一时期又出现了与《通典》性质相近而专记一朝一代典章制度的会要体史书。当司马光修成《资治通鉴》后，南宋袁枢在研读《资治通鉴》的基础上，写成《通鉴纪事本末》一书，又创立了纪事本末体。虽说此书并无多大新意，但它毕竟自成一体，为史书的编纂提出了又一种新的形式。后来朱熹也由改编《资治通鉴》而撰成《通鉴纲目》一书，于是又产生了一种纲目体。自从司马光创立纪传体以来，在史书的编写上，一直处于独尊的地位。编年体出现虽早，但远远不及纪传体影响之大。司马光编修《资治通鉴》，主要目的在于"穷探治乱之迹"，着重研究历朝治乱兴衰的政治历史，而编年体史书更容易看出时代的发展与变化，更便于比较各种制度的沿革废置及其利弊得失，因此司马光便采用了这种史体。但在具体的纂修过程中，他又努力注意吸取纪传体的长处，避免编年体的缺陷，每遇重大历史事件，采取相对集中叙述的方法，而不使分见多处，从而为编年史体赋予了新的生命力，并对后来的史学界产生了很大的影响。

第八章
唐设史馆修史

第一节　史馆的设立

一、唐代统治者对史学的重视

魏晋以来，许多统治者对于史学是相当重视的，他们设置史官，撰修国史，建立史学，因而史学地位得到很大提高。到了唐代，统治集团对于史学的重视更远远胜过前代。开国君主李渊于武德五年（622），在《命萧瑀等修六代史诏》中就明确提出，编撰史书，必须做到："考论得失，究尽变通，所以裁成义类，惩恶劝善，多识前古，贻鉴将来。"（《唐大诏令集》卷八一）这实际上也就是唐代统治阶级修撰史书的指导思想。唐太宗李世民亦曾多次对大臣们说："以铜为镜，可以正衣冠；以古为镜，可以知兴替；以人为镜，可以明得失。朕常保此三镜，以防己过。"（《旧唐书·魏徵传》）可见他对历史的重要性何等地强调。贞观十年（636），房玄龄、魏徵等上所修周、北齐、梁、陈、隋五部史书，唐太宗十分高兴地说："朕睹前代史书，彰善瘅恶，足为将来之戒。秦始皇奢淫无度，志存隐恶，焚书坑儒，用缄谈者之口。隋炀帝虽好文儒，尤疾学者，前世史籍竟无所成，数代之事殆将泯绝。朕意则不然，将欲览前王之得失，为在身之龟镜。公辈以数年之间，勒成五代之史，深副朕怀，极可嘉尚。"（《册府元龟》卷五五四《国史部·恩奖》）他们为什么这样重视历史著作？唐高祖李渊说是为"多识前古，贻鉴将来"。唐太宗李世民则说是"将欲览前王之得失，为在身之龟镜"。可见他们的用意是完全一致的，都是在于通过以往各代兴亡盛衰历史的了解，从中吸取有益的经验教训，作为巩固自身统治的借鉴。因此，他们不仅力求自己要"以古为镜"，而且还一再教育大臣们，于"公事之闲，宜寻典籍"。也就是要他们阅读历史著作，熟悉前言往行，作为行事的规范。贞观元年（627），唐太宗刚即位，就赐给李大亮一部荀悦的《汉纪》，并指示他："此书叙事既明，论议深博，极为治之体，尽君臣之义，今以赐卿，宜加寻阅也。"（《旧唐书·李大亮传》）说明唐太宗赐书的本意，就在于要大臣们以此为表率，尽心竭力地治理好国家，一心一意地搞好君臣关系。他还亲自为《晋书》写了几篇史论，大谈其治乱得失和对君臣关系的看法。在《武帝纪》的史论中指出："处广以思狭，则广可长广；居治而忘危，则治无长治。"在《宣帝纪》的史论中则说："贪于近者则遗远，溺于利者则伤名"，"顺理而举易为力，背时而动难为功"。要人们安分守己，不要去做那些背时逆理的事情。在这一篇史论中，他还特别强调对于"宝位"，"非可以智竞，不可以力争"，不该你坐"宝位"，你就不得妄动心机。可见他之所以要亲撰史论，目的正是借助历史来论述治国之道，阐发君臣之义。这一精神，实际上成了唐朝史书编写的准则，唐朝的史学就是按照统治集团所提出的这一政治要求在发展的；同时也正由于统治集团对历史的高度重视，使唐代的史学取得了重大的成就。

二、史馆修史和监修制度的形成

我国官修史书最早可溯源至东汉，汉明帝曾命班固等人撰《世祖本纪》和功臣列传载记，其后又由刘珍等人继续纂修，写成《东观汉记》一书。由于这书是奉君主之命而修撰的，所以可视为最早的官修史书。魏晋南北朝时期，奉敕修撰的情况就比较常见了，如王沈《魏书》、韦曜《吴书》、魏收《魏书》等，都是奉君主之命而修撰的，这些书大多为众手分纂，一人裁成，既未开设史馆，亦无大臣监修，名为官修，实同私撰。但这个时期的政府，大多已设有专人掌修国史。《晋书·职官志》云："著作郎，周左史之任也。汉东京图籍在东观，故使名儒著作东观，有其名，尚未有官。魏明帝太和中，诏置著作郎，于此，始有其官，隶中书省。"可见设置专职史官掌修国史，是始于魏明帝太和年间，而且最初是隶属于中书省的。到晋惠帝元康二年（292）才下令将著作郎改隶秘书省，北魏时又于秘书省下设著作局，"高齐及周，迄于隋氏，其史官以大臣统领者，谓之监修"（《史通·史官建置》)。不过当时虽有监修其名，并无监修之实。以上事实说明，隋唐以前，中国史书大都出于私家一二人之手，虽有官修史书，也只不过是个人直接接受皇帝的命令而编写罢了，与私人撰史并无多大区别。隋唐以后，情况不同了。隋文帝开皇十三年（593）下诏说："人间有撰集国史、臧否人物者，皆令禁绝。"（《隋书·高祖纪下》）这一命令不仅说明了中央集权势力的加强，而且也反映了封建统治者对历史著作的重视，因而把国史的纂修工作垄断在中央政府手中。至于政府专门开设史馆，集合众人共同编撰前朝国史的制度，那是到了唐代才开始形成的。武德五年（622），唐高祖李渊采纳令狐德棻的建议，集中一批文臣编修魏、周、齐、梁、陈、隋六朝国史而未成。贞观三年（629），唐太宗更设置史馆于禁中，专修国史，并由宰相任监修，负责领导，又别调他官兼任纂修，下设修撰、司直，从事编纂工作，号曰史官。所修诸史，每部皆派定一人为主修，如魏徵主修《隋书》，李百药主修《北齐书》等。这一措施，是中国封建社会史书编纂工作上的一个重大变化，从此，纪传体正史的编纂大权全由政府掌握，而宰相监修国史也就成为以后历朝修史的定制。政府专门设置史馆并指令宰相监修的修史制度，是国家垄断史书编写的一种形式。这种制度在唐初由于刚刚开始形成，统治集团又很重视修史工作，加之当时有一批具有权威性的大臣和史家参与其事，因此在短时期内就修成了八部史书，进度之快，成书之多，在封建社会中是很少见的。但是时间一久，如同其他官僚机构一样，种种弊端也就逐渐暴露出来了。首先对于监修官吏来说，如果真的起到名副其实的作用，那要求是很高的，不仅要富于史才，而且应具有史识。刘知幾曾经指出："大抵监史为难，斯乃尤者。若使直若南史，才若马迁，精勤不懈若杨子云，谙识故事若应仲远，兼斯具美，督彼群才，使夫载言记事，借为模楷，搦管操觚，归其准的，斯则可矣。"可是后来据此要职者，几乎都是些不学无术之徒在挂名。所以刘知幾又说："今之从政则不然，凡居斯职者，必恩幸贵臣，凡庸贱品，饱食安步，坐啸画诺，若斯而已矣。"（《史通·辨职》）既然政府垄断了纪传体正史的编纂大权，而总掌史馆修史工作的监修又非其人，于是不少有才华的史家不愿进入史馆，他们往往根据史学的发展和政治形势的需要，转而从事于其他史体的创立和研究。所以隋唐以后，其他的史体方面出现了不少有名的著作，而纪传体史著出名的则一部也不曾产生过。

第二节　起居注和实录

　　我国古代对帝王事迹的记载是很重视的，所以史官制度向来比较健全。在先秦就有所谓"君举必书"的制度，并且在古籍中还有"左史记言，右史记事"和"动则左史书之，言则右史书之"的记载。虽然实际情况不一定如此机械，未可全信，但至少说明在古代对于君主的言行是有记载的。到了汉代，据说是由宫中女史担任此职，而在汉以后，则历代都有史官专职记录皇帝每天的言行，称为"起居注"。魏晋时期，多以著作郎兼修起居注，并无专职起居注官。到了北魏，始置起居令史，另外还有修起居注、监起居注等专职官员，掌侍从皇帝，记录皇帝言行。隋代则于内史省（中书省）设起居舍人；唐宋又于门下省设起居郎，和起居舍人分掌其事。元代以给事中兼修起居注，明初又专设起居注官，清代则以翰林、詹事等日讲官兼充，称日讲起居注官。关于这类记载，较早的有汉武帝时《禁中起居注》，东汉《明帝起居注》和唐代温大雅写的《大唐创业起居注》。当然，这类书籍不一定都是专职起居注官所记述，如《大唐创业起居注》的作者原来便是李渊的记室参军，他根据自己的见闻，记述了从李渊起兵、攻克长安直到称帝这一段唐王朝创建过程的历史，对研究唐初历史具有重要参考价值。

　　唐朝开始，宰相又自撰"时政记"。宋以后，更命著作郎依据起居注、时政记撰成"日录"，或称"日历"。同时从唐设史馆开始，每当新君即位，都要命史官根据前一皇帝的起居注、时政记、日录等书，重新汇总，纂修一部前一皇帝的编年史长编，即"实录"，以后遂成定制。"实录"之名早在南北朝时期就已出现。《隋书·经籍志》就著录有周兴嗣的《梁皇帝实录》三卷，记武帝之事；谢昊的《梁皇帝实录》五卷，记元帝之事，皆为官修之书。但因早已失传，其内容、体例均已无从了解。唐、五代、宋、辽、金、元各代实录，也大都已经亡佚。现存最早的一部完整的实录，是韩愈所撰的唐朝《顺宗实录》五卷。稍后则有北宋钱若水等所撰的《宋太宗实录》二十卷，但已残缺不全。至于整个朝代的实录而又比较完整地保存到今天的，只有《明实录》和《清实录》。从现存的实录中，我们可以了解到其体例如同编年史的"长编"，年经月纬，将重要事件分别归属。由于实录内容十分繁富，凡各种政治设施、军事行动、经济措施、自然灾祥、社会情况等等都有详细记录；同时从诏令奏议、百司重要案牍，以至大臣生平事迹，也大都选载，加之这些材料都有可靠的档案作为依据，尽管其中多有曲笔讳饰，但史料价值仍比一般记载为高，为后来编写该朝正史提供丰富的史料。从严格的意义上讲，实录还算不上是著作，而只是一种史料的汇编，所以新旧《唐书·艺文志》均把实录列于记注一类。

《大唐创业起居注》是李渊当年起兵后任记室参军，贞观年间位至礼部尚书，封黎国公的温大雅所著，不仅是当代人写当代事，而且是写亲身经历之事，所记之事容易做到符合实际。温大雅字彦弘，太原祁（今山西祁县）人。曾任隋东宫学士、长安县尉，后以父忧去职。隋末农民起义后，他隐居不再做官。大业十三年（617），李渊做了太原留守，对温大雅非常重视，故起兵后就以他为大将军记室参军，专门掌文翰，负责各种文书工作，凡以李渊名义发布的各种公文都是出自他手。武德元年（618），迁黄门侍郎。不久又为工部侍郎。武德四年（621）开始，温大雅便成为秦王李世民集团的重要人物，在秦王集团与太子集团冲突中，温大雅显然是站在秦王一边，并很受器重，据《资治通鉴》武德九年六月记载："秦王世民既与太子建成、齐王元吉有隙，以洛阳形胜之地，恐一朝有变，欲出保之，乃以行台工部尚书温大雅镇洛阳"，足见李世民对他的重视。

关于《大唐创业起居注》的撰写时间，史籍记载不详。牛致功先生根据《史通·古今正史》篇的记载作了考订。《古今正史》载："惟大唐之受命也，义宁、武德间，工部尚书温大雅首撰《创业起居注》三篇。"又载："武德元年，历黄门侍郎，撰《创业起居注》三卷。"据此，致功先生结论曰："看来，义宁、武德间'首撰'，武德元年完成，是无须惑疑的。《史通》的作者刘知幾生于唐高宗龙朔元年（661），死于唐玄宗开元九年（721），其《史通》成于中宗景龙四年（710）。李渊建唐与《史通》成书仅距八十一年，刘知幾对《创业注》的完成时间不会没有根据。"（《〈大唐创业起居注〉评介》，载《中国史学名著评介》）这个结论的确是毋庸置疑的。

《大唐创业起居注》是历史上留下的唯一的一部以"起居注"命名的史籍，从史体的发展和史籍本身来说，都是弥足珍贵的。而从史料价值来看，乃是出于第一手材料。因为作者从起兵一开始就掌管军中各种文书工作，因此军中各种大事乃至机要文件无一不经过其手，他对当时的军中一举一动都了如指掌。当然，记载大唐建国的这段历史，对他来说是无须费多大力气的。况且作为当事人来记载这段历史，比起后人追述应当更容易符合实际。而后来成书的两《唐书》和《资治通鉴》中，李渊是位无所作为的人，只有李世民才是雄才大略、精明强干。从太原起兵到大唐建立，他成了主谋者。而《大唐创业起居注》的记载则全然不同。实际上李渊是位智勇双全的政治家和军事家，他才是太原起兵的主谋者和决策者，这在《起居注》中都有所反映，并且他早就有改朝换代的打算。所以我们可以这样讲，温大雅后来虽然是秦王集团的重要成员，但他早年则是受到李渊的重视，他没有必要贬低两人中的任何一人，况且其书在武德元年（618）已经完成。这些事实都足以说明，《大唐创业起居注》记载大唐开国之初这段历史还是可信的。

第三节　唐初史馆所修之五代史和《晋书》

一、唐初史馆所修之五代史

贞观三年（629），为了修纂五代史，唐太宗特于中书省置秘书内省，并命姚思廉撰《梁书》、《陈书》，李百药撰《北齐书》，令狐德棻、岑文本撰《周书》，魏徵、颜师古、孔颖达撰《隋书》，而由魏徵总监诸史。贞观十年（636）正月，五史修成，共纪、传二百四十一卷。当时五史全未编志。书奏进后，唐太宗十分高兴地说："公辈以数年之间，勒成五代之史，深副朕怀，极可嘉尚。"并对每人"进级颁赐各有差"（《册府元龟》卷五四四《国史部·恩奖》）。

姚思廉和李百药的著述，皆各有家学渊源。姚思廉的父亲姚察，在南朝陈时任吏部尚书，入隋后撰梁、陈二史，未成而卒。《陈书·姚察传》云："梁、陈二史本多是察所撰，其中序论及纪、传有所阙者，临亡之时，仍以体例诫约子思廉，博访撰续。"此为思廉自撰父传，当得其实。所以赵翼说："两朝数十卷书，经父子两世纂辑之功始就。"（《陔余丛考》卷七）而作为姚察，撰写人物传记又是其所长，故《陈书》本传云："察既博极坟素，尤善人物，至于姓氏所起，枝叶所分，官职姻娶，兴衰高下，举而论之，无所遗失。"《梁书》纪传末的史论第一句，凡作"陈吏部尚书姚察曰"的，当均属姚察手笔，类此者共有二十五篇，约占全书一半。《陈书》则只首两卷如此，其余并题"史臣曰"。可见这两书虽并题姚思廉撰，而实际上是父修子续，是他们父子两人共同创作的成果。不过在两书当中，姚思廉于《梁书》因袭父作的居多，而《陈书》因袭者则较少。李百药的父亲李德林，仕北齐时已"预修国史，创纪传书二十七卷"，至隋文帝开皇初，又"奉诏续撰，增多齐史三十八篇"（《史通·古今正史》）。李百药本人历仕隋唐，在唐初先后任职中书舍人、散骑常侍，曾奉命修订过五礼、律令。贞观元年（627）奉诏撰《齐书》，据父旧稿，杂采他书，成《北齐书》五十卷，其中本纪八卷，列传四十二卷。但自北宋以后就渐散佚，是五代史中残缺最严重的一部。后人曾取《北史》和《高氏小史》等书补之，以致在书中出现书法不一、称谓不同的混乱现象，有的有史论，有的没有史论；有的称"史臣曰"，有的但作"论曰"；有的帝纪称庙号，有的称"谥法"；列传中有的详叙籍贯，有的则没有，等等。这些都表现出后人修补的痕迹。

由于这五部史书为众人所分撰，因此体例、书法都不一致。如《北齐书》有论有赞，其他四史则有论而无赞。《隋书》有列女传，其他四史皆无。但在贯彻唐初统治者所提出的"彰善瘅恶，足为将来之戒"这一史学指导思想上，又是完全一致的。关于这点，《隋书》表现得更为突出。

唐初编修的五代史中，《隋书》是比较好的一部。贞观三年，唐太宗命魏徵主编《隋书》，《旧唐书·魏徵传》云："徵受诏总加撰定，多所损益，务存简正。《隋史》序论，皆徵所作。"可见魏徵不仅任主编，而且还亲自动手写了序、论。同修的除监修房玄龄外，还有颜师古、孔颖达、许敬宗等人。贞观十年，完成了纪、传两部分，计五十五卷。由于众手写成，加以篇幅庞大，因而在记事方面难免存在一些自相矛盾的地方，如《文帝本纪》载"善相者赵昭"，而《艺术传》作"耒和"；本纪谓"以贺若弼为楚州总管"，而贺若弼传则作"吴州"。但就全书来看，与唐初所撰其他几部史书相比较，《隋书》算是比较好的一部，它叙事简练，文笔严谨。书中虽有隐讳之处，但从总体看基本上能做到据事直书。特别是史论部分，还具有一定的特色和独到的见解。

二、《五代史志》

唐朝人把梁、陈、齐、周、隋五史合称"五代史"。由于"五代史"在编成时都没有志，所以到了贞观十五年（641）又诏修五代史志，命于志宁、李淳风、韦安仁、令狐德棻、李延寿等编纂，由令狐德棻、长孙无忌先后任监修，历时十五年，到高宗显庆元年（656）才完成，其中《礼仪志》七卷，《音乐志》、《律历志》、《天文志》各三卷，《五行志》二卷，《食货志》、《刑法志》各一卷，《百官志》、《地理志》各三卷，《经籍志》四卷，共三十卷。书成后，"俗呼为《五代史志》"（《史通·古今正史》），最初是离五史而别行的。因为它是五代史的合志，故其内容与五代史纪传相配合，但详于隋而略于梁、陈、周、齐。从体例上说，又都以隋为主，因而记隋事均尊称"高祖"或"炀帝"。五史既各自单行，而志又难分割，在编撰时即按《隋书》的组成部分处理，加之"隋以五史居末"，后遂"编入《隋书》"，"专称隋志"。于是有些不知原委的人误疑隋志为"失于断限"。这十志最为后人所推许，郑樵说："隋志极有伦类而本末兼明，惟晋志可以无憾，迁、固以来皆不及也。正为班、马只事虚言，不求典故实迹，所以三代纪纲，至迁八书、固十志，几于绝绪。虽其文采洒然可喜，求其实用则无有也。观隋志所以该五代南北两朝纷然殽乱，岂易贯穿？而读其书，则了然如在目，良由当时区处，各当其才，颜、孔通古今而不明天文地理之序，故只令修纪传，而以十志付之志宁、淳风辈，所以粲然具举。"（《通志·艺文略三》）这一方面说明了五代史志的价值不同于五代史纪传，它在史学上具有很高的地位，对于书志体有很大的发展，为后来典章制度专史的建立起了承先启后的作用；另一方面也说明了编纂者的得人。当时人才很多，安排也很得当，能够各尽其才。这一点很重要，如果用非所长，势必不能收到良好的效果。从这一点讲，也可看出唐初统治者在学术上的组织能力。就五代史志的内容看，它比过去所有各史书志的内容都为丰富，《食货志》和《刑法志》在十志中篇幅最小，但却写出了东晋以后南北朝到隋劳动力的占有、课役的等级制度和货币制度，写出了梁、陈、齐、周、隋的律书的编定情况。《地理志》以隋炀帝大业五年（609）的版图为准，记载了全国的郡县户口及所在山川河流，还记录了梁、陈、齐、周的建置因革和风土情况。《律历》、《天文》两志，都是唐初天算家李淳风的手笔，不仅记述了这五个朝代在天文、历法方面所取得的成就，而且还反映了作者在这些方面独特的造诣。特别是《经籍志》，对后来学术文化的发展有很大的影响，它是《汉书·艺文志》以后，对古代著作的第二次全面性的总结。它开宗明义地总论了经籍的起源和发展，介绍了经籍的几经毁灭散失和访求，论述了经籍的收藏缮写和著录。它把经籍分为经、史、子、集四部，然后又在经部之下分十类，史部之下分十三类，子部之下分十四类，集部之下分三类。四部之后又附道、佛两录。这种做法，实取法于梁阮孝绪的《七录》之例。四部各书，皆著录书名、卷数、作者职官姓名，并著录亡佚之书。每类之后，各有小序一篇，叙其源流演变；每部之后又各有大序一篇。佛、道两录，仅载其每类卷数，不著录书名，也各有大序一篇。《经籍志》的四部分类法，在唐以后的目录学发展上有其极重要的地位，它直接影响了后来图书的分类和编目。早在西汉时期，刘歆撰成《七略》，首次提出分书籍为七类。东汉初年，班固《汉书·艺文志》虽取六略，其实亦仍《七略》之旧。魏晋时期，始有荀勖提出甲、乙、丙、丁四部分法，以经为甲部，子为乙部，史为丙部，集为丁部。东晋李充，"因荀勖四部之法，而换其乙丙之书"，即定史部为乙，子部为丙。虽同属四部分类，但排列顺序已不同，前者为经子史集，后者为经史子集。次序的变动，反映了学术的发展变化。《晋书·李充传》说，当李充提出经史子集的分类以后，"秘阁以为永制"。于是从南北朝以来，凡政府秘阁藏书皆以甲乙丙丁为部次，官撰书目亦必依所藏之书著录，皆只四部而已。故南朝宋时王俭虽不同意四部分类，而所撰《元徽书目》，仍用四部之法，但另外他又以私意仿刘歆《七略》别撰《七志》。至如梁时阮孝绪所作的《七录》，以及隋开皇十七年（597）许善心仿《七录》之体而著成的《七林》等私人所撰书目，亦仍沿用《七略》旧例而稍加变更而已。可见自南北朝至隋，我国的图书分类法是七略与四部同时并行着的，但从总的趋势看，已处在由前者转向后者的一个过渡时期。唐初修五代史志时，作者面对着这一现实，根据学术发展的情况，决定采用四部分类。因此，四部分类虽不是他们的首创，但仍反映出其独到见解。从此之后，四部分类法遂成为中国图书分类的不变之成法。

三、《晋书》

唐初流行的晋史，虽有十八九家之多，但唐太宗都不满意，贞观十八年（644），遂命房玄龄等重修《晋书》，先后参加编撰的有李延寿、令狐德棻、褚遂良、李淳风、许敬宗、上官仪等二十人，而负修撰实际责任者为令狐德棻，房玄龄不过是监修而已，所以《旧唐书·令狐德棻传》说：编修工作"并推德棻为首，其体制多取决焉"。因为有各家晋史可资参考，编修人员又较多，所以只用了三年时间就写完了全书。由于其中的宣帝（司马懿）、武帝（司马炎）二纪和陆机、王羲之两传，唐太宗亲自撰写了论赞，故题为"御撰"。此书成后，"言晋史者皆弃其旧本，竞从新撰"（《史通·古今正史》）。特别是经过安史之乱，故籍散亡，十八家晋史统归沉沦，此书遂成为流传至今的唯一的《晋书》了。这不只是因为它是皇家官撰之书，更重要的还在于它有自己的长处。

全书包括从晋武帝泰始元年（265）到晋恭帝元熙二年（420）一百五十六年的历史（其中西晋四帝，东晋十一帝），并追述了晋的先世司马懿等自汉以来的事迹，共一百三十卷。除帝纪十卷、志二十卷、列传七十卷外，尚有载记三十卷，记载了各族统治者在北方所建立的"十六国"史事。首先，《晋书》是一部真正成于众手的官修史书。虽然《晋书》所包括的年代，较之前后汉史都要短些，但因史事错综复杂，比之两汉史都要难写得多，能够在短时间内取得如此成就，是有其多方面原因的：一则有各家晋史为基础；再则参加修撰的史家大都具有真才实学；加之唐王朝初年统治者在学术上的组织能力，等等。因此，书虽成于众手，但具有较高的质量和自己的特色。如李淳风是著名的星历专家，主修天文、律历、五行三志，自然比较精确；令狐德棻等人长于文学，其纪传叙事，文字简洁而颇有声色。诚如赵翼所说："令狐德棻等，皆老于文学，其纪传叙事，皆爽洁老劲，迥非魏、宋二书可比。而诸僭伪载记，尤简而不漏，详而不芜，视《十六国春秋》，不可同日语也。"（《廿二史劄记》卷七《晋书二》）其次，从体例来讲，它与前四史有一点明显的不同，即增设了"载记"。十六国中除前凉、西凉载入列传，其余都是以载记的形式来叙述这些割据政权的兴亡。并且载记叙事，详略相间，首尾相次，远胜于帝纪的单调刻板。尤其值得注意的是，载记对这一段历史的叙述，反映了大一统思想的特色，除了仅称这些割据政权为僭伪外，不再以南夷北虏相称，这与南北朝时期所修之史书，南称北为索虏、北以南为岛夷的对立态度全然不同。而全书人物列传的排列，亦多以类相从。第三，就内容而言，《晋书》成书距晋亡已二百多年，除因袭旧文者外，有意的讳饰很少，每个帝纪之末，多陈述得失，无所规避，与魏晋南北朝所撰史书不同。第四，史料丰富，除参阅十八家晋史外，凭借资料不下三十余种，此外，还搜集了相当数量反映当时社会生活的故事小说，如刘义庆的《世说新语》、干宝的《搜神记》等书。故《旧唐书·房玄龄传》说，此书"参考诸家，甚为详洽"。特别是列传中还选录了不少反映当时社会情况的有用文章，如《刘寔传》中的《崇让论》，可以"见当时营竞之风"；《裴𫖯传》中的《崇有论》，批判了以王衍为首的玄学虚谈之习；《鲁褒传》中的《钱神论》，讥刺了和峤之流的钱癖及社会上盛行的贪污之风；《刘毅传》中的《论九品中正制有八损》，揭露了九品中正选举制度的流弊；《皇甫谧传》中的《笃终论》，指斥了厚葬的祸害；《陆机传》中的《辨亡论》，分析了东吴亡国的原因，等等。总之，《晋书》在官修的正史中，确是有它的长处和特色的。

至于《晋书》存在的问题，从编纂方面看，由于众人合修，缺乏统贯，全书各部分不能协调一致，致使前后重复，彼此失却照应，甚至相互矛盾的地方还是不少的。就内容方面讲，取材"好采诡谬碎事"，而于"僭伪诸国为尤甚"，往往把与历史毫无关系的、庸俗的逸闻轶事，亦都写入书中。赵翼在《廿二史劄记》中曾专列《〈晋书〉所记怪异》一目加以列举批评。加以执笔之人大多长于诗词文赋，不娴于史法，对史料的甄别取舍不十分注意，却有片面追求辞藻华丽的倾向，何况唐初文士又例以骈俪相尚，因之四六体的文辞充满全书，所以后人批评它"竞为绮艳，不求笃实"。再就思想性方面来说，《晋书》更为突出地反映了唐初统治者对史学所提出的政治要求，卖力地为巩固李唐王朝的统治而说教。《晋书》创立了《叛逆传》，把农民起义领袖孙恩等和有功北伐而又"凌驾"、"无君"的桓温等都列入其中，并再三指出"宝命不可以求得，神器不可以力征"（《桓温传·论赞》），"神器不可以暗干，天禄不可以妄处"（《桓玄传·论赞》）。实际上这个基调是唐太宗本人定下来的，他在《宣帝纪·论赞》中就大力宣扬了"天未启时，宝位犹阻，非可以智竞，不可以力争"。史臣们只不过是依调唱和而已。宣扬这种天命论，无非为了麻醉人民，抵制革命，以保持李唐政权的长治久安，这正是唐朝统治者及其御用文人官修史书的政治目的。此外，有些论赞因一味追求文辞华丽，四六骈体，不能起到应有的评价作用；有些论赞则议论不当，批评失实，或夸之过分，或贬之太严，这些也都有损于信史之声誉。

第四节　李延寿的《南史》和《北史》

唐初所修史书，除上述六部史馆官修者外，还有两部私人的撰著，即李延寿的《南史》和《北史》。

李延寿字遐龄，相州（今河南安阳）人。贞观中，官太子典膳丞、崇贤馆学士，迁符玺郎，兼修国史。先后参与编修《晋书》和《五代史志》，并成《太宗政典》。其父李大师也是一位历史学家，尝患南北朝时期政治上南北分隔，所撰史书相互对立，为了适应隋唐的统一形势，着手撰写一部编年体的南北朝通史，书未成而卒。李延寿继承其父未竟之业，改编年为纪传，利用参加史馆修史之余暇，抄录勘究，参酌杂史，奋笔十六年，撰成《南史》和《北史》两书。《南史》起自宋永初元年（420），止于陈祯明三年（589），记载了南朝宋、齐、梁、陈四朝一百七十年的历史。有本纪十卷、列传七十卷，共八十卷。《北史》始于魏登国元年（386），终于隋义宁二年（618），记载了北朝魏、西魏、东魏、齐、周、隋六朝二百三十三年的历史。有本纪十二卷、列传八十八卷，共一百卷。李延寿编纂《南》、《北》史，是在他父亲所撰旧稿的基础上进行的，自称"家有旧本"。又因参与史馆修书，有机会看到国家收藏的各种史籍，特别是南北八代史书和新编的五代史，加之又始终得到令狐德棻所给予的鼓励和赞助，因而得以顺利完成。

《南》、《北》史的编纂，正如作者自己所说，"依司马迁体，以次连缀之"（《北史·序传》）。即采用纪传通史的体例，对南朝、北朝历代史书加以删削、整理和编纂，使之连成一气。因此，除了在史料的剪裁、排比、抄录上花费大量功力外，并无别识心裁，更无创新立意。他在上书表中曾讲到了他修书的目的与做法："唯鸠聚遗逸，以广异闻；编次别代，共为部帙；

除其冗长,捃其菁华。"(同上)《南史》主要以宋、齐、梁、陈四书为基础加以删削和补益,其中对《宋书》删减最多,梁、陈二书删减较少。《北史》则依据《魏书》、《北齐书》、《周书》、《隋书》进行损益。"于魏、齐、周正史,间有改订之处,惟于隋则全用《隋书》,略为删节,并无改正。"(《廿二史劄记》卷一三《北史全用隋书》)二史相较,《北史》较好,《南史》失之过简。行世以后,诸家评论意见不一。司马光说:"光少时惟得《高氏小史》读之;自宋迄隋正史,并《南北史》,或未尝得见,或读之不熟。今因修南北朝《通鉴》,方得细观,乃知李延寿之书,亦近世之佳史也。虽于机祥诙嘲小事,无所不载,然叙事简径,比于南北正史,无烦冗芜秽之辞,窃谓陈寿之后,惟延寿可以亚之也。渠亦当时见众人所作五代史不快意,故别自私著此书也。"(《司马文正公传家集》卷六三《贻刘道原》)《新唐书·李延寿传》亦称《南北史》"颇有条理,删落酿辞,过本书远甚"。可见两人对李延寿的评价是很高的。可是南宋朱熹则不然,他认为"《南》《北》史除了《通鉴》所取者,其余只是一部好笑的小说"(《朱子语类》卷一三四)。王鸣盛更认为《新唐书》的评论是"瞽说",他说:"其书疵病百出,不可胜言。《新唐》云颇有条理,愚则谓其甚少条理。又云删落酿辞,愚则谓其删落处不当而欠妥者十之七八。若云过本书远甚,则大谬不然。"(《十七史商榷》卷五三)两种评价截然相反,其实是各有他们的道理,又各有他们的偏见。

笔者认为南北朝八史,芜杂而臃肿的缺点是比较突出的,经过李延寿的笔削,确实比原书要简洁易读得多,这是事实。所以赵翼说:"《南》《北》史以简净为主,大概就各朝正史删十之三四。如每代革易之际,以禅让为篡夺者,必有九锡文,三让表,禅位诏册,陈陈相因,遂成一定格式。《南》《北》史则删之,而仅存一二诏策。其他列传内文词无关轻重者,亦多裁汰,如许善心《神雀赋》,《隋书》全载原文,《北史》但记其事而不载其赋,如此类者,不一而足。"(《廿二史劄记》卷一三《南北史两国交兵不详载》)可见李延寿对旧书冗杂文章的删削是很有必要的。在删削的同时,李延寿在南、北二史当中,也增补了一些八书以外的新材料,所增内容,赵翼在《廿二史劄记》中亦曾有所列举,虽说荒诞的内容不少,毕竟也有可取之处。另外,由于李延寿是北人,对于北方的事情知道得更多一些,他在《北史》的写作上所下的功夫，也较《南史》为大，所以《四库全书总目提要》称赞它"叙事详密，首尾典赡"。赵翼也肯定《北史》不失为一部"良史"。再者，由于书成于唐代，可以据事直书，无所忌讳。如晋恭帝被迫让位于宋武帝刘裕后，恭帝虽一度封为零陵王，结果仍被杀害，此事在《南史·武帝本纪》中直言不讳。又如宋文帝之死，在《南史》中毫不含糊地记载："元凶劭构逆，帝崩于合殿"，说明文帝是被刘劭所杀害的。而萧道成杀害宋顺帝的事迹亦载于《南史》中。另外，当萧道成代宋自立为帝以后，有些忠于宋的大臣如沈攸之、袁粲等人曾起兵加以反对，《齐书》称他们为"叛逆"，在《南史》中却直称为"举兵，不从执政（指萧道成）"，"（袁粲）欲诛萧道成，不果"。这都说明，李延寿在纂辑《南》、《北》史时，曾删去了一些讳饰之词，恢复了事实的真相，对于研究南北朝的历史来说，还是有一定积极意义的。可见李延寿的《南》、《北》史，确实有不少地方是远远胜过旧书的。

当然，李延寿对于八书史事删削不当之处也是很多的，如《宋书·颜浚传》中的《铸钱两议》，《宋书·孔季恭传》中的《垦湖四议》，《南齐书·竟陵王子良传》中的《垦荒田疏》、《谏租布折钱疏》，等等，都是关系到当时社会生产、经济发展的大事；而北魏李安世关于均田的奏疏、梁范缜关于神灭的辩论，都是研究当时阶级关系和意识形态的宝贵材料，《南》、《北》史或全部删除，或留存无几。所以王鸣盛批评他不认识有关国计民生大事的重要性，也是有一定的根据和道理的。另外，附传太滥也是《南》、《北》史的一大缺点，往往一人立传，不论时代早晚，好几代子孙全都附上，无异于世家大族的家谱。再者，若一家数世历仕各朝，《南史》一概记入宋传，《北史》全部纳入魏史，这样的编排处理，虽然在一定程度上反映了南北朝的门阀士族垄断的社会现实，但检阅起来终究极为不便。可见《南》、《北》史所存在的缺点也是不少的。不过从总的方面看，还是值得肯定的，它们与南北朝的八史并行不悖地流传到今天，这一事实本身就足以说明这一点。

第九章
杰出的史学评论家刘知幾

第一节　刘知幾著《史通》

一、刘知幾著《史通》

1.《史通》的产生是史学发展的要求

唐代是我国封建社会最强大的一个王朝。政治上的统一，经济上的繁荣，提供了文化发达的坚实基础，也为史学的发展创造了有利的条件，加之唐初统治者对史学的重视和提倡，因而史学在唐代获得了重大的发展，不仅产生了《晋书》、《梁书》、《陈书》、《北齐书》、《周书》、《隋书》和《南史》、《北史》八部纪传体正史，而且出现了我国封建社会中第一部典章制度通史——《通典》和第一部史学理论专著——《史通》。这两部巨著的诞生，也是千百年来史学长期发展的结果。特别是《史通》，它是适应史学进一步向前发展所提出的要求的产物。孔子作《春秋》，不仅建立编年史体的雏形，而且对后来的史学思想有着重大的影响。司马迁著《史记》，则又创立了以人物为中心的纪传史体，由于统治者的利用，政治形势发展的要求，加之史学家的竞相模仿，因而在史学发展中一直处于优势地位。唐代以前，历代史家沿用着这两种史体，编撰了大量的史学著作，据《隋书·经籍志》所载，著录的经史子集四部书，存亡合计四千七百五十七种、四万九千四百六十七卷，而史部的书存亡合计竟达八百六十七种、一万六千五百五十八卷，约占书籍总种数的十一分之二，总卷数的三分之一强。这个数字是十分可观的。长期以来编写的史书，虽然大多沿用纪传、编年两种体裁，但还是有所创造、变化和发展的，其中曾出现了许多优秀的史家和著名的史学著作。同样，史学思想也随着时代的不同而在不断地发展变化着。对于以往史学的发展，如何从理论上加以总结和评论，以便进一步推动和指导今后史学的发展，就成为当时迫切要求解决的一个大问题。特别是纪传体史书更是如此。司马迁创立这一史体后，章学诚肯定它"实为三代以后之良法"。可是由于后世史家大多袭用其成法而不加变通，以致变成了如守科举之成法，如治胥吏之簿书，只知求全于纪表志传之成规，不敢稍作破格变通之尝试，于是使这种史体逐渐失去了它应有的生命力。刘知幾的《史通》，正是面对着史学发展所提出的要求而写作的。因此，它的出现实为中国封建社会前期史学发展的必然产物。

2. 刘知幾的生平和著作

刘知幾，字子玄，徐州彭城（今江苏铜山）人。生于唐高宗龙朔元年（661），卒于唐玄宗开元九年（721），享年六十一岁。当他"年在纨绮，便受《古文尚书》"。十二岁即读《左传》，"所讲虽未能深解，而大义略举"，"期年而讲诵都毕"。十三岁又读《史记》、《汉书》、《三国志》，"欲知古今沿革，历数相承，于是触类而观，不假师训"。到了十七岁那一年，已经遍读诸史，据他自己讲："自汉中兴已降，迄乎皇家实录，年十有七，而窥览略周"，"但于时将求仕进，兼习揣摩，至于专心诸史，我则未暇"（《史通·自叙》。本章凡不特别注明者，均出自《史通》一书）。二十岁考取进士，任获嘉县（今属河南）主簿，这是一个主管文书的小官。在此任上一十九年而未升迁，可见他早期的政治生涯是并不得志的。从此，他便集中精力对历史进行更为广泛深入的阅读和研究，自云："洎年登弱冠，射策登朝，于是思有余闲，获遂本愿。旅游京洛，颇积岁年，公私借书，恣情披阅。至如一代之史，分为数家，其间杂记小书，又竟为异说，莫不钻研穿凿，尽其利害。"（《自叙》）因而在史学上得到很大进步，为后来写作《史通》打下了坚实的基础。在这期间，他还于天授二年（691）和证圣元年（695）先后两次上书，陈时政之得失和请汰尸位素餐之官吏。武则天虽"嘉其直"，但却"不能用"（《新唐书·刘子玄传》）。直到三十九岁，才由获嘉县调往长安任定王府令曹，但不久又指派他去同李峤、徐颜伯、张说等二十六人，一道编纂《三教珠英》。两年后，即长安元年（701）十一月十二日书成，计一千三百卷。长安二年，刘知幾开始担任史官，先以著作佐郎兼修国史，不久，迁左史，撰起居注。第二年，"奉诏预修《唐史》"，同修者有李峤、朱敬则、徐彦伯、魏知古、徐坚等人，成《唐书》八十卷。

担任史官，对刘知幾来说，本是学得其用，非常恰当的，可是实际情况并不如此。在当时的史馆中，一切都要仰承监修的旨意，刘知幾虽然身任史官，却不能按照自己的见解进行撰著，并常常遭到讥笑和排挤。《史通·邑里》篇自注云："时修国史，予被配纂《李义琰传》。琰家于魏州昌乐，已经三代，因云'义琰，魏州昌乐人也'。监修者大笑，以为深乖史体。遂依李氏旧望，改为'陇西成纪人'。既言不见从，故有此说。"又《自叙》亦云："长安中，会奉诏预修唐史。及今上（指唐中宗）即位，又敕撰《则天大圣皇后实录》。凡所著述，尝欲行其旧议。而当时同作诸士及监修贵臣，每与其凿枘相违，龃龉难入。故其所载削，皆与俗浮沉。虽自谓依违苟从，然犹大为史官所嫉。嗟乎！虽任当其职，而吾道不行；见用于时，而美志不遂。郁怏孤愤，无以寄怀。必寝而不言，嘿而无述，又恐没世之后，谁知予者。故退而私撰《史通》，以见其志。"不过刘知幾写作《史通》的打算那是早就定下了的，这在《叙事》篇、《浮词》篇和《自叙》篇中均有表述。长安四年（704），拜凤阁舍人，暂停史职。在此期间，遂撰《刘氏家史》十五卷，《谱考》三卷。次年，则天死，中宗即位，刘知幾又任著作郎、太子中允、率更令等，兼修国史，并于这年开始，同徐坚、吴兢等撰《则天实录》，神龙二年（706）成书三十卷。当时"韦武弄权，母媪预政。士有附丽之者，起家而绾朱紫"。由于刘知幾为人介直自守，"无所傅会，取摈当时"（《忤时》），因而累岁不迁。景龙三年（709），方"驿召至京，领史事，迁秘书少监"（《新唐书·刘子玄传》）。但统治集团极端腐朽的现实情况使他深感不满："于时小人道长，纲纪日坏，仕于其间，忽忽不乐"（《忤时》），因此，他便给监修国史的萧至忠等写信，坚决要求辞去史官职务。离开史馆后，刘知幾便集中精力从事《史通》的写作。在他五十岁那年，《史通》编次成书。《史通·自序》云："尝以载削余暇，商榷史篇，下笔不休，遂盈筐箧。于是区分类聚，编而次之……凡为廿卷，列之如左，合若干言。于时岁次庚戌，景龙四年仲春之月。"这部书是他毕生从事史学研究的心血结晶，他的好友徐坚看了后十分推崇，认为"居史职者，宜置此书于座右"（《旧唐书·刘子玄传》）。睿宗景云元年（710），迁太子左庶子兼崇文馆学士，依旧预修国史，并加银青光禄大夫。玄宗开元三年（715），迁左散骑常侍，仍兼知史事。在这几年中，他先后与柳冲、徐坚等撰《姓族系录》，与吴兢刊定《则天实录》，撰修《中宗实录》、《睿宗实录》，续修《高宗实录》，又自撰《睿宗实录》。开元九年（721），长子刘贶为太乐令，因犯罪流配，他亲"诣执政诉理"，为此触怒了唐玄宗，"由是贬授安州都督府别驾……至安州（今湖北安陆），无几而卒，年六十一"（《旧唐书·刘子玄传》）。

刘知幾是我国历史上一位杰出的史学评论家，他以毕生的精力从事于历史的学习和研究，并对过去的史书进行了一次总的清理和评论，写出了我国历史上第一部史学批评和史学理论著作——《史通》。在他六十一年的生涯中，几乎有五十年和史学打交道。他的著作很多，但大都亡佚，流传下来的除代表作《史通》外，仅有几篇零散的文章而已。

二、《史通》的内容

《史通》二十卷，分内、外两篇，书前有一短序。内篇原为三十九篇，但《体统》、《纰缪》、《弛张》三篇早已亡佚。外篇十三篇。每一篇大体都有一个论述中心，而各篇之间又相互多有牵涉，所论内容十分丰富，大致可以分为如下几类：

第一类论述史学发展的情况，包括历代史官的建置沿革、史书的著作和分类，有《史官建置》、《古今正史》、《六家》、《二体》、《杂述》五篇。

第二类评论史书编写的对象、体裁、态度和编纂方法，其中：

（1）关于历史记载对象的，有《书事》、《人物》两篇。

（2）论述纪传体编纂方法的，有《载言》、《本纪》、《世家》、《列传》、《表历》、《书志》、《论赞》、《序例》、《题目》、《断限》、《编次》十一篇。

（3）论述写史应有之态度的，有《直书》、《曲笔》、《品藻》、《序传》四篇。

（4）评论叙述之方法和写作之技巧的，有《称谓》、《因习》、《邑里》、《言语》、《浮词》、《叙事》六篇。

第三类论述史料的搜集、鉴别和取舍，其中：

（1）论史料之搜集和鉴别的，有《采撰》篇。

（2）论史料之取舍的，有《载文》篇。

（3）论史料之增补的，有《补注》篇。

第四类关于历史评论，其中：

（1）论历史著作家的，有《核才》篇。

（2）论历史评论家的，有《鉴识》、《探赜》两篇。

（3）论述评史之标准的，有《模拟》、《烦省》两篇。

（4）评论某些历史著作的，有《辨职》、《疑古》、《惑经》、《申左》、《点烦》、《杂说》上、《杂说》中、《杂说》下、《汉书五行志错误》、《五行志杂驳》、《暗惑》十一篇。

第五类自述其研究历史、写作《史通》之目的、经过以及在史馆中遭遇，有《自叙》、《忤时》两篇。

从上述五类内容中，可以看到《史通》所述的范围是相当广泛的，它既是总结过去，又指导着将来，它的产生，无疑是我国古代史学发展长河中一座灿烂的航标。

第二节　刘知幾对史学的贡献

一、全面地总结了封建社会前期的史学

1. 对史体长短得失的论述

史书的编写体裁，到刘知幾著《史通》为止，实际上只有纪传和编年两种，所以他在书中专门写了《二体》篇，对这两种史体的长短得失进行了总结性的论述，指出：编年体"系日月而为次，列时岁以相续，中国外夷，同年共世，莫不备载其事，形于目前。理尽一言，语无重出。此其所以为长也"。但是他又认为，这种体裁对于人物的记载遗漏很多，许多有德行的人，由于同当时的政治局势无多大关系而不被载入，至于文学家、科学家、思想家被遗漏的就更多了，所以他说："故论其细也，则纤芥无遗；语其粗也，则丘山是弃。此其所以为短也。"纪传体则"纪以包举大端，传以委曲

细事，表以谱列年爵，志以总括遗漏，逮于天文、地理、国典、朝章，显隐必该，洪纤靡失。此其所以为长也"。但是它也同样存在着缺点，即不仅重复很多，"同为一事，分在数篇，断续相离，前后屡出"，而且"编次同类，不求年月，后生而擢居首帙，先辈而抑归末章"，时间概念不清。因此，在刘知幾看来，这两种史体是各具长短，互有得失，"欲废其一，固亦难矣"。这样的评论确是比较客观允当的。正因为它们"各有其美"，所以在整个封建社会中，得以"并行于世"。

2. 对纪传体编纂方法和经验的评论

中国的史书，自从司马迁创纪传体著述《史记》以来，许多史家作史，大都沿用其体，因此，从历史体裁方面来讲，纪传体一直处于独尊地位，编年体则居其次。所以刘知幾在《史通》一书中用了很大的篇幅对纪传体史书进行了评论，其中特别是对于纪传体史书的编写经验作了详细的分析和全面的总结。首先，他强调编写纪传体史书时，必须注意各种体例的不同要求，不应使之混乱不分。如本纪的体例绝不能混同于列传，"纪者，既以编年为主，唯叙天子一人。有大事可书者，则见之于年月；其书事委曲，付之列传。此其义也"。但实际上却有不少人往往把两者搞得混乱不清。"如近代述者魏著作（指魏彦渊）、李安平（即李百药）之徒，其撰魏、齐二史（指《后魏书》和《北齐书》），于诸帝篇，或杂载臣下，或兼言他事，巨细毕书，洪纤备录。全为传体，有异纪文，迷而不悟，无乃太甚。"（《本纪》）他对这种既非本纪又非列传的做法，提出了严肃的批评。

自从班固用纪传体叙述西汉一代历史以后，后来史家编撰一个朝代的历史亦大多采用此体。既然断代为史，那就应当注意前后的断限，可是许多史家往往是前拉后挂，把前朝后代之事，也都拉入其中。如陈寿写《三国志》，把汉之董卓刊于《魏书》，还有"臧洪、陶谦、刘虞、孙瓒，生于季末，自相吞噬。其于曹氏也，非唯理异犬牙，固亦事同风马，汉典所具，而魏册仍编"（《断限》）。对于这种前拉后挂的现象，刘知幾在《史通》中写了《断限》专篇加以批评。

对于史志的内容，他也提出了修正的意见，认为天文星象千古不变，断代史书不必每部都作《天文志》。同样，《艺文志》在断代史中也无须部部都有，否则势必造成"前志已录，而后志仍书，篇目如旧，频频互出"的重复现象，所以他说："凡撰志者，宜除此篇（指《艺文志》），必不能去，当变其体。"当他对以前的史志进行评论以后，还提出了今后编撰纪传体史书所应当增加的三种志书：《都邑志》、《氏族志》和《方物志》，并一一作了详尽的说明。如关于《都邑志》，他说：一国之京城，"千门万户，兆庶仰其威神；虎踞龙蟠，帝王表其尊极。兼复土阶卑室，好约者所以安人；阿房、未央，穷奢者由其败国。此则其恶可以诫世，其善可以劝后者也"（以上引文均见《书志》篇）。虽然刘知幾之提出编撰《都邑志》的着眼点在于善恶劝诫，但实际上已经涉及了政治、经济诸问题。同时，这三种史志的提出，也绝不是单凭刘知幾的主观设想，主要的是学术发展，特别是史学发展的反映。大量地理书的出现，为《都邑志》的编写提供了有利的条件；魏晋以来谱学的发达，又为《氏族志》的撰述打下了坚实的基础。所以他在《书志》篇的最后说："凡此诸书，代不乏作，必聚而为志，奚患无文？"后来郑樵在《通志》的二十略中，创立了《都邑略》、《氏族略》和《昆虫草木略》，从而实现了刘知幾的这一创议。

　　鉴于《史》、《汉》以后，许多纪传体史书"唯上（尚）录言，罕逢载事"，往往大量载入长篇的政治文献，这就势必有害于行文气势，使纪传文章变得臃肿冗长，当然更谈不上优美动人。为了克服这一弊病，刘知幾在《史通·载言》篇中，提出了正史应立"书部"的主张。这种书部，类似文选。遵照古法，言、事分载，"表志之外，更立一书"，将"人主之制册、诰令，群臣之章表、移檄"，以及著名的诗文、佳章，分别选录，按类区分，各立为制册书、章表书、诗颂书等等。这样一来，既可以保存大量宝贵的文献资料，又可使纪传文章写得简要生动。清代的章学诚对这一建议十分赞赏，他说："唐刘知幾尝患史传载言繁富，欲取朝廷诏令、臣下章奏，仿表志专门之例，别为一体，类次纪传之中，其意可谓善矣。"（《文史通义新编新注》外篇四《和州志·文征序例》）因此主张把这种方法在纪传、编年体史书中加以普遍推广，他说："为史学计其长策，纪表志传，率由旧章，再推周典遗意，就其官司簿籍，删取名物器数，略有条贯，以存一时掌故，与史相辅而不相侵，虽为百世不易之规可也。"（同上书，外篇五《亳州志掌故例议中》）又在《为毕制军与钱辛楣宫詹论续鉴书》中说："推孟子其事其文之义,且欲广吕伯恭氏撰辑,别为《宋元文鉴》,将与《事鉴》(指《续资治通鉴》)并立,以为后此一成之例。"(《文史通义新编新注》外篇三)章学诚不仅在理论上对刘知幾的主张加以发展,而且还在他自己编撰的志书中付诸实践。他的方志学的核心——志分立三书当中的掌故、文征就是按照刘氏书部之意而立的。

3. 对史家模拟作风的批评

在长期的史学发展过程中,前人创立了许多优良传统。对于这些优良传统的继承和发扬,旨在发展和繁荣当前的史学,而不是单纯为了模仿古人。对于古代人的著作书法,也应当学习其精神实质,不能只作形式上的模拟,更不应盲目崇拜,亦步亦趋。刘知幾在《史通》中特地写了《模拟》篇,对此作了反复的论述,指出在学习古人的态度上,存在着两种明显不同的情况:一是"貌同而心异",一是"貌异而心同"。前一种只是形式上的模拟,他对这种做法非常不满,他说:"世之述者,锐志于奇,喜编次古文,撰叙今事,而巍然自谓五经再生,三史重出,多见其无识者矣。"后一种才是学习古人精神实质的正确态度,他称赞这种人为"明识之士",并指出:"其所拟者非如图画之写真,熔铸之象物,以此而似彼。其所以为似者,取其道术相会,义理互同,若斯而已。"他还指出:"貌异而心同者,模拟之上也;貌同而心异者,模拟之下也。然人皆好貌同而心异,不尚貌异而心同者,何哉?盖鉴识不明,嗜爱多僻,悦夫似史而憎夫真史,此子张所以致讥于鲁侯,有叶公好龙之喻也。"刘知幾这种积极主张学习古人的精神实质,鼓励勇于创新,反对形式模拟,反对因袭守旧的倡议,对于史学的发展无疑是大有好处的。

4. 对史学领域优良传统的总结

在史学的长期发展过程中,史学著作园地里曾经出现过许许多多的好传统,刘知幾认为这些好传统,后来史家都应加以继承和发扬,因此他在《史通》一书中,对于这些优良传统不仅予以系统总结,而且还就如何继承和发扬的问题作了详细的论述。

首先,他最为强调的则是"据事直书"的优良传统。什么叫"据事直书"?用刘知幾自己的话来说,就是一个史家编撰历史,一定要做到"爱而知其丑,憎而知其善,善恶必书,斯为实录"(《惑经》)。他在《直书》篇中,集中地总结了历史上坚持直书的优良传统,表扬了许多历史学家敢于直书的斗争精神,"如董狐之书法不隐,赵盾之为法受屈,彼我无忤,行之不疑,然后能成其良直,擅名今古。至若齐史之书崔弑,马迁之述汉非,韦昭仗正于吴朝,崔浩犯讳于魏国,或身膏斧钺,取笑当时;或书填坑窖,无闻后代"。虽然他们都身遭不幸,但是他们那种"仗气直书"的精神,却一直为后人所敬仰;他们那种"不避强御"的行为,始终成为史官记事的榜样。"若南、董之仗气直书,不避强御;韦、崔之肆情奋笔,无所阿容。虽周身之防有所不足,而遗芳余烈,人到于今称之。"因此,他要求所有史家都应当向他们看齐,做到"宁为兰摧玉折,不作瓦砾长存"。

其次,史书的详近略远,也是历来写史的一个好传统。刘知幾认为,这种详近略远的写作方法,是由历史发展的现实情况所决定的。他在《史通·烦省》篇中,列举了从春秋至东汉的历史予以具体的说明。他说:西汉之史,"倍增于《春秋》";而东汉之史,"又广于《前汉》"。这是由于"古今不同,势使之然也"。而史家写史,都是"随闻见而成传,何有故为简约哉"。因此,他肯定了"远略近详"的写作原则,提倡史家写史,应当从具体情况出发,而不能随意地凭自己主观意图来决定篇幅的繁简。

再者,文史结合也是中国古代史书的一个优良传统。一部著名的史学著作,它同时也是一部优秀的文学作品。这一传统是从《左传》开始的,到了司马迁创作《史记》,获得了更大的发扬。刘知幾认为:"文之将史,其流一焉。"(《载文》)后来由于时代的发展,学术的变化,文史才逐渐分家,所谓"时移世异,文之与史,皎然异辙"(《核才》)。但是史家之文与文士之文,尽管其要求有所不同,而作为一个历史学家,若要写好一部历史著作,文字的表达却是非常重要的,因为"史之为务,必借于文"(《叙事》),"言之不文,行之不远"(《言语》)。所以刘知幾对于史书的文字表达是十分重视的。他还强调指出:"夫史之称美者,以叙事为先。至若书功过,记善恶,文而不丽,质而非野,使人味其滋旨,怀其德音,三复忘疲,百遍无斁,自非作者曰圣,其孰能与于此乎?"(《叙事》)他十分推崇《左传》和《史记》,认为这两书在文史结合方面树立了典范,它们都能够做到"言近而旨远,辞浅而义深,虽发语已殚,而含意未尽。使夫读者望表而知里,扪毛而辨骨，睹一事于句中，反三隅于字外"（《叙事》）。因此，它们深得后人的好评并行之于久远，也就理所当然了。

5. 对旧史记载失实原因的揭发

刘知幾在《史通》中对于那些不怕权贵、敢于直书的历史学家进行表扬的同时，也斥责了那些阿意顺从、捏造事实、篡改历史的恶劣行径。尤其难得的是他在书中还详细分析、大胆揭露了造成旧史记载失实的种种原因：第一是屈从于统治者的权势而不敢直书。他说："邪曲者，人之所贱，而小人之道也；正直者，人之所贵，而君子之德也。然世多趋邪而弃正，不践君子之迹，而行由小人者，何哉？语曰：'直如弦，死道边；曲如钩，反封侯。'故宁顺从以保吉，不违忤以受害也。"（《直书》）既不肯为"兰摧玉折"，那就只有"曲笔求全"。对于这种人，在刘知幾看来，似乎尚情有可原，因为"世事如此，而责史臣不能申其强项之风，励其匪躬之节，盖亦难矣"（《直书》）。第二是屈服于个人的名利而不愿直书。这些史家为了自己的升官发财，不惜对本朝统治者百般阿谀奉承，撰写历史一意按统治者的意图行事，于是歪曲事实，篡改历史，对本朝虚美隐恶，对敌国肆意诋毁。这种恶劣作风，在魏晋南北朝时期更为普遍。如"王沈《魏书》，假回邪以窃位，董统《燕史》，持诡媚以偷荣"（《直书》）。在这种情况下，忠臣叛逆，一无定准，全由史臣所在王朝统治者的好恶而定，"若汉末之董承、耿纪，晋初之诸葛、毌丘，齐兴而有刘秉、袁粲，周灭而有王谦、尉迥，斯皆破家殉国，视死犹生。而历代诸史，皆书之曰逆"（《曲笔》）。既然所写史书事事秉承统治者的旨意，自然获得当局者的赞扬。对此，刘知幾深有感慨地说："古来唯闻以直笔见诛，不闻以曲词获罪。是以隐侯（指沈约）《宋书》多妄，萧武（梁武帝）知而勿尤；伯起（魏收字伯起）《魏史》不平，齐宣览而无遗。故令史臣得爱憎由己，高下在心，进不惮于公宪，退无愧于私室，欲求实录，不亦难乎"（《曲笔》）。第三是为一己之私利，借修史之权以报个人恩怨，任情褒贬，真伪莫辨。亦有"嗜爱多僻"，故立异说，明知真相，偏作伪辞。他在《史通·曲笔》篇中，痛斥了这种恶劣行为。他说："其有舞词弄札，饰非文过，若王隐、虞预毁辱相凌，子野（裴子野）、休文（沈约字休文）释纷相谢。用舍由乎臆说，威福行乎笔端，斯乃作者之丑行，人伦所同嫉也。亦有事每凭虚，词多乌有；或假人之美，藉为私惠；或诬人之恶，持报己仇。若王沈《魏录》滥述贬甄（宋文帝妻甄后）之诏，陆机《晋史》虚张拒葛（诸葛亮）之锋，班固受金而始书，陈寿借米而方传。此又记言之奸贼，载笔之凶人，虽肆诸市朝，投畀豺虎可也。"可见刘知幾对那些为了个人私利，公报私仇，"舞词弄札，饰非文过"，捏造事实，篡改历史的人，是多么的深恶痛绝。在他看来，对于这种人是丝毫不可同情的，因为他们都是些"向声背实，舍真从伪，知而故为，罪之甚者"（《杂说中》）。第四，刘知幾还指出，有些史书记载失实，并非出于作者主观意图故意如此，而是由于受到客观条件的限制，这与明知故犯者不同。他说："夫传闻失真，书事失实，盖事不获己，人所不能免也。"（《杂说下》）也有的是因个人水平所限，"鉴识不明"，分不清真伪是非，因而记载失实也是常有的。这两种情况，自然都是属于情有可原，所以刘知幾并未加以过分的苛责。

二、指出了今后撰史的方向

1. 提出史书编写应该具有的基本内容

一部史书究竟应该记载哪些内容，前人虽然也曾经提出过，但并无定论，因此，向来史家著书，全是按照自己的主观意图各行其是。其中有些人则不依据本朝实际情况，不懂得因时制宜，一意模仿古人，刘知幾对这种泥古的做法提出了批评。他说："盖闻三王各异礼，五帝不同乐，故传称因俗，《易》贵随时。况史书者，记事之言耳。夫事有贸迁，而言无变革，此所谓胶柱而调瑟，刻船以求剑也。"（《因习》）又说："作者记事，亦在相时"（《书志》），"故前史之所未安，后史之所宜革"（《载言》）。强调写史应自现状出发，从实而书。

当然，不泥于古，因时制宜，这还只是一个原则。至于谈到史书记载的具体内容，他首先对前人所写史书提出了一些评论，指出不少史家由于不明国史的性质和任务，因而所载内容十分庞杂，所写人物既不讲政绩大小，也不论德行如何，只要"位宦通显"，或者与修史者有亲有故，即便为之立传。于是一部国史变成了许多家谱的汇编，或者成了一本流水账。如"父官令长，子秩丞郎，声不著于一乡，行无闻于十室，而乃叙其名位，一二无遗。此实家谱，非关国史"（《书事》）。对于这种现象，刘知幾深为不满，他说："嗟乎！自班、马以来，获书于国史者多矣。其间则有生无令闻，死无异迹，用使游谈者靡征其事，讲习者罕记其名，而虚班史传，妄占篇目。若斯人者，可胜纪哉！"（《列传》）这种弊病，不仅在魏晋南北朝所修史书中相当普遍，就连唐初皇家设馆聚众所修的史书中又何尝不是这样呢？"其有才德阙如，而位宦通显，史臣载笔，必为立传。其所记也，止具其生前历官，殁后赠谥，若斯而已矣。虽其间伸以状迹，粗陈一二，么么恒事，曾何足观。始自伯起《魏史》，迄乎皇家《五史》，通多此体。流荡忘归，《史》、《汉》之风，忽焉不祀。"（《杂说下》）为纠正这种不正之风，澄清这种混乱现象，明确史书记载的内容，刘知幾在《书事》篇里曾提出了一个编写的范围。他说："昔荀悦有云：'立典有五志焉：一曰达道义，二曰彰法式，三曰通古今，四曰著功勋，五曰表贤能。'干宝之释五志也，'体国经野之言则书之，用兵征伐之权则书之，忠臣烈士孝子贞妇之节则书之，文诰专对之辞则书之，才力技艺殊异则书之。'于是采二家之所议，征五志之所取……今更广以三科，用增前目：一曰叙沿革，二曰明罪恶，三曰旌怪异。何者？礼仪用舍，节文升降则书之；君臣邪僻，国家丧乱则书之；幽明感应，祸福萌兆则书之。于是以此三科，参诸五志，则史氏所载，庶几无阙。"他的这个编写范围，正是在总结并进一步发展前人所撰史书内容的基础上提出来的，实际上这也就成为他评论一部史书繁简是否得当的衡量标准。

2. **力主据事直书，反对任情褒贬**

刘知幾认为，一个史家的职责，就是要忠实地记载历史，不容许任意曲笔篡改，只有这样，才能真正发挥史书的教诫作用。他说："史之为务，申以劝诫，树之风声。其有贼臣逆子、淫君乱主，苟直书其事，不掩其瑕，则秽迹彰于一朝，恶名被于千载。"（《直书》）又说："盖史之为用也，记功司过，彰善瘅恶，得失一朝，荣辱千载。苟违斯法，岂曰能官。"（《曲笔》）因此，他要求史家写史，必须据事直书，"不掩恶，不虚美"（《杂说下》），"不避强御"，"无所阿容"。为了强调这一观点，他在《史通》一书中不仅写了《直书》、《曲笔》两个专篇予以论述，而且还在其他的许多篇章中又一再加以说明。怎样才算"直书"？如何方称"实录"？刘知幾曾用类比的方法作过详细的说明。他说:"明镜之照物也,妍媸必露,不以毛嫱之面或有疵瑕,而寝其鉴也;虚空之传响也,清浊必闻,不以绵驹之歌时有误曲,而辍其应也。夫史官执简,宜类于斯。苟爱而知其丑,憎而知其善,善恶必书,斯为实录。"(《惑经》)又说:"美者因其美而美之,虽有其恶,不加毁也;恶者因其恶而恶之,虽有其美,不加誉也。"(《疑古》)这就是说,作为一个历史学家,写作历史必须公正无私,仗气直书,不得主观偏见,任情褒贬。他热情赞扬了历史上那些为了记载真实历史而不惜牺牲自己生命的历史学家,他们不贪于个人荣贵,更不苟且偷生,面对权威势力而无所畏惧。同时又坚决地反对了那种为了讳饰权威人物,"以实为虚,以非为是"的恶劣作风。他强调编写历史,既不应按照统治者的意图行事,更不能去迎合主子的欢心。因此,他一再勉励史家:"君子以博闻多识为工,良史以实录直书为贵。"(《惑经》)这种"彰善嫉恶",据事直书的精神,可以说贯穿在《史通》全书的始终。

3. 强调对史料的鉴别和取舍

要写好一部史书,首要的条件是应当具有丰富的史料,所以对于史料工作,刘知幾也是非常重视的。他在《史通》中写了《采撰》、《杂述》两个专篇集中地进行了论述,指出史家作史,首先是要广搜博采史料,因此《采撰》篇开宗明义就说:"珍裘以众腋成温,广厦以群材合构。自古探穴藏山之士,怀铅握椠之客,何尝不征求异说,采摭群言,然后能成一家,传诸不朽。"《左传》、《史记》、《汉书》之所以"能取信一时,擅名千载",就因为它们的作者能"采摭群言","聚而编之,混成一录"。特别是中世以后,学术更趋发展,著作日益增多,如何广泛地搜集史料,就显得更为迫切重要,所以刘知幾说:"中世作者,其流日烦,虽国有册书,杀青不暇,而百家诸子,私存撰录,寸有所长,实广闻见。"(《采撰》)他还列举了偏纪、小录、逸事、琐言、郡书、家史、别传、杂记、地理书、都邑簿十类著作,尽管这些作品存在的问题不少,但仍然具有较高的史料价值,他说:"大抵偏纪小录之书,皆记即日当时之事,求诸国史,最为实录","逸事者,皆前史所遗,后人所记,求诸异说,为益实多","琐言者,多载当时辨对,流俗嘲谑,俾夫枢机者藉为舌端,谈话者将为口实"。因此,编修国史时均应广为搜集，加以采摘。虽然"众星之明，不如一月之光"，但是如果不"旁罗杂乘，洪纤靡遗，庄谐殚录"（浦起龙按语），而专治一二名著，仍然是写不出一部不朽著作来的，因此，他告诫史家："刍荛之言，明王必择；蒭菲之体，诗人不弃。故学者有博闻旧事，多识其物，若不窥别录，不讨异书，专治周孔之章句，直守迁固之纪传，亦何能自致于此乎？"（以上引文均见《杂述》篇）

但是，广搜博采只是对待史料的第一步，更主要的还必须在博采的基础上，进一步地鉴别史料的真伪并决定取舍。所以刘知幾又说："书有非圣，言多不经，学者博闻，盖在择之而已。"（《杂述》）如果只是以"务多为美，聚博为功"，仍然是很难写出一部高质量的信史来的。如"郡国之记，谱牒之书，务欲矜其州里，夸其氏族。读之者安可不练其得失，明其真伪者乎？"更何况"讹言难信，传闻多失"（《采撰》），因此，必须在博采的基础上加以仔细鉴别，去伪存真，这是一项更为紧要的工作。为什么以往许多史书会出现"其叙事也，唯记一途，直论一理，而矛盾自显，表里相乖。非复牴牾，直成狂惑"的情况呢？刘知幾认为："寻兹失所起，良由作者情多忽略，识惟愚滞。或采彼流言，不加诠择；或传诸谬说，即从编次。用使真伪混淆，是非参错。"这就是说，根本的原因，在于对史料缺乏审慎的鉴别。因此，他深有感慨地说："凡为国史，可不慎诸！"（《暗惑》）但是对待史料，不仅要认真鉴别其真伪，而且还要善于选择，要择善而从，择精而用。这也就是刘知幾所一再强调的"善择"。一个史家如无鉴别能力，即使掌握的材料再多，也是枉然的。所以他说："假有学穷千载，书总五车，见良直而不觉其善，逢牴牾而不知其失，葛洪所谓藏书之箱箧，五经之主人。而夫子有云：虽多亦安用为？其斯之谓也。"（《杂说下》）对于那些不加选择而罗列史料、多多益善的做法，刘知幾是十分反对的，因为有许多史料，经过鉴别，虽属真实，若其价值不大，也不必采用。如"阙之不足为少，书之唯益其累"的材料就要坚决割爱。"至如不才之子，群小之徒，或阴情丑行，或素餐尸禄，其恶不足以曝扬，其罪不足以惩戒，莫不搜其鄙事，聚而为录，不其秽乎？"（《人物》）在刘知幾看来，范晔著《后汉书》，在这方面是做得比较出色的，所以十分推崇地说："窃惟范晔之删《后汉》也，简而且周，疏而不漏，盖云备矣。而刘昭采其所捐，以为补注，言尽非要，事皆不急。譬夫人有吐果之核，弃药之滓，而愚者乃重加捃拾，洁以登荐，持此为工，多见其无识也。"(《补注》)可见一个史家对于史料既能做到鉴别其真伪，又能择善而从，如果不具有一定水平的史识是根本办不到的。

刘知幾对于史料的"博采"和"善择"的论述是很多的，而其中心思想，则在于说明"善择"，所谓"学者博闻，盖在择之而已"。

4. 主张编写史书要用时代语言

史家撰史，刘知幾还主张一定要采用当时的口语，如实地记载，才能反映出时代的特色。他特地写了《言语》篇，对此进行反复的论述，明确指出：运用时代口语编写史书，本来就是古代史家撰史的优良传统之一。他说："时人出言，史官入记，虽有讨论润色，终不失其概梗者也。夫《三传》之说，既不习于《尚书》；两汉之词，又多违于《战策》。足以验氓俗之递改，知岁时之不同。"在采用口语方面，司马迁的《史记》是做得非常成功的，并成为《史记》语言艺术上的一大特色。可是从魏晋南北朝以来，史学家们却丢掉了这一优良传统，他们"怯书今语，勇效昔言"，刻意模仿古人言语。因而"记其当世口语，罕能从实而书，方复追效昔人，示其稽古。是以好丘明者，则偏模《左传》；爱子长者，则全学史公。用使周秦言辞见于魏晋之代，楚汉应对行乎宋齐之日。而伪修混沌，失彼天然，今古以之不纯，真伪由其相乱"。结果是古今语言，千篇一律；上下历史，一成不变。诚如刘知幾所批评的："夫天地长久，风俗无恒，后之视今，亦犹今之视昔"，"苟记言则约附五经，载语则依凭三史，是春秋之俗，战国之风，亘两仪而并存，经千载其如一，奚以今来古往，质文之屡变者哉？"这样一来，人物语言所反映的时代特色也就无从表现出来了。这当然是违反客观事实的。因此，他对于王劭所著《齐志》、宋孝王所撰《关东风俗传》，由于都能采用口语，从实而书，竭力加以赞扬，认为他们所著之书，"叙元高时事，抗词正笔，务存直道，方言世语，由此毕彰"（以上引文均见《言语》篇）。而对魏晋南北朝史家"动遵经典，多依《史》《汉》"，"博采古文"，"聚成今语"的恶劣作风则痛加揭露，指出按照他们这样来编写历史，"遂使中国数百年内，其俗无得而言"(《杂说中》)。

一个时代的史书，不能反映出一个时代的面貌和社会的风俗，这样的史书，自然失去了它的存在价值。刘知幾能够从理论上提出编写史书应当采用时代口语，充分表现了他那卓越的见解和超群的才华，对后世史学的发展有其重大的贡献。

5. 写史要注意方法和技巧

一部好的史书，首先必须把历史事实叙述清楚，即所谓"史之称美者，以叙事为先"(《叙事》)。但是按照一定的体例，把历史事实组织得井井有条，叙述得清清楚楚，也不是一件容易的事，其中既有方法需要遵循，又有技巧必须讲求。可是魏晋以来所编写的史书，不仅体例不纯，而且叙事烦芜，"意好奇而辄为，文逐韵而便作。用舍之道，其例无恒。但近代为史，通多此失"(《称谓》)。于是"作者芜音累句，云蒸泉涌。其为文也，大抵编字不只，捶句皆双，修短取均，奇偶相配。故应以一言蔽之者，辄足为二言；应以三句成文者，必分为四句。弥漫重沓，不知所裁"(《叙事》)。面对这一现实，刘知幾又提出了编写史书，叙事力求"简要"的主张，要求用简练的文字写出丰富的内容，尽量省去不必要的字句浮词。他说："国史之美者，以叙事为工，而叙事之工者，以简要为主。简之时义大矣哉！"那么怎样才算"简要"呢？概括地说，就是要做到"文约而事丰"。这里既有技巧的问题，亦有文风的问题。功力不够，技巧不熟，撰写文章自难简要；而魏晋以来文风不正，浮夸之风盛行，也同样严重地影响到史书的"词尚体要"，"或虚加练饰，轻事雕采；或体兼赋颂，词类俳优。文非文，史非史"(《叙事》)。也有的是"人有一言，而史辞再三，良以好发芜音，不求谠理，而言之反复"(《浮词》)。这样的史书，自然谈不上叙事简要。至于如何才算达到"文约而事丰"的"简要"标准呢？刘知幾在《叙事》篇里曾形象地说明。他说："饵巨鱼者，垂其千钧，而得之在于一筌；捕高鸟者，张其万罝，而获之由于一目。夫叙事者，或虚益散辞，广加闲说，必取其所要，不过一言一句耳。苟能同夫猎者、渔者，既执而置钓必收，其所留者，唯一筌一目而已，则庶几胼胝尽去，而尘垢都陨，华逝而实存，滓去而瀋在矣。"另外，还要学会"用晦"。他说："章句之言，有显有晦。显也者，繁词缛说，理尽于篇中；晦也者，省字约文，事溢于句外。然则晦之将显，优劣不同，较可知矣。夫能略小存大，举重明轻，一言而巨细咸该，片语而洪纤靡漏，此皆用晦之道也。"如果能够达到这样两个要求，那么"作者言虽简略，理皆要害"，"譬如用奇兵者，持一当百，能全克敌之功"。当然，这样的要求是高标准的，为此，史家就得不断锻炼和提高自己的写作技巧。

6. 提出文人不能修史

文史结合，本是中国史学领域的一个优良传统，古代许多大史学家，本身就是著名的文学家；他们的著作，既是历史名著，又是文学杰作，因而其人其书，影响都是很大的。后来随着时代的变迁，学术的发展，文史逐渐分道扬镳。正如刘知幾所说："昔尼父有言'文胜质则史'。盖史者，当时之文也。然朴散淳销，时移世异，文之与史，皎然异辙。"（《核才》）从此以后，两者遂走上了各自不同要求的发展道路，史家、文士也就有了此疆彼界之分。章学诚曾指出过两者区别之所在，他说："余尝论史笔与文士异趋，文士务去陈言，而史笔点窜涂改，全贵陶铸群言，不可私矜一家机巧也。"（《文史通义新编新注》外篇六）又说："文人之文，与著述之文不可同日语也。著述必有立于文辞之先者，假文辞以达之而已。"（同上书，内篇六）所以"文士撰文，惟恐不自己出；史家之文，惟恐出之于己……史文而出于己，是谓言之无征"（同上书，外篇一）。这就是说，史家写史，必须言出有据，不可私意杜撰；而文士撰文，则着意于文学技巧，润色文字，雕饰辞藻，重"在逐文字而略于事实"。由于许多人不懂得这个道理，当魏晋南北朝文风大变之时，许多文人参与写史，他们往往以文代史，华而不实，严重地冲击了史学的正常发展。文人作史，每每"喻过其体，词没其义，繁华而失实，流宕而忘返，无裨劝奖，有长奸诈"（《载文》）。特别是政府设馆开局修史以后，大批文士占据史职，文人修史成为风气，真正才识兼备的史家反遭排挤，史学论坛遂成了文不文，史非史，文史混乱，是非莫立的局面。诚如刘知幾所批评的："自世重文藻，词宗丽淫，于是沮诵失路（借言古笔不行。沮诵，相传与仓颉共造文字者），灵均当轴（借言以词人当史局。灵均，指屈原）。每西省虚职，东观佇才，凡所拜授，必推文士。遂使握管怀铅，多无铨综之识；连章累牍，罕逢微婉之言。而举俗共以为能，当时莫之敢侮。假令其间有术同彪（班彪）、峤（华峤），才若班（班固）、荀（荀悦），怀独见之明，负不刊之业，而皆取窘于流俗，见嗤于朋党。遂乃哺糟歠醨，俯同妄作，披褐怀玉，无由自陈。"(《核才》)因此，他主张史家之文与文士之文应该有所不同。虽然作为一个好的史家应该写得出一手好的文章，一部优秀的史著必须具有文质并茂的特色，但它与专讲技巧、立意修辞的文学作品毕竟有别，不能因为讲求文字的技巧而影响史书记事的真实。在唐初，设馆修史以后，虽有不少著名史家参与其事，但文人修史之风仍然继续盛行。"大唐修《晋书》，作者皆当代词人，远弃史班，近宗徐庾（指徐摛、徐陵父子和庾信，都是宫体诗的重要作家，有'徐庾体'之称）。夫以饰彼轻薄之句，而编为史籍之文，无异加粉黛于壮夫，服绮纨于高士者矣。"(《论赞》)对于这种状况，刘知幾十分反感，他说："喉舌翰墨，其辞本异。而近世作者，撰彼口语，同诸笔文。斯皆以元瑜（阮瑀字元瑜）、孔璋（陈琳字孔璋）之才，而处丘明、子长之任。文之与史，何相乱之甚乎？"(《杂说下》)由于文人修史弊病很大，所以刘知幾在《史通》的许多篇章中作了反复的论述，认为此种现象必须终止，否则将严重影响史学的正常发展。

三、对史馆监修的批评

1. 对史官职责的评论

刘知幾在《史通·史官建置》篇中，充分肯定了建立史官的必要性。他说："向使世无竹帛，时阙史官，虽尧、舜之与桀、纣，伊、周之与莽、卓……俱一从物化，坟土未干，而善恶不分，妍媸永灭者矣。苟史官不绝，竹帛长存，则其人已亡，杳成空寂，而其事如在，皎同星汉。用使后之学者，坐披囊箧，而神交万古，不出户庭，而穷览千载。见贤而思齐，见不贤而内自省。若乃《春秋》成而逆子惧，南史至而贼臣书。其记事载言也如彼，其劝善惩恶也又如此。由斯而言，则史之为用，其利甚博，乃生人之急务，为国家之要道。有国有家者，其可缺之哉！"史官既然这样重要，因而这种职务也就绝不是任何人可以胜任得了的，必须经过慎重的选择。在刘知幾看来，只有具备下列条件之一者，才可肩负此职。第一是敢于据事直书，"彰善贬恶，不避强御，若晋之董狐，齐之南史，此其上也"。第二是要有历史巨著，"编次勒成，郁为不朽，若鲁之丘明，汉之子长，此其次也"。第三是"高才博学，名重一时，若周之史佚，楚之倚相，此其下也"（《辨职》）。这三条既是史官的条件，也是史官的职责。可事实上，在历代史官中能够具备上述条件、真正称职的却并不多见。诚如刘知幾所批评的，"人既不知善之为善，则亦不知恶之为恶。故凡所引进，皆非其才，或以势利见升，或以干祈取擢"。让这些人担任史官，当然不可能真正履行史官的职能，于是"或当官卒岁，竟无刊述，而人莫之省也；或辄不自揆，轻弄笔端，而人莫之见也"。整个史馆，竟变成"素餐之窟宅，尸禄之渊薮"。对于这类情况，刘知幾认为"言之可为大噱，可为长叹"（《辨职》）。特别是汉魏以来，史官人选问题更为严重，"多窃虚号，有声无实"，"而近代趋竞之士，尤喜居于史职，至于措辞下笔者，十无一二焉。既而书成缮写，则署名同献；爵赏既行，则摛袂争受。遂使是非无准，真伪相杂，生则厚诬当时，死则致惑来代"（《史官建置》）。史官职务，遂成为扬名升官之阶梯；史馆设置，便成了追名逐利之场所。刘知幾认为若要改变这一局面，对于史官人选必须慎重其事，"苟非其才，则不可叨居史任"（《核才》）。

2. 揭露史馆监修的五大弊病

刘知幾一生曾"三为史臣，再入东观"（《忤时》），长期担任过史官之职，对于史馆的内幕了解得十分清楚，因此，他在《史通·忤时》篇中曾揭发了唐代设馆修史的五大弊病。第一，人浮于事，各不相下："今者史司取士，有倍东京（指后汉洛阳东观）。人自以为荀（悦）、袁（宏），家自称为政（刘向字子政）、骏（刘歆字子骏）。每欲记一事，载一言，皆搁笔相视，含毫不断，故头白可期，而汗青无日。"第二，缺乏史料供应，史官无从编写："前汉郡国计书，先上太史，副上丞相。后汉公卿所撰，始集公府，乃上兰台。由是史官所修，载事为博。爰自近古，此道不行。史官编录，唯自询采，而左、右二史，阙注起居，衣冠百家，罕通行状。求风俗于州郡，视听不该，讨沿革于台阁，簿籍难见。虽使尼父再出，犹且成于管窥；况仆限以中才，安能遂其博物？"第三，畏惧权贵势力，不敢据事直书："馆中作者，多士如林，皆愿长喙，无闻齰舌。傥有五始初成，一字加贬，言未绝口而朝野具知，笔未栖毫而搢绅咸诵。夫孙盛纪实，取嫉权门，王劭直书，见仇贵族。人之情也，能无畏乎？"第四，监修意见不一，史官无所适从："史官注记，多禀监修，杨令公（指监修杨再思）则云'必须直词'，宗尚书（指监修宗楚客）则云'宜多隐恶'。十羊九牧，其令难行；一国三公，适从何在？"第五，铨配无人，制度不明："史置监修，虽古无式，寻其名号，可得而言。夫言监者，盖总领之义耳。如创纪编年，则年有断限；草传叙事，则事有丰约。或可略而不略，或应书而不书，此刊削之务也。属词比事，劳逸宜均，挥铅奋墨，勤惰须等。某表某篇，付之此职；某传某志，归之彼官，此铨配之理也。斯并宜明立科条，审定区域。倘人思自勉，则书可立成。今监之者既不指授，修之者又无遵奉，用使争学苟且，务相推避，坐变炎凉，徒延岁月。"这五点把史馆修史的内幕和监修制度的流弊，揭露得淋漓尽致。特别是最后两条，更是击中了监修制度的要害。这样一种局面，要想很快编出一部高质量的史书来，自然是很困难的了。其实刘知幾所揭露的五点，不仅是唐代史馆的重大弊端，同样也是以后各代史馆的不治之症，是整个封建社会中官修史书的通病。正因为历代政府沿袭了这种垄断的修史制度，所以唐以后就再也不曾出现过一部如同《史》、《汉》那样高质量的纪传体史书了。

四、提出史家应当具备的条件

1. 良史必备的条件

作为一个优秀的历史学家，究竟应该具备哪些条件，刘知幾在《史通》里并没有专篇作过系统而明确的论述，但在长安三年（703）七月答礼部尚书郑惟忠问时曾提出过三条。郑惟忠问："自古已来，文士多而史才少，何也？"刘知幾回答说："史才须有三长，世无其人，故史才少也。三长：谓才也，学也，识也。夫有学无才，亦犹有良田百顷，黄金满籝，而使愚者营生，终不能致于货殖者矣。如有才而无学，亦犹思兼匠石，巧若公输，而家无楩柟斧斤，终不果成其宫室者矣。犹须好是正直，善恶必书，使骄主贼臣，所以知惧，此则为虎傅翼，善无可加，所向无敌者矣。脱苟非其才，不可叨居史任。自复古已来，能应斯目者，罕见其人。"（《旧唐书·刘子玄传》）对于这"三长"，他在《史通》里虽未作过专篇论述，但这些思想和要求却散见于该书的许多篇章中,特别是《核才》、《鉴识》、《辨职》、《杂述》、《杂说下》等篇,还作了比较集中的阐述。对此"三长"究竟应作如何理解,近人还存在着分歧。笔者认为,所谓"才",就是指写作文章的表达能力。有了丰富的史料,如何进行分析、组织、整理、加工,使之成为一篇人人爱读的好文章,即刘知幾说的"刊勒一家,弥纶一代,使其始末圆备,表里无咎",那是需要一定才能的。而且史家写史的这种才能,又与文士撰文的技巧有所不同,文士"握管怀铅,多无铨综之识;连章累牍,罕逢微婉之言"(《核才》)。这自然不能与史才相比拟。所谓"学",是指具有渊博的历史知识,掌握丰富的历史资料,这正是刘知幾在《史通》里所一再论述的广搜博采。若是"不窥别录,不讨异书,专治周孔之章句,直守迁固之纪传"(《杂述》),孤陋寡闻,自然难以成为一名优秀的史家。所谓"识",则是指对历史发展、历史事件和历史人物是非曲直的观察、鉴别和判断的能力。如果一个史家没有判别史料真伪抵牾和价值高低大小的能力,那么纵然掌握了极为丰富的资料,同样也是枉然,充其量也只不过是个"藏书之箱箧"式的书呆子而已。这也就是刘知幾在《史通》里再三强调的"善择"。可见,刘知幾在《史通》里尽管没有直接提到过"三长"这个词,但对"三长"的精神却已作了很大的发挥。不仅如此,他在《史通》中还反复强调,作为一个优秀的历史学家,必须做到"不掩恶,不虚美","仗气直书,不避强御","肆情奋笔,无所阿容"。在刘知幾看来,据事直书乃是一个史家的神圣职责,如果这一点都做不到,那么即使"三长"兼备,也是徒然的。因此,我们在评论刘知幾关于历史学家必须具备的条件的论述时,绝不应当只是局限在"三长"上。事实上一个史家尽管具备"三长"但在编写历史时,"事每凭虚,词多乌有;或假人之美,藉为私惠;或诬人之恶,持报己仇"(《曲笔》),像这样的人,又怎么称得上"良史"呢?值得我们注意的是,"犹须好是正直,善恶必书"等语,不能看作是对"史识"的解释,事实上也不是"史识"所能包容的,它已经超越了"三长"的范围,这与刘知幾在《史通》中一再强调的"良史以实录直书为贵"的内容是完全一致的。[①] 关于这一点,清代史学评论家章学诚曾作进一步的发挥,并把它称为

[①] 关于这个问题,笔者作过专门论述。详见《"史德""史识"辨》,《中华文史论丛》1979 年第三辑;已收入自选集《史家·史籍·史学》。

"史德",它的含义就更加明确了。

2. 对历史评论家的要求

一个历史评论家,刘知幾认为必须做到"兼善"和"忘私",才能对史家和史书作出公平合理的评论。"兼善"就是要能兼取各家之长,不拘泥于门户之见。"忘私"是指不要专凭个人情感的爱憎来评论史家和史书,应该做到爱而知其丑,憎而知其善。但是这样的历史评论家事实上并不多见。正如刘知幾所指出的:"夫自古之学者,谈称多矣。精于《公羊》者,尤憎《左氏》;习于太史者,则偏嫉孟坚。夫能以彼所长而攻此所短,持此之是而述彼之非,兼善者鲜矣。"(《杂说下》)在刘知幾看来,史书的好坏是客观的存在,但是历史评论家如果没有一个客观的标准,只凭主观臆断,其结果必将是真伪莫辨,是非无准。他说:"夫人识有通塞,神有晦明,毁誉以之不同,爱憎由其各异。盖三王之受谤也,值鲁连而获申;五霸之擅名也,逢孔宣而见诋。斯则物有恒准,而鉴无定识,欲求铨核得中,其惟千载一遇乎!况史传为文,渊浩广博,学者苟不能探赜索隐,致远钩深,乌足以辨其利害,明其善恶。"(《鉴识》)这就是说,事物本身虽有其一定的准则,但是由于每个人"识有通塞",因而就产生了"鉴无定识",从而对事物的看法也就因人而异,各不相同。这样,当然很难做到"辨其利害,明其善恶",对于一部史书来说,也就不可能作出正确的评价了。所以他又在《史通·模拟》篇中指出:"鉴识不明,嗜爱多僻,悦夫似史而憎夫真史,此子张所以致讥于鲁侯,有叶公好龙之喻也。"可见,作为一个历史评论家,若要真正做到"兼善",除了"忘私",丢掉偏见,还必须加强自己的学识修养,不断提高自己的鉴别能力。他还认为,一个历史评论家要对一部史书作出恰当的批评,除了避免主观片面妄加推断外,还必须对评论的对象作深入细致的研究,尽量了解作者的原意,才不至于曲解。他说:"夫前哲所作,后来是观,苟失其指归,则难以传授。而或有妄生穿凿,轻究本源,是乖作者之深旨,误生人之后学,其为谬也,不亦甚乎!"(《探赜》)但是尤其可贵的是,刘知幾不仅在理论上提出了这样的要求,而且在具体评论史家和史书时,他自己又正是这样在实践着的。众所周知,在史书当中,最为刘知幾所推崇的是《左传》。因为"史之称美者,以叙事为先",而《左传》

又正是"叙事之最"(《模拟》)。但是,对它的缺点也同样不加讳饰,指出:"《左氏》录夫子一时戏言,以为千载笃论。成微婉之深累,玷良直之高范。"(《杂说上》)对于王劭和宋孝王之书,也是深受刘知幾奖誉的,认为王劭书法可与左氏比美,而宋孝王叙事,亦能"抗词正笔,务存直道"。但是对于两人之失,亦同样不加讳言。他在《史通·杂说下》篇指出:"如宋孝王、王劭之徒,其所记也,喜论人帷薄不修,言貌鄙事,讦以为直,吾无取焉。"特别是对于大家所崇拜的孔子及其撰述、整理的《春秋》、《尚书》,刘知幾既充分肯定其在历史上的地位和作用,同时也提出了大胆的怀疑和批评。刘知幾十分反对那种"谈经者恶闻服(虔)、杜(预)之嗤,论史者惧言班、马之失"的作风,告诫人们:"盖明月之珠不能无瑕,夜光之璧不能无颣,故作者著书,或有病累"(《探赜》),因此对于人过不宜苛求,对于己非不应文饰。虽然刘知幾的这些评论,在今天看来,并不完全正确,但从他对待前人著作"爱而知其丑,憎而知其善"的态度来说,无疑为后人树立了实事求是的良好榜样。

第三节 刘知幾的史学思想

一、进步的历史观

1. 强调历史进化的观点

刘知幾承认历史是发展变化的,并且在不断地进步着,"古往今来,质文递变"(《六家》)。因此,研究历史的人,也必须"考时俗之不同,察古今之有异"(《叙事》),根据各个时代不同的特点,对历史发展加以研究,得出的结论才能是正确的。刘知幾还继承和发展了韩非的历史进化论观点,在《史通·模拟》篇中明确提出:"世异则事异,事异则备异。必以先王之道持今世之人,此韩子所以著《五蠹》之篇,称宋人有守株之误也。"在《重视孝经老子注议》一文中他还指出:"盖孔父有言曰:'行夏之时,乘殷之辂,服周之冕',此则今古循环,愚智往复,岂前者必是,后者独非乎?"(见《全唐文》)说明古代的制度,有些可以因袭,有些必须改革,并不是古代的东西样样都好，而后代的就样样都差。前有缺点，后则改之，再后往往又要加以否定，表明历史的发展有着否定之否定的过程。因此他反对颂古非今、因袭守旧，主张必须根据时代发展的要求提出相应的措施。他说："盖闻三王各异礼，五帝不同乐，故传称因俗，《易》贵随时……夫事有贸迁，而言无变革，此所谓胶柱而调瑟，刻舟以求剑也。"（《因习》）至于历史的发展，为什么会发生不同的变化，他归结为"势使之然"（《烦省》）。而"势"又是指什么？由于阶级和历史的局限，刘知幾没有也不可能进一步作出正确的解答。不过值得注意的是，他却能把上述的历史进化观点直接运用到对史书编写的评论中去。他说："夫论史之烦省者，但当求其事有妄载，苦于榛芜，言有阙书，伤于简略，斯则可矣。必量世事之厚薄，限篇第以多少，理则不然……古今有殊，浇淳不等……必以古方今，持彼喻此……而往之所载，其简如彼，后之所书，其审如此。若使同后来往世，限一概以成书……不亦谬乎！"（《烦省》）因此他主张评论史书的优劣，不能单看它的内容详略多少，而要看它是否有"妄载"、"阙书"。因为史书篇幅的繁简，不是由史家的主观愿望决定的，它与历史本身的发展有不可分割的联系，而详近略远的写史原则又正符合历史发展的实际情况。因此他说："国阻隔者，记载不详，年浅近者，撰录多备。""降及东京（东汉），作者弥众。至如名邦大都，地富才良，高门甲族，代多髦俊。邑老乡贤，竞为别录；家牒宗谱，各成私传。于是笔削所采，闻见益多。此中兴之史（指《后汉书》），所以又广于《前汉》也。"（《烦省》）既然如此，那么单纯地用繁简作为评论史书优劣高低的标准，自然就不可能得出合乎真实情况的结论来了。

2."论成败者固当以人事为主"

对于历史上战争的胜负成败，国家的兴亡盛衰，究竟应当用什么观点来解释，长期以来，一直存在着不同的看法，有的认为是由命运决定的，有的认为是由人事决定的。刘知幾在《史通》里明确反对命定论的历史观，主张历史的进程是由人的行为决定的。他说："夫论成败者，固当以人事为主，必推命而言，则其理悖矣。"他在本书中还对《春秋》、《史记》等史书的命定论观点进行了批驳，并列举史实加以论证，如"晋之获也，由夷吾

（管仲）之愎谏；秦之灭也，由胡亥之无道；周之季也，由幽王之惑褒姒；鲁之逐也，由稠父之违子家"。说明这四个王朝的衰亡，完全是由人事所决定的。因此，他认为这四个君主，要是"才若桓文，德同汤武"，那么国家危亡的不幸结局也不是不可改变和挽救的。紧接着他又列举了四个新兴的王朝，如陈氏之代齐国，毕万之得魏国，周王室的兴起，汉高祖的创业，要是"向若四君德不半古，才不逮人"，即使有种种祥瑞出现，也是不可能"坐登大宝，自致宸极"的。于是他得出的结论是"国之将亡也若斯，则其将兴也亦然"，说明国家的兴亡，历史进程的顺逆，都是由人的主观能动作用决定的，而不能以命运来解释。至于人的行动又由什么来支配，在刘知幾看来，关键在于才和德。君主德才兼备，国家必然兴盛；君主缺德少才，国家终将衰亡。因此，他批评司马迁："必如史公之议也，则亦当以其命有必至，理无可辞，不复嗟其智能，颂其神武者矣。夫推命而论兴灭，委运而忘褒贬，以之垂诫，不其惑乎？"他还进一步指出，由于这些著名的史书中存在着命定论的观点，对于后来的学者起着不良的影响，承继袭用，遂成风气，于是"自兹以后，作者著述，往往而然。如鱼豢《魏略议》，虞世南《帝王论》，或叙辽东公孙之败，或述江左陈氏之亡，其理并以命而言，可谓与子长同病者也"（以上引文均见《杂说上》）。刘知幾能够从理论上批判命定论的历史观点，强调人事在历史进程中的作用，这是十分可贵的。但是从他的论述来看，不免又过分夸大了人为的作用，当然也是不恰当的。

二、敢于对传统的观念进行大胆的怀疑和批判

1. 批判盲目崇拜古代、迷信圣人的观念

千百年来的传统看法和典籍记载，尧、舜、禹、汤、文、武、周公一直被看成是古代的圣君、帝王的典范，而孔子也被视为圣人和至圣先师，这在长期的历史过程中，几乎已经成为不可改变的定论。可是刘知幾却并不以为然。他在《史通》里对这一传统观念提出了大胆的怀疑和批判，这一精神集中地表现在《疑古》和《惑经》两个专篇中。儒家经典多为尧舜益善，而为桀纣增恶。比如为了说明唐尧的盛世，于是就有所谓"克明俊德"、"比屋

可封"的说法，刘知幾引用史实加以论证，说明这并不是历史的真实。指出："当尧之世，小人君子，比肩齐列，善恶无分，贤愚共贯。且《论语》有云：舜举皋陶，不仁者远。是则当皋陶未举，不仁甚多，弥验尧时群小在位者矣。又安得谓之'克明俊德'、'比屋可封'者乎？"(《疑古》)刘知幾在这里引用儒家的权威著作《论语》的内容来进行驳斥，其说服力自然就更大了。又如《尚书》把夏桀、殷纣都说成是罪大恶极的人，于是后人层层加码，这两人遂成为千古之罪人，刘知幾认为这同样也不符合历史的真实，指出《尚书》所载，"是非无准，向背不同"，"又案武王为《泰誓》，数纣过失，亦犹近代之有吕相为晋绝秦，陈琳为袁檄魏，欲加之罪，能无辞乎？而后来诸子，承其伪说，竞列纣罪，有倍五经。故子贡曰：'桀纣之恶不至是，君子恶居下流。'班生亦云：'安有据妇人临朝！'刘向又曰：'世人有弑父害君，桀纣不至是，而天下恶者必以桀纣为先。'此其自古言辛（纣又称帝辛）癸（桀名履癸）之罪，将非厚诬者乎？"(《疑古》)尧舜禅让，千古传为美谈，对此，刘知幾也提出了不同的看法。他引用史实论证尧舜相授，舜禹相传，都不是禅位，而是篡夺。他根据《汲冢琐语》和《山海经》等的记载，证明舜是先废尧而立其子丹朱，然后再废丹朱而自立。禹之与舜，亦是如此，"禹黜舜而立商均"，最后又取而代之。所以他说："观近古有奸雄奋发，自号勤王，或废父而立其子，或黜兄而奉其弟，始则示相推戴，终亦成其篡夺。求诸历代，往往而有。必以古方今，千载一揆。斯则尧之授舜，其事难明，谓之让国，徒虚语耳。"(《疑古》)对于封建社会奉为至圣先师的孔子，他虽然也免不了予以推崇，但在推崇之余却敢于提出大胆的批判，特别是对孔子所删订的经典，加以逐条驳斥，这在封建社会盛世的唐代，是既要有胆，又要有识的。他指出孔子删订的《春秋》，"外为贤者，内为本国，事靡洪纤，动皆隐讳"(《疑古》)。特别是有关鲁国史事的记载，"事无大小，苟涉嫌疑，动称耻讳，厚诬来世"(《惑经》)。这种爱憎由己、曲笔隐讳的现象，不仅《春秋》是如此，凡是经孔子删订的六经都存在着这种通病，所以他说："何必《春秋》，在于六经，亦皆如此。故观夫子之刊《书》也，夏桀让汤，武王斩纣，其事甚著，而芟夷不存。观夫子之定礼也，隐闵非命，恶视不终，而奋笔昌言，云'鲁无篡弑'。观夫子之删《诗》也，凡诸《国风》，皆有怨刺，在于鲁国，独无其章。观夫子之《论语》也，君娶于吴，是谓同姓，而司败发问，对以'知礼'。斯验世人之饰智矜愚，爱憎由己者多矣。"(《疑古》)因此，他批评《春秋》"有惭良史"。在《惑经》篇中，除了列举出《春秋》"虚美"者五，"所未谕"者十二之外，还进一步指出"凡所未谕者，其类犹多"。一部《春秋》，经刘知幾这样的分析和批判之后，其身价之低落也就可想而知了。对于那些后来学者不加分辨地一味赞扬和盲目崇拜《春秋》的作风，也作了批评，指出"世人以夫子固天攸纵，将圣多能，便谓所著《春秋》，善无不备。而审形者少，随声者多，相与雷同，莫之指实"，"征其本源，良由达者相承，儒教传授，既欲神其事，故谈过其实"(《惑经》)。《春秋》一书的情况既然如此，那么《尚书》所载之事，其可信程度又是怎样呢？刘知幾在《疑古》篇中提出了十大疑问之后，紧接着说："今取其正经雅言，理有难晓，诸子异说，义或可凭。"可见在刘知幾看来，这种神圣经典，其历史价值有时竟不如诸子著作，还有什么神圣地位可言！所以他总的结论是："五经立言，千载犹仰，而求其前后，理甚相乖。"(《疑古》)这类批判在其他各篇里也还有。刘知幾能摆脱儒家传统思想的束缚，对历来盲目崇拜古代、迷信圣人的观念进行一次总的批判，具体表现了他的历史进化论观点。他在这方面的贡献，大大地发扬了过去史学领域里的优良传统。可是这种批判精神在封建社会里却被看成是"非圣无法"的举动，因而其人其书一直遭到封建正统派的批评指责，直到清代编的《四库全书总目提要》还说："《疑古》、《惑经》诸篇，世所共诟，不待言矣。"

2. 揭露出统治阶级互相倾轧的普遍性

刘知幾鉴于唐代开国以来，统治集团内部争权夺利、相互倾轧从未间断这一政治现实，通过对历史的研究，揭露出统治阶级为了争权夺利而相互残杀，利用强权以夺取帝位，乃是历史的普遍现象，从三代盛世直到他所生活的唐代，几乎无一例外，特别是开国君主更是如此，只不过真实的历史面貌全被粉饰，而开国的帝王被美化成至德的圣君罢了。他论证了在所谓二帝三王盛世"舜废尧而立丹朱，禹黜舜而立商均"的事实就是篡夺帝位的一种手段，而《汲冢书》所载"舜放尧于平阳，益为启所诛"，"太甲杀伊尹，文丁杀季历"，更是统治集团内部为了争权夺利而相互残杀的记录。但此数事，因与儒家经典所载不同，"世人多不之信"，刘知幾则明确认为这个说法比较切合真实情况而"足验其情"。对于商之代夏、周之代殷，他认为事实也并非如同传统所说那样，指出"汤之饰让，伪迹甚多"，而"称周德之大者"亦属"虚为其说"。他们的这种做法，"亦犹近者魏司马文王害权臣，黜少帝，坐加九锡，行驾六马"，其行为是否正当，自然也就无庸多言了。至于《论语》上所说"太伯可谓至德也已，三以天下让，民无得而称焉"，《左传》所载"周公诛放管蔡，夫岂不爱，王室故也"的说法，也都是不可信的。太伯为何让位？刘知幾认为完全是出于不得已，是为了避免身遭大祸，当然谈不上什么至德了。周公诛放管蔡，刘知幾认为是由于周公自己揽权，"坐招讪谤"，"推戈反噬"，以除后患。通过对古今历史的研究，刘知幾发现统治阶级内部的残酷斗争，是一种"求诸历代，往往而有"的普遍现象（以上引文均见《疑古》）。刘知幾揭露的是历史上统治阶级内部争权夺利的斗争，而讥刺的却是唐代的现实政治。唐代自建国以后，经常处于内讧之中。开国之初，就有李世民发动的玄武门之变，兄弟相残；继之则发生了武周代唐，大杀李唐宗室；武周刚倒台，又出现韦氏专权。对于历史上许许多多聪明才智之士、谋勇过人之臣，白白地成为这种残酷斗争的牺牲品，他曾深为感慨地说："历观自古以迄今，其有才位见称，功名取贵，非命者众，克全者寡。大则复宗绝祀，埋没无遗。小则系狱下室，仅而获免……至若保令名以没齿，传厥贻于后胤，求之历代，得十一于千百！"他们之中有的是在贡献了才智之后而被杀的，如"赵国从而苏裂，齐城下而郦烹，吹律诛于西汉，献宝刖于南荆，遂怀沙于楚塞，因说难于秦庭，李氏登朝而就戮，稽道超代而逢刑"；有的则立下汗马之功而见诛的，如"蜀既平而艾槛，吴已霸而胥溺，黜淮阴以毙韩，迁杜邮而死白"（《文苑英华》卷九二《思慎赋》）。唐代的现实政治也同样如此。《新唐书·刘子玄传》云："时吏横酷，淫及善人，公卿被诛死者踵相及。"单是武后当权的三十年间，就发生过多次的宫廷政变，每次政变总都有许多人遭受株连。武周代唐后，不仅李唐宗室被杀略尽，连亲戚僚属以及元老重臣也大批遭到杀戮。这一切，无疑都是刘知幾揭露统治阶级内部矛盾斗争的现实依据。

三、不彻底的无神论观点

1. 对五行灾异说的批判

自从董仲舒和刘向、刘歆父子以阴阳五行来说明历史的发展，班固撰《汉书》又专立《五行志》，集中了汉儒关于历史上灾异神学的说教以后，史家著书，无不竞相效习，五行灾异之说，遂充斥于史书，直接为封建统治者宣扬皇权神授，巩固其统治地位而服务。唐朝的统治者更是像魔术师一样，编造出各式各样的祥瑞，不断变更其年号，如有所谓麟德、仪凤、调露、永昌、天授、如意等等，借此说明其政权顺天承命，永享天年。高宗、武后统治期间，先后更改年号竟达三十次之多，这在中国封建社会里也是空前绝后的。刘知幾久任史官，当然深知其情，面对这种政治现实，对史学领域里的五行灾异之说提出批判，自然具有现实的政治意义。因此，他的批判尽管很不彻底，但绝不可忽视它在政治上所起的影响。

刘知幾对五行灾异说的批判，集中反映在《史通》一书的《书志》、《书事》、《杂说》、《汉书五行志错误》、《五行志杂驳》等篇中。特别是对《汉书·五行志》在灾异祥瑞征应方面的种种牵强附会的说教，作了逐条分析和批驳。他首先指出，许多灾异祥瑞实际上都是一些自然现象，与人事本无关联，可是有的史家硬是把它们写入史册，加以附会，着实可笑。比如日食、月食、山崩、陨霜、天旱、洪水、冬天结冰、螟伤禾苗之类的出现，本来不是什么神秘之事，但阴阳五行家和一些神学史家，却故意把这些自然现象与毫不相干的历史事件硬扯在一起，使之神秘化，说得神乎其神。其目的不过是借此作为一种骗人的手段而已。为此，刘知幾列举了历史上大量异常的现象，但并未因此而造成灾害或不祥的事实，驳斥了灾异和祥瑞的谬论。如武王伐纣前占卜吉凶时，"龟焦蓍折"，按照迷信来说，不应举兵出征，可是武王照样出兵，一举擒纣；南朝宋武帝出兵打卢循时，军中旗杆折断，幡沉水中，同样是不祥之兆，而刘裕毅然出兵，大败卢循。在列举一系列事实之后，接着就指出："斯皆妖灾著象，而福禄来钟，愚智不能知，晦明莫之测也。然而古之国史，闻异则书，未必皆审其休咎，详其美恶也。"（《书志》）这就是说，古代国史所记载的灾异祥瑞，只是根据各方面的报道加以记录，究竟实际情况如何，记录者本人则未必知其美恶休咎。但是更为可贵的是，刘知幾还进一步地揭露出许多所谓祥瑞，其实都是一些善于奉承拍马的大臣，为了迎合君王的旨意、骗取主子的欢心而故意编造出来的。因此，君主越是缺德，国家越是混乱，编的祥瑞也就越多。他说："凡祥瑞之出，非关理乱，盖主上所惑，臣下相欺，故德弥少而祥弥多，政逾劣而瑞逾盛。是以桓、灵受祉，比文、景而为丰；刘、石应符，比曹、马而益倍。而史官征其谬说，录彼邪言，真伪莫分，是非无别。"(《书事》)他还批评班固等人，为了牵强附会，往往"不凭章句，直取胸怀，或以前为后，以虚为实。移的就箭，曲取相谐；掩耳盗钟，自云无觉"(《书志》)。特别是对于《汉书·五行志》，在散布五行灾异说方面，影响很大，以纪传史书来说，它是"始作俑者"，刘知幾抓住这个典型，进行了反复的批驳，指出"班氏著志，抵牾者多。在于《五行》，芜杂尤甚。今辄条其错缪，定为四科：一曰引书失宜，二曰叙事乖理，三曰释灾多滥，四曰古学不精"(《汉书五行志错误》)。尽管对这四方面的错误，逐一作了详尽的批驳，但还仍认为"其失既众，不可殚论"(《汉书五行志错误》)。刘知幾的批判，是自汉以来阴阳五行说在史学领域泛滥之后所受到的一次比较集中、比较系统的大清算。

2. 反对把神怪故事、图谶寓言之类写入史书

刘知幾认为史书的作用在于"记功书过，彰善瘅恶"，因此，凡是不能起到这个作用的内容，如神怪故事、图谶寓言、诙谐小辩之类，便不应写入史书。可是王隐、何法盛所撰的晋史，"乃专访州闾细事，委巷琐言，聚而编之，目为鬼神传录，其事非要，其言不经。异乎三史之所书，五经之所载"，"又自魏晋已降，著述多门，《语林》、《笑林》、《世说》、《俗说》，皆喜载调谑小辩，嗤鄙异闻，虽为有识所讥，颇为无知所说。而斯风一扇，国史多同"(《书事》)。在刘知幾看来，这些内容是根本起不到劝善惩恶的作用的。"至如禹生启石，伊产空桑，海客乘槎以登汉，姮娥窃药以奔月。如斯踳驳，不可殚论，固难以汙南、董之片简，沾班、华之寸札。而嵇康《高士传》，好聚七国寓言，玄晏（皇甫谧）《帝王纪》，多采六经、图谶。"(《采撰》)像这类神话故事、寓言图谶，既非历史事实，又于风教无益，"言唯迂诞，事多诡越"(《书事》)，更不宜写入史书，徒增篇幅。可是唐初编撰《晋书》，却把裴荣的《语林》，刘义庆的《世说新语》、《幽明录》，干

宝的《搜神记》等志怪小说视为信史,"多采以为书","用补前传"。刘知幾批评这种做法纯粹是"务多为美,聚博为功。虽取说于小人,终见嗤于君子"(《采撰》)。他还说:"怪力乱神,宣尼不语;事鬼求福,墨生所信。故圣人于其间,若存若亡而已。"(《书事》)明确认为神鬼之事,都是些捉摸不定的东西,无关人事,空谈无益,一律不应载入国史。唯其如此,所以在史书的编纂上,他力主删除《天文志》和《符瑞志》等内容。

3. 主张史书内容要增加"旌怪异"

我们说刘知幾是一位不彻底的无神论者,这是因为他在《史通》里,一方面用了很多篇幅,批判了董仲舒、刘向、刘歆、班固等人的五行灾异说,指出他们"全违故实",牵强附会,"移的就箭",自相矛盾;但是另一方面,他对阴阳五行说的批判又很不彻底,对于神鬼的传说也从未直截了当地否定过它们的存在。因此,在他看来,有些"事关军国,理涉兴亡"(《书事》)的灾异祥瑞,也还是可以相信的。他在《书志》篇里曾列举了一些事例,如"梓慎之占星象(梓慎预言,宋、卫、陈、郑将有火灾,后果有大火),赵达之明风角(言赵达善于推算吉凶,无不中效),单飏识魏祚于黄龙(指单飏以黄龙见谯而预言五十年后当有王者兴,以应验魏之代汉),董养征晋乱于苍鸟(永嘉中,董养在洛阳附近看到地陷时有二鹅出,其苍者飞去,白者不能飞,预言晋将大乱)"等等,在刘知幾看来,都是"肇彰先觉,取验将来,言必有中,语无虚发。苟志之竹帛,其谁曰不然"(《书志》)。又如"凤凰来仪,嘉禾入献",认为载之史册,足以"发挥盛德,幽赞明王"(《书事》),也是无可非议的。正是在这种思想认识下,所以在史书编写的内容上,他主张增加一项"旌怪异",以记载那些"幽明感应,祸福萌兆"(《书事》)。可见其出发点还是在于"彰善瘅恶","史贵垂诫",企图利用这些自然界的特殊现象来警告统治者。因此,尽管他强烈主张"论成败者固当以人事为主",反对命定论观点,可是有时候他又承认人是有命的,甚至对书籍能否流传也持有同样的看法。他说:"夫人废兴,时也;穷达,命也。而书之为用,亦复如是。"不过对于这两句话,前者未作说明,后者则作了引申。他说:"盖《尚书》古文,六经之冠冕也;《春秋左氏》,三传之雄霸也。而自秦至晋,年逾五百,其书隐没,不行于世。既而梅氏

（指东晋梅赜）写献，杜侯（指杜预）训释，然后见重一时，擅名千古。若乃《老经》（指老子《道德经》）撰于周日，《庄子》成于楚年，遭文、景而始传，值嵇（嵇康）、阮（阮籍）而方贵。若斯流者，可胜纪哉……适使时无识宝，世缺知音，若《论衡》之未遇伯喈，《太玄》之不逢平子（张衡，字平子），逝将烟烬火灭，泥沉雨绝，安有殁而不朽，扬名于后世者乎！"（《鉴识》）以上事实说明，在这个问题上，刘知幾的思想认识的确是存在着矛盾的。但能否因此就说他是一个有神论者呢？笔者认为不能下这样的断语。因为刘知幾的思想主流是反对阴阳五行、谶纬迷信之说和命定论观点的，对于怪力乱神，他也并不主张大肆宣扬，至于认为人的穷达由命运所定，也只是偶然有此一二语。所以笔者认为刘知幾是一个不彻底的无神论者，是符合于他的实际思想情况的。

四、刘知幾史学思想的局限性

刘知幾史学思想的局限性，除了上述不彻底的无神论观点外，还有几点需要提出批判。首先是他的名教观念很重，为了维持名教，在史书的编写中，即使对于尊者、亲者作些隐讳，他认为也还是可以的。他说："史氏有事涉君亲，必言多隐讳，虽直道不足，而名教存焉。"（《曲笔》）又说："夫臣子所书，君父是党，虽事乖正直，而理合名教……讳之可也。"（《惑经》）事实上既要忠君，如果不替君主的丑恶进行讳饰，势必有失于为臣者之道。这一主张，与他一贯提倡直笔的精神是极不相容的。这一矛盾现象，正好说明刘知幾的史学理论，归根到底还是为巩固封建统治服务的。其次是他还有强烈的门第观念。他出身于彭城刘姓，这是一个名门望族，又是帝王之后，累世通显，因此，有着明显的优越感。他在《书志》篇中曾说："帝王苗裔，公侯子孙，余庆所钟，百世无绝。能言吾祖，郯子见师于孔公；不识其先，籍谈取诮于姬后。故周撰《世本》，式辨诸宗；楚置三闾，实掌王族。逮乎晚叶（世），谱学尤烦。用之于官，可以品藻士庶；施之于国，可以甄别华夷。"这一段话，充分流露出他的这种思想情感。由于门第观念浓厚，必然要讲究士庶之别，他还作过《刘氏家乘》和《谱考》，以考定刘氏先世。由于门第观念浓厚，自然就轻视劳动人民的作用，反映在史料学上，便是轻视民间的调查访问，否定口头资料的应有价值，他说："作者恶道听途说之违理，街谈巷议之损实。""夫以刍荛鄙说，刊为竹帛正言，而辄欲与五经方驾，三志兢爽，斯亦难矣。"(《采撰》)就这点而言，与司马迁相比是大为逊色的。这种思想，与他自己提倡的写史要重视口语的精神也是相违背的。第三是他的封建正统观念也十分明显。他很不满意司马迁替项羽作本纪，而对班固《汉书》改纪为传，则非常赞同。在刘知幾的心目中，认为只有做天子的才能称本纪。他说："盖纪之为体，犹《春秋》之经，系日月以成岁时，书君上以显国统。""纪者，既以编年为主，唯叙天子一人。"可是"项羽僭盗而死，未得成君"(《本纪》)，既非天子，又无国统，自然就不配作本纪了。刘知幾对本纪的这种解释，完全违背了司马迁创立本纪的意图。项羽既然在一个时期内成为全国发号施令的人物，为什么不能列入本纪呢！《汉书·王莽传》中曾用了王莽的纪年，对此刘知幾也深感不满。既然王莽统治时期用了自己年号，这是历史事实，又为什么不能用来纪年呢！所有这些，都反映了刘知幾的封建正统观念。

刘知幾是我国封建社会杰出的史学评论家，他的《史通》对封建社会前期史学的发展作了全面而系统的总结，他的史学理论奠定了我国历史评论学的基础，他的史学思想丰富了我国的史学园地。虽然也存在着这样或那样的缺陷和糟粕，但并不影响他对文化遗产作出的巨大贡献。

第十章
典章制度通史——《通典》和《文献通考》

第一节 杜佑和《通典》

一、杜佑生平和《通典》的内容

1. 杜佑的生平

杜佑（735—812）字君卿，京兆万年（今陕西长安）人。出身于累世仕宦的官僚地主家庭。杜姓是唐代世家，在朝做过宰相的就有七人之多，杜佑便是其中之一。在他十八岁那年，以父荫补济南参军，先后历事玄、肃、代、德、顺、宪六朝。在他的一生当中，仕宦六十年，遍历刑、工、金（唐时，金部为户部各司之一，掌全国库藏钱帛出纳账籍的审核及有关度量衡的政令）、户及度支各部，积官至同中书门下平章事，封岐国公，堪称"出入将相"，"以功名始终"（《十七史商榷》卷九〇《杜佑作通典》）的一位显赫人物。他生活的时代，正是安史之乱前后唐王朝由盛而衰的转变时期，封建的政治、经济、文化等各个领域都发生了巨大的变化，这是中国封建社会的一个历史转折时期。杜佑亲眼见到过开元、天宝的盛世，又经历了安史之乱的大动荡，眼看着唐王朝迅速衰落。面对着帝国的危机，如何进行挽救，这就是杜佑写作《通典》的动机和目的。他想通过对历代典章制度的研究，总结经验教训，以寻求"富国安民之术"。他在《通典·序》中曾说："所纂《通典》，实采群言，征诸人事，将施有政。"而在《献通典表》中又说："往昔是非，可为来今龟镜。"（《旧唐书·杜佑传》）可见杜佑研究史学、写作《通典》，完全是为政治服务的。他四十八岁那年，深感"民困，赋无所出"，因而提出"救弊莫若省用，省用则省官"的主张，并且给德宗皇帝上了一篇《省官议》，指出："古者计人置吏，不肯虚设。自汉至唐，因征战艰难以省吏员，诚救弊之切也。"他还列举了历代官吏的设置并与当今相比照，指出官员的数字在成倍地增加着。如军队将领，"古天子有六军，汉前后左右将军四人，今十二卫、神策八军，凡将军六十员。旧名不废，新资日加……出赋者已耗，而食之者如旧，安可不革？"他还指出，既要改革，就要下定决心，大刀阔斧地干，该省者省，该减者减，"随时立制，遇弊则变"，而不能"因循惮改作"（《新唐书·杜佑传》），缩手缩脚。可是他的这些建议非但未被采纳，反而遭到当政卢杞的厌恶而被贬官。

由于杜佑久任水陆转运、度支、盐铁等财经方面的大员，又历仕地方和中央的行政要职，对于政治、经济等典章制度较为熟悉，而对唐王朝在政治、经济等方面的弊病亦有所洞察，这些情况就成为他编写《通典》的主观方面的有利条件。从史学本身的发展来看，当时也迫切需要有专记典章制度的通史出现，因为唐以前的纪传史书，尽管大多有"志"，但不仅篇目不同，记载也各自为政，何况又多限于某一朝代，很难从中看出历代王朝典章制度的沿革。所以在开元末年，大史学家刘知幾的儿子刘秩，曾依照《周礼》六官的职掌，分门别类，编出《政典》三十五卷，分礼、户、吏、兵、刑、工六纲。杜佑当时还很年轻，看到过这部书，但感到不满意，于是进一步广泛搜集资料，从代宗大历三年（768）开始编纂《通典》，大约至德宗贞元十九年（803）完成，前后历时三十六年之久。

2.《通典》的内容和编纂方法

《通典》是一部专门叙述历代典章制度沿革变迁的历史著作，所记内容上起传说中的黄帝，下迄唐玄宗天宝末年，肃代以后的变革，间亦附载于注中。如《食货·钱币》记至肃宗乾元元年（758），十一《榷酤》记至代宗大历年间，《茶》记至德宗贞元九年（793）。全书共二百卷，分为食货、选举、职官、礼、乐、兵、刑、州郡、边防九门，但也有人说是八门的。对于这一分歧，王鸣盛曾有过解释，他说："观佑《自序》，以兵刑为一，皆称为刑，与班史同，所谓大刑用甲兵，其次五刑，故翰序言八门。今其细目，兵刑仍分为二者，合之中又自分也。"（《十七史商榷》卷九〇《杜佑作通典》）各门之下再分子目。每一制度皆条贯古今，溯源明流，通其原委，全按历史顺序排列材料，而每个项目又都各自立有标题，颇便查阅。这种编纂方法，为制度通史开创了先例，它源于纪传体史书的书志，但越出了以人物纪传为叙事中心的范围，发展成政治、经济、礼、乐等典章制度专史，这就为著述政治、经济、文化专史开辟了新的途径。除正文外，还作了许多注，这种自注，有的用来说明互见（一条材料几处使用），有的是对正文作补充，有的是对某些记载表怀疑，有的是对古代材料作解释，也有的在于说明编写意图。这一部分内容，倒是比较集中地反映了杜佑对历史发展的看法，表现了他的史学才能。整个内容的编排次序，亦都具有深意，富有内在的逻辑性，并非随意凑合。关于这点，他在《自序》中也作过说明，他说："夫理道之先，在乎行教化；教化之本，在乎足衣食。《易》称聚人曰财。《洪范》八政，一曰食，二曰货。管子曰：'仓廪实知礼节，衣食足知荣辱。'夫子曰：'既富而教。'斯之谓矣。夫行教化在乎设职官，设职官在乎审官才，审官才在乎精选举，制礼以端其俗，立乐以和其心，此先哲王致治之大方也。故职官设然后兴礼乐焉，教化堕然后用刑罚焉，列州郡俾分领焉，置边防遏戎狄焉。是以《食货》为之首，《选举》次之，《职官》又次之，《礼》又次之，《乐》又次之，《刑》又次之，《州郡》又次之，《边防》末之。或览之者，庶知篇第之旨也。"

《通典》的取材范围，唐以前大部分根据正史的志，把分散在各史的材料集中起来，综合叙述，说明沿革变迁。此外，还采录了文集和奏章中的有关材料。而《礼》的部分，其数量所以特大，固然与他编书的指导思想分不开，但亦因有《大唐开元礼》可供采摘，因此，有唐一代的资料，除杜佑自己搜集者外，还有《唐六典》、《大唐开元礼》等书可作依据。凡是引用材料，一般都注明某人曰，但出自何书则未加注明。《四库全书总目提要》评价该书时说："博取五经群史及汉魏六朝人文集奏疏之有裨得失者，每事以类相从。凡历代沿革，悉为记载，详而不烦，简而有要，原原本本，皆为有用之实学，非徒资记问者可比。"

二、《通典》的史学价值和杜佑的史学思想

1.《通典》在史学上的地位

《通典》在史学史上有着重要的地位，它是我国历史上第一部记载历代

典章制度的通史。首先，它的出现是在纪传、编年两种史体之外，又创立了一种新的史体——政书体，为史学的发展开辟了一条新的途径，后来的"三通"、"九通"、"十通"以及各种会要、会典的编纂，都是在它的直接影响下产生的，贡献之大，长期以来为史家所公认。其次，《通典》的许多材料，虽然出自正史，但对历代的文物典章制度，做了大量的探本穷源工作，第一次系统地进行了加工整理，为研究各个朝代典章制度的建立及其沿革演变提供了方便。马端临对此书早就有过很高的评价，他说："唐杜岐公始作《通典》，肇自上古，以至唐之天宝，凡历代因革之故，粲然可考。""纲领宏大，考订该洽，固无以议为也。"(《文献通考·总序》)值得注意的是，《通典》所引用的史书，都是较早的版本，因此，对于校勘十七史及其他一些史书也有其重要的价值。特别是《隋书》以前的史书，如有问题发现，都可用《通典》来加以校对。第三，杜佑所征引的正史以外的材料，原件如今大都散失，而被《通典》所引用的却都保存了下来。特别是唐代的材料，都是杜佑亲身所见，比之新旧《唐书》更为确切可靠，何况典章制度的材料与写人物传记不同，很少涉及个人恩怨，因此也就无须讳饰。第四，作者把《食货》放在全书之首来叙述，说明经济制度的发展变化在所有典章制度中起着主导的作用，政治、文化等制度的变化，都将受到它的制约，这可以说是杜佑卓越史识的具体表现。这种编纂方法，一反过去史家轻视经济史的传统，对往后史学的发展起着深远的影响。第五，《通典》各门和各细目的前后，大都有序或者评论，比较系统地说明了作者对这些问题的看法，也反映了他对历史发展的看法，其中有许多评论，又是作者根据多年从事财政经济工作实践得来的认识和体会而提出来的。同时对于前人的有关评论亦多加以搜集，并往往加有自己的按语。因此，这些序和论，无疑是全书的精华所在，也是我们今天研究杜佑史学思想的第一手材料。

2. 杜佑的史学思想

杜佑的史学思想，在继承前辈史家优良传统的基础上，又有其新的发展和不少独特的见解。《通典》九门，以《食货》为首，而《食货》之中又以田制居先。历代史书虽然大都立有《食货志》，但把它的名次排列在第一位的则是杜佑所首创。食、货并列，集中地体现了中国封建专制主义统治的基础。而杜佑则又把封建社会的经济结构,特别是历代土地占有关系的变革,放在历代典章制度的首位来加以叙述,足见其史学家的卓识。他从"教化之本,在乎足衣食"这个观点出发,认为只有使"天下之田尽辟,天下之仓尽盈,然后行其轨数,度其轻重,化以王道,扇之和风,率循礼义之方,皆登仁寿之域,斯不为难矣"(《通典》卷一二《食货·后论》。本节凡不特别注明者,均出自《通典》一书)。这就是说,只有大力发展农业生产,使农民都有饭吃,国家才会富强,社会才能安定。因此,为政之道,必须注意"安定民生";要"安定民生",首要在于发展农业生产。他说:"农者,有国之本也"(卷一二《食货·后论》),而"谷者,人之司命也"(卷一《食货·田制上》)。显而易见,杜佑已经看到了农业生产在当时社会中的重要地位,它的发展与否,将直接影响着社会的政治与文化的发展。杜佑还从农业生产的角度论述了秦、汉、唐的兴盛与衰亡,指出秦之所以能从关中一隅灭六国而统一天下,关键在于用了商鞅变法,奖励耕战,他说:"大率百人,则五十人为农,五十人习战,兵强国富,职此之由。"而要发展农业生产,兴修水利又是必不可少的。为此,他列举了秦开郑国渠,汉开白渠的历史事实,说明由于扩大灌溉面积而保证了农业生产的发展。可是在唐代,从安史之乱以后,整个社会经济遭到了严重的破坏,当时社会上"仕宦之途猥多,道释之教渐起,浮华浸盛,末业日滋。今大率百人方十人为农,无十人习战,其余皆务他业"。"永徽中,两渠(指汉所开郑国渠和白渠)所溉唯万许顷,洎大历初,又减至六千二百余顷,比于汉代,减三万八九千顷","地利损耗既如此,人力分散又如彼,欲求强富,其可得乎?"(卷一七四《州郡·后论》)为了地利不受损耗,人力不被分散,以保证农业生产的发展,杜佑还提出了缩减统治机构,节省行政开支,以减轻人民赋役负担的主张。因为官僚机构的庞大,官吏设置的过滥,是造成人民负担过重的一个重要原因。杜佑在《通典》中指出,夏商时代,官吏总数不过一二百人,到了隋朝,就增加到近二十万,而唐朝更增至三十六七万之多。为此,他竭力主张裁减官员,节省国家财政支出。这一事实说明,杜佑是既重视开源——发展农业生产,又很重视节流——缩减国家开支。尽管这一思想的出发点还是在于"天生烝民,而树君司牧,语治道者,固当以既庶而安为本"(卷一八五《边防》序注)的传统观念,但在当时来说,这种开源节流的思想,无疑是具有进步意义的。在杜佑看来，国家的治与乱决定于人心，如果政权对人民有害，人心离开政权，天下就乱，反之就治。从这一观点出发，他反对暴君贪吏对人民无限制地盘剥。他在《通典》中，对当时的政治现实作了一系列的批判，指出土地兼并乃是政治危机的根本原因；批评了唐代赋税负担的不合理性；揭露出商人对农民的剥削，是利用农村，操纵市场，造成农民的破产。他还批评了科举制度，专凭诗赋文章取人，录取的人不会做事，不懂政治。这些批评无疑都是击中时政的要害的。

杜佑的历史进化论观点，在《通典》中表现得也非常明显，反对颂古非今，主张历史是在不断地发展变化的。他在论述各种典章制度的发展变革时，大都指出其由低级到高级这样一个演变过程，而这正是人类社会历史不断变化发展的反映。他明确指出，人类社会的发展，曾经经历过一个"不施衣冠"、"穴居野处"、"未有制度"的时期，到了后来，不仅有了衣冠、房屋，而且还产生了区别等级贵贱的各种不同的衣冠服式和房屋宫殿。同样，作为统治工具的国家机构，也有一个从无到有、从简单到复杂的发展过程。杜佑正是通过对各种具体的典章制度发展演变过程的论述，说明了整个人类社会的历史也是在不断地发展变化着的。因此，他反对颂古非今、美化古代，认为那种把三皇五帝时期说成社会经济发展的"黄金时代"，是没有根据的。他通过具体的史实，论证了后者总是胜过前者，就像"汉、隋、大唐，海内统一，人户滋殖，三代莫俦"（卷三一《职官·王侯总序》）这一无可辩驳的事实一样。至于谈到社会历史之所以会发展变化的原因，他认为一则是"势"即客观形势的发展所推动，再则是"人谋"即人的主观能动作用努力的结果。这就是说，只要人们能看清客观形势，因势利导，采取积极措施，或者对造成这种形势的客观条件加以限制、改变，就有可能取得符合人们意愿的结果。不过，当"势"已经造成之时，那就非"人谋"所能挽回了。如安史之乱就是如此。他在分析乱前形势时指出："边陲势强既如此，朝廷势弱又如彼。奸人乘便，乐祸觊觎，胁之以害，诱之以利，禄山称兵内侮，未必素蓄凶谋。是故地偪则势疑，力侔则乱起，事理不得不然也……语曰：'朝为伊周，夕成桀跖。'形势驱之而至此矣。"（卷一四八《兵序》）由于唐玄宗宠信边将，竭内事外，以致造成了内轻外重的形势。这种形势一经造成，就给奸人以可乘之机，以致达到不可收拾的地步。不过他同时又指出:"向使制置得其适宜,诸侯孰不信顺,奸谋邪计,销于胸怀,岂复有干纪作乱之事乎?"(卷一四八《兵序》)这就是说,如果当初"制置得其适宜",也就不至于会出现后来那种无法收拾的形势了。又如秦的灭亡,他认为主要原因在于"人谋",如果秦始皇不穷兵黩武、滥用民力,而秦二世不凶残暴虐、荒淫无道,那么秦的灭亡也就决不会如此迅速。用这种客观形势和主观人谋相结合的观点来看待国家的兴亡、战争的胜负、社会的发展,等等,自然与天命论者、宿命论者完全不同,在一定程度上已冲破了唯心主义的藩篱,而具有非常浓厚的唯物主义倾向。

关于封建制与郡县制的优劣,长期以来,一直争论不休。杜佑从历史进化论的观点出发,大力肯定郡县制的优越性。他说:"法古者多封国之制,是今者贤郡县之理。虽备征利病,而终莫究详。"为了把利病得失论述清楚,他分为几个层次进行反复辨析。首先,他认为衡量一种制度优越与否,要看它实行以后是否有利于人民生活的安定、人口的繁殖。他把人民看成是国家的主体,"设官之本,为理众庶",因此必须是"为人而置君",而不是"为君而生人";是以一人治天下,非以天下奉一人。他用历史事实进行比较,列举汉、隋、唐三朝,由于实行郡县制,因而国家统一、人口繁盛的事实,说明这是夏、商、周三代所无法比拟的。他说:"天生烝人,树君司牧,人既庶焉,牧之理得,人既寡焉,牧之理失。庶则安所致,寡则危所由。汉、隋、大唐,海内统一,人户滋殖,三代莫俦。"其次,他用封建制和郡县制的实行对谁有利加以比较,指出:"若以为人而置君,欲求既庶,诚宜政在列郡,然则主祀或促矣。若以为君而生人,不病既寡,诚宜政在列国,然则主祀可永矣。主祀虽永而人鲜,主祀虽促则人繁,建国利一宗,列郡利万姓,损益之理,较然可知。"这就是说,封建制的实行,只是有利于一家一姓巩固其政权统治,郡县制的实行,则有利于千家万户的老百姓。但是,一个国家一旦失去了人民,也就失去了存在的可能。因此,两者之间的得失利病也就"较然可知"了。第三,他认为各种制度的实行,虽然免不了都有其弊病,但弊病有小大、短长之分,从这个角度进行比较,郡县制无疑远胜于封建制。他说:"夫立法作程,未有不弊之者,固在度其为患之长短耳。政在列国也,其初有维城盘石之固,其末有下堂中肩之辱,远则万国屠灭,近则鼎峙战争,所谓其患也长。政在列郡也,其初乃四海一家之盛,其末有土崩瓦解之虞，高光及于国初，勘定之勋易集，所谓其患也短。岂非已然之证欤！"（卷三一《职官·王侯总序》）这几层的论述充分表明，杜佑在讨论郡县制与封建制的优劣时，已经不是单纯地从统治阶级利害关系的角度出发，而主要是从人口的增殖、国家的统一、生产的发展、人民生活的安定与否等方面着眼来进行比较的。这种见解，显然已远远超过了唐初那些主张郡县制政治家的观点。在唐初郡县制与封建制的论战中，魏徵、李百药、马周等人都是反对恢复封建制、力主实行郡县制的主将，在反对分封诸王、批判复古思潮中，都作出过很大的贡献。特别是李百药，他在《驳世封疏》中，痛言封建之非，斥责复古之妄，指出世袭的封建贵族，依仗自己的"门资"，"莫不世增淫虐，代益骄侈"，结果是破坏国家统一，制造分裂混战局面。但是当他论述到国家寿命长短、秦朝二世而亡的原因时，却又陷入了天命论的泥坑，认为"祚之长短，必在于天时，政或兴衰，有关于人事"（《贞观政要》卷三）。说明一个王朝政治的好坏虽与人事有关，而国祚的长短，则完全是由上天决定的，非人力所能改变。对于这种观点，杜佑曾提出了批评。他说："览曹（冏）陆（机）著论，诚谓文高理明，不本为人树君，不稽烝黎损益；观李（百药）马（周）陈谏，乃称冥数素定，不在法度得失，不关政理否臧，故曰终莫究详，斯之谓矣。"（卷三一《职官·王侯总序》）可见在杜佑看来，谈论国祚的长短，他是主张应着眼于"法度得失"，"政理否臧"，即完全取决于人事，而与天命无关。同样，秦王朝之所以灭亡得这么快，其原因就在于"人事"，而不是由"冥数素定"。在论战中，当时还有人提出，先王早知郡县制之不可行，因而才推行封建制。此说的代表是曹元首的《六代论》（见《文选》卷五二）。杜佑指出，郡县制与其他制度一样，是社会历史发展的产物，但它的出现，是在封建制没落之后，是代封建制而起的，因此，在这种制度尚未出现之前，先王绝不可能预见到它将不利于统治政权的巩固而不予实行。杜佑在《职官·王侯总序》中论述这一问题时，还特地加上注解，驳斥此种论调纯属强词夺理，他说："自五帝至于三王，相习建国之制。当时未先知封建则理，郡县则乱。而后又睹秦汉一家，天下分置列郡，有溃叛陵篡之祸，便以为先王建万国之时，本防其萌，务固其业……乃将后事以酌前旨，岂非强为之说乎！"他还认为，所有新制度的产生，对于旧制度来说，都有"相因"的关系而不能凭空臆造，都是根据形势发展的要求，在旧制度的基础上改革而诞生的。他说："在昔制置，事皆相因。"因此，一种新的社会制度的形成，既有继承，又有发展，绝非出于"圣人之意"，而是由历史发展的客观形势促成的。在封建制适合于古代社会的形势而存在的时候，任何人都无法废弃它；当历史发展到郡县制必然出现而代替封建制的时候，任何人也都无力阻挡它。所以他斩钉截铁地说："欲行古道，势莫能遵。"（卷三一《职官·王侯总序》）他的这种思想，对于后来的柳宗元写作《封建论》一文，无疑有着很大的影响。

从进化论的历史观出发，杜佑明确认为，随着时代的发展变化，各项制度也必须加以适当的改革，而不能墨守成规，泥古不化。他指出："古今既异，形势亦殊"（卷一七四《州郡·后论》），制度改革也就势在必行。他在《省官议》中就曾提出过"随时立制，遇事变通"的论点，要求统治者一定要适应形势的发展，不断变革各种统治制度。他针对当时是古非今思想的泛滥，在《通典》一书中多次提出批评，指出："人之常情，非今是古，不详古今之异制，礼教之从宜……详观三代制度，或沿或革不同，皆贵适时，并无虚事，岂今百王之末，毕循往之仪？"（卷五八《礼·公侯大夫士婚礼·后论》）至于变革的原则，则强调应按照时代的要求，要适合时宜，而不能脱离现实，硬搬古代制度。用他自己的话来说，就是要求做到"酌古之要，通今之宜，既弊而思变"（卷一二《食货·后论》）；"随时拯弊，因物利用"（卷一八五《边防序》）。一句话，必须要"适时"，什么时代，就得用什么制度，不能墨守成规。对那些早已过了时的旧制度，就必须用新的制度去代替。只有这样做，对国家、对人民才会有莫大的好处。所以他说："既弊而思变，乃泽流无竭。"（卷一二《食货·后论》）

由于杜佑具有这种进化论的历史观，主张不断变革以适应社会发展的要求，因此，对于历史上那些能够顺应时代潮流而进行变法的历史人物，他都给予热情的赞扬和肯定，赞扬他们的革新精神，肯定他们的历史作用。如商鞅变法，在长时期中曾遭到来自各个方面的批评和责难。可是杜佑在《通典》中，则多次予以肯定，指出商鞅变法，"数年之间，国富兵强，天下无敌"（卷一《田制》），起到了积极的作用。不仅如此，他还把商鞅列为"六贤"之一，而与姜尚、管仲并提，认为商鞅能"通轻重之法以制国用，以抑兼并，致财足而食丰，人安而政治"，"诚为邦之所急，理道之所先"（卷一二《食货·轻重后论》)。这些评价,应当说是很高的。对于和他同时代人杨炎所创立的两税法,同样也有很高的评价,认为两税法在解决政府财政困难、增加财政收入、限制官吏加派、抑制豪强规避、减轻人民负担等方面,都起到了积极的作用。因此,他在《通典》一书中曾给予热情的歌颂,指出:"自建中初,天下编甿百三十万,赖分命黜陟,重为按比,收入公税,增倍而余,遂令赋有常规,人知定制,贪冒之吏莫得生奸,狡猾之甿皆被其籍。诚适时之令典,拯弊之良图。"肯定两税法实行后,"赋既均一,人知税轻,免流离之患,益农桑之业,安人济用,莫过于斯"(卷七《食货·历代盛衰户口·丁中后论》)。这类事例还很多。总之,杜佑在《通典》中,对历史上那些能够顺应时代发展的要求,在社会制度的某些方面进行一定程度的改革和创新,有利于社会经济的发展、统治秩序的安定、封建政权的巩固的人和事,都给予充分的肯定和高度的赞扬。

当然,由于杜佑身为李唐王朝最高统治集团的成员之一,而他的著书目的又一再表白是在于"将施有政",即为巩固封建统治服务,因此特别强调"制礼以端其俗,立乐以和其心"的重要性,在二百卷的《通典》中,《礼》典竟达一百卷之多。这一方面固然因为有《大唐开元礼》一书可供摘抄,但更重要的却是反映了他思想上对这种封建礼制的高度重视。杜佑在奏进《通典》时所特别强调的也正是这个"周氏典礼"。他说:"周氏典礼,秦皇荡灭不尽,纵有繁杂,且用准绳。"(《旧唐书·杜佑传》)在封建社会中,礼和乐都是用来表达和维护封建等级制度的一种重要工具,而等级制度又是维系封建关系的集中的社会形式和政权形式。因此,用了它,就可以强化封建等级制度,维护封建秩序,巩固封建统治。杜佑正是从这一观点出发,因而对于那些本来不属于史学范畴的"礼",大量地加以记载,几乎占全书篇幅的三分之一,造成臃肿而不协调。还有,在《兵》典部分,单记兵法,甚至连火鸟、火兽之类近于荒谬的传说,也不厌其烦地一一备载,而对于很重要的兵制沿革反而没有论述。至于全书的分类也并不很精确,材料的取舍亦有欠妥之处,对此,南宋末年的史学家马端临就有过批评,指出:"夫节目之间,未为明备,而去取之际,颇欠精审,不无遗憾焉。"(《文献通考·总序》)

第二节 马端临和《文献通考》

一、马端临著《文献通考》

1. 马端临的生平和《文献通考》的编纂

《文献通考》是继杜佑《通典》以后规模最为宏大的记述历代典章制度的专著。作者是宋末元初的史学家马端临。端临字贵与,江西饶州乐平(今江西乐平)人。父廷鸾,宋末任右丞相兼枢密使,因反对贾似道,于度宗咸淳八年(1272)被排挤去职。马廷鸾是个学问很渊博的人,曾任职国史院编修和实录院检讨。著作很多,但大都散佚。这样的家学对于马端临编著《文献通考》是有一定影响的,他自己曾说:"业绍箕裘,家藏坟索。插架之收储,趋庭之问答,其于文献盖庶几焉。"(《文献通考·总序》。本节凡不特别注明者,均出自《文献通考》一书)马廷鸾辞官以后,便回归故里,端临亦家居侍养。宋亡,留梦炎曾拉他出来做官,以亲老拒绝。《文献通考》的著述,大约就在这段时间。全书写成经过二十多年。元世祖至元二十七年(1290),他父亲去世后,始受地方官聘请,出任柯山书院(在浙江衢州)山长(山长不在官品之内。时不称院长,山长的称法,直至清代还是如此),并蝉联几任。最后做过台州(今浙江临海)儒学教授(此为九品小官)三个月,即以病辞。他生活在宋朝的时间约二十五年,在元朝近四十五年,但《宋史》、《元史》均未替他立传。直到清初,黄宗羲撰《宋元学案》,才替他作了一个非常简单的小传。《新元史》也只把他与胡三省一起作了个合传。大约生于宋理宗宝祐二年(1254),卒于元英宗至治三年(1323)。

《文献通考》撰述时间已不可确指,自序末也未记年月,仅云:"愚自早岁,盖尝有志于缀辑,顾百忧薰心,三余少暇。"可见他有志于本书编纂的时间是很早的。《新元史》本传亦只云:"宋亡隐居不仕,著《文献通考》以补杜佑《通典》之阙,二十余年而后成书。"《文献通考》卷首附刊元英宗至治二年(1322)六月抄白(即诏旨),亦称其书"本儒用心二十余年,卷帙繁多"。而据元仁宗延祐六年(1319)四月王寿衍《进通考表》内容来看,则《文献通考》至迟在延祐四年七月以前已经成书。又顺治《乐平县志》载李谨恩《文献通考序》曾涉及这一问题，说明在元成宗大德十一年（1307）就已成书，作者时年五十四岁，由此上推则可知马端临在三十岁前后就已经开始编《文献通考》了。元英宗至治二年诏刻《文献通考》时，马端临尚未被命携带原稿到杭州校对，这时他还在柯山书院山长任上，已经是位六十九岁的老人了。

马端临之编纂《文献通考》，据他的自述，一则由于《资治通鉴》"详于理乱兴衰，而略于典章经制"；再则认为《通典》"不无遗憾"，"未为集著述之大成"，于是自己便"有志于缀辑"；加之家学的影响，遂有本书的著述。《文献通考》材料的来源，大体取自两个方面，一是旧籍，二是当时学者的议论和朝臣的奏疏，这也就是作者将书名冠以"文献"两字的原因。自云："凡叙事，则本之经史，而参之以历代会要，以及百家传记之书，信而有证者从之，乖异传疑者不录，所谓文也；凡论事，则先取当时臣僚之奏疏，次及近代诸儒之评论，以至名流之燕谈，稗官之记录，凡一话一言，可以订典故之得失、证史传之是非者，则采而录之，所谓献也。"（《总序》）可见他在对待史料的取舍上，态度是非常审慎的，"信而有证者从之，乖异传疑者不录"，这是史家编写信史的高贵品质；不记虚事，不作伪辞，不采异说，不录无证之传闻，这是史家写史应有的态度。马端临编撰《文献通考》，正是继承和发扬了前辈史学家们这一光荣的传统。

2.《文献通考》的编纂方法和内容

《文献通考》编纂的方法，大体上是将原始材料先按门类排列，然后依时代顺序一条一条地记载，它不像《通典》那样融汇在一起，从使用角度而言，查阅起来比《通典》更为方便。书中内容，每段都提行。所引经史之文，一律顶格书写，诸臣奏议低一格写，诸儒议论再低一格。每条材料前面，通常冠以"某人曰"，凡引用他父亲之言，则作"先公曰"（其中以选举、学校两门最多），他自己的意见一律用"按"字来表示。但有时也有用书名的，如《建炎以来朝野杂记》（每省作《朝野杂记》）等。全书有总序一篇，每一门类又各有小序，阐明设立这一门类的意图，并简略叙述该门所载内容发展演变的过程。

《文献通考》不是为继续《通典》而作，它也是从古到今，止于南宋宁宗嘉定年间。全书共三百四十八卷，分二十四门：《田赋考》七卷，《钱币考》二卷，《户口考》二卷，《职役考》二卷，《征榷考》六卷，《市籴考》二卷，《土贡考》一卷，《国用考》五卷，《选举考》十二卷，《学校考》七卷，《职官考》二十一卷，《郊社考》二十三卷，《宗庙考》十五卷，《王礼考》二十二卷，《乐考》二十一卷，《兵考》十三卷，《刑考》十二卷，《经籍考》七十六卷，《帝系考》十卷，《封建考》十八卷，《象纬考》十七卷，《物异考》二十卷，《舆地考》九卷，《四裔考》二十五卷。这二十四门中，十九门是《通典》所原有的，而《经籍》、《帝系》、《封建》、《象纬》、《物异》五考则为《文献通考》所新增。

《文献通考》是在《通典》的基础上扩大和补充而成书的，所载的内容范围，远比《通典》来得广泛，编纂的方法也不尽相同，它包括了更多的正史书志门类，而所分的节目比《通典》更加精密。这也反映了唐代以后史学的发展和其他科学的进步。如《通典》叙述经济只《食货》一门十二卷，《文献通考》则分为《田赋》至《国用》八门二十七卷。关于礼的内容，《通典》一门就达一百卷，《文献通考》虽分为三门，而卷数却仅有六十卷。这一加一减，相形之下，《文献通考》比之《通典》，在经济方面的内容大为增加，而礼的分量则已减少很多。这一变化，不仅为研究历代经济史的发展提供了更大的方便，同时反映出两人的史学思想也存在着一定的差异。在每个门类中，马端临又都能抓住主要方面组织材料，按历史发展的顺序进行编排，详加论述，并且还注意到历史发展的阶段变革。如对于田赋的演变，他在《文献通考·田赋考序》中说："随田之在民者税之，而不复问其多寡，始于商鞅；随民之有田者税之，而不复视其丁中，始于杨炎"，"而后之为国者，莫不一遵其法"。这里他把商鞅的变法和杨炎两税法的施行视为田赋制度变革的标志。又如在《钱币考序》中，论述了货币发展所经过的两大阶段，即金属货币与纸币。对于这个变化，他曾给予大力的赞扬，说："举方尺腐败之券，而足以奔走一世，寒藉以衣，饥藉以食，贫藉以富，盖未之有。然铜重而楮轻，鼓铸烦难而印造简易。今舍其重且难者，而用其轻且易者，而又下免犯铜之禁，上无搜铜之苛，亦一便也。"像这样一类的观点，显然是十分可贵的。马端临写作本书时，不只搜罗的资料极其丰富，而且还根据内容创立了不少新的门类。如学校，《通典》仅在《选举》中讲到了它,正史中亦从未立过学校志,但地方志中一般多有记载,《文献通考》作者搜集了大量有关资料后,就专立了《学校考》这个新的门类。这不仅说明马端临具有杰出的史识,同时也表明他善于吸收新的成果。全书内容,详近略远,于宋代的典章制度尤为详尽,成书虽先于《宋史》,而许多内容多为《宋史》各志所未备。

二、《文献通考》的价值和马端临的史学思想

1.《文献通考》的价值

对于《文献通考》的评价,长时期来存在着两种不同的看法。肯定它的,主要着眼在详赡超过《通典》;否定它的,则认为除了因袭《通典》之外,多抄取史志、会要及宋人议论,并无创作,远不及《通典》的体大思精,简而得要。后一种看法,可以清人章学诚为代表,他说:《文献通考》"虽仿《通典》,而分析次比,实为类书之学。书无别识通裁,便于对策敷陈之用"(《文史通义新编新注》内篇四《释通》自注)。又说:"马贵与无独断之学,而《通考》不足以成比次之功,谓其智既无所取,而愚之为道又有未尽也。且其就《通典》而多分其门类,取便翻检耳,因史志而裒集其论议,易于折衷耳,此乃经生决科之策括,不敢抒一独得之见,标一法外之意,而奄然媚世为乡愿,至于古人著书之意旨,不可得闻也。"(同上书,内篇四《答客问中》)近人金毓黻完全不同意章氏的批评,指出:"《长编》之可取者,在宁繁勿略,《通考》之可取者,亦在宁繁勿略。""且马书所载宋制最详,多为《宋史》各志所未备,所下案语,亦能贯穿古今,折衷至当,是又《通考》之长,非《通志》之所能尽具也……而二十略多抄自《通典》,不易一字,不识所谓别识通裁者果何在!而《通考》之于《通典》则无是也。浅学之士,贵耳贱目,其轻视《通考》,实由章氏启之。""善治史者,主以《通典》之精简,辅以《通考》之详赡,则能兼取其长,而折衷至当矣。"(《中国史学史》第七章《唐宋以来之私修诸史》)《四库全书总目提要》和梁启超的《中国新史学》亦均主此说。我们知道,章学诚对《文献通考》的评论,是用他提出的史籍分类法作为标准的。长期以来,我国史籍大都按史体进行分类,而章学诚在《文史通义》中却提出把史籍分为"撰述"

（著作之书）和"记注"（为著作提供材料的资料汇编）的主张。他在《报黄大俞先生》信中说："古人一事必具数家之学，著述（即撰述）与比类（即记注）两家，其大要也。班氏撰《汉书》，为一家著述矣，刘歆、贾护之《汉记》，其比类也。司马撰《通鉴》，为一家著述矣，二刘、范氏之《长编》，其比类也。两家本自相因而不相妨害。"（《文史通义新编新注》外篇二）他用具体类比的方法，说明著述、比类之性质和作用的不同。关于记注的作用，他还作过明确叙述："若夫比次之书，则掌故令史之孔目，簿书记注之成格，其原虽本柱下之所藏，其用止于备稽检而供采择，初无他奇也。"（同上书，内篇四《答客问中》）至于撰述，则为经过整理加工的高级成品，应当反映别识心裁，可以嘉惠后学。他认为撰述较记注难而可贵，因为撰述必须有观点、有材料、有分析，是具有一定创造性的著作活动；而记注只不过是原始资料的记录、整理、选辑、汇编而已。章学诚正是根据这样的史籍分类标准来评论马端临的《文献通考》的。本来也不能说是毫无道理，问题在于如果按照这样的标准去评论过去的史籍，那么笔者可以断言，一部二十四史，除了前四史之外，都可以说是并无别识心裁，也谈不上是什么创造性的著作了，因为它们在体裁上既多因袭，文字上也全无特色。同时还需要指出的是，既然运用这个标准来评价《文献通考》，那么在衡量其他著作时也必须坚持以这一标准来对待，但事实上章学诚在评论别的史著时，并未能完全按照同一标准来处理，郑樵《通志》即是其中一例，难怪金毓黻要引用他对《通志》的评论来进行反驳了。说明章学诚在对待这两部著作的态度上，存在着厚此薄彼的做法。

我们认为，马端临的《文献通考》不仅在史学史上有其重要的地位，就是对于今天的历史研究也具有一定的价值。全书史料采摘繁富，分门别类则更为精确，这些都远远超过于《通典》。而所辑材料，又多能贯穿古今，折中至当。若与《通典》比较，从历史地位而言，这种史体的编纂，《通典》是开创，《文献通考》是模仿，自然以《通典》为高。但就实用价值而言，则《文献通考》高于《通典》，它所保存的材料，远远胜过《通典》，特别是中唐以后部分，更是《通典》所不可能包括的，何况所载宋制，又多为《宋史》各志所未备。因此，研究宋和宋以前的文物典章制度史，《文献通考》是一部必不可少的重要史籍。加之有许多门类，又为《通典》所未备，如《文献通考》把学校独立成一门，实际就是一部系统的教育史。《文献通考》还增加了一门《经籍考》，这相当于正史中的《艺文志》，但《艺文志》仅有书目，而《经籍考》既列书目，又有解题和说明，并且还往往把一部书的前言、后记也保留了下来，对于研究这部书的性质、了解这部书的内容，都是很有帮助的。如对《襄阳耆旧记》而言，究竟是单纯的人物传记还是方志早期著作形式地记，历来学者多有争论，而《经籍考》著录时有解题，说明了该书性质是地记。再加上《文献通考》对于各种典章制度，又多能从史的角度出发来进行叙述，按照历史发展的顺序来加以编排。如《兵考》，实际上就是一部军事制度史，里面分成历代兵制、禁卫兵（中央军队）、郡国兵（地方政府军队）、乡兵（地方团练性质的军队）、教阅（训练、检阅制度）、车战、舟师水战、马政，等等。这些分目，既有兵制，又有战史。而《通典》对兵制的叙述，则不属军事史，而是有些像军事学。因此，我们认为这两部书是各具特点，互有贡献，而不应扬此抑彼。张舜徽先生曾说："马端临既就杜氏《通典》补充其内容之所未备，分析其门类之所未详，并且把它向前发展了，可以说《通典》一书的精华，已包含在《文献通考》中。"[①] 这一结论是很有道理的。学术发展，后来居上，这是一般的规律。《文献通考》是在《通典》的基础上加以扩充和发展的，内容既有增多，门类也有发展。全书的编纂体例虽属模仿，但材料的取舍、门类的增减，同样体现出马端临的创造精神。因此，对于他的贡献，我们必须给予应有的肯定。

2. 马端临的史学思想

马端临的史学思想，很突出的一点，就是主张"会通"。他与杜佑、郑樵一样，都以"通"名其书，表明他继承和发展了前人会通的观点。他在《文献通考·总序》中说："《诗》、《书》、《春秋》之后，惟太史公号称良史，作为纪、传、书、表。纪传以述理乱兴衰，八书以述典章经制。后之执笔操简牍者，卒不易其体。然自班孟坚而后，断代为史，无会通、因仍之道，读者病之。"显然这是引用了郑樵的论点来表达他自己的看法。他在《总序》中，还以典章制度的变革有其自身的相因关系，来说明编写历史必

[①] 《中国历史要籍介绍》，湖北人民出版社1957年版。

须时代相续的主张。他反对断代为史，因为断代史既无法看出相因的关系，更无从考察其"变通张弛之故"。他说："爰自秦汉以至唐宋，礼乐兵刑之制，赋敛选举之规，以至官名之更张，地理之沿革，虽其终不能以尽同，而其初亦不能以遽异。如汉之朝仪官制，本秦规也。唐之府卫租庸，本周制也。其变通张弛之故，非融会错综、原始要终而推寻之，固未易言也。"可见他不仅要研究历代典章制度的因革更张，而且还要寻求这种"变通张弛之故"。这就说明他的"会通"观点比之前人有了进一步的发展，不单是停留在历史编纂学上的史书体裁的变化，而且已经初步触及从历代典章制度的变化来寻求历史发展的规律。尽管在当时来说，他还不可能认识到寻求科学的历史发展的规律，但他已经发现了在历史发展的不同阶段上，典章制度也起着相应的变化这一事实。如在不同的历史阶段，田地的占有形式不同，因而赋役制度也就有所不同；又如在不同的历史阶段，由于经济发展状况的差异，因而钱币制度也发生了相应的变化；同样，在不同的历史阶段，为适应上述种种制度的变化，于是政区、职官等也都随之而发生不同的变化。虽然这些论述都还只是涉及一些现象，但是无可否认，对于研究历史的发展来说，还是具有很大的参考价值，根据历史唯物主义的原则，应当给予充分的肯定。

至于马端临所寻求的这些"变通张弛之故"究竟是什么，据他自己说，在于"古今异宜"，"其势然也"。这就是说，社会的发展变化，是由历史发展的客观形势所决定的，是"不容不然"，非变不可的，正像"三代井田之良法坏于鞅，唐租庸调之良法坏于炎"，虽然商鞅、杨炎"二人之事，君子所羞称"，可是"后之为国者，莫不一遵其法，或变之，则反至于烦扰无稽，而国与民俱受其病，则以古今异宜故也"（《田赋考序》）。因此，对于"以田定赋，以家之厚薄为科敛之轻重"的两税法，"虽非盛世事，而救时之策，不容不然，未宜遽非也"（《田赋考·历代田赋之制》）。同时他还指出，这种制度上的变革，只能是"随时制变"，而不能随心所欲地去变更，否则，即使"圣人"也是行不通的。所以他说："圣人不能违时，不容复以上古之法治之也。"可见对于违时的制度，任何人妄想单凭主观意图去再度实行都是办不到的。从这一观点出发，马端临批判那些不顾形势而主张恢复封建古制的议论，完全是一种不识时务的书呆子论调。他说："盖时不唐虞，君不尧舜，终不可复行封建。谓郡县之法出于秦，而必欲易之者，则书生不识变之论也。"(《封建考六》)为什么古制不可复，封建不可行呢？他的回答是："所袭既久，反古实难，欲复封建是自割裂其土宇以启纷争；欲复井田，是强夺民之田亩以召怨讟，书生之论，所以不可行也。"(《田赋考序》)在《封建考序》中，他还列举事实，进一步论述了封建制的兴废始末，驳斥了"逮汉之亡，议者以为乏屏藩之助，而成孤立之势"这种违背历史事实的错误论调，他说："愚又尝夷考历代之故：魏文帝忌其诸弟，帝子受封有同幽絷。再传之后，主势稍弱，司马氏父子即攘臂取之，曾无顾惮。晋武封国至多，宗藩强壮，俱自得以领兵卒、置官属，可谓惩魏之弊矣，然八王首难，阻兵安忍，反以召五胡之衅。宋、齐皇子俱童孺当方面，名为藩镇，而实受制于典签长史之手。每一易主，则前帝之子孙歼焉，而运祚卒以不永。梁武享国最久，诸子孙皆以盛年雄材，出为邦伯，专制一方，可谓惩宋、齐之弊矣，然诸王拥兵，捐置君父，卒不能止侯景之难。然则魏、宋、齐疏忌骨肉，固以取亡，而晋、梁崇奖宗藩，亦不能救乱。"这些历史事实雄辩地说明，封子置藩，并不是什么能使国家运祚长久的万应灵膏。

正因为马端临有着上述这种认识，所以对于历史上那些进行过改革而有利于社会发展的人物以及有关的事件，总是抱着积极肯定的态度。尽管他也说过商鞅、杨炎"二人之事，君子所羞称"的话，但是对于他们所进行的改革的必要性及其作用，却都予以充分的肯定。他还曾引用蔡泽的话来肯定商鞅变法的必要性："蔡泽言商君决裂井田，废坏阡陌，以静百姓之业而一其志。夫曰静曰一，则可见周授田之制，至秦时必是扰乱无章，轻重不均矣。"(《田赋考一》)又引用杜佑的话，承认"鞅以三晋地狭人贫，秦地广人寡，故草不尽垦，地利不尽出。于是诱三晋之人，利其田宅，复三代，无知兵事而务本于内，而使秦人应敌于外。故废井田，制阡陌，任其所耕，不限多少。数年之间，国富兵强，天下无敌"(同上引)。对商鞅变法采取这样的态度来肯定，应该说是比较符合历史的真实的。杨炎的两税法，在当时和后代都曾遭到过很多人的非议和反对，对于这些议论，马端临在《文献通考》中都一一加以记载，但同时他又能从当时形势的发展和对人民负担的减轻上，谈了自己对两税法的看法。他说："至唐，始分为租庸调，田则出粟稻为租，身与户则出绢布绫锦诸物为庸调……盖当大乱之后，人口死徙虚耗，岂复承平之旧！其不可转移失陷者独田亩耳。然则视大历十四年垦田之数，以定两税之法，虽非经国之远图，乃救弊之良法也。但立法之初，不任土所宜输其所有，乃计绫帛而输钱。既而物价愈下，所纳愈多，遂至输一者过二，重为民困。此乃掊刻之吏所为，非法之不善也。陆宣公与齐抗所言，固为切当，然必欲复租庸调之法，必先复口分、世业之法，均天下之田，使贫富等而后可；若不能均田，则两税乃不易之法矣。"(《田赋考三》)这段议论，完全是根据当时的历史发展形势，在均田制受到破坏、租庸调也无从实行的情况下，来肯定两税法是一种"救弊之良法"，反对了那些脱离社会现实而空谈制度好坏的"书生不识变之论"。至于实行过程中所出现的这样那样的问题，他认为"此乃掊刻之吏所为，非法之不善"。另外，他还指出："历代口赋，皆视丁中以为厚薄。然人之贫富不齐，由来久矣。今有幼未成丁而承袭世资，家累千金者，乃薄赋之；又有年齿已壮而身居穷约、家无置锥者，乃厚赋之，岂不背缪？今两税之法，人无丁中，以贫富为差，尤为的当。宣公（陆贽）所谓'计估算缗，失平长伪，挟轻赍转徙者脱繇税，敦本业不迁者困敛求，乃诱之为奸，殴之避役'。此亦是有司奉行者不明不公之过，非法之弊。盖力田务本与商贾逐末，皆足以致富。虽曰逐末者易于脱免，务本者困于征求，然所困犹富人也，不犹愈于庸调之法不变，不问贫富，而一概按元籍征之乎？"(《田赋考三》)这里他把两税法与历代口赋相比较，肯定两税法的征税原则"人无丁中，以贫富为差，尤为的当"，而陆贽所指责的问题，则同样认为是属于"有司奉行者不明不公之过，非法之弊"。这种评论，应该说也都是很实在的。虽然他把两税法的实行说成是收到了困富人的效果，并不符合历史的真实，但他的出发点却是可贵的，那就是在他看来，过去那些不以贫富为差，不计财产多少的征收赋税的办法是不合理的，而两税法的实行，多少改变了一些原来富人薄赋而穷人厚赋的情况。这样，他不仅肯定了两税法在当时来说是一种势在必行的"救弊之良法"，还认为此法的实行有利于广大的贫者，反映出马端临对广大农民惨痛遭遇的同情，这种认识显然与他的"民本"思想是分不开的。

马端临认为一个国家的建立，首先要有人民，如果人民无法生活，大量逃亡，那么一个国家也就不可能存在下去。他把民心的向背看作是政权存亡的关键。因此，在《文献通考》一书的许多篇章里，他一再揭露封建统治者只顾眼前利益,不管人民死活,大量巧立名目,进行残酷剥削的事实。他说,在古代,"民众则其国强,民寡则其国弱,盖当时国之与立者民也"。可是到了后代,"民之多寡,不足为国之盛衰。官既无藉于民之材,而徒欲多为之法,以征其身,户调口赋日增月益,上之人厌弃贱薄,不倚民为重,而民益穷苦憔悴,祇以身为累矣"(《户口考序》)。如"征榷"之设,本为不使农民受商贾的盘剥"以优农民",可是实行的结果,反而使农民大受其害。他说:"善言利者,则曰山海天地之藏,而豪强擅之;关市货物之聚,而商贾擅之。取之于豪强商贾,以助国家之经费,而毋专仰给于百姓之赋税,是崇本抑末之意,乃经国之远图也。自是说立,而后之加详于征榷者,莫不以藉口,征之不已,则并其利源夺之,官自煮盐酤酒采茶铸铁,以至市易之属,利源日广,利额日重,官既不能自办,而豪强商贾之徒,又不可复擅。然既以立为课额,则有司者不任其亏减,于是又为均派之法,或计口而课盐钱,或望户而榷酒酤,或于民之有田者,计其顷亩,令于赋税之时,带纳以求及额,而征榷遍于天下矣!盖昔之榷利,曰取之豪强商贾之徒,以优农民;及其久也,则农民不获豪强商贾之利,而代受豪强商贾之榷,有识者知其苛横,而国计所需,不可止也。"(《征榷考序》)均输、市易、和买、常平、义仓之设,亦"皆所以便民","初未尝有一毫征利富国之意,然沿袭既久,古意寖失。其市物也,亦诿曰榷蓄贾居货待价之谋,及其久也,则官自效商贾之为,而指为富国之术矣。其籴粟也,亦诿曰救贫民谷贱钱荒之弊,及其久也,则官未尝有及民之惠,而徒利积粟之入矣。至其极弊则名曰和买和籴,而强配数目,不给价直,鞭笞取足,视同常赋。盖古人恤民之事,后世反藉以厉民,不可不究其颠末也"(《市籴考序》)。"土贡即租税也",因此,凡是已纳土贡者,则不再输粟,自"汉唐以来,任土所贡,无代无之,著之令甲,犹曰当其租入。然叔季之世,务为苛横,往往租自租而贡自贡矣。至于珍禽奇兽,袤服异味,或荒淫之君,降旨取索;或奸谄之臣,希意创贡,往往有出于经常之外者。甚至扺留官赋,阴增民输,而命之曰羡余,以供贡奉。上下相蒙,苟悦其名,而于百姓则重困矣"(《土贡考序》)。沉重的剥削压榨,不仅迫使劳动人民无法生活,而且也给社会生产带来了极大的破坏。

值得注意的是，马端临在《文献通考》一书中，对于历史上那些刑法制度以及繁重的赋役剥削的批判也是相当深刻的。他在《刑考二》中指出，古代人民可以对帝王诽谤甚至诅咒，并不算是犯法，而当道者也"未尝以此罪人。至秦之立法，则犯此二者，皆坐以大逆而诛夷之。汉高帝入关，约法三章，除秦苛嬈，而首及诽谤偶语之酷，则当亟除之矣，而卒不曾除。至高后元年，有诏除其法矣，而又不克除。文帝之时，复有此诏。然自景、武而后，则一用秦法，凡张汤、赵禹、江充、息夫躬之徒所为诬害忠鲠，倾陷骨肉，坐以深文，中以危法者，不曰诽谤不道，则曰诅祝上有恶言。盖此二法者，终汉之世未尝除也"。在马端临看来，像这样的苛法，本来早就该废除了，可是秦朝以来一直沿而未改，在高压政策之下的元代，自然更不例外。又如在《职役考序》中说："役民者官也，役于官者民也……役民者逸，役于官者劳，其理则然。然则乡长、里正非役也，后世乃虐用其民。为乡长、里正者，不胜诛求之苛，各萌避免之意，而始命之曰户役矣。唐宋而后，下之任户役者，其费日重；上之议户役者，其制日详。于是曰差、曰雇、曰义，纷纭杂袭，而法出奸生，莫能禁止。噫！成周之里宰、党长，皆有禄秩之命官，两汉之三老啬夫，皆有誉望之名士。盖后世之任户役者也，曷尝凌暴之至此极乎！"说明户役之弊，唐宋而后"纷纭杂袭，而法出奸生，莫能禁止"。户役的繁重，可想而知。他在书中还记载了北宋英宗时期，"京东有父子二丁，将为衙前。其父告其子云：'吾当求死，使汝曹免冻馁。'自经而死"。又当时的农村，"多种一桑，多置一牛，蓄二年之粮，藏十匹之帛，邻里已目为富室，指抉以为衙前"。更有甚者，每当"官吏临门，籍记杯杵匕箸，皆计资产，定为分数以应须求。至有家赀已竭，而逋负未除，子孙既没而邻保犹逮。是以民间规避重役，土地不敢多耕而避丁等，骨肉不敢义聚而惮人上，无以为生"（《职役考一》）。这样一种世道，如何还谈得上社会生产的发展呢！官民之间，形成了如此尖锐的敌对情绪，"礼义消亡，贪饕成俗。为吏者以狐兔视其民，睥睨朵颐，惟恐堕穽之不早；为民者以寇戎视其吏，潜形匿影，日虞怀璧之为殃。上下狙伺，巧相计度"（《职役考二》）。

所有这些罪恶的造成，表面看来似乎都在贪官污吏的身上，其实真正的罪魁祸首却是高高在上的封建皇帝，所以他在《国用考序》中又进一步明确指出:"恭俭贤主,常捐内帑以济军国之用,故民裕而其祚昌;淫侈僻王,至糜外府以供耳目之娱,故财匮而其民怨,此又历代制国用者龟鉴也。"这就是说,凡是能注意节用而裕民的君主,其统治就可以长久;若是为了个人享乐而劳民的,最终必将受到应有的制裁。所谓"财匮而其民怨",只不过是一句委婉之辞而已。他在《兵考一》中论述秦的灭亡原因时,则更加明显地反映了这一观点。所有这些揭发和批判,马端临都是言有所指,针对着当时的社会现实的。诚如他在总序中所指出,本书编撰的目的,就在于"庶有志于经邦稽古者,或可考焉"。不过在"没人敢大声儿咳嗽"的元代,要对现实进行直接的批判是不堪想象的,那就只有通过对历史上统治者的残酷剥削与压迫的揭发来加以发挥了。

尤其可贵的是,他的这些批判,还有不少地方流露出浓厚的民族情感,特别是对于宋末骄兵悍将所造成的"中原拱手"、"王业偏安",表露了十分沉痛的心情。他说:"宋有天下,艺祖、太宗以兵革削平海内。暨一再传,则兵愈多而国势愈弱。元昊小丑,称兵构逆,王旅所加,动辄败北,卒不免因循苟且,置之度外。洎女真南牧,征召勤王之师,动数十万,然援河北则溃于河北,援京城则溃于京城。于是中原拱手以授金人,而王业偏安于江左。建炎、绍兴之间,骄兵溃卒布满东南,聚为大盗,攻陷城邑,荼毒生灵,行都数百里外,率为寇贼之渊薮。而所谓寇贼者,非民怨而叛也,皆不能北向御敌之兵也。张(俊)、韩(世忠)、刘(光世)、岳(飞)之徒以辅佐中兴,论功行赏,视前代卫(青)、霍(去病)、裴(行俭)、郭(子仪)曾无少异,然究其勋庸,亦多是削平内寇、抚定东南耳。一遇女真,非败则遁,纵有小胜,不能补过,而卒不免用屈己讲和之下策,以成宴安江左之计。及其末也,夏贵之于汉口,贾似道之于鲁港(今安徽芜湖西南),皆以数十万之众不战自溃。于是卖降效用者非民也,皆宋之将也。先驱倒戈者亦非民也,皆宋之兵也。夫兵既不出于民,故兵愈多而国愈危,民未叛而国已亡,唐宋是也。"(《兵考六》)这段议论,既寄有故国之幽思,又怀有民族之隐痛。可见他在元初统治者的高压政策之下,通过《文献通考》一书的编纂,同样反映出经世致用的民族思想。至于元世祖统治时期,曾竭力标榜文治,设学校,建官制,征召著名儒士,对此种种,马端临在

《学校考序》中曾一针见血地指出，秦汉以来，所建之学校只不过是"粉饰太平之事"。

由此可见，《文献通考》中的许多评论，都是针对现实的揭发和批判，充分反映了作者史学思想中的进步倾向。

当然马端临的史学思想中，儒家的正统思想仍然占据统治地位，在他看来，"圣经贤传，终古不朽，而小道异端，虽存必亡，初不以世主之好恶为之兴废也"(《经籍考序》)。对于这种阶级的和历史的局限性，我们也同样要有一个正确的认识。

第十一章
编年体通史——《资治通鉴》

第一节 《资治通鉴》编修的经过

一、司马光的生平及其编修《资治通鉴》的动因

《资治通鉴》是我国第一部编年体通史，为北宋著名的历史学家司马光所编著。光（1019—1086）字君实，陕州夏县（今山西夏县）涑水乡人。宋仁宗宝元初中进士，由奉礼郎迁至天章阁待制兼侍讲、知谏院。英宗时进龙图阁直学士。神宗即位，擢翰林学士。当时正值神宗用王安石变法，而司马光是反对变法的"旧党"首领，故熙宁三年（1070）王安石执政后，司马光即请求做外官，出知永兴军。次年，王安石为相后，又自请改判西京御史台（闲差），在洛阳十五年，专门从事《资治通鉴》的编纂。哲宗即位（1085），保守派重新得势，司马光担任宰相，把新法废除得一干二净。第二年，他便死了。死后封温国公，谥文正。尽管司马光与王安石在政治见解上迥然不同，王安石认为司马光是反对新法的人推出来的招牌，司马光则认为王安石是被吕惠卿等所利用，可是他们两人的私交始终很好，相互之间并无人身攻击。

司马光从小就爱好历史，自云"自幼至老，嗜之不厌"（《司马文正公传家集》卷一七《进资治通鉴表》）。这是他编修《资治通鉴》的先决条件。《资治通鉴》是奉诏编纂的，自英宗治平三年（1066）四月受诏，至神宗元丰七年（1084）十二月书成奏上，历时十九年之久。其实在受诏之前，他早已开始这一工作了。仁宗嘉祐年间，就着手编写过一部"上自周威烈王二十三年，尽周世宗显德六年"的大事年表，于历代治乱兴衰之迹，采猎经史，作了扼要的记载，名为《历年图》，计七卷，在治平元年（1064）进呈给英宗。接着又在此基础上，仿《左传》体裁，起自三家分晋，止于秦二世

三年（前207），写成编年史八卷，取名《通志》，"于七国兴亡之迹，大略可见"（《进通志表》）。实际上这就是今本《通鉴》中的周、秦二纪。进呈英宗后，深得赞赏，并于治平三年四月，命司马光设局于崇文院，编辑历代君臣事迹，官府还给他提供了自行选择助修人员，得就秘阁翻阅所藏图书，并给吏史笔札等方便条件，这样，就使司马光有可能顺利地从事这项艰巨的工作。尽管以后他的官职多次变动，但编书工作却从未中断。

司马光为什么要编修《资治通鉴》？他在皇祐中曾对刘恕讲过："《春秋》之后，迄今千余年，《史记》至《五代史》，一千五百卷，诸生历年莫能竟其篇第，毕世不暇举其大略，厌烦趋易，行将泯绝。予欲托始于周威烈王命韩、魏、赵为诸侯，下讫五代，因丘明编年之体，仿荀悦简要之文，网罗众说，成一家书。"（刘恕《通鉴外纪后序》）又他在《进资治通鉴表》中亦说："凡百事为，皆出人下，独于前史，粗尝尽心，自幼至老，嗜之不厌。每患迁、固以来，文字繁多，自布衣之士，读之不遍，况于人主，日有万机，何暇周览！臣常不自揆，欲删削冗长，举撮机要，专取关国家盛衰，系生民休戚，善可为法，恶可为戒者，为编年一书，使先后有伦，精粗不杂，私家力薄，无由可成。"可见司马光编著此书是蓄志已久的，不过因"私家力薄"而"无由可成"罢了。至于他的编书目的，显然有两个方面：一是深感千余年来史书至多，但却没有一部简明系统的通史著作，因而"诸生历年莫能竟其篇第，毕世不暇举其大略"，他要编一部简明通史来解决这一矛盾。二是这部书的编纂，还要做到"专取关国家盛衰，系生民休戚，善可为法，恶可为戒"者，以供君主治国施政的借鉴。因此，对于司马光编修《资治通鉴》，绝不能简单地说就是为皇帝编写教科书，这样的提法，既不符合历史事实，也会影响到对《资治通鉴》一书的评价。治平四年（1067），神宗即位，司马光进读《通志》，神宗以其"鉴于往事，有资于治道，赐名曰《资治通鉴》，且为序其造端立意之由"（胡三省《新注资治通鉴序》）。可见当时的统治者对于这部史著是何等的重视！

二、编修《资治通鉴》的三大助手及其分工

每当谈到《资治通鉴》，就会理所当然地联想到曾经付出巨大心血的主

编司马光。但是，在谈论《资治通鉴》的成就时，我们也不应当遗忘司马光修书时的三大助手——刘恕、刘攽、范祖禹，他们的贡献也是很巨大的，司马光之所以能够在十九年时间里，完成这部空前的编年史巨著，与三大得力助手的协助是分不开的。他们三人各有专长，都是北宋一代第一流的史学家。特别是刘恕，他还同司马光一道，对编书的"通部义例"、编次安排、编修断限和修书中的疑难问题等进行了专门的讨论，"实系全局副手"（全祖望《通鉴分修诸子考》），他晚年的生命实萃于是书，贡献之大，又远远超过其他两位助手。

刘恕（1032—1078）字道原，筠州（今江西高安）人。十八岁那年中冯京榜进士，再试经义说书皆第一，因此轰动京师，"名重诸公间"。司马光亦"以是慕重之，始与相识"。嗣后即授巨鹿主簿，迁和川令。司马光受诏编修《资治通鉴》，遂即上表推荐刘恕与之共修。这时刘恕年仅三十四岁，已经成为史学名家，并为司马光所重视，认为"馆阁文学之士诚多，至于专精史学，臣所得而知者，唯和川令刘恕一人而已"（《司马文正公传家集》卷六八《刘道原十纪年序》）。此后的十三年中，尽管刘恕的官职有过变动，然而编书重任一直未曾卸肩，直到病势危重，才"束书归之局中"。因此，对于《资治通鉴》的编修，刘恕作出了自己所能贡献的力量。在他的一生中，除了参与编修《资治通鉴》之外，自己的著作已成者有《十国纪年》四十三卷，《疑年谱》、《年略谱》各一卷，《资治通鉴外纪》十卷。

刘攽（1023—1089）字贡父，号公非先生，临江新喻（今江西新余）人。庆历进士。曾任州县官二十年，迁国子监直讲，因反对变法，一度左迁通判泰州，后又起知曹、亳、兖、襄等州，最后入为秘书少监，官至中书舍人。助司马光修《资治通鉴》，两汉长编即由他负责编撰。刘攽这个人很爱开玩笑，而司马光则为人严肃谨慎，可见为了共同的事业，性格不同也是可以合作的。刘攽及其兄刘敞（号公是先生）所注的《汉书》也很有名。此外，他自己还著有《东汉刊误》、《彭城集》和《公非先生集》。

范祖禹（1041—1098）字梦得，又字淳甫，成都华阳（今四川成都）人。进士出身，知龙水县事，历奉议郎。熙宁三年（1070）参加《资治通鉴》的编修工作，唐代长编即出于祖禹之手。三人中他虽是中途参加，但在书局的时间最长，首尾一十五年。由于他负责唐代长编的编撰工作，故于元祐元年（1086）成《唐鉴》十二卷，他在该书序言中说："臣祖禹受诏与臣光修《资治通鉴》，臣祖禹分职唐史，得以考其兴废治乱之所由。"《资治通鉴》修成后，转秘书省正字。哲宗即位，除著作佐郎，历右谏议大夫、翰林侍讲学士、龙图阁直学士等官职。

关于三个助手的分工，由于史书记载众说纷纭，数百年来常有争议。笔者认为刘攽分担的是两汉部分，范祖禹唐代部分，刘恕则分担了前后五代两大部分，也就是说，刘恕不仅编写了魏晋以后到隋的长编，而且五代十国长编的绝大部分也是出于他之手。前者的证据是：第一，司马光《与刘道原》信中就直接谈到过这一问题，信中说："光少时惟得《高氏小史》读之；自宋讫隋正史，并《南北史》，或未尝得见，或读之不熟。今因修南北朝《通鉴》，方得细观，乃知李延寿之书，亦近世之佳史也……渠亦当时见众人所作五代史不快意，故别自私著此书也。但恨延寿不作志，使数代制度沿革，皆没不见。道原《五代长编》，若不费功，计不日即成。若与将沈约、萧子显、魏收三志，依《隋志》篇目，删次补葺，别为一书，与《南北史》、《隋志》并行，则虽正史遗逸，不足患矣。不知道原肯有意否？"（《司马文正公传家集》卷六三）可见司马光在给刘恕写此信之时，正是刘恕在编写前五代长编之际。第二，范祖禹在《秘书丞刘君墓碣》里说："道原于魏晋以后事尤能精详，考证前史差谬，司马公悉委而取决焉。"（《范太史集》卷三八）范祖禹的话应该说是非常可靠的，因为他不仅同刘恕一道编书，更重要的是他还直接参与《资治通鉴》全书的定稿工作。第三，《通鉴问疑》所载司马光与刘恕讨论情况，亦是确凿的证据之一，因为他们所讨论的问题中有好多是司马光在删定刘恕编写的前五代长编时提出来的，并进行了磋商。至于五代十国长编，即后五代长编是否出于刘恕之手，证据就更加明显了：第一，司马光在《乞官刘恕一子札子》里说得非常肯定，认为五代十国历史，头绪纷繁，"非恕精博，他人莫能整治"。值得注意的是，司马光在上这个札子时，《资治通鉴》全书早已定稿上奏，所说自属定论，何况他是主编，说话比任何人都来得权威。第二，司马光在《答范梦得》信里，明确各人任务时也点出："请从高祖初起兵修《长编》，至哀帝禅位而止。其起兵以前、禅位以后事，于今来所看书中见者，亦请令书吏别用草纸录出，每一事中间空一行许素纸，以备剪开粘缀故也。隋以前者与贡父，以后者与道原，令各修入《长编》中，盖缘二君更不看此书……二君所看书中有唐事，亦当纳足下处修入《长编》耳。"(《司马文正传家集》卷六三) 这是最初三个人的分工范围。后因刘攽工作调动，只成两汉长编，他未完成的任务，后来也就由刘恕所承担。第三，《通鉴考异》中关于五代十国一段，保留了许多刘恕考核史实的记录，而他所作长编的副本——"广本"一词的多次出现，就是个明证。还有，他所编写的《十国纪年》，正如范祖禹的《唐鉴》为他编写唐代长编的副产品一样，亦应视为刘恕编写五代长编时的副产品。总之，在《资治通鉴》编修的整个过程中，这三大助手与主编司马光志同道合，通力协作，他们三人之间既有明确分工，又有统一要求，最后由司马光总其成，充分发挥了集体修书的优越性，克服了历来设馆修史的各种弊病。

三、编修《资治通鉴》的优良方法

司马光带领三大助手，能在十九年中完成这样一部"网罗宏富，体大思精"的编年体巨著，还在于他们有一套优良的编纂方法和步骤。在整个编纂过程中，从搜集史料到最后定稿，分成三大步骤，即先作丛目，次作长编，最后定稿，大家都严格按照这三个步骤去做，所以全书的体例、书法、史料考订、文章剪裁都能做到协调一致，主编司马光最后定稿也就比较方便了。范祖禹刚到书局时，尚未熟悉这套方法，未曾做好丛目即动手编写长编，司马光便对他提出了批评，可见他们编书的要求是很严格的。

所谓丛目，就是根据所掌握的史料，把历史事件按年代顺序列出标题，再围绕标题将有关史料组织起来，"但稍与其事相涉者，即注之，过多不害"(《答范梦得书》)，一律依年、月、日顺序排列，无日者附于其月之下，称是月；无月者附于其年之下，称是年；无年者附于其事之首尾。无事可附者，约其时之早晚，附于一年之下。

长编实即初稿，它的编写原则是"宁失于繁，毋失于略"。着手编写时，必须把丛目中的史料全部检阅一次，经过选择决定取舍，重新加以组织，并在文字上作初步的加工修饰。凡是事同文异者，择一明白详备者录之；彼此互有详略，可相互补充者，则自用文辞加以综合写成；若遇事迹、年月有违戾不同者，则择一证据分明，情理近于事实者编入。长编正文一律用大字书写，余者以小字于其下注出，"仍为叙述所以取此舍彼之意"。附注次序是"先注所舍者，云：'某书云云，某书云云，今案某书证验云云。'若无证验，则以事理推之云云，今从某书为定。若无以考其虚实是非者，则云今两存之"。凡人物初入长编者，并于其下注云："某处人。"或父祖已见于前者，则注云某人之子或某人之孙。重要的历史文章也有选择地收在其中。对于年号则一律以后来者为定。所以长编实际就是对原始史料进行了初步整理、加工的编年史初稿。这一工作与第一步的丛目，都是由三大助手负责的。在这一基础上，主编司马光再作最后的删削润色，考订异同，写成定稿。刘羲仲在《通鉴问疑》中说："先人在书局，止类事迹，勒成长编，其是非予夺之际，一出君实笔削。"六百多卷的唐纪长编，经过删订，最后只剩八十一卷。可见司马光的定稿工作是相当艰巨的，不仅删削繁冗，还要考订异同，修饰文字。所以《资治通鉴》虽属集体编写，可是经过司马光的定稿，简繁得宜，文字优美，语言生动，如出一人之手。这正说明司马光在这部书上的确是下了很大功夫的，正如他自己在《进资治通鉴表》中所说："研精极虑，穷竭所有，日力不足，继之以夜"，"臣之精力，尽于此书"。他写作态度的认真及其在历史编纂学上的贡献、历史文学上的成就，等等，均可与司马迁相媲美。

司马光撰成《资治通鉴》以后，自知卷帙繁富，阅读不易，乃另撰《资治通鉴目录》三十卷，以收提纲挈领之效。又编《通鉴考异》三十卷，表明对史料的甄别和取舍，其中保存了大量今天已经亡佚的材料；《通鉴举要历》八十卷，《通鉴节文》六十卷，则是以目录太略而折中编成的。还有《通鉴释例》一卷，记述修书凡例以及与书局官属刘恕、范祖禹等往来书札，以与《资治通鉴》本书相发明。撰写一书而另著多种作品以为辅佐，特别是"自撰一书明所以去取之故者"的编纂方法为司马光所开创，在以前的史学家中是不曾有过的。这些都是司马光在史料学、历史编纂学上的贡献。当然这种贡献也绝不是偶然的，而是与宋代史学的发展有密切的关系，当时史料考订之风的盛行，印刷术的空前发达，书籍的大量刊刻，等等，都为司马光编修《资治通鉴》提供了有利的条件，因而他才有可能进行那些细致的工作。

第二节 《资治通鉴》在史学上的地位

《资治通鉴》是我国封建社会一部优秀的编年体通史，是我们学习和研究我国古代历史的重要史籍，在中国史学史上占有重要的地位，成书以后一直受到历代封建帝王和学者们的重视。如宋神宗不仅下敕奖谕，为之亲自制序，还在宰相们面前公开夸奖它，称之为"前代未有此书，过荀悦《汉纪》远矣"（《续资治通鉴》卷七八）。又如宋学者洪迈曾手抄三遍，张仲隆以"通鉴"名其书斋，王应麟谓："自有书契以来，未有如《通鉴》者。"而清代史家王鸣盛则说："此天地间必不可无之书，亦学者必不可不读之书。"（《十七史商榷》卷一〇〇《资治通鉴上续左传》）《四库全书总目提要》也称赞"其书网罗繁富，体大思精，为前古之所未有"。《资治通鉴》在历史上享有声誉之高于此可见。虽然，他们作这样高的评价，主要是着眼于《资治通鉴》有利于维护封建统治，我们当然不能无原则地随声附和，但也必须恰如其分地肯定其在史学史上的地位和贡献，它毕竟是我国封建社会里所仅有的一部通贯古今的编年体通史巨著，它的出现是史学史上一大创作。梁启超曾经说过："盖自班固以后，纪传体既断代为书，故自荀悦以后，编年体亦循其则。每易一姓，纪传家既作一书，编年家复为作一纪，而皆系以朝代之名。断代施诸纪传，识者犹讥之；编年效颦，其益可以已矣。宋司马光毅然矫之，作《资治通鉴》以续《左传》。上纪战国，下终五代，千三百六十二年间大事，按年纪载，一气衔接。"（《中国历史研究法》）《资治通鉴》在史学史上所以占有如此重要地位，主要在于该书以下几方面的特色。

一、材料丰富，考证精详

《资治通鉴》的基本史料虽然来自十七史中，但也增加了许多其他材料，据宋人高似孙《纬略》记载，除正史以外所用杂史诸书，便有三百二十种之多，这个数字是比较可信的。当时史局所在地崇文院中的皇家藏书多至三万六千余卷，这是全国重要书籍集中的地方，司马光及其助手都经特许可以方便地查阅。但更为重要的是，由于宋代印刷事业的发达，得书的机会比较多，于是便开宋以来民间聚书的风气，私家藏书相当普遍。司马光在洛阳的住宅里，自云"聚书出五千卷"（《司马文正公传家集》卷七一《独乐园记》），而宋人费衮也说："温公独乐园之读书堂，文史万余卷，而公晨夕所常阅者，虽累数十年皆新若手未触者。"（《梁谿漫志》卷三）可见司马光个人藏书就达万卷。刘恕诸人亦多有藏书，晁说之就曾给刘恕家的藏书写过一篇《刘氏藏书记》。对于私家藏书，他们也多方借阅。如宋敏求做亳州知州，家中藏书达三万卷，苏颂称"敏求家藏书数万卷，多文庄（杨徽之）、宣献（宋绶）手泽，与四朝赐札，藏袐惟谨。或缮写别本，以备出入，故其收藏，最号精密"（《苏魏公文集》卷五一《宋敏求神道碑》）。刘恕就曾远道前往借读，主人天天为他准备丰盛的酒食，他都谢绝了，只是关起门来整日整夜地读和抄，花了十天工夫，把所要阅读的书都抄读完毕方才离去。司马光的儿子司马康曾参加《资治通鉴》的校对工作，他说："楚汉事则司马彪、荀悦、袁宏，南北朝则崔鸿《十六国春秋》、萧方等《三十国春秋》、李延寿书虽无表志而可观，《太清记》亦时有足采者，《建康实录》自郐而下无讥实尔也。唐以来稗官野史暨夫百家谱录、正集别集、墓志碑碣、行状别传，幸多存而不敢少忽也。要是柳芳《唐历》为最可喜。"（晁说之《景迂生集》卷一七《送王性之序》引）单是有唐一代所参考的书籍，据司马光在《答范梦得》信中所云："请且将新旧《唐书》纪、志、传及《统纪》补录，并诸家传记小说，以至诸人文集，稍干时事者，皆须依年月日添附……尝见道原云：'只此已是千余卷书，日看一两卷，亦须二三年功夫也。'"唐代即千余卷，其他各段所采用书籍卷数之多也就不难想见了。这就充分说明，他们搜集资料广泛，阅读书籍之丰富，所下功夫之深入，都是十分可观的。

司马光在《进资治通鉴表》中曾说，他为了修《资治通鉴》，"遍阅旧史，旁采小说，简牍盈积，浩如渊海"，丝毫都不夸张。而他所征引的书，如今大半都已亡佚，这就显得更加可贵。凡所征引的材料，大都下过功夫，作过考证，往往一事用三四种资料纂成。司马光曾撰《考异》三十卷，目的就是为了把史实取舍的经过全部告诉大家，这说明史学到了宋朝已经更加发达了。但是把编撰史书的工作做到这样细致负责的地步，却是从司马光开始的，他为后世史家写史树立了榜样。所以我们说，《资治通鉴》史料的真实性比起十七史来是更为可靠了。前人早已说过："不熟读正史，未易决《通鉴》之优劣。"司马光等人在史料学上的贡献，应当给予充分的肯定。

二、便于读者学习和研究祖国的历史

《资治通鉴》的编纂，可以使人们用较少的时间，了解一千三百六十二年漫长的历史概况。司马光等人所根据的材料，仅正史一项十九种，合计起来就有一千五六百万字，加上其他史料，不下三千万字，而《资治通鉴》二百九十四卷，总共只三百万字，这在时间和精力上对读者来说都是有好处的。具体地说，有若干同一历史事件的材料，本来是分见于多处的，《资治通鉴》则依次将它们组织在一起，而且有的还相当集中。如大家熟悉的赤壁之战，其材料，既有见于《后汉书·刘表传》，又有很多散见于《三国志》的《魏武帝纪》、《蜀先主传》、《吴主传》以及诸葛亮、关羽、张飞、赵云、周瑜、鲁肃、张昭、黄盖等人的传记，还有一些则杂见于其他著作。如果要了解这次战役的始末，势必非遍读上述著作不可，而且就是全部翻阅一遍，由于太杂太乱，也未必能立刻理出个头绪而认清它的全貌。《资治通鉴》却把这样伤透脑筋的事解决了，于卷六五"建安十三年十月"条下，把所有涉及这次战争的材料全部集中在一起，加以剪裁、整理、穿插，写出了它的全过程，并且首尾连续，叙事简洁，文字优美，情节生动，使之得到了比较广泛的传播。在《资治通鉴》的编写过程中，作者还吸取了纪传体的长处，避免了编年体的弊病，每遇重大历史事件的发生，必交代前因后果；同一事件的材料，不再分见于多处。因此，《资治通鉴》的编修，为编年体开辟了新纪元，为编年体史书的编写闯出了新路子，此后，编年体史书得到了很大的发展，先后曾陆续产生了许多著名的编年体历史著作，单从历史编纂学而言，《资治通鉴》也是值得大加肯定的。

三、详细反映了历代政治斗争和阶级斗争情况

作者撰写本书的目的之一，在于"穷探治乱之迹，上助圣明之鉴"，从封建统治的"治乱兴衰"着眼，因此就不能不详细地记载历代的政治斗争和阶级斗争情况。既要探讨历代的治与乱，对农民起义的材料也就必然要作比较详细的反映，而所记史实又往往要比正史来得完备而且具体生动。如关于黄巢起义的记载，就远胜过新旧《唐书》的《黄巢传》。《资治通鉴》记黄

巢起义军攻下东都洛阳时,"留守刘允章帅百官迎谒,巢入城,劳问而已,闾里晏然"。写黄巢从洛阳带领大军到达长安时,唐"金吾大将军张直方帅文武数十人迎巢于霸上。巢乘金装肩舆,其徒皆被发,约以红缯,衣锦绣,执兵以从,甲骑如流,辎重塞途,千里(指洛阳至长安)络绎不绝。民夹道聚观。尚让历谕之曰:'黄王起兵,本为百姓,非如李氏不爱汝曹,汝但安居毋恐'"(《资治通鉴》卷二五四。本章凡不特别注明者,均出自《资治通鉴》一书)。像这样一些描写,不管作者的主观意图如何,客观上却为我们留下了有关这次农民起义的许多真实情况,如起义军声势的浩大、军纪的严明,以及唐王朝许多文武官员的望风投降等,同时还反映出起义军很注重做宣传工作,以安定民心,因而受到广大人民的热烈欢迎。这样一类记载,语言虽然不多,但却是有关黄巢起义的非常宝贵的资料。又如说明这次起义的原因时,司马光在书中大段引用了翰林学士卢携的上书:"臣窃见关东去年旱灾,自虢至海,麦才半收,秋稼几无,冬菜至少,贫者砣蓬实为面,蓄槐叶为齑;或更衰羸,亦难收拾。常年不稔,则散之邻境;今所在皆饥,无所依投,坐守乡闾,待尽沟壑。其蠲免余税,实无可征;而州县以有上供及三司钱,督促甚急,动加捶挞,虽撤屋伐木,雇妻鬻子,止可供所由酒食之费,未得至于府库也。或租税之外,更有他徭;朝廷倘不抚存,百姓实无生计。乞敕州县,应所欠残税,并一切停征,以俟蚕麦;仍发所在义仓,亟加赈给。至深春之后,有菜叶木牙,继以桑葚,渐有可食;在今数月之间,尤为窘急,行之不可稽缓。"司马光在引了这段奏章之后,紧接着就说:"敕从其言,而有司竟不能行,徒为空文而已。"这就反映出唐朝末年广大农民生活极端痛苦的情况,大旱灾年粮食歉收,本来就已无法生活下去,而各级官吏照样残酷进行剥削,迫使农民拆屋卖子,也仅够供催督租税之吏卒的酒食而已。最高统治者虽然也想挽救一下危机,无奈整个官僚机构已经瘫痪失灵,皇帝的"圣旨"也"徒为空文而已"。不仅如此,司马光还进一步指出:"自懿宗以来,奢侈日甚,用兵不息,赋敛愈急。关东连年水旱,州县不以实闻,上下相蒙,百姓流殍,无所控诉,相聚为盗,所在蜂起。"(卷二五二)说明"百姓流殍","相聚为盗",完全是各级官吏逼出来的,要改变这种情况,首先就得从君主做起。又如记载唐懿宗咸通十年六月"陕民作乱,逐观察使崔荛"的原因时,指出:"荛以器韵自矜,不亲政事。民诉旱,尧指庭树曰：'此尚有叶，何旱之有？'杖之，民怒，故逐之。尧逃于民舍，渴求饮，民以溺饮之。"（卷二五一）这一事件，一方面说明当时地方官吏之昏庸和酷虐，他们不顾人民死活，骑在人民头上作威作福；一方面也说明了民心不可侮，统治阶级如果不给人民以起码的生活条件，人民必然要起来反抗。对于赤眉、绿林起义，《资治通鉴》也同样强调是由于"饥寒穷愁"所致（卷三八）。司马光的用意十分明显，就是通过这些具体的事例，说明农民起义大多出于官逼民反，告诫最高统治者，要消除人民的反抗，必须给予百姓起码的生存条件。

《资治通鉴》既是供统治者作借鉴，为了提醒他们不致重蹈前人的覆辙，所以司马光在书中对历史上统治阶级的罪恶行径，特别是对封建君主的骄奢淫逸，也作了一定的揭露和谴责。如对东汉灵帝刘宏搜刮民财、生活荒唐的揭露，就是比较深刻的，书中指出："是岁（光和四年），帝作列肆于后宫，使诸采女贩卖，更相盗窃争斗；帝著商贾服，从之饮宴为乐。又于西园弄狗，着进贤冠（当时文官所戴的帽子），带绶。又驾四驴，帝躬自操辔，驱驰周旋；京师转相仿效，驴价遂与马齐。帝好为私蓄，收天下之珍货，每郡国贡献，先输中署，名为'导行费'。"对于这种荒唐行为，当时中常侍吕强曾上疏规谏："天下之财，莫不生之阴阳，归之陛下，岂有公私！而今中尚方敛诸郡之宝，中御府积天下之缯，西园引司农之藏，中厩聚太仆之马，而所输之府，辄有导行之财，调广民困，费多献少，奸吏因其利，百姓受其敝。"（卷五八）司马光在引了这个奏疏后，紧接着写了"书奏，不省"四个字。像这样一个荒唐的君主，哪里还能够谈得上治理好国家呢？又如南朝刘宋自孝武帝刘骏以下诸帝的荒淫、残暴和贪侈，都达到了惊人的程度，即使在历代的帝王中也是不很多见的。但在《宋书》本纪中不是避而不载，便是避重就轻。《资治通鉴》却大书特书，或用对比的手法，或用讽刺的笔调，写出了孝武帝刘骏的"奢欲无度"："自晋氏渡江以来，宫室草创，朝宴所临，东、西二堂而已。晋孝武末，始作清暑殿。宋兴，无所增改。上（孝武帝刘骏）始大修宫室，土木被锦绣，嬖妾幸臣，赏赐倾府藏。坏高祖所居阴室，于其处起玉烛殿，与群臣观之"，侍中袁顗"因盛称高祖俭素之德。上不答，独曰：'田舍公得此，以为过矣'"。"葬宣贵妃于龙山。凿冈通道数十里，民不堪役，死亡甚众；自江南葬埋之盛，未之有也。""既葬殷贵妃，数与群臣至其墓,谓(刘)德愿曰:'卿哭贵妃,悲者当厚赏。'德愿应声恸哭,抚膺擗踊,涕泗交流,上甚悦,故用豫州刺史以赏之。上又令医术人羊志哭贵妃,志亦呜咽极悲。他日有问志者曰:'卿那得此副急泪?'志曰:'我尔日自哭亡妾耳。'""上好狎侮群臣,自太宰义恭以下,不免秽辱。常呼金紫光禄大夫王玄谟为老伧,仆射刘秀之为老悭,颜师伯为龊,其余短、长、肥、瘦,皆有称目。黄门侍郎宗灵秀体肥,拜起不便,每至集会,多所赐与,欲其瞻谢倾蹬,以为欢笑。""上末年尤贪财利,刺史、二千石罢还,必限使献奉,又以蒲戏取之,要令罄尽乃止。终日酣饮,少有醒时。"(卷一二九)揭露得深刻辛辣,淋漓尽致,可以说是对那些荒淫无道君主的无情鞭笞,以为后来者的鉴戒。即使对于秦始皇、汉武帝和唐太宗这样杰出而有作为的皇帝,《资治通鉴》在肯定他们的历史功绩的同时,也毫不掩饰地指出他们的过失,如批评汉武帝"穷奢极欲,繁刑重敛,内侈宫室,外事四夷,信惑神怪,巡游无度,使百姓疲敝,起为盗贼,其所以异于秦始皇者无几矣"(卷二二)。这个评论说明,所有的封建帝王,都不是什么天生的完人,如果无所节制,就会迫使人民起来反抗,统治就有垮台的危险。汉武帝之所以有"亡秦之失而免亡秦之祸",就在于他能"晚而改过",所以司马光在书中又说:"孝武能尊先王之道,知所统守,受忠直之言,恶人欺蔽,好贤不倦,诛赏严明,晚而改过,顾托得人,此其所以有亡秦之失而免亡秦之祸乎。"(卷二二)这就无疑撕下了"天子"的"神圣外衣",否定了"君权神授"的鬼话,说明国祚之长短、皇位之得失,并非决定于天意,而是完全在于人为。对于唐太宗李世民,过去旧史更是只有歌颂而无贬辞,司马光在《通鉴考异》里则明白指出,正史中对于他的记载,有许多是"抑扬诬讳"之辞,因而在编写有关太宗的事迹和言论时,对旧史的记载都作了详细的考核,凡属"溢美掩恶",都给予揭露或删除,这就使唐太宗的历史面貌更加接近于真实。由于司马光的写作目的在于"资治",为当代的君主提供鉴戒,所以在《资治通鉴》中不仅对于历史上的君主的奢侈无度、暴虐无道等大量予以揭露,同时对于统治阶级内部的斗争,也都作了详细的记载。不过需要指出的是,尽管《资治通鉴》叙述的重点是"治乱兴衰"的事迹和教训,并因此而有人把《资治通鉴》称为"专详治乱兴衰的政事史",或称为"比较可信的政治史",事实上《资治通鉴》所包罗的方面还是很广的,不但详细地叙述了各个时期重大政治事件的发生和影响,历次战争的经过和战略,而且对于政治、经济制度的变革,河道、水利的整修,人民生活的状况等,也还是有所反映的。胡三省在《资治通鉴注》中指出:"温公作《资治通鉴》,不特纪治乱之迹,至于礼乐历数、天文地理,尤致其详。读《资治通鉴》如饮河之鼠,各充其量而已。"(卷二一二)因此,我们认为《资治通鉴》一书基本上反映了一千三百六十二年的历史概要,是我们研究战国至五代十国这段历史不可缺少的一部重要著作。

四、在军事史上的重要地位和贡献

《资治通鉴》的编修,既然是"止欲叙国家之兴衰,著生民之休戚",它必然就要侧重在写国计民生、治乱兴衰,所以难怪就被人看作是一部"可信的政治史"。总体来说,《资治通鉴》写经济、文化的分量确实不太多,从一部通史来说,也确实是个不足之处。既然是侧重于治乱兴衰,就必然要写很多战争,因为战争乃是政治的继续,是政治斗争的最高手段和形式。《资治通鉴》所写一千三百六十二年的历史中,曾发生过大大小小战争数百次之多。战争规模、场面,战争性质,战争胜负,将领们的谋略等都各不相同,每次战争真是千变万化,司马光总是尽量做到量体裁衣,按照每次战争的实际情况,如实地用简洁而生动的文字加以叙述和描绘,使得每次战争都写得逼真传神,让人读了犹如身临其境,又如闻其声。其中有许多书写战争的篇章,如桂陵之战、马陵之战、楚汉战争、昆阳之战、赤壁之战、淝水之战、李愬奇袭蔡州等,不仅早已成为千古传诵的佳作,而且在我国军事史的研究上都占有重要的地位。特别是其中那些以少胜多的战例,每次取胜的原因和特点都各不相同,为总结战争胜负的经验教训,提供了非常可贵的丰富资料。如大家熟悉的以少胜多的淝水之战,书中描写双方主将的精神面貌和内心变化就非常出色。北方苻坚,战前拒绝众人劝阻,执意领军南下,认为自己有百万大军,不可一世,因而口出"投鞭断流"的狂言;当见到晋军部署严整,始疑"八公山上草木,皆以为晋兵","怃然始有惧色";直至失败,乃说"吾今复何面目治天下乎",并"潸然流涕"。而谢安,在大军压境,"都下震恐"之时,统筹全局,"夷然"处之,照样游山下棋,若无其事，而内心自有打算，当捷报传来时，竟"了无喜色，围棋如故"；直到棋毕入内，"过户限，不觉屐齿之折"，充分体现出他内心的难以言表的兴奋，但却丝毫没有表露出来。所以施丁先生说："戏剧艺术虽可出色地塑造角色的喜怒哀乐，然恐难像如此再现谢安的内心世界。"[①]这就是司马光写战争的杰出之处，战争主将们战时精神状态和内心世界都会充分得到表露。

第三节 司马光的史学思想

一、主张据事直书，反对正统观念

在长期的封建社会里，正统观念几乎一直是历史学家争论不休的一个大问题。正统论就是用唯心论的五行相生相克说对封建王朝历史的一种附会。持有这种观点的人，认为历史上的王朝总是有正统和僭伪之分。以三国的历史而言，刘备既然是汉王室的后代，继承了两汉王朝的统绪，是"合法的"，因此，他所建立的政权自然是属于正统了；而曹操既非刘姓，又是篡夺了刘家王朝的天下，是"非法的"，那他所建立的政权自然也就属于僭伪了。抱这种正统观点的人，必然要歪曲历史事实，谈不上据事直书。因此，司马光在编修《资治通鉴》时，对这种论调不仅一概屏弃，而且还提出了批评，指出持正统论的史家编撰历史，不是从具体的史实出发，而是单凭主观愿望行事，"运历年纪，皆弃而不数，此皆私己之偏辞，非大公之通论"。对于正统论史家用以确定正统、僭伪的所谓四条标准，也逐条予以驳斥，他说："臣愚诚不足以识前代之正闰，窃以为苟不能使九州合为一统，皆有天子之名而无其实者也。虽华夏仁暴，大小强弱，或时不同，要皆与古之列国无异，岂得独尊奖一国谓之正统，而其余皆为僭伪哉！若以自上相授受者为正邪，则陈氏何所受？拓跋氏何所受？若以居中夏者为正邪，则刘、石、慕容、苻、姚、赫连所得之土，皆五帝、三王之旧都也。若以有道德者为正邪，则蕞尔之国，必有令主，三代之季，岂无僻王！是以正闰之论，自古及

[①] 施丁：《资治通鉴译注（战争卷）》，吉林文史出版社1987年版。

今，未有能通其义，确然使人不可移夺者也。"这就说明正统论者的理论，不管哪一条标准，都是强词夺理，不能自圆其说的。因此，他在编写《资治通鉴》时，一概排除这些正统观点，主张"据其功业之实而言之"。他说："臣今所述，止欲叙国家之兴衰，著生民之休戚，使观者自择其善恶得失，以为劝戒，非若《春秋》立褒贬之法，拨乱世反诸正也。正闰之际，非所敢知，但据其功业之实而言之。"他认为这样做可以避免史家的主观成见，使历史的记载，尽可能符合于客观的事实。这也就是他所一再强调的"无所抑扬，庶几不诬事实，近于至公"的主张。为了避免别人的误解，他还进一步说明，《资治通鉴》中所采用的年号，仅仅作为记事之依据，并"非尊此而卑彼，有正闰之辨"（以上引文均见卷六九）。关于这点，他在《答郭长官纯书》中说得更加明白。郭纯曾写信给他讨论正统问题，司马光在回信中指出："光学疏识浅，于正闰之际，尤所未达，故于所修《通鉴》，叙前世帝王，但以授受相承，借其年以纪事尔，亦非有所取舍抑扬也。"（《司马文正公传家集》卷六一）这里，他一方面说明借其年的目的只是为了便于记事，另一方面说明借其年的标准是"授受相承"，因此，对于历代王朝年号的取舍，并不意味着抑扬褒贬之义和正闰之别。就这点而言，他是继承并发扬了古代史家据事直书的光荣传统的。另外，关于所谓《春秋》笔法，一直是封建正统史家编修史书时恪遵的大法，而司马光在书中竟然公开声称，他所编修的《资治通鉴》，在于如实反映历史，使之善恶自见，让读者从中"自择其善恶得失，以为劝戒，非若《春秋》立褒贬之法，拨乱世反诸正"。可见他对圣人所立之法度，也不是完全盲目照搬，而是有所选择，择善而从的。对此，胡三省就早有所觉察，他说："《通鉴》纪实，非如《春秋》之有所褒贬也。"（卷一五八）如对于为正统论者指骂为奸臣的曹操，他能依据历史事实，给予很高的评价。他说："汉末大乱，群生涂炭，自非高世之才不能济也。然则荀彧舍魏武将谁事哉！齐桓之时，周室虽衰，未若建安之初也。建安之初，四海荡覆，尺土一民，皆非汉有。荀彧佐魏武而兴之，举贤用能，训卒厉兵，决机发策，征伐四克，遂能以弱为强，化乱为治，十分天下而有其八，其功岂在管仲之后乎？"（卷六六）这里说的虽是"佐魏武而兴之"的荀彧的贡献，但他的着眼点却是肯定曹操的作用与地位，荀彧虽有"高世之才"，然则"舍魏武将谁事哉！"正因为司马光能够坚持据事直书的求实精神，跳出正统论的圈子，才有可能避免正统论者随意篡改历史、任情褒贬的通病，对曹操这样的人物提出异乎一般史家的看法和评论。单就这点而言，也足以说明他的那种超人的史识了。

二、反对神鬼怪异之说

司马光的史学思想中还有一个可贵的地方，就是对神鬼怪异之说抱着怀疑乃至反对的态度。这一思想不仅反映在他所主编的《资治通鉴》一书中，也表现在其他的一些论著里。当《资治通鉴》的编修工作刚开始的时候，他就与助手们约定，除了那些可以起警诫作用的妖异外，其他有关神鬼怪诞的记载，一概不加采录。所以充斥正史、杂史中的那些鬼怪神奇故事，以及关于灾异、符瑞、图谶、占卜一类的东西，《资治通鉴》中一般都不作记载。对此，前人早就指出过了。如宋人王应麟说："《通鉴》不书符瑞，高帝赤帝子之事，失于删削。"（《困学纪闻》卷一二《考史》）替《资治通鉴》作注的胡三省也说："《通鉴》不语怪，而独书此事者，以明人不可妄杀，而天聪明为不可欺。"（卷一三〇）鉴于当时阴阳迷信的影响很大，凡是丧葬，必定要请专事阴阳的人择地卜日，因为按照迷信说法，地形的好坏，时日的吉凶，都会直接影响到后世子孙的祸福。为了煞住这股歪风邪气，司马光于嘉祐八年（1063）还特地给仁宗皇帝上了个奏章，指出："阴阳之书，使人拘而多畏，至于丧葬，为害尤甚。是以士庶之家，或求葬地，择岁月，至有累世不葬者。臣深疾此风，欲乞国家禁绝其书而未暇也。"他还指出："国之兴衰，在德之美恶，固不系葬地、时日之吉凶也。且葬者，藏也，本以安祖考之形体，得土厚、水深、高敞、坚实之地则可矣，子孙岂可因以求福哉！"（《司马文正公传家集》卷二七《言山陵择地劄子》）元丰八年（1085），也就是他去世的前一年，又写了《葬论》一文，用现身说法来驳斥阴阳家的无稽之谈，说他家自诸祖以来，丧葬从未用阴阳家葬师之法，可是结果呢？文中说："今吾兄年七十九，以列卿致仕；吾年六十六，忝备侍从；宗族之从仕者二十有三人，视他人之谨用葬书，未必胜吾家也。前年吾妻死，棺成而敛，装办而行，圹成而葬，未尝以一言询阴阳家，迄今无他故。吾尝疾阴阳家立邪说以惑众，为世患，于丧家尤甚，顷为谏官，尝奏乞禁天下葬书，当时执政莫以为意。今著兹论，庶俾后之子孙葬必以时。欲知葬具之不必厚，视吾祖；欲知葬书之不足信，视吾家。"（同上书，卷六五《葬论》）司马光以自身生动的事例，无可辩驳地得出"阴阳无验，亦已明矣"的结论。这一思想也同样贯彻在他编修的《资治通鉴》一书中。梁昭明太子曾为葬母而求吉地，司马光记叙了这一事件之后，接着就评论说：昭明太子"求吉得凶"，"是以诡诞之士，奇邪之术，君子远之"（卷一五五）。

《宋史》本传说司马光不信佛教，事实的确如此。嘉祐七年（1062），他就曾上书仁宗，要求对释老之教严加限制，指出："释老之教，无益治世，而聚匿游惰，耗蠹良民，此明识所共知，不待臣一二言也。是以国家明著法令，有创造寺观一间以上者，听人陈告，科违制之罪，仍即时毁撤。盖以流俗戆愚，崇尚释老，积弊已深，不可猝除，故为之禁限，不使繁滋而已。今若有人公违法令，擅造寺观及百间已上，则其罪已大，幸遇赦恩，免其罪罚可矣，其栋宇瓦木犹当毁撤，没入县官。今既不毁，而又明行恩命，锡之宠名，是劝之也……臣恐自今以往，奸猾之人将不顾法令，依凭释老之教以欺诱愚民，聚敛其财以广营寺观，务及百间以上以须后赦，冀幸今日之恩不可复禁矣。方今元元贫困，衣食不赡，仁君在上，岂可复倡释老之教，以害其财用乎！"（《司马文正公传家集》卷二六《论寺额剳子》）他的这种反对佛道神鬼的思想，在《资治通鉴》中反映得尤为明显。他把老庄之书指斥为"矫诬之说，不近人情"，把佛教称为"胡神"，告诫人们"何为事此胡神！"（卷一一九）他还借北魏太武帝之口，批评那些信奉佛教的君主为"信惑邪伪以乱天常"的"荒君"（卷一二四）。北魏胡太后"好佛事，民多绝户为沙门"，他通过李瑒的上书，把佛教斥为"鬼教"，"安有弃堂堂之政而从鬼教乎！"（卷一四八）对于北魏太武帝、北周武帝以及唐代武宗三次灭佛运动的经过，也都作了相当详细的记载。特别是关于无神论者范缜和竟陵王子良之间的一场大论战，叙述得更为具体而生动。先是用简练的几句话指出："子良笃好释氏，招致名僧，讲论佛法，道俗之盛，江左未有。或亲为众僧赋食、行水，世颇以为失宰相体。"写出了当时佛教势力的大盛，在于当权者的倡导。可是杰出的思想家范缜，不但没有为这种风气所囿，而且敢于针锋相对，"盛称无佛"。子良责问他："君不信因果，何得有富贵、贫贱？"范缜义正词严地回答："人生如树花同发，随风而散，或拂帘幌坠茵席之上，或关篱墙落粪溷之中。坠茵席者，殿下是也；落粪溷者，下官是也。贵贱虽复殊途，因果竟在何处？"驳得子良哑口无言。然后司马光在书中摘引了范缜的光辉著作《神灭论》的主要论点："形者神之质，神者形之用也。神之于形，犹利之于刀；未闻刀没而利存，岂容形亡而神在哉！"紧接着又说："此论出，朝野喧哗，难之终不能屈。太原王琰著论讥缜曰：'呜呼范子！曾不知其先祖神灵所在！'欲以杜缜后对。缜对曰：'呜呼王子！知其先祖神灵所在而不能杀身以从之！'子良使王融谓之曰：'以卿才美，何患不至中书郎；而故乖剌为此论，甚可惜也！宜急毁弃之。'缜大笑曰：'使范缜卖论取官，已至令仆矣，何但中书郎邪！'"（卷一三六）司马光修《资治通鉴》，本以叙事简洁而见称，但在这里他却不惜花这么多笔墨绘声绘色地来叙述双方的论战，突出地描绘了无神论者范缜富贵不能淫，威武不能屈，富贵利禄视同浮云，受威胁利诱绝不肯"卖论取官"的高贵形象，说明司马光对于范缜的言行绝不只是一般的同情，而是完全出于赞同的心理。十分显然，这种心理与他自己反对神鬼、反对佛教的观点，又是完全一致的。如唐中宗神龙元年（705）记载李邕谏用术士郑普思等为官时说："若有神仙能令人不死，则秦始皇、汉武帝得之矣；佛能为人福利，则梁武帝得之矣。尧舜所以为帝王首者，亦修人事而已，尊宠此属，何补于国！"（卷二〇八）唐玄宗开元二年（714），又摘引了姚崇反对度人为僧的上疏："佛图澄不能存赵，鸠摩罗什不能存秦，齐襄、梁武，未免祸殃。但使苍生安乐，即是福身，何用妄度奸人，使坏正法！"（卷二一一）这也同样表明司马光与他们在看法上的一致性，认为神仙既不能令人不死，佛法也不能为人生福，"尧舜所以为帝王首者，亦修人事而已"，"但使苍生安乐，即是福身"。司马光虽然还算不上是一个无神论者，但他在《资治通鉴》里能够结合事实，大量揭发和批判阴阳五行、宗教神鬼之说的祸国殃民罪行，这对那些有意宣扬迷信思想的神学史观来说，无疑是个沉重的打击。特别是由于他在封建社会中是一位很有影响的人物，而《资治通鉴》一书又是一直被视为权威性的史学著作，所以他的那种反对宗教迷信的思想和言论在社会上所起的作用，自然也就异乎寻常了。

三、略古详今的史学思想

编写史书详近略远,这是我国史学领域里重要的优良传统之一。许多著名的历史学家,都很重视对当代史的研究,而在史书编写内容的安排上,又总是详近略远。《资治通鉴》一书的编修,正是体现了这一精神。全书记载起自三家分晋,止于周世宗征淮南,一千三百六十二年的史事,分载二百九十四卷,其中战国秦汉六百二十二年,共六十八卷,约占全书的百分之二十三;魏晋南北朝三百六十九年,共一百零八卷,约占全书的百分之三十七;隋唐五代三百七十一年,共一百十八卷,约占全书的百分之四十。从这年代、卷数分配的比例来看,就足以反映他在史书编写上的略古详今思想了。

以上事实,说明司马光的史学思想中,确实有不少值得肯定和重视的东西,绝不像有的学者所说,"《资治通鉴》是以历史材料的丰富、真确而见长,它在史学上的地位也是就这点而言的,在思想上则没有什么长处可言"。

四、主张治理国家必须用人唯贤,信赏必罚

司马光认为一个国家能否治理得好,关键在于能否选拔到一批得力的人才,他说:"为治之要,莫先于用人。"(卷七三)他在《进修心治国之要札子》中提出:"致治之道有三:曰任官,曰信赏,曰必罚。"(《司马文正公传家集》卷四六)所以他在《资治通鉴》中,非常注意并突出叙述了举贤用能、信赏必罚的史实。在用人问题上,他主张用人唯贤,反对用人唯亲。他说:"臣闻用人者,无亲疏、新故之殊,惟贤不肖为之察。"(卷二二五)不仅如此,他还反对以门第族望为取人的标准,指出:"选举之法,先门第而后贤才,此魏晋之深弊而历代相因,莫之能改也。"(卷一四〇)在司马光看来,必须以德为本、德才兼备的人,才称得上为"贤"。所以他又说:"夫聪察强毅之谓才,正直中和之谓德。才者德之资也,德者才之帅也。""为国为家者苟能审于才德之分而知所先后,又何失人之足患哉!"(卷一)另外,在用人问题上,他还主张对于那些经过广泛的选择、认真的考察并任之以适当职务的各级官吏,必须让他们有职有权,对他们大胆使用,只有这样,才

能充分发挥他们的作用，所以他在《进历年图·论序》中说："凡用人之道，采之欲博，辩之欲精，使之欲适，任之欲专。"《资治通鉴》于周显王十四年（前355）还记载了齐威王与魏惠王论宝的一席对话，语言生动，含义深刻。惠王问威王曰："齐亦有宝乎？"威王答："无有。"惠王说："寡人国虽小，尚有径寸之珠，照车前后各十二乘者十枚。岂以齐大国而无宝乎？"威王答道："寡人之所以为宝者与王异。吾臣有檀子者，使守南城，则楚人不敢为寇，泗上十二诸侯皆来朝。吾臣有盼子者，使守高唐，则赵人不敢东渔于河。吾吏有黔夫者，使守徐州，则燕人祭北门，赵人祭西门，徙而从者七千余家。吾臣有种首者，使备盗贼，则道不拾遗。此四臣者，将照千里，岂特十乘哉！"最后，司马光用"惠王有惭色"一语来结束这席对话，用意尤为深刻，表明司马光的思想深处，把才德兼备、智勇双全的大臣，视为国家的无价之宝。所以他在评论王猛谋杀慕容垂时又说："昔周得微子而革商命，秦得由余而霸西戎，吴得伍员而克强楚，汉得陈平而诛项籍，魏得许攸而破袁绍；彼敌国之材臣，来为己用，进取之良资也"（卷一〇二），突出地强调了得人才的重要性。同时他还告诫君主，对于有功之臣千万不能猜忌，"知其不忠，则勿任而已"；如果"任以大柄，又从而猜之，鲜有不召乱者也"（卷一〇〇）。所有这些议论，确实都是经验之谈。

　　赏与罚是达到惩劝的一种手段，也是维持封建统治的重要方式。凡是有远见的政治家，都是不主张单凭严刑峻法治国，而是强调赏罚严明，信赏必罚。司马光在政治上虽然保守，但他从巩固封建统治的长远利益出发，也是主张严明刑赏，实行法治的。他说："政之大本，在于刑赏，刑赏不明，政何以成！"（卷七九）而要做到刑赏严明，那就必须持法公正，亲疏如一，"凡中外之臣，有功则赏，有罪则诛，无所阿私，法制不烦而天下大治"（卷五七）。为此，他在《资治通鉴》中多次地肯定和赞扬了不少持法公正、赏罚严明的君主，批评和谴责了许多不按照法制办事，"有功者以阕文不赏，为奸者以巧法免诛"，致使"上下劳扰而天下大乱"的帝王。同时他还强调提出，要使法令行之有效，君臣上下必须执法如一。他说："法者天下之公器，惟善持法者亲疏如一，无所不行，则人莫敢有所恃而犯之也。"（卷一四）只有这样，才能真正体现法令的威严。

五、维持名分的守旧思想

司马光在政治上属于守旧的顽固派，因而反映在史学思想上，因循守旧的观点也就十分明显，《资治通鉴》一书，处处充满着维护儒家的传统说教，"名分论"就是其中的典型。他站在儒家传统的立场上，要求维持旧的等级观念，以达到维护封建社会的纲纪。《资治通鉴》纪事为什么要从韩、赵、魏三家分晋开始？这在司马光看来是直接关系到等级名分的大事。韩、赵、魏三家原来都是大夫，尽管后来势力大了，也不能改称为侯。可是周天子威烈王竟然封他们为侯，司马光认为这就有失于名分，并必将导致旧秩序的动摇和旧纲纪的破坏。他在《资治通鉴》的一开始，记述了周威烈王"初命晋大夫魏斯、赵籍、韩虔为诸侯"之后，紧接着就发表了一千多字的长篇议论，对周威烈王之任命陪臣为诸侯大肆抨击，他一开头就说："臣闻天子之职莫大于礼，礼莫大于分，分莫大于名。何谓礼？纪纲是也。何谓分？君臣是也。何为名？公、侯、卿、大夫是也。"他把名分视为维持纲纪、实行礼治的一种重要手段，作为君主，对此绝不能掉以轻心，所以他又说："夫礼，辨贵贱，序亲疏，裁群物，制庶事，非名不著，非器不形；名以命之，器以别之，然后上下粲然有伦，此礼之大经也。名器既亡，则礼安得独在哉！"同时他还认为，三晋之列于诸侯，既是"请于天子而天子许之"，因此"非三晋之坏礼，乃天子自坏之"，并把战国时期各诸侯国"以智力相雄长"，以致使"生民之类糜灭几尽"（卷一）的恶果，都推到周威烈王的身上。反之，对于那些能够遵循先王所制订的一切制度，不轻易改变的，便予以积极的肯定。如对西汉曹参的无为而治就非常称赞，说他"自谓不及萧何，一遵其法，无所变更，汉业以成"（卷六七）。熙宁二年（1069）十一月，他给神宗进讲《资治通鉴》，当读到萧何、曹参的事迹时，他大加发挥，说："参不变何法，得守成之道，故孝惠高后时，天下晏然，衣食滋殖。"神宗问他："汉常守萧何之法，可乎？"司马光回答："何独汉也，使三代之君，常守禹、汤、文、武之法，虽至今存可也。汉武帝用张汤言，取高帝法纷更之，盗贼半天下，元帝改宣帝之政，而汉始衰，由此言之，祖宗之法不可变也。"（《续资治通鉴长编》）这里讲的是历史上的事情，其实司马光正是以此"祖宗之法不可变"，来反对当时王安石的变法运动，这正是他那因循守旧的政治观点在史学思想上的大暴露，其中尤以《资治通鉴》的附论部分反映得更为突出、集中。

六、通过《资治通鉴》附论借古讽今

司马光编修《资治通鉴》，对于史实的记载，一般都能尽量做到力求准确，并不因与自己的观点不符而妄加改动，应当说这是他的可贵之处。遇有不同看法，大都通过附论"臣光曰"来辩解表达。而这些附论不仅反映了他的历史观，更主要的是反映了他的政治观。因此，在他的全部议论中，虽说也有不少可取之处，但大多数是为他保守的政治思想辩解服务的，如"才德论"、"名实论"、"论唐太宗君臣议乐"、"论牛李争维州"，等等。对此，胡三省在《新注通鉴自序》中就早已指出过，说这些都是司马光对时事"忠愤感慨不能自已于言者"而发的，亦即在反对王安石变法失败以后，利用评历史向变法派继续进行攻击的一种手段。就在记述"三家分晋"之后的第一个议论中，他便借评论用人标准问题而大发其议论，说什么"德胜才谓之君子，才胜德谓之小人"。"自古昔以来，国之乱臣，家之败子"，往往是"才有余而德不足，以至于颠覆者多矣"。这里表面上是为提醒君主应该任用德才兼备之人，实际上是在责骂王安石等为一批"才有余而德不足"的"小人"。又如《资治通鉴》卷三《苏秦张仪》，司马光引用扬雄《法言》对战国纵横家进行攻击，也同样是以选录他人的史论来反映自己政治观点的一个典型例子。熙宁元年（1068），他给神宗进读《资治通鉴》，当读至苏秦约六国合纵这一事件时，神宗问他："苏秦、张仪掉三寸舌，乃能如是乎？"司马光立刻趁机发表了一通议论，说："秦、仪为纵横之术，无益于治，臣所以存其事于书者，欲见当时风俗，专以辩说相高，人君委国而听之，此所谓利口覆邦家也。"神宗接着就说："卿进读每存规谏。"司马光连忙解说："非敢然也，欲陈著述之本意耳。"（《续资治通鉴长编》）这段对话，生动地反映出司马光的议论锋芒，都是针对当时现实，直指政敌王安石诸人的。特别是宋神宗"卿进读每存规谏"一语，更是天机尽泄。当然在这些附论中，除了直接反映司马光的政治思想和历史观之外，也有反映他的唯心论的英雄史观和其他一些唯心论的史学思想的，这里就不多作论述了。

第四节　胡三省和《通鉴注》

一、胡三省的生平

胡三省字身之，号梅涧，浙江宁海人。生于南宋理宗绍定三年（1230），卒于元成宗大德六年（1302）。他生当我国历史上民族矛盾非常尖锐的时期，是在宋、金、元长期战争的环境里长大的。宋理宗宝祐四年（1256）考取进士，与著名的民族英雄文天祥、陆秀夫以及爱国学者谢枋得等同榜。他做过吉州泰和县（今江西泰和）尉，后调庆元（今浙江宁波）慈谿县尉。由于刚直不阿，得罪了庆元刺史厉文翁而被免官。此后又做过扬州江都丞、江陵县令、怀宁县令。宋度宗咸淳三年（1267）改任寿春府学教授，六年（1270）回到杭州，应廖延平之请，以《资治通鉴》授其子弟，为著《校雠通鉴凡例》。十年（1274），元军大举南下。在这前一年，元军已集中兵力攻下襄阳，这时从襄阳分道东向。恭帝德祐元年（1275），从军江上，主管沿江制置司机宜文字，曾上御敌之策，宰相贾似道不用。战败后，间道回乡。德祐二年（1276），元军进入临安（今浙江杭州），胡三省避难到新昌县。就在这次战乱中，多年心血积累的书稿《通鉴注》不幸全部散失。南宋灭亡以后，他坚决不做元朝的官，长期隐居在山村中，于悲愤之余，把全部精力重新投入《资治通鉴》的注释工作上。当时的物质条件极端困难，精力又年老不继，这在《通鉴注自序》中表白得十分清楚。他说："世运推迁，文公儒师，从而凋谢，吾无从而取正。或勉以北学于中国（指元大都），嘻，有志焉，然吾衰矣。"可是胡三省并不因此而灰心丧气，他以惊人的毅力完成了编年史巨著《资治通鉴》的详尽的注释工作，这是他一生的最大贡献。

为《资治通鉴》作注释，在胡三省之前也不乏其人，如刘安世作过《音义》十卷，史炤也曾用力十年写成《通鉴释文》三十卷，但都简略疏漏，胡三省的父亲很不满意，在临终前一再以此教育三省，并列举《史》、《汉》、《三国》诸家注释的长短得失，希望他能为《资治通鉴》作一比较满意的注释。胡三省捧着他父亲的手表示，一定努力去做。正是在家庭的教育影响下，胡三省从青少年起就爱好《资治通鉴》，并立志要为它作好注。他认为这是一部非常重要的人人必读的著作,"为人君而不知《通鉴》,则欲治而不知自治之源,恶乱而不知防乱之术。为人臣而不知《通鉴》,则上无以事君,下无以治民。为人子而不知《通鉴》,则谋身必至于辱先,作事不足以垂后。乃如用兵行师,创法立制,而不知迹古人之所以得,鉴古人之所以失,则求胜而败,图利而害,此必然者也"(《通鉴注自序》)。可见他对《资治通鉴》进行注释绝非出于偶然。

胡三省注释《资治通鉴》,经历了长期辛勤劳动和艰苦曲折的过程。淳祐五年(1245)他父亲去世,"尽瘁家蛊,又从事科举业",当时只有十五岁的胡三省,独于"史学不敢废也"。登进士第后,"始得大肆其力于是书",甚至"游宦远外,率携以自随,有异书异人,必就而正焉"。后来曾模仿唐陆德明撰《经典释文》的方法,作了九十七卷的《资治通鉴广注》,并"著《论》十篇,自周迄五代,略叙兴亡大致"。可惜在避乱新昌时全部散失。但他并没有因此而灰心泄气,乱定还乡,复购他本重新为之作注。原来的广注本是单行的,这次重作,"始以《考异》及所注者散入《通鉴》各文之下;历法、天文则随《目录》所书而附注焉"。这部工程巨大的《通鉴注》,直到乙酉(元世祖至元二十二年,1285)冬才全部完稿,先后经营达三十年之久,而最后的十多年时间,则专力对该书进行反复的修改和润色,一直工作到七十三岁逝世那年为止,毕生精力,萃于是书。从这里可以窥见他严肃的治学态度与惊人的治学毅力。尤其是第一次书稿不幸散失以后,二次再注,这时胡三省已经是行年半百的老人了,但他仍是那样刻苦钻研,终日手不释卷,勤加抄录,"虽祁寒暑雨不废"。他还对自己的子侄说:"吾成此书,死而无憾。"

胡三省的《通鉴注》,即使今天的人们看来,也已经是相当详尽了,名物训诂、典章制度固已奥衍浩博,所注地理尤为精详。可是他并没有满足于自己已经取得的成就,在自序中谦虚地说:"人苦不自觉,前注之失,吾知之,吾注之失,吾不能知也。又,古人注书,文约而义见,今吾所注,博则博矣,反之于约,有未能焉。"这种虚怀若谷的治学精神是十分可贵的。值得注意的是,《资治通鉴》二百九十四卷,约三百万字,而胡注的数量比正文少得并不太多。一个僻处山村的寒儒,在图书资料奇缺的条件下,能够完成如此规模的《通鉴注释》,无疑是一项非常艰巨的工作。何况晋到五代各史，本来都不曾作过注，可以说全靠他个人自创，而前四史虽有旧注可循，亦不尽全可录用。事实上他在注中对史文和旧注，都曾提出过许多的批评和指正。胡三省为注释《资治通鉴》所付出的巨大劳动和精力，于此也就可以想见。这充分说明，每一个人要在学术研究上取得成就，辛勤的劳动和艰苦的探索，是一条必由之路。胡三省的《通鉴注释》，不论对后人阅读《资治通鉴》，还是研究这一段历史，都有很大的启发和帮助。《资治通鉴》胡注，历来与《三国志》裴注齐名，但比较其写作的难易、价值的大小，显然胡注要在裴注之上。所以，胡三省《通鉴注释》和司马光的《资治通鉴》一样，都是中华民族珍贵的文化遗产。

可是像这样一位著名的历史学家，长时期以来一直被埋没着，明初官修的《元史》里没有他的传，民国初年修的《新元史》也只是根据《通鉴注自序》，替他补撰了一篇寥寥五十三字的传文，附在《儒林传》中马端临传的后面。直到抗日战争期间，著名的当代史学家陈垣先生才对胡注作了全面的研究，并撰成《通鉴胡注表微》一书，对胡注的内容进行了分析阐述，对胡三省的生平抱负与治学精神作了具体介绍，特别是对他的爱国思想给予大力表彰。当然，今天我们要批判地继承这份遗产，还必须以马克思主义的历史唯物主义观点，对《通鉴注》及其作者进行全面、系统的分析和研究，作出恰如其分的评价，以便更好地发挥它的作用。

二、《资治通鉴》胡注的内容和价值

胡三省的注释工作，做得相当全面而细致，涉及的范围也很广泛，"凡纪事之本末，地名之同异，州县之建置离合，制度之沿革损益，悉疏其所以然，若《释文》之舛谬，悉改而正之，著《辩误》十二卷"（《自序》）。甚至少数民族的来历、邻国的情况、山脉河流的发源、草木虫鱼的名状等，只要材料能够搜集得到的，都把它们注解了出来。尤其值得注意的，胡注绝不是单纯的资料注解，亦不是单纯的音注，而是有观点、有评论，有校勘、有考证。对于历史人物和历史事件发表的议论，每每只用三两句话，就一针见血地点出问题的实质。《资治通鉴》胡注的内容，总括起来，大致有如下几个方面。

1. 关于文字方面的注释：如字音、文义、名物、典故、地理等。这方面的内容，在全部注释中占着相当大的比重，并且一般都能做到广引博征，穷波讨源，解释也比较精确，很少有错误。就以地理方面而言，明末清初杰出的历史地理学家顾祖禹就非常推许，认为胡三省于此书已经做到"搜剔几无余蕴"的地步。顾氏在撰著《读史方舆纪要》时，"尤所服膺，采辑尤备"（《读史方舆纪要·凡例》）。这类内容，只要打开《资治通鉴》，随处可见，无须例举。

2. 指出前后呼应处：如卷一三"太后怨赵尧为赵隐王谋，乃抵尧罪"条下注曰："尧为赵王谋，事见上卷高祖十年。"卷一〇八"晋孝武帝太元二十一年，魏群臣劝魏王珪称尊号，珪始建天子旌旗，改元皇始"条下注曰："珪，什翼犍之嫡孙，寔之子，详见二百四卷元年。"南齐武帝永明十一年（493）"秋，七月，癸丑，魏立皇太子恂为太子"条下注曰："为魏主后废恂张本。"卷一七三"太建十一年，周主从容问郑译曰：'我脚杖痕，谁所为也'"条下注曰："受杖事见上卷八年。"这类注解文字不多，但为《资治通鉴》读者提供了很大的方便。

3. 辨正前人注释之误：卷六〇，汉献帝初平二年："邴原性刚直，清议以格物。"史炤《释文》曰："格古伯切，废格之格，以清议废人。又音阁。"胡三省《辩误》指出："格，正也。言以清议正物也，格读如字。炤以为'废格之格'，是知读《汉书》而未晓文义。夫因文见义，各有攸当，不可滞于一隅，学问思辨，圣人之所以教人也。然圣人之所谓学问思辨，讵止此哉！触类而长之，亦可以知学之无止法矣。"卷一六八，陈文帝天嘉三年（562），"齐和士开善握槊"。史炤《释文》曰："槊通作矟，矛长丈八者为槊。"胡三省《辩误》指出："握槊，局戏也。李延寿：'握槊盖胡戏，近入中国。'刘禹锡观博曰：'握槊之器，其制用骨，觚稜四均，镂以朱墨，耦而合数，取应日月，视其转止，依以争道。'史炤乃以为握丈八之槊，是但知槊之为兵器，而未知握槊之为局戏也。"像这一类辨误，不仅纠正了前人注释中的错误，而且也丰富了读者的史学常识。更重要的还告诫读者，在读书当中要多作思考，因为有许多的字或词，大都有几种解释，应当力戒望文生义和只知其一不知其二、浅尝即止的作风，要做到触类旁通。对于前四史之原有注释，凡是错误不当之处，胡三省亦都能一一予以细心的考证和辨误。

4. 考辨史事记载上的错误：胡注不仅对前人注释中的错误予以辨正，而且对于《资治通鉴》本身记事上的错误亦多能一一指出，并说明其产生错误的根由。卷八二，晋惠帝永熙元年（290），"散骑常侍石崇"条下，注曰："前书侍中石崇，此作散骑常侍，必有一误，盖因旧史成文也。"卷二七九，后唐潞王清泰元年（934），"孔妃尚在宫中，潞王使人谓之曰：'重吉何在？'"胡三省在这条下注曰："以《通鉴》书法言之，潞王于此当书'帝'。盖承前史，偶失于修改也。"在这一类考辨当中，也有一些并非史实记载上的错误，而是属于对史事的理解或解释上的不当，胡三省在注中也都能加以指出。卷一六一，梁武帝太清二年（548），《通鉴》记侯景之乱，"贼积死于城下"。胡三省在注中指出："死于城下者，岂真贼哉！侯景驱民以攻城，以其党迫蹙于后。攻城之人，退则死于贼手，进则死于矢石。呜呼！积死于城下者，得非梁之赤子乎！"卷二一四，唐玄宗开元二十四年（736），"补阙杜琏尝上书言事，明日黜为下邽令"。对这一记载，胡三省注曰："唐制，上县令从六品上，补阙从七品上。以此言之，则非黜也。盖唐人重内官，而品之高下不论也，况遗补供奉官，地居清要乎！"经他这么一解释，对于诸如此类的矛盾现象，读者也就容易理解了。

5. 说明典章制度的源流和评论其得失利弊：卷九〇，晋元帝建武元年（317），"刘琨、段匹磾相与歃血同盟，期以翼戴晋室。琨檄告华夷，遣右司马温峤，匹磾遣左长史荣邵，奉表及盟文，诣建康劝进"。胡三省注曰："汉之禅于魏也，文帝三让，魏朝群臣累表请顺天人之望，此则劝进之造端也。晋受魏禅，何曾等亦然。是时愍帝蒙尘，四海无君，琨等劝进，为得其正。"卷一五六，梁武帝中大通六年（534），"东魏丞相欢，复谋迁都，遣三千骑镇建兴，益河东及济州兵，拥诸州和籴粟，悉运入邺城"。胡三省注曰："和籴以充军食，盖始于此。历唐至宋，而民始不胜其病矣。"又卷二五三，唐僖宗乾符六年（879），"以定州已来制置使王处存为义武节度使，雁门关已来制置使康传圭为河东节度使"。胡三省注曰："《四朝志》，宣宗大中五年，以白敏中充招讨党项行营都统制置等使。制置使之名始此。宋朝初不常置，掌经画边鄙军旅之事。政和中，熙、秦用兵，以内侍童贯为之。迄南渡之后，江、淮、荆、蜀皆置制置使，其任重矣。"这类注释，无论对于初学历史，还是从事研究工作的人员来说，都是很有启发和帮益的。

6. 对以前史家的评论：胡三省在注释中，遇到涉及以往一些史家的著作时，往往用简略的语言加以评论。卷六四，汉献帝建安十年（205），《通鉴》记载了"秘书监侍中荀悦，作《申鉴》五篇奏之"。胡三省在注中评论说："荀悦《申鉴》，其立论精切，关于国家兴亡之大致，过于彧、攸。至于揣摩天下之势，应敌设变，以制一时之胜，悦未必能也。曹操奸雄，亲信彧、攸，而悦乃在天子左右，悦非比于彧、攸，而操不之忌，盖知悦但能持论，其才必不能辨也。呜呼！东都之际，荀淑以名德称，而彧、攸以智略济，荀悦盖得其祖父之仿佛耳。其才不足以用世，其言仅见于此书。后之有天下国家者，尚论其世，深味其言，则知悦之忠于汉室，而有补于天下国家也。"关于这一方面的注文，有长有短，有的是比较全面的评述，有的则仅就某个侧面进行议论。如卷一八七，武德二年（619），《资治通鉴》记载中涉及孔颖达和陆德明二人事迹，注中说："陆德明过孔颖达远矣。"仅此一句而已。又如卷二七一，后梁均王龙德二年（922），在王建自立为高丽王一事后面，胡三省先引徐兢《高丽图经》曰："高丽王建之先，高丽大族也。高氏政衰，国人以建贤，立为君长。后唐长兴二年，自称权知国事，请命于明宗，乃拜建大义军使，封高丽王。"接着就指出："徐兢宣和之间使高丽，进图经，纪载疏略，因其国人传闻，遂谓建得国于高氏之后，不知建实杀躬乂而得国也。详见贞明五年《考异》。"类似这些议论，话语不多，但往往都能揭示出问题的要点。

7. 对历史事件或历史人物的评论：关于这一方面的注释，从总的比例来看，数量虽然不是很多，但涉及的面却相当广泛，有的是出于爱国感情而发的感叹，有的是对统治阶级人物罪恶的揭露或批评，有的是对一些制度的利弊得失所作的评论，有的则是对某些历史事件所发表的议论。尽管数量很少，但却是胡注内容中非常重要的组成部分，它反映了胡三省的某些独到见解和历史观点。卷一五九，梁武帝大同十一年（545），《资治通鉴》记载武帝称"我自非公宴，不食国家之食，多历年所，乃至宫人，亦不食国家之食"。这自然是十足的欺人谎言，封建帝王与封建国家之间的利益，能够截然分开吗！对此，胡三省在注中曾无情地加以揭露："帝奄有东南，凡其所食，自其身以及六宫，不由佛营，不由神造，又不由天竺国来，有不出于东南民力者乎？惟不出于公赋，遂以为不食国家之食。诚如此，则国家者果谁之国邪！"在这里，作者并未用上高深的理论，而只是以有目共睹的事实，就尖锐深刻地揭穿了梁武帝骗人的鬼话。在同一卷中，《通鉴》又记载了梁武帝"专精佛戒，每断重罪，则终日不怿"。一个明明是好杀成性的屠夫，偏偏要装扮成大慈大悲的观世音，对于这种人的虚假作为，胡三省更是义愤填膺，他在注中引证了大量的史实，戳穿了梁武帝这个刽子手的真面目："梁武帝断重罪则终日不怿，此好生恶杀之意也。夷考帝之终身，自襄阳举兵，以至下建康，犹曰事关家国，伐罪救民。洛口之败，死者凡几何人？浮山之役，死者凡几何人？寒山之败，死者又几何人？其间争城以战，杀人盈城；争地以战，杀人盈野，南北之人，交相为死者，不可以数计也。至于侯景之乱，东极吴会，西抵江郢，死于兵死于饥者，自典午（隐指'司马'，晋帝姓司马，因以'典午'为晋的代称）南渡之后，未始见也。驱无辜之人而就死地，不惟儒道之所不许，乃佛教之罪人，而断一重罪，乃终日不怿，吾谁欺，欺天乎！"这样的揭露，真可谓淋漓尽致、锋利辛辣，使人读后无限痛快！他对历史人物和历史事件所发表的议论，往往三言两语就道出了问题的实质。如卷一三八，"永明十一年，壬寅，魏主（北魏孝文帝拓跋宏）至肆州，见道路民有跛眇者，停驾慰劳，给衣食终身"。胡三省注曰："此亦可谓'惠而不知为政'矣。见者则给衣食，目所不见者，岂能遍给其衣食哉！古之为政，孤独废疾者皆有以养之，岂必待身亲见而后养之也。"又如卷二一四，于唐玄宗带着太子行"籍田"仪式条下注云："种艺之事，天有雨旸之不时，地有肥硗之不等，而人力又有至不至，故所收有厚薄之异也。若人君不夺农时，人得尽其力，则地无遗利矣，岂必待自种而观其实哉！"这些议论，无疑是对最高统治者矫揉造作丑态的无情鞭笞和严厉谴责。在评论一种政策、制度的好坏时，胡三省还能注意到对人民是否有实际的好处，作为衡量的标准。卷二三七，唐宪宗元和元年（806），杜佑请解财赋之职，"以李巽为度支盐铁转运使。自刘晏之后，居财赋之职者，莫能继之。巽掌使一年，征课所入，类晏之多。明年过之，又一年加一百八十万缗"。对于李巽的这种所谓"成绩"，胡三省不但未予肯定，反而在注中批评说："然则李巽胜刘晏乎？曰不如也。晏犹有遗利在民，巽则尽取之也。"把李巽残酷压榨的罪行揭发了出来。这部分内容，数量虽不算很多，但却是《通鉴注》中人民性的具体表现。

南宋灭亡以后，胡三省生活在元朝统治之下，他目睹蒙古贵族残酷的封建专制统治，人民生活极端痛苦，因此在《通鉴注》中，他往往担着风险借题议论，以伸张正义。卷九七，晋穆帝永和二年（346），"石虎立私论朝政之法，听吏告其君，奴告其主。公卿以下朝觐，以目相顾，不敢复相过从谈话"。在这条文字下面，胡三省注曰："石虎之法，虽周厉王之监谤，秦始皇之禁偶语，不如是之甚也。"这实际上是对元朝统治者那种残暴的高压政策的抗议和抨击。卷八一，《资治通鉴》记晋武帝太康元年吴主孙皓降晋事，胡注曰："武王伐纣，斩其首悬于太白之旗，孙皓之凶暴，斩之以谢吴人可也。"卷一四七，梁武帝天监十一年（512），"诏自今谪谪之家，及罪应质作，若年有老小，可停将送"。注曰："所谓宽庶民者如此而已，而不能绳权贵以法，君子是以知梁政之乱也。"卷二五〇，武则天长寿元年（692），"五月，丙寅，禁天下屠杀及捕鱼虾。江淮旱，饥，民不得采鱼虾，饿死者甚众"。注曰："后禁屠捕而杀人如草菅，可以人而不如物乎！"如此等等，一方面反映了胡三省对暴虐统治的痛恨，同时也可看出他对广大人民所受痛苦的同情。另外，他在注中对于一些历史事件所发表的看法，确实反映了他所具有的超人的史识，如他说："秦有吞天下之心，使赵不受上党，而秦得之，亦必据上党而攻赵，故赵之祸不在于受上党，而在于用括。"（卷五）又如他说："古人有言，'盗亦有道'。然盗货者小盗也，盗国者大盗也。"（卷二六六）这些议论在当时来说都是很可贵的。

总括上述七个方面的内容，说明胡三省为《资治通鉴》所作的注释，具有不可忽视的价值，应当引起我们足够的注意。

第十二章
纪传体通史——《通志》

第一节　郑樵和《通志》

一、郑樵的生平和治学精神

郑樵字渔仲，别号溪西遗民，福建兴化军莆田（今福建莆田）人。生于北宋徽宗崇宁三年（1104），卒于南宋高宗绍兴三十二年（1162），享年五十九岁[1]。曾深居夹漈山读书讲学三十年，故当时人又称他为夹漈先生。他是南宋时代著名的史学家。小时候读书很用功，并很早就对六经、诸子等书产生了兴趣。可是在他十六岁那年，父亲就去世了，从此他便谢绝人事，不应科举，与堂兄郑厚一道，到夹漈山造草屋三间，专心读书。当时抱负很大，自谓"欲读古人之书，欲通百家之学，欲讨六艺之文而为羽翼，如此一生则无遗恨"。后来的事实说明，他的这个抱负基本上实现了："古今之书稍经耳目，百家之学粗识门庭。"（《夹漈遗稿·献皇帝书》）从他自己晚年的回忆中，人们可以清楚地看到，他之所以能够取得重大成就，是经过长期的刻苦钻研过程的。父亲去世，家道衰微，生活清苦，也从来未曾动摇过他读书的坚强意志。即使"困穷之极，厨无烟火，而诵记不绝"。兄弟二人在夹漈山中，常常是"寒月一窗，残灯一席，讽诵达旦而喉舌不罢劳……或掩卷推灯，就席杜目而坐，耳不属，口不诵而心通，人或呼之，再三莫觉"。因"家贫无文籍"，就到各藏书家去借读，"闻人家有书，直造其门求读，不问其容否，读已则罢，去住曾不吝情"（《夹漈遗稿》下《与景韦兄

---

[1] 关于郑樵生卒年，史料记载不一，近人多误，笔者对此作过考证，载《历史教学》1962年10月号。1963年福建发现的道光年间《郑氏族谱》所载，与笔者考订相同。

投宇文枢密书》）。特别是当时的福建，因不受兵火，所以前代书籍，多半都还保存着，而藏书最盛的地方，又正是郑樵的家乡莆田。为了读书，他就经常要与那些藏书家来往。他在《校雠略》里说："乡人（莆田）李氏，曾守和州，其家或有（历阳）沈氏之书"，"乡人陈氏，尝为湖北监司，其家或有（荆州）田氏之书"。又说："漳州吴氏，其家甚微，其官甚卑，然一生文字间，至老不休，故所得之书，多蓬山所无者。"当时任兵部郎中的叶廷珪在绍兴十五年（1145）一次上疏中亦说："切见闽中不经残破之郡，士大夫藏书之家，宛如平时，如兴化之方、临漳之吴，所藏尤丰，悉为善本。"（《建炎以来系年要录》卷一五三）这许多藏书家的书，他都去读过，并依据研究所得，将天下古今图书分类著录，撰成《群书会记》三十六卷（见《玉海》卷五二）。他自己说："虽不一一见之，而皆知其名数之所在。"（《献皇帝书》）又抄秘省所颁阙书目录，撰成《求书阙记》七卷、《外纪》十卷（见《玉海》卷五二）。后来他之所以能够写出影响颇大的《校雠略》，与此都有密切的关系。在平时，郑樵只要有书可读，便感到心满意足，对生活方面则并不怎么讲求，"夏不葛亦凉，冬不袍亦温，肠不饭亦饱，头发经月不栉，面目衣裳垢腻相重不洗"。以致亲友们把他看作"为痴，为愚，为妄"（《与景韦兄投宇文枢密书》）。

当然，应该指出的是，他们兄弟二人也并非只是一味埋头读书的"书呆子"，而是对时事相当关心并富有正义感的青年，愿意为人家"解纷排难，洞肝彻臆，遇不平事，则热中振衣，达旦不寐，奔往掉赴，若将后时"（《夹漈遗稿·与景韦兄投江给事书》）。当靖康之难发生后，全国军民纷纷投入抗击金兵、保卫祖国的独立战争。具有爱国热情的郑樵兄弟也义愤填膺，欲为挽救祖国的危机而贡献自己力量，他们在给宇文虚中的信中，表达了这种愿望。在给江给事的信中，还对时局提出了自己的看法，他们分析了宋金双方形势，指出只要能够很好利用条件，抗金战争是能够取得胜利的，完全可以做到"摅生灵之愤，刷祖宗之辱"。信中还指出了当时军队缺乏训练、纪律败坏的弊端，谴责"士大夫醍醐不图远略，无足与计者"的情况。可是这两封信并没有得到什么实际的反响，他们的爱国热忱也没有任何人来理会，于是又仍旧闭户读书。不过郑厚没过多久就做官去了。

郑樵的毕生精力，几乎全用在读书、著书、做学问上，周必大《辛巳亲征录》说他"力学著书，不为文章"，《宋史》本传说他"好著书"，这确是事实。不过他竭力反对"空言著书"，强调重视实践，认为要求得丰富而真实的知识，前人所著的书固然要读，而亲身的实践更不容忽视。他曾指出前代的许多注疏家，由于缺乏实践经验，自己也不知道何物何状，单凭书本知识进行注释，结果是"反没其真"，别人读了自然也得不到任何益处。他说："浅鲜家只务说人情物理，至于学之不识者反没其真。遇天文则曰'此星名'；遇地理则曰'此地名'，'此山名'，'此水名'；遇草木则曰'此草名'，'此木名'；遇虫鱼则曰'此虫名'，'此鱼名'；遇鸟兽则曰'此鸟名'，'此兽名'，更不言是何状星、何地、何山、何水、何草、何木、何虫、何鱼、何鸟、何兽也。纵有言者，亦不过引《尔雅》以为据耳，其实未曾识也。"（《夹漈遗稿·寄方礼部书》）为了改变这种现象，他大力提倡研究学问，必须注意实践知识，他自己更是身体力行。在《昆虫草木略序》里，他就曾介绍了自己的实践过程。如为了研究植物，他经常离开自己的草堂，到田野里去向老农请教；为了观察动物的生活状态，他常常在夜深人静或黎明前潜入深山丛林之中，"与夜鹤晓猿杂处，不问飞潜动植，皆欲究其情性"。要研究天文，就应懂得星象，为此，他在《天文略序》里说："一日，得《步天歌》而诵之。时素秋无月，清天如水，长诵一句，凝目一星，不三数夜，一天星斗，尽在胸中矣。"他就是以这种求实的精神来做学问，再以从实践中所得的知识，进一步去丰富书本的学问，所谓"已得鸟兽草木之真，然后传《诗》；已得诗人之兴，然后释《尔雅》"（《昆虫草木略序》），就是郑樵治学途径的自白。

郑樵在夹漈山中住了三十年，对各门学问做了有计划、有系统的研究，并以研究成果，分门别类，撰成专著。十年为经旨之学，三年为礼乐之学，五六年为天文、地理、虫鱼草木之学，八九年为讨论之学（见《献皇帝书》）。这三十年的专门研究，为他后来编纂《通志》奠定了坚实的基础。可见他之所以能在短短的三两年内完成六百万字的《通志》，绝非出于偶然。绍兴十八年（1148），他把历年著作缮写一份，徒步两千里，到临安（今杭州市）献给宋高宗。高宗赵构为了粉饰太平，诏送秘书省收藏，这对他鼓舞很大，回到夹漈草堂，"益励所学"，前来问学者一时多到二百余人。从此郑樵的名声大了，所作的文字也跟着广为流传。在《上宰相书》里曾说:"樵虽林下野人,而言句散落人间,往往家藏而户有,虽鸡林无贸易之价,而乡校有讽诵之童。凡有文字,属思之间已为人所知。未终篇之间,已为人所传。"(《夹漈遗稿》)影响之大,于此可见。其时虽曾"三举孝廉,两举遗逸",他都辞谢了。后来由于王纶、贺允中等在高宗面前力荐,说郑樵"终老韦布,可谓遗才",于是命赴行在,绍兴二十八年(1158)二月乙巳召对,授予九品的右迪功郎,让他去"主管兵部架阁文字"。但不久便遭御史叶义问的弹劾,他乘此请求还山,于是改监潭州南岳庙,给札归抄《通志》。绍兴三十一年(1161),入朝上书,正逢宋高宗赴建康,虽未得见,仍得诏除枢密院编修官,未几又兼检详诸房文字。为了便于翻阅秘书省的藏书,他提出了"修金正隆官制比附中国秩序"的请求并得到许可,于是实现了多年来的夙愿,可惜为时不久又遭弹劾而罢职。绍兴三十二年(1162)三月,这位杰出的史学家便与世长辞了。

二、《通志》的编纂经过和内容

郑樵一生中的著作很多,据文献记载就有八十四种、一千多卷,但留传下来的仅《通志》、《夹漈遗稿》、《尔雅注》、《诗辨妄》等寥寥数种。其中《通志》则是他毕生心血的结晶,是他一生心愿的寄托,也是他史学思想的集中表现。尽管他的许多著作已经失传了,但是这些著作的精华实际上都保存在《通志》里面。用纪传体撰一部通史,郑樵是早有打算的,他曾立下了"集天下之书为一书"的宏伟愿望。至于通到何等程度,看来有过多次变动,在《寄方礼部书》中曾提出"欲自今天子中兴,上达秦汉之前,著为一书,曰通史"(《夹漈遗稿》),说明他曾计划要写的是一部从秦汉以前到当代的通史,只是由于没有得到朝廷的许可而不敢私撰,可是编纂这部通史的准备工作一直不曾停止过,这在《上宰相书》里有过明确的表述:"三十年著书,十年搜访图书,竹头木屑之积亦云多矣,将欲一旦而用之可也。"(《夹漈遗稿》)说明他平时搜访图书遗物,编写各类著作,都是紧紧地围绕着"集天下之书为一书"这个总目的进行的。全书的断限,后来似乎上下都曾作了提前,即"上自羲皇,下逮五代"。可是当他最后定稿,又与此有所不同。为什么又要作再次更改呢?他在《通志·总序》中说:"唐书、五代史,皆本朝大臣所修，微臣所不敢议，故纪传讫隋。若礼乐政刑，务存因革，故引而至唐云。"可见他虽曾计划编修贯通到当代的一部通史，然而由于他谨小慎微，缺乏司马迁那种敢骂当今皇上的胆量，生怕触犯本朝忌讳，迟迟未敢付之行动，而是一再上书给皇帝与宰相，直到宋高宗正式下诏许可，他才着手编纂。在《上宰相书》里他还讲道："去年到家，今年料理文字，明年修书，若无病不死，笔札不乏，远则五年，近则三载，可以成书。"要是事先没有充分做好各种研究、准备，像这样一部大著作，能在三年五载的短时期完成，简直是不可想象的。特别是二十略，平时若无专门研究，一时更难草就。据文献记载，他平时的许多著作，事实上大都是《通志》内容的底本。单就二十略而言，在撰《氏族略》之前，他便写过《氏族志》五十七卷，还写过《氏族源》、《氏族韵》二书；在撰《六书》、《七音》二略之前，则写过《象类书》、《六书证篇》、《字始连环》、《分音类韵》等书；关于天文方面，作过《天文志》；而《艺文略》，则有《群书会记》为蓝本；《校雠略》，则更有《校雠备论》、《书目正讹》等书为依据。不仅二十略如此，即使纪传部分，也都同样事先写过某些专著，如《春秋列传》，就是他在《通志》一书中为春秋时期人物补立新传所本。郑樵自己曾说过"五十载总为一书"（《上殿通志表》，载周华《福建兴化县志》卷六）的话，指的正是这个意思。我们绝不能因为他在临终前三两年才将这许多内容总汇成一书，因而就断言《通志》的编纂时间只有三两年而已，要是这样看，显然是不符合实际情况的。《通志》全书是在绍兴三十一年（1161）编纂完成的，当年即入朝把书稿奏上，第二年他便离开人世了。

郑樵的《通志》，全是模仿司马迁的《史记》而作。《史记》是一部纪传体通史，而郑樵一生奋斗的目标，也同样是为了要写出一部通贯古今的通史，《通志》之名亦正是通史之意。他在《通志·总序》中说："古者记事之史谓之志……太史公更志为记，今谓之志，本其旧也。"当然应该说明的是，《史记》之名，并非司马迁本人所立，所谓"更志为记"者自然亦非出之于司马迁本人之意。

《通志》全书共二百卷，五百多万字，包括本纪、列传、世家、载记、年谱、略六门。这是完全仿照司马迁《史记》的体例而作的，只不过是改书称略，改表称谱，另外再加上一个载记，其实质仍是一样。帝纪十八卷（起自三皇而终于隋），附后妃传二卷，谱四卷，略五十二卷，周同姓世家一卷，附宗室传八卷，周异姓世家二卷，载记八卷（记割据时代的王国），列传五十八卷，又另有四夷传七卷。所谓二十略，就是：氏族、六书、七音、天文、地理、都邑、礼、谥、器服、乐、职官、选举、刑法、食货、艺文、校雠、图谱、金石、灾祥、昆虫草木。这二十略历来被认为全书的精华，同时也正是郑樵本人所自负的。《通志·总序》说："今总天下之大学术而条其纲目，名之曰略，凡二十略。百代之宪章，学者之能事，尽于此矣。其五略（指礼、职官、选举、刑法、食货），汉唐诸儒所得而闻，其十五略，汉唐诸儒所不得而闻也。"所以南宋末年以来，刻书家即单刻《二十略》行之于世，故当时博学如马端临这样的大史学家，也只仅仅见到二十略而未能看到《通志》全书。元大德以后，全部《通志》才逐步刊行于世。

可是八百多年来，这部书与作者一样，很少得到好评。郑樵本人曾被斥为"陋儒"、"妄人"，《通志》一书则被指为"漏略百出"，"语多袭旧"。清代以来，有不少人替他鸣不平，想为其人其书洗刷冤屈，其中最得力者首推章学诚，他在《文史通义》一书中，特地写了《释通》、《申郑》、《答客问》等篇专力为他辩护，认为："郑樵生千载而后，慨然有见于古人著述之源，而知作者之旨，不徒以词采为文、考据为学也。于是遂欲匡正史迁，益以博雅，贬损班固，讥其因袭，而独取三千年来遗文故册，运以别识心裁，盖承通史家风，而自为经纬成一家言者也。学者少见多怪，不究其发凡起例、绝识旷论，所以斟酌群言为史学要删，而徒摘其援据之疏略，裁剪之未定者纷纷攻击，势若不共戴天，古人复起，奚足当吹剑之一哄乎！"（《申郑》）而对其所著之《通志》，则谓"卓识名理，独见别裁。古人不能任其先声，后代不能出其规范。虽事实无殊旧录，而辨名正物，诸子之意寓于史裁"（《释通》），可谓推崇备至。其后之梁启超更认为，在中国史学史上，郑樵应当与刘知幾、章学诚齐名，并说他们是"中国史学史的成立与发展，最有关系的"三个人（见《中国历史研究法补编》）。对其代表作《通志》，尽管"除《二十略》外，竟不能发现其有何等价值"，"然仅《二十略》，固自足以不朽。史界之有樵，若光芒竟天之一彗星焉"（《中国历史研究法》）。这些评价应当说是很高的了。但是持否定意见者也还是大有人在，典型代表可推《四库全书总目提要》的作者。《提要》不仅指责《通志》纪传全袭旧文,并无创新,就是对二十略,亦逐略加以批评。而章太炎在《史学略说》中,也同样指责本书"不仅纪传、世家、载记,全钞诸史,无所剪裁,即其所极意经营之二十略,亦不免直录旧典,而惮于改作"。这样的评论,未免失之于武断,是不符合历史真实的。

笔者认为,对于《通志》的评价,必须搞清事实,做到实事求是,恰如其分。《通志》的纪传部分,的确大都损益诸史旧文而成,这是连作者本人也直认不讳的,他在《通志·总序》中说:"纪传者,编年纪事之实迹,自有成规,不为智而增,不为愚而减。故于纪传,即其旧文,从而损益。"当然也绝不是"全钞诸史,无所剪裁",只要稍加查对,就会发现确是有损有益,作过一番加工的,特别是三皇、五帝两卷,损益尤多,并且加有按语。同时书中还补立了许多旧史所无的新传,单是春秋战国期间,新增补的传记就达一百二十九人之多。如《富辰列传》、《单襄公列传》、《申繻列传》、《臧文仲列传》等,有的是删节《国语》而成,有的是增损《左传》而成,有的则是综合两书有关篇章编纂而成。至如大家所熟悉的《马钧传》,则是根据《三国志》裴注的内容删削写作的。其他六朝至隋各纪传折中于南北史与各史原书之间者,亦不乏其例。至于二十略,更不能说是"直录旧典,而惮于改作"了。除礼、刑、职官等略节录《通典》文字以外,其余十五略皆为郑樵本人所创作,更何况这些方面的内容,他都曾逐一作过专门研究,写过专题著作。《四库全书总目提要》指责《灾祥略》悉钞诸史《五行志》,经过查对,实际情况也并非如此。如关于大水的记载,从春秋桓公元年(前719)起,到西汉绥和二年(前7),《灾祥略》共记有二十五次,比《汉书·五行志》多四次。从后汉光武帝建武八年(32)到献帝建安二十四年(219),《灾祥略》记载二十四次,而《后汉书·五行志》则记载二十六次,表面看来似乎仅差两次,实际上《灾祥略》所记的二十四次中,不见于《后汉书·五行志》的有五次,而《后汉书·五行志》所记的二十六次中则又有四次为《灾祥略》所无,这样一进一出,两书所载不重复者共达九次之多。即使同一记载,而所记事实与叙述详略亦不尽相同。如殇帝延平元年(106),《后汉书·五行志》载:"五月,郡国三十七大水,伤稼。"而《灾祥略》记的则是:"秋九月,六州大水。冬十月,四州大水。"安帝永初二年(108),《五行志》只记"大水"二字,《灾祥略》则记:"夏六月,京师及郡国四十九大水。"永初四年（110），《五行志》仍只记"大水"二字，而《灾祥略》则为"秋七月，三郡大水"。对于旱灾的记载亦是如此，单举后汉而言，自光武帝建武五年（29）起，到献帝兴平元年（194）止，《灾祥略》所记，在这个时期内共发生过大小程度不等的旱灾达五十二次，可是《后汉书·五行志》所载仅十九次。问题如此明显，那么又凭什么理由指责《通志·灾祥略》是"悉钞诸史《五行志》"呢？

笔者认为，评论一部著作的价值高低，贡献大小，着眼点不能单纯地只看它的内容是否抄袭前史，而是要看它如何个抄法，抄得是否确当，同时更重要的还要看它是否具有别识心裁、创造发明。笔者之所以要辨明以上事实，固然对评价《通志》的价值和郑樵的历史贡献有一定关系，但更主要的还在于要求我们对待古代史学家及其著作的批评，必须力求做到实事求是，符合历史真实。从这个基点出发，笔者认为前人对于《通志》所作的那些肯定的评价，其基本精神是符合真实情况的，这就是说《通志》的全部精华在于二十略。诚如梁启超所说，《通志》一书"除二十略外，竟不能发现其有何等价值"，"然仅二十略，固自足以不朽"（《中国历史研究法》）。即使对郑樵推崇备至的章学诚，其着眼点也只是"卓识名理，独见别裁"，但同时又指出"郑君区区一身，僻处寒陋，独犯马班以来所不敢为者而为之，立论高远，实不副名"（《文史通义新编新注》内篇四《申郑》）。这些评论应当说都是比较中肯的。至于其纪传部分，主要是把各史的材料集中起来，删除其中重复冲突部分，尽管也曾补立了不少新传，但仍然只是对原有材料的删节而已，并未经过自己的融会贯通，重新加以组织成文，它与《史记》相比，对于材料的加工处理，一个好比是经过化学变化，一个仅是起了物理变化。因此，虽然做过一番整齐划一的工作，然而很难看出有多少别识心裁，尽管他自称其书"虽曰继马迁之作，凡例殊途，经纬异制，自有成法，不蹈前修"（《上宰相书》），实际上全书体例并未跳出司马迁所立之规范。众所周知，司马光采用编年体裁编写了一部通史——《资治通鉴》，使已经散失了生命力的编年体又得以新生，后来许多史家纷纷相继而作。而郑樵采用业已取得正史地位的纪传史体编写了一部通史——《通志》，其结果却并未使纪传体增添任何光彩。至于两书的价值则更是不可同日而语。特别是纪传部分，在纂修过程中，虽然郑樵也曾做过区分类例、择善而从的工作，但在史学发展史上来说，并不曾作出什么新的贡献。所以笔者说，《通志》一书的纪传部分，不足以表现郑樵的史才，唯有二十略才是他的精力之所寄托和才能之所体现。笔者这样来评论《通志》，是丝毫也不贬低郑樵在史学上的地位和贡献的。

第二节　郑樵在史学上的贡献

一、史料学上的贡献

我们肯定二十略为《通志》全书的精华，是因为这二十略确实有其独创精神，有些略不仅在中国史学史上有其重要的贡献，就是在学术思想史上也具有很大的价值。《校雠略》就是其中的代表。从史学的角度来看，它在史料学上有着突出的贡献，对于如何搜集史料、储备史料、校勘史料等方面，都提出了许多可贵的方法和意见。至于在校雠学上的成就，那就更大了，诚如张舜徽先生所说："我国学术史上，将校雠之学写为专著，加以重视，是从郑樵《通志·校雠略》开始的。这书虽很简单，但有不少创见，给后世学者以许多启发。"[①] 我们从《校雠略》里可以明显地看到，对于如何搜集史料，他列出了二十一个题目，既详细论述了求书的途径，又介绍了对所搜集的书籍如何进行分类和编排的方法。这些意见不仅对历史学家有着重要参考价值，而且对图书储藏部门搜集图书、编排目录，也都很有实用价值。

郑樵在史料学上的另一贡献是把金石学提到了应有的地位，并在二十略中特地设立了《金石略》，强调金石学在史学编纂上的价值，指出："方册者，古人之言语；款识者，古人之面貌。以后学跂慕古人之心，使得亲见其面而闻其言，何患不与之俱化乎……今之方册所传者，已经数千万传之后，其去亲承之道远矣。惟有金石所以垂不朽，今列而为略，庶几式瞻之道犹存焉。且观晋人字画，可见晋人之风猷；观唐人书踪，可以见唐人之典则，此道后学安得而舍诸！三代而上，惟勒鼎彝，秦人始大其制而用石鼓，始皇欲

[①] 《中国校雠学叙论》，《华中师范学院学报》1979年第2期。

详其文而用丰碑,自秦迄今,惟用石刻,散失无纪,可为太息。"(《金石略序》)在这里,郑樵把以金石作为史料的意义,阐述得非常清楚。可是这样重要的史料,长期以来一直没有引起历史学家足够的重视,到了宋代,才有不少学者开始注意研究,并涌现出一批富有史料价值的金石学著作。郑樵《金石略》之作,及时地反映了宋代史学发展上所出现的新成就,把它列为史学研究中不可缺少的组成部分而正式载入史册,足见其具有敏锐的眼光和超人的史识。

二、历史编纂学上的贡献

从总的体裁而言,郑樵的《通志》并无新意创造,而只是仿照司马迁《史记》之体例,做了些整齐划一、贯通古今的工作而已。但在二十略中,不少地方都表现了他的独创精神,他没有按照旧史诸志的老框框去套,而是创立了不少新的内容,为历史编纂学作出了不可忽视的贡献。

二十略相当于正史中的书、志,但正史的书、志从来没有达到过二十个门类。上面曾经提到过的《校雠略》、《金石略》以及《六书略》、《七音略》、《都邑略》、《图谱略》、《昆虫草木略》等都是郑樵首次独创的,这就大大丰富了文化史的内容。其中《氏族略》、《都邑略》和《昆虫草木略》的建立,尽管可能受到刘知幾思想的启发,因为刘知幾在《史通》中曾明确提出正史书志,应增加《都邑》、《氏族》、《方物》三志,但刘氏仅仅只是提出了这个倡议,至于具体如何做法,并未有过任何设想。郑樵作此三略,全靠个人摸索。即使有些略的内容在正史中早已有之,但他也不是因袭前人所立的规范去作,而是凭着自己设想的路子在走。《艺文略》就很足以说明这一点。他认为:"学术之苟且,由源流之不分;书籍之散亡,由编次之无纪。"(《通志·总序》)因此,他在作《艺文略》时,就是按照这一指导思想实践的。他打破了从前所有书籍的分类编排方法,把历代史志、公私书目以及自己访书过程中耳闻目见的十一万九百多卷书籍,分成"十二类、百家、四百二十二种"。他这样的分类法,张舜徽先生曾指出是"从辨章学术、考镜源流的角度出发,剖析流别,至为纤悉,可算是别开生面,成为了精详周密的体系"(《中国校雠学叙论》)。郑樵自己也说:"散四百二十二种书，可以穷百家之学；敛百家之学，可以明十二类之所归。"(《通志·校雠略》)对这种创新精神，章学诚极为推崇，他在《校雠通义·序》中说："校雠之义，盖自刘向父子，部次条别，将以辨章学术，考镜源流，非深明于道术精微群言得失之故者，不足与此。后世部次甲乙，纪录经史者，代有其人，而求能推阐大义，条别学术异同，使人由委溯源，以想见于坟籍之初者，千百之中，不十一焉。郑樵生千载而后，慨然有会于向、歆讨论之旨，因取历朝著录，略其鱼鲁豕亥之细，而特以部次条别，疏通伦类，考其得失之故，而为之校雠，盖自石渠、天禄以还，学者所未尝窥见者也。"这个评价虽然不免高了点，但基本上还是符合实际情况的。又如《图谱略》的创立，也同样足以表明他所独具的史识。对于图、表的作用，在郑樵之前的历史学家，都没有引起足够的重视，因而历来所编修的史书，都不曾给图表以应有的地位。对此情况，郑樵深以为憾。正因如此，他对司马迁《史记》里的十表给以很高的评价，说"《史记》一书，功在十表，犹衣裳之有冠冕，木水之有本原"(《通志·总序》)。可是，尤其使他感到不满的是，历代史家特别不重视图的作用。他认为"见书不见图，闻其声不见其形；见图不见书，见其人不闻其语。图至约也，书至博也。即图而求易，即书而求难。古之学者，为学有要，置图于左，置书于右，索象于图，索理于书，故人亦易为学，学亦易为功"(《图谱略·索象》)。他还列举了天文、地理、宫室、器用等十六种为例，认为凡此十六类，如有书而无图，则花功大而收效微。并指出："天下之事，不务行而务说，不用图谱可也，若欲成天下之事业，未有无图谱而行于世者。"又说："为天下者不可以无书，为书者不可以无图谱。图载象，谱载系，为图所以周知远近，为谱所以洞察古今。"(《通志·年谱序》)这些论述，已把图谱的重要性讲得十分清楚。可见郑樵的主张是，编纂史书必须做到图文并茂，研究学问必须做到图文并重，只有这样，才能收到更好的效果。

综上所述，我们不难看出，郑樵的创造精神，集中地体现在二十略之中；而二十略为《通志》全书的精华，也就绝不是一句没有根据的空言了。郑樵自己深深知道，纪传体史书的编纂，几种体例中，首推书志最难，他在《通志·总序》里曾说："江淹有言：'修史之难，无出于志。'诚以志者，宪章之所系，非老于典故者不能为也。不比纪传，纪则以年包事，传则以事系人，儒学之士皆能为之，惟有志难。"正因如此，所以他花了三十年时间，对各类问题，分门别类作了专门的研究。虽然他生活的南宋时代，义理之风大盛，可他并没有为这种社会风气所囿，一心埋头做切实的学问，因而在当时是一位非常博洽的学者，即使对《通志》进行百般挑剔的《四库全书总目提要》作者，也不得不承认"南北宋间记诵之富，考证之勤，实未有过于樵者"（《四库全书总目提要·集部》，"夹漈遗稿"条）。这就说明二十略之所以能够在很多方面表现出独创精神，绝非出于偶然。

当然必须同时指出的是，说二十略为《通志》全书的精华，并不意味着它就没有缺点和错误了。首先由于郑樵对书志性质的理解不当，这就使得他对撰写书志的目的性也不可能很明确。书志的内容，写的本是典章制度的历史，广而言之，也就是所谓文化史。对此，刘知幾和章学诚的论述是一致的。可是郑樵在《通志·总序》中却说："志之大原，起于《尔雅》。"大家知道，《尔雅》是一部分类编次解释名词的训诂词典，类似于后来的类书。唯其如此，所以二十略中，有一些内容实际上也被写成了类书。《六书略》若按志书的性质，应当是讲述文字学史，可是郑樵却写成了文字学；《七音略》应当是讲述声韵学史，而他却写成了声韵学；《昆虫草木略》亦是如此。郑樵编纂史书是非常强调"会通"的，而上述这些内容，实际上只做到了"会"，没有达到"通"。无怪乎刘埙的《隐居通义》径直把二十略视为类书了。至于有人说二十略的内容，天宝以前的材料全抄录自《通典》，天宝以后则又无新的补充，以此来否定二十略的价值，笔者认为这样的批评是很不恰当的。前者上文已经讲了，二十略中的很多内容都是出于郑樵的首创，自然谈不上什么抄录了。其中少数几略，编纂时既无新的材料可资采用，为了整齐故事，对前人著作加以删削节录，亦未尝不可，何况这些典章制度的发展演变，又不可能凭空臆造。因此内容雷同，自属无可避免。至于天宝以后不作新的补充，则是他的编书体例所限，对此他在总序中曾有明确交代，就是由于唐代历史都是宋朝大臣所修，他不敢随意改作，所以他的《通志》只能是编写到隋代为止。

第三节　郑樵的史学思想

一、反对断代为史，力主编写通史

郑樵史学思想很突出的一点是主张编写通史，反对断代为书。他认为历史是一个整体，如同长江大河，后代之事与前代存在着"相因依"的关系，不能把它截断。而要了解这种"相因依"的关系，只有通史才能办到。所以他在《通志·总序》里劈头就讲："百川异趋，必会于海，然后九州无浸淫之患；万国殊途，必通诸夏，然后八荒无壅滞之忧。会通之义大矣哉！"又在《上宰相书》里说："水不会于海，则为滥水；途不通于夏，则为穷途。""天下之理，不可以不会；古今之道，不可以不通。会通之义大矣哉！"由于他主张"会通"，认为只有通为一家，然后才能"极古今之变"。所以他对于孔子和司马迁非常推崇，因为他们两人为"会通"工作作出了典范。可是从班固开始，便以断代为史，致使前后失去相因之义，而古今遂成间隔，会通之道既失，人们也就莫知其损益了。因此，他对班固曾多次加以诋毁。从这些论述来看，郑樵所讲的"会通之义"，主要还是指历史编纂而言，"会"是指横的方面，要求把各种学术内容和书籍都会集到一书之中，二十略的编纂，正是体现了这一"会"字精神；"通"则是指纵的方面，要求把整个社会的发展历史（包括各种学术的发展变化）联贯写成一书，使历史记载做到时代相续，古今贯通。从郑樵思想的分析看来，他明显地告诉我们，若能写出一部时代相续的通史，起码有两大好处：一是可以避免对史事的讳饰，因为编写通史，一般说来，与史家无直接利害关系，不必为一朝一代而曲笔忌讳，诚如钱大昕所言："史臣载笔，事久则议论易公。"这样也就比较容易反映出历史的真实面貌。二是通史贯通古今，可以"极古今之变"，对于典章制度的演变发展，也就能够看出它的前因后果。虽然当时他还谈不上从历史发展的规律去进行探索和考察，但是他毕竟已把历史作为一个整体来考察了。因而对于这种"会通"思想，我们还是应该给予足够的重视。

二、反对任情褒贬，主张据事直书

郑樵还主张史家写史，必须做到如实地反映历史的真实，反对主观地任情褒贬。这是对刘知幾所提出的据事直书思想的继承和发展。他对于任情褒贬的恶劣作风批评得非常激烈，斥之为"妄学"、"欺人之学"。他说："凡说《春秋》者，皆谓孔子寓褒贬于一字之间，以阴中时人，使人不可晓解。三传唱之于前，诸儒从之于后，尽推己意而诬以圣人之意，此之谓欺人之学。"（《通志·灾祥略序》）他强调指出："《春秋》主在法制，而不在褒贬。"（《夹漈遗稿·寄方礼部书》）这样，他就把长期以来一直被奉为春秋笔法的一字褒贬说推翻了，从而也就打掉了任情褒贬的理论依据。在郑樵看来，《春秋》原来并没有什么深微的意义，都是后来儒生所附会，使之玄而又玄，也就是"三传唱之于前，诸儒从之于后"所造成的恶果，这么一来，往往就使事物失去了本来的面目，所以他对于这种附会的做法非常痛恨。因此，他竭力主张，作为一个历史学家，其责任就在于真实地记载史事，这样也就善恶自明，无须再加一字之褒贬。如读了"萧（何）、曹（参）之行事，岂不知其忠良！"看了"（王）莽、（董）卓之所为，岂不知其凶逆！"可是褒贬之风由来已久，于是史书上贤奸颠倒，曲笔屡见。对此，他在《通志·总序》里作了深刻的揭露，他说："曹魏指吴、蜀为寇，北朝指东晋为僭。南谓北为索虏，北谓南为岛夷。《齐史》称梁军为义军，谋人之国可以为义乎？《隋书》称唐兵为义兵，伐人之君可以为义乎？房玄龄董史册，故房彦谦擅美名；虞世南预修书，故虞荔、虞寄有嘉传。甚者桀犬吠尧，吠非其主。《晋史》党晋而不有魏，凡忠于魏者目为叛臣，王凌、诸葛诞、毌丘俭之徒抱屈黄壤。《齐史》党齐而不有宋，凡忠于宋者目为逆党，袁粲、刘秉、沈攸之徒含冤九原。噫！天日在上，安可如斯！似此之类，历世有之，伤风败义，莫大乎此！"而这种现象的造成，就是由于史家写史不能忠于史实，单凭个人好恶、自身利害而专事褒贬，这样一来，自然也就达不到"信者传信，疑者阙疑"的信史要求了，尽管书法谨严，也是无益于史。郑樵把这些专事褒贬的人比作"犹当家之妇，不事饔飧，专鼓舌唇，纵然得胜，岂能肥家？"当然，郑樵并非反对历史应当起鉴戒的作用，而是主张要让史实说话，寓褒贬于史事之中，所以他说："纪传之中，既载善恶，足为鉴戒，何必于纪传之后,更加褒贬!"(以上引文均见《通志·总序》)其实这一主张也是对刘知幾思想的继承和发展,刘氏反对曲笔,提倡直书,并曾有专篇进行论述。对于史事之外,更立论赞以示褒贬的做法,刘氏亦深表反对。后来章学诚也力主此说,三人可谓一脉相承。他们的这种主张,是史学领域里的优良传统,尽管在封建社会要求史家写史完全反映历史真实是根本无法办到的,然而这种进步思想无疑是可贵的,应当予以肯定和发扬。

三、反对"五行相应之说",批判神权主义"欺天之学"

郑樵史学思想中又一个值得注意的倾向,是坚决反对阴阳五行灾异说,把它斥之为"妖学"、"欺天之学"。历代史书的《五行志》,大都为神权思想所笼罩,作者往往把社会上所发生的事件与一些自然现象附会在一起,绳以五行之说,用来欺天骗人,它对整个社会的影响很大,对人们的精神束缚十分沉重。因此,郑樵对于这种恶劣风气非常痛恨,指出"五行之绳人甚于三尺",并予以猛烈的批判,揭露其骗人的丑恶内幕,嘲笑他们的愚蠢和无知。他在《灾祥略序》里说:"说《洪范》者,皆谓箕子本《河图》、《洛书》以明五行之旨。刘向创释其传于前,诸史因之而为志于后,析天下灾祥之变而推之于金木水火土之域,乃以时事之吉凶而曲为之配,此之谓欺天之学。"他还说:"天地之间,灾祥万种。人间祸福,冥不可知。奈何以一虫之妖,一气之戾,而一一质之为祸福之应?其愚甚矣!"这就说明,人事之变化,与自然界所出现的奇异反常现象,两者之间毫无因果关系,所以他明确指出:"国不可以灾祥论兴衰","家不可以变怪论休咎"。这种反对五行说的斗争,其实质就是与统治阶级用以奴役人们精神的神权思想的斗争,它揭穿了五行灾祥说的内幕,剥下了统治者的神权外衣。因此,对于这种反对五行说的斗争之现实意义,我们应有足够的估计。正是在这一问题上,杜佑与郑樵相比,显然有所逊色,杜佑的态度就没有郑樵那么明朗而坚决,他仅仅表示了缄默,在《通典》里干脆去掉了《五行志》这一项内容,这是一种明显的消极做法。而郑樵一方面在理论上批驳了这种"欺天之学",另一方面又在《通志》里照样作了《灾祥略》,但其内容则"专以纪实迹,削去五行相应之说,所以绝其妖"(《灾祥略序》)。这样一来,无形中与五行说树立了一个尖锐的对立面，充分表现了郑樵史学思想中的批判精神。当然，必须同时指出的是，由于他在这些问题的认识上还有相当的局限性，因而他的这种反对神鬼灾异的思想并不是彻底的，他也还是承认"惟有和气致祥，乖气致异者，可以为通论"（《灾祥略序》），拖着一条明显的尾巴。

四、反对空谈义理之学，主张求实研究学问

北宋以来，道学（也称"理学"）兴起，道学家（也称"理学家"）们整天为"理、气、心、性"等问题争论不休，造成学术界一片乌烟瘴气。郑樵对于这种空谈义理、不务实学的社会风气非常不满，他说："学者操穷理尽性之说，以虚无为宗，实学置而不问。"（《通志·昆虫草木略序》）所谓"实学"，就是指从实践中求得知识。他说："语言之理易推，名物之状难识。"要识"名物之状"，就必须走出书斋，"广览动植，洞见幽潜，通鸟兽之情状，察草木之精神，然后参之载籍，明其品汇"（《通志·总序》）。但当时的注疏家仅停留在书本上字句的推敲，甚至还有人散布"读百遍，理自见"的论调。对此，他作了十分尖锐的批驳，指出"乃若天文、地理、车舆、器服、草木、虫鱼、鸟兽之名，不学问，虽读千回万复，亦无由识也"（《夹漈遗稿·寄方礼部书》），揭露了那些只是从书本到书本的注疏家不懂装懂的丑态。同时他还进一步指出，这种理论脱离实际的研究状况，由来已久，"自司马迁《天官书》以来，诸史各有其志，奈何历官能识星而不能为志，史官能为志不识星"。史官修志，"不过采诸家之说而集合之耳，实无所质正也"（同上引）。这就是说，史家修志，由于自己对天文、地理等专门学识没有作过研究，只是把别人的研究成果作一汇总而已，至于正确与否，就连作者本人也说不清楚了。郑樵一再强调修志最难，道理就在这里。所以他主张若要修好书志，非得自己"老于典故"，对各种典制有深入研究不可。他说："农圃之人识田野之物，而不达诗书之旨；儒生达诗书之旨，而不识田野之物"（《通志·总序》），"二者无由参合，遂使鸟兽草木之学不传"（《昆虫草木略序》）。因此，只有把书本知识的研究（"达诗书之旨"）和深入实际的考察（"识田野之物"）两者结合起来，才是学者求得真知的正确途径，而郑樵自己正是以这种精神来做学问的。

同样，对于当时社会上流行的辞章之学，郑樵也是很反对的，因为这种辞章之学，只是一意讲究文章的形式、辞藻的华丽，而其内容则空空洞洞，毫无实用价值。可见辞章家之专务雕搜，正与道学家之空谈性命相同，二者皆不务实学，所以郑樵都给予了无情的抨击。他说："义理之学，尚攻击；辞章之学，务雕搜。耽义理者，则以辞章之士为不达渊源；玩辞章者，则以义理之士为无文采。要之，辞章虽富，如朝霞晚照，徒焜耀人耳目；义理虽深，如空谷寻声，靡所底止。二者殊途而同归，是皆从事于语言之末，而非为实学也。"（《图谱略·原学》）这种批判，可谓一针见血、淋漓尽致，使人读了深感痛快。这些都反映了他的批判精神。

五、秦人焚书而书存，诸儒穷经而经绝

秦始皇的"焚书坑儒"，在当时的历史条件下，对于巩固新兴的中央集权国家的统一局面，打击"以古非今"的复古思潮，是有一定积极意义的。"焚书"确实毁灭了许多古代的文化典籍，但并没有把所有的书籍都烧光；"坑儒"的确坑杀了不少的儒生，但也没有把所有的儒生都杀尽。然而此事后来经过儒生们的夸大与渲染，面目失真，于是一提到"焚书坑儒"，谁都会立刻联想起秦始皇的暴虐。可是郑樵对这一问题的看法，却与流俗不同，他在《校雠略》的开卷便列《秦不绝儒学论》二篇，对此加以辩驳，指出秦时并没有不用儒生与经学，更没有废弃儒学。他说："陆贾，秦之巨儒也。郦食其，秦之儒生也。叔孙通，秦时以文学召待诏博士。数岁，陈胜起，二世召博士诸儒生三十余人而问其故，皆引《春秋》之义以对，是则秦时未尝不用儒生与经学也。况叔孙通降汉时，自有弟子百余人，齐鲁之风亦未尝替。故项羽既亡之后，而鲁为守节礼仪之国，则知秦时未尝废儒。"郑樵所讲的这些事实，我们在《史记》的有关纪传中都可以得到证实，而许多秦时留下的大儒，后来都成为汉高祖刘邦的重要谋臣，叔孙通定朝仪的故事，就是个有力的证据。又如《史记·儒林传》所载："及高帝诛项籍，举兵围鲁，鲁中诸儒尚讲诵、习礼乐，弦歌之音不绝"，也同样足以证实郑樵所言"秦时未尝废儒"的正确。至于被秦始皇所坑之儒生，郑樵认为只不过是那些"一时议论不合者耳"。也就是那些奸利、诽谤和妖言惑众的文学方术之士

罢了,他们的被杀是自作自受,罪有应得。这在《史记》里也同样都有明确的记载可资证实。

至于"焚书",对我国古代文化典籍来说,的确是一次浩劫,损失很大,这是毋庸置疑的。但也并不是说"秦火"就使所有图书都灭绝了,因为秦始皇下令焚书时,对国家图书馆所藏之书并不曾烧毁,而民间流传的书籍更是无法做到禁绝,所以郑樵说:"萧何入咸阳,收秦律令图书,则秦亦未尝无书籍也。其所焚者,一时间事耳。后世不明经者,皆归之秦火,使学者不睹全书,未免乎疑以传疑。然则《易》固为全书矣,何尝见后世有明全《易》之人哉!臣向谓秦人焚书而书存,诸儒穷经而经绝,盖为此发也。《诗》有六亡篇,乃六笙诗本无辞;《书》有逸篇,仲尼之时已无矣,皆不因秦火。自汉以来书籍,至于今日,百不存一二,非秦人亡之也,学者自亡之耳。"(《校雠略·秦不绝儒学论》)在长期的封建社会里,每当谈到古代典籍的散亡,往往都归罪于秦始皇的焚书,可是郑樵敢于冲破旧框框,不受传统儒家思想的束缚,本着求实的精神,大胆地提出自己的看法,让人们知道,古代书籍的散亡,不尽由于秦火,为秦始皇的焚书坑儒事件翻了案,重新作了实事求是的评价,这正是郑樵史学思想中难能可贵的独到之处。他的作《诗辨妄》、《书辨讹》、《春秋考》等书,都与这种思想是分不开的。尽管在郑樵的史学思想中封建烙印相当明显,他直认不讳地阐明自己著书立说的目的在于维持名教,为巩固封建统治秩序服务,"使百代之下为人臣、为人子者,知尊君严父,奉亡如存,不敢以轻重之意行乎其间,以伤名教者"(《谥略·序论第一》),但与正宗史学还是有很大的区别,他在我国封建社会中不失为一位敢想、敢说又敢于实践的伟大历史学家。

第十三章
唐宋元时期其他史家和史著

第一节 新史体的创立

一、专记一代典制的会要体

从唐代开始，又出现了一种专记一代典章制度的史体，这就是后来所称的"会要"。这种"会要"，大多为个人所私撰，而出于官修的则被称为"会典"或"典章"。它的内容是记叙一代的政治、军事、经济、文化等方面制度的制订和执行情况，并阐述其沿革演变。这种体裁的最早创始人是唐代苏冕。唐德宗时，苏冕曾编次高祖至德宗九朝之事，成《会要》四十卷，为会要体例之始。宣宗时，杨绍复等又编纂德宗以后之事，续修四十卷。但宣宗以后，记载尚缺。北宋初，王溥在此基础上重新加以整理，并续编至唐末，成《唐会要》一百卷，分列五百十四目，于唐代各项制度的沿革变迁，叙述颇为详核，其中有不少史实为新旧《唐书》所不载，不失为一部研究唐代历史的有用参考书。王溥是五代后汉进士，授秘书郎，在后周又官至中书侍郎平章事、右仆射，对五代时期各项制度甚为熟悉，所以他在完成《唐会要》之后，又编辑《五代会要》三十卷、二百七十九目，书成于宋太祖建隆二年（961）。由于编者从五代历朝实录中引录了不少奏章、诏令，故其史料价值颇高，可与新旧《五代史》相互补充。到了南宋，徐天麟仿《唐会要》体例，编撰《西汉会要》七十卷、《东汉会要》四十卷。前者主要取材于《史记》和《汉书》"所载制度典章，见于纪志表传者，以类相从，分门编载。其无可隶者，亦依苏冕旧例，以杂录附之。凡分十有五门、共三百六十七事，嘉定四年，具表进之于朝"（《四库全书总目提要·史部·政书类》）。后者则取材于范晔《后汉书》、司马彪《续汉书》、袁宏

《后汉纪》等书，还参考了刘珍等人的《东观汉记》、华峤的《后汉书》等。对于上述诸书各家所作的注，亦多加以采摘。经过整理编排，分十五门、三百八十四事。以上两书，有时合称《两汉会要》，对于研究两汉的典章制度及其演变，有一定的参考价值。

宋代统治阶级对于这种会要的编纂相当重视，特于秘书省设立"会要所"专司其事，组织人力，设馆纂修，前后共历十次。最早一次是宋仁宗天圣八年（1030）下令修的；最后一次是宋理宗端平元年（1234）下令由李心传负责修的，包括宋代十三朝（北宋九朝、南宋四朝）的材料，共成书二千二百余卷。因卷帙浩繁，当时未能刊行。元灭宋后，稿本北运。元修《宋史》各志，多取材于此。明初其书尚存，故修《永乐大典》时，曾将其中史事，分别采入各韵。清嘉庆时，徐松始从《永乐大典》中录出，分帝系等十七类，其中以食货、职官、礼等类篇幅为最巨。这就是现在流传的《宋会要辑稿》，虽已残缺不全，仍近五百卷，其中十分之七八的史料，都是《宋史》中所未载，为今天研究宋代政治、军事、经济、文化等各种制度沿革变迁必不可缺的重要史料。政府设官纂修本朝会要，这在北宋以前还不曾有过。元代统治者亦仿唐宋会要体例，设官编修《元经世大典》八百八十卷，另有目录十二卷，附公牍、纂修通议各一卷，至顺二年（1331）成书。明修《元史》，各志多以本书为根据。原书早已散佚，仅《永乐大典》残本中尚有一小部分遗文。另外，元朝还有官修的《元典章》六十卷，分十门，记元英宗以前的典章制度，史实多为《元史》所不载，是研究元代历史的重要资料。明朝政府也于弘治十年（1497）组织人员编修《明会典》，嘉靖八年（1529）复命阁臣续修，万历四年（1576）又下令重修，至十五年（1587）成书。重修本凡二百二十八卷，体例以吏、户、礼、兵、刑、工六部为纲，分述各行政机构的职掌、事例，内容较《明史》各志为详，为研究明代典制的重要资料。清朝于康熙初年就开始进行修纂会典，雍正、乾隆、嘉庆、光绪各朝屡加改纂。光绪重修本凡会典一百卷、事例一千二百二十卷、图二百七十卷，成书于光绪二十五年（1899），体例全仿《明会典》，唯将事例别为一编，则与《明会典》稍有不同。

值得注意的是，清代学者从事于编辑会要者颇不乏人。姚彦渠撰《春秋会要》四卷，体例与历代会要不同，内容列世系及吉、凶、军、宾、嘉五礼,共六门、九十八事。其所以如此编纂,可能与当时的时代特点有关。又如孙楷的《秦会要》二十六卷,杨晨的《三国会要》二十二卷,龙文彬的《明会要》八十卷,也都先后成书刊行。

综上所述,可见会要这一体例,与纪传体的书志以及《通典》、《通考》性质相近,其任务是专门记载一个朝代典章制度的因革损益,所以其材料往往出于正史之外。同时这种史书在当时已经自成体系,并在中国史学史领域里占有了一定的地位,成为中国史学史的重要组成部分。

二、总结一代君臣治国施政经验的《贞观政要》

唐代著名的历史学家吴兢,汴州浚仪(今河南开封)人,生于高宗咸亨元年(670),卒于玄宗天宝八年(749)。他曾搜集贞观年间唐太宗君臣论政的重要言论,编辑成《贞观政要》一书,总结了唐太宗君臣治国施政的经验。吴兢生活的时代,正是"贞观之治"以后,唐王朝继续兴盛发展的时期。但是在繁荣兴盛局面的深处,已经蕴藏着严重的社会危机,土地兼并日趋激烈,封建剥削日益加重,特别是从武则天以来到玄宗即位,一连串的宫廷政变——武后专政、韦氏弄权,结党营私,排斥异己,更加速了阶级矛盾的激化。早在武则天统治时期,就已经是"关东饥馑,蜀汉逃亡,江淮以南,征求不息。人不复业,则相率为'盗'"(《旧唐书》卷八九《狄仁杰传》)。农民起义不断暴发。吴兢目睹这种现状,从李唐统治的长远利益着眼,深感有必要向最高统治集团及时敲响警钟,以期迅速扭转这种危局。《贞观政要》一书,就是在这一思想指导下编纂的。

吴兢不愧是一位具有卓识远见的历史学家,他不同于一般的庸儒、学究,只知"祖述尧舜,宪章文武",而是十分注重现状,讲求实效。在他看来,唐初"太宗时政化良可足观,振古而来,未之有也"。如果最高统治者能够"克遵太宗之故事,则不假远求上古之术,必致太宗之业"(吴兢《上〈贞观政要〉表》,《全唐文》卷二九八)。正是从这个现实的政治目的出发,他把贞观年间(627—649)唐太宗与魏徵、房玄龄、杜如晦、王珪、褚遂良等四十多位大臣论政的问答,臣下的谏诤奏疏,以及政治上的决策,制度上的设施等等,"缀集所闻,参详旧史,撮其旨要,举其宏纲",编成《贞观政要》一书，用作封建地主统治集团治国施政的借鉴。他殷切祈望"有国有家者，克遵前轨，择善而从"，如此，"则可久之业益彰矣，可大之功尤著矣，岂必祖述尧舜，宪章文武而已哉！"（《贞观政要序》）他的这种心情，在《上〈贞观政要〉表》中，表白得更为强烈，他说："伏愿行之而有恒，思之而不倦，则贞观巍巍之化可得而致矣！昔殷汤不如尧舜，伊尹耻之；陛下倘不修祖业，微臣亦耻之。"他以伊尹辅佐殷汤自任，说明他对时政是何等关切！

《贞观政要》全书十卷、四十篇，正文八万字左右。篇幅不大，内容却非常广泛，大凡唐太宗当政以后与大臣们论及治国安邦的言论设施，几乎全都辑录。而在材料取舍、问题分类乃至顺序排列等方面，作者更是费尽心机，周详考虑。因此，本书虽是一部政治言论摘录，实际上是对唐太宗君臣治国施政经验的全面总结，充分反映了作者本人的政治理想和历史观点。大致每卷都围绕着一个政治中心问题，如为君之道、任贤纳谏、君臣鉴戒、教戒太子、道德伦理、正身修德、崇尚儒术、固本宽刑、征伐安边、善始慎终，等等。而每篇又往往集中说明一个问题。全书以《君道》为始，而以《慎终》终篇，作者的用意是极为深远的。在《君道》篇中，又开宗明义提出了"为君之道，必须先存百姓"，"若安天下，必须先正其身"，这两句话更是全书的总纲而贯穿于始终。那种认为《贞观政要》一书"并不完全反映吴兢的政治观点和历史观点"的说法，显然是不恰当的。

吴兢作为一名历史学家，在《贞观政要》一书中，并没有作任何空洞的政治说教，而是把自己的政治观点溶化在历史的叙述之中，通过总结历史的经验教训和"词兼质文"的写作技巧，集中地论述了唐太宗当政时期君臣治国安邦的议论、决策和设施，善恶必书，以表达作者"义在惩劝"，"作鉴来叶（世）"的政治愿望。通过吴兢的全面而又系统的总结，《贞观政要》一书事实上就成了唐太宗治国施政纲领的记录。从这一部施政经验汇编中，人们可以清楚看到，唐太宗君臣在讨论军国大事、制订政策措施时，都是从总结历史上的经验教训入手的，特别是隋亡之鉴，在本书中谈到的竟有四十多处。波澜壮阔的农民大起义在短暂的时期内，就把一个庞然大物的隋王朝打翻在地，给予亲身参加过反隋斗争实践的唐太宗留下了极其深刻的印象，使他比较清醒地认识到人民群众的巨大威力，深深感到民心的不可侮、民力的不可滥用,这些内容在本书中有大量的反映。"天子者,有道则人推而为主,无道则人弃而不用"(《贞观政要》卷一《政体》);"舟所以比人君,水所以比黎庶,水能载舟,亦能覆舟"(同上书,卷四《教戒太子诸王》)等语言,对于唐太宗来说,绝不是什么无从捉摸的空洞说教,而是有其生动、丰富,而且也是极为可怕的内容。他那"为君之道,必须先存百姓"的原则,就是在这个前提下产生和确定的,以图缓和阶级矛盾,调整生产关系。当然,唐太宗的所谓"存百姓",目的并不是真正为了百姓,它无非是个旗号而已,真正的意图在于巩固封建专制统治,维护李唐王朝的长远利益。但是,不管唐太宗的主观愿望和真实目的如何,他所制订的治国施政纲领和方针政策,却都是从这个基点出发的。贞观时期所采取的轻徭薄赋,不误农时,不使民怨,赋税徭役大致控制在所谓"法定"数字的范围之内等措施,客观上为当时农业生产的恢复和发展、社会经济文化的繁荣和昌盛,创造了有利的条件。同时,又由于唐太宗能够比较主动地对封建政权进行必要的改革,特别是采取种种措施,调整统治阶级的内部关系,建立起一个比较协调稳定的上层统治集团,使得"安人宁国"、"存百姓"的治国方针得到基本的贯彻,从而造就了一个比较安定的社会环境,通过广大劳动人民的辛勤劳动,使得经济、文化、科学技术都达到了一个前所未有的发展和繁荣阶段,推动中国封建社会发展到了它的高峰。即使在当时的世界范围来说,唐朝也是领土最广大,经济最发达,文化最昌盛的头等强国。因此,《贞观政要》一书可以使人们清楚看到,"贞观之治"并非虚构,它的出现亦非偶然,而是与唐太宗君臣的努力和贡献分不开的,他们能够顺应历史发展的潮流,制订出一系列促使社会安定、有利政治经济文化继续发展的政策措施,从而推动了整个社会的前进。

尽管吴兢由于阶级和时代的局限,以及他那强烈的为现实政治服务的愿望,在《贞观政要》一书中,主要只是总结了唐太宗君臣治理国家、巩固统治的成功经验,大量记录了唐太宗的嘉言懿行、德治仁政,希望作为李唐后继者们施政的借鉴,但是对于唐太宗晚年政治上原来那种大有作为气概的逐渐消失,生活上的日益奢靡逸乐、任情放纵的劣迹,也能同样直书不讳。如贞观十二年(638),"太宗东巡狩,将入洛,次于显仁宫,宫苑官司多被责罚",大摆唯我独尊、唯我独是的封建皇帝臭架子。对此,魏徵当即上书指出:"陛下今幸洛州……城廓之民未蒙德惠,官司苑监多及罪辜,或以供奉之物不精,又以不为献食,此则不思止足,志在奢靡,既乖行幸本心,何以副百姓所望?"(同上书,卷一〇《行幸》)特别是在《慎终》篇,吴兢把魏徵在贞观十三年(639)所上的《十渐不克终疏》全文备载。在这篇奏疏中,用对比的方法,将唐太宗晚年政治上意气衰退、生活上放纵奢靡的变化,一一列举了出来。这些内容充分说明吴兢在总结唐太宗君臣治国施政经验时,并没有随意歪曲事实来为唐太宗粉饰或隐讳。由于他的这种直书精神,《贞观政要》一书为我们留下了研究和评价唐太宗的大量真实史料,为我们进一步探讨分析"贞观之治"的来历提供了第一手的材料。有人认为《贞观政要》一书,"歌功颂德有余,批判贬斥不足,甚至没有",未免失之于武断。

作为我国封建时代著名历史学家的吴兢,虽然没有留下一部独自撰写的史学名著,但他能别具一格地编辑《贞观政要》,也足以表现他在史学编纂上的独创精神,仅此一书,就足以使他名传千古了。

三、袁枢创立纪事本末体和《通鉴纪事本末》

袁枢字机仲,建安(今福建建瓯)人。生于宋高宗绍兴元年(1131),卒于宁宗开禧元年(1205),享年七十五岁。孝宗隆兴元年(1163)登进士,历官温州判官、严州教授、处州知州、国史院编修官、大理少卿、工部侍郎兼国子监祭酒。在袁枢任国史院编修官分修《四朝(神宗、哲宗、徽宗、钦宗)国史》列传时,章惇家属曾以同乡关系,请将惇传加以文饰,遭到了他的严正拒绝,他回答说:"子厚(章惇字)为相,负国欺君。吾为史官,书法不隐,宁负乡人,不可负天下后世公议。"(《宋史》卷三八九《袁枢传》)

我国史书,在宋之前不外以编年、纪传二体为主。编年以年月为主,纪传以人物为主。除此之外,虽然也还有专记典章制度(如《通典》、《文献通考》等)和专记言论(如《贞观政要》等)两种史体,可是由于这两种体裁的局限性很大,适用不广,因此数量不多,长期以来仍以编年、纪传二体史著为大宗。但是对于这两种史体,刘知幾在《史通》里早已提出了批评,认为用这两种体裁编写出来的史书，都各有其重大缺陷，而且这种缺陷长时期以来一直未能得到妥善的解决。这就是：编年体以年为经，"或一事而隔越数卷，首尾难稽"；纪传体以人为主，"或一事而复见数篇，宾主莫辨"（《四库全书总目提要·史部·纪事本末类》）。因此，这两种史体的著作，无疑都给读者带来一定的困难。虽说司马光在编撰《资治通鉴》时曾作了很大努力，对编年体的缺点作了一定的弥补和改进，但编年体的通病仍旧存在着。特别是一件事情，散见于数十百年之间，就很难弄清事件发生的来龙去脉、本末始终。如唐朝的牛李党争，前后延续四十年之久，因此要想了解它的首尾就很不容易。诚如宋人杨万里所说，"事以年隔，年以事析，遭其初莫绎其终，揽其终莫志其初"（《通鉴纪事本末序》）。这就说明，纪事本末体也是在史学发展的客观形势要求之下而产生的。袁枢很喜欢读《资治通鉴》，但在阅读过程中他也遇到了和大家同样的困难，于是决定对这部历史巨著进行改编。《宋史》本传云："枢常喜诵司马光《资治通鉴》，苦其浩博，乃区别其事而贯通之。"他把《资治通鉴》全书内容，区分门类，以类排纂，综括一千三百六十二年史迹，分隶二百三十九目，另有附录六十六事，总计大小三百零五件重要事情，始自三家分晋，终于周世宗征淮南，每事一篇，自为起讫，故名"本末"。其书编纂于宋孝宗乾道九年（1173）初任严州教授时，至次年（淳熙元年）三月完成，首尾不过一年。淳熙三年（1176）冬，"参知政事龚茂良得其书，奏于上，孝宗读而嘉叹"（《宋史》本传），"诏严州摹印十部"（《玉海》卷四七《艺文》）。这就是所谓宋刊严州小字本。孝宗"以赐东宫及分赐江上诸帅，曰：'治道尽在是矣。'"（《宋史》本传）八十四年后的理宗宝祐五年（1257），赵与𥲅以严州本"字小且讹"，乃重刻于湖州，是为宋刊大字本。可见该书一经问世，很快就得到了流传。

《通鉴纪事本末》自问世以后，深得历来史家的好评。袁枢与朱熹、杨万里、吕祖谦交谊甚密，故三人对本书都撰有序跋，赞许备至。明人张溥则说："国之有史，史之有《通鉴》，《通鉴》之有《纪事本末》，三者不可一缺也。国史因人，《通鉴》因年，《本末》因事。人非纪传不显，年非《通鉴》不序，事非《本末》不明。学者欲观历代之史，则必先观《通鉴》，既观《通鉴》，不能即知其端，则必取《纪事本末》以类究之。宋袁机仲先生之书，所以与司马同功也。"（《重刊通鉴纪事本末序》）这个评论只是着眼于以读史的方便与否来肯定其价值与作用，清代章学诚则从史体的创造上进行了评论。他说："司马《通鉴》病纪传之分，而合之以编年；袁枢《纪事本末》，又病《通鉴》之合，而分之以事类。按本末之为体也，因事命篇，不为常格，非深知古今大体、天下经纶，不能网罗隐括，无遗无滥。文省于纪传，事豁于编年，决断去取，体圆用神，斯真《尚书》之遗也。在袁氏初无其意，且其学亦未足与此，书亦不尽合于所称，故历代著录诸家，次其书于杂史，自属纂录之家便观览耳。但即其成法，沉思冥索，加以神明变化，则古史之原，隐然可见。书有作者甚浅而观者甚深，此类是也。故曰'神奇化臭腐，而臭腐复化为神奇'，本一理耳。"（《文史通义》内篇一《书教下》）可见章学诚是从史体演变发展的角度，高度赞扬了纪事本末体裁的优越性，但对袁枢本人的评价却并不太高，认为"袁氏初无此意，且其学亦不足与此"。事实确是如此。因为袁枢将《通鉴》分类抄录，本为读史便利检寻，并无著书之意，而全书抄成以后，却无意中形成了一种新的历史体裁，起到了化臭腐为神奇之功效，这自然是袁枢开始所意料不到的。所以梁启超说："善抄书者，可以成创作，荀悦《汉纪》而后，又见之于宋袁枢之《通鉴纪事本末》。编年体以年为经，以事为纬，使读者能了然于史迹之时际的关系，此其所长也。然史迹固有连续性，一事或亘数年或亘百数十年，编年体之纪述，无论若何巧妙，其本质总不能离账簿式。读本年所记之事，其原因在若干年前者，或已忘其来历；其结果在若干年后者，苦不能得其究竟。非直翻检为劳，抑亦寡味矣。枢抄《通鉴》，以事为起讫；千六百余年之书，约之为二百三十有九事。其始亦不过感翻检之苦痛，为自己研究此书谋一方便耳。即其既成，则于斯界别辟一蹊径焉……盖纪传体以人为主，编年体以年为主，而纪事本末体以事为主。夫欲求史迹之原因结果以为鉴往知来之用，非以事为主不可，故纪事本末体于吾侪之理想的新史最为相近，抑亦旧史界进化之极规也。"（《中国历史研究法》）又说："论他体例，在纪传编年之外。以事的集团为本位，开了新史的途径，总不愧为新史的开山。"（《中国历史研究法补编》）这就是说，会抄书者同样可以作出很大贡献。袁枢的《通鉴纪事本末》虽是全部抄录《资治通鉴》而成，自己并未增加任何材料，甚至连一句话也不曾增添，但他毕竟创立了一种新的史体，为史书的编纂开辟了又一条新的途径。这首创之功自然必须肯定。更何况要做好这一工作，没有一定的史学见解也是办不到的，因为对于《资治通鉴》全书的史料取舍、组织编排、题目选定等，都必须具有相当的史识和史才。他最后编定成书，虽然只用了一年左右的时间，实际上正式着手编纂之前，已不知花了多少工夫对《资治通鉴》进行反复的研读，否则要在短时期内完成这一工作是不可想象的。

当然，我们说《通鉴纪事本末》在中国史学发展史上有它一定的地位，它为历史编纂学开创了一种新的体裁，也为人们阅读《资治通鉴》创造了方便的条件，但是它的史料价值并不高，因为本书的材料全部来自《资治通鉴》，而且还只是利用了《资治通鉴》的一半材料，至于那些琐碎的材料，由于没有适当的题目可以归纳，尽管非常重要，也只好舍弃。因此，本书在阅读和翻检上虽然都比较方便，终归不能代替《资治通鉴》的作用。《资治通鉴》原书记载经济、文化方面的内容本来就不太多，加之这些内容又多属零碎，经过袁枢重新组织，在二百三十九个事目当中，除了《奸臣聚敛》（卷三一上）和《两税之弊》（卷三二下）两目涉及经济而外，文化方面则连一条也没有。所以全书内容，仅局限于统治阶级人物的活动。另外，孤立事实，题与题之间缺乏内在的联系。再次，该书虽是改编，袁枢却也自有一套凡例和书法，这些书法多是从维护封建正统思想、巩固封建统治而立的，往往通过一字之褒贬来达到这个目的，如在什么情况之下用"平"、"灭"、"叛"、"乱"等，都有他一定的标准。

在袁枢的影响之下，后来有许多人仿照这种体例来著书，著名的如宋杨仲良的《皇朝通鉴长编纪事本末》，明陈邦瞻的《宋史纪事本末》、《元史纪事本末》，清谷应泰的《明史纪事本末》，李铭汉的《续通鉴纪事本末》，李有棠的《辽史纪事本末》、《金史纪事本末》，张鉴的《西夏纪事本末》，近人黄鸿寿的《清史纪事本末》，等等。于是纪事本末体的史籍，便贯穿古今而自成一个系统了。

四、朱熹和《资治通鉴纲目》

1. 朱熹生平

朱熹（1130—1200），字元晦，一字仲晦，号晦庵，晚又号晦翁、遁翁、云谷老人、沧州病叟,别号紫阳。祖籍婺源(今属江西),生于南剑州尤溪(今属福建),后徙居建阳考亭(今属福建)。绍兴十八年(1148)进士,二十一年授泉州同安县主簿。绍兴三十二年(1162)六月,宋孝宗即位,下诏求直言,八月朱熹上《壬午应诏封事》,希望孝宗重视格物致知之学和反对议和等事。次年即隆兴元年(1163)十一月,孝宗召见了朱熹,他又连上三道奏札,一再重述以上建议。不久,朱熹被任命为武学博士。乾道元年(1165),朱熹赴临安就任武学博士。到任后发现,当时掌权的大臣多主和议,因与他们政见不合,便又请辞归里,开始了长期的治学著述生涯,许多重要著作都是成于此时。在这十四年间,朝廷虽曾多次任命朱熹以官职,他都一再推辞,不愿出仕。淳熙五年(1178),在宰相史浩荐举下,朱熹被任命为南康军知军,虽多次请辞,都未获准,只得于次年三月赴任。在此期间,他还重建了白鹿洞书院,并为之订立了条规。特别值得指出的是,淳熙八年(1181)二月,陆九渊来访,尽管他们观点不合,朱熹还是请他到白鹿洞书院讲学,这种做学问的包容态度还是值得称道的。同年八月改提举浙东常平茶盐公事。光宗时,除秘阁修撰,知潭州、漳州。宁宗初年,因赵汝愚荐举,被任为焕章阁待制兼侍讲。时韩侂胄专权,排斥赵汝愚,他亦被罢出朝,遂于绍熙五年(1194)十一月回到建阳考亭,建"竹林精舍"(后更名为"沧州精舍"),以授徒讲学、著书立说为职志。庆元元年(1195),赵汝愚被罢相,出知福州;十一月又被发遣到永州(今湖南零陵),并于次年一月暴死衡州(今湖南衡阳)。朱熹写数万言奏稿欲为其鸣冤,他的弟子怕惹大祸,纷纷尽力劝阻,方将奏稿烧毁,从此朱熹便改号"遁翁",并上书请求致仕。虽称历仕四朝,但其在朝仅四十六天。生前曾遭到莫名的排挤打击,死后却受到至高无上的褒奖荣崇,先是宁宗时追谥"文",称朱文公,并将所注之四书定为科考必读之书;到了理宗时,赠太师,追封信国公,改徽国公,从祀孔庙,这在封建社会后期乃是绝无仅有之事。一生著作非常丰富,主要有《四书章句集注》、《诗集传》、《楚辞集注》、《韩文考异》、《太极图说解》、《周易本义》、《通书解说》、《资治通鉴纲目》、《八朝名臣言行录》、《伊洛渊源录》等,以及后人编纂的《朱文公文集》、《朱子语类》等。

作为政治家的朱熹,始终主张富国强兵,反对议和;惩办贪官,以明吏治；发展农业，减轻赋税，结果却受到非常不公正的惩处。作为一位学者、思想家的朱熹，他是我国封建社会后期影响极大的人物。清代历史学家全祖望已经讲了，其学术，"致广大，尽精微，综罗百代"（《宋元学案》卷四八《晦翁学案》）。近代学者钱穆《朱子学提纲》亦说："北宋理学兴起，乃儒家之重光。朱子崛起南宋，不仅能集北宋以来理学之大成，并亦可谓其乃集孔子以下学术思想之大成。"因为他于哲学、文学、史学以至自然科学均有杰出的成就。单以史学而言，他的史学思想亦相当丰富，一生中编著过多部有关史学方面的著作，如所撰《名臣言行录》二十四卷，将北宋一朝重要人物散见于文集传记之言行，摘取其要，汇编成书。前集十卷，收宋初至英宗五朝六十五人，故又称《五朝名臣言行录》；后十四卷，收录神宗至徽宗三朝四十二人，故又称《三朝名臣言行录》。其后李幼武又作续集八卷，别集二十六卷，记南宋诸臣言行；外集十七卷，记讲学诸子言行。后来通行的都合刻为一书，称《宋名臣言行录》。《伊洛渊源录》则是记宋代理学家周敦颐、程颢、程颐及其门下的言论事迹，可视为我国最早的学术思想史著作。而《资治通鉴纲目》的编修，对后来史学的发展，特别是史学走向社会、走向通俗化起到很大的作用。

2.《资治通鉴纲目》

朱熹编著的《资治通鉴纲目》自问世以后，在社会上所产生的影响还是相当大的，上自朝廷，下至平民百姓，从中都曾得到过好处。因此，不仅原著广为流传，而且还形成了一种新的史学体裁——纲目体，同时又产生了许多新的相关的史学著作。然而对于这样一部史书以及在它影响之下产生的一系列著作，在当代史学研究中，似乎还没有引起人们足够的重视，原因在于一般人总认为它对于中国史学发展影响不大，因而在许多史学史专著中竟无一席之地。笔者本人也曾有过这样的看法，如在1983年出版的《中国古代史学史简编》中，虽然列有一目作了介绍，但最后却说："尽管《纲目》在史学上没有什么价值可言，但其影响和流毒却是十分深远的。"这一说法显然是很不妥当的，只要深入加以研究就会发现，该书产生以后，不仅新增了一种史体，产生了一系列纲目体的历史著作，更为重要的还在于为史学走向社会、走向通俗化开辟了道路。然而这一历史现象，长期以来却一直被人们所忽略。唯其如此，笔者在1986年受山东教育出版社委托，主编《中国史学名著评介》时，启动之前，曾拟订了一份收入史书目录，将朱熹的《通鉴纲目》也收入其中，并分别寄请多位师友征求意见。从回馈的意见来看，还是很少有人同意收入此书。面对这种情况，笔者经过再三考虑，还是将其收入，并在该书《前言》中这样写道："再如朱熹的《通鉴纲目》，就其思想性和史料而言，都很难说有多大价值，但由于它创立了纲目史体，故亦把它收入。"但这里仍仅局限于创立纲目体，至于由此而让史学走向社会、走向通俗化而产生的那股"纲鉴热"，还是未能提及。关于这一点，希望能有更多的人对此作进一步深入研究，特别要研究从"纲目体"进化到"纲鉴热"的真正原因、过程及其在社会上所产生的影响。

众所周知，司马光编修《资治通鉴》有两个目的：一是深感千余年来史书至多，却没有一部简明系统的通史，因而"诸生历年莫能竟其篇第，毕世不暇举其大略，厌烦趋易，行将泯绝"（刘恕《通鉴外纪后序》）。于是他决心要编写一部简明的通史来解决这一矛盾。二是这部书的编修，还要做到"专取关国家盛衰，系生民休戚，善可为法，恶可为戒者"（司马光《司马温公传家集》卷一七《进通志表》），以供君主治国施政的借鉴。《资治通鉴》成书为二百九十四卷，约三百万字，与原来的历代史书总计为三千万字相比，确实减少了十分之九。但是，就是这个数字，毕竟还是让众多的人为之望洋兴叹，因为像这样数字的大书，要在短时间将其通读一遍还是非常困难的。正如司马光自己所说，《资治通鉴》成书后，只有王胜之一人阅读过一遍。为此，朱熹便考虑以《资治通鉴》为基础，另编一部简明扼要、通俗易懂的编年体史书。当然，朱熹编纂《通鉴纲目》的动因并非仅仅如此，根据他的有关论述，将其概括起来，其实亦有两大原因：其一是《资治通鉴》一书部头太大，内容太详，人们读了不能得其要领，读到后面，忘了前面，何况短时间内也无法通读完毕；其二是《资治通鉴》的封建正统思想还不够强，名分思想还不突出，书法褒贬还不完备。因此一意模仿《春秋》书法，亲自制订凡例，按照儒家的纲常名教思想，作为编排其内容的准则。其书起讫，一依《资治通鉴》之旧，而从《资治通鉴》中节取事实，编为纲目。纲为提要，顶格大书，模仿《春秋》；目以叙事，低格分注，模仿《左传》。当然，我们说"从《资治通鉴》中节取事实"，说明《通鉴纲目》的记事内容基本上是依据《通鉴》，实际上在编纂过程中，还是做了三方面工作，即删去《资治通鉴》繁文，增补《资治通鉴》史实，改正《通鉴》记载不当之处。并不是人们所想象的那样，全部节录《资治通鉴》。关于这一点，叶建华在《〈资治通鉴纲目〉评介》（载《中国史学名著评介》）一文中作过论述，这里笔者就从略了。

《通鉴纲目》一书主要究竟是由谁而作，至今似乎还存在着不同的声音。朱熹一生花了二十余年时间，在友人和弟子的协助下完成了这部史学著作，由于生前未能正式刊行，又由于最后一部分的修改工作是由其学生赵师渊帮助完成，所以此书刊行之后，社会上竟然流传着《通鉴纲目》并非朱熹所撰，他只是制订了凡例，其内容全为赵师渊所作的说法。明末张自勋作《纲目续麟》一书中已正式提出此说，《四库全书总目提要》的作者讲得就更明确，并且在《纲目续麟》和《御批通鉴纲目》两书提要中都作了论述，尤其是后者讲得就更加具体："朱子因司马光《资治通鉴》以作《纲目》，惟凡例一卷，出于手定，其纲皆门人依凡例而修，其目则全以付赵师渊。"《四库提要》是官修的权威著作，既然作如此说法，几乎已成定论，加之著名历史学家全祖望亦持此说，认为："是书全出讷斋（赵师渊号），其本之朱子者不过凡例一通，余未尝有所笔削。"（《全祖望集汇校集注》中，《鲒埼亭集外编》卷三四《书朱子〈纲目〉后》）于是这一说法便广为流传。笔者在20世纪70年代末撰写《中国古代史学史简编》时，尽管对此说并不完全相信，但由于自己未作过深入研究，也提不出相反意见，只是在书中写了："纲为朱熹自定，目为其门人赵师渊所作。"所以要这样写，因为纲的编定，涉及强正统、定名分问题，这是他不满于司马光在《资治通鉴》中关于正统的一些做法，而编纂此书的重要原因之一。因此，只有全书大纲由他亲自写定，方能达到这一目的，其他弟子是无法做到的。值得指出的是，全祖望所讲，亦并非有真凭实据，也是根据朱氏与赵师渊书信往来推测出来的。而全祖望在《书朱子〈纲目〉后》开头还有这样一段文字："黄榦尝谓《纲目》仅能成编，朱子每以未及修补为恨。李方子亦有'晚岁思加更定，以归详密'之语。然则《纲目》原未成之书。其同门贺善争辩，以为《纲目》之成，朱子甫逾四十，是后修书尚九种，非未成者。又力言朱子手著。"黄、李二人亦为朱氏弟子，明明讲的是"仅能成编"，"未及修补"，"思加更定，以归详密",其意很明显,都是讲书稿已完成,只是"未及修补"和"更定"而已,同门贺善亦争辩,认为《纲目》"非未成者","力言朱子手著",但全祖望最后仅据"观朱子与赵师渊书",便得出"是书全出讷斋"的结论。这一做法,无疑是过于草率,对于黄、李、贺三人看法既然已经征引,总应该表个态吧,而不应在没有任何其他证据情况下,便直言"但观朱子与赵师渊书,则是书全出讷斋,其本之朱子者不过凡例一通,余未尝有所笔削,是左证也"。这一说法,迷惑性是相当大的,不知情者都会相信,认为他的结论是由朱子亲笔信所得出,因而对于相反的看法,似乎也就无须辩驳了。问题在于朱子信中并未直截了当作过如此说法,而是全氏以意推求得的,又无其他"左证";何况他用朱子之信也是用来作"左证"的,所以笔者说他这种做法不免过于草率,人家并未讲过"是书全出讷斋",要你"左证"什么呢?但是,不管怎么说,由于有权威的《四库提要》唱之于前,又有全氏和之于后,《纲目》一书并非朱子"手著"便成为挥之不去的定论了。还在20世纪80年代末,叶建华先生开始研究朱熹在史学上的贡献时,便发现了此说之不可信,于是便在笔者主编的《中国史学名著评介》一书中,为《资治通鉴纲目》写了评介。文章的第一部分就是对该书的编纂过程进行论述和考证,文中多次引用朱熹和好友吕祖谦讨论编修《纲目》往来书信,其中有淳熙元年(1174)答吕祖谦书:"近稍得暇,整顿得《通鉴》数卷,颇可观,欲寄未有别本,俟来春持去求是正。"(《朱文公文集》卷三三《答吕伯恭》)又淳熙五年答吕祖谦书也说:"《纲目》近亦重修及三之一,条理整顿,视前加密矣……但恐微细事情有所漏落,却失眼目,所以须明者一为过目耳。"(同上书,卷三四《答吕伯恭》)再如淳熙四年,答张敬夫书云:"《通鉴纲目》近再修至汉晋间,条例稍举,今亦漫录数项上呈。但近年衰悴目昏,灯下全看小字不得,甚欲及早修纂成书,而多事分夺,无力誊写,未知何时可得脱稿求教耳。"(同上书,卷三二)仅引朱熹以上三则给友人书信内容,就足以说明《四库提要》作者与全祖望所云都是绝对不可信的。叶建华在论述该书编纂过程时,还特地将其分成三个阶段:第一阶段是写成最初草稿时期,第二阶段乃为完成"净本"(初稿)时期,第三阶段则为最后修改定稿时期。最后他指出:"我认为,朱熹编《纲目》,先有蔡季通、李伯谏、张元善、杨伯起等协助编成初稿,后有赵师渊等帮助修改整顿。赵师渊与赵、李、张、杨诸人一样，只能看作是朱熹编撰此书的助手，一切还是听从朱熹的指导。"可见朱熹主编《通鉴纲目》，绝不像我们今天那些挂名主编，他是实际参加了该书的编撰工作，从制订凡例到列出大纲，从编写初稿到修改定稿，都有他亲自参与的劳动成果，实际上当年只差一篑之功，就引来身后这么多议论。为了更加把问题说明清楚，叶建华先生特地于1994年在《文史》第三十九辑上又发表了《论朱熹主编〈纲目〉》一文，对于朱熹在编纂《通鉴纲目》中究竟做了哪些工作作了较为详细的考证和论述，用历史事实否定了《四库提要》的作者和全祖望所下的错误结论。并且指出："朱熹编《纲目》共花了二十余年时间，是基本上定稿，只剩一部分修改工作未能亲自完成。然而，由于《纲目》的最后一部分修改工作主要由赵师渊帮助完成，也由于《纲目》在朱熹生前未能正式刊行，所以书成之后，《纲目》非朱熹所撰，朱熹于《纲目》至多只作了一个凡例，其内容均为赵师渊所撰的说法在社会上流传开来。"这么一来，总算将长期以来后人加给朱熹关于《通鉴纲目》编修方面的不实之词，作了一次清除，还历史以本来面貌。由于这一不正确的说法影响非常之广，有必要在此再作一些概述，以作点适当的澄清。

《通鉴纲目》在朱熹生前一直处在修改过程之中，直到他去世十年后即嘉定三年（1210）方由弟子李方子参定刻印，起初纲、目、凡例还是分别刊行，陈振孙在《直斋书录解题》就曾这样说："《通鉴纲目》五十九卷：侍讲新安朱熹元晦撰。始，司马公《通鉴》有《目录举要》。其后，胡给事安国康侯又修为《举要补遗》。朱晦翁因别为义例，表岁以首年，因年以著统，大书以提要，而分注以备言，自为之序，乾道壬辰也。大书者为纲，分注者为目，纲如经，目如传。此书尝刻于温陵，别其纲谓之提要，今板在监中。庐陵所刊则纲目并列，不复别也。"至于《纲目凡例》，迟至咸淳元年（1265）方由门人王柏刻于金华，其中原委王柏在《凡例后语》中均有说明。此后便将《凡例》、《纲目》一道合刻流传于世，直至明清，由于社会的需求，时有刻本问世，成为一部非常热门的史书。

五、金石学的建立

金石学是宋代学者在史学领域中开辟的一个新园地，它把历史研究的范围从书本扩大到实物即古器物和碑刻（也就是金石学）上，并涌现出一批富有史料价值的金石学著作。我国古代学者对金石古器物进行研究，用它作为考证古史的资料是由来已久的，不过到了宋代才正式成为专门之学——"金石学"。宋代学者从事于金石古器物的搜集研究工作的人很多，他们的考订工作也进行得很细致，并且取得了很大的成绩，因而在社会上形成了竞相研究金石之学的风气。宋徽宗时，蔡絛就曾说过："初，原父（刘敞）号博雅，有盛名。曩时出守长安，长安号多古簠、敦、镜、鬲、尊、彝之属，因自著一书，号《先秦古器记》。而文忠公（欧阳修）喜集往古石刻，遂又著书，名《集古录》，咸载原父所得古器铭款。由是学士大夫雅多好之，此风遂一煽矣。元丰后，又有文士李公麟者出。公麟字伯时，实善画，性希古，则又取平生所得暨其闻睹者，作为图状，说其所以，而名之曰《考古图》。传流至元符间，太上皇帝（宋徽宗赵佶）即位，宪章古始，眇然追唐虞之思，因大宗尚。及大观初，乃效公麟之《考古》，作《宣和殿博古图》。凡所藏者，为大小礼器，则已五百有几。世既知其所以贵爱，故有得一器，其直为钱数十万，后动至百万不翅者，于是天下塚墓，破伐殆尽矣。"（《铁围山丛谈》卷四）这段记载生动地说明了宋代学者研究古器物之风的盛行，不仅"学士大夫雅多好之"，就连当时的最高统治者宋徽宗，也深受这股风气的影响。当然，宋徽宗的重视古器物，虽多少也有些出于艺术的爱好，但主要的还是当作古董来收藏，是为了卖弄文史、粉饰太平而已，与其他学者们用来证实历史、研究文字是不同的。

宋代的金石学家主要做了三方面的工作：一是对古器物及古器物拓本的搜集，如吕大临的《考古图》、《续考古图》，王黼的《宣和博古图》等，将商周铜器和铭文临摹下来，并进一步图绘了每一器物的形状体制，详细载明了尺寸、轻重、出土地点等，还附以说明和考证，有助于商周典制和文字的了解。二是对古器物的考定及金石文字的考释，如郑樵就曾作过《石鼓文考》一书，专门考证"石鼓出于秦"，这是金石学家专写一书来考证一事一物的开端，其书虽已散佚，但陈振孙的《直斋书录解题》里却有著录。洪适的《隶释》（二十七卷）、《隶续》（二十一卷），则专录碑刻，具载全文，并均附其考证于后。薛尚功的《历代钟鼎彝器款识法帖》（二十卷），不仅摹其文字，而且对于文字的考释也很细致。三是以古器物及金石文字来考订历史记载，这一方面的代表首推欧阳修的《集古录》（十卷）和赵明诚的《金石录》，他们搜集了大量的商周铜器铭文和秦汉到唐的碑刻，加以考释，可以和书本史料互相印证补充。

宋代金石学家们的努力，使得这些古器物成为研究历史的宝贵史料，通过对铭文的考释研究，纠正了史书上的不少错误。欧阳修在编写《集古录》时，曾在序文中说过："因并载夫可与史传证其阙谬者，以传后学，广益于多闻。"又在《与刘侍读原父书》中说："昨在汝阴居闲，遂为集古录目，方得八九十篇……又因得与史传相参验证，见史家缺失甚多。"（《欧阳文忠公外集》卷一九）可见欧阳修搜集金石铭刻，目的在于通过它来精核地审订史料的讹误，以求恢复历史的真实面貌。在这方面，他取得了不少的成就。如根据《唐汾阳王庙碑》，指出了《唐书·郭子仪传》记载的错误（见《集古录·跋尾》卷八）；根据《颜鲁公题名》、《颜真卿湖州放生池碑》，指出了"真卿未尝至硖，遂贬吉，而史氏但据初贬书于纪传"的错误；根据《颜勤礼神道碑》、《申文献公茔兆记》、《元和姓纂》以及宋初颜氏后裔所献家藏"告身"等，判定《新唐书》以颜弘、颜将、侨、师古、士廉为字，而温大雅、大有、玄龄、籀、俭为名的错误（见《集古录·跋尾》卷七），等等。这些都说明金石学的研究，大大地开阔了史料的范围，而其成就则又大有益于史学。同样，以金石学的研究成果用来证经，也有很大的价值，对此，宋代学者也早已有过论述。另外，器物铭文对于研究古文字学，其作用则更为重大，这也是宋代学者们在研究金石学上的一大贡献。如薛尚功的《历代钟鼎彝器款识法帖》虽以钟鼎款识为名，而所疏释的对象，主要是古器物的文字，这实际上已把钟鼎文字归入文字学的范围。王应麟的《困学纪闻》，甚至将有关金石学的一些问题，和《尔雅》、《说文》之类，同列于"小学"。可见宋代学者通过研究，已经明确了金石学和文字学的一致性。最后还应指出的是，宋代学者们经过努力，为我们保存了一部分古器物的形制，为后世研究古代典制起到一定的作用，因为宋代藏器留传到今天的已经百不存一，只有依赖这些图谱才能见其形制。总之，通过宋代学者们的辛勤努力，使得金石学的研究取得了很大的成就，成为史学研究中一个重要的组成部分。所以南宋郑樵作《通志》，在二十略中便特地立了《金石略》，使得宋代学术发展中的这一新成果在史书中立刻得到了反映，并对后世史学的发展也起到了一定的影响。

第二节　新旧《唐书》和新旧《五代史》

一、新旧《唐书》的编纂及其比较

在二十四史当中，《唐书》和《五代史》各有新、旧两部，而两部新史又均为北宋时所修；就作用和价值来说，则新、旧两史又都各有其长短而不可偏废。

后晋天福六年（941）二月，诏张昭远、贾纬、赵熙等同修唐史，而以宰相赵莹监修。至出帝开运二年（945）六月书成时，莹已外任节镇，刘昫以宰相继任监修，与史官张昭远同表上其书，于是刘昫遂得独冒主修之功。

全书有本纪二十卷、志三十卷、列传一百五十卷，共计二百卷。所记内容，起自唐高祖武德元年（618），止于哀帝天祐四年（907），计二百九十年的历史。由于成书仓促，编纂比较粗糙。其间长庆以前因有吴兢等所修国史做蓝本，并有实录可资利用，所以其剪裁大致得体，文字也较简洁。长庆以后则无可依据者，全靠作者采访编辑，内容明显芜杂，而且空洞无物，形成了前后不一的毛病。后期列传，人物多所缺漏，并有一人两传或一事重见者。

到了北宋初年，当时人们对于五代时期所修的《唐书》已经感到不满意，因而仁宗庆历年间，参知政事贾昌朝建议重修。这时社会局面比较稳定，经济文化相当繁荣，加之造纸术和印刷术的发达，于是当局便命曾公亮等搜访资料重修。后宋祁、欧阳修等先后入馆，宋祁专作列传，欧阳修分撰本纪、志、表。在编纂过程中，实际上许多具体编撰工作，多由王畴、吕夏卿、宋敏求、梅尧臣、刘羲叟、江邻几、范镇等人所做，分别由他们先写成初稿，欧阳修最后删定。这些人在各方面都学有专长，如据史书记载，刘羲叟"精算术，兼通大衍诸历。及修唐史，令专修律令、天文、五行志"（《宋史》本传），吕夏卿"学长于史，贯穿唐事，博采传记杂说数百家，折衷整比。又通谱学，创为世系诸表，于《新唐书》最有功"（《宋史》本传）。赵彦卫在《云麓漫钞》卷四亦说："志表乃范镇、王畴、宋敏求、吕夏卿、刘羲叟分修。"至嘉祐五年（1060）七月书成，由监修官曾公亮领衔上表进呈，计本纪十卷、志五十卷、表十五卷、列传一百五十卷，共二百二十五卷。因全书是由宋祁、欧阳修两人分头定稿，因而在文章风格上很不一致。宋祁刻意追求古简，语义殊嫌晦涩；而欧阳修为文条理明晰，语言平易流畅，两者形成鲜明对比。尽管当时廷臣多次建议欧阳修对全书进行一番润色，以使文笔统一，但他为了尊重宋祁而始终未予接受，从而使全书文章风格未能得到统一。此书修成后，当时社会上便流行着两种《唐书》，为了表示区别，于是在北宋年间便已出现了《新唐书》、《旧唐书》之名。由于欧阳修在文学上的声誉很高，因而社会上的人也就多喜读《新唐书》，刻印本书的自然也就多了，这样一来，《旧唐书》便逐渐散佚。到了明朝，甚至要想找一部完整的《旧唐书》也已不很容易了，于是至嘉靖年间，就有人加以搜集、校对、重刻，《旧唐书》才幸免失传。到了清朝乾隆年间编修《四库全书》时，被列为二十四史之一。

如果把新旧《唐书》作一番比较，就可明显看到两书各有自己的长处，对于研究唐代历史来说，都是不可缺少的重要史籍。

从材料比较来看，修《新唐书》时，条件比之五代已优越得多了。《旧唐书》的编纂，主要取材于两个方面：一是唐实录。唐朝的实录是比较发达的，因为当时的社会经济比较雄厚，造纸术和印刷术已相当成熟，并有专门抄书为业的人，加之政府又很重视实录的编纂，所以有唐一代实录竟达两千多卷。安禄山进长安后，很多实录被焚毁，但见于《新唐书·艺文志》著录的唐实录仍有八百多卷。所以唐玄宗以前，《旧唐书》就多取材于这些残存的实录与国史；另外则是取材于野史、朝报和私人记述。而在北宋统一局面下纂修的《新唐书》，情况大不相同了。统一以后，残编故册次第出现，看到了大量五代时期所未曾出现的史料。如果把《旧唐书》的《经籍志》和《新唐书》的《艺文志》作一对比，就可以明显看出像《大唐新语》、《国史补》等不下百余种书，修《旧唐书》时就未曾见到过，加之后人所撰有关唐朝历史的书籍，修《旧唐书》时自然就更是无法看到了。就这点而言，《新唐书》所采用的史料无疑比《旧唐书》要丰富得多。唐德宗时的宰相贾耽，是个有名的地理学家，写过《道里记》，记述以都城长安为中心的国内交通路线，以及通往"四夷"的路线。另外还作了《海内华夷图》，运用比较科学的方法进行绘制，图上所绘我国山川及平面地形的轮廓，大致和现在的地图近似。像这样重要的材料，《新唐书·地理志》中有记载，而在《旧唐书》中则没有。在《田悦传》中，田悦攻临洺城时，守城的将官张伾被围困于城中而不得出，于是便用放纸鸢的办法，把信带出城去，结果信为马燧所得，奔救张伾。这一重要史料，同样是《新唐书》有载而《旧唐书》则无。另外，由于《旧唐书》回护较多，因而有些事实被有意省略了，如关于太宗杀元吉，娶元吉之妇生子，李世勣赞同高宗立武后等事，《旧唐书》中均删而不载，《新唐书》则都有记载。

但是，由于欧阳修编纂史书，意在效法《春秋》，重点放在书法褒贬上，"本纪法严而词约，多取《春秋》遗意"（《欧阳文忠公文集·附录》卷二《神道碑》），而宋祁又刻意于文采，这样一来，尽管做到了"文则省于旧"，而事则并不能真正做到"增于前"，许多宝贵材料都被删掉了。从总字数而言，《旧唐书》共约一百九十万字，而《新唐书》则只一百七十四万字。本纪部分，《新唐书》删去了《旧唐书》的十分之七，于是凡生杀予夺之事非考诸列传不可晓。列传部分，《新唐书》虽然增加了三百一十人，但同时也删去了《旧唐书》中原有的六十六人。特别是一些重要的列传，更被删削得很不确当。如贾耽传，《旧唐书》叙其地理之学凡一千三百余字，备载其各种著述之大略，以及进书表二篇，耽书虽亡，而读此仍可见其梗概；《新唐书》则对此传删削只存二百余字。玄奘法师《旧唐书》入方技传，《新唐书》只字不传。至于对原始材料的保存，《旧唐书》非常丰富，《新唐书》因讲求文字，把许多重要材料都删除了。如《旧唐书·李百药传》中有一篇重要文献《封建论》，表明了李百药反对分封的明确态度，而《新唐书》中却不载。这种做法，正反映了文人修史的弊病。因此，新书刊行不久，元祐四年（1089）吴缜就写了《新唐书纠谬》二十卷，列举错误四百多条。正由于《旧唐书》保存了大量的原始材料，内容比较翔实，所以司马光修《通鉴》时，便取以为依据。

从组织体例来看，《新唐书》毕竟用了十七年时间编成，经过长期的研究，能够抓住唐代社会的某些特点来记述，这从其中所增的表谱书志便足可表明。《新唐书》中有《宰相》、《方镇》、《宰相世系》、《宗室世系》四表，这对于了解有唐一代三百年间宰衡之参错进退，宗室世族之升降隆替，以及方镇势力之消长离合，都有很大帮助。隋唐以前，重视门第，而门阀制度在唐代仍然处在过渡阶段，并未全部消失，《宰相世系表》的创立，就正说明了这种门阀在唐代还占有一定的重要地位。表中有方镇，而在列传中又有藩镇，这便表明《新唐书》的作者们对唐代藩镇这一特点是颇为注意的。府兵制是中世纪一种重要的制度，它沿袭周隋而至唐。由府兵转为募兵，是唐宋间军事制度上的一项重要变革。科举制亦是当时比较进步的一种选举制度，它是在九品中正制破坏的基础上产生的。对于这两种重要制度，《旧唐书》中均无应有的反映，而《新唐书》则特立了《兵制》和《选举制》，这不仅为研究唐代的兵制和选举制提供了资料，而且也为后世正史中编纂书志开辟了新途径。即使像《食货志》，尽管二书皆有，但组织编排并不完全相同，《新唐书》将租庸调制单独列出，《旧唐书》则分散地与其他内容并列。凡此种种，都说明《新唐书》还是有它自己所独有的长处。以书志部分而言，朱镐曾说："刘书立志十一，欧书立志十三。刘书分礼仪、音乐为二志，欧书合礼乐为一志，而分仪卫、车服为二志，分选举、百官为二志，分兵、刑为二志。旧唐有舆服，无仪卫；有职官，无选举；有刑法，无兵志也……皆刘氏之所未备，而欧、宋二公所增修者较旧史为精采一变矣。"（《史纠》卷六）

综观上文，说明新、旧两书，确实各有长短，不可偏废，所以王鸣盛在《十七史商榷》中说："平心观之，二书不分优劣，瑕瑜不掩，互有短长。"（卷六九《二书不分优劣》）清人沈炳震曾对此二书加以整理，辑成《新旧唐书合钞》二百六十卷，纪、传仍用《旧唐书》，志、表多采《新唐书》，而略疏其异同于注之中，并为《宰相世系表》作订误十二卷，对于后人研读新旧《唐书》创造了方便的条件。

二、新旧《五代史》的编纂及其比较

北宋统一以后，就着手编修五代的历史。先是建隆年间，范质从事这一工作。当时只是把五代的实录合在一起，编成《五代通录》，作得也很草率。因此，宋太祖开宝六年（973）便命薛居正监修。薛居正（912—981）字子平，浚仪（今河南开封）人，以宰相领衔监修五代史，参加的人有卢多逊、扈蒙、张澹、刘兼、李昉、李穆、李九龄等。开宝六年四月奉诏修，至次年闰十月书成，前后费时不足二十个月。凡纪六十一卷、志十二卷、传七十七卷，合共一百五十卷，另目录二卷。因有范质所修《五代通录》为底本，并有五代各朝实录可资利用，故能以很短时间迅速完稿。

从唐哀帝天祐四年（907）朱温夺取政权建立梁，此后五十多年间，中原地区相继出现梁、唐、晋、汉、周五个封建政权，中原以外还有吴、南唐、吴越、楚、闽、南汉、前蜀、后蜀、南平、北汉十个割据政权，史称"五代十国"。为区别于过去出现过的同样朝代的名称，便于梁、唐、晋、汉、周之前皆冠以"后"字，所以历史上有时也称之为"后五代"。《旧五代史》就是记载了这段历史的演变。它原名为《五代史》，又称《梁唐晋汉周书》，后来为了区别于欧阳修的《五代史》，前面便冠一"旧"字，而称欧史为《新五代史》。

北宋时，新旧《五代史》并行于世。金章宗泰和七年（1207），诏令学者专用《新五代史》，凡参加考试，有关五代的历史，皆须按《新五代史》的内容来回答，从此，《旧五代史》遂不被人注意，以致逐渐湮没无闻。明朝时只宫廷中尚藏有此书，故《永乐大典》才得以收录。清乾隆时修《四库全书》，始终没有找到原书的刻本。后邵晋涵等人从《永乐大典》中录出，又使用《册府元龟》等书所引用的《旧五代史》史文作补充，并注明补充之文的出处，以避免与《永乐大典》所载相混淆；同时还征引其他史籍、类书、文集等进行考订，恢复了原书面貌的十分之八九。乾隆四十年（1775），遂把它作为《四库全书》之一缮写进呈，这就是我们今天所看到的《旧五代史》。

《新五代史》为欧阳修个人所纂修。他在编撰《新唐书》时，认为薛史烦琐失实，便着手搜集五代史料，打算独自重新编纂。

欧阳修（1007—1072）字永叔，自号醉翁，庐陵（今江西吉安）人。是我国封建社会杰出的文学家，在当时的文学革新运动中有过较大的贡献。庆历政治改革期间，他曾积极支持范仲淹的变法革新。变法失败后，他也因此而遭受保守派的排挤打击，并多次被贬官，他的这部五代史就是在谪居外州时编撰的。到了晚年，政治上逐渐走向保守，于是在王安石变法运动中，终于站到了运动的对立面。政治上的态度，自然要反映到史学观点上来。他的书于皇祐五年（1053）就已经脱稿，但当朝廷向他征索书稿时，都托言未予进呈。直到他死去五年以后，其家属才奉命奏上其书稿而刊行于世。原名《五代史记》，时人谓为《新五代史》。全书仅七十四卷，内本纪十二卷、列传四十五卷、考三卷、世家十卷、十国世家年谱一卷、四夷附录三卷。

对于新旧《五代史》的价值和贡献，与新旧《唐书》一样，向来存在着不同的看法。其实只要通过对照比较，同样可以看出两史也是各有短长，不可偏废。

从史料来看，欧书理应比薛史更加丰富充实，因为薛史编撰在北宋初年，后出的许多史著，如王溥的《五代会要》、王子融的《唐余录》、路振的《九国志》、陶岳的《五代史补》、王禹偁的《五代史阙文》等，都是无法看到的，而欧书则皆得"旁参互证"。故赵翼说：《新五代史》"卷帙虽不及薛史之半，而订正之功倍之"（《廿二史劄记》卷二一《欧史不专据薛史旧本》）。如朱温，旧谓为舜臣虎之后（《五代会要》且以温为虎四十二代孙），欧书则抹去了此无稽之谈；石敬瑭，旧以为春秋时大义灭亲的卫国石碏之后，欧书则直书"其父臬捩鸡本出于西夷……其姓石氏，不知其得姓之始"。另外，像南唐、吴越、北汉之归入北宋版图均在薛史成书之后。但事实并非如此，欧书新增的固然不少，削减的却是更多。薛史本纪六十一卷，欧书仅存十二卷。由于材料删削过多，实际上是"简而不明"。由于薛史的材料比欧书丰富得多，因此宋代人的著作中有关五代史料多是引用《旧五代史》。如《山堂考索》是类书中比较古老的一部，为南宋人章如愚所编辑，书中所引用的便全是《旧五代史》的材料。司马光修《资治通鉴》，于新旧《五代史》虽然兼收并蓄，但史实则多取之于《旧五代史》。这就说明，《旧五代史》尽管在史料整理和文字修饰上所下功夫远不如《新五代史》，但在史料保存上，却比《新五代史》要丰富充实得多，加之薛居正主编本书时，离后周政权的灭亡只有十多年，而他自己又曾经历了梁、唐、晋、汉、周，熟悉当时历史，搜集史料自有其许多的便利条件。

从组织体例来看，《旧五代史》的编纂方法，在形式上是效法《三国志》的体例，将本纪、列传按五代次序分成五个部分各加叙述，实际上是五代独自成书的一朝一史。我们知道，三国是并存的，五代则前后交替存在，而每个朝代存在的时间又都很短促，加之五代之外尚有十国并存，因而采用这种体例编纂，不仅在时间上、事件上都被割裂开了，而且在史事叙述上也势必产生争正统的现象：每当前代被灭亡之后，后代便称前代为伪；而并存诸国，又往往此国指彼国为僭，彼国骂此国为逆。薛居正对这个问题的处理是，以五代为正，十国为伪。这样的处理，显然不可能反映出当时的历史真实面貌，事实上十国当中甚至有比五代加在一起的年限还要长得多的国家，如吴越建国就达八十四年之久，把它看成为五代的附属，当然不符合历史的真实。就是立国时间最短的北汉，也有二十八年，比五代中任何一个朝代都长。它们有的自建年号，有的表面服从中原王朝，实际完全独立。《新五代史》则不然，在组织体例上另有其优点，它采用《南史》、《北史》的处理方法，打破朝代界限，把五朝的本纪综合在一起，按时间先后进行编排。列传部分一律采用类传的形式，分立《家人》、《臣》、《死节》、《死事》、《一行》、《唐六臣》、《义儿》、《伶官》、《宦者》等。历官数朝的人，则一律编入《杂传》。另外，又把五代以外的十国列为《世家》，以保持其独立性。这样的处理方法，从编纂学上看，自然比薛史优越得多。遗憾的是十国《世家》只有十二卷，这与全书内容相比，显得很不相称。

再从两书的志来看，薛史编写了十个志共十二卷，而欧书只作了《职方》、《司天》二考（《新五代史》改"志"为"考"），无论怎样说，这总归是个大缺陷。对此，有人解释是由于"欧阳修看不起五代的典章制度和文化"的缘故，并引欧阳修《司天考·序》所说"五代礼乐文章，吾无取焉"为证。[1] 也有人解释说：欧阳修"主张史志记述，宜有斟酌损益，不应率录旧章，徒致烦冗。由于他'明前代礼乐之本出于一，而后世礼乐为空名'（《欧阳文忠公文集·附录》卷一《行状》），所以《五代史记》便只立《司天》、《职方》二考，余俱省略了。原欧氏之意，五代典制荒略，不足为法，故存《司天》、《职方》，使有稽考而已"[2]。这两种说法，表面看来虽不尽相同，一个认为是由于欧阳修"看不起五代的典章制度和文化"，一个则说是由于"五代典制荒略，不足为法"，但其实质却是一致的。笔者认为这些都不是真正的理由。撰写一部史书，首先必须做到体例完备，绝不可能因为对它"看不起"或者"不足为法"就随意弃而不写。要是这样的理由能够成立的话，那么欧阳修对整个五代的历史也就根本不应当再去重新编撰了，因为五代的历史，不论与它前面的唐朝还是与它后面的宋朝，都是无法相比

---

[1] 柴德赓：《论欧阳修的〈新五代史〉》，《人民日报》1965年7月2日。
[2] 赵吕甫：《欧阳修史学初探》，《历史教学》1963年第1期。

的，而欧阳修对五代那些皇帝的行为根本就是看不起，没有一个能够足可为法的。既然欧阳修写了那些"不足为法"的君臣的事迹，那么为什么就不能写那些"不足为法"的典章制度呢？况且典章制度和文化的发展，各个朝代固然有其相因袭的关系，但更有其各自不同的特点。所以笔者认为，欧阳修之所以不写这些书志的内容，只能说明《新五代史》体例的不够完善，究其原因，主要在于他本人学力之不足。关于这点，清代章学诚曾有过评论，他说："欧公文笔，足以自雄，而史识史学，均非所长"（《章氏遗书》外篇卷一《信摭》），"故《唐书》与《五代史》虽有佳篇，不越文士学究之见，其于史学未可言也"（《文史通义》补遗《上朱大司马论文》）。他又说："《唐书》与《五代史》，非不竭尽心力，而终不可与语史家之精微也。"（《章氏遗书》外编卷三《丙辰札记》）特别是编纂记载典章制度的书志，历来史家都公认是比较困难的，刘知幾在《史通·古今正史》篇就曾说过："齐史江淹始受诏著述，以为史之所难无出于志，故先著十志以见其才。"郑樵在《通志·总序》中亦引用其言，来说明纪传体中唯志最难，并说："诚以志者，宪章之所系，非老于典故者不能为也。"欧阳修以一人之力，编修头绪纷繁的一部五代历史，典故之不熟悉也是可以理解的，何况他本以文学见长。《新唐书》的各志，就都是先由那些学有专长的有关人员编出初稿，而他只不过做了一番修饰裁定工作而已。我们在肯定欧阳修的史学贡献时，对此也无须替他讳饰。

关于新旧《五代史》的评价，如同新旧《唐书》一样，历来也是褒贬不一，其中以《四库全书总目提要》的评论比较公允，《提要》说："居正等奉诏撰述，本在宋初，其时秉笔之臣，尚多逮事五代，见闻较近，纪传皆首尾完具，可以征信。故异同所在，较核事迹，往往以此书为证。虽其文体平弱，不免叙次烦冗之病，而遗闻琐事，反藉以获传，实足为考古者参稽之助。又欧史止述《司天》、《职方》二考，而诸志俱阙，凡礼乐、职官之制度，选举、刑法之沿革，上承唐典，下开宋制者，一概无征，亦不及薛史诸志，为有裨于文献。盖二书繁简，各有体裁，学识兼资，难于偏废。"（《正史类·旧五代史》）又说："薛史如左氏之纪事，本末赅具，而断制多疏；欧史如公、谷之发例，褒贬分明，而传闻多谬，两家之并立，当如三传之俱存……修作是书，仅《司天》、《职方》二考，寥寥数页，余概从删，虽曰世衰祚短，文献无征，然王溥《五代会要》，搜集遗编，尚戛然得三十卷，何以经修编录，乃至全付阙如……此书之失，此为最大……修之文章，冠冕有宋，此书一笔一削，尤具深心，其有裨于风教者甚大。"（《正史类·新五代史》）在这一评论中，既一一指出了两书的利弊得失，又肯定了它们"各有体裁"，"难于偏废"，是比较符合两书的实际情况的。

三、欧阳修的史学思想

欧阳修的史学思想比较复杂，这与他当时所处的社会条件有一定关系。欧阳修写史，刻意仿效《春秋》，为此，他还特地对《春秋》一书的义例进行了讨论，指出："孔子何为而作《春秋》？正名以定分，求情而责实，别是非，明善恶，此《春秋》之所以作也。"（《居士集》卷一八《春秋论中》）"孔子患旧史是非错乱，而善恶不明，所以修《春秋》"（同上书，《春秋论下》）。他在《新五代史·梁太祖本纪·论》中还说："圣人之于《春秋》，用意深，故能劝戒切，为言信，然后善恶明。夫欲著其罪于后世，在乎不没其实。其实尝为君矣，书其为君；其实篡也，书其篡，各传其实，而使后世信之。"只有"使为君者不得掩其恶，然后人知恶名不可逃，则为恶者庶几其息矣"。可见在欧阳修看来，《春秋》的笔法在于褒贬，通过褒贬，以"别是非，明善恶"，而最终达到"劝戒"的目的。唯其如此，所以他把写史的重点放在书法褒贬上，不仅"其为纪一用《春秋》之法"（《欧阳文忠公文集·附录》卷一《行状》），就是在列传的分类上，也是煞费苦心地突出这个思想。如他的《新五代史》把人物分成若干类型，又把死节、死事分为两传，同时还特立了《唐六臣传》，以讽刺唐朝宰相张文蔚等帮同朱温篡位的罪恶行径，就是这种思想的突出体现。在文字叙述上，也是重书法，讲褒贬。如用兵之名就有四：两相攻击曰"攻"，以大加小曰"伐"，有罪曰"讨"，天子自往曰"征"。又如在称谓上更有严格的要求，"薛史梁祖纪，开首即以帝称之；欧史则先称朱温，赐名后称全忠，封王后称王，僭位后始称帝。盖薛则仿宋、齐、梁、陈书之例，欧则仿《史记》之例也"（《廿二史劄记》卷二一《薛欧二史体例不同》）。另外，还通过论赞发表长篇议论，并以"呜呼"二字发端，这在以往的史书中也是不多见的。对于这种写作形式,章学诚非常反感,他说:"欧阳《五代史》赞,发端必用'呜呼'二字,最为恶劣。余向议《五代史》序例,只可作诔祭文集,盖除却诔祭文辞,并无必用呜呼发端之例也……夫哭笑出于一时哀乐,苟以凡例拘之,哀乐亦无情矣。《五代史记》余所取者二三策耳,其余一切别裁独断,皆呜呼发叹之类也,而耳食者推许过甚,盖史学之失传已久,而真知者鲜出。"(《章氏遗书》外编卷三《丙辰札记》)欧阳修除了通过上述一系列的做法来体现他的所谓褒贬精神之外,他还唯恐读者不能领会其《春秋》笔法,于是又由他的学生徐无党为《新五代史》作注,来加以进一步的阐发。

不过需要说明的是,欧阳修认为要仿效《春秋》的褒贬精神,首先必须做到一切善恶都能"各传其实",力求史书编纂能够如实反映历史真实。如果是非混淆,势必造成善恶不明,从而也就不可能收到劝善惩恶的教戒作用。这种要求直书的精神无疑是很可贵的,遗憾的是他也只能停留在理论上,而于实际的史书编纂中并未能把这一直书主张完全付诸实践。如他的《新五代史》就仍然把五代看作正统,既有此正统观念,也就不可能做到据事直书,因为这两者是水火不相容的。所以在十国当中,即使是立国年代久远,经济发展有过贡献,甚至远远超过五代者,在《新五代史》里,同样是把它们放在次要的、附属的地位,这本身就没有反映出历史的真实。

欧阳修写史既然刻意效法《春秋》,因此尊王思想也就成了他史学思想的一个核心,其他一切主张无不以此尊王思想为转移。而尊王的目的,具体化就是为巩固北宋王朝的统治服务,为维护封建统治秩序效劳。不过五代的历史事实却使他非常失望,他在《一行传·序》里说:"五代之乱,君不君,臣不臣,父不父,子不子,至于兄弟、夫妇人伦之际,无不大坏,而天理几乎其灭矣。"这个乱世局面,在欧阳修看来实在太可悲了,"礼乐崩坏,三纲五常之道绝"(《新五代史·晋家人传·论》),"自古未之有也"(《唐废帝家人传·论》)。但尽管如此,他仍然以尊王思想为主导,从维护封建统治秩序的观点出发,对这个乱世时期的人物提出褒贬,并以三纲五常的标准,来恢复君君、臣臣、父父、子子的封建秩序。在欧阳修看来,五代时期虽然君不像君,父不像父,但也绝不允许有"臣不臣"、"子不子"的现象存在。他在《新五代史·王彦章传·论》中指出:"天下恶梁久矣!然士之不幸而生其时者，不为之臣可也，其食人之禄者，必死人之事，如彦章者，可谓得其死哉！"这就是说，尽管天下之人无不痛恨后梁政权、后梁皇帝，但是你若做了他的臣子，"食人之禄"，你就得像王彦章那样死心塌地效忠到底，而不能动摇变节。冯道在五代各朝都做宰相，欧阳修对他的批评，就正是着眼在"食人之禄"而未能"死人之事"这个问题上，以此来突出他的尊王思想。长期以来，为什么《新五代史》能够独享盛名，受到历代统治者的特别重视，其谜底就在这里。

由于欧阳修通过历史事实来宣扬三纲五常的封建秩序，比之宋代那些理学家整天高唱口号式的说教，其作用要大得多，因此就连集宋代理学大成的朱熹也盛赞欧史"文字好，议论好"。而清代赵翼更是把它捧上了天，说"欧史不惟文笔洁净，直追《史记》，而以《春秋》书法，寓褒贬于纪传之中，则虽《史记》亦不及也"（《廿二史劄记》卷二一《欧史书法谨严》）。这样的评论，当然是不能令人信服的。

但是欧阳修的史学思想中也有其显著进步的地方，这便是不信谶纬附会之说，反对佛道神鬼迷信之言。他曾明确指出，自然现象与社会人事不应牵合在一起妄加附会，无数事实证明，"推其事应，则有合有不合，有同有不同"。他还列举孔子作《春秋》，只记"灾异而不著其事应，盖慎之也"，"圣人慎而不言如此，而后世犹为曲说以妄意天，此其不可以传也"，尖锐地批判了"汉儒董仲舒、刘向与其子歆之徒，皆以《春秋》、《洪范》为学，而失圣人之本意"（《新唐书·五行志·序》）的离经叛道的行为。因此，在他所编纂的史书中，本纪只述人事不记灾异，所有自然灾害一律记入《五行志》，以此将谶纬迷信思想从史书中清除出去，这自然是很可贵的。他在《易或问》中，还进一步阐明了人之祸福毁誉，皆取决于个人"德"之好否，与神鬼无关的道理（见《欧阳文忠公外集》卷一〇）。而《新唐书·高祖本纪·赞》中则更为明确地指出："自古受命之君，非有德不王。"这就说明，要想社稷长治久安，不能靠谶纬迷信，不能靠天命鬼神，而要靠皇帝本人的修身养德，靠人的主观努力。对于那些相信祥瑞，利用迷信来愚弄人民的君主，他都利用机会进行抨击，这在许多金石碑文的序跋中都有明显的反映。如他在《吴国山碑》跋尾中，嘲笑了孙皓妄想利用祥瑞来巩固自己的统治，结果仍免不了亡国的昏庸愚蠢行为："吴国山碑者，孙皓天册元年禅于国山，改元天玺,因纪其所获瑞物,刊石于山阴。是岁,晋咸宁元年。后五年,晋遂灭吴,以皓昏虐,其国将亡,而众瑞并出,不可胜数,后世之言祥瑞者,可以鉴矣。"(《集古录·跋尾》卷四)

他对佛道也坚决反对,可是许多统治者却往往利用它们来束缚、奴役人们的精神,以加强其统治。欧阳修对此非常不满,曾一再加以揭露和抨击。他在《唐会昌投龙文跋尾》中说:"余修唐本纪至武宗,以谓奋然除去浮图,锐矣。而躬受道家之箓,服药以求长年,以此知其非明智之不惑者……余尝谓佛言无生,老言不死,二者同出于贪,信矣。会昌之政,临事明果有足过人者。至其心有所贪,则其所为,与庸夫何异!"(《集古录·跋尾》卷九)这个揭露确实做到了尖锐与无情。即使在封建社会被称为圣明君主的唐太宗,他也没有轻易放过,指出:"唐初用兵,破贼处多,大抵皆造寺。自古创业之君,其英豪智略,有非常人可及者矣。至其卓然信道而知义,则非积学诚明之士,不能到也。太宗英雄智积,不世之主,而牵惑习俗之弊,犹崇信浮图,岂以其言浩博无穷而好尽物理为可喜耶?盖自古文奸言以惑听者,虽聪明之主,或不能免也。"(《集古录·跋尾》卷五)

以上事实充分说明,欧阳修反对谶纬附会、神鬼迷信的思想,与神学史观是互相对立的,他继承和发扬了史学领域里无神论的历史观和朴素的唯物观点。这种思想在当时来说自然是非常可贵的。这就说明欧阳修史学思想里面,既有保守的消极的一面,又有非常可贵的进步成分。所以我们说欧阳修的史学思想是比较复杂的,必须具体分析,而不能笼统地肯定或者笼统地否定。

第三节 两宋时期当代史的编修

一、政府设置史官专修当代史

宋代史学最大的特点,就是整理、编纂当代史的风气非常盛行,而且取得的成就也非常大,这与宋朝统治者重视这一工作是分不开的。宋政府设置专门史官,分别纂修实录、国史、会要等书。陈傅良在《建隆编·自序》中说:"本朝国书,有日历,有实录,有正史,有会要,有敕令,有御集;又有司专行指挥典故之类；三朝以上，又有宝训；而百家小说私史，与大夫行状志铭之类，不可胜纪。"(《文献通考》卷一九三引）可见当时国家史馆里所分的门类是相当多的。赵宋一代最重史职，有编修院（后改名史馆）掌修国史，起居院掌修起居注，日历所（属秘书省）主撰日历，又有时政记，由中书省、枢密院分撰。《宋史·汪藻传》云："书楊前议论之辞，则有时政记，录柱下见闻之实，则有起居注，类而次之，谓之日历，修而成之，谓之实录。"说明当时史官是各有专职，分头记述的。两宋各君主都有日历和实录，它们是编修国史的蓝本。《宋史·艺文志》还著录了高宗、孝宗、光宗、宁宗等朝日历的卷数，《文献通考·经籍考》在史部起居注门则备载了太祖以下历朝实录的卷数，而史部正史门除了记载历代正史外，还著录了《三朝国史》一百五十卷，《两朝国史》一百二十卷，《四朝国史》二百五十卷。洪迈在《容斋三笔》卷四"九朝国史"条，对于国史编修的始末更有详细的叙述。在北宋之前，政府专门设官编纂本朝会要还不曾有过，而宋代史馆中就有专门纂辑会要的史官，他们根据档案、实录等编纂当朝会要，现在有据可查的前后就修过十次，总卷数达二千二百多卷。

同时，上引陈傅良的那段话还告诉我们，当时私人所写的史书也很多。宋代许多史家很注意当代史的纂修，并且取得了巨大的成就，无论是数量之多，卷帙之大，都是空前的。可是由于这些史书的内容都涉及当时的社会现实，势必遭到统治阶级内部权臣的忌恨，这就免不了受到摧残和禁毁。李心传在《建炎以来朝野杂记》甲集卷六"嘉泰禁私史"条下就曾指出："顷秦丞相既主和议，始有私史之禁。时李文简焘，尝以此重得罪。秦相死，遂弛语言律。近岁私史益多，郡国皆锓本，人竞传之。嘉泰二年（1202）春，言者因奏禁私史，且请取李文简《续通鉴长编》、王季平《东都事略》、熊子复《九朝通略》、李柄《丁未录》及诸家传等书，下史官考订，或有裨于公议，乞即存留，不许刊行，其余悉皆禁绝，违者坐之。"乾道八年（1172）秋，"商人载十六车私书，持子复《中兴小历》及《通略》事等书，欲渡淮。盱眙军以闻，遂命诸道帅宪司察，都邑书坊所鬻书，凡事干国体者，悉令焚弃"。据此可知，宋代私家所修的野史虽多，但因受当权者多次禁毁，亡佚的自然也为数不少，流传至今而又比较重要的，有李焘的《续资治通鉴长编》，李心传的《建炎以来系年要录》，徐梦莘的《三朝北盟会编》等书。

二、李焘的《续资治通鉴长编》

李焘（1115—1184）字仁甫，号巽岩，眉州丹棱（今四川境）人。绍兴八年（1138）进士。起初在川中任地方官多年，孝宗乾道三年（1167）任兵部员外郎，以后又历任内外官职，官至敷文阁学士，但以主持修史工作最为长久。"焘父中，深娴掌故，藏书之富，见称当时。而焘毕生勤劬，所与往还者，亦多博洽之士"[①]。由于李焘具有这样有利的条件，加上他自己又熟悉当代典故，于是便搜集北宋一代史料，仿司马光作《资治通鉴》长编体例，根据日历、实录、正史、会要以及诸家野史、家乘、行状、志铭等，编撰北宋九朝一百六十余年的历史，起自太祖建隆元年（960），讫于钦宗靖康二年（1127）。全书九百八十卷，《举要》六十八卷，《总目》五卷，《修换事目》十卷。作者编撰此书，本着"宁失之繁，无失之略"的精神，自谦不敢言续《资治通鉴》，故曰《续资治通鉴长编》（详见乾道四年《长编·进表》）。淳熙十年（1183）三月六日，上之于朝，深得孝宗赞赏，谓其书无愧于司马光，诏藏秘阁（参见李心传《建炎以来朝野杂记》甲集卷四）。其实这部规模宏大的著作，在编写过程中，他是分作多次陆续向皇帝进呈的，《文献通考·经籍考》中就载录了作者的四篇进书表，而在最后一次的《进表》中也明确地说明了这点，《进表》中说："臣累次进所为《续资治通鉴长编》，今重别写进，共九百八十卷，计六百四册。"李焘之所以把书稿分次进呈，这是因为编撰本朝历史，很容易触犯忌讳而招致不测，陆续进呈，便于得到朝廷支持，争取个合法地位，以避免"擅改国史"之嫌。

《续资治通鉴长编》是由李焘个人积四十年精力而撰成的一部当代史学巨著，对保存北宋一代史料有很大贡献。李焘在《进表》中说："臣网罗收拾，垂四十年，缀茸穿联，踰一千卷。觝牾何敢自保，精力几尽此书。"（《文献通考》卷一九三《经籍考二十》）这绝不是虚夸之辞，所以南宋学者张栻就曾称赞李焘"如霜松雪柏，无嗜好，无姬侍，不殖产，平生生死文字间，《长编》一书，用力四十年"（《宋史》本传）。南宋著名思想家叶适对《长编》也是非常推崇，认为"《春秋》之后，才有此书"。并且说："虽

[①] 徐规：《李焘年表》，载《文史》第二辑。

然，公终不敢自成书，第使至约出于至详，至简成于至繁，以待后人而已。"（《水心文集》卷一二《巽岩集序》）对李焘的自谦表示了赞叹。

《续资治通鉴长编》的价值，首先在于史料真切丰富。当代人写当代事，不仅记载真切，而且作者还掌握了官书以外的很多材料，诸如宋人的专门著作、文集、日记、小说等都一一加以参考研究。所以徐规先生在《李焘年表》中说：《续资治通鉴长编》"网罗之广，考订之详，求之史部书中，实为罕见。故成编之日，传钞者众；而今之治宋史者，亦莫不资以为馈粮"。其次，作者的编书方法亦颇有可取之处。为了编纂《续资治通鉴长编》，李焘曾"作木厨十枚，每厨作抽屉匣二十枚，每屉以甲子志之。凡本年之事有所闻，必归此匣，分月日先后次第之，井然有条，真可为法"（周密《癸辛杂识》后集《修史法》）。

《续资治通鉴长编》自元朝以后，世鲜传本。清康熙初，徐乾学始获其书于泰兴季氏，凡一百七十五卷，进之于朝，然仅至英宗治平而止。今本《续资治通鉴长编》系乾隆年间四库馆臣从《永乐大典》中辑出，依文字繁简，别加厘析，定著为五百二十卷，但徽、钦两朝仍全缺，哲宗以前亦多有缺漏。

三、李心传的《建炎以来系年要录》

李心传（1162—1244）字微之，井研（今四川井研）人。三十岁应乡试落第，从此不再应举，专事著述。《宋史》本传称："有史才，通故实。"晚岁因魏了翁等联名荐举，为史馆校勘，赐进士出身，专修中兴四朝帝纪，官至礼部侍郎。《建炎以来系年要录》二百卷，专叙高宗一朝三十六年的历史，仿《资治通鉴》例，编年系月，与李焘《续资治通鉴长编》相接续。取材自国史、日历外，稗官野史、家乘志状、案牍奏议，无不采撷。书成后，宁宗收入宫中。理宗见后很满意，故于宝祐年间刊行。本书材料之丰富，考证之精确，为当时许多史家所不及。《四库全书总目提要》称其书"宏博而有典要"，"文虽繁而不病其冗，论虽歧而不病其杂，在宋人诸野史中，最足以资考证"。《宋史》本传批评他"重川蜀而薄东南"，其实并非如此。如抗战将领曲端之枉死，岳飞之见忌，无不一一据事直书。《四库全书总目提要》还说："李焘学司马光，而或不及光，心传学李焘，而无不及焘。"元人修《宋史》时未见此书，而南宋初的史事，以本书最全，故足资校勘《宋史》的遗漏及谬误之处。此书至明初复又出现，故得以收入《永乐大典》中。今本《建炎以来系年要录》系自《永乐大典》中辑出，虽仍为二百卷，然已非本来面目。

除《建炎以来系年要录》外，李心传还作有《建炎以来朝野杂记》四十卷，取宋室南渡以后军事、经济等制度，分门别类，汇为甲、乙两集，每集各二十卷，共分朝事、时事、故事、杂事、官制、财赋、兵马、边防等门，每门又分若干子目。虽名"杂记"，体同会要，故《四库总目》把它列入政书类，并在《提要》中指出：此书"于高、孝、光、宁四朝，礼乐、刑政之大，以及职官、科举、兵农、食货，无不该具，首尾完赡，多有马端临《文献通考》、章俊卿《山堂考索》及《宋史》诸志所未载。故《通考》称为南渡以来野史之最详者"。此书可与《建炎以来系年要录》相互利用，同为研究这一时期历史的重要资料。

四、徐梦莘的《三朝北盟会编》

徐梦莘（1126—1207）字商老，南宋临江军清江县（今江西樟树）人。绍兴二十四年（1154）进士，历官至湖北路安抚司参议官。幼年时曾经历了靖康之变，亲受侵略战争的威胁，他"伤时感事，忠愤所激"，立志要搞清靖康之变的缘由，遂据所闻所见，撰成《三朝北盟会编》二百五十卷，起徽宗政和七年（1117）七月与金人海上通好之日，至高宗绍兴三十二年（1162）完颜亮犯淮败亡之日止，前后三朝六十四年间宋金和战的史料，根据公私撰著、宋金载籍，凡二百多种（宋方一百九十种，金国十一种），按年编排，仍其原文。因包括徽、钦、高三朝对金人的和战大事，故曰《三朝北盟会编》。"北盟"即指和北方订立盟约，其实就是指宋金间的外交关系。作者的主要意图在于探索三朝在外交上是怎样遭到失败的，以唤起大家的觉醒，因而书中寄托了作者的爱国精神。

此书以体裁论，为编年之书；就内容言，实系外交史料汇编。像这样专门记述外交活动的史书，以往尚未曾有过，不失为作者的独创，"自成一家之书"，足"补史官之阙"，放在当时即已为史官所看重。书成后两年，即宁宗庆元二年（1196），便因史官奏请，诏下临江军抄录以进。元修《宋史》，史官袁桷亦奏请采择是书。全书分三帙：政（和）宣（和）为上帙（起政和七年七月四日，至宣和七年十二月二十三日），计二十五卷；靖康为中帙（尽靖康二年四月二十八日），计七十五卷；炎（建炎）兴（绍兴）为下帙（起建炎元年五月一日，至绍兴三十二年四月二十一日），计一百五十卷。总共二百五十卷，一百三十万言。其编纂方法，正如《四库全书总目提要》所说："凡宋金通和用兵之事，悉为诠次本末，年经月纬，按日胪载……其征引皆全录原文，无所去取，亦无所论断，盖是非并见，同异互存，以备史家之采择，故以'会编'为名。"值得指出的是，其中引用的史料，有很大一部分是由对金和战的决策人、使臣以及各类当事人亲手所记录下来的，徐梦莘在引用时一律照录原文，不加更改，这样做可以起到"是非并见，同异互存"的作用。不过我们在引用时必须慎重，因为这些"臣僚札奏，亦多夸张无据之词"。同时《提要》还指出："其博赡淹通，南宋诸野史中，自李心传《系年要录》以外，未有能过之者。"至于它的史料价值，其实并不只是限于军事与外交，诚如陈乐素先生所说："二百余种之原始史料，不特为研究宋辽金当时国际上之外交与军事关系最重要之根据，且三国当时之政治上经济上、地理上、民俗上、社会上以至一部分人之个性、私生活及特殊事件之经过等种种材料，蕴藏于其中者亦极丰富，留以待今日史家之开发。"（见所著《徐梦莘考》）由于该书的编纂，在按年编排中又以事分类，所以目录学家往往把它列入纪事本末类；又因徐梦莘与袁枢为同时代人而比袁大五岁，于是有的史家就认为纪事本末这一体例，实为徐梦莘所创立。这些意见，确实也有其一定的道理。

当然，宋代私人编写的当代史书是相当多的，除上述三种比较重要的以外，还有徐度的《国纪》五十卷，王偁的《东都事略》一百三十卷，熊克的《九朝通略》一百六十八卷、《中兴小纪》（原名《中兴小历》，为清人避弘历讳所改）四十一卷，赵甡之的《中兴遗史》六十卷，李丙的《丁未录》二百卷，等等，也都是卷帙较大而颇有影响的著作。特别是《东都事略》和《中兴小纪》两书，前者为纪传体的北宋史，因北宋建都于东都开封，故名；后者为记述宋室南渡后的重要编年体史书，因宋代制度，凡修国史之前，都先撰有"日纪"(如同长编或稿本),为别于官修的"日纪",故称之为"小纪"(亦称"小历")。

第四节　元修宋、辽、金三史

据《元史》记载,元世祖中统二年(1261)便议修辽、金二史。不久宋亡,又议修宋、辽、金三史。仁宗延祐、文宗天历间,亦曾屡诏修撰。但是都因辽与北宋并存、金与南宋并存,究竟以谁为"正统","义例未定,或欲以宋为世纪,辽、金为载记;或以辽立国在宋先,欲以辽、金为北史,宋太祖至靖康为宋史,建炎以后为南宋史,各持论不决"(《廿二史劄记》卷二三《宋辽金三史》),竟拖延了六十年之久而无法进行。元顺帝至正三年(1343)三月,再次下诏修撰宋、辽、金三史,并决定"各与正统",分别编修,独立成史,命脱脱为总裁官,主持其事,而三史之发凡举例、论赞表奏等事宜,则皆由欧阳玄"属笔"(《元史·欧阳玄传》)。

一、《宋史》的编修及其价值

《宋史》的编修,所用时间很短,元顺帝至正三年(1343)三月诏修,五年十月即全书告成,前后仅用两年半时间。成书之快,一则由于史料丰富。两宋时期,史事制度最为完备,记录统治阶级活动的有起居注、时政记、日历、实录、国史等,特别是实录和国史,南宋亡国时还保存得很完整,因为临安的陷落并未经过激烈战争,元军入临安时,元将董文炳曾明白宣告:"国可灭,史不可灭。宋十六主,有天下三百余年,其太史所记具在史馆,宜悉收以备典礼。"(《元史·董文炳传》)后来这些实录、国史全被运往大都,这就为编修《宋史》提供了最基本的材料。另外,两宋时期私人撰述的历史著作特别多,再加上私人家传、笔记、逸事等,所有这些公私文献,都是《宋史》在短期内成书的重要条件。二则由于当时的元政权已处在风雨飘摇之中,编写工作也已不容许旷日持久。再加上多人分纂,草草完篇,只知抄袭旧史而没有对史料进行去粗取精、去伪存真的工作,资料缺乏鉴别，编纂缺乏剪裁，成书后更没有仔细审订。因此，编撰《宋史》的酝酿时间虽达六十年之久，但是由于成书过于短促，只用了两年半的工夫，这就为《宋史》造成了难以弥补的弊病。

《宋史》全书共四百九十六卷，其中本纪四十七卷，志一百六十二卷，表三十三卷，列传二百五十五卷。所记自宋太祖建隆元年（960）至卫王祥兴二年（1279）共三百二十年间的史事。篇幅的繁富，为二十四史之首。如列传中有专传的达二千余人，而《食货志》多至四十卷。特别是二十八卷的《礼志》，其卷数相当于二十四史中其他各史《礼志》的总和。

《宋史》编修草率从事，首先表现在结构方面，全书详于北宋而略于南宋，其中理宗、度宗二朝，因无国史底本可抄，于是诸志于宁宗以后多缺而不备。又如《文苑传》，北宋有八十一人，南宋仅十一人；《循吏传》南宋竟无一人。重复、错乱之处也很多，如列传部分，有一人两传的，有无传以为有传的，有应立传而无传的，有各传前后矛盾的，有编次时间错误的，等等。而《艺文志》则有一书两见、三见的，有一书名异而误以为两书的，有分类失当的。其他纪、传、表、志互相矛盾以及详略不当、一事重见、隐瞒不实、文字谬误等等，更是不胜枚举。《宋史》"繁芜"，早有定论。元末以来直到清朝，不少学者曾相继加以改编而未能成功。甚至清代著名史学家黄宗羲、顾炎武、全祖望、邵晋涵、杭世骏等人也都曾有志于重修宋史，但最后也没有成书。其次，从编写的内容而言，对宋与辽、金交涉的材料很少有所记载。众所周知，宋辽、宋金之间在很长一段时间里，政治上、军事上、经济上、外交上的关系是十分复杂而又频繁的，可是这种关系在《宋史》中并未得到应有的反映。对于生产力的发展和技术的革新进步等方面，也同样很少记载，如踏犁的应用，瓷器制造业的发达，印刷术的发展，建筑技术的革新乃至以煤冶铁等，都很少得到反映。

但是《宋史》尽管存在着上述的种种弊病，可是今天研究两宋的历史，仍需借助于它。由于它记载宋朝历史比较系统详备，材料也比较丰富，这就为我们的研究工作提供了充实的史料。如《食货志》，分门别类地叙述了两宋时期农业、茶业、盐业和其他手工业的生产概况，以及货币、赋役等制度，只要我们用正确的立场、观点和方法去进行研究，就可以从中看到宋代劳动人民在创造物质财富过程中所立下的丰功伟绩，以及他们所遭受的剥削、压迫的生活状况。《选举志》和《职官志》比较系统地记载了两宋时期对官吏的选拔考课制度和官僚机构的组织概况；《兵志》记叙了两宋军队的种类和招募、拣选、廪给、训练、屯戍、器甲等制度。从这三志的内容中，人们还可以看到两宋统治者不断强化国家机器以加强封建统治的趋势。理学也叫道学，是宋朝统治者用来统治人民的重要精神枷锁，《宋史》的编纂者特地创立了《道学传》，并置于《儒林传》之前，而对一些道学家的代表人物还立了专传，详细叙述他们的生平及其思想。尽管编纂者有其特别的用意，但也反映了宋代历史的一个时代特色，同时从历史编纂学的角度来看，说明作者也还是具有一定的史识，我们应当把它看作是《宋史》的一个长处来加以肯定。另外还有一点值得注意的是，《宋史》里的忠义传所占比重非常之大，共有十卷，连同附传，合计二百八十一人，占全部列传人数的十分之一以上。由元朝统治者来大力表彰宋朝的忠臣义士，其用意如何，谁都容易明白，自然无须赘述，但这样做却也为后人留下了许多忠臣义士比较真实的历史事迹。清代章学诚曾分历代正史为三等，而把《宋史》列为下等的代表作，但在今天来看，《宋史》的实际价值还是不应当加以随意否定的。

二、《辽史》的编修及其价值

元顺帝至正三年（1343），在脱脱的主持下，仅仅用了十一个月的时间，就完成了《辽史》的编纂工作。全书一百十六卷，包括本纪三十卷，志三十二卷，表八卷，列传四十五卷，语解一卷。记载了契丹贵族在祖国北方所建立的辽政权二百多年的历史。其实编纂《辽史》的真正负责人是江西丰城人揭傒斯，据《元史》本传记载，此人家境清贫，然读书刻苦，颇识文理。脱脱曾问他："修史以何为本？"揭傒斯回答说："用人为本，有学问文章而不知史事者，不可与；有学问文章知史事而心术不正者，不可与。用人之道，又当以心术为本也。"所谓"心术"，实际就是后来章学诚所提出的"史德"。在元朝蒙古贵族的黑暗统治时期，他能够提出修史的人"心术"要正这个要求，应当说是难能可贵的。他曾对修史的人说，无论小善小恶，都应当加以直书，否则无以"惩劝"。可见中国史学发展史上要求直书、反对曲笔的优良传统，确是代代相传不乏其人的。

人们向来批评《辽史》粗疏，编纂时"因陋就简"，没有作认真的加工。造成粗疏的原因主要有二：一是史料的缺乏。由于辽政府禁书很严，凡契丹人撰作，只许刊行境内，有传于邻国者即处以死刑，这就大大限制了史书的编撰与流通。加之长期战祸，史籍亡失严重，特别是金人攻陷辽之五京以后，政府所掌握的图书也遭大批焚毁，所以到元末修《辽史》时，凭借的史料自然就更加贫乏了。二是修史时草草成编，没有吸取宋人有关辽事的大量记载。当时编修《辽史》的主要依据，一是辽耶律俨的《实录》，二是金陈大任的《辽史》，脱脱在《进辽史表》中曾经指出，前者"语多避忌"，后者"辞乏精详"。底本既然如此，而修成后又没有吸取其他史料再作进一步的补充和审订，这就势必造成粗疏和简略。如辽太宗会同元年（938）建国号曰"辽"，圣宗即位复号"契丹"，道宗咸雍二年（1066）正月又改为"辽"。国号的更改，本为一朝之大事，而《辽史》竟略而不载。此事《东都事略》中倒有详细记载。所以《四库全书总目提要》指出："辽典虽不足征，宋籍非无可考。"（卷四六《辽史》）可见造成粗疏简略，关键在于编写人员的草率从事。又如史书立表，本是为了简明，正如赵翼所指出的："皇子、皇族、外戚之类，有功罪大者，自当另为列传，其余则传之不胜传，若必一一传之，此史之所以繁也。惟列之于表，既著名其世系官位，而功罪亦附书焉，实足省无限笔墨。"（《廿二史劄记》卷二七《辽史立表最善》）《辽史》作者鉴于材料短少而又零碎，曾作了很多的表来弥补这个缺陷，如《世表》、《皇子表》、《皇族表》、《外戚表》等，这是完全正确的。但是另外也有不少的表，情况并不如此，反而增加了繁芜、累赘。如帝王每年游幸，既已详于本纪，复又别为《游幸表》一卷；部族分合已备见于《营卫志》，而又另作《部族表》一卷；属国贡使已见于本纪，又别为《属国表》一卷。再如"文学仅六人，而分为两卷；伶官、宦官本无可记载，而强缀三人"（《四库全书总目提要》）。以上事实，足证其重复琐碎之弊。还有诸臣列传二百三十余人（附传人数未计入）中，姓耶律的（辽宗室）占一百十余人，姓萧的（后族）占六十多人，一部《辽史》，几乎成了耶律氏及萧氏二姓的家谱。由于《辽史》存在着如此重大、众多的弊病，所以向来被看作历代正史中的最下乘。

但是，由于本书为现存的比较系统完备地记载辽政权兴亡过程独一无二的史著，因而研究辽代历史，它仍不失为重要的资料，何况它所依据的底本——耶律俨的《实录》和陈大任的《辽史》均已失传，它就显得更为重要了。另外，在编纂方面，亦有其创新之处。作者能不拘泥于前史的例目，新立了《营卫》、《兵卫》二志，前者记述了契丹贵族政权"营卫"、"行营"的概况和部落的建置；后者记述了辽的军事组织情况。特别值得指出的是，《辽史》最后一卷的《国语解》，对书中用契丹语记载的官制、宫卫、部族、地理等都作了注释，给人们阅读《辽史》提供了很大的方便。

三、《金史》的编修及其价值

《金史》亦为脱脱主持编修，与宋、辽二史同时起修，至正四年（1344）冬成书，实际负责人仍为揭傒斯。但历代对《金史》的评价很高，不但远远超过宋、辽二史，即比《元史》也还胜上一筹。原因看来主要在于史料丰富，底本较好。金自开国之初即已注意文献，设置史官，编撰起居注和实录。金朝九代，大都撰有实录，金亡后，历朝实录都完好无损地转到元人手中，给元修《金史》提供了丰富的资料。另外，元修《金史》时还有不少私人著作作为依据。如大文学家元好问自金亡后，即以撰史为己任，他曾想利用金实录撰述金史，由于受到阻挠而未能实现，"乃构亭于家，著述其上，因名曰'野史'。凡金源（水名，即今吉林省小白山附近之阿什河，为金人发祥地，故学者多用为女真族的代称）君臣遗言往行，采摭所闻，有所得辄以寸纸细字为记录，至百余万言。今所传者有《中州集》及《壬辰杂编》若干卷……纂修《金史》，多本其所著"（《金史·元德明传附元好问传》）。其友刘祁的《归潜志》，详记金室南渡以后事，也是修撰《金史》的重要依据。因此，顾炎武说："《金史》大抵出刘祁、元好问二君之笔。"（《日知录》卷二六《金史》）加之元初王鹗就曾奉命纂辑过金史，他根据金实录及元、刘诸人著作勒成初稿。故《四库全书总目提要》说："元人之于此书，经营已久，与宋、辽二史取办仓促者不同，故其首尾完密，条例整齐，约而不疏，赡而不芜，在三史之中，独为最善。"（卷四六《金史》）清人施国祁作《金史详校》，对此书的评价极高："金源一代，年祀不及契丹，舆地不及蒙古，文采风流不及南宋，然考其史裁大体，文笔甚简，非《宋史》之繁芜；载述稍备，非《辽史》之阙略；叙次得失，非《元史》之讹谬。"(《金史详校自序》)

《金史》全书一百三十五卷，其中本纪十九卷，志三十九卷，表四卷，列传七十三卷。主要记载了女真贵族在我国北方建立的金政权一百二十年的历史。女真族是我国历史上一个重要的民族，有关这一民族的发展情况，特别是它的早期历史，保存到现在而又比较完整的记载并不多见，因此《金史》一向受到人们的重视。这部史书无论在史料整理、文笔叙述诸方面，都是比较成功的，大体上反映了金代的政治、经济概况。它的志表系统而完备，把有金一代的典章制度，原原本本地记录了下来。如《食货志》分目很细，井井有条地记叙了金朝经济的各个侧面。而在本纪和列传部分，通过对史事的叙述，直接或间接地揭露了统治者剥削、压迫人民和荒淫无耻的罪恶面目。而在体例上，也有它的独创之处，它模仿《魏书》，本纪部分先列一篇《世纪》，追记金太祖阿骨打的先世；最后又列一篇《世纪补》，叙述后来所追认的几个皇帝的事迹。这是《金史》首创的一种体例，后来为元、明两史所取法。另外，还创立了《交聘表》，用表格的形式把金与宋、夏、高丽的和战庆吊等交往记录了下来，使人看了一目了然。

当然，《金史》与其他正史一样，也存在着不少问题。表现在内容方面，它的天命论思想特别浓厚，书中大力宣扬了王朝的兴亡更替"信有天命"，"非人力也"(《独吉义传》)和"兴亡有数"(《阿疏传》)的观点，力图证明社会的发展、社稷的存亡，全是天命所定，而非人力所能改变，"天命亡矣，当是时，虽有忠良之佐、谋勇之将，亦难为也"(《胥鼎传》)。唯其如此，所以有关"祥瑞"和"灾异"的记载，在全书中占据了非常显要的地位。至于文字组织方面，史事记载的错误，年月的颠倒，年次的脱误，地名人名的不统一，一事数见以及立传太滥等，也是屡见不鲜，这在《金史详校》和《廿二史劄记》等书中都已一一指出。

第五节　目录学的新发展和高度发展的唐宋笔记

一、目录学的新发展及代表著作

1.《隋书·经籍志》

唐初编修的《五代史志》，本为《梁》、《陈》、《齐》、《周》、《隋》五部史书所修，修成后最初也是离五史而独立单行的，但这种做法终不是长远之计，五史既各自单行，而志又难以分割，在编撰时技术问题上即按《隋书》的组成部分处理，加之"隋以五史居末"，于是便"编入《隋书》"，"专称《隋志》"。对于这一原委，后来许多人自己不知情，往往还误疑《隋志》编修"失于断限"，许多著名学者尚且如此，故在此只得多说几句。《五代史志》共有十个志，《经籍志》则是其中之一，这就是今人常称的《隋书·经籍志》。《经籍志》的编修，对后来的学术文化发展有着很大的影响，它是《汉书·艺文志》以后，对古代著作的第二次全面性的大总结。它开宗明义地论述了经籍的起源和发展，介绍了经籍的几次毁灭散失和访求，论述了经籍的收藏缮写和著录。把经籍分为经、史、子、集四部，每部之下又分大类。四部各书，皆著录书名、卷数、作者职官姓名，并著录亡佚之书。每类之后各有小序一篇，叙其源流演变；每部之后又各有大序一篇。《隋书·经籍志》的四部分类，虽不是其首创，但由于系官修，因而在唐以后的目录学发展上有其极重要的地位，它直接影响着后来图书的分类和编目。笔者在上面已经讲过，图书部类之分合，是随着学术的发展繁荣、书籍的多寡和地位的高下而决定的，由"七略"而变为"四部"以及史部之独立、次序之提前，正是史学发达、史学著作增多和史学地位提高在目录学中的反映。众所周知，在《汉书·艺文志》中，为数不多的史书还是附在六艺之《春秋》后面，有人将其称作经的附庸。到了魏晋南北朝以后，情况则大不相同，社会不仅重视史学，而且已经居于显学地位，所以就在这个时期内，史学在目录学上的位置就一再变动，最终变到仅次于经的地位。而这个地位，直至清朝编修《四库全书总目提要》也没有发生过任何变化，这也进一步说明我国的史学在长期的封建社会中是一直处于显学的地位，因为每个朝代的统治者都非常重视史书的编修和收藏。所以说《隋书·经籍志》编修采用四部分类法，对后世目录学发展的影响是深远的,此后,不仅正史中的《艺文志》(《经籍志》)全都采用此法,其他公私目录亦大多如此。如宋代流传至今影响较大的《崇文总目》、尤袤《遂初堂书目》、晁公武《郡斋读书志》、陈振孙《直斋书录解题》用的都是四部分类法,后三家皆私家书目,特别是后两部还都有解题。

2. 晁公武的《郡斋读书志》

晁公武,字子止,号昭德先生,澶州清丰(今河南清丰)人,约生于宋徽宗崇宁年间(1102—1106),约于孝宗淳熙年间去世。绍兴二年(1132)进士。隆兴二年(1164),任侍御史时曾劾宰相汤思退。历四川安抚制置使、利州路安抚使,知兴元府、恭州、荣州、合州。乾道七年(1171),除敷文阁直学士、临安府少尹,累官吏部侍郎。一生为学,涉及面相当广,据有关记载,著作达十二种之多。在任四川转运使井度(宪孟)属官时,此人是位藏书家,临终前,将其全部藏书五十箧都赠给晁公武,加上自己原有藏书,除去重复,"得二万四千五百卷有奇"。"日夕躬以朱黄雠校舛误,每终篇,辄撮其大指论之"(《衢本、袁本昭德先生郡斋读书志序》)。成《读书志》一书,时在绍兴二十一年(1151)任荣州太守期间。初成后,其弟子杜鹏举先刻为四卷本,晁公武又作了大的修改和订补,约在淳熙十四年(1187)前完成,并由另一位弟子姚应绩刊刻为二十卷的蜀本。以上两种刻本均已亡佚。宋理宗淳祐九年(1249),游钧在衢州(今浙江衢州)重刊姚氏二十卷本,称为"衢州本";同年黎安朝在袁州(今江西宜春)重刊杜氏四卷本,习惯上称为《原志》,即晁氏对井度藏书之提要。同时又加刻赵希弁据自家藏书所写之提要《读书附志》一卷。次年,赵希弁又据"衢州本"摘编成《读书后志》二卷,和自己所作之二本《考异》一并刻成,于是"袁州本"就由《原志》、《后志》、《附志》组成,共七卷。这样一来,社会上就流传着上述两种版本。清末王先谦乃将两种版本合校刊行,并以"衢州本"为底本,而将《附志》亦附于后,仍为二十卷,从此,《郡斋读书志》便有了一部较为全面的版本。近人孙猛乃搜集流传的各种版本,重新加以考订和校证,成《郡斋读书志校证》一书,由上海古籍出版社于1990年出版。《郡斋读书志》共著录图书一千五百零一种,分经、史、子、集四部,部下共分四十五类。卷首有总序,四部均有大序,各类则有小序,每部书皆有解题。各类小序并不单立，而是与该类第一部书解题合并而写。每部书的解题，除介绍书名、卷数、作者等而外，还论述学术宗旨、辩论不同观点、考证版本异同等，确实可以起到章学诚所讲"辨章学术，考镜源流"的功能。它是保存至今最早的有解题的私家目录。而它的最大学术价值，就在于这些解题，为后人了解宋以前的古籍提供了可靠的依据，因为书中所著录之古籍有许多已亡佚，我们只有靠解题来确定其内容和性质。如习凿齿的《襄阳耆旧记》是魏晋南北朝流传下来的一部典型的地记，但南宋以后已亡佚，只传下部分人物传，因而这部书的内容和性质就成了问题，所幸《郡斋读书志》卷九录有该书解题，就圆满地解决了这个问题："《襄阳耆旧记》五卷。右晋习凿齿撰。前载襄阳人物，中载其山川城邑，后载其牧守。《隋经籍志》曰《耆旧记》，《唐艺文志》曰《耆旧传》。观其书记录丛脞，非传体也，名当从《经籍志》云。"这是作者在阅读了全书以后所写的解题，当然可信，既讲了全书所载内容，又讲述了此书记载形式，"记录丛脞，非传体也"。所谓"丛脞"者，就是琐碎之意，谓所记内容不系统、不完整，街谈巷议、民间传说，三言两语，皆可记入，这就是当年地记的特点。正是因为有这个解题，后人才可以确定这是一部地记而不是人物传。

3. 陈振孙的《直斋书录解题》

陈振孙（1183—？），字伯玉，号直斋，浙江安吉人。出身于书香世家。历任溧水、绍兴、鄞县教授，兴化军通判，端平三年（1236）以朝散大夫知台州兼权浙东提举。嘉熙元年（1237）改任嘉兴知府。淳祐四年（1244）除国子司业，后官至侍郎。淳祐九年（1249），以宝章阁待制致仕。

由于出身于书香之家，从小就爱书，加之长期在江西、福建、浙江等地出版事业发达的地方做官，搜集、购置了大量的图书。周密在《齐东野语》卷一二就曾指出：藏书之事，"近年惟直斋陈氏书最多，盖尝仕于莆，传录夹漈郑氏、方氏、林氏、吴氏旧书至五万一千一百八十余卷，且仿《读书志》作解题，极其精详"。并以此为基础，用了近二十年时间，成《直斋书录解题》五十六卷，著录图书三千零九十六种、五万一千多卷，比起南宋国家藏《中兴馆阁书目》及《续目》著录的五万九千余卷，只少八千余卷，可见数量之多而全，足以反映南宋以前书籍流通的状况。全书著录按经、史、子、集四部分类，四部之下共分五十三个小类。原著有总序、四部大序和小序，但是在流传过程中，总序、大序均已散佚，即使小序也仅存九个。从所辑出的九个序来看，他的分类确实与众不同，如他单立"语孟类"、"音乐类"。《郡斋读书志》是将《论语》、《孟子》分在两处，《论语》分在"经部"，而《孟子》则分在"子部"的"儒家类"，这是传统的分类法。而此书在"语孟类"小序曰："前志《孟子》本列于儒家，然赵岐固尝以为则像《论语》矣。自韩文公称孔子传之孟轲，轲死，不得其传。天下学者咸曰孔孟。孟子之书，固非荀扬以降所可同日语也。今国家设科取士，《语》、《孟》并列为经，而程氏诸儒训解二书常相表里，故今合为一类。"简单数语，讲得一清二楚。可惜原书在明初就已亡佚，直到清乾隆时修《四库全书》，方从《永乐大典》中辑出二十二卷，即今社会上流传之本。虽然已不是原貌，但其价值却不可忽视。正如《四库全书总目提要》所云："古书之不传于今者，得借是以求其崖略；其传于今者，得借是以辨其真伪，核其异同，亦考证之所必资，不可废也。"唯其如此，它与《郡斋读书志》均为文史研究工作者案头必备之书。因为它的每部书之解题，对于书的卷数、作者、价值、内容、著作时间、版本等多有介绍和评论。需要指出的是，有的论著称陈振孙创立了解题一体，这是一种误解。笔者在《中国史学名著评介》之《新版序》中就已经指出："著名文献学家张舜徽先生在其《清人文集别录自序》中就曾这样讲：'别录之体，犹提要也……昔刘向校书秘阁，每一书已，辄为一录，论其指归，辨其谬误，随竟奏上，载在本书，后又裒辑众录，谓之别录，盖即后世目录解题之始，名曰《别录》，谓纂辑群书之叙录，都为一集，使其别行云耳。'如今有人将刘向的《别录》误解为《总目》，显然是不妥的，《别录》虽然已经亡佚，但有些书的'别录'毕竟还有不少著作征引过，而这些征引都是对某部书的介绍，而不是某部书的书名标题，后来演变亦有称解题者，如陈振孙的《直斋书录解题》，它们都有一个共同的功能，就是都要对每一部书加以评介，这是单纯目录著作所做不到的，无论是《汉书·艺文志》还是《隋书·经籍志》，尽管它们在学术发展史上地位都很高，但却都不具备这个功能，这是众所周知的。"当然将解题用在书名上，陈振孙确是第一人。

二、高度发展的唐宋笔记及代表作

1. 高度发展的唐宋笔记

我国古代有许多文人学者，在正式著述之余，将读书所得、社会见闻，随手记录，天长日久，汇集成册，后人统称之曰笔记。这种笔记魏晋南北朝时期已很流行，到了唐宋时期，得到突飞猛进的高速发展，产生了许多有名的笔记。但在古人目录学分类上，则将其统归为小说类。所以《四库全书总目提要》的《小说家类序》中就说："唐宋而后，作者弥繁。"而对其内容，则分为三个方面："其一叙述杂事，其一记录异闻，其一缀辑琐语也。"对其价值则说："中间诬谩失真，妖妄荧听者，固为不少，然寓劝戒、广见闻，资考证者，亦错出其中。班固称：'小说家流，盖出于稗官。'如淳注谓：'王者欲知闾巷风俗，故立稗官，以广见闻。'然则博采旁搜，是亦古制，固不必以冗杂废矣。"由于众多笔记中，确实保存了许多有用的史料，有的可补史书记载之不足，有的则可纠正史书记载之错误，所以长期以来，一直为史家们所重视。刘知幾在《史通·杂述》篇就曾明确指出："偏记小说，自成一家。而能与正史参行，其所由来尚矣。"又说："街谈巷议，时有可观，小说卮言，犹贤于己。"又如司马光在编修《资治通鉴》时，就很重视对这类书籍的搜集和利用，助手们搜集资料时，他就曾明确提出，除正史以外，"诸家传记小说，以至诸人文集稍干时事者"，皆需采集。他还指出："实录、正史未必皆可据，杂史、小说未必皆无凭，在高鉴择之。"（《司马温公传家集》卷六三《贻范梦得》）据史料记载，司马光编修《资治通鉴》时，除正史、实录外，所用杂史诸书有三百二十种之多，其中小说一项就有十五种。许多事实也都说明，这些笔记中所记之材料，往往都是史书中不曾记载的。例如，我国方志编修在宋代是非常普遍的，但在史书中却很难找到正式的记载。而在宋人笔记周煇的《清波杂志》卷四便有具体的记载："近时州县皆修图志，志之详略，系夫编摩者用力之精粗。"这就是说，当时各地都在修志，所修志书水平高低不一，这不单是因修志人员水平不一，更重要的还在于修志人员是否认真负责。又如孟元老的《东京梦华录》，则为我们留下了北宋晚期社会经济生活及仪礼典章方面可靠的材料，可以视作记述北宋末年东京（今开封）各种事物风貌的专书，诸如都城坊市、街巷店肆、市井游观、典礼仪卫等都有具体条目记载，已经成为研究北宋历史，特别是研究东京社会和文化的不可缺少之书。而沈括的《梦溪笔谈》更是众所周知的记载我国许多科技发明的重要史料。正因为笔记内容如此重要，已经引起学术界和出版界的重视。还在20世纪五六十年代，中华书局上海编辑所就已出版过许多种唐宋笔记，如刘𬤇的《隋唐嘉话》、刘肃的《大唐新语》、封演的《封氏闻见记》、李浚的《松窗杂录》、冯翊子的《桂苑丛谈》、张固的《幽闲鼓吹》、苏鹗的《杜阳杂编》和佚名的《大唐传载》等。中华书局后来又先后出版了《唐宋史料笔记丛刊》、《元明史料笔记丛刊》、《清代史料笔记丛刊》、《近代史料笔记丛刊》。此外，商务印书馆、上海古籍出版社、古典文学出版社等也都先后以不同形式出版了各类笔记，为不同研究人员提供了非常方便的研究条件。上海古籍出版社还计划在已出版的历代笔记基础上，编印《历代笔记小说大观》。特别要指出的是，上海师范大学古籍研究所从20世纪90年代开始，就编纂《全宋笔记》，所辑笔记达五百种之多，当然涵盖的门类是相当广的，其第三编约五十种已由大象出版社于2003年出版。可见有宋一代笔记竟如此之多。其中较为典型的读书笔记，有洪迈的《容斋随笔》、王应麟的《困学纪闻》和沈括的《梦溪笔谈》，并称宋代考据笔记三大家，现选择前两种向读者略作介绍。

2.《容斋随笔》

南宋著名学者洪迈（1123—1202）字景卢，号容斋，别号野处，逝世后谥文敏，故后人亦称其文敏。鄱阳（今江西波阳）人（祖籍乐平，故登科录均作乐平人），是南宋杰出爱国学者洪皓之季子。绍兴十五年（1145）中博学宏词科，任吏部郎兼礼部郎。绍兴三十二年出使金国，回国后出知泉州、吉州。乾道二年（1166）任起居舍人，主修《钦宗实录》四十卷。三年，迁起居郎，拜中书舍人兼侍读、直学士院，仍参史事。六年后，出知赣州、建宁、婺州等地。在任地方官期间，非常关心民众疾苦，除暴安民，兴办学校，兴修水利，发展生产。他不仅关心自己管辖范围内的民众生活，甚至在大荒之年，由于"赣适中熟"，还主动"移粟济邻郡"，虽然部属对此举并不理解而劝阻，他也耐心地加以说明。这种做法，在整个封建社会也实属少见。在知婺州期间，发现"金华田多沙，势不受水，五日不雨则旱"，于是便发动民众大兴水利，有钱出钱，无钱出力，政府并未出钱，结果"凡为公私塘堰及湖，总之为八百三十九所"(《宋史·洪迈传》)。这个数字显然是可观的。作为封建时代的地方官吏，能够如此热衷于农田水利的兴修，今天看来不仅值得我们深思，而且更应当大书特书。在建宁时，有个富豪为非作歹，杀人篡狱，逍遥法外，他到任后，"正其罪，黥流岭外"。对于那些骄横无纪律的郡兵，他照样能够治理得服服帖帖。一介书生，所到之处，都能治理得井井有条，难怪就连孝宗皇帝也不得不对辅臣曰："不谓书生能临事达权"(《宋史·洪迈传》)，并"特迁敷文阁待制"以示奖励，时在淳熙十一年（1184）。第二年孝宗召见，迈首论淮东边备六要地，并建言加强水军建设，招善操舟者以补水军。"上嘉之"，以提举佑神观兼侍讲、同修国史，预修《四朝帝纪》，进敷文阁直学士、直学士院。十三年九月，拜翰林学士，续完《四朝国史》，凡二百五十卷。该书记神宗、哲宗、徽宗、钦宗四朝历史。原由李焘等修撰，焘卒后，孝宗乃命迈专典之，成列传八百七十篇。《容斋三笔》卷一三"四朝史志"条曾记载他参与该书编修情况，称"《四朝国史》本纪，皆迈为编修官日所作，至于淳熙乙巳、丙午，又成列传百三十五卷。惟志二百卷，多出李焘之手，其汇次整理，殊为有功，然亦时有失点检处。盖文书广博，于理固然"。绍熙二年（1191），再上章告老，进龙图阁学士，后以端明殿学士致仕。去世后，赠光禄大夫，谥文敏。

洪迈一生著作颇多，除《容斋随笔》外，有《夷坚志》、《野处类稿》、《万首唐人绝句》等，还编有《史记法语》八卷、《南朝史精语》十卷。

《容斋随笔》一书共分五集，即《随笔》、《续笔》、《三笔》、《四笔》、《五笔》，前四集各十六卷，《五笔》十卷，共七十四卷。全书之作历四十余年。对于写作进程，洪迈在《四笔序》中有所说明："始予作《容斋随笔》，首尾十八年，《二笔》十三年，《三笔》五年，而《四笔》之成，不费一岁。身益老而著书益速，盖有其说。"此序乃庆元三年（1197）九月所作，于嘉泰二年（1202）去世，首尾六年也仅成《五笔》十卷，显然没有完成每集十六卷的计划，到了衰老之年，"著书益速"也只能成为愿望而已，看来自然规律是任何人也无法抗拒的。这是一部典型的读书笔记，其特点便是完全按照纪录时日顺序而编排起来，不像其他笔记还按内容分类再作编排，因而有些内容尽管以前已经记过，后来对此事又有想法，照样再发议论，所以书名取做"随笔"，道理就在这里。正如作者在《随笔序》中所云："意之所之，随即记录，因其后先，无复诠次，故目之曰随笔。"当然，由于洪迈阅读书籍比较广泛，遇到问题，不仅要发议论，而且要作一番考证，非搞个水落石出不肯罢休。正如《宋史》本传所云，还在青少年时期，便"博极载籍，虽稗官虞初，释老傍行，靡不涉猎"。成年后则"考阅典故，渔猎经史，极鬼神事物之变，手书《资治通鉴》凡三"。这就说明，他阅读范围不仅很广，而且一些重要典籍诸如《史记》、《汉书》、《资治通鉴》等都再三阅读，因此对其长短得失，都能论之甚详。他在《四笔》卷一一"汉高帝祖称丰公"条曰："予自少时读班史，今六七十年，何啻百遍，用朱点句，亦须十本。初不记忆高帝之祖称丰公，比再阅之，恍然若昧平生，聊表见于此。旧书不厌百回读，信哉！"可见对于这些名著他是如此重视，尤其是司马迁《史记》，则更是非常推崇，称其文字"真天下之至文"，特写《史记简妙处》一条加以评述；有人贬低、讥议司马迁，他则于书中立《讥议迁史》一条（《容斋四笔》卷一一）加以辩驳，指出"大儒立言著论，要当使后人无复拟议，乃为至当"，"指司马子长为浅近不学，贬之已甚，后之学者不敢谓然"。

是书所载内容非常广泛，诸如历史、文学、哲学、社会风俗、医学星历等，无所不载，对于宋代典故记述尤详。正如《四库全书总目提要》所言："其中自经、史、诸子、百家以及医、卜、星、算之属，凡意有所得，即随手札记。辩证考据，颇为精确。""南宋说部，终当以此为首焉。"明代弘治年间李瀚在为该书所作序中，曾概括了该书内容的显著特点："搜悉异闻，考核经史，捃拾典故，值言之最者必札之，遇事之奇者必摘之，虽诗词、文翰、历识、卜医，钩纂不遗，从而评之。参订品藻，论议雌黄，或加以辩证，或系以赞颂，天下事为，寓以正理，殆将毕载。"一个最字，一个奇字，确实将这部笔记的特点点了出来。不过，笔者在阅读该书的过程中，还发现两点很值得我们注意：一是书中谈论诗词的条文特别多，上自《诗经》，下到历代著名诗人，而对大诗人李白、杜甫的诗歌议论尤多。难能可贵的是，对于那些诗写得很不错而未能得到流传的诗人及其诗，还特别加以评述，在写《唐扬州之盛》时，文中先后引了杜牧之、张祜、王建、徐凝四人诗句，来说明唐时扬州之盛况。因此，后人曾将此书诗歌部分辑成《容斋诗话》六卷，可见这一特色早已引起前人的注意。二是书中征引大量文集传记碑文，或纠正史书之错误，或补充史传之缺略，无论是对于文献的整理，还是对史料的考证，都有着不可忽视的价值。而对古代许多典籍，有的加以辨伪，有的进行正误；对于历史人物和事件，凡所涉及，大多要作评论，尤其对用人得失、世情民生特别关注，字里行间，透露出爱国爱乡之情。

3.《困学纪闻》

王应麟（1223—1296），字伯厚，号深宁居士，学者称厚斋先生，庆元（今浙江宁波）人，是南宋著名学者。淳祐元年（1241）进士，迁太常寺主簿，因屡言边事，遭权臣丁大全罢。及大全败，起通判台州，迁秘书少监兼侍讲，为贾似道所恶，遂出知徽州。贾似道事发，始转礼部尚书兼给事中，又与留梦炎不合，乃辞官东归。可见一生仕途都非常不顺。《困学纪闻》正是归家以后所作。一生治学，精于经史地理，善于考辨，不主一说，不名一家，因此，在清代学术界享有很高的学术地位，当时对《困学纪闻》作校勘、校补、笺注、参注、集注等学者竟达十多人，其中如阎若璩、何焯、全祖望、程瑶田、钱大昕等都为考据方面大家，并为历史、地理方面名家。正如有的文章所言，"一部笔记体的著作，而有这么多的考据名家为之校注，恐怕是绝无仅有的"。

王应麟一生著作宏富，除《困学纪闻》外，尚有《通鉴地理通释》、《汉书艺文志考证》、《汉制考》、《玉堂类稿》、《掖垣类稿》、《词学指南》、《尚书郑注》、《六经天文编》等二十多种，还编有类书《玉海》。原有文集《深宁集》一百卷，已佚，后人辑有《四明文献集》。

《困学纪闻》最早刻本应在元至治二年（1322），牟应龙作过序；泰定二年（1325）又曾有刊本，因为著名学者袁桷为该本作过序。明代于正统、万历年间也曾两度刊刻。到了清代，刻本就更加多了，影响比较大的，先有全祖望的"三笺本"，最后翁元圻采辑诸家之说，于道光五年（1825）由余姚守福堂刊刻，世称"余姚守福堂书"，此为最详之本。1998年，辽宁教育出版社出版孙通海校点本。2008年，上海古籍出版社又出版了《困学纪闻》全校书。全书二十卷，其中说经八卷，天文、历法、地理、诸子共二卷，考史六卷，诗文评论三卷，杂说一卷。其书虽是笔记，却有着与众不同的特点，其一便是分类记述，这是众多笔记所不具备的。众所周知，一般笔记，都是带有随笔之意，按时间顺序，随时想到，随时记述，很少有分类记述的。该书则按经、史、子、集作了十分明确的分类，这就为使用查寻材料提供了很大的方便。其二，这部笔记学术性更加显著，与同类作品相比，作者很注意所记内容的学术性、严肃性，读者可以发现，其条目大多为对古代各种文献辨伪、正误、校勘、考订、探源和分析评论等，对于奇谈怪论、荒诞不经和传闻杂说均不予记载。他写笔记的目的，在书的卷首题词中已经讲了，"开卷有得，述为纪闻"。这就是说，自己是把各类读书的心得体会记载下来，而不是道听途说的记录。因此所记内容大多具有可贵的学术价值，有的可纠正史书记载之谬误，有的可补充史书记载之不足。

就如日常生活中长期在社会上流传的祭祖焚烧纸钱之习俗，究竟起源于何时，史书很少有记载，该书卷一四《考史》中有一条则回答了这一问题："欧阳子谓：五代礼坏，寒食野祭而焚纸钱。按纸钱始于开元二十六年（738）王玙为祠祭使，祈祷或焚纸钱，类巫觋。非自五代始也。古不墓祭，汉明帝以后，有上陵之礼，蔡邕议以为礼有烦而不可省者。《旧唐书》开元二十年，寒食上墓，编入五礼，永为常式。寒食野祭，盖起于此。朱文公谓：汉祭河，用寓龙寓马，以木为之，已是纸钱之渐。唐范传正谓：唯颜鲁公、张司业家祭不用纸钱。本朝钱邓州不烧楮镪，吕南公为文颂之。"这一记载，就将焚烧纸钱这一社会风气的来龙去脉作了明确的交代，并且指出古人不作墓祭，汉明帝以后，方有上陵之礼。特别是到了唐开元二十年（732），寒食扫墓，方才编入五礼，"寒食野祭，盖起于此"。可见，这一条文不仅对祭祀时焚烧纸钱的起源作了记载，而且对寒食扫墓的起源以及正式列入丧礼时间也都予以指出，这对研究我国祭祀风俗的发展演变自然有着重要价值，尤其是这些习俗至今仍在社会上普遍流传着。至于该书的"说经"部分，许多条目对研究历史同样具有重要作用，读者不必为经名所限。

第六节　唐宋元时期地方志的编修和舆地学的发展

一、隋唐五代图经的发展

前面已经讲了，地记与图经同时产生于东汉时代，但是，由于魏晋南北朝时期社会上的需要，图经不像地记那样受到社会重视而得到大规模的发展。可是到了隋唐时期，在大一统局面的形势之下，随着中央集权的加强，许多制度发生了变化，也引起了社会风气的变化，而作为地方性著作的功能也相应发生变化，于是地记编写大大减少，而图经由于政府的提倡而得到迅猛的发展。因此，可以这样讲，地记编修的减少，图经的盛行，可视为中央集权战胜地方封建割据势力的一种表现。历史的发展正是这样向人们展示，随着隋朝的建立，各种制度产生变化，特别是中央集权的加强，图经终于取代了地记而行使其历史的使命。同时它告诉人们，隋唐五代图经的发展，绝不是一种偶然的现象，而是社会发展必然的产物。

图经是一种什么样的著作？由于大家都未见过，所以各人所说，不外乎都是出于想象和推测，有人说图经就是地图加文字说明，还有人说图经是以图为主，这两种说法都没有任何文献为依据，明显是错误的。事实上敦煌图经残卷就足以说明这个问题，特别是《沙州都督府图经》存者近乎三丈，所记内容有水、渠、壕堑、泽、堰、故堤、殿、咸卤、盐池、湖泊、驿、州学、县学、医学、社稷坛、杂神、异怪、庙、冢、堂、土河、古城、张芝墨池、祥瑞、歌谣等二十五种之多，内容字数之多已经相当可观，却丝毫没有图的痕迹，若说是以图为主，于情于理都是讲不通的。再如被后人定名为《沙州伊州地志》的残卷，其实也是一部图经，为唐光启元年（885）写本，残卷内容也相当多，所记有各州县的户数、公廨、乡数，各县又分寺、观、烽、戍，还有山川、湖泊、古迹、风俗等，与《沙州都督府图经》基本相同，却也不见有图的痕迹。因此，笔者认为那种说图经是地图加文字说明是没有根据的，而认为图经是以图为主的说法同样是没有根据的。而持此说者并非一人，且都为大家名家，更加令人费解的是他们都亲自阅读过敦煌图经残卷。可见做学问必须善于思考，不能人云亦云。笔者认为，所谓图经就是指这类著作卷首都冠以各种地图，并不是说都要以图为主。不妨看以下事实：第一，据记载，隋炀帝于大业五年（609）命秘书学士编成《区宇图志》，全书一千二百卷，"卷首有图，别造新样，纸卷长二尺，叙山川则卷首有山川图，叙郡国则卷首有郭邑图，其图上有山川城邑"（章宗源《隋书经籍志考证》）。第二，唐代学者李吉甫的《元和郡县图志》，原本是有图，如今流传下来仅为《元和郡县志》，图失传了，当日有图时显然也是放在卷首。对于这部书，当日有图时我们同样可称其为《元和郡县图经》，因为古人常将经、志两字互用，图经亦称图志，宋人周煇在《清波杂志》中就曾讲过："近时州县皆修图志，志之详略，系夫编摩者用力之精粗。"这里就将图经称为图志，因为北宋时曾多次下令全国编修图经，所以才有"近时州县皆修图志"的现象。特别是《宝庆四明志》作者在《序》中还特地对将图经易名为志的原因加以论说，"四明旧有《图经》，成于乾道五年"。开宗明义说明四明早已修过图经，还在大观初已经修过，但未能流传下来，而这次所修则以乾道所修为底本，"成二十一卷，图少而志繁，故独揭志名，而以图冠其首"。可见开始编修时还称图经，成书后为了名副其实，"故独揭志名"，改称曰志，因而就有《四明志》而不再是《四明图经》。第三，北宋元丰七年（1084）朱长文作《吴郡图经续记》三卷，完整地传了下来，却未见有图，是原书未作图，还是未流传下来，已不得而知。而他本人所作的《序》中云："吴为古郡，其图志相传固久。自大中祥符中诏修图经，每州命官编辑，而上其详略，盖系乎其人。"这里又将图志、图经相提并论，可再次证实古人志、经之互用，而此书名曰《图经续记》，却不见有图。第四，我们再看南宋绍兴九年（1139）所修之《严州图经》，卷首有图九幅：《子城图》、《建德府内外城图》、《府境总图》、《建德县境图》、《淳安县境图》、《桐庐县境图》、《遂安县境图》、《寿昌县境图》、《分水县境图》；以下内容先讲严州府，再后则分县记述。这就是图经，有什么理由能说它是以图为主呢？我们知道，北宋建立以后，一直沿袭着隋唐五代编修图经的制度，尽管各州县都先后修了图经，但流传下来的同样不多。朱长文的《吴郡图经续记》可视为北宋所作图经的代表，它与隋唐时期的图经相比，在体例、形式上并无多大变化，只不过越到后来内容更加丰富而已。可见那种认为图经是以图为主的说法，完全出于望文生义而已，这种研究方法是不可取的。

隋统一以后，由于各种制度的变化，特别是为加强中央集权的需要，从而使图经得到蓬勃发展。唐和五代也都实行了编修图经的制度。可惜的是，作为隋朝政府的正式规定，至今尚未见到，而唐和五代史书都已见到明确记载。问题在于这些朝代所修的那么多图经，竟连一部也未完整地流传下来，因而它究竟是一种什么样的著作，后人可以说一无所知，因此产生猜测和误解也就在所难免了。值得庆幸的是，当时的学者在其诗文中还为我们留下过非常宝贵的点滴资料，特别是敦煌图经的发现，总算为我们解开了千古难解之谜。笔者已发表《从敦煌图经的残卷看隋唐五代图经的发展》一文，作了专门的论述。至于隋代的图经，根据前人考定成果，我们现在能够知道成于隋的图经尚有十八种之多，当然这并不是说隋只修了十八部。并不像有的文章所说"有隋一朝三十余年，各地共修图经六种"。我们不能说我们知道几种，就说人家当时只修了几种。据《隋书·经籍志》记载，炀帝时尚书左丞郎茂曾汇编了《隋诸州图经集》一百卷，这是一部汇集全国各地图经编纂而成的隋代图经总集，在一定程度上反映出隋朝图经的发展概况。因为郎茂曾任"尚书左丞，参掌选事"，有可能看到全国进呈的图经，否则要以一人之精力而纂辑全国各地之图经是很困难的。另外，上文已经讲了，隋炀帝命修一千二百卷的《区宇图志》，当然与各地编修图经也有着密切的关系。有了各地图经的进呈，才有可能修出这样一部规模宏大的著作来。就像后来元明清三代在修《一统志》之前，要各地普遍编修府、州、县志，其道理是一样的。

到了唐代，图经编修得到进一步的发展，政府已经设立专门官吏管理此项工作，并明确规定编修期限和办法。《新唐书·百官志·兵部尚书》载："职方郎中员外郎各一人，掌地图、城隍、镇戍、烽堠、坊人、道路之远近，及四夷归化之事。凡图经非州县增废，五年乃修，岁与版籍偕上。"又《唐会要》卷五九《职方员外郎》记载："建中元年（780）十一月二十九日，请州图每三年一送职方，今改至五年一造送，如州县有创造及山河改移，即不在五年之限，后复故。"这两条材料联系起来看，下条中的州图很可能就是指州图经，古代书籍传抄常有漏、衍之现象，况且图经本身就必有图。可见唐代图经编修，原规定为三年一修，后改为五年。但遇特殊情况，如"州县增废"、"山河改易"，则随时都要造送。这一制度，到了五代亦未曾间断。对此，《五代会要》为我们留下很好的证据，该书卷一五《职方》曾这样记载：

> 长兴三年（932），五月二十三日，尚书吏部侍郎王权奏："伏见诸道州府，每遇闰年，准例送尚书省职方地图者。倾因多事之后，诸州道府旧本虽存，其间郡邑或迁，馆递曾改，添增镇戍，创造城池，窃恐尚以旧规录为正本，未专详勘，必有差殊。伏请颁下诸州，其所送职方地图，各令按目下郡县镇戍城池，水陆道路或经新旧移易者，并须载之于图。其有山岭溪湖、步骑舟楫各得便于登涉者，亦须备载。"奉敕："宜令诸州道府，据所管州县，先各进图经一本，并须点勘文字，无令差误。所有装写工价，并以州县杂罚钱充，不得配率人户。其间或有古今事迹、地理山川、土地所宜、风俗所尚，皆须备载，不得漏略，限至年终进纳。其画图候纸到，图经别敕处分。"

这段资料为研究图经提供了极为丰富的内容，反映了统治者对其非常重视。隋唐两代尽管都重视图经的编修，却都未能留下如此丰富而具体的资料，所以当20世纪80年代初查得此段材料时，笔者真是如获至宝，当时就引入正在撰写的《方志学通论》书稿之中，但因各种原因，并未引起人们的注意。长兴是五代后唐明宗第二个年号，这段文字可以说明这样几个问题：第一，五代统治者同样重视图经的编修，平时，各州府都存有图经"旧本"。第二，制度虽然规定遇闰年各地州县应造送地图、图经，可是地方官为了例行公事，便将旧存之本抄录上报，势必不能反映各地的变化，必须防止此类事情发生。第三，地图和图经明显是两回事，并不像有的人所说图经就是地图加文字说明。这个资料说明，地图与图经内容都有具体要求，地图所载内容偏重于为军事服务，而图经内容则更加丰富，两者区别很大，况且地图还可以附在图经之中，成为图经的一部分。第四，图经内容，文中有着明确规定："古今事迹"、"地理山川"、"土地所宜"、"风俗所尚"，皆须备载。虽然只有十六个字，但所包括内容是相当丰富的。如"古今事迹"实际就包括了本州县历史发展、建置沿革、历史事件、历史人物、故事传说等；"土地所宜"是指这个州县适宜于种植哪些作物，也就是后来所说的"物产"；"风俗所尚"既包括衣、食、住、行、婚、丧、嫁、娶等各种习俗风尚，还包括是否能歌善舞。中央政府所以要了解这些，目的在于确定向这些地方征收什么，要其进贡什么。第五，图经编修不像地图那么简单，需要相当经费，所以文中还特地说明经费开支的出处。综观上述内容，笔者认为这段资料对于研究隋唐五代图经编修至关重要，有了这个资料再加上敦煌图经残卷，所有隋唐五代有关图经的谜团，全部都可以解开。

唐代所修图经，据各种文献记载所能知道的约有三十八种之多，而刘纬毅的《汉唐方志辑佚》一书中，有"约为唐人所作"者尚有八十余种，说明唐代图经编修非常普遍。从有些诗文记载来看，真可谓随处可得。唐代大文学家韩愈因上《谏佛骨表》而被贬潮州。他怀着满腔的义愤离开京城，一路上便借大好的山水名胜来消除胸中的积愤。将要到韶州时，便给张籍写诗一首，请代借一本《韶州图经》，标题是《将至韶州先寄张端公使君借图经》，诗曰："曲江山水闻来久，恐不知名访倍难。愿借图经将入界，每逢佳处便开看。"人还未到，便先寄诗请借图经，目的在于每逢佳处，先打开图经作些了解，以便更好地参观游览。这一则说明当时各地确实都有图经，正如王权奏疏所言，诸道州府都存有"旧本"（其实系进呈后所留之副本），否则如何能开口便借？再则说明图经内容相当丰富，竟能成为文人墨客参观游览山水名胜的忠实伴侣。既然如此普遍存在，为什么一部也没有留传下来呢？原因在于这些图经的编修，大多出于政府的功令，其内容学术价值不高，加之其内容中许多重要部分已为当时各种地理著作所收入，自然就无人再去收藏这些公文档案了。同时大量事实证明，越是容易得到的书籍，越是容易失传，原因在于人们不注意收集保存。还要说明的是，正由于唐代图经普遍地、大量地编修，这就为编修全国性的地理著作创造了条件，因而先后产生的全国性的区域志、地理书很多，如《括地志》、《长安四年十道图》、《开元十道要略》、《贞元十道录》、《海内华夷图》、《古今郡国县道四夷述》、《元和郡县图志》、《域中郡国山川图经》和《郡国志》等。若是没有全国各地进呈的图经，仅靠一人的精力来编纂出全国的地理著作，是很难想象的。正因如此，我们可以这样讲，由于唐朝图经的普遍编修，造就了一大批像贾耽、李吉甫等的杰出的地理学家。所以也可以这样说，唐代大量图经的编修，直接推动了唐代地理学的大发展。可见研究地记与图经，并不是简单地要说明魏晋南北朝时期产生了多少部地记，隋唐时期各产生了多少部图经，必须要说明这些著作产生的前因后果、服务对象及其影响等，否则就失去了研究意义。

二、宋代方志趋于定型和元代方志的编修

1. 趋于定型的宋代方志

到了北宋时期，图经的编修也一直在延续不断，并且统治者也非常重视。据李焘《续资治通鉴长编》卷一二记载："开宝四年（971）正月戊午，知制诰卢多逊等，重修天下图经。"该书卷一四又记载：开宝六年四月，"遣卢多逊为江南生辰国信使。多逊至江南，得其臣主欢心。及还，舣舟宣化口，使人白国主曰：'朝廷重修天下图经，史馆独阙江东诸州，愿各求一本以归。'国主亟令缮写，命中书舍人徐锴等，通夕雠对送与之。多逊乃发。于是江东十九州之形势，屯戍远近，户口多寡，多逊尽得之矣"。《宋史·宋准传》记载，开宝八年，宋准又"受诏修定诸道图经"。可见北宋还在开国不久，宋太祖就三番五次下令搜集、编修图经，其目的固然在于政治方面，通过图经了解各地形势，以及屯戍、户口、物产等情况，同时还要抄送史馆，以供采摘之用，这与隋唐就有所不同。到了真宗大中祥符年间，又一次大规模发动全国编修图经，并由翰林学士李宗谔总其成。郑樵《通志·艺文略》图经条下共著录图经三十三部，出于宋代的有二十五部，宋仁宗天圣年间分天下为十八路，十八路的图经齐全，另有七部为州、府图经。需要指出的是，此时所修之图经其内容远远详于隋唐时期，这从朱长文的《吴郡图经续记》就足以说明。随着学术发展的影响，图经的内容在不断充实，体例也逐渐完善，显然已非往日图经所能比拟。于是许多这类著作，为了做到名实相副，便纷纷易图经而称志，特别是到了南宋时代，名称并逐渐趋向统一而称志，再称图经的已经是非常少了。嘉泰元年（1201），陆游在为《嘉泰会稽志》所写的序中说："书虽本之图经，图经出于先朝，非藩郡所可附益，乃用长安、河南、成都、相台之比，名《会稽志》。"又如嘉定元年（1208）所修的《罗山志》，罗鉴在序中说："嘉定元春，西昌李君，以簿领摄邑事，见委编次，于是请问耆宿，搜罗逸闻，遍考诸家记载、公私碑刻，而以《祥符图经》为祖，累年汇梓，乃克成书，凡五十有一门，厘为

六卷；载维诗文，不可不录，编而成集者，又四卷，总十卷。名曰《罗山志》。"(《康熙崇仁县志旧序》)再如赵与时的《宾退录》卷四载："开禧丙寅（1206），眉州重修图经，号《江乡志》。"这里实际上是把图经与志看作一回事，讲的是"重修图经"，修成后却称作《江乡志》了。可见在当时，图经改称方志，已是大势所趋，说明整个方志的编修已逐渐趋向定型。为了说明问题，笔者曾根据张国淦先生《中国古方志考》作一粗略统计，分北宋、南宋和宋三组，凡是难以确定为南宋或北宋者，都归入宋；而对于志和图经以外称呼者，如乘、谱、记、编等，一律归入其他。根据这一原则，统计结果是：

时期	志	图经	其他	小计	时期	志	图经	其他	小计
北宋	24	96	52	172	宋	150	92	43	285
南宋	248	31	25	304	合计	422	219	120	761

这三组数字很醒目地告诉人们，北宋时期图经的数量很大，到了南宋，大大减少，而称志者却增加十倍，其他名称也在减少，这说明在名称上确实是趋向于统一。这是宋代方志逐步趋向定型的有力证据。

当然，我们在研究方志的定型时，不能仅从名称的变化来说明，因为名称还只停留在形式上，更应当注意内容和体例的变化。从内容方面来看，人文方面的内容在这一时期的著作中显然是大大增加了，无论是称志还是称图经，人物已成为不可缺少的组成部分了。另外，学校或书院也已成为志书必载之内容，这正反映了宋代社会上讲学风气的盛行。书院讲学既关系到培育人才，又关系到树立好的社会风气，对于精神文明的建设有着重要作用，因此各地编纂方志之中都十分重视。又如，宋代所修的方志中，好多都有"碑碣"一门，将本地的重要石刻加以汇集，这无疑又是受到宋代金石学发展的影响。再者，关于"艺文"的记载，虽不能说始于宋代，但隋唐图经毕竟无此内容，而宋代所修方志中陆续出现，无疑又增加了这种著作的学术价值。诸如此类，都足以说明宋代的方志内容已相当丰富，完成了后世方志编修的大体规模。

再从体例来讲，宋人所修方志许多都细目并列，但也有许多是分纲列目，上面提到的《永嘉谱》便是这样，《宝庆四明志》亦是如此。特别是景定《建康志》，更是采用了纪传体编修，图、表、志、传一应俱全，全书分了十五大类，对后世的方志编修影响很大。

笔者认为，宋代方志的定型，不仅反映在名称的变化，逐渐趋于统一而称志，而且还体现在内容的不断充实和体例的逐渐完善上面。事实上，名称只不过是内容与体例发展变化结果的体现，因为内容是首要的，内容丰富了，再用图经已不相称，于是年长日久，逐渐更易，也并非一朝一夕之事。章学诚就曾讲过："名者实之宾，实至而名归，自然之理也。"（《文史通义新编新注》内篇三《针名》）又说："名者，实之宾，徇名而忘实，并其所求之名而失之矣。"（同上书，内篇三《黠陋》）他论定一切事物都是"先具其实，而后著之名也"（同上书，内篇一《易教中》）。这是符合唯物论的观点。现在有些谈论宋代方志定型的著作，仅仅着眼于名称变化的介绍，显然是无法谈清楚宋代方志之所以定型的。

宋代方志编修得到前所未有的发展。据前人著作记载统计，能够知道书名的尚有近八百种之多，这个数字是非常可观的。流传至今的尚有三十余种。不仅数量多，编修广泛，而且大多具有相当质量，其中还涌现出不少名志。如范成大的《吴郡（苏州）志》，梁克家、陈傅良的《三山志》（又名《长乐志》），罗愿的《新安（歙县）志》，施宿的《嘉泰会稽（绍兴）志》，陈耆卿的《嘉定赤城（天台）志》，周应合的《景定建康（南京）志》等。还有最为人们所称道的《临安三志》。临安是南宋的都城，从绍兴八年（1138）建都以来，历时一百四十一年，而其志则三次编修：孝宗乾道五年（1169）府尹周淙始修，理宗淳祐十年（1250）府尹赵与𥥆命陈仁玉等人再修，度宗咸淳四年（1268）知府潜说友三修，这三部志书，人们常将它们合称为《临安三志》。

综上所述，可见宋代方志发展，在整个方志发展史上具有划时代的重要意义，它起到承前启后、继往开来的重要作用。在这一时期，无论从修志的普遍性和成书的数量来看，都是史无前例的。内容日益充实，体例不断完善，名称日趋统一，从各方面来看，方志的发展，到了宋代已经基本趋于定型。从此，方志发展进入新阶段——定型阶段。

2. 元代方志编修概况

元代为了编修《大一统志》，势必促使各地方志编修的普遍发展。第一次修成之《大一统志》，所以会缺漏甚多，其中一个重要因素便是有些地方的图志尚未送到，后来的两次重修之举，便是明证。可见《大一统志》的编修，与地方志的发展有着十分密切的关系。加之宋代以来各地编修方志的工作业已形成传统，在社会上已造成了极深远的影响。新上任的官吏，为了开展工作，了解民情，首先查阅本地的图经或方志，而有作为的官吏，也都将编修新志作为自己义不容辞的职责，这已是不可更动的不成文法规。所有这些，对于继宋而起的元代社会不可能不发生影响。关于这点，从元代所修方志的序、跋中可以得到证实。

不过，从现有材料来看，元代的方志编修，无论是形式、体例还是内容，可以说基本上还是继承、沿袭宋代的成规，并无明显特殊变化和发展，只是使已经定型的体例更进一步成熟。尽管如此，元代在短短的九十余年中，仍编修出数量十分可观的各类志书。据粗略统计，现在尚能知其名者有一百七十种之多，其中称志的一百三十七种，图经六种，用记、乘等其他名称的有二十七种。这个数字若与南宋相比，可看出此时修志发展之快，远在南宋之上。因为南宋享国一百五十余年（1127—1279），仅撰包括各种名称在内的方志三百零四种。尤其值得注意的是，元代所修方志，几乎遍布全国各地。这就改变了南宋时代集中于江苏、浙江、湖南、湖北、四川、江西、福建等地的局面。还应当看到的是，元代统治时间虽然并不太长，但却也留下了一批深受后世学者好评的名志，如《至元嘉禾志》、《齐乘》、《大德昌国州图志》、《延祐四明志》、《至顺镇江志》、《至正金陵新志》等。流传至今尚有十一种之多，与宋代现存方志相比，约为一比三。

三、舆地学的发展

唐宋元时期，舆地学也得到了显著的发展，并涌现了一批著名的舆地学著作。

早在唐代，就已出现了很多有关我国以及中亚、南亚的地理著作和地图，其中著名的有贾耽的《海内华夷图》和李吉甫的《元和郡县图志》。可惜《海内华夷图》已经佚失，而12世纪中叶根据它缩绘的《华夷图》和《禹迹图》石刻，则现在还保存在西安的碑林中。

李吉甫（758—814）的《元和郡县图志》，是我国留传下来的最古老的一部重要历史地理专著。作者编撰本书有其明确的政治目的，他认为刘邦之所以能够取得胜利，就因为他熟知山川厄塞、户口虚实，而在元和时期（"元和"是唐宪宗年号，时值中唐），正是国内混乱，藩镇割据。面对这种政治现实，一切学问，"莫若版图地理之为切也"。因此，他立志要编撰一部舆地学著作，以"辨州域之疆理，时获省阅"。同时他还指出："丘壤山川攻守利害，本于地理者，皆略而不书，将何以佐明王扼天下之吭、制群生之命！"当然，他所以能够写成这样一部巨著，与他所具备的特殊条件也是有密切关系的。他的父亲栖筠、儿子德裕以及他自己，都曾任过宰相之职，这就使他有可能掌握朝廷里的许多重要文献。另外，他在任淮南节度使时，又曾作过不少实地调查，掌握了丰富的实际调查资料，加之参考了《禹贡》、《史记》、《汉书》以及六朝以来的大量地理著作，从而使其著作能够做到材料丰富，记载准确。

《元和郡县图志》共四十卷，原是一部有图有文、图文并茂的著作，各"镇"篇首都有图一幅，但这些图在宋朝时就已亡佚了，所以后人又把它称为《元和郡县志》。全书按十道次序分列，每道下分府、州、县。首京兆，终陇右，共分四十七镇，分别记述各州县的户口升降、物产贡赋、山川古迹、州县沿革以及各地通往长安的路线里程等。

到了宋代，这类著作就更多了，如乐史的《太平寰宇记》，王存的《元丰九域志》，欧阳忞的《舆地广纪》，祝穆的《方舆胜览》，王象之的《舆地纪胜》，等等，而以《太平寰宇记》的影响较大。

乐史字子正，太平兴国时进士，官由著作郎至编修。宋太宗时，闽越、北汉等割据政权已被消灭，自唐中叶以来藩镇割据和五代十国分立局面到此结束。面对这个大一统的局面，乐史便计划把各州的史地加以研究记述，以资称颂。因成书于太宗太平兴国年间，故名其书曰《太平寰宇记》。编纂体例，基本上沿袭《元和郡县志》，以当时所分十三道为标准，诸如沿革、户口、州境、土物应有尽有，另外还增加了风俗、人物等门。户口是以太平兴国与开元相比，从中可以看出自唐开元年间至宋太平兴国年间的户口变动情况。此书材料丰富，编纂亦颇有条理，是研究唐末、五代和宋初地理、历史的重要资料。

最后需要指出的是，在这一时期还先后出现了一批专记都城盛况的著作。唐代韦述就曾写过一部《西京记》，但内容非常简单，因此宋人宋敏求又重新编撰了《长安志》二十卷，详细地记述了唐代长安的城郭、寺院、官府、山川、道路、风俗、物产、坊市等，是研究唐代历史的重要资料。另外，宋人孟元老的《东京梦华录》（十卷），专记北宋末年开封的繁华景象；周密的《武林旧事》、吴自牧的《梦粱录》（二十卷），专记南宋杭州的繁华景象，也都是富有史料价值的地方史著作，对于研究这两个都市的社会面貌有很大用处。当然，后者性质乃是属于笔记。

第七节　唐宋谱学发展

一、作为政治斗争工具的唐代谱学

唐代的谱学在魏晋南北朝的基础上继续得到发展，并出现了新的特点，即它与唐代整个史学一样，其编撰权几乎皆为官府所垄断。它既然是伴随门第制度而发展起来的，自然就成为维护门阀豪族利益的工具。唐政权建立不久，当权者很快就发现这个工具对于提高政治集团的社会地位、调节地主阶级各阶层之间的关系，以巩固其政权统治都具有十分重要的政治意义，因此不惜花费巨大代价一次又一次地组织力量编撰大型的谱牒著作。这就说明唐代的谱学，主要是掌握在政府手中，几部大的谱牒著作亦皆为官修。这是与魏晋南北朝时期谱学最大的不同之处。正因如此，到了唐代，在谱学家内部便产生了分裂和对立。正如柳芳所云："唐《贞观氏族志》凡第一等则为右姓；路氏（敬淳）著《姓略》，以盛门为右姓；柳冲《姓族系录》凡四海望族则为右姓。"（《新唐书·柳冲传》）这就说明谱学家们在划分"右姓"的标准上，存在着很大的分歧。当然在所编撰的谱牒著作上，必然出现不同的分类主张。这就是政治斗争在谱学上的反映。

隋末农民起义打乱了整个封建统治秩序，魏晋南北朝以来的门阀制度、世家豪族一度遭到了严重的打击，使它在政治上、经济上的势力都大为衰落，出现了所谓"燕赵右姓，多失衣冠之绪，齐韩旧俗，或乖德义之风，名虽著于州间，身未免于贫贱"（《唐会要》卷八三《嫁娶》）的现象。但是值得注意的是，这种氏族地主并未因此就退出了历史舞台。相反，在唐朝政权建立以后，虽然失去了往日的那种显赫声势，但在社会上仍有很高的地位和一定的势力。就连唐太宗的许多重要大臣，也都争着向山东士族攀亲，当时三品以上的官员，"欲共衰代旧门为亲，纵多输钱帛，犹被偃仰"（《旧唐书·高士廉传》）。特别是以崔、卢、李、郑为首的山东世族，更是以士大夫自居，妄自尊大，嫁女时必多方索取聘礼以抬高其身价。这种情况，甚至使得唐太宗深深感到不安，认为如再发展下去，势必严重影响社会风气，动摇新政权的巩固。所以他在一次诏令中就曾严厉指出：这些士族，"自号膏粱之胄，不敦匹敌之仪，问名惟在窃赀，结褵必归于富室。乃有新官之辈，丰财之家，慕其祖宗，竞结婚媾，多纳货贿，有如贩鬻，或贬其家门，受屈辱于姻娅，或矜其旧族，行无礼于舅姑，积习成俗，迄今未已。既紊人伦，实亏名教。朕夙夜兢惕，忧勤政道，往代蠹害，咸已惩革，惟此敝风，未能尽变，自今已后，明加告示"（《唐会要》卷八三《嫁娶》）。已经发展到需要用行政命令的办法予以禁止，问题之严重程度于此可见。

值得注意的是，新建立的唐王朝政治集团，其皇室虽自称为陇西李氏，属于关陇士族，但其开国元勋和枢要大臣中，很大一部分来自庶族地主、农民起义的将领和寒素之家，如李勣在临死前还称自己为"山东一田夫"，唐太宗曾称魏徵为"田舍翁"，如刘洎、马周、张亮等都是来自寒门。他们虽掌有实权，但其出身和士族还有一定界限，社会地位和影响自然还抵不过山东士族和江左名门。为了改变这个现状，提高皇室新贵们的地位，调整统治阶级内部的关系，因此从唐太宗开始，一直很注意利用谱学作为其斗争的有力工具。还在贞观五年（631），唐太宗便"诏高士廉和御史大夫韦挺、中书侍郎岑文本、礼部侍郎令狐德棻等刊正姓氏。于是普责天下谱牒，仍凭据史传考其真伪，忠贤者褒进，悖逆者贬黜，撰为《氏族志》"（《旧唐书·高士廉传》）。按照唐太宗的原意，一则是要对全国谱牒进行一次清理审核工作，考定其真伪，这就说明当时谱牒很混乱，许多门第低下的庶族地主，为了提高自己社会地位，往往伪造郡望，篡改谱牒。再则就是对现有官职人员加以评定，其标准就是"忠贤"与"悖逆"，这实际上就是唐太宗编修《氏族志》的两条原则，即既承认历史，又肯定现实。这中间自然是包含着调和的意味。可是高士廉等人大多数出身于旧的士族，受旧传统的影响较深，因此，新编《氏族志》原想借以抑压山东士族的地位，而其初稿竟仍把黄门侍郎（正四品）山东士族崔民干列为第一等（共分九等）。唐太宗看后大为不满，严厉地指出：

> 我与山东崔、卢、李、郑，旧既无嫌，为其世代衰微，全无冠盖，犹自云士大夫，婚姻之间，则多邀钱币。才识凡下，而偃仰自高，贩鬻松槚，依托富贵。我不解人间何谓重之？祇缘齐家惟据河北，梁、陈僻在江南，当时虽有人物，偏僻小国，不足可贵，至今犹以崔、卢、王、谢为重。我平定四海，天下一家，凡在朝士，皆功效显著，或忠孝可称，或学艺通博，所以擢用。见居三品以上，欲共衰代旧门为亲，纵多输钱帛，犹被偃仰。我今特定族姓者，欲崇重今朝冠冕，何因崔幹犹为第一等？昔汉高祖止是山东一匹夫，以其平天下，主尊臣贵。卿等读书，见其行迹，至今以为美谈，心怀敬重。卿等不贵我官爵耶？不须论数世以前，止取今日官爵高下作等级。（《旧唐书·高士廉传》）

由于高士廉等人对唐太宗所作编修《氏族志》的精神实质领会不进，以致修出了使唐太宗很不满意的初稿，迫使唐太宗不得不再想出更加明确的指令性原则，即"不须论数世以前，止取今日官爵高下作等级"。按照这一新的精神，对该书重加刊定。重新修订的《氏族志》，将皇族列为第一，外戚列为第二，崔民干列为第三。对于这次编修《氏族志》的过程，《资治通鉴》里有一段较为全面的叙述：

> 吏部尚书高士廉、黄门侍郎韦挺、礼部侍郎令狐德棻、中书侍郎岑文本撰《氏族志》成，上之。先是，山东人士崔、卢、李、郑诸族，好自矜地望，虽累叶陵夷，苟他族欲与为婚姻，必多责财币。或舍其乡里妄称名族，或兄弟齐列而更以妻族相陵。上恶之，命士廉等遍责天下谱牒，质诸史籍，考其真伪，辩其昭穆，第其甲乙，褒进忠贤，贬退

奸逆,分为九等。士廉等以黄门侍郎崔民幹为第一,上曰:"汉高祖与萧、曹、樊、灌皆起闾阎布衣,卿辈至今推仰,以为英贤,岂在世禄乎!高氏偏据山东,梁、陈僻在江南,虽有人物,盖何足言!况其子孙才行衰薄,官爵陵替,而犹印然以门地自负。贩鬻松檟,依托富贵,弃廉忘耻,不知世人何为贵之!今三品以上,或以德行,或以勋劳,或以文学,致位贵显。彼衰世旧门,诚何足慕!而求与为昏,虽多输金帛,犹为彼所偃蹇,我不知其解何也!今欲釐正讹谬,舍名取实,而卿曹犹以崔民幹为第一,是轻我官爵而徇流俗之情也。"乃更命刊定,专以今朝品秩为高下,于是以皇族为首,外戚次之,降崔民幹为第三。凡二百九十三姓,千六百五十一家,颁于天下。(《资治通鉴》卷一九五)

这就将法令制度通过谱牒著作的形式,把全国旧望与新贵的地位固定下来,使那些本不为士族的新贵进入了士族行列,从而也压低了原有旧士族的地位,于是形成一个以皇族为中心,功臣、外戚为辅佐,包括原有旧士族在内的新士族集团。由此可见,谱学在当时的政治斗争中是起着何等重要的作用!

武则天当权以后,她依靠庶族官僚李义府、许敬宗等势力,贬杀了长孙无忌与褚遂良等人。为了进一步打击关陇集团,巩固自己的政治势力,她于显庆四年(659)便通过唐高宗下诏改修《氏族志》为《姓氏录》,理由是《氏族志》不叙武后家世。对于这一举动,《旧唐书·李义府传》中有段记载透露出真实情况。"义府耻其家代无名,乃奏改此书(指《氏族志》)……'皇朝得五品官者,皆升士流。'于是兵卒以军功致五品者,尽入书限,更名为《姓氏录》。由是搢绅士大夫多耻被甄叙,皆号此书为勋格。义府仍奏收天下《氏族志》本焚之。关东魏、齐旧姓,虽皆沦替,犹相矜尚,自为婚姻。义府为子求婚不得,乃奏陇西李等七家,不得相与为婚。"这么一来,只要够得上五品官的,皆可进入士族行列,就连兵士得军功升五品者也在此范围之内。这就把士族的范围更加扩大,进一步促进了士、庶的合流。因此,这次改订《姓氏录》,是对旧士族营垒的一次更大冲击。像原来在《氏族志》中无名的后族武氏竟被列为第一等,其他就可想而知了。

神龙元年(705),谱学家柳冲上书,言太宗时修《氏族志》,"至是向百年,而诸姓至有兴替","请改修氏族"。"中宗命冲与左仆射魏元忠及史官张锡、徐坚、刘宪等八人，依据《氏族志》，重加修撰……至先天初，冲始与侍中魏知古、中书侍郎陆象先及徐坚、刘子玄、吴兢等撰成《姓族系录》二百卷奏上。""开元二年，又敕冲及著作郎薛南金刊定《系录》，奏上。"(《旧唐书》卷一八九《柳冲传》)这是唐朝建国以来第三次大规模官修谱牒，它的宗旨，仍是"叙唐朝之崇，修氏族之谱"(《唐会要》卷三六《氏族》)。此后，官修之谱牒著作，先后还有唐肃宗乾元元年（758）贾至撰《百家类例》十卷，宪宗元和七年（812）林宝撰《元和姓纂》十卷，文宗开成二年（837）林宝与李衢撰《皇唐玉牒》一百十卷，代宗永泰二年（776）柳芳撰《皇室永泰谱》二十卷，文宗开成四年（839）柳璟撰《续皇室永泰谱》。从上述可见，自开元二年《姓族系录》修成后，唐皇室官修谱牒，无论在规模上与内容的重要上，都远不如以前了。开国以来所修之谱牒，内容多为刊正全国姓氏之等级，辨门第之高下，后来仅修皇室之谱。关于这点，正如瞿林东先生所说："这种现象，曲折地反映出唐代建国以来的近百年中，士、庶斗争日益缓和（不是矛盾消失了，而是被新的矛盾所代替），士、庶界限日渐缩小，唐代谱学（主要是官修谱牒）作为士、庶斗争的一个工具，已逐步失去它的作用而不断走向衰落。"[①]事实上经过《氏族志》、《姓氏录》等大型谱牒的修撰，用政治手段重新评定全国姓氏门第，突出了皇室和功臣的社会地位，压制了旧的士族门阀势力，削弱了门阀观念，并通过谱牒著作这个形式，使之合法化。六朝以来的豪门士族，经过多次冲击，确实已经衰落凋零。唐后期参加过政治革新的政治家、诗人刘禹锡的两句诗："旧时王谢堂前燕，飞入寻常百姓家"，可以视为这种衰落凋零的真实写照。

唐中叶以后，由于皇室不再重视谱牒的编修，因而使得谱牒著作上出现了混乱不实的情况。《新唐书·高俭传》云："风教又薄，谱录都废，公靡常产之拘，士亡旧德之传，言李悉出陇西，言刘悉出彭城，悠悠世祚，讫无考按，冠冕皂隶，混为一区。"又宣宗大中六年（852），宗正寺修图谱官李宏简奏称："伏以德明皇帝之后，兴圣皇帝以来，宗祧有序，昭穆无差。近日修撰，率多紊乱，遂使冠履僭仪，元黄失位，数从之内，昭序便乖。今请宗子自常参官并诸州府及县官等，各具始封建诸王、及五代祖、及见在子孙，

[①] 见《唐代谱学简论》，《中国史研究》1981年第1期。

录一家状，送图谱院，仍每房纳，于官取高。处昭穆取尊，即转送至本寺所司磨勘属籍，稍获精详。"（《唐会要》卷三六《氏族》）

以上两条材料充分说明唐朝中后期的谱牒荒废与混乱情况，从而也说明了唐代谱学已进入了低潮。

二、真正私家之谱的宋代谱学

1. 私家之谱进入百姓家

唐末五代以来，随着门第制度的衰落，谱学发展也起了很大的变化，政府不再编修大型谱牒著作，世家大族也大多消亡，因而原来由他们所主导的修谱自然也就消亡。所以有些人认为到了唐末，谱牒已经废绝，如苏洵在其撰之《谱例》中就曾这样说："盖自唐衰，谱牒废绝，士大夫不讲，而世人不载。于是乎由贱而贵者，耻言其先，由贫而富者，不录其祖，而谱遂大废。"（苏洵《嘉祐集笺注》卷一四）欧阳修亦持此说："自唐末之乱，士族亡其家谱。今虽显族名家，多失其世次，谱学由是废绝。"（《欧阳修全集·居士外集》卷二一《谱》）这种说法，都过于绝对化，并不符合后来的发展情况，其实此时正处于谱学发展的转型时期，对此，清代学者邵晋涵曾有过精确的论述：

> 《周官》小史奠系世，辨昭穆，谱牒之掌，古有专官。自官失其传，《大戴记》首述系姓，后如杜预之《春秋世族谱》，则谱学附之于经；至应劭之述系姓，王符之论氏姓，又辅经而行者也；至太史公征引《世本》，考得姓受氏之原，至《唐书·宰相世系表》，则以谱学附之于史。其勒为专书，编分类次者，若挚虞《昭穆记》，王俭《百家谱》，贾希镜《氏族要状》，胥能补史传所未备。五代以后，谱学散失。于是士大夫之述家谱者，或推始迁之祖，或述五世之宗，守近而不能溯远，仅以叙同居之昭穆，而于受姓别族之源流，多未暇及，谱学之失传，所从来远矣……自奠系牒之官废，而后有专门之学，专门之学衰，而后有私家之谱，自古迄今，凡三变焉。（《南江文钞》卷六《余姚史氏宗谱序》）

这里邵晋涵不仅叙述了谱学的起源，而且叙述了发展过程、不同阶段的特点及其代表作。特别是所讲的三个阶段，即由专官之掌，演而为专门之学，最后则变为私家之谱，这个结论大体上是符合谱学发展的实际情况的。这就告诉人们，谱牒如同历史一样，最早是由专官所执掌，其目的仅在"奠系世，辨昭穆"，别贵贱，识尊卑。这就是谱学的起源阶段。秦汉以来，无专官所管，学者乃从事编述，至于六朝，遂形成专门之学，不仅产生许多谱学著作，而且出现许多谱学家，还形成不同学派。到了唐代，由于统治者的利用和提倡，出现谱学发展史上又一个高潮。五代以后，此学遂衰，此后专治谱学而成家者确实已不多见。正如邵晋涵所说，宋代开始多为私家之谱。清代史学家钱大昕在《十驾斋养新录》之"郡望"条亦有如此论述："五季之乱，谱牒散失，至宋而私谱盛行，朝廷不复过而问焉。"这就是说，宋代开始，大多以一家一族来编修家谱，而从事统谱编修或官府主持修谱之事的确已经不见踪影。

宋代所修私家之谱中，以欧阳修、苏洵两家所修之谱，最为出名，不仅后世奉为法，而且都能流传至今，看来不单是他们都是文学大家，他们修谱的理论确实都有其道理，特别是欧阳修的修谱理论，即使在今天也是值得提倡的。他主张族谱编修，应当本着详近略远的原则，因为自得姓以来，时代久远，子孙繁衍必然很多。当然在族谱编修中，必须随亲疏远近有详有略。因此他在《谱例》中提出，族谱之修，应"断自可知之代"，而具体记载，则上自高祖，下至玄孙。《谱例》曰：

> 姓氏之出，其来也远，故其上世多亡不见，谱图之法，断自可见之世，即为高祖，下至五世玄孙而别自为世。如此，世久子孙多，则官爵功行载于谱者，不胜其繁，宜以远近亲疏为别，凡远者、疏者略之，近者、亲者详之，此人情之常也。玄孙既别自为世，则各详其亲，各系其所出，是详者不繁而略者不遗也。凡诸房子孙，各记其当记者，使谱牒互见，亲疏有伦，宜视此例而审求之。"（《欧阳修全集·居士外集》卷二一《谱》三首）

这个《谱例》告诉我们，族谱的编修，不必去记述那些远祖，只要"断自可见之世"，即上自高祖记起，下至玄孙为止。这样若由自身算起，上推父、祖、曾祖、高祖，下演子、孙、曾孙、玄孙，共九世。封建时代称之为"九族"，此乃出自《尚书·尧典》："克明俊德，以亲九族。"因而在封建时代将"九族"视为人之大伦，封建时代的启蒙读本《三字经》中便如是说："高曾祖，父而身，身而子，子而孙，自子孙，至玄孙，乃九族，人之伦。"可见欧阳修的族谱编修中，所谓"断自可见之世"，是以自身为立足点，上推一共九世，他自己乃属玄孙辈，而玄孙开始，又可另修新谱，如此下去，族谱编修即不会中断，又不致烦琐复杂，亲疏远近在族谱中都可得到体现，而编修起来也比较简便。可是有的论著认为："此法是欧阳修以周代五世则迁之小宗之法以合于谱法、五世亲近，亲近则迁，故另为一图。"①我们认为，此说恐出于误解，因为这与欧阳修自己所论述和所作谱中列的世系都不相符。然而当代所有论及欧阳修谱法之事的论著，无不持此种看法。如钱杭在《中国古代世系学研究》一文中就说："欧谱基本性质仍然与苏谱一样，是以'五世则迁'为原则的小宗法。"（《历史研究》2001年第6期）另外，安国楼的《中国家谱中的"欧苏法式"探讨》（《郑州大学学报》1998年第5期）、余敏辉的《〈欧阳氏谱图〉初探》（《淮北煤炭师范学院学报》2003年第5期）、黄建德的《欧阳修评传》（南京大学出版社2003年版）、蔡世明的《欧阳修的生平与学术》（台湾文史哲出版社1980年版）等论著同样都持这一观点。笔者认为他们这些说法，全都不符合欧阳修谱图理论的原意。

  为什么会产生这一情况？笔者作了一番搜寻，发现这种观点在明清学者中相当流行，限于篇幅，这里就不举例说明，而另写文章作详细论述。不过需要指出的是，明代历史学家王祎曾经指出过欧、苏两家谱法区别的实质，在《金华俞氏家乘序》中说："宋世言族谱者二家，曰庐陵欧阳氏、眉山苏氏，而二家之法，厥各不同。欧阳氏则世经人纬，取法于史氏之年表；苏氏则派联系属，如礼家所为宗图者。"（《王忠文集》卷五《金华俞氏家乘序》）而清代经学家万斯大在《学礼质疑》卷二《宗法》八中专门论述了欧、苏两家谱法利弊得失，并从周礼宗法制度的角度加以评述，最后肯定欧阳

---

① 常建华：《中华文化通志·宗族志》第四章《族谱》，上海人民出版社1998年版。

修的谱法"合于九族之亲之说",苏氏之谱因过于"误执宗法以为谱法"而被否定。在他看来,"苏法宜舍而欧法宜广也。广之奈何,欧谱依《史表》、《诗谱》为图,源流所自可知,子孙之多寡易见,此凡为谱者所宜遵不可易也"。可见在万斯大看来,欧、苏两家谱之法及其精神实质并不相同。不知为何许多研究者对这些论述都只字不谈。

与欧阳修同时的苏洵,他的修谱理论,是严格按照西周宗法制度下的大宗、小宗理论,在论谱的文章中,还有专篇《大宗谱论》议论大宗、小宗之别。而在《族谱后序》上篇中,则明确提出:"凡今天下之人,惟天子之子与始为大夫者,而后可以为大宗,其余则否。独小宗之法,犹可施于天下,故为族谱,其法皆从小宗。"(《嘉祐集笺记》卷四《谱》)可见他与欧阳修的谱学理论出发点与方法都全然不同,不应混为一谈。但是他们两家修谱主张,确实有一个共同长处,那就是都主张修谱应"断自可知之代"。对此,章学诚曾给予高度的评价,在《高邮沈氏家谱序》中说:"宋人谱牒,今不甚传,欧、苏文名最盛,谱附文集以传,其以世次荒远,不敢漫为附会,凡所推溯,断自可知之代,最得《春秋》谨严之旨。"(《文史通义新编新注》外篇二)这个评价是相当高的,充分肯定二家在修谱时都本着实事求是的精神,不搞附会,断自可知之代,这在编修宗谱时,是最为重要的,所以称赞他们是"最得《春秋》谨严之旨"。正因如此,他们所创立的族谱编修理论和方法,对后世影响都是很大的,自从产生以后,历代许多宗谱编修,有的是直接采用欧、苏之法,有的则是在此基础上作了进一步发展。还在南宋末年,文天祥在《跋李氏谱》中已经这样在讲:"族谱仿于欧阳,继之者不一而足。"(《文山先生文集》卷一○)这一方面说明还在南宋时期,许多家谱编修,都已采用欧阳修谱之法,再一方面也足以表明私家修谱之风已经相当盛行,即使在北宋已经如此,故欧阳修在《衡阳渔溪王氏谱序》中也在这么讲了:"世立谱其族者,往往有之。"(《欧阳修全集》卷一五五)可见在当时社会上,编修宗谱早已不是罕见之事。据有关资料记载,当时的许多名人都已修了宗谱,如范仲淹、朱长文、黄庭坚、曾巩等。

值得指出的是,从宋代开始,历元明清直到近代,所修私家之谱,其功能已经完全不同于以前了,魏晋至唐,修谱者在于显示自己的门第之高,以便维持和巩固其社会地位和权力;而此时修谱,仅在于尊祖、敬宗、收族而已。收族者就是团结族人，使相互间不致成了相见不识的"路人"，这从许多族谱的序和跋中都可看出。而苏洵在《苏氏族谱序》中所讲最为经典：

> 呜呼！观吾之《谱》者，孝弟之心可以油然而生矣。情见于亲，亲见于服，服始于衰，而至于缌麻，而至于无服。无服则亲尽，亲尽则情尽，情尽则喜不庆，忧不吊；喜不庆，忧不吊，则涂人也。吾之所与相视如涂人者，其初兄弟也。兄弟，其初一人之身也。悲夫！一人之身分而至于涂人，此吾谱之所以作也。其意曰：分而至于涂人者，势也。势，吾无如之何也已。幸其未至于涂人也，使之无至于忽忘焉可也。呜呼！观吾之谱者，孝弟之心可以油然而生矣。（《嘉祐集笺注》卷一四《谱》）

而欧阳修在《衡阳渔溪王氏谱序》中说得就更加简洁了："予惟族谱之作，所以推其本，联其支，而尊尊亲亲之道存焉。"

2. 年谱的产生

到了宋代，在谱学发展史上又产生了一种新的体裁——年谱。钱大昕在《郑康成年谱序》中说："年谱之学，仿于宋世，唐贤杜、韩、柳、白诸谱，皆宋人追述之也。"[①] 同样的意思，在《归震川先生年谱序》[②] 中也讲了，其意很明显，强调年谱是产生于宋代。同时代的章学诚也在《韩柳二先生年谱书后》中指出："年谱之体，仿于宋人"，还强调说："文人之有年谱，前此所无，宋人为之，颇觉有补于知人论世之学，不仅区区考一人文集已也。"（《文史通义新编新注》外篇二）至于宋代为什么会产生这种体裁，章学诚还有过论述：

> 宋人崇尚家学，程朱弟子，次序师说，每用生平年月，以为经纬，

---

① 《钱大昕全集》第9册，《潜研堂文集》卷二十六，江苏古籍出版社1997年版。
② 《钱大昕全集》第9册，《潜研堂文集》卷二十六，江苏古籍出版社1997年版。

而前代文人，若韩、柳、李、杜诸家，一时皆为之谱，于是即人为谱。而儒杂二家之言，往往见之谱牒矣。孟子曰："颂其诗，读其书，不知其人可乎！"以谱证人，则必阅乎一代风教，而后可以为谱。盖学者能读前人之书，不能设身处境，而论前人之得失，则其说未易得当也。好古之士，谱次前代文人岁月，将以考镜文章得失，用功先后而已；儒家弟子，谱其师说，所以验其进德始终，学问变化。（同上书，外篇二《刘忠介公年谱序》）

这种年谱，是按年月专门记载某一个人生平事迹的一种著作，它是由传记体发展而来的。被写谱的人物，一般都称为谱主。而这种年谱大多是为著名的政治家或学者而作，作者本人又大多为著名学者。流传至今的最早著作，有吕大防的《杜甫年谱》和《韩吏部文公集年谱》。宋人编写的年谱中，谱主有的是历史上名人，亦有的是当代学者。如宋人楼钥编了《范文正公年谱》，胡柯编了《庐陵欧阳文忠公年谱》，詹大和编了《王荆公年谱》，朱熹编了《伊川先生年谱》，王宗稷编了《东坡先生年谱》，等等。有的人还编写了好多种，如著名史学家李焘编著有范仲淹、韩琦、文彦博、富弼、欧阳修、司马光、三苏等人年谱，而范垧、林禹二人合编了《武肃王年谱》等五种之多。

总之，年谱的出现，为谱学发展又开辟了一条新的途径，临将衰落的谱学，又因之而得到了新生和发展，它在史学上的地位和价值也从而大为提高。这种体裁一经提出，后继者日渐增多。对于研究个人学术贡献和历史地位来说，能够有一部好的年谱，甚至能够收到难以想象的效果。所以鲁迅先生对年谱的作用非常重视，他认为对于一个人物，如果不作年谱，就无法进行全面研究并作出恰如其分的评价，因为这是一种知人论世的著作形式。

第八节　唐宋元时期杂史举要

唐宋元是我国封建社会史学的发展繁荣时期，整个史学领域出现了前所未有的繁荣昌盛局面。随着史学发展的需要，产生了许多新的史体，出现了大批史学名著，特别是私人写史不拘一格、题材多样，更丰富了史学园地，其中有些著作虽无类可归，但至今仍具有较高的史料价值。今略举几部作一简单的介绍。

一、《大唐西域记》

《大唐西域记》十二卷，唐僧玄奘口述，弟子辩机笔录编成。玄奘（602—664）洛阳人，是唐代著名的佛学大师，也是中国历史上一位伟大的游行家。隋唐之际，佛学研究空前发达，出现了许多新的宗派。玄奘曾周游各地，遍访高僧，发现各派说法很不一致，加之以前翻译的佛经错误很多，更加无所依凭，认为只有亲往佛教发源地印度去留学，才能解决这些疑难问题。于是先向寓居长安的外国人学习印度和西域各国的语言，然后于唐太宗贞观元年（627）离开长安，一年里越过陇右、河西、天山北道、中亚，经历了无数险阻，终于到达了文化悠久的印度古国。他遍访了印度的著名寺院，又到过佛教创始人释迦牟尼的诞生地尼婆罗国（即尼泊尔）。他在印度十五年，而停留最久、获益最多的地方是那烂陀寺，他在这里主持过讲席，又曾主持过曲女城的佛教辩论大会。在印度他被公认为第一流的学者，有很高的声誉。他还积极宣传祖国的文化，受到印度人的重视。贞观十九年（645）早春时节，玄奘返回长安，并谒见了唐太宗。太宗向他详细询问了西行的经过，表示十分钦佩，并命他将经过的各国风土、国情等记述下来，于是他和弟子辩机便合写了这部《大唐西域记》，贞观二十年书成奏上。

这部书叙述了当时西域一百三十八国的山川、物产、风俗、宗教以及历史情况，材料全是考察所得，价值很高，因此19世纪以来，凡研究印度、尼泊尔和中亚等地中世纪史的专家，对这部著作都十分重视。考古发掘的结果也证实了这部书记载的确切，如印度发掘那烂陀寺遗址，就是根据本书的记载。由于它的史料价值高，先后被译成了英、法、日三种文字，而讨论《西域记》中某一部分的单篇论文，为数就更多了。总之，玄奘和他的这部著作对于沟通中印文化交流、发展中印两国人民间的友好关系，都起了很大的作用。

二、《宣和奉使高丽图经》

《宣和奉使高丽图经》四十卷，宋徐兢作。兢字明叔，和州历阳（今安徽和县）人，官至朝散大夫。宋徽宗宣和六年（1124），高丽派人至汴梁朝聘，徐兢以奉议郎任国信使提辖人船礼物官去高丽。该书即记载沿途所见。共分二十八门，凡山川风俗、典章制度，以及接待仪文、往来道路，无不详加记载。据自序所云，他本人最感满意的是所绘之图，可惜已经失传。该书所载宋以前的材料，实际是根据《汉书》、《后汉书》等正史；而当时的情况，则根据自己出使时的所见所闻，所记比较准确，可补《宋史》之不足。

三、《诸蕃志》

《诸蕃志》二卷，乃宋赵如适提举福建路市舶时所作。当时宋室已南渡，与外国惟市舶仅通，故书中所记，以沿海诸国为多。《宋史·外国列传》的编写，曾引用了该书的材料。但"《宋史》详事迹而略于风土物产，此则详风土物产而略于事迹，盖一则史传，一则杂志，体各有宜"（《四库全书总目提要·地理类》）。该书所载，皆作者亲为询访而得之于见闻者，比较详核可信，因此直至今天仍有其史料价值。

四、《真腊风土记》

真腊即今柬埔寨。元成宗元贞元年（1295）派使者去真腊，周达观（温州人）随行，至大德元年（1297）回国，首尾三年。他把沿途所见记载下来而撰成《真腊风土记》一书，凡四十则，分总叙、城郭、宫室、服饰、人物、室女、奴婢、野人、三教、文字、争讼、死亡、山川、蚕桑、唐货、耕种、出产、军马、国王出入、澡浴、流寓、村落等。《隋书·外国传》和唐、宋二史对这个国家都有记载，而《元史》则无，因此我们可以从本书了解元代时真腊国的国情及其与中国的关系，以补《元史》之不足。

第九节　大规模类书的编纂

唐宋元时期，由于经济的高度发展、文化的空前繁荣和国力的强盛，因而出现了许多大规模的类书。这些类书虽然与史学的发展无直接的关系，但它们的出现却反映了学术发展的一个侧面，因为每个朝代所修的类书，总要受到当时社会的文风、学风的影响和制约，同时这些类书的内容又都不同程度地保存了大量已经失传的古籍资料，为后人辑佚和校勘古书提供了有利条件。就其性质而言，类书是一种分类汇编各种材料以供检查之用的工具书，实际上也就是我国古代分类式的百科全书。当时统治者之所以重视编纂类书，主要是为了便于皇帝阅览有关治乱兴衰、君臣得失的事迹，作为施政的借鉴；而一些士大夫之所以积极自编类书，则又是为了科举应试之用。

我国类书起源于三国时代，魏文帝曹丕曾令手下儒臣编纂《皇览》一书，后人认为这就是中国类书之鼻祖。到了隋唐时期，编纂的类书便逐步多起来，较早的有虞世南任隋秘书郎时所编的《北堂书钞》一百七十三卷；其后有唐高祖武德七年（624）命欧阳询等编辑的《艺文类聚》一百卷，太宗贞观年间命高士廉等编辑的《文思博要》一千二百卷，高宗显庆、龙朔年间命许敬宗等编辑的《东殿新书》二百卷，圣历年间武则天命张昌宗、宋之问等编辑的《三教珠英》一千三百卷，玄宗时命徐坚等人编辑的《初学记》三十卷。到了宋代，编纂类书的风气更加盛行。宋人编纂的类书，重要的有《太平御览》、《太平广记》、《文苑英华》和《册府元龟》，号称四大类书。其中尤以《太平御览》和《册府元龟》的史料价值为高。

宋太宗太平兴国二年（977）命李昉等人把前代的《修文殿御览》、《艺文类聚》、《文思博要》和其他各书，分门编为一千卷；又把野史、传记、小说等杂编为五百卷。后者于太平兴国三年（978）先成，取名《太平广记》；前者原称《太平总类》，因太平兴国八年（983）书成后，宋太宗曾按日阅览过全书，故改名《太平御览》。全书一千卷，分四千五百五十八类，引书达二千五百七十九种，今存者不过十之二三。清代阮元序鲍刻《太平御览》云："存《御览》一书，即存秦汉以来佚书千余种矣。"其价值之高，于此可见。宋真宗景德二年（1005）又命王钦若、杨亿等从各史书中摘要辑录历代名臣事迹，至大中祥符六年（1103）成书，取名《册府元龟》，全书一千卷，它的篇幅比《太平御览》还多一倍，几乎概括了全部十七史的内容。其中所记五代史实更为详细，还保存了大量的诏令、奏议等。该书的编辑，本为皇帝读书览古服务，但同时也为我们留下了丰富的史料。特别是它所依据的史书，都是北宋以前的古本，所采事迹亦不以十七史为限，而是兼取唐、五代各朝实录，因此，我们可以利用它的引文来弥补现存史书的缺漏，或订正今本的讹误。另外，王应麟编的《玉海》二百卷，同为宋代著名的一部大类书。其他还有祝穆的《事文类聚》，章俊卿的《山堂考索》，谢维新的《古今合璧事类备要》，高承的《事物纪原》，等等，也都是宋代比较著名的类书。

金、元两朝类书的编纂较少，而且大都亡佚。金章宗泰和四年（1204）曾命完颜纲等编辑《编类陈言文字》二十卷，分类辑录有关宫廷、大臣以及省台六部故事。元文宗时则曾编纂过《经世大典》八百八十卷，其实是仿照唐宋会要体例而编成的。但前者已经不传，后者亦大部分散佚。

从上面简略的叙述中可以看出，尽管类书不属于正式的史书，但它们所辑录的许多内容，却与我们今天研究、校勘、订补史书有着直接的关系，因此也就有必要把类书的情况作一简单的介绍。

第四编

具有启蒙色彩的明清史学

第十四章
明清时期史学特点

第一节 封建社会晚期的明清社会特点

一、资本主义因素的萌芽

中国封建社会发展到明代，进入了封建社会的晚期。特别是从明代中叶开始，在商品经济繁荣的江南地区，已出现了资本主义因素的萌芽，它反映在手工业、商业和农业生产等各个领域。手工业方面，这时有了长足的发展。就全国而言，虽然占统治地位的手工业仍然是依附于农业的家庭手工业，但在江南的不少城镇，则已突破了这种情况，纺织、采矿、冶炼、制瓷等独立手工业都十分发达。从明代中叶以后，江南丝织业更加发达，如苏州府吴江县，"绫绸之业，宋元以前，惟郡人（苏州城里人）为之。至明熙宣（仁宗洪熙、宣宗宣德）间，邑民（吴江城里人）始渐事机丝，犹往往雇郡人织挽。成弘（宪宗成化、孝宗弘治）而后，土人亦有精其业者，相沿成俗。于是（当在武宗正德、世宗嘉靖之际）震泽镇及近镇各村居民，乃尽逐绫绸之利，有力者雇人织挽，贫者皆自织，乃令其童稚挽花，女红不事纺织，日夜治丝，故儿女自十岁以外，皆早暮拮据以糊口"（《乾隆震泽县志》卷二五《生业》）。当时有不少"机户"靠剥削织工和生产条件的优越而发财致富。据张瀚《松窗梦语》记载：成化末年（15世纪后期），杭州人张毅庵经营丝织业，起初用资本银一锭，购置花机一张，织各种绫绸，织得很精致，每次售出成品，获利五分之一。经过两旬，又增一机，后来增加到二十多张花机。张氏的四个兄弟也相继经营丝织业，每人都发财到数万两银子（卷六《异闻记》）。该书作者神宗万历时任吏部尚书，上述所记，又正是他祖父辈事，自然比较真实。同书卷四《商贾记》还说："总揽市利，大抵东南之利，莫大于罗绮绢，而以三吴为最。即余先世亦以机杼起，而今三吴以机杼致富者尤众。"可见在明朝后期，江南苏杭一带的丝织业部门，由家庭手工业发展为作坊手工业，再发展为工场手工业；从小商品生产者上升为作坊主，再上升为工场主，已经不是偶然的个别的现象了。另一方面，有不少农村和城市的居民丧失了生产资料，成为出卖劳动力以维持生活的雇佣劳动者。据应天巡抚曹时聘的奏疏说："吴民生齿最烦，恒产绝少，家杼轴而户纂组，机户出资，机工出力，相依为命久矣……浮食奇民，朝不谋夕，得业则生，失业则死。臣所睹记：染坊罢而染工散者数千人，机房罢而织工散者又数千人，此皆自食其力之良民也。"(《明神宗实录》卷三六一）这段记载说明，当时苏州一带丝织、印染等行业中，由于分工很细，工匠的人数也就相当多；而这些织工、染工又多是依靠出卖劳动力为生的雇佣工人。所谓"机户出资，机工出力"的剥削与被剥削的关系，就是资本主义性质的生产关系。

由于生产的不断发展，明朝后期还出现了包买商人，这也是资本主义因素萌芽的一种表现。这些包买商专门从事出卖生产品与购进原料的商业活动。由于市场的扩大，商品往往运销全国；而原料产地与商品制造地又大多是分离的，如苏杭一带的机房要从湖州采进蚕丝，松江一带的棉织户要从山东、河北、河南购取棉花，这样就必然会出现许多收购小生产者商品和原料的人，并形成包买商。万历年间，朱国桢在《涌幢小品》中非常生动地记载了这种情况，说当时的湖州，"地产木棉花甚少，而纺之为纱、织之为布者，家户习为恒业，不止乡落，虽城中亦然。往往商贾从旁郡贩棉花，列肆我土。小民以纺织所成，或纱或布，侵晨入市，易棉花以归，仍治而纺织之，明旦复持以易"（转引自《雍正浙江通志》卷一〇二《物产》）。而在松江西郊，则开设有一百多家暑袜店，用洁白的尤墩布做原料，发给松江府属各县男女制造，制成后交回商人，或计件或计时而领取一定的报酬。这些小手工业者，他们在名义上虽然还是独立的，但按其实质来说，已成为包买商所控制的雇佣工人。另外，也说明商业资本已经不是纯粹担任商品流通的任务了，而是以包买商的形式控制着小手工业者的生产，或者直接地渗入手工业生产领域。这些生产显然也都具有资本主义的性质。

商品经济的发展，也震动了古老的封建农村。随着城市和市民的增加，商品交换的频繁，加强了城市和农村的联系，尤其是从明朝中期以后，田赋、徭役逐步改征货币，促使这种联系更加密切起来，首先表现在粮食的日益商品化方面。农民为了向政府缴纳货币地租，为了满足城市居民及种植经济作物地区农民的口粮需要，便将粮食投入市场，变成了商品。如嘉定，"其民托命于木棉……邑中种稻之田，不能十一"。因此，"米谷之入，尚不足以自饱"，必须"仰食四方。夏麦方熟，秋禾既登，商人载米而来者，舳舻相含也。中人之家，朝炊夕爨，负米而入者，项背相望也"（顾炎武《天下郡国利病书》原编第六册《苏松》）。城市不仅需要商品粮食，而且也需要农村供应大量的手工业原料，因此，明朝后期一些地主、富农，他们为了发财致富，便大量从事经济作物的经营，如茶叶、棉花、桑、麻、染料等，于是又逐渐出现了专营一种或数种经济作物的地区。如湖州是出名的蚕桑区，所谓"湖民力本射利，计无不悉，尺寸之堤，必树之桑……富者田连阡陌，桑麻万顷"（谢肇淛《西吴枝乘》，见《续说郛》第一百五十册），便是这一情况的生动写照。在四川的阆中，几乎是家家种桑，户户养蚕，也是个著名的蚕桑区。嘉定、太仓、昆山、松江等地则是棉花区，"（太仓州）郊原四望，遍地皆棉"（《天下郡国利病书》原编第五册《苏下》），"（昆山）连亘嘉定迤东沿海之地，号为冈身，田土高仰，物产瘠薄，多种木棉"（归有光《震川先生文集》卷八《论三区赋役水利书》）。这样一来，原料和成品的交流，使这些地区卷入了初步形成的商品经济的体系之中。还有在商品经济比较发达的农村中，已有一定数量的雇佣劳动者出现。这些都说明部分地区农村中自给自足的封建自然经济已开始解体，带有资本主义性质的雇佣关系正在萌芽。

随着商品经济的发展，城镇也比宋元时有了进一步的发展和繁荣。明宣宗宣德四年（1429），全国有三十三个大城市，政府在这些大城市都设有税收机构，名曰"钞关"。这些城市形成各种手工业的中心。如南京是全国造船业的中心，苏州、杭州是丝织业的中心，松江是棉织业的中心，湖州是养蚕缫丝业的中心。手工业中心的形成和城市人口的增多，更促进了商品经济的发展。当时城市的商业非常繁荣，南京是当时人口最多的城市，约有一百九十万；水陆交通便利，"南北商贾争赴"（《松窗梦语》卷四《商贾记》）；北京不但是全国的政治中心，也是北方一个最大的商业城市，明万历时人口就已发展到近百万,"市肆贸迁,皆四远之货;奔走射利,皆五方之民"(谢肇淛《五杂俎》卷三《地部》);而杭州,"杭民半多商贾"(《古今图书集成·职方典·杭州府部》),"车毂击,人肩摩"(《万历杭州府志》卷三四《街巷市镇》),"舟舰上下,绡帆云布"(唐龙《渔石集》卷一《菊圃记》)。值得注意的是,明朝后期又出现了许多新的城镇,甚至有原来仅是个村庄,一变而为十分繁华的城市。如吴江县的震泽镇,"元时村市萧条,居民数十家。明成化中,至三四百家,嘉靖间倍之,而又过焉"。到明末清初,居民已达二三千家,雍正间便由吴江分出,建制为震泽县(《乾隆震泽县志》卷四《镇市村》)。又如吴江县的盛泽镇,"明初以村名,居民止五六十家,嘉靖间倍之,以绫绸为业,始称为市,迄今(清初)居民百倍于昔,绫绸之聚,亦且百倍。四方大贾辇金至者无虚日,每日中为市,舟楫塞巷,街道肩摩,盖其繁华喧盛,实为邑中之第一"(同上引)。非常明显,这类市镇都是由于手工业的发达而繁荣起来的。而市镇人口的增加,则是由于农业人口为租赋所逼迫外出流亡,又为利润所驱使而不断流入市镇,转为工商业人口的。嘉靖年间,何良俊记述松江一带的情况,就是很典型的反映,他指出:在正德以前,农民十分之一在外,十分之九务农;自从正德之后四五十年以来,情况大变,离开农村到城市从事工商业的农民增加了三倍(见《四有斋丛说摘抄》卷三)。

以上几方面的事实说明,从明代中叶开始,在我国封建社会内部已经开始出现了资本主义的萌芽。尽管这种微弱的资本主义因素,在自然经济占统治地位的条件下,不可能得到迅速的发展,但它毕竟是历史上新生的事物,它的出现标志着封建社会已开始走向衰落。

二、市民阶层的出现和社会矛盾的新特点

由于手工业的不断发展、商品经济的流通和城市的日益繁荣,农业人口络绎不绝地流入城镇,使得从事工商业的人口日益增多,于是就出现了以手工工人、小商品生产者、工场主和中小商人为主体的市民阶层。这一个新阶层的出现,就使得封建社会后期的阶级斗争出现了许多前所未有的新特点。

轰轰烈烈的明末农民大起义,是我国封建社会晚期规模较大、影响较

广、意义较深的一次农民大起义。这次起义史无前例地提出了"均田免粮"的革命纲领。这个纲领的提出，标志着中国封建社会的农民战争，已经进入了一个新的历史阶段。丰富的历史事实说明，明末农民起义军，不仅把平均土地的要求作为一个反封建的革命口号提了出来，而且在许多地方都把它付诸实践，这就直接触及了封建的土地所有制，这在中国农民战争史上还是第一次。起义军斗争的矛头，直指封建的生产关系，这是封建社会晚期农民起义的重要特点。同时，这次农民起义还提出了"平买平卖"政策，反映了广大农民、手工业者和小商人反对封建剥削的革命要求，也反映了明朝社会经济发展的重要特点。因为"平买平卖"的口号，正是针对明朝统治者在商品经济发展、繁荣的条件下，日益加强对城市工商业和农村的掠夺而提出来的。明朝政府为了束缚手工业和商业的进一步发展，便把城市手工业者和商人编为"铺行"，一方面可以加强控制，一方面便于向他们横征暴敛、敲诈勒索，美其名曰"和买"。农民军的"平买平卖"和明政府的"和买"，两者针锋相对，因此，得到城乡劳动人民的支持和拥护。

在市民阶层出现以后，明清时期的阶级状况也随之发生了变化。这种变化使社会矛盾呈现出更加尖锐和错综复杂的状况，除地主阶级和农民阶级这一对基本矛盾以及地主阶级内部的矛盾外，还出现了新兴市民阶层反对封建势力压制和摧残工商业的斗争。由于封建统治者对手工业和商业的发展进行压制和摧残，广大的城镇居民，包括手工业者、店员伙计、作坊主和商人等不同身份的人，纷纷起来反抗，这就是历史上所说的"民变"。这种"民变"实际上就是当时形成的广泛而巨大的市民运动。他们所采取的斗争方式有罢市、游行、殴打税官及其爪牙、焚烧税监衙门等。这些斗争在万历后期的二十多年中，大大小小就发生了数百起之多，其中规模大的也有二十多起。他们的主要斗争目的，是反对矿监、税监的大肆掠夺，要求减轻对商业、手工业的暴力掠夺，要求商品经济的自由发展。

万历二十四年（1596），税监兼矿监的宦官陈奉到湖广后，曾连续在武昌、汉口、黄州、襄阳等地激起市民的反抗运动达十多次。万历二十七年（1599），陈奉前往荆州（今湖北江陵）收税，市民聚众数千人中途拦截，陈奉狼狈逃回武昌。但在武昌，他不但不加收敛，反而勒索更甚，他的爪牙则"直入民家，奸淫妇女，或掠入税监署中"（《明史·陈奉传》），激起了武昌人民更大规模的反陈奉的斗争运动。市民聚众一万多人，包围了税监署。陈奉派兵镇压，杀死杀伤很多人，群情愤激，反抗的市民迅速扩大到几万人，捉住陈奉爪牙六人，投入长江。陈奉逃匿楚王府。巡抚支可大百般袒护，民众在盛怒之下，一把火烧掉了巡抚辕门（大门）。这次市民的流血斗争，爆发于万历二十八年（1600）十二月，直到次年四月，明政府被迫作了让步，撤回陈奉并撤换支可大，方告结束，武昌人民取得了初步的胜利。

与武昌人民反陈奉斗争的同时，万历二十七年（1599），山东临清也爆发了反税监马堂的斗争。天津税监马堂，兼辖临清税务。马堂及其爪牙在临清横征暴敛，甚至白天公开持械抢劫民财，因而中产之家破者大半。市民忍无可忍，奋起反抗，远近罢市，市民一万多人，火烧马堂的税监署，打死他的爪牙三十七人。明政府派兵镇压，下令逮捕"首恶"，株连者甚众。"织筐"工人王朝佐挺身而出，自认"首难者"，大义凛然，临刑神色不变。王朝佐虽惨遭杀害，但广大市民的暴动也给凶恶的宦官及其爪牙一个沉重的打击。

万历二十九年（1601），苏州的织工发动了规模更为壮大的反税监孙隆的斗争。孙隆在苏州，于水陆交通要道设立关卡，借口查税，掠夺商人财物，致使外地商人视苏州为畏地，不敢前来经商。他又擅自加征织机税银，机户、染坊被迫纷纷停工歇业，结果机工、染工各有数千人失业，生活无着落。六月三日，他们在织工葛贤的领导下，包围了官署，要求惩办税吏。他们分别处死和惩治了孙隆的爪牙，烧毁了孙隆一些爪牙的房子，孙隆吓得逃往杭州。这次织工群众的斗争，专打贪官土棍，保护乡里，"不掠一物"；他们还"预告乡里，防其延烧，殴死窃取之人"（《明神宗实录》卷三六一引《应天巡抚曹时聘奏书》），充分表现了这次运动参加者的组织性与纪律性。机户与机工行动的一致，又给这次反封建斗争赋予更多的近代的色彩。明政府在这次运动之后，被迫停止了苏州机税的征收，撤回了一些为非作歹的太监。

明代中叶以后出现的这一系列市民反抗封建统治的大肆掠夺，说明市民阶层已逐渐形成一种力量，为了反抗税监、矿监的大肆掠夺，他们在全国范围内，自发地展开了斗争。这种连绵不断的斗争，给明朝封建统治者以有力的打击，并迫使他们作出一定程度的让步。这种大规模的市民运动是我国历史上的新现象，是我国封建社会晚期资本主义萌芽以后所出现的阶级斗争的新特点，它反映了在城市商品经济发展的情况下，以手工业者、城市贫民为主的市民，已开始作为一支政治力量加入反封建斗争的行列。因此，从这些斗争中，我们不仅可以看到随着封建社会内部资本主义的萌芽而出现的新的矛盾和新的斗争方式，同时也看到了在中国历史上出现的反封建压迫的新的政治力量。

第二节　理学与反理学的斗争

一、封建统治者利用理学加强封建统治

明清之际是中国封建社会大动荡的时代，按黄宗羲所说是"天崩地解"的时代。当时阶级矛盾和民族矛盾都表现得尖锐而复杂，因此明清两代的统治者，为了加强封建统治，都大力借助于理学，把它作为钳制人民思想的工具。明朝初年，客观唯心主义的程朱学派理学得到政府的大力提倡，因而在官僚士人当中十分流行。在明成祖的主持下，还编纂了《五经大全》、《四书大全》、《性理大全》等书，广为传播。著名的理学家薛瑄、吴与弼等人，也都受到明朝政府的重用。明中叶以后，社会危机四伏，为了挽救封建统治所面临的危局，出现了以王守仁为代表的主观唯心主义的王学。王学是理学中程朱学派的反对派，它一问世，立刻受到统治者的重视和推广。

王守仁（1472—1528）字伯安，学者称阳明先生，浙江余姚人，出身于大官僚地主家庭。先后做过兵部主事、汀赣巡抚和南京兵部尚书。他多次镇压过南方的农民起义和少数民族起义，平定了明宗室宸濠的叛乱。由于他尽力效忠于明王朝而被封为新建伯。他在镇压农民起义过程中，深深感到"破山中贼易，破心中贼难"，因而他总结出要从加强封建道德入手来麻醉广大农民，从而达到消灭农民反抗的目的。于是他继承了宋代主观唯心论者陆九渊的思想，创立了"心学"，成为宋明时期主观唯心主义理学的集大成者。特别是晚明时期，他的这种主观唯心主义思想曾风靡一时。

王守仁认为人心是宇宙的本体，也是天地万物的主宰，因此，他提出

心外无物、心外无理的主张。他所说的"心"也叫"良知",又称"天理",这种"良知"是天生的,是人人具备、不教自能的封建道德品质。这就是他积极鼓吹的"去人欲,存天理"的"致良知"说。他认为农民之所以会起来造反,原因就在于"良知"被"私欲"所蒙蔽而成了"恶人"。但"人之善恶由于一念之间",只要放弃反抗,就能转恶为善。所以他要求人们"去私欲,存天理"。因为"天理"、"良知"都是人"心之本体",只需将私欲"一齐去尽",便能恢复"天理"和"良知"的本体。他还把三纲五常这些封建道德说成是人心所固有的东西,因而每个人遵守这些封建道德也就成为理所当然。这就是王守仁全部"心学"要义之所在。正因如此,所以它一出笼,便立刻得到地主阶级的赏识,并成为当时的统治思想。

清统治者入关以后,为了巩固其封建统治,也同样大力提倡程朱理学,并宣布为正统思想。特别是康熙帝,更是竭力标榜程朱,他派人编写了《性理精义》,辑刊了《朱子全书》,重新刊行了《性理大全》,并于康熙五十二年(1712),把朱熹的牌位由孔庙的东庑迁到正房大成殿,摆到四配、十哲之次,以示"表章至意"。于是朱熹的理学就被吹捧为封建的"法典",成为中国封建社会继孔、孟之后最大的封建权威;他所注释的四书,成为封建科举考试乃至书院学校的教条,在整个社会上形成了"非朱子之传义不敢言,非朱子之家礼不敢行"(朱彝尊《曝书亭集·道传录序》)的风气。至于对朱子其人其书,自然更不敢进行议论了。不仅如此,对于程朱学派的学者也倍加重用,给以高官厚禄,誉为"理学名臣"。这都说明,正是由于理学的本质是维护三纲五常的唯心主义的世界观,因此明清统治者在面临社会矛盾尖锐复杂的情况下,都一再大力借助于理学来维护其统治,并把它作为官方的统治思想。理学的反动性于此也就可见其一斑了。

二、反理学思想的兴起

明中叶以来资本主义因素的萌芽和阶级斗争的新特点,在思想战线上也产生了很大的影响,突出地表现在与统治阶级利用理学大力宣扬封建纲常名教的同时,出现了一批反映时代特点、反对封建礼教、批判程朱理学的进步思想家。如明代后期的李贽,他猛烈地抨击了传统的理学。宋明理学家提出

"去人欲，存天理"的说教，李贽则针锋相对地提出"人必有私"，"虽圣人不能无势利之心"（《明灯道古录》）的主张。他认为人们努力种田，是为了"私有秋之获"；努力读书，是为了"私进取之获"（《藏书》卷三二《德业儒臣后论》）。即使是圣人孔子亦承认"富与贵是人之所欲也"，因此"谓圣人不欲富贵，未之有也"（《明灯道古录》）。他还进一步地揭露了当时道学家的丑态："平居无事，只解打躬作揖，终日匡坐，同于泥塑，以为杂念不起，便是真实大圣大贤人矣。其稍学奸诈者，又挽入良知讲席，以阴博高官，一旦有警，则面面相觑，绝无人色。"（《焚书》卷四《因记往事》）这确是道学家惟妙惟肖的真实写照。由于他敢于反抗封建正统思想，批判封建礼教纲常，因而被统治阶级视为"异端"。当他晚年到通州讲学时，引起当权者的极大震恐，称他为"敢倡乱道，惑世诬民"的"妖人"（《明神宗实录》卷三六九，万历三十八年闰二月）。特别是明清之际，由于社会的大变动，因而曾出现了具有启蒙色彩的黄宗羲、顾炎武、王夫之、颜元等著名的进步思想家，他们从不同角度对封建专制主义统治及其用来加强统治的思想工具理学，展开了猛烈的批判。大思想家黄宗羲从政治思想上针对唯心主义理学所提倡的"君为臣纲"这一核心，进行了有力的抨击。他在《明夷待访录·原君》篇中，揭露了君主利用自己的特权，"屠毒天下之肝脑"，"敲剥天下之骨髓，离散天下之子女"，"以博我一人之产业"，"以奉我一人之淫乐"的罪恶，并进一步指出："天下之大害者，'君'而已矣。"因而天下之人把这些君主"视之如寇仇，名之为独夫"，也就理所当然了。他在书中还称引"三代之法"，来反对后世"一家之法"的君主专制统治，主张行"天下之法"，要求从法制上对君主进行限制。从而也就把理学家们所鼓吹的"君为臣纲"等教条，全部击破，把反理学的斗争推向了新的高潮。王夫之也提出"不以天下私一人"（《黄书·宰制》）的主张，他和黄宗羲一样，竭力反对封建君主把天下作为自己的私产。他在批判唯心主义理学的斗争中，建立起自己丰富的唯物主义哲学体系。他批判了理学家"理在器先"，"理生器"的唯心论观点，提出"理在器中"，"气外更无虚托孤立之理"的命题。他说："天下岂别有所谓理？气得其理之谓理也。气原是有理底，尽天下之间，无不是气，即无不是理也。"（《读四书大全说·孟子三》）这是直接针对着朱熹所主张的理在气先、气外有理而发的。顾炎武则从提倡"实学"、反对空谈性理的角度批判了理学,他说:"今之所谓理学,禅学也"(《亭林文集》卷三《与施愚山书》),把理学看作佛学中的禅学,其揭露自然是很深刻的。生活在乾嘉时代的戴震,亲眼看到封建统治者大力提倡程朱理学、残害进步人士、扼杀进步思想的罪行,因此,他集中地揭露了理学家"以理杀人"胜于"以法杀人"的残酷本质。他说:"其所谓理者,同于酷吏之所谓法。酷吏以法杀人,后儒以理杀人,浸浸然舍法而论理,死矣,更无可救矣。"(《戴东原集·与某书》)这就是说,用封建礼教杀人,比之以刑法杀人更加凶狠厉害得多,因为"以法杀人犹可救,以理杀人无可活"。不仅如此,他还愤慨地指出:"人死于法,犹有怜之者;死于理,其谁怜之。"(《孟子字义疏证·理》)可见他继黄、王诸人之后,围绕着天理、人欲的问题,指名道姓地批判了程朱,把反理学的斗争推向了又一个新的高峰。

综上所述,我们不难看出,从明朝中叶以来,由于封建社会内部发生了资本主义因素的萌芽,阶级斗争出现了新的特点。而这种新生事物的萌芽和新兴力量的出现,虽然遭到了封建统治阶级的竭力扼杀,但仍然从各个方面,特别是在意识形态领域内得到了反映。封建统治者利用理学来加强其封建专制统治,启蒙思想家则针锋相对地把批判斗争的矛头直指封建君主及其统治工具理学。他们的思想和主张,在一定程度上反映了新兴市民阶层的要求,特别是反对压制工商业的发展,提倡"工商皆本"的行动,在当时来说是颇具进步意义的。而黄宗羲的近代民主政治思想,则更加突出地反映了这一时代的特色。尽管历史的转变在意识形态领域的反映不可能做到直射,但它迟早总要曲折地、或明或暗地反映出来,明清之际这些启蒙思想家们的思想特点就正是如此。

三、"六经皆史"口号的提出与"经世致用"思想的出现

在中国长期封建社会里,六经(指《诗》、《书》、《礼》、《易》、《乐》、《春秋》六部书,其中《乐》经早已亡佚)一直作为儒家的"经典"而受到尊崇,因为它们都是出自圣人之口,是"万世之至论",人人都得顶礼膜拜,句句皆须谨慎照办。可是明代中叶以后,社会发生了变化,思想意识也随之起了变化,于是作为儒家经典的六经在人们的心目中也开始动摇了,许

多人对它们产生了怀疑。"六经皆史"说的出现，正生动地说明了这一事实。

"六经皆史"这一说法，至迟于明代中叶就已经出现。王阳明《传习录》卷一所载阳明与其弟子徐爱的对话中，便包含有此意。"爱曰：'先儒论六经，以《春秋》为史，史专记事，恐与五经事体终或稍异。'先生曰：'以事言谓之史，以道言谓之经，事即道，道即事，《春秋》亦经，五经亦史。《易》是包羲之史，《书》是尧舜以下史，《礼》、《乐》是三代史，其事同，其道同，安有所谓异？'"（《阳明全集》卷一）不管王阳明说这话的用意如何，但他把这些"经书"说成为史总归是事实。比他稍晚的王世贞在《四部稿》卷一一四亦云："天地间，无非史而已。三王之世，若泯若灭；五帝之世，若存若亡，噫，史其可已耶！六经，史之言理者也。"明确说明，"天地间，无非史"，而六经，则为"史之言理者"。而明末的大思想家李贽，在《焚书》卷五《经史相为表里》篇，则说得更为明白。他说："《春秋》一经，春秋一时之史也。《诗经》、《书经》，二帝三王以来之史也。而《易经》则又示人以经之所自出，史之所从来，为道屡迁，变易匪常，不可以一定执也。故谓'六经皆史'可也。"李贽的"六经皆史"说，其用意是相当清楚的，就是要把六经的"经典"金字招牌撕下来，以还其本来面目。同时他还指出，六经、《论语》、《孟子》这些书，有的是史官"褒崇之词"，有的是臣子"赞美之语"，有的是门徒弟子"记忆师说"的记录，而且往往是"有头无尾，得后遗前，随其所见，笔之于书"，并没有什么神圣之处。可是儒家门徒却硬把这种记载说成"出自圣人之口"，奉为"万世之至论"的"经书"，对此，李贽十分反感，并轻蔑地指斥这些所谓"经书"，"乃道学之口实，假人之渊薮"（《焚书》卷三《童心说》），即道学家们招摇撞骗、愚弄人民的借口和依据。到了清代乾嘉时期，大史学家章学诚针对时弊，再次提出这一命题，并真正赋予"六经皆史"说以充实的内容和系统的理论。他认为，在古代根本就"无经史之别，六艺皆掌之史官，不特《尚书》与《春秋》也"（《文史通义新编新注》外篇一《论修史籍考要略》）。"古人未尝离事而言理，六经皆先王之政典。"（《文史通义新编新注》内篇一《易教上》）而"儒家者流乃尊六艺而奉以为经"，"六经之名起于孔门弟子亦明矣"。这样一来，"儒者著书，始严经名，不敢触犯，则尊圣教而慎避嫌名，盖犹三代以后非人主不得称我为朕也"（《文史通义新编新注》内篇一《经解上》）。

在这里，他论证了所谓六经仅仅是先王之典章制度的记录，只不过是古史而已，它们和其他古代史书一样，并不具有特殊的神圣色彩，而后来之所以变得神乎其神，那完全是儒家者流为了抬高自己学派的地位而人为地吹捧起来的，此"犹匠祭鲁般，兵祭蚩尤，不必著书者之果为圣人，而习是术者奉为依归，则亦不得不尊以为经言者也"（《经解中》）。"佛老之书，本为一家之言，非有纲纪政事，其徒欲尊其教，自以一家之言尊之过于六经，无不可也。"（《经解下》）既然把诸子百家、三教九流之书统称为"经"，这实际上也就把六经的神圣外衣撕剥了下来。以上事实说明，"六经皆史"说的出现同时也就宣告了统治者利用儒家"经典"作为工具以强化封建专制统治的企图开始破产了。

明清之际，由于社会的大变动，因而反映在学术思想界也显得特别活跃。明朝刚亡，清廷初建，许多学者在反清复明运动遭到失败以后，纷纷转入学术研究活动，并且主张研究学问必须做到"经世致用"，坚决反对明末以来理学家那种空疏玄谈之弊。当时的三大思想家——顾炎武、黄宗羲、王夫之，就是典型的代表。顾炎武提倡"实学"，特重"当世之务"，关心国计民生的天下大事，主张要做解决社会问题的文章，凡不关当世之务的"危微精一之说，一切不道"（《顾亭林文集》卷三《与友人论学书》）。对于宋明以来理学家专以谈心说性为学的陋习非常反感，他曾尖锐地指出："昔之清谈谈老庄，今之清谈谈孔孟……不考百王之典，不综当代之务……以明心见性之空言，代修己治人之实学。"（《日知录》卷七《夫子之言性与天道》）他写作《天下郡国利病书》就是按照"经世致用"的目的去实践的。黄宗羲则教导"受业者必先穷经，经术所以经世，方不为迂儒之学，故兼令读书史"。并说："读书不多，无以证斯理之变化；多而不求于心，则为俗学。"（《鲒埼亭集》卷一一《梨洲先生神道碑文》）他于经学史学，兼收而并重，其目的即在于"经世"。这一思想并成为他所创立的浙东史学的重要特色之一。这种"经世致用"的治学思想，无疑是对反动理学的有力回击。

第三节　清初统治者的高压政策使史学走上考据道路

一、大兴文字狱，打击"经世致用"思想

　　清朝初年，许多有见识的学者，治学上大多提倡"经世致用"的学风，学术风气也比较活跃。这使清朝统治者感到惶惶不安，认为听其自由发展下去，势必对自己统治的巩固产生极其不利的影响，于是便决心以高压手段，对"掉弄笔墨"的士人给以严厉的惩戒，用大兴文字狱，来打击"经世致用"思想，残酷杀害富有民族思想的知识分子，以此加强对学术思想的严格控制。文字狱虽是古已有之，但明清时期的文网远远超过前代，而其中尤以清代文字狱的凶残为甚。早在清初顺治时期，就已经出现过多次。到康熙时更兴起了一连串的文字狱，在其初年就有所谓"明史案"。时浙江归安（今湖州市）富商庄廷鑨，购得明万历年间大学士朱国桢所著的《明史》。原书未曾最后完稿，庄廷鑨便请人续成刻印，其中涉及李成梁与建州卫的关系和明末抗战事迹，为已落职的归安知县吴之荣所告发，遂兴大狱。时庄廷鑨已死，但仍遭剖棺戮尸，家属亦被处死。此外，凡曾为该书作序、校补、刻印者，甚至售书、买书者，亦均惨遭杀害，共死了七十二人，至于被充军的更不计其数。这里特别要指出的是，被顾炎武"视为畏友"的吴炎（字赤溟）、潘柽章（字力田）两位年轻有为的史学家，亦不幸死于此案。他们都长于史学，两人合作，仿《史记》体例撰《明史记》，吴分撰世家、列传，潘撰本纪、诸志，写成纪十、书五、表十、世家三十、列传六十有奇。顾炎武对他们很敬慕，因此将自己所藏有关史料千余卷，都借给了他们。《明史记》于二人遇难时被抄没焚毁，顾炎武所借的藏书也被连同烧毁，这是明史研究上的一大损失。康熙末年，又有所谓"南山集案"。清翰林院编修桐城戴名世著有《南山集》，书中多处引用了同乡方孝标《滇黔纪闻》所记永历政权的抗战事迹，并主张弘光、隆武、永历三帝在《明史》中应立本纪，被人告发，戴名世及其族人皆被杀；孝标已死，被戮尸，其族人亦多被杀；方、戴两族未被杀害的则皆流放于宁古塔（今黑龙江宁安）等地为奴。这次文字狱，死者一百多人，流放者数百人。雍正时期又有"吕留良案"，这和"南山集案"同为清初的大案。湖南诸生曾静收得浙江大儒吕留良（今浙

江桐乡人)遗书,接受其中有关"夷夏之防"及"井田"、"封建"等学说,著有《知新录》一书,提出清朝以异族入据中国,使人民陷于水深火热之中,中国的文化传统遭到了破坏,他号召恢复"井田封建"(指文化传统)。同时,书中还揭发了清廷统治下人民生活的种种痛苦,雍正帝夺取帝位前后的阴谋行为及其贪财残忍的性格(参见《大义觉迷录》中所引《知新录》语)。雍正七年(1729),曾静派遣他的弟子张熙到西安见清川陕总督岳钟琪,劝他起兵反清,岳钟琪反向清廷告发,结果曾静、张熙及吕留良子毅中等皆被捕,而抄出的吕留良诗文中又有"清风虽细难吹我,明月何尝不照人"等句,更成为残酷镇压的口实。雍正亲自审问此案后,杀死了吕毅中等人,吕氏子孙则被发配宁古塔为奴,但却把曾静、张熙等释放了。这样做是有其政治目的的,就是利用他们来替清廷宣传,欺骗人民。另外,清政府又将曾静等人的口供以及雍正帝和曾静的辩论词、雍正帝反驳吕留良思想的谈话等编辑成《大义觉迷录》一书,这是对死者公开的口诛笔伐,对生者的严重警告。此书一直发到全国各地学校,迫令士人阅读,企图从根本上消除反清思想。对此,梁启超曾发表过评论,认为作为一个帝王,亲撰数十万言之书,"和一位儒生打笔墨官司,在中外历史上真算得绝无仅有。从表面看,为研求真理而相辩论,虽帝王也该有这种自由"。但仔细搜求他的行径,"他著成《大义觉迷录》以后,跟着把吕留良发棺戮尸,全家杀尽,著作也都毁板,像这样子,哪里像是讨论学问,简直是欧洲中世纪教皇的牌子"(《中国近三百年学术史·清代学术变迁与政治的影响》)。自此以后,文网日密,动辄犯忌,尤其是"明"、"清"二字,更不得随便使用,因为由于清统治者猜疑过甚,往往望文生义,为了一两个字就可以把人定为"大逆",用当时办案大员的话来说,就是"推求其意,悖逆显然"(《清代文字狱档·署两江总督高晋奏折》,阎大镛《俣俣集》案)。许多人就是因为被"推求其意"而丧命的,从而使封建主义的文化统治达到了登峰造极的地步。如雍正时,江西考官浙江海宁人查嗣庭出了个"维民所止"的试题,被指为"维止"二字乃是"雍正"去头,加大不敬罪,嗣庭死狱中后仍遭戮尸,亲属被杀或被流放,并停止浙江乡试、会试六年。其后,翰林院庶吉士徐骏诗集中因有"清风不识字,何得乱翻书"之句,被指为有意讥讪而遭杀害。乾隆时期,文字狱更是有增无减,据史料记载,仅乾隆一朝便有七十一起，而案件缘由大多为"妄议朝政"或"讥讪朝政"。可见这个时期清统治者打击的矛头，主要是针对"经世致用"思想的，而其挑剔则又比以前更为苛细，往往都是由望文生义、"推求其意"而定的案，如徐述夔《一柱楼诗集》里有"大明天子重相见，且把壶儿搁半边"、"明朝期振翮，一举去清都"；李骐《虬峰集》里有"杞人惊转切，翘首待重明"等诗句，都因涉及了"明"、"清"的字样，被定为重案。更有甚者，如卓长龄《忆鸣诗集》案，则是把"忆鸣"二字经过"推求"之后，变成了"忆明"，然后按"大逆"定其罪。诸如此类，不胜枚举。"上有所好，下必甚焉"。最高统治者的意图既然如此，各级官吏、爪牙自然纷纷迎合，那些办案官吏往往轻罪重拟，而营谋私利的无耻之辈更是乘机挟嫌诬陷，遂使告讦之风纷然而起，大批无辜士人含冤丧命。当时御史曹一士向乾隆的上疏中就曾指出："比年以来，小人不识两朝所以诛殛大憝（大奸恶）之故，往往挟睚眦之怨，借影响之词，攻讦诗书，指摘字句。有司见事生风，多方穷鞫，或致波累师生，株连亲故，破家亡命，甚可悯也！臣愚以为井田封建，不过迂儒之常谈，不可以为生今反古；述怀咏史，不过词人之习态，不可以为援古刺今。即有序跋，偶遗纪年，抑或草茅（指在野未出仕的人）一时失检，非必果怀悖逆，敢于明布篇章。使以此类，悉皆比附妖言，罪当不赦，将天下告讦不休，士子以文为戒。"（《清史稿·曹一士传》）可见由于文字狱的屡兴，告讦之风的盛行，造成了大批的冤、假、错案，坏人受奖升官，好人惨遭杀戮，是非不分，荣辱颠倒，学者们的思想自由被剥夺得一干二净，清初学者们所倡导的"经世致用"学风，亦被扫荡无遗。由于谈论"经世"免不了要涉及时政，触犯忌讳，遂使士人深怀戒心，钳口不言，而这又正是当时统治者的主观愿望。特别值得指出的是，康熙、雍正时虽搞了许多文字狱，但只杀人，并不毁书，乾隆时则由文字狱进而焚书、禁书；又由查缴禁书而屡兴文字狱，因此，从乾隆六年（1741）到五十三年（1788）的四十七年中，就兴文字狱五十三次之多。这种文化专制主义的统治，正反映了封建末世反动统治阶级的没落性、疯狂性和腐朽性。

二、笼络士人、粉饰太平，大开三通、四库馆

清朝统治建立初期，企图用武力镇压民气，事实证明成绩不大；又企图用程朱理学闭塞民心，最后证明收效甚微，于是转而加强文化统治。而在文化政策上又采用了高压与怀柔两手，用高压的手段来控制社会舆论，以怀柔的姿态来粉饰社会太平。前者通过大兴文字狱而收到了预期的效果；后者则表现为利用特科（在进士之外的特别科目）对知识分子进行笼络和收买，鼓励士人埋头书斋，尽量增加他们跻登仕途的机会。这一政策，在康熙时期就已经开始，康熙十二年（1673）曾荐举山林隐逸；十七年又借纂修《明史》为名，举行"博学宏词科"，录取五十名，各授翰林院官职。正如梁启超所说，被收买的都是二三等人物，那些素负重望的大师，一位也网罗不着。像黄宗羲一再避不应征，顾炎武、王夫之亦隐居不仕。万斯同虽然参与编修《明史》，但"不署衔，不受俸"，始终保持布衣的身份。此外，清政府还召集大批文士编纂《古今图书集成》（一万卷）、《康熙字典》、《全唐诗》（九百卷）、《朱子全书》等许多大部头书籍。雍正、乾隆朝除继续举行"博学鸿词科"（乾隆时以音近清高宗名，改"宏"为"鸿"）外，又有《永乐大典》的缮写、续"三通"的编修、武英殿的刻书等。特别是《四库全书》的编纂，竟网罗学者三百余人参与其事。乾隆三十八年（1773），清政府下令设置四库全书馆，以纪昀为总裁，编纂《四库全书》，名义上是为了作一次古今图书的集结，实际上仍是推行其文化专制主义政策，借机检查各种文献，进而销毁反清的和反对封建统治的一切著作。清廷当时的命令就曾明确指出："明季造野史者甚多，其间……必有抵触本朝之语，正当及此一番查办，尽行销毁……各省已经进到之书，见交四库全书处（馆）检查，如有关碍者，即行撤出销毁。"（《乾隆东华录》卷八〇）需要指出的是，当时销毁、篡改、抽毁、禁绝的范围，不独限于反清文献，就是宋人言金事、明人言元事的书籍亦在其内，甚至内容与封建制度有所抵触或"辞令激愤，意存感慨"者亦均被销毁。从乾隆三十九年至四十七年（1774—1782）的八年间，根据当时清政府的报告，共烧书二十四次，烧毁书籍五百三十八种，一万三千八百六十二部。实际上被毁之书远远超过这个数字。如江西一省即销毁八千部以上。据孙殿起辑的《清代禁书知见录·自序》（商务印书馆

1957年版）云：乾隆时期，"在于销毁之例者，将近三千余种、六七万部以上，种数几与四库现收书相埒"。可见被毁书籍之多，实在令人吃惊！这无疑是我国古代文化典籍的一次大浩劫。另一方面，四库全书馆的设置，又网罗了全国大批的学者，从事于整理考订古典文献。这样一来，对于整个社会学风的转变产生了巨大的影响，当时著名史学家章学诚的好友邵晋涵、周书昌、戴震等，都被征召入馆"修四库书，授官翰林，一时学者称荣遇。而戴以训诂治经，绍明绝学，世上疑信者半；二君（指周书昌、邵晋涵）者皆以博洽贯通，为时推许，于是四方才略之士，挟策来京师者，莫不斐然有天禄石渠、句坟抉索之思，而投卷予公卿问者，多易其诗赋举子艺业，而为名物考订，与夫声音文字之标，盖骎骎乎移风俗矣"（《章氏遗书》卷一八《周书昌先生别传》）。可见，在四库全书馆设置以后，许多学者纷纷放弃诗赋举子艺业而致力于训诂名物工作，考据之风逐渐取代了"经世致用"的"实学"。

三、学术界全部纳入考据轨道

乾嘉考据学风的形成，是清政府封建专制主义文化政策的必然产物。镇压与怀柔相结合的文化专制政策，严重地禁锢了人民的思想，迫使广大知识分子钳口不言，整个社会出现了"万马齐喑"的局面。为了明哲保身，避嫌免祸，绝大多数有志于学问的读书人，都一头钻进故纸堆中，大搞训诂名物，专力从事三代秦汉文献的整理与考订，于是便逐渐形成了一代脱离社会现实的考据学风。梁启超在论述乾嘉考据学风时，有些话说得非常生动，他说："凡当主权者喜欢干涉人民思想的时代，学者的聪明才力，只有全部用去注释古典，欧洲罗马教皇权力最盛时，就是这种现象，我国雍乾间也是一个例证。记得某家笔记说：'内廷唱戏，无论何种剧本都会触犯忌讳，只得专搬演些《封神》、《西游》之类，和现在社会情状丝毫无关，不至闹乱子。'雍乾学者专务注释古典，也许是被这种环境所构成。"在这里，实际上梁启超已经明确地指出了乾嘉考据学风形成的社会根源。他还指出，四库馆的设置，说明汉学已经取得胜利，考据之风宣告形成。"四库馆就是汉学家大本营，《四库提要》就是汉学思想的结晶体。就这一点论，也可以说是，康熙中叶以来汉宋之争,到开四库而汉学派全占胜利。"这么一来,不独做学问的人个个竞言考订,就在整个社会上亦形成了一种不可逆转的风气。乾嘉时代学术界考据风气之盛,于此可以想见。当时不仅研究历史的人不读秦汉以下之书,其他学者亦多把自己的精力投入到三代秦汉文献的整理与考订中去,这样一来,整个学术界几乎全部纳入了考据的轨道。这批乾嘉学派的学者在学术上也作出了一定的贡献,他们用考证的方法对历史文献进行了审订,辨别其真伪,校勘其正误,注疏其字句含义,诠释其典制源流,乃至地理沿革的考辨,等等,为后人阅读和研究古籍带来了很大的方便。所以梁启超说:"乾嘉间考证学,可以说是清代三百年文化的结晶体。"(以上引文均见《中国近三百年学术史·清代学术变迁与政治的影响》)这话确有其一定道理,因为乾嘉考据之学,在有清一代学术文化史上占有极为重要的地位,并且反映了清代文化思想上的特色。但我们也必须同时看到,这个成绩来之不易,它是用血的代价换得的,何况这种脱离当前社会实际,脱离现实政治斗争的学风,大大地阻碍了社会的发展,束缚了科学的进步,近代中国落后挨打局面的造成,应当说这也是重要的因素之一。因此,清统治者所实行的封建专制主义的文化政策,其影响是极为深远的,我们绝不能单从史学领域就事论事。

第十五章
再度以褒贬人物为中心的明代史学

第一节 形成重当代、重人物褒贬的原因

一、两次政变史官记载失实是促使明代野史发达的重要原因

唐宋元时期的史学特点,在于以总结历代历史经验教训为主,而明代史学则以反映当代历史为主,虽然也总结前代历史,但主流却着重于当代历史的编写,这与当时的政治斗争、阶级斗争和统治阶级内部矛盾有着密切的关系。洪武三十一年(1398),明太祖朱元璋去世。因其长子朱标早死,由嫡长孙朱允炆继位,是为建文帝,从此皇室内部争夺帝位的矛盾很快就表面化了。建文帝为皇太孙时,即已感到"诸王以叔父之尊多不逊"(《明史纪事本末》卷一五《削夺诸藩》),并且他们又"拥重兵,多不法"(《明史·黄子澄传》),对中央皇权统治造成很大威胁。于是建文帝即位后,就采纳了兵部尚书齐泰、太常寺卿黄子澄等一批文官的计谋,立即着手进行削弱藩王的权力,首先收回王国的节制吏民之权,再是剥夺兵权,并接连废掉了五个藩王。建文元年(1399)七月,拥兵十万的燕王朱棣立即起兵反抗。他援引祖训,以"清君侧"为名,号称"靖难"。由于功臣宿将差不多全被明太祖杀光了,中央缺少将才,燕王兵力又很强大,加之得到建文帝左右宦官的内应,因此很快取得胜利。建文四年(1402)六月,燕王军攻下南京,宫中火起,建文帝不知下落。燕王朱棣做了皇帝,年号永乐。这次为时三年争夺皇位的战争,历史上叫作"靖难之役"。建文帝采取削藩的措施,这对巩固中央集权是有利的,但他所重用的齐泰、黄子澄等人,既不懂军事,更不会打仗,最后以失败而告终。明成祖称帝后,对主张削藩的官员,大肆报复,下令大索齐泰、黄子澄、方孝孺等五十多人,榜其姓名曰奸臣,实行族诛,家

属中凡男子，不问少长，一律斩首，妻女发配教坊司为奴婢，姻党一律充军边境。方孝孺之死，宗族亲友被杀的就有八百七十三人。主要是因为他反对明成祖篡位，当成祖即位时要他草拟诏书，又坚决拒绝，结果惨遭杀害。当时撰实录的人，当然没有胆量据事直书对方孝孺进行表彰。另一件是"土木之变"后，明英宗为瓦剌所俘，但在主战派于谦等人主持下，他们以社稷为重君为轻，不受瓦剌要挟，置英宗于不顾，另立英宗的弟弟朱祁钰为帝，改元景泰，于谦升任兵部尚书。明政府在于谦等人的领导下，实行了一系列有利于抗战的措施，收到了显著的效果。由于斗争的胜利，通过和议，英宗又被放回。英宗回北京后，就与宦官曹吉祥和投降派官僚徐珵等勾结，于景泰八年（1457）正月，乘景帝病重，发动政变，重新登上皇帝宝座。这个事件历史上叫作"夺门之变"。英宗复辟后，下令废景帝为郕王，不久幽杀于西宫。徐珵等人又奏请英宗将少保兵部尚书于谦和内阁大学士王文等逮捕下狱，并诬以"大逆不道，谋立外藩"的罪名，于英宗复辟后的第六天，就杀害了于谦，"行路嗟叹"，"天下冤之"。于谦在国家危难之时，挺身而出，保卫北京，稳住局势，立下了不可磨灭的功绩，可是史官作实录，同样不敢据事直书表彰于谦，人们自然愤愤不平。不仅如此，明成祖在篡位之后，还对以前的实录一再篡改，历史事实面目全非；而他即位以后的实录，因为有所忌讳，不敢直书，编写得十分简单，特别对人物事迹的记载更加如此，而且不敢有所评论，这自然也就失去了写史的作用。政府史官记载人物既然如此简单，所写史实又多不可靠，于是不少人便纷纷撰述私著，欲以替代史官而履行写史之职责。这就是明代野史发达的重要原因之一。因此，明代野史的盛行，与当时统治阶级内部斗争有很大的关系。同时，既要恢复历史的本来面貌，就必然得翻案，对人物进行批评，于是促使以褒贬人物为中心的纪传体史学，再一次地在明代获得了空前的发达。

二、明代中叶以后的党派斗争和阶级斗争也促成了野史的发达

明代自万历年间开始，阶级斗争更加复杂了，除了农民起义和市民反矿税监斗争外，还有因地主阶级内部分裂而出现的党派斗争。当时地主阶级内部，很明显地分裂为大地主集团和地主阶级的改革派，他们之间的对立和斗

争，愈演愈烈。尤其是地主阶级的改革派，后来逐渐形成了以"东林党"为骨干的政治集团，他们还参加了市民反对阉党的斗争行列。东林党人所提出的反对宦官把持朝政、要求广开言路、"政事归六部，公论付言官"（《明史·史应麟传》）等政治主张，虽然只是代表一般地主阶级知识分子在政治上的要求和维护他们的经济利益的愿望，但是他们反对大地主的肆意兼并土地，反对矿税监的疯狂掠夺，以及主张减轻农业税与工商税等的言论和行动，在客观上也都符合农民和市民的利益，因此，他们的斗争也就很自然地得到了广大市民的同情和支持。这样一来，就使得当时的阶级斗争和统治阶级内部的政治派别斗争的关系更加复杂化了。到了天启年间，阉党更加得势，到处逮捕东林党人，曾经一度引起各地人民反对阉党迫害东林党人的斗争。熹宗末年，东林党势力全被打垮，魏忠贤一伙的阉党势力控制了整个明政府，"自内阁六部至四方总督巡抚，遍置死党"。魏忠贤派遣税监四处搜刮民财，利用特务残杀人民和反对派，"民间偶语，或触忠贤，辄被擒戮，甚至剥皮割舌，所杀不可胜数，道路以目"（《明史·魏忠贤传》）。魏忠贤及其党羽还颁布了一部《三朝要典》，歪曲事实，颠倒是非，妄图伪造历史，永远掩盖真相。这些事实，必然都直接反映到史学领域中来，刺激了野史的发展。继东林而起的复社，既是个政治集团，又是个学术团体，它继续与阉党展开激烈的斗争，一直到明朝灭亡，成为明中叶以后政治生活中的一件大事。同时它在学术思想上的影响也很大，因此在史学思想上也就不能不有所反映。所以笔者说，明代中叶以后的阶级斗争和统治阶级内部的党派斗争是促使野史发达的又一个重要因素。

三、经学思想的变化与文学上复古思潮的结合，促使撰写传记之风更加盛行

明代中叶经学思想所发生的变化，对史学思想也产生了很大的影响。经学思想的变化具体表现在对程朱理学的日益不满上。朱熹的思想从南宋理宗时起已逐步得势，取得了正统地位，朱熹其人也被追赠为太师，追封以公爵，并且从祀孔庙，他的《四书集注》则成为知识分子必读的教科书，元代科举考试就确定以朱注作为标准。明初仍是一体照旧。但从明朝中期开始，由于

社会经济的发展和阶级斗争的激化，为了适应巩固封建统治的政治需要，王阳明的"心学"就应运而生。他反对程朱理学客观唯心主义所承认的心外之理，认为理既不是客观存在的东西，也不是圣人所能随意制定的，它是本来就存在于每个人的心中，是人心中所固有的。当然，这一学说的实质仍是和程朱理学一样，都是为巩固封建统治服务的，但它们毕竟是属于唯心主义两个不同的派别，两者之间也存在着矛盾。王阳明十分反对程朱那套束缚人性的教条，他曾说："圣人之学不是这等捆缚苦楚的，不是装作道学的模样。"（《传习录下》）既然不是"这等捆缚苦楚"，那么又该是如何呢？这就势必引导人们去独立思考，这与当时读书人要求发挥个人见解，反对用朱熹的经注来束缚是一致的。既然是注重心得体会，那就必然对朱熹的经注产生怀疑，从而对于启发人们大胆思考、动摇长期以来程朱理学的教条统治，自有一定的积极作用。王阳明的弟子罗洪先曾写过一篇《答复古问》，说复古就是"复古之六经而已"，即复六经本来的意义，明确地表示了朱熹经注的不可信。既然要"复古之六经"，那么人们也就必然要去研究朱熹以前那些汉唐时期所作的注疏了。可见经学上的复古思想，正是对程朱理学的一种反动。因此，经学思想上的这种变化，形式上是要复古，实际上却是为了达到解放思想。后来王学"左派"中所出现的人物如王艮、李贽等人，正是利用了这种反道学的积极因素，把反对程朱理学的斗争推到了一个新的阶段。这种经学思想的变化，又直接地影响了史学思想，产生了"六经皆史"说。另一方面，明中叶以后，在诗文方面则出现了前后七子的复古运动，史学家和文学家王世贞是其中的首要人物之一，他们主张"文必西汉，诗必盛唐"，因此对司马迁及其《史记》非常崇拜，创作上更以模拟抄袭古人为能事。这种文学上的复古之风影响到史学上，便是促使了传记体史著的特别发达，于是以褒贬人物为中心的史学思想在明代再度活跃了起来。

第二节　明代传记概述

有明一代的传记作品，可谓汗牛充栋，数量十分可观，不但文集中私人作的传记很多，这与唐宋时代的文集有很大的不同，而且专写当代人物的传记更是盛极一时。如王世贞的《嘉靖以来首辅传》八卷,记载世宗、穆宗、神宗三朝阁臣事迹。王世贞编写此书所以断自嘉靖为始,《四库全书总目提要》指出,是因为"明自太祖罢设丞相,分其事权于六部,至成祖,始命儒臣入直文渊阁,参预机务,但称阁臣,而不以相名。其后阉幸干政,阁臣多碌碌充位,至嘉靖间,始委政内阁,而居首揆者,责任尤专,凡一时政治得失,皆视其人为轻重,故世贞作此书,断自嘉靖为始,以明积渐所由来"。可见世贞写作此书,是有其深刻用意的。徐纮仿宋人杜大珪的《名臣碑传琬琰集》,编纂了《明名臣琬琰录》二十四卷、《续录》二十二卷,所辑自洪武迄弘治九朝诸臣事迹,凡碑铭志传以及地志、言行录之类,全都一一收入,虽"不免彼此矛盾,然明自成弘(宪宗成化、孝宗弘治)以前,风会淳厚,士大夫之秉笔者,类多直质不支,无缘饰夸大之词,尚属可以取信。且其中如郁新、吴寿昌等,凡数十人,皆史传所不详,考献征文,亦足以资证据,固非小说家言掇拾传闻,拘虚无据者比也"(《四库全书总目提要·史部·传记类》)。李贽的《藏书》六十八卷,《续藏书》二十七卷,则是评述历史人物的专著,前者主要取材于历代正史,载了自战国至元亡的历史人物约八百人;后者取材于明代的人物传记和文集,载录了神宗以前明代人物约四百人。李贽按照自己的观点,把这些历史人物分了类,并对一些类传写了总论,对一些人物、事件和言论写了专论或短评。如明初靖难之变,事实真相多为当权者所篡改,李贽在书中则旗帜鲜明,专门立了"逊国名臣"、"靖难名臣"两大类,给这次政变中死难大臣以表彰,如实反映了当时的情况。另外,项笃寿的《今献备遗》四十二卷,徐咸的《名臣言行录前集》十二卷、《后集》十二卷,雷礼的《列卿记》一百六十五卷,都是当时卷帙浩博、影响较大的著作。还有许多传记是专为某一事件或一地区所写的传记,但更多的则是专记某些个人的行事或在某些事件上所作的贡献。如唐龙的《群忠录》二卷,记述明太祖征陈友谅时诸臣姓名行实;郁衮的《革朝遗忠录》二卷,所列一百六十传,皆明惠帝(即建文帝)时死难诸臣;罗汝鉴的《群忠备遗录》,张朝瑞的《忠节录》,钱士升的《明表忠记》等,也都是记述建文死难诸臣事迹的。至于《东林点将录》、《东林同志录》、《东林朋党录》等书,则一见书名便知都是记载有关东林党人事迹的。可是也有一部比较特殊的书,那就是万历年间瞿九思编写的《万历武功录》十四卷、一百七十六篇，记述万历时农民起义以及各少数民族和明政府的关系，通过纪传体的形式反映了当时阶级斗争和民族斗争的情况。从文笔来说并不高明，作者的立场也很反动，它的最大特色在于替起义者写了传，对于了解当时的阶级斗争和民族关系有一定的参考价值。该书模仿《史记》而作，著者为了编写这部书，曾对《史记》进行了反复的研究。材料来源亦相当广泛，有邸钞、档案、私家著作等。他还经常跑书店看书，往往很晚才回家。更为难得的是，有些材料是通过访问那些曾在四方游宦的知交搜集而得的，对于仍在外地做官的朋友，他就委托他们代为了解搜集当地有关材料。因此，本书的史料也是比较丰富的。总之，这类传记著作在有明一代特别盛行，数量之多，不胜枚举。正如前人所说："明人学无根柢，而最好著书，尤好作私史。"(《四库全书总目提要·史部·传记类二》，《今献备遗》提要）不过真正有分量的却并不多见，能够流传至今的当然为数就更少了。但尽管如此，这些私家传记还是可以作为博考参稽之助，于史学亦未尝无所裨益，因此，我们仍不应忽视它的作用。

第三节　明代设馆编修的史书

一、开馆编修《元史》

　　元末农民大起义推翻了元朝地主政权，朱元璋亲身经历了这场声势浩大的革命风暴。在他做上皇帝的当年，就下诏编修《元史》，总结元朝封建统治的经验教训，作为明朝地主阶级的"鉴戒"。洪武元年（1368）八月，徐达北伐，攻下大都，得到元十三朝实录，十二月，即命宋濂、王祎为总裁，李善长为监修，编撰元史。次年二月开设史局于天宁寺，八月便写完了除顺帝以外的本纪、志、表、列传共一百五十九卷。因顺帝一朝无实录，史犹未备，便命欧阳佑等专程赶往北平采集其遗事。洪武三年（1370）二月重开史局，仍以宋、王二人为总裁，至七月续成了未完部分。全部《元史》共二百一十卷，包括本纪四十七卷，志五十八卷，表八卷，列传九十七卷，主要记载了从成吉思汗元年（1206）至元顺帝至正二十八年（1368）元朝一百六十余年的历史。像这样一部规模宏大的史书，前后两次开局，而合计费时却不到一年（仅历时三百三十一日），诚如钱大昕所说："古今史成之速，未有如《元史》者；而文之陋劣，亦无如《元史》者，盖史为传信之书，时日促迫，则考订必不审，有草创而无讨论，虽班马难以见长，况宋、王词华之士，征辟诸子皆起自草泽，迂腐而不谙掌故者乎！"（《十驾斋养新录》卷九《元史》）后来学者对《元史》的批评意见，大致有如下几个方面：

首先是未能反映出元朝历史的全貌。元朝疆域非常广阔，而本书所详者仅在世祖以后，因为蒙古帝国至世祖忽必烈至元八年（1271）始改国号为元，至元十六年才统一全国。事实上在此以前，已有太祖成吉思汗、太宗窝阔台、定宗贵由、宪宗蒙哥四朝七十三年（1206—1278）的历史，而且平定西域、三次西征，版图之广、兵力之盛，都非后期所可比拟，而《元史》"对太祖太宗所平漠北西域数十部，无一传"（魏源《元史新编凡例》）。至于当时东西交通、民族关系、宗教传播、文化交流等，则更少涉及。

其次是取材方面亦未尽采集史料之能事。当时修撰《元史》的根据，除十三朝实录、文宗天历间虞集所撰《经世大典》（现已失传）和第二次开局时采访的遗闻外，其他珍贵史料如《元朝秘史》及宋彭大雅撰、徐霆疏证的《黑鞑事略》，孟珙的《蒙鞑备录》，元李志常的《长春真人西游记》、陶宗仪的《辍耕录》，等等，都未曾采录。正如《四库全书总目提要》所指出："以后世论之，元人载籍之存者，说部文集，尚不下一二百种，以订史传，时见牴牾，不能不咎考订之未密。其在当日，则重开史局，距元亡二三年耳，后世所谓古书，皆当日时人之书也。"说明当时在编修《元史》过程中，由于过求速成，根本就没有充分发挥已有史料的作用。而且《元史》剪裁既欠细密，考订更多疏漏，故《日知录》指出："诸志皆案牍之文，并无镕范，如《河渠志》言耿参政阿里尚书，《祭祀志》言田司徒郝参政，皆案牍中之称谓。"（卷二六《元史》）又如《元史》中回护的地方也很多，赵翼在《廿二史劄记》中指出：此种情况，"非明初修史诸人为之著其善而讳其恶也，盖元时所纂功臣等传，本已如此，而修史者遂抄录成篇耳"（卷二九《元史回护处》）。另外，像编次失当，相互矛盾，详细不均，记事失实，人名地名不一，等等，《廿二史劄记》和《廿二史考异》诸书中多有比较详细的考订和批评，这里不一一列举。

正由于《元史》存在着上述严重缺点，因此书成不久，解缙即奉命撰《元史正误》，周复俊也作了《元史弼违》，朱右撰了《元史补遗》。到了清代，改编元史的人就更多了，著名的有魏源的《元史新编》九十五卷，屠寄的《蒙兀儿史记》一百六十卷，柯劭忞的《新元史》二百五十七卷。其中堪称集清代元史研究之大成的当推柯劭忞的《新元史》，北洋军阀时期并被列为正史。

《元史》虽然存在着种种缺陷，但正如许多学者所早已指出的，它的作用与价值仍不能否定。本纪部分除顺帝一朝外，都采自十三朝实录，而这些实录今均已失传，这就使《元史》本纪具有不可忽视的史料价值。即使顺帝一朝没有实录，而作者都是从顺帝时期生活过来的人，自然了解当时的历史情况，因此《顺帝纪》也同样具有较大的参考价值。志、表部分大都根据《经世大典》写成，此书今已残缺，许多内容只能从《元史》中找到。因此，《新元史》的影响即使再大，也是无法完全取代宋濂等人所编《元史》的地位的。

二、设馆编纂会典与实录

弘治十年（1497）设馆编纂《大明会典》，由李东阳、焦芳、杨廷和任总裁，副总裁官为吏部尚书梁储，至十五年书成，计一百八十卷，正德四年（1509）重修刊行，故卷首有孝宗、武宗两序。体例以六部为纲，分述各行政机构的职掌、事例、冠服、礼仪等，并附有插图。其官制前后不同者，如太常司改为太常寺之类，则书其旧名，而注曰后改某官；其别开公署者，如鸿胪寺本为仪礼司之类，则书其新名，而注曰本为某官；其户口贡赋之盈缩，制度科条之改易，亦相连并载，以见变通创建之由。大体以洪武二十六年（1393）诸司职掌为主，参以祖训律令典制等书编辑而成，内容较《明史》各志为详，于有明一代典章制度最为详备。嘉靖八年（1529）曾进行续修，万历四年（1576）重修，万历十五年成书，重修本为二百二十八卷。

明沿旧制，设翰林院，置史官掌修国史。皇帝死后，嗣君即命史官为之修撰实录。二百多年中，共修成了自太祖至熹宗十三朝皇帝实录，记载十五帝事迹，共二千九百二十五卷。《崇祯实录》十七卷，系后人补辑而成。当时每朝实录撰成后，誊录正副两本，正本藏皇史宬，副本藏内阁，底稿焚毁，以示禁密。

《明实录》和历代实录一样，是编年体史料"长编"，按年、月将事件分别归属。正史编写大多以它为依据。内容非常繁富，凡各种政治设施、军事行动、经济措施、自然灾祥、社会情况，以及帝王婚丧、生子命名、祭祀、营造，等等，都有详细记录。至于诏令奏议、百司重要案牍、大臣生平事迹，亦均择要选载。这些材料来源，既有档案作依据，又有史馆编撰的起居注、时政记、日历等为底本，因此事件发生的时间和地点，一般都记载得比较准确。当然在事件记载中曲笔讳饰之处亦在所难免，特别明显的是明成祖即位以后，对于许多重大事件，史官不仅不敢直书，而且还进行多次篡改，为成祖非法得位而文饰，以致造成了许多的疑案，至今未能解决。英宗复辟以后的情况也是如此。尽管这样，它的史料价值仍然比一般史书记载要高得多。如清修《明史》，凡涉及清朝祖先的事迹，大都隐讳不书，而《明实录》对边疆少数民族之事一般都能据实记录。又如朱元璋北伐檄文，像这样重要的文件，不仅《明史》本纪不收，就连毕沅《续资治通鉴》、陈鹤《明纪》和夏燮《明通鉴》，因害怕触犯清朝忌讳，也都没有转录。因此，就材料真实性而言，显然比《明史》来得可靠。至于存在的问题，无疑带有官修史书无法避免的通病，这也可以说是我国封建制度下官修史书的"不治之症"，即"书美而不书刺，书利而不书弊，书朝而不书野，书显而不书微。且也序爵而不复序贤，迟功而巧为避罪"（李建泰《名山藏序》）。特别是本朝史臣撰写本朝帝王实录，如果缺乏史德，阿附权势，势必隐恶扬善，好恶任情，加之政局变动，新旧交替，不仅记载曲笔，而且任意篡改，这就很容易造成实录不实。因此，对于实录材料的利用，同样需要审慎鉴别。

三、编纂大型类书《永乐大典》

《永乐大典》是我国历史上最大的类书，也可以说是世界上最早最大的百科全书，是由明成祖永乐时解缙等人奉敕编纂的，始于永乐元年

（1403），至次年十一月完成，初名《文献大成》。因编纂匆促，内容简略，明成祖感到不满，复令重修，至永乐五年十一月书成，改名《永乐大典》。两次纂修费时五年，参加编辑者达二千一百六十九人，留下姓名者仅二百余人。全书收集了我国重要图书典籍七八千种，共二万二千九百三十七卷（包括目录、凡例六十卷），装成一万一千零九十五册，字数约三亿七千万，其中包括经、史、子、集、释藏、道经、天文、地理、医卜、戏剧、评话、工技、农艺等各类著作，内容非常丰富。其编排方法，依照《洪武正韵》的韵目，按韵分列单字；在每一单字之下，都先注《洪武正韵》的音义，次录各韵书、字书的反切与解说，分类汇辑和这一单字有关的天文、地理、人事、名物以及诗文词曲等各项记载。正如序言所说："因韵以求字，因字以考事，自源徂流，如射中鹄。"不过所改条目，义例颇不规则，有以一字一句分韵的；有析取一篇，以篇名分韵的；有抄全书，以书名分韵的。而入韵方法，亦参差无绪。其可贵处在于搜罗宏富，元以前之佚文秘册，多赖以保存。尤其难得的是，字下所引各项材料，都是依据原书整段、整篇甚至整部地抄入，而且一字不易，因此许多古籍都因其辑录而得以完整地保留下来。清乾隆间编《四库全书》时，就从《永乐大典》中辑出佚书凡五百多种。如史部中的《旧唐书》、《旧五代史》、《宋会要》（即今所见之《宋会要辑稿》）等重要史籍，都是在它们失传后，重新从《永乐大典》中辑录出来的，这部规模空前的类书对祖国文化贡献之大于此可见一斑。书成后，因工费浩大，未能刊行，只抄了正本一部。嘉靖、隆庆间又录一副本。正本藏北京文渊阁，副本藏北京皇史宬。明亡时，文渊阁原本被毁。清初，将副本移贮翰林院，至乾隆间已散失两千四百多册。咸丰中，英法联军侵入北京，该书遭到严重损失。光绪二十六年（1900），八国联军攻陷北京，大部分又遭焚毁，剩下的亦多被英、美、德、俄、日等帝国主义者劫夺而去。我国许多的珍贵古籍，因《永乐大典》的遭劫被毁而失传。至今国内外仅存的尚有三百七十余册，其中在国内的约二百余册。1959年，是《永乐大典》编成的550周年，中华书局为了使这一世界著名的大百科全书流传得比较广泛，让研究工作者便于参考，根据北京图书馆所藏原本和复制本，合共七百三十卷，影印出版，如此卷数也仅及全书总卷数的百分之三而已。稍后，台湾世界书局影印了由杨家骆主编的《永乐大典》影印本，为三十二开精装本，凡一百册，该本吸收了中华书局成果七百三十卷，另外增加十二卷，共收七百四十二卷。20世纪70年代以后，又陆续调查得五十五卷。现状就是如此。

第四节　纲目体盛行和史学走向社会

一、《资治通鉴纲目》的深远影响

《资治通鉴纲目》自问世以后，所以受到社会的广泛关注和欢迎，首先是全书强化正统思想，突出纲常名教，符合封建统治者的要求，这在封建时代许多人的评论中便可得到反映，因此，明清两代统治者都非常重视。明宪宗成化九年（1473），"上命儒臣考订宋儒朱熹《资治通鉴纲目》，尽去后儒所著考异、考证诸书，而以王逢《集览》、尹起莘《发明》附其后，至是上呈"。明宪宗还亲自为之作序："朕惟朱子《通鉴纲目》，实备《春秋》经传之体，明天理，正人伦，褒善贬恶，词严而义精，其有功于天下后世大矣……是书所载，自周秦汉晋历南北朝隋唐以及五季，凡千三百六十二年之间，明君良辅有以昭其功，乱臣贼子无以逃其罪，而疑事悖礼，咸得以折衷焉，俾后世为君为臣者，因之以鉴戒惩劝，而存心施政，胥由正道，图臻于善治，其于名教岂小补哉！然则是书诚足以继先圣之《春秋》，为后人之轨范，不可不广其传也。因命缮录定本，附以凡例，并刻诸梓以传。"（《明宪宗实录》卷一一三）这段议论，可以说代表了封建社会后期整个统治者的看法。不仅如此，同年十一月，宪宗又命大学士彭时等编纂《宋元资治通鉴纲目》，宪宗"上谕"曰："朱文公《通鉴纲目》，可以辅经而行。顾宋、元二代，至今未备。卿等宜遵朱子凡例，编纂宋、元二史，上接《通鉴》，共为一书。"（《明宪宗实录》卷一一二）彭时去世后，商辂接替主持编纂。至成化十二年书成，始于宋建隆庚申（960），终于元至正丁未（1367），凡四百有八年，总二十有七卷，名曰《续资治通鉴纲目》。商辂等在《进续资治通鉴纲目表》曰："伏以经以载道，阐万世之文明；史以辅经，昭累朝之鉴戒。东鲁大圣删述于前，考亭大儒祖述于后，此《春秋》为经中之史，而《纲目》实史中之经。"这里可以看出，君臣之间一唱一和，宪宗曰："朱文公《通鉴纲目》，可以辅经而行"，商辂则曰"《纲目》实史中之经也"。这么一来，《通鉴纲目》就被推上了神圣的地位。因此，其后不久，作过《通鉴纲目前编》的许浩就曾这样说："及我太祖高皇帝、太宗文皇帝表章四书五经，颁降天下，而《纲目》亦与，则视《资治通鉴》盖加显矣。"（《宋史阐微》卷一《命龙图阁大学士司马光编历代君臣事迹》）生活在万历年间的叶向高，在《重刻通鉴纲目序》中更加明确指出："国朝列圣崇重表章，颁之学宫，令士子诵习，与六籍等。柄文者，必循以课士，宁独取其该洽，良以二千年来是非褒贬衷于是书，不可废也。"（《苍霞草》卷八）这些叙述足以说明，《通鉴纲目》到了明代，已被统治者推上了极高的神圣殿堂，司马光的《资治通鉴》已经无法与之相比。因为《通鉴纲目》不仅可以与四书五经并列，更重要的是"颁之学宫，令士子诵习"，实际上是朝廷行政命令在推广此书，其影响之大自然就可想而知了。而在社会上的地位之高，当然也就远在《资治通鉴》之上了。进入清代，清圣祖康熙帝于康熙四十六年（1707），"因陈仁锡刊本，亲加评定"（《四库提要》语），并为之作序。因为有了"御批"，其身价自然就提高百倍，于是科举考试策论，概以本书为准。乾隆初年，高宗又命大臣编纂《通鉴纲目三编》，以续朱熹《通鉴纲目》和商辂《续资治通鉴纲目》，以补有明一代史事，并于乾隆十一年（1746）四月成书二十卷进呈，高宗亲自为之作序、参定。他在序中还说明为什么要续《通鉴纲目》，在这篇序中就非常明显地道出了统治者推崇《通鉴纲目》的原因所在，那就是此书可以"明天统，正人心，昭鉴戒"。关于这一点，"司马氏有不能窥其藩篱者"，当然《资治通鉴》也就得不到有如《纲目》这样的荣崇。书成不久，因事迹漏落，地名、人名又多舛误，遂于乾隆四十年（1775）命赫舒德重修，补遗纠谬，使端委秩然，而卷数比初编加倍。乾隆三十二年，高宗命大臣依纲目体重修一部简明通史，名曰《通鉴辑览》，因高宗曾亲自核定和批注，故亦称《御批通鉴辑览》，全书一百六十卷，附南明唐、桂二王事迹三卷。编年纪事，纲目相从，于音训典故与史实考证，则分注于其目之下。起自上古，迄于明末，是简明的编年体通史。其书虽是在前人旧史基础上删繁就简，但自定凡例，立有史料取舍标准，于数千年历史大事之原委始末，叙述简明，颇便于初学历史之入门。

至于民间所以欢迎《通鉴纲目》，关键在于简明与通俗，特别是提纲挈领，大的事件可以做到一目了然，这对于那些需要了解历史的人自然方便得多了，特别是适合于士人的科举考试。正如朱熹自己所说："此书无他法，欲其纲谨严而无脱落，目欲详备而不烦冗耳。"（《御批资治通鉴纲目》卷首下《朱熹与赵师渊书》）尤其是全书卷帙不大，仅五十九卷，为《资治通鉴》的五分之一，这自然就适合广大民众的需求，加之统治者又大力提倡，因此，问世以后很快得以广泛流传。特别要指出的是，《纲目》成书不久，便有遂昌（今浙江遂昌）人尹起莘著成《资治通鉴纲目发明》五十九卷，对《纲目》进行大力宣扬。尹氏在《纲目发明序》中说："是书之作，其大经大法，如尊君父而讨乱贼，崇正统而抑僭伪，褒名节而黜佞邪，贵中国而贱夷狄，莫不有系于三纲五常之大，真所谓为天地立心，为生民立极，为先圣继绝学，为后世开太平者也。"这些议论，确实做到了为《纲目》发明义例的作用，所以魏了翁在《通鉴纲目发明序》中说："是书若行，《纲目》之忠臣也。"唯其如此，明清以来同样得到广泛欢迎。王重民先生在《中国善本书提要》中曾有这样说明："是书上自《纲目》纂成，仅三四十年，或四五十年，为发明《纲目》者第一部书，明清以来，翻刻不绝。"其影响之大，于此可见。元仁宗延祐五年（1318），望江人王幼学著成《资治通鉴纲目集览》五十九卷。此书"取朱子《纲目》，悉为训诂，引喻证释"（《中国善本书提要·史部·编年类》）。元文宗天历二年（1329），永新人刘友益著成《通鉴纲目书法》五十九卷。刘氏为什么要写这样一部书，元代历史学家揭傒斯在《刘先生墓志铭》中曾有明确的说明："以圣人之志莫大于《春秋》，继《春秋》之迹，莫尚于《通鉴纲目》。凡司马氏宜书而未书者，朱子书之；宜正而未正者，朱子正之。恐朱子之意不白于天下后世，乃著《通鉴纲目书法》五十九卷，盖历三十年而成。"（《揭傒斯全集·文集》卷八）而他在为该书所作的序中又对刘氏作此书的意图详细地论述了一番：

> 孔子因鲁史作《春秋》，以为万世之法；朱子因司马氏《通鉴》作《纲目》，以正百王之统。此天地之经，君臣之义，而圣贤之心也。世之言《春秋》者，自《公羊》、《谷梁》、《左氏》以下，无虑数十家，而义犹有所未明，疑犹有所未解者，鲁史不可复见，且圣人之制作也，后之羽翼六经者宜莫如，朱子犹不敢言《春秋》，然《纲目》之作，非深

得圣贤之旨者不能也。故朱子不言《春秋》，而知《春秋》者莫如朱子。世之言《纲目》者，亦无虑数十家，既有《春秋》为之义例，又有诸史可以究其本末，且去朱子之世为未远，而又有亲及其门者。然言愈烦，义愈精，非深得朱子之意如朱子之知《春秋》者，不能言也。能言未有若庐陵刘氏《纲目书法》者，其辞则《公羊》、《谷梁》，其义则《春秋》，而其志朱子也。（《揭傒斯全集·文集》卷三）

从这段议论人们可以清楚看到，因为有了这部《纲目》，还在元代，朱熹已经被推上孔子以后第一人，而注疏发明《纲目》的著作，就是在元代已经有数十家之多了，与言《春秋》的著作已经相当了，其影响之大，自然可以不必多言了。由于朝廷和民间对此书都是如此重视和推崇，因此，宋元以来社会上便掀起了"《纲目》热"，而这股"《纲目》热"几乎历元明清而不衰。这样一来，社会需求量自然大增，因而公私竞相刊刻，从而也产生了许多不同版本。而社会上的许多书商，亦乘机争相刊刻，大赚其钱。为了争取读者，有的书商还将许多研究《纲目》著作的内容，汇刻于《纲目》之中出版。据王重民先生在《中国善本书提要》中记载，先是宣德七年（1432），福建书商刘剡将尹起莘《发明》、王幼学《集览》、汪克宽《考异》、徐昭文《考证》、陈济《集览正误》分别散附《纲目》每条之下或附各卷之末，由其同族兄弟刘宽在福建刊刻于世。而同时杨氏清江书堂亦刻《通鉴纲目大全》五十九卷，"盖杨氏见刘氏书颇获利，因增入刘友益《书法》，以与刘氏竞售。魏氏刻是书，后于刘、杨二家者约十余年，所以仅刻《集览》与《考异》者，盖择其最善者而刻之，欲以简易斗二家之繁博也"（《中国善本书提要·史部·编年类》）。书商们竞争之激烈已经达到如此之地步，而刻书之多就可想而知了。

当然，也要指出的是，自元以来，也有一些学者著书立说，或对《纲目》持有微辞，或考证其记载史事之差误者，如元代何中著《通鉴纲目测海》一书，是"纠《通鉴纲目》书法之异同"；明末张自勋所著《纲目续麟》，则论证"《纲目》一书，非惟分注非朱子手定，即正纲亦多出赵师渊手，并让刘友益误以晚年未定之本，为中年已定之本"（《四库全书总目提要》卷四七《编年类》）。清代则有陈景云《纲目订误》、冯班《纲目纠谬》、张庚《通鉴纲目释地纠谬》等。所有这些著作中，有的是纠正《纲目》本身的差误，有的是对研究、注释、发明《纲目》之书进行纠误或批评，也有的是对《纲目》作者、书法提出疑义。不论是哪一种，总归都是因《纲目》而派衍出，这一现象，以前的著作还是不多见的。这也说明，尽管有最高统治者在大力提倡和宣传，并不影响社会存在不同的声音。

笔者在上文中已经讲了，因为《通鉴纲目》中所讲述的思想、观点和内容，完全符合历代统治者的要求，是一部维护封建统治秩序的教科书，非常有利于封建国家的统治，因此，一直受到历代封建统治者的重视、推崇和提倡。而作为此书的著作者朱熹，在整个封建社会后期，也就理所当然地被推上了仅次于孔子的神圣宝座，享受到仅次于孔子的崇高荣誉。也由于《通鉴纲目》在编纂上确实具有它的长处，诸如纲举目张、简明扼要、明白易懂，可以做到一目了然，这就更加适合于社会的广大人群读史的需求，因为在我国古代社会里，从启蒙教育开始，就是从读史中来求得各种知识和伦理道德，乃至修身齐家、治国平天下等大道理，无一不是通过学习历史而获得。所以近代著名思想家龚自珍在《尊史》中说："欲知大道，必先为史。"（《龚自珍全集》）因此，我们可以毫不夸张地说，在我国古代社会里，几乎人人都要学习历史，阅读历史，而《通鉴纲目》正好就成为比较合适的一部历史好教材。特别对那些尚处于社会中下层的士人，更是其科举考试的必读之书。凡此种种，正是宋元以来社会上所以会产生"《纲目》热"的原因之所在。

二、"《纲目》热"和史学走向社会

就在"《纲目》热"的影响之下，明代学术界有些人很快就得到启示，并悟出了一个道理，那就是社会上非常需要一种通俗易懂的历史书籍。于是从明代初期开始，就有人对《资治通鉴》和《通鉴纲目》两部书打起了主意，最先出现的乃是对《通鉴》进行节略。当然，此事司马光自己就曾做过，在《通鉴》成书后，作过《通鉴举要历》八十卷，《通鉴节文》六十卷则是以全书太详、目录太略而折中编成的。到了南宋又有多家对《通鉴》做节要工作，《中国善本书提要》的《编年类》载有《增入诸儒集议资治通鉴详节》一书，《提要》曰："原书不著编辑人姓氏。考《季苍苇藏书目》有宋版《通鉴详节》一百卷，不著撰人；《传是楼宋元本书目》有宋大、小本《资治通鉴详节》各一百卷，宋本下题吕东莱三字。按《宋史·艺文志》有《吕氏家塾通鉴节要》二十四卷，此本增入名儒集议，当在其后。"《中国善本书提要》的《编年类》还载有《增修陆状元集百家注资治通鉴详节》，作者乃淳熙年间的陆唐老，以及《少微通鉴节要》、《少微家塾点校附音通鉴节要》、《增修附注资治通鉴节要续编》等多种，并且多为明刻本，特别是最后一种，还是"朝鲜铜活字本"，可见流传之广。元代亦曾有《通鉴节要》、《通鉴事略》等书。到了明代，便有刘剡的《资治通鉴节要续编》三十卷的刊刻。这一系列删节《通鉴》的做法说明，就在《通鉴纲目》流行的同时，人们还在探索一种简洁易读的史书，但目光还仅是停留在对《通鉴》的简节上面。这种删节的做法，往往不仅影响历史事件的连贯性，而且也免不了要影响历史发展的完整性，何况这都还是在前人著作上面做些简单的文章。就如嘉靖三年（1524）刊刻的严时泰《新刊通鉴纲目等论摘题》、嘉靖十五年（1536）刊刻的戴璟《新刊通鉴汉唐纲目经史品藻》和《宋元纲目经史品藻》，已经失去了简明历史的性质，况且也还没有摆脱对前人著作的依赖。于是怎样编写一部为广大社会人群所接受的通俗的历史读物，已经成为当时社会的迫切要求。"纲鉴"这类通俗史书，就是在这种形势下产生的。其实只要你仔细阅读就可发现，实际上不过是"纲目体"的变异而已，因为这一类书虽名曰"纲鉴"，而其体裁仍为"纲目"。而从史料记载和这类书籍的流传来看，大多为有些学问的书贾自己所为，也有的则是约请一些无名之士编写，刊刻时则冠以某某名人所编纂。对此，当代著名学者王重民先生在所撰《中国善本书提要》中，通过对具体书的提要撰写，进行了剖析，如在《鼎锲赵田了凡袁先生编纂古本历史大方鉴补》的提要中是这样写的：

> 三十九卷，卷首一卷，十二册（北大），明万历刻本。原题："明赵田袁黄编，潭阳余象斗刊行"。卷三《周纪》题："宋涑水司马光《通鉴》，考亭朱熹《纲目》，明赵田袁黄编纂，潭阳余象斗刊行。"卷二十八《宋纪》题："元四明陈桱《通鉴》，明淳安商辂《纲目》，赵田袁了凡先生编纂，潭阳余象斗刊行。"卷末有"万历庚戌仲冬月双峰堂

余氏梓行"牌记。卷首有《凡例》云："《纲目》、《鉴》二书古未有合编者，合之者自荆川唐老师始。"又云："周烈王以前，宋元以后，《纲》、《鉴》俱未载，则用金履祥之《前编》，刘恕之《外纪》以开之于首；用陈桱之《续通鉴》，商辂之《续纲目》以绍之于终。"又有韩敬序云："书历三年后成，而老师（指袁黄）亦以是年绝笔，痛哉！闽建邑余君文台，慷慨豪侠，行义好施，夙与袁有通盟谊。其二三伯仲郎俱以文学名，而长君君及屡试辄冠，翩翩闽中祭酒，束装千里，来购是书，适师大归矣！"

王先生在《提要》中摘引了如上内容后，接着便加按语：

> 按此本当为余象斗第三刻。第一刻托名李廷机，第二刻又改从吉澄校刻本分卷（此本也有在第一刻之前之可能），此第三刻又全翻第一刻（即托名李廷机之本），而又改托袁黄，并抬出根源，谓周烈王以前本之《外纪》、《前编》，宋元则用《续通鉴》、《续纲目》，其实第一刻本来如此，此不过借以阐述袁黄编纂之功耳。其实袁黄、韩敬俱是托名，此第三刻实则翻第一刻耳。所不同者，第一、二卷分标"编"、"纪"、"经"，第二卷以后则分标"纲"、"目"、"鉴"耳。余象斗自万历二十八年至三十八年，十年之间，三刻是书，三次更换名目，无非欺骗读者，冀多销售耳。

通过王先生在按语中的分析，人们可以清楚地看到书商们伪托所用的各种手段相当全面、相当高明，如果不具备阅读古籍的常识和相关历史知识，很难识破其伪托真相。何况每刊刻一次，就更换一次作名者，另外编造一篇序言。伪托中为了让人们相信，还在《凡例》中假借袁黄之口，说"《纲》、《鉴》二书古未有合编者，合之者自荆川唐老师"。这么一来，就把作为学者、文学家的唐顺之推上了"纲鉴类"著作的始作俑者的地位。于是明代中期以来，便流传了这一看法，其实这顶桂冠很明显是书商们所加。他被伪托的著作则是《新刊古本大字合并纲鉴大成》四十六卷。对于这一社会现象，生活在明代晚期天启、崇祯年间的徐奋鹏在其《古今治统凡例》中就曾这样说过:"所睹者,则仅书肆商贾所为《纲鉴会编》已耳,或《史纲纪要》已耳,或《纲鉴大成》已耳。盖俱合紫阳之《纲目》与司马之《通鉴》,总而成帙,以便学古者之观省。然其事或此载而彼遗,其文或彼详而此略,博综之士,可恨其未全。而其书法义例,或仍于《纲目》,或戾于《纲目》。盖笔多出于山林学究之后,而假名于哲匠鸿才,非真笔也。"生活在同时代的人已经作如是之说,自属可信,而徐氏本人乃是一位学者,著有多种历史方面的著作。在当时被伪托的名字相当多,如王世贞、张居正、叶向高、焦竑、何乔远、钟惺、冯琦、冯梦龙等。在《中国善本书提要·编年类》还著录有明万历刻本《鼎锲纂补标题改表策纲鉴正要精抄》二十卷,卷首一卷,十册,藏于北京大学图书馆,原题:"太史琢庵冯琦补纂,编修缑山王衡编次,书林少垣郑纯镐绣梓。"还有明崇祯间刻本的《纲鉴统一》三十九卷,论题二卷,藏于北京大学图书馆,原题:"古吴冯梦龙犹龙父辑,男焴参阅。"作为历史学家的冯琦,曾预修《大明全典》,后又仿《通鉴纪事本末》,编次宋代史事,未竟而卒,还著有《经济类编》和《北海集》,就是未见过还纂辑有"纲鉴"一类之书;至于冯梦龙,知道的人就更加多了,因为他是明代著名的通俗文学家和戏曲家,特别是他所编纂的通俗小说"三言"(《喻世明言》、《警世通言》、《醒世恒言》)而使他出了名,他还编著和改编了大量的传奇戏曲,在任福建寿宁知县期间还曾编修过一部《寿宁待志》,就是没有听说过他还编辑过"纲鉴"这类书籍。但是社会上流传的这些书毕竟又是事实,当然这里面无疑存在着真伪问题,有待于后人加以研究和考订。

笔者在研究中发现,在明代后期的学者中,被伪托最多、影响最大的无过于王世贞了。也许因为在当时他是位学术大家,名气大,在社会上流传的各种纲鉴著作中,冠以王氏之名的就有六部之多,其中流传最广的则是《王凤洲先生纲鉴会纂》,此书至清朝末年和民国期间还不断有刊印问世。笔者还存有一部"光绪己亥(1899)长夏上海富文书局石印"本,全书四十六卷,内容上起远古,下至五代。从这部"纲鉴"来看,还有一个特点,那就是除提纲挈领分列大事,细目详载史事外,还汇集一些历代名家对某些重大历史事件和重要历史人物所作的评论,间或对《通鉴纲目》编纂中存在的问题亦加以议论。看来这一特点在这类著作中大多存在,故王重民先生在《中国善本书提要·编年类》的《纲鉴统一提要》中就这样说："此类《纲鉴》之编纂，评注方面，在嘉靖、万历期间，由简而繁，万历末年达于顶点。天启、崇祯又由繁趋简。"对于《王凤洲先生纲鉴会纂》，早年笔者曾相信确为王世贞所编纂，因而在有些论著中还曾引用过书中论述来评论王世贞的史学观点，当然也就误导了广大读者。可见对于历史上一些有争议的著作、人物、事件等，在未作深入研究之前，切忌轻下结论。就如上述这些纲鉴著作，其中究竟是否真正出于名家本人之手，笔者觉得也还有必要再作深入研究，因为在近年来出版的史学著作中，有的还是肯定"袁黄确编纂过《历史纲鉴补》"，并说"冯梦龙的《纲鉴统一》，是崇祯时期比较好的一部纲鉴教材"。这显然与上文征引的王重民先生的论述相左。在存在着不同看法的情况下，只有通过深入细致的研究，才能得到一致的结论。——总之，在明代中后期所掀起的"纲鉴热"中，社会上产生的这类著作是相当多的，钱茂伟先生在所著《明代史学的历程》一书，就列举了三十四种之多，而他在《明代史学编年考》中征引《白眉纲鉴凡例》云："历代纲鉴之刻，近纂修者不啻百种。"而这些书在当时人的眼中是"为举业家祈快捷方式也"。也就是说，为科举考试的士子们创造了条件。这样众多的纲鉴著作，由于登不了历史学的大雅之堂，因此在当今的史学论著中，还很难取得一席之地。笔者总觉得，作为通俗史学一种的纲鉴，我们无论如何也不应当忽视它在传播和普及历史知识方面所产生过的作用。况且这种著作在当时的社会中具有广大的市场，具有广大的读者群，而这种读者群，又并不仅限于从事科举考试的士人。正因如此，直到清代还有人在编纂这种"纲鉴"形式的史书，著名的有山阴人吴乘权等编纂的《纲鉴易知录》，全书一百零七卷，共一百八十万字，是一部纲目体通史，上起盘古，下迄明末。吴乘权自云，读史每苦于篇章枝蔓，便与周之炯、周之灿一道，利用旧有的编年体史书，摘要删繁，历时六年，于康熙五十年（1711）编成。其书很明显是汇编性，自盘古至战国，主要是根据刘恕《通鉴外纪》和金履祥《通鉴前编》；战国至五代，依据的是朱熹的《通鉴纲目》；宋元两朝依据商辂的《通鉴纲目续编》；明代则又依据谷应泰的《明史纪事本末》。全书包罗了历代重大政治事件与各种历史人物活动的业绩。因其内容简要易读，故称《易知录》，为旧时学习历史入门之书，对传播历史知识曾起过不小的作用。我们说全书虽属汇编性质,然也并非粗制滥造,而是做过一番融会贯通的工作。而吴乘权虽然仅是一名儒生,但还是很有才华和学识,在编纂此书之前十年,他还与吴调侯编辑了《古文观止》,风行一时,影响极大,可见他的社会地位虽然不高,对社会的贡献却非常之大,特别在推广、普及传统文化方面,收到了难以估量的效果。对于这样一位有功的无名之士,我们有必要对其事迹大书而特书。

综上所述,朱熹的《通鉴纲目》在史学上的贡献,我们以前只是说创立了一种新史体——纲目体。就连这一点,当代许多史学史的专著中也很少给其一席之地。实际上它的价值却远不止这一点。正是因为这种纲目体,在明代催生出"纲鉴热",因而我们说纲目体的史书,在推进史学走向社会、推进史学走向通俗化道路方面起到了料想不到的作用。可惜的是,这些通俗史书很容易被人们遗忘,因为这类通俗的史书,难以走进学术殿堂,自然也就很少有人问津。值得庆幸的是,这些早被遗忘的通俗史书,开始引起人们注意。如钱茂伟先生在近年出版的《史学与传统文化》和《明代史学的历程》两书中,列有专门节目,介绍了这种通俗史学的发展情况,这无疑是可喜的现象。为此,我们今后应当加强对这种通俗史学加以研究,这对我们当前如何让史学研究走向社会、走向大众,有一定的启发作用。

第五节 王世贞和李贽

一、王世贞和《弇山堂别集》

明代学者王世贞长期以来以文学著称于世,因此,近代以来文学史方面的著作,对他大都有所论及。其实,他同时又是一位著作等身的大史学家,但知道的人不多,评论的那就更少了。笔者在1983年出版的《中国古代史学史简编》一书中,第一次在史学史著作中为他列了一目,后又撰写了《大史学家王世贞》(发表在《文献》1997年第2期,后收入《史家·史籍·史学》)和《弇山堂别集评介》(载《中国史学名著评介》)两文。

王世贞(1526—1590),字元美,号凤洲,又号弇州山人,太仓(今江苏太仓)人。嘉靖二十六年(1547)进士,授刑部主事,历官至南京刑部尚书。他是一位才华出众的学者，又是一位忠于职守的良吏，任官期间，廉洁奉公，刚正不阿，注意裁抑墨吏巨室，革除社会不良风气，均收到良好效果。一生博通经史，著作繁富，尤长于诗文，这在当时和后世都为大家所公认。其著作除《弇州山人四部稿》和《续稿》外，在史学方面的著作就有《嘉靖以来首辅传》、《谥法通纪》、《明野史汇》、《弇园识小录》、《权幸录》、《庵寺小纪》、《朝野异闻》、《皇明名臣琬琰录》、《觚不觚录》、《弇山堂别集》等多种。有的虽属笔记性质，但其内容大多记录明代朝章典故，具有很高的史料价值。史部著作如此之多，在有明一代，似乎很少有人能与他相比拟。由于他在文学上的名气更大，影响更广，是明代文学史上"后七子"之一，曾独擅文坛二十年，因而当时的人都只把他视为文学大师加以推崇和效法。这就掩盖了他的历史学家面目。所以王世贞去世不久，董复表在《纂弇州史料引》中便说："王弇州先生好言史，自入仕以至三事撰构种种，当代史之富无逾先生。而不及成史，一二梓行之者，漫置诗文集中，卒为诗文所掩，海内拱璧先生之诗文而莫举其史笔，其他传录，又以避忌秘之，遂使先生一代大业若存若亡，一生苦心几为乌有。"（《弇州史料》卷首）而陈继儒在《弇州史料序》中亦说："王弇州负两司马之才"，"而老为文人以毁，皆本朝大恨事也"。

《弇山堂别集》若只看书名，多会将其当作文集，因为自梁武帝有"别集"之称以来，一直就指诗文集，在《四库全书总目》的分类中，集部中之"别集类"，则包括所有诗文集。但此书却是一部明代史书，而并非诗文集。至于所以要称"别集"，陈文烛在为该书作的序中说："其称别集者，盖元美诗文有《弇山堂正集》（即指今所流传之《弇州山人四部稿》和《续稿》），而此则国朝典故，比一代实录云。"作者自己在小序中则说："名之别集者何？内之无当于经术政体，即雕虫小技亦弗与焉，故曰别集也。"尽管有此说明，后世仍有人讥讽他不当以别集来名史书，这自然是不了解作者之用心了。

《弇山堂别集》一百卷，1985年中华书局出版了魏连科先生点校本全四册。这是王世贞欲用以编撰明代纪传史书的一种素材，因此，它实际上是一部史料汇编，而未形成严谨的史学著作。内容分"述"、"表"、"考"和"史乘考异"四个部分。笔者在《中国古代史学史简编》中介绍其内容时说：

"'述'是记载明朝有关重大事件;'考'是记载典章制度,就是纪传体史书里的书志部分;'表'即纪传体史书中的表。"或许说得不够全面,故有的先生在文章中指出:"它的'述'并不像有的论者所说,都是'记载明朝有关重大事件'的。它的'考'也绝不是'纪传体史书里的书志部分',它的'表'更不同于'纪传体史书中的表',它不具备纪传体史书的体制规模。"笔者对于这一看法不敢苟同,下面就述、考、表再作些辨析。

本书是王世贞编撰纪传史的一种素材,既是"素材",与成品自然就有距离。"述"是"记载明朝有关重大事件",此乃概括而言,指其总体。魏连科先在该书《点校说明》中说:"卷一至卷十九,包括《皇明盛事述》五卷、《皇明异典述》十卷、《皇明奇事述》四卷。这十九卷书是笔记体史料,内容比较杂,举凡朝章典故、君臣事迹、社会经济、人物轶事、民族关系、中外关系等有所记述。"已经列了这么多项目,相当详尽,仍不能尽括其所记内容,最后还得加个"等"字,否则还是不够全面。这些难道不正是明朝有关重大事件?

下面再谈谈"考"。明清以来,随着社会发展,有些史家所撰纪传体史书,不仅书志内容应社会需要而不断扩大,而且有的名称也变了,这显然是受方志发展的影响。杰出的史学评论家、方志学大师章学诚曾明确指出:"考之为体,乃仿书志而作,子长八书,孟坚十志,综核典章,包函甚广。"(《文史通义新编新注》外篇四《答甄秀才论修志第二书》)他在方志方面成熟之作《湖北通志》中立有六考:《府县考》、《舆地考》、《食货考》、《水利考》、《艺文考》、《金石考》。有谁能说这不是纪传体史书里的书志性质呢?再让我们看看《弇山堂别集》的十二个考的内容,《亲征考》记录了永乐八年(1410)北征时的军令,包括指挥、行军、作战等五十余款之多;《命将考》记载了洪武至万历时的重大军事活动;《赏赍考》、《赏功考》则是对皇帝的各种赏赐详细记录;《诏令考》记录了明太祖至明成祖时期有关军事行动的指令和檄文;《兵制考》叙述了永乐八年北征后的兵制变化及全国军士数目、马匹数目等;《市马考》记载了洪武七年(1374)至隆庆五年(1571)明王朝与国内边地民族及邻国进行马匹交易的情况。除《中官考》外,所记内容大多与书志性质相符。而这样分类与记载,在一定程度上反映了中国封建社会晚期政治、经济等制度发展上的某些特点。这里我们不妨将明末清初所成野史中具有代表性的纪传体明史《罪惟录》的志列出，作一比较。查继佐在这部书中共立三十二个志，计有：《天文》、《历》、《五行》、《冠服》、《艺文》、《地理》、《礼》、《乐》、《土田》、《贡赋》、《屯田》、《九边》、《河渠》、《漕》、《班爵》、《陵》、《经筵》、《科举》、《直阁》、《兵》、《刑法》、《典牧》、《茶法》、《锦衣》、《宗藩》、《学校》、《职官》、《将作》、《监法》、《钱法》、《数》、《外》。可见作志的范围非常广泛。

值得注意的是，王世贞也确实写过不少以志名篇的著述，如《旧丞相府志》、《锦衣志》、《庚戌始末志》、《倭志》、《北虏始末志》、《安南志》、《哈密志》等，都保留在《弇州山人续稿》和《弇州史料》等书中。这些篇目，除个别的以外，所记内容大多与书志体不相类似，名虽曰志，实则乃记也。因为志与记向来是互通的，郑樵在《通志·总序》中说："古者记事之史谓之志……太史公更志曰记，今谓之志，本其旧也。"因此我们在研究时，不能只看名称，不考内容，只讲形式，不究实质。

至于此书的表与纪传体史书之不同主要在于没有用表格形式，这也就是《四库全书总目提要》所批评的"多不依旁行斜上之体"，但也并未因此就否定其为史表。本书《点校说明》也谈到这个问题，卷三十七至卷六十四为史表，上而功臣公侯伯，下而督抚守备，共分七十二目。虽然《四库全书总目提要》批评它"多不依旁行斜上之体"，所列各官的任罢时间也间有失实，但它毕竟把明代的中央职官表列出来，为后来作史表提供了方便。如果拿它与清修《明史》相比，那么《明史》的史表还不如它完备。孰是孰非，原是很清楚的。我们不能忽略此书只是"素材"性质。况且王世贞对于纪传史体的效法，并非一意从形式上模仿，他的好友陈文烛就曾明言"其于子长，以意师之"。我们在研究王世贞的史学贡献时必须注意这些。刘知幾在《史通·模拟》篇中指出了史家在学习古人的态度上，存在着两种明显不同的情况：一是"貌同而心异"，一是"貌异而心同"。前一种只是形式上的模拟，他对这种做法非常不满；后一种才是学习古人精神实质的正确态度，他称赞这种人为"明识之士"。可见他是鼓励学习前人的精神实质，反对形式模拟。看来我们今天评论前人成就时也必须持此精神。

关于《弇山堂别集》的价值，《四库全书总目提要》有如下评论："自明永乐间改修太祖实录，诬妄尤甚。其后累朝所修实录，类皆缺漏疏芜。而民间野史竞出，又多凭私心好恶，诞妄失伦。史愈繁而是非同异之迹愈颠倒而失其实。世贞承世家文献，熟悉朝章，复能博览群书，多识于前言往行，故其所述，颇为详洽，虽征市既多，不无小误，又所为各表，多不依旁行斜上之体，所失正与雷礼相同（雷礼《列卿记》中所作之表亦不用旁行斜上之体）。其《盛事》、《奇事》诸述，颇涉谈谐，亦非史体。然其大端可信，比固不足以为病矣。"这个评论是相当高的，因为内容是否丰富，记载是否可信，乃是评价一部史书价值高低的重要标志。就该书内容而言，"考"的分量最重，几占全书的五分之二，自然就成为全书价值重点之所在，也是体现王世贞治当代史功力深厚之处。自古以来，许多史家一直把作好书志，看成是撰好纪传体史书的关键。郑樵在《通志·总叙》中就说过："江淹有言，修史之难，无出于志。诚以志者，宪章之所系，非老于典故者，不能为也。"王世贞从青年时代开始，便对朝章典故留心搜集，"累朝之副草"，旁及六曹九镇畿省之便利要害，大家委巷之旧闻，文学掌故之私记，皆网搜剟录（《弇州史料叙》）。正因如此，到了晚年，他才有可能得心应手地撰写内容丰富并能反映明代社会风貌的十二个考。又如有明一代宦官之祸，影响极为恶劣，该书用了十卷篇幅作《中官考》，对于明代宦官专权的起因及泛滥成灾的事实作了详尽记载。作者在《中官考序》中，盛赞范晔在《后汉书·宦者列传》里对东汉宦官专权的揭露是功德无量的，要用过去惨痛的历史，来为当前现实服务，希望明代当权者引以为戒。由于他掌握的资料极其广泛，史书无法容纳，故又分别编纂了《觚不觚录》、《权幸录》和《朝野异闻》诸书。《觚不觚录》在《四库全书》中虽被分编在子部小说类，但《提要》介绍时却说："是书专记明代典章制度，于今昔沿革尤详。自序谓伤觚之不复旧觚，盖感一代风气之升降也。虽多记世故，颇涉琐屑，而朝野轶闻，往往可资考据……盖世贞弱冠入仕，晚成是书，阅历既深，见闻皆确，非他人之稗贩耳食者可比。故所叙录，有足备史学甄择者焉。"可见它仍属历史范畴之书，所记内容，多可与《弇山堂别集》内容相互参证。

鉴于明代国史记载严重失实，实录一再遭到篡改，如建文一朝，全被删削，为了使明代历史的真实面貌流传后世，王世贞在该书中对明代帝系及宗藩详加记述，尤其在《帝系·帝历·帝统》一卷中，将明朝建国以来，每个皇帝继承统系明确记载，以补正国史实录之缺误。人们从中可以知道，在太祖与成祖之间尚有建文一朝，同样可以了解到成祖乃是用武力取得帝位的。对于英宗和景泰帝的关系，也都如实作了记载。在《别集》中未叙述帝王的世系，可见作者用心之良苦。其实这部分内容同属史表性质，但不知魏连科先生何以将其列于史表之外。

还特别值得提出的是，明代学术界个人写史风气特盛，故野史数量之多，为其他朝代所不能比拟。正如《四库全书总目提要》的"今献备遗"条云："明人学无根柢，而最好著书，尤好作私史。"这样写史，自然错误百出。针对这种情况，王世贞在该书中特作《史乘考误》十一卷，对当时流传的史书内容进行辨误，前八卷考国史、野史之误，后三卷考家乘之误，对许多史事的考辨都相当精辟。正如魏连科先生在该书《点校说明》中所说："这一部分，对史料考辨相当精辟，是王世贞的史学力作。"事实上这部分内容不仅体现了王世贞治当代史的功底，而且反映了他那求真务实的治史精神。在《史乘考误》的小序中，还指出野史有三大弊病："一曰挟郄而多诬"、"二曰轻听而多舛"、"三曰好怪而多诞"。就在这篇小序中，对国史、野史、家史三者长短得失都进行了实事求是的评论。认为三者虽各有不同程度的弊病，但又都具有不同的价值，只要在使用时力避三者之短，兼取三者之长，史料来源就可更为丰富。他还作过《明野史汇》一百卷，可惜失传。

通过上述评介，大家可以看到《弇山堂别集》是一部体裁非常奇特、内容非常丰富、史料价值又较为可靠的记载明代前期历史的重要史书，可以视作王世贞一生研究明代历史的心血结晶。他从青年时代就开始注意搜集朝章典故，立志要仿司马迁《史记》而写一部较为完整的贯通古今的纪传体通史，后发觉工程量太大而不可为，遂欲打算撰写有明一代历史，尤其年长后深感明代建国以来国史记载失实十分严重，后又因身不为史臣得不到合法地位而未能如愿，因而成为他终身遗憾。他在写于晚年的《弇山堂识小录》中还说："余谬不自量，冀欲有所论著，成一家言，卒卒未果。"（《弇州山人四部稿》卷七一）充分流露出惋惜之情，同时也反映出他对研究明史的情怀。但他对当代史的研究，做了大量的工作，作了很大贡献，虽未撰成一部纪传体当代历史，却留下了极为丰富的史料和半成品，对于后人编写和研究明代历史，具有重要的参考价值。

最后需附带说明的是，有的论著将王世贞的《弇州山人四部稿》说成是关于明代史学的著作，这显然是不妥当的。因为《四部稿》的内容分赋部、诗部、文部、说部四类，并因此而得名，说它都是明代历史自然不符事实。

二、李贽的史学

李贽（1527—1602）号卓吾，又号宏甫，福建泉州晋江人。他是明代中叶一位卓越的思想家，又是反对文学上复古主义思潮的文学家。尽管他在文学上的贡献不是很突出，但是他的一些思想和主张，对于晚明文学却具有较大的影响。如他在《童心说》一文提出："天下之至文，未有不出于童心焉者也。苟童心常存，则道理不行，闻见不立，无时不文，无人不文，无一样创制体格文字而非文者。诗何必古选，文何必先秦。降而为六朝，变而为近体，又变而为传奇……为今之举子业，皆古今至文，不可得而时势先后论也。"所谓"童心"，就是"真心"，"绝假纯真，最初一念之本心"。"童子者，人之初也；童心者，心之初也"（《焚书》卷三）。因此在李贽看来，"天下之至文"，并不在于字句、结构等形式上的追求，凡是能够反映作家真实思想感情，出于自然而不是故意做作的，都是属于好的文章。

李贽的思想在当时具有很大的叛逆性和斗争性，对于程朱理学和一切伪道学进行了猛烈的抨击。他反对以孔子的是非为是非，认为长期以来，由于"咸以孔子之是非为是非，故未尝有是非"（《藏书世纪列传总目前论》）。这个批判在当时来说是相当大胆的。同时他还指出，孔子和儒家学派的声望与地位之所以有那么高，完全是历代统治者和理学家大肆宣传和吹捧的结果，一般人不知内情，也跟着随声附和。他还以自己的亲身经历为例来加以揭露，他说："余自幼读《圣教》不知《圣教》，尊孔子不知孔夫子何自可尊，所谓矮子观场，随人听研（同妍，美好），和声而已。是余五十以前真一犬也，因前犬吠形，亦随而吠之，若问吠声之故，正好哑然自笑也已。"（《续焚书》卷二《圣教小引》）这一揭露和讽刺，是多么的深刻而又生动！根据这一认识，他以为六经、《论语》、《孟子》等书，并没有什么神奇可言，这些书"非其史官过为褒崇之词，则其臣子极为赞美之语。又不然，则其迂阔门徒、懵懂弟子，记忆师说，有头无尾，得后遗前，随其所见，笔之于书。后学不察，便谓出自圣人之口也，决定目之为经矣，孰知其大半非圣人之言乎？纵出自圣人，要亦有为而发，不过因病发药，随时处方，以救此一等懵懂弟子，迂阔门徒云耳。药医假（凭借、根据）病，方（处方）难定执，是岂可遽以为万世之至论乎？然则六经、《语》、《孟》，乃道学之口实，假人之渊薮也"（《焚书》卷三《童心说》）。这就清楚地说明，六经、《语》、《孟》大半并非圣人之言；即使是圣人之言，也只是当时对其懵懂弟子、迂阔门徒解答问题而发，如同"因病发药，随时处方"，又怎能作为"万世之至论"呢！

针对道学家提出的"灭人欲，存天理"的反动说教，李贽也进行无情的揭露和批判。他指出，即使圣人孔子也讲过"富与贵是人之所欲"，"谓圣人不欲富贵，未之有也"（《明灯道古录》）。这就是说，要求物欲享受，人人都是一样，说圣人不欲富贵，完全是骗人的鬼话，因为吃饭穿衣是头等大事，离开这些物质要求，一切都是空话，所以他说："穿衣吃饭，即是人伦物理，除却穿衣吃饭，无伦物矣。世间种种皆衣与饭类耳，故举衣与饭而世间种种自然在其中，非衣饭之外更有所谓种种绝与百姓不相同者也。"（《焚书》卷一《答邓石阳》）可见，在李贽看来，人类的物质生活，穿衣吃饭，都是直接决定着社会的伦理道德的。同时，他还深刻地讥刺了那些道学家们都是一帮"脸皮三寸"，矫揉做作的伪君子，"本为富贵，而外矫词以为不愿，实欲托此以为荣身之梯，又兼采道德仁义之事以自盖"（《焚书》卷二《复焦弱侯》）。他们"阳为道学，阴为富贵"，表面上道貌岸然，实际上追名逐利，如同猪狗一般。而他们之所以满嘴道德仁义，装模作样，无非是由于他们这伙人"无才无学，若不讲圣人道学之名要之，则终身贫且贱焉，耻矣，此所以必讲道学以为富贵之资也"（《续焚书》卷二《三教归儒说》）。说穿了，原来他们是把道学作为自己谋取富贵的一种手段和工具。可见，在李贽犀利的笔锋下，理学家们的丑恶面目被揭露得何等淋漓尽致！

李贽一直以进步思想家而著称，所以长时期来，人们著书撰文，大都表彰他在思想史上的贡献，其实他还是一位很有史识的历史学家呢！他在《经史相为表里》篇中，也曾提出了"六经皆史"的论断，他说："经、史一物也。史而不经，则为秽史矣，何以垂戒鉴乎？经而不史，则为说白话矣，何以彰事实乎？故《春秋》一经，春秋一时之史也。《诗经》、《书经》，二帝三王以来之史也。而《易经》则又示人以经之所自出，史之所从来，为道屡迁，变易非常，不可以一定执也。故谓六经皆史可也。"(《焚书》卷五）在理学家看来，经是载道之书，是神圣不可侵犯的圣人之言，而史只是记载事实而已。李贽的"经史一物"说，正是对理学家陈词滥调的有力批驳。这一主张，与王世贞的史学思想是完全相一致的，不过王世贞则把史的作用提得比经更高，论述得更加明确而肯定。这种一致性，当然绝不是偶然的巧合，而是由于他们两人生活在同一个时代，不过王世贞要比李贽早死十二年。李贽在《续藏书》中很多地方都引用了王世贞的史论，可见王世贞的史学思想，特别是"六经皆史"的思想，对李贽显然有较大的影响。有人以为在章学诚之前，提出"六经皆史"说最早的便是李贽了，从上述情况来看，这个说法是大可商榷的。王世贞在《四部稿》中关于"六经皆史"的论述，简明扼要，说明天下著作无非是史而已，自然也包括六经在内。为了说明经与史的关系及作用，他在《纲鉴会纂序》里作了更为详尽而又辩证的论述，首先通过道与迹的关系来论证经与史的关系，最后又把史与经相比较来说明史的作用比经更为重要。这些论述比之李贽的说法，无疑是要更加全面而系统得多，那么关于"六经皆史"的思想究竟谁影响谁，自然也就不难辨明了。

李贽关于史学方面的著作，主要的有《藏书》六十八卷、《续藏书》二十七卷，是他一生中最得意的作品，这在《答焦漪园》书中曾有明确的表白，他说："承谕，《李氏藏书》，谨抄录一通，专人呈览。年来有书三种，惟此一种系千百年是非，人更八百，简帙亦繁，计不止二千叶矣。更有一种，专与朋辈往来谈佛乘者，名曰《李氏焚书》，大抵多因缘语、忿激语，不比寻常套语。恐览者或生怪憾，故名曰《焚书》，言其当焚而弃之也。见在者百有余纸，陆续则不可知，今姑未暇录上。又一种则因学士等不明题中大旨，乘便写数句贻之，积久成帙，名曰《李氏说书》，中间亦甚可观……惟《藏书》宜闭秘之，而喜其论著稍可，亦欲与知音者一谈，是以呈去也。""此吾精神心术所系。"(《焚书》卷一）这一席话既交代了他三种著作编撰的目的和内容，又说明了在这三种著作中他所自负的唯有《藏书》，同时对于各书书名的含义，也都一一作了说明。如《藏书》，他说"宜闭秘之"，只"欲与知音者一谈"，故其书名即是取"藏之名山"，不以示人的意思。这在《藏书·梅国桢序》中也有同样说明："吾姑书之而姑藏之，以俟夫千百世之下有知我者而已。"不过说得更明确的是《藏书世纪列传总目前论》："《藏书》者何？言此书但可自怡，不可示人，故名曰《藏书》也。"

《藏书》体裁略仿纪传体史著，载录了战国至元亡的历史人物约八百名，书中史实取材于历代正史和《通鉴》等书；《续藏书》载录了神宗以前明代人物约四百名，取材于明代的人物传记和文集。李贽按照自己的观点把这些历史人物加以分类，各立名目，并写有叙论，如《世纪列传总目前论》、《后论》、《世纪总论》、《大臣总论》、《富国名臣总论》、《智谋名臣总论》，等等，对于一些人物、事件和言论，往往还写有专论或短评，这些论评比较集中地反映了李贽的政治思想和历史观点。值得注意的是，李贽编撰此书，材料虽多来源于正史，但是通过他的叙述之后，即使向来已有定评的人物的面貌，也往往改变了模样，他在《答焦漪园》书里就曾说过："窃以魏晋诸人标致殊甚，一经秽笔，反不标致。真英雄子，画作疲软汉矣；真风流名世者，画作俗士；真啖名不济事客，画作褒衣大冠，以堂堂巍巍自负，岂不真可笑……今不敢谓此书诸传皆已妥当，但以其是非堪为前人出气而已，断断然不宜使俗士见之。"这就说明，他对历史上的许多重要人物，不受"儒者相沿之是非"的束缚，"一切断以己意"（《藏书·梅国桢序》），重新作了评价。如秦始皇，他"混一诸侯"，开创了大一统局面，所以被推许为"千古一帝"，而隋文帝"虽同为混一而不得比秦始称帝矣"。这是因为他们统一天下的方法不同，作用不同，个人表现不同，所以评价也就不同。又如汉高祖入关后，约法三章，除秦苛法，被肯定为"王者之师"。特别是因为汉高祖能够放手使用有才能的人，对此表示了更大的敬佩，称赞他为"神圣开基"之君。汉孝文帝临终遗诏还能关心百姓，李贽也极为称颂，说："身崩而念在民，真仁人哉，真圣主哉！"并在《汉孝文帝世纪》之后加论曰："历代诏令多文饰，惟孝文诏书，字字出肺肠，读之令人深快，予故备载之。孝文深得退一步法，自然脚跟稳实，故其诏令不虚也。"汉武帝即位，赶走了长期侵扰西北边境的匈奴，保障了人民生活的安定，所以也被誉为"英雄继创"的"英明之主"。对于唐太宗则称为"英主"，宋太祖称为"圣主"。李贽认为，"天之立君，本以为民"。由此可见，他的这些评论的主要依据，就是看这些君主的所作所为是否对人民有利（以上引文均见《藏书》各人世纪）。

李贽还把起义领袖陈胜、项羽、李密、窦建德也列入了世纪，和历代帝王并列,称陈胜为"匹夫首创",项羽为"英雄草创",并赞扬项羽"自是千古英雄"。虽然他也把起义领袖污蔑为"盗贼"、"妖贼",但在叙述过程中对他们还是给予一定的同情和赞扬,有关农民军的纪律和政策措施等也都作了大量的介绍和一定的称许。这种做法,也反映了李贽不以成败论英雄的历史观。

特别是对于历史上的法家人物,李贽更是一反传统的评论标准,在《藏书》中都给予很高的评价。他赞扬李悝"取有余而补不足"的做法,"行之魏国,国以富强"(《藏书》卷一七《富国名臣·魏李悝》);称颂吴起相楚,"料敌制胜,号知兵矣","其废公族疏远以养战士,所以强楚者以是"(《藏书》卷四七《武臣传·吴起》)。对于商鞅,评价更高,说秦孝公"用商鞅之法,移风易俗,民以殷盛,国以富强,百姓乐用,诸侯亲服"(《藏书》卷二〇《才力名臣·李斯》)。他还称赞李斯为"知时识主"的"才力名臣"。总之,凡是那些主张变革,并在历史上起过进步作用的人物,他在书中都给予了一定的地位。

《续藏书》是专门记载明代人物的著作。李贽生活在明代中叶,从这部书的内容来看,他以当代人写当代历史,却能做到无所忌讳,充分体现了大胆直书的精神。特别是对于当朝所发生的两大事件,即"靖难之役"和"夺门之变",在书中不仅毫无回避,而且专列《逊国名臣》三卷,对"靖难之役"有关人员的事迹一一加以介绍和表彰。如在《文学博士方公》传中,把"靖难之役"的死难者方孝孺忠贞不屈的事迹,描绘得有声有色,可歌可泣:"靖难兵起,日召谋议,诏檄皆出孝孺手。建文逊去,文皇(明成祖)以姚广孝言,召用孝孺,不肯屈,系狱。一日遣人晓谕再三,终不从。又召草诏,及见,悲恸彻殿陛。上降榻劳曰:'先生无自苦,余欲法周公辅成王耳。'孝孺曰:'成王安在?'文皇曰:'渠自焚死。'孝孺曰:'成王不在,何不立成王之子?'文皇曰:'国赖长君。'孝孺曰:'何不立成王之弟?'文皇又曰:'先生无过劳苦,此朕家事耳。'置之,左右授笔札,曰:'诏天下,非先生草不可。'孝孺大批数字云云,投笔于地,又大哭,且骂且哭曰:'死即死,诏不可草。'文皇大怒,命磔诸市。孝孺为绝命词曰:'天降乱离兮,孰知其由。奸臣得计兮,谋国用犹。忠臣发愤兮,血泪交流。以此徇君兮,抑又何求!呜呼哀哉兮,庶不我尤。'时年四十六。复诏收其妻郑,郑先自经死。宗族坐死者八百七十三人。"这段叙述，尤其是通过对白，把方孝孺大义凛然、视死如归、忠贞不屈的性格，充分地体现了出来。李贽在这篇传记的最后还说："孝孺死节后，至今百六十年，人皆历历能言，虽人人殊，其成仁取义，之死靡悔，断然不可泯灭。而同时文学柄用之臣，际会功名，史有别书。以故魏惠安公泽《哀江南》词有曰：'后来奸佞儒，巧言自粉饰，叩头乞余生，无乃非直笔。'"可见他对方孝孺忠贞不屈的行为是多么的敬佩！虽然这也反映了他的忠君思想，但他敢于无所顾忌地把这一历史真相如实地记载下来，这种直书的精神无疑是可贵的。

又如"夺门之变"中的许多人物，虽未专列类传，但对他们的贡献也都能在各人的传记中如实加以记载和表扬。如"夺门之变"的首要受害者于谦，是一位有功于国家的社稷之臣，对于这样一个人物，李贽把他放在《经济名臣》里加以表彰。在《太傅于忠肃公谦》传中，颂扬了于谦的廉洁奉公，不谋私利的高尚品质，说他还在地方官任上，每次入朝议事，从不请客送礼，"人谓：'即不橐金往，宁无一二土物充交际耶？'谦笑而两举其袖曰：'吾惟有清风而已。'"调到中央以后，因抗击瓦剌等大功，景帝"赐谦阙西甲第，谦辞曰：'匈奴未灭，何以家为！'"帝"不许"，谦"乃置上前后所赐玺书袍铠冠带弓剑之属于堂，而加封识，岁时一谨视而已"。在他当政期间，"号令明审，动合机宜，虽宿旧勋臣，小不中程，即请旨切责，究治不贷。片纸行万里外，电耀霆击，靡不惴惴效力，毋敢饰虚辞以抵者，以故天下咸服谦"。可是，这样一位忠心耿耿的大臣，最后竟为权奸昏君所害，"坐以谋反律"，"遂论弃市"。对此，李贽沉痛地指出："谦死之日，阴霾翳天，行路嗟叹"，对于谦表示了极大的同情。在本传的最后，李贽又作了这样一段论述："俄，西北边报甚急，上（指英宗）忧之。时恭顺侯吴瑾侍，进曰：'于谦在，不令虏至此。'上为默然。"实际这是对英宗听从小人之言，杀害国家栋梁，自坏长城的有力谴责。如此等等，都充分说明李贽在编写当代历史时，不怕触犯权贵忌讳，敢于仗义直书，以存一代信史的可贵精神。

李贽的史学思想有很多进步和值得肯定的地方，他反对以封建统治者的是非为是非，但他并没有也不可能完全摆脱封建观念的束缚。他把"君父"大义看得很重，因此在《藏书》、《续藏书》中宣扬忠君思想相当突出，而对所谓"篡逆"行为表示了强烈的不满,这样,他虽然同情和歌颂了农民起义的领袖,但也同其他统治者一样把起义军咒骂为"盗贼"、"妖贼"。对于历史人物的评价,他尽管冲破了历来已作的定论,否定了以往"儒者相沿之是非"标准,可是在自己的评论中也同样存在着许多的错误和偏见。他根据孟子的"民为贵,社稷次之,君为轻"的思想,反对忠于一姓的封建伦理,这是对的,但他却以此为借口,替五代时曾投降契丹、做过汉奸的冯道辩护,甚至恭维为"五代一人",这显然又是十分错误的。在历史观上也还有循环论和宿命论的影响以及比较浓厚的天命史观。因此,我们不能因为他政治思想上的进步就忽视了他历史观上的局限和错误。

第六节　胡应麟和辨伪学

一、生平和治学

胡应麟,字元瑞,晚更字明瑞,尝自号少室山人,后慕其乡人皇初平叱石成羊故事,更号曰石羊生;又号曰芙蓉峰客、壁观子。浙江兰溪人,生于明嘉靖三十年(1551),卒于万历三十年(1602),享年仅五十二岁。祖父名富,官至礼部主事;父名僖,官至云南副宪。应麟本人万历四年(1576)中举,此时已是二十六岁,以后虽参与过会试而不第。从其经历来看,似乎与科举无缘,据《年谱》所载,胡应麟赴京会试共五次,后三次皆因病而未能考试,因此并不能笼统地说他"屡试不第"。

论学问,胡氏在明代中期自然是位学识渊博的学者。王世贞的推许与评论或许有人认为多有偏见,与王世贞、李攀龙同时交往的学者汪道昆,对他的学问同样非常推崇,并将他与杨慎、王世贞相提并论,在为《少室山房类稿》所作序中竟有这样评述:"近则成都(杨慎)博而不核,弇山(王世贞)核而不精,必求博而核,核而精,宜莫如元瑞。"而陈文烛在《少室山房笔丛》的序中,更推许胡氏为当日之良史:"刘子玄谓史有三长,才也,学也,识也。元瑞才高、识高而充之以学者乎,窃谓元瑞为今之良史……儒有博学而不穷,笃行而不倦,幽居而不淫,上通而不困者,其元瑞之谓乎!"这些评价显然都是相当高的。就连《四库全书总目提要》卷一二四《少室山房笔丛》提要的最后亦不得不指出："明自万历以后,心学横流,儒风大坏,不复以稽古为事。应麟独所索旧文,参校疑义,以成是编,虽利钝互陈,而可资考证者亦不少,朱彝尊称其不失读书种子,诚公论也。"当王世贞诸人相继去世后,他居然也主起诗坛,足见其也并非平庸之辈,否则也就无从列入"明末五子"了。吴晗先生在其《年谱》中有这么一段文字颇值得我们注意:"先生髫龄事学,即已驰誉两都,长而跋涉南北,所与游多一时名下士,达官巨卿,均折节与交,中年与王世贞兄弟汪道昆游,盛得奖掖,益自力于著述,虽间以病废,且性好游,足迹遍南北,而其著述之富,犹复前无古人。王世贞、汪道昆殁后,先生称老宿,主诗坛,大江以南皆翕然宗之。"看来正因为如此,长期以来大多把他看作是一位文学家、诗人,其实他还是位历史学家。据王世贞所撰之《胡元瑞传》载,应麟还作过《史评》十卷,今流传者尚有《史书占毕》六卷,该书开头便云"余少而好史"。书中也确实提出了不少值得注意的见解,如唐代刘知幾提出史家必须具备才、学、识三长,他则认为即使具备"三长",还不足以称良史,因此,"三长"之外,还必须加以"公心"和"直笔",并将两者称为"二善",指出"秦汉而下,三长不乏,二善靡闻"。这个意见显然是针对秦汉以来,许多史书由于私心作怪而出现曲笔现象而发,实际上是希望史家要加强史德的修养,所以到了清代,章学诚便直接提出在三长之外,史家必须具备史德。另外,书中还提出,对于古代帝王的政绩不同,皆因时代不同,"异哉,其时乎","古今升降之会也,其世有隆污,故其号有等差","皆时也",因此,他反对以成败论英雄,"世率以成败论,惜哉!"遗憾的是,他和王世贞一样,在史学方面的论述与贡献,长期以来很少为人们所注意,还在当时早就为其文学声浪所淹没,以致直到今天,大多把他们视作单纯的文学家。其实王世贞还是有明一代不可多得的一位大史学家。事实上胡应麟本人也并不以诗词文人而自居,并且提出辞章学问本为一途,两者不可偏废,对于李梦阳的偏激之论,就曾提出不同的看法,并指出有些文人史学根基很差,因而经常笑话百出,他在《丹铅新录》中多次指出,杨慎所以会产生那些不应当错的错误,正是因为"不熟史学之故"。不仅如此,他还提出在做学问方面,要注意处理好"博"与"精"的关系,学必求其博,义必求其精,学问要深但首先要广,没有广为前提,也就无所谓深了。至于为什么一定要既博且精呢,他解释说:"凡著述贵博而尤贵精,浅闻眇见,曷免空疏,夸多炫靡,类失卤莽,博也而精,精也而博,世难其人。"(《诗薮·内编》)这一番话,将博与精的重要性作了简明的论述,在明代中叶学术界不尚读书的风气中,能有此举,已经是非常难能可贵了,尽管理论不多,毕竟把问题提出来了。可见胡应麟在治学方面主张要处理好博与精的关系是很重要的。不仅如此,他还指出,从事学术研究和著述,应当具有客观的态度,不要带有任何成见或偏见,否则人家再好的东西你也无法接受,自然就更谈不上吸收了。他在《经籍会通二》里说:"凡著述最忌成心,成心著于心中,则颠倒是非,虽丘山之巨,目睫之近,有蔽不自知者。"(《少室山房笔丛》卷二《经籍会通二》)

二、建立辨伪学的因素

胡应麟在学术上最大的贡献,以笔者之见,是他在辨伪学上的建树,撰著辨伪学专著《四部正讹》,从理论上较为系统地论述了伪书产生的原因及辨别伪书的方法。我们可以这样说,这部书的产生,为我国辨伪学的建立奠定了基础,这无论对史学、文学的研究还是古籍的整理都是功不可没的。那么他为什么能够系统地提出这套理论、写出这部辨伪学专著呢?看来也确实有其特定的因素或条件。首先,他是明代江南地区著名的藏书家,家有藏书四万多卷,这就使他有机会大量接触各种著作及其不同版本,这无论是对考证还是辨伪都是一个非常有利的先决条件;其次,他自幼爱好阅读杨慎著作,杨慎著作的"疏卤百出"和喜爱制假作伪从反面为他提供了教材;再者,就是吸取和总结前人在辨伪方面所取得的经验。由于他一生从未做过官,因而便一心一意扑在藏书、读书、交游和做学问上面。

他毕生收藏图书四万二千三百八十四卷,其中除日积月累收藏的以外,还有万卷是从金华藏书家虞守愚后代所购得。筑室山中,名曰二酉山房藏书楼,王世贞为之作《二酉山房记》一篇,不仅记载了胡应麟搜集藏书的过程及收藏情况,更记下了他爱书、读书的情况,说明胡应麟的藏书,是完全为了读书。由于读书多,见识广,加之又勤于校雠,精于考证,因而就有可能发现伪书，他在明代藏书家中是以藏书富而又以鉴别精享盛名的。由于他对古籍版本有很高的鉴别能力，所以谢在杭就曾这样说："求书之法，莫详于郑夹漈，莫精乎胡元瑞。"（《五杂俎》卷一二）笔者叙述这些内容，实际上就在向人们展示，胡应麟的大量藏书、读书和校书，就成为他建立辨伪学的首要条件。

杨慎在明代中叶的文坛上称得上是位大家，著作多，影响大，"牢笼当世"。但是，不仅"疏卤百出，检点不堪"（王世贞语），而且还故意作伪，制造混乱，给学术界造成许多不必要的麻烦，为此当时不少人都有批评，陈耀文的《正杨》最为典型，书中罗列一百五十条，"皆纠杨慎之失"。而胡应麟自云受杨慎著作影响很大，"少癖用修书，求之未尽获，已稍稍获，又病未能悉窥。其盛行于世而人尤诵习，无若《艺林伐山》等数十篇，则不佞录丹铅外，以次卒业焉"（《少室山房笔丛》卷一九《艺林学山引》）。在阅读过程中，也就发现了杨慎著作中存在的问题，加之又受到陈耀文《正杨》一书的启发，遂先后作《丹铅新录》、《艺林学山》各八卷，根据杨慎两部著作，逐条加以驳斥。杨慎所以会产生这么多错误，他在《丹铅新录序》中指出："余尝窃窥杨子之癖，大概有二：一曰命意太高，一曰持论太果，太高则迁怪之情合，故有于前人之说，浅也凿而深之，明也汨而晦之；太果则灭裂之衅开，故有于前人之说，疑也骤而信之，是也骤而非之。"（《少室山房笔丛》卷五）以这样的态度、这样的手段来研究学问，自然就是非失主，真伪莫辨了。所以胡应麟在书中尤其对其主观性、随意性作了严肃的批评。鉴于杨慎对朱熹的著作，往往断章取义就作议论，他在《丹铅新录六》里批评说："凡用修指摘紫阳语，皆割截首尾，不会全文，今详考录之，则文公之意，千载可白，用修诸诬，不辩自明"，"杨摘其发端未尽之词，而骤讥讪之，岂天下皆可欺乎！"作为一位学问渊博的资深学者来说，对于前辈学者的著作和观点，应当很好研究，作全面理解，而不能根据自己的需要便断章取义，或抓住一点不及其余，这绝不是单纯的"识"的问题，这已经涉及道德人品问题。看来杨慎或许正是后者，因为他还伪造了好几种书籍，这在《四库全书总目提要》中都是有案可查的。

众所周知，纠谬和辨伪是文献整理与研究上相互关联的两种手段，它们之间往往起到互补作用，因此，我们认为，胡应麟对杨慎著作进行大量的纠谬正误工作，其中自然少不了有许多就是在辨伪，这就是笔者说胡氏因爱读杨慎著作而成为他建立辨伪学的因素之一。至于他在建立辨伪学过程中，吸取和总结前人在辨伪中所取得的经验，限于篇幅，这里就从略了。

三、《四部正讹》与辨伪学

如今任何一部历史文献著作，凡言辨伪者必定要举到胡应麟的《四部正讹》，因为这是我国历史上首部辨伪学专著，并且从此才开始有较为系统的辨伪理论，还提出了辨伪的规律。至于为什么要研究辨伪学，他在该书引言中说："赝书之昉，昉于西京乎，六籍既禁，众言淆乱。悬疣附赘，假托实繁，今其目存于刘氏《七略》、班氏九流者无虑十之六七，嘻！其甚矣。然率弗传于世，世故莫得名之。唐宋以还，赝书代作，作者日传，大方之家，第以挥之一笑，乃衒奇之夫，往往骤揭而深信之。至或点圣经，厕贤撰，矫前哲，溺后流，厥系非渺浅也。余不敏，大为此惧，辄取其彰明较著者，抉诬摘伪，列为一编。后之君子，欲考正百家，统宗六籍，庶几嚆矢，即我知我罪，匪所计云。"在这短短的小引中，表达了他对伪书的流传感到忧虑，若不将其辨清，将永远贻误后人，因为一些大家，往往一笑了之，而那些浅薄之徒，则又用之来招摇过市。因而决心对许多古籍，进行一番辨伪工作，并著此书，留传后世，是非得失，亦任后人作定评吧。这就是他撰著此书进行辨伪的目的。可以说他在为保存传统文化典籍的真实性而努力，要把一切伪书统统揭露出来，以保持古籍的纯洁性，这种求真求实的精神，今天仍需发扬光大。单就这点而言，他也可称为我国文化典籍的功臣。

《四部正讹》三卷，卷上考辨经部，卷中考辨子部，卷下考辨史部和集部。辨别之书达一百零四种之多。通过对这些书籍的辨别，总结出伪书致伪的因素和辨别伪书的方法，为辨伪学理论的建立奠定了基础。为什么会产生这么多伪书呢？他认为情况也比较复杂，该书开卷便说："凡赝书之作，情状至繁，约而言之，殆十数种"，接着就列举二十一种伪书的不同情况。

胡应麟通过对历史上许多有争议、有疑问悬而未决的书籍，从不同角度进行研究、分析和辨证，将伪书作伪的情况分为二十一种类型，说明这些伪书的产生原因，有主观，有客观；有的是主观故意作伪，当然这中间又有多种因素；有的则是认识判断错误而致伪。辨清真伪，自然需要深入仔细研究和考辨，这不仅需要深厚的学识基础，更需要一定的鉴识能力，并非人人都能做到。为此，史学评论家刘知幾在《史通》中特地写了《鉴识》一篇，指出："夫人识有通塞，神有晦明，毁誉以之不同，爱憎由其各异。"这就是说人的鉴识高低不一，因而就出现本非伪书而被说成伪书，而原本伪书却变成非伪书了。所以胡应麟在书中说："世或以非伪而信之，或概以伪而疑之，皆弗深考故也。余故详为别白，俾撰者不湮其实，非撰者弗蒙其声，于经籍或有补云。"（《少室山房笔丛》卷三〇《四部正讹上》）当然，将伪书辨别清楚，固然对某些个人可以做到"不湮其实"或"弗蒙其声"，并且有补于经籍，但更重要的还在于有利于对学术发展的研究，排除殊多令人烦恼的干扰。通过对四部之书的考辨，他还得出这样的结论："凡四部书之伪者，子为盛，经次之，史又次之，集差寡；凡经之伪，易为盛，纬候次之；凡史之伪，杂传记为盛，琐说次之；凡子之伪，道为盛，兵及诸家次之；凡集全伪者寡，而单篇列什借名窜匿众。"（《少室山房笔丛》卷三二《四部正讹下》）这个比例，是他在长期对古籍进行深入研究中所得到的规律，真可谓宝贵的经验之谈，不作全面深入的研究，自然就无此经验可谈。尤其可贵的是，他对伪书的真伪成分还作了认真的考定，有的是全伪，有的则是真伪交错，也有的是"其名讹也，其书非伪也"。他能够大胆地将前人已定的伪书结论推翻，这就更加难能可贵了。但是，他这种否定前人研究的结论，并非意气用事，而是经过审慎地研究辨别后才提出的，这与那些爱唱反调的学者心理状态全然不同。如与胡氏同时的杨慎和清代早期的毛奇龄就是以爱唱反调而著称的学者，尤其是毛奇龄，对通过几代人研究而定案的伪《古文尚书》，他还要写一部《古文尚书冤词》，欲为之翻案，这种治学的心态，当然是不可取的。

通过长期对古籍的研究和考辨，特别是对伪书的辨别，在书中还提出了考辨伪书的八种方法，即他所讲的"凡核伪书之道"："核之《七略》，以观其源；核之群志，以观其绪；核之并世之言，以观其称；核之异世之言，以观其述；核之文，以观其体；核之事，以观其时；核之撰者，以观其托；核之传者，以观其人。"（《少室山房笔丛》卷三二《四部正讹下》）

在胡应麟看来，"核兹八者，而古今赝籍亡隐情矣"。这八条方法自然是他长期和古籍打交道的经验之谈，其中也凝聚着前人的辨伪成果和有效经验。对于辨伪工作能从理论上使之系统化并总结出带有规律性的条文，应当说还是前无古人，他的许多总结性的条文，不仅为后人考辨古籍提供了范例，而且为辨伪学理论和方法奠定了基础。这八点方法实际上就是从书目著录、世人称引、后世传述、书的文体、所书事实、所处时代、作者确否、传者人品诸方面作考察。胡应麟正是运用了这些方法，考辨了一百多种有疑点的书籍，取得了十分可观的成绩。

综上所述，人们可以清楚地看到，胡应麟的辨伪学理论是非常丰富的，他是我国辨伪学建立的一位关键人物，说他是我国辨伪学的奠基人，这是毫不夸张的。他的辨伪学理论和方法，对后世从事辨伪的学者影响是深远的。如清代学者在辨伪方面上曾做了大量的工作，他们从师从关系、思想渊源、文体句式、典章制度、内容材料等方面，来辨证一部书的真伪，这些方法显然是受到胡应麟的理论和方法的影响。由此可见，胡应麟的辨伪学理论和思想在我国辨伪学的发展史上，确实处于非常重要的地位。胡应麟在辨伪学的建立上所起的作用，正像章学诚在我国方志学建立上所起的作用，具有同样重要地位。

不过，笔者也要指出的是，胡应麟的辨伪学理论有其不足之处，那就是说，他所概括的八种方法还不够全面。如避讳，乃是我国古代书籍在文字上常有的现象，掌握它以后，对研究我国古代历史和典籍都有重要的作用。南宋学者洪迈就已经应用避讳来考辨书籍的真伪并取得了很好效果，而胡应麟却没有注意使用，自然就是一个很大的缺陷。

第七节　谈迁和他的编年体史著《国榷》

一、生平

有明一代的写史风气很盛，特别是纪传体史著，数量更大。但著述虽多，而足以称道者甚微，原因在于真正称得上史家的人很少，大多为缙绅士大夫所编撰。黄宗羲在《谈孺木墓表》里曾经指出："余观当世，不论何人皆好言作史，岂真有三长，足掩前哲？亦不过此因彼袭，攘袂公行，苟书足以记名姓，辄不难办。"(《南雷文约》卷二）因而往往有一得之见、一隅之闻甚至道听途说者，即便着手编写史书"以记名姓"，什么史家笔法，根本不加考虑。他们"矢口迁固（司马迁、班固），而不屑于悦宏（荀悦、袁宏）。夫作者无乘传之求，州郡鲜上计之集，不通知一代盛衰之始终，徒据残书数本，谀墓单辞，便思抑扬人物，是犹两造不备，而定爰书也"（《谈孺木墓表》）。孤陋寡闻，既写不好抑扬人物的纪传体史书，自然更难写出取信于人的编年体著作。所以有明一代的编年体著作为数极少，著名的更属罕见。成化中，曾命大学士商辂等人撰《通鉴纲目续编》二十七卷，所采之书多出中秘，与宋、辽、金、元四史颇有异同。其后王宗沐、薛应旂又以此书为蓝本，各编《宋元通鉴》，以续司马光之《资治通鉴》。可是这二人所编之书，采辑的资料很少，甚至连李焘的《续资治通鉴长编》、李心传的《建炎以来系年要录》、徐梦莘的《三朝北盟会编》、王偁的《东都事略》等如此重要的史著，亦多未寓目，而辽、金二史又削而不书，其孤陋寡闻之甚于此可见。在明代，真正称得上不朽之作的编年史著，唯有谈迁的《国榷》。

谈迁原名以训，字观若，明亡后改名迁，字孺木，盐官（今浙江海宁）枣林地方人。生于明万历二十一年（1593），大约死于清顺治十四年（1657），是明代著名的历史学家。他的一生是在穷困潦倒的环境里度过的，直到晚年，仍靠充当幕友、办些文墨事务、代写应酬文章来维持生活。家道虽然清苦，但对做学问却是非常踏实用心，自幼刻苦好学，掌握了比较广博的知识。

谈迁很爱好历史，读过许多史书。他发觉明朝实录中有几朝实录的内容有失实、歪曲的现象，而诸家所撰有关明代的史书又多有讹陋肤冗之病，因此决心自己动手编写出一部真实可信的明代历史。黄宗羲在《谈孺木墓表》里说他"好观古今之治乱，其尤所注心者在明朝之典故，以为史之所凭者实录耳。实录见其表，其在里者已不可见，况革除之事，杨文贞（士奇）未免失实；泰陵之盛，焦泌阳（芳）又多丑正，神熹之载笔者皆宦逆奄之舍人，至于思陵十七年之忧勤惕励，而太史遴荒，皇威烈焰，国灭而史亦随灭，普天心痛。于是汰十五朝之实录，正其是非；访崇祯十七年之邸报，补其阙文，成书名曰《国榷》"，把谈迁编写《国榷》的动因交代得清清楚楚。明熹宗天启元年（1621）写作，至六年完成初稿，以后陆续修订补充。自云："且六易稿，汇至百卷。"过了二十年，即清顺治二年（1645）以后，不忍国亡史灭，又访求邸报，增补明末崇祯、弘光两朝史事。不料两年后，这部花了二十多年心血的书稿，竟被盗窃一空。这时他虽然已经是五十多岁的人了，但仍抱定决心，立志重新将《国榷》写出来。经过四年的艰苦努力，终于如愿以偿。他自己在《国榷·义例》中说："丁亥（顺治四年，1647）八月，盗胠其箧。扪膺流涕曰：噫，吾力殚矣！居恒借人书缀辑，又二十余年，虽尽失之，未敢废也。遂走百里之外，遍考群籍，归本于实录。其实录归安唐氏为善本，檇李沈氏、武塘钱氏稍略焉。冰毫汗茧，又若干岁，始竟前志。田夫守株，愚人刻剑，予病类之矣。"他的这种毅力是多么令人敬佩！顺治十年（1653），他带着书稿前往北京，访集资料，征求意见，再加修订。在京期间，他不仅向朋友们了解明朝史事，而且还亲自到皇陵、寺庙察看，探访了许多历史遗迹。凡是和写史有关的，哪怕是断墙残碑，他也都要去走一走、看一看，并跟有关人员进行详细交谈，然后将看到和听到的一一作了详细记录，积累起几千张纸的资料。这样，不仅丰富了《国榷》的内容，也纠正了明史记载上的不少谬误。至顺治十三年离京回盐官，前前后后花在这部书稿上的时间达三十余年。书成后，署名曰"江左遗民"，并改原名"以训"为"迁"，以寄托自己深切的亡国之痛。

二、编年体史著《国榷》

谈迁编撰《国榷》，主要的根据是列朝实录和邸报，又广求遗闻，参以诸家编年，所采明人著述凡百余种。要知道，谈迁搜集实录、野史这些材料，难度是很大的。如《明实录》在当时并无刻本，只有极少数大官僚地主家里才藏有抄本，为此，他不辞艰辛，经常背着铺盖，不远百里前去借抄，这一工作本身就够艰巨的了；加之《明实录》又是经过封建统治者的多次修改，隐没删篡了许多对他们不利的历史真相；同时书中原来的错误和疑点就很多。又如野史，数量虽然繁富，但质量不高，崇祯庚午（1630）喻应益在为《国榷》写的序中就曾指出："三代而后……野史之繁，亦未有多于今日者，然见闻或失之疏，体裁或失之偏，记载或失之略。"面对这一现实，谈迁充分发挥了自己作为一个优秀史学家所具有的组织才能。他以实录为本，但对实录并不盲目信任；对于诸家著述，更是谨慎选择。他在《国榷·义例》中曾明白表示："实录外，野史家状，汗牛充栋，不胜数矣，往往甲泾乙渭，左轩右轾，若事鲜全瑜，人寡完璧，其何途之从？曰，人与书当参观也。其人而贤，书多可采；否则间征一二，毋或轻徇。"这就是他对待野史的态度和采摘的标准。"人与书当参观"，这一见解十分可贵，在决定史料取舍时，决不能单纯地因人废言，其人贤而其书固可多采，作者不贤也不能因此就说其著作一无可取，应从实际出发。可见谈迁对于史事的记述，态度是非常慎重的，做到了取材广博，选择谨严，择善而从。如他阅读了大量有关明代历史的著作以后，就分门别类，一条一条地将有关史料摘录整理出来，从中逐一核对，然后慎重地选择其中可信的材料进行编写。仅从《国榷》卷一到卷三二的引书来看，谈迁所参考过的明人著作，就达一百二十多家，确是做到了广征博引，翔实丰富。

《国榷》是一部记载有明一代历史的编年体史书，全书一百零四卷，加上卷首四卷，共一百零八卷。根据本书《义例》，原书本分作百卷，现在的本子是近人张宗祥根据蒋氏衍芬草堂抄本和四明卢氏抱经楼藏抄本互相校补后重分的。卷首四卷，汇辑有明一代朝章典制，分门别类作综合性的叙述，计有大统、天俪、元潢、各藩、舆属、勋封、恤爵、戚畹、直阁、部院、甲科、朝贡等。正文则纂辑史事，按年、月、日编载，上起元文宗天历元年（1328），终于南明弘光元年（1645）。叙述过程中，间附周晖、焦竑、钱士升等各家及自撰评语，以阐述其事实，辨明其得失。在行文上，则网罗散失，钩稽事实，具事直陈，不加藻饰。文字、史事两者如何处理，他在《义例》中曾有说明："事辞道法，句权而字衡之，大抵宁洁毋靡，宁塞毋猥，宁裁毋赘。若亥豕之讹，雌黄之口，尤其慎旃，不敢恣臆于百祀之下……然纯任夫质，不为兔园册，即断烂朝报耳。文献足征，则阙疑传信，学识以济其才，亦千古存质之意。"可见在文字上他的要求是以简洁为主，但又不能流于"兔园册"或"断烂朝报"；史实上则要求做到阙疑传信，力戒信口雌黄。他对司马迁十分敬佩，并提出编撰历史要真正做到据事直书，就必须学习司马迁写作《史记》的"实录"精神，既学习他忠于史实的高贵品质，又学习他如实反映历史事实的笔法。他在《义例》中说："司马子长于汉初曰'沛公'、曰'汉王',据实以书,后人或概从帝号,颇乖其素。今特如本称,庶明历履。""国初如汉陈友谅、吴张士诚、夏明玉珍之类,或书入寇,云'伪汉'、'伪吴'、'伪夏',大非孝陵逐鹿之意。秦初未尝臣六国,汉初未尝抑西楚也。孝陵诏敕不讳为元民,而诸家辄以成败责一时敌国,得毋早计。"这一主张和议论,充分反映了一位优秀史家所具有的史识和品质。唯其如此,《国榷》一书很早就获得了好评,邵念鲁在《明遗民所知传》里称:"明季稗史虽多,而心思漏脱,体裁未备,不过偶记闻见,罕有全书。惟谈迁编年、张岱列传,两家俱有本末,谷应泰并采之以成纪事。"(《思复堂集》卷三)

由于谈迁对待史事真实性的态度非常认真严肃,所以《国榷》一书的史料价值相当高,特别是万历以后记载尤详,凡涉及明朝与后金的史事,均为他书所不及。清修《明史》,隐去了建州史迹,从猛哥帖木儿直到努尔哈赤这段历史,几乎是个空白。《国榷》则从头据实记载,对建州女真族之兴起,考证其原委,评述其世系,不但建州诸卫和奴儿干都司的设置年月,以及往后各卫首领的承袭,都一一予以记载,足补明清史事之缺。如众所知,《明太祖实录》曾经过三次大的删改,许多事实都被隐没改掉了,就以太祖晚年杀戮诸将而言,实录只记某年某月某日某人死,不说是怎么死的。《国榷》毫不隐讳地如实记上。又如关于建文帝的记载,太祖实录第三次修改本,根本不承认建文皇帝这一朝的存在,取消建文年号而代之以洪武纪年。《国榷》不但恢复建文年号,而且记事也是站在建文帝的立场上,在起兵以前,把朱棣称为燕王;到起兵以后,建文帝削除了燕王封号,便改称为燕庶人了。这也足以说明,谈迁编撰《国榷》,虽以实录为本,但并没有盲从于实录。这样的写作态度,正是模仿了司马迁撰写《史记》的笔法。

当然,由于时代和阶级的局限,谈迁在他的著作中对农民起义军抱着敌对的态度,对少数民族则怀着歧视的心理,而灾异迷信思想又充塞全书,这就说明在他的史学思想中,封建的正统思想还是比较突出的。加之《国榷》的编写,在文字叙述上又过分地追求简约,这些自然也都影响到它在史学上的地位与价值。

第八节 其他野史举要

一、明清之际野史成风

有明一代由于政变和党争等一系列统治阶级内部斗争的不断发生，史事记载严重失实，于是民间自行写史的人大大超过了历史上的任何一个朝代。特别是"六经皆史"说产生以后，认为史的作用更大于经，因而统治阶级的某些人物，也进而求助于历史，通过对具体历史人物或事件的叙述，使善者扬名千古，恶者遗臭万年，以达到褒贬鉴戒的目的。这是明代野史发达的一个重要因素。到了明清之际，整个社会又发生了许多重大的变化，这就促使野史更进一步地发展。轰轰烈烈的明末农民大起义，以摧枯拉朽之势，很快冲垮了明王朝的反动统治，起义风暴几乎席卷了整个中国北部，使得地主阶级感到惶惶不可终日，于是围绕着这次农民起义又出现了许多记载，有的是通记这次农民起义，有的是记述起义军在局部地区的斗争情况，也有的是记述明清两代统治者如何镇压起义军的。在清军入关以后，各地又掀起了大规模的抗清斗争，这样，以记载各地抗清斗争为题材的史书又纷纷出现。与此同时，南方还有偏居一隅的南明王朝，这个小朝廷的更替，也成了许多人记载的对象。总之，在明清之际的社会大变革时期，当封建政权失去了控制力量以后，面对着丰富多样的社会内容，于是编写野史的风气更加空前盛行。全祖望曾说："明野史，凡千余家"（《鲒埼亭集外编》卷四四《与庐玉溪请借抄续表忠记书》），史籍之多，可以想见。虽然经过清廷的多次焚毁，很大部分化为灰烬，但其数量仍是十分可观。梁启超在《中国近三百年学术史》里就曾说过："明清鼎革之际之一段历史，在全部中国史上，实有重大的意义。当时随笔类之野史甚多，虽屡经清廷禁毁，现存者尚有百数十种。"事实证明，梁启超的这个估计是不精确的，后来陆续发现，现存者远远超过了这个数字。如此众多的野史稗乘，对研究明清之际历史，订补正史，都是极有补益的。今人谢国桢先生著有《晚明史籍考》（1962年修订本称《增订晚明史籍考》）一书，载之甚详。当然这些野史稗乘的作者，大都抱有不同成见，成见既入史书，对于事实的叙述就势必改变模样。关于这点，谢国桢先生在《增订晚明史籍考·自序》中曾着重地作了论述，指出："其专记门户党祸者……各有成见,是非显然,姑无论已。其他记明季史事之书,亦无不各有成见。若记南都时事者,魏党余孽则主拥护弘光;党社诸子则多非议之,惟李清之《南渡录》,较得其平。若黄太冲、全绍衣,则不独疑伪太子、伪皇妃,即弘光亦疑为伪。弘光庸闇,不能恢复振作,致失民望,遂致众恶皆归;然疑之为伪,则其言未免过甚。至王夫之《永历日录》,亦多左袒之辞。吴伟业《绥寇纪略》,为复社名士出脱。虽以黄、王之贤,犹尚不免,其他则更可知……至记农民起义之书,当时载笔者本其统治阶级之立场,概目义军为'流寇',不惜伪造事实,横肆诬蔑,其混淆黑白,颠倒是非,更无论已。"这就告诉我们,在运用这些记载时,必须注意审核其事实之真伪,以免一误再误于后人。

二、张岱的《石匮藏书》和《石匮书后集》

张岱(1597—1676)字宗子,号陶庵,浙江山阴(今绍兴)人,出生于封建官僚家庭。从他的高祖起,就注意搜集明朝史料,经过几世的搜罗和积累,在他家里聚集了大量史料,为编写有明一代历史准备了充分的条件。张岱在《石匮藏书·自叙》中讲到编写这部史书的动因时说:"第见有明一代,国史失诬,家史失谀,野史失臆(同"臆",主观),故以二百八十二年总成一诬妄之世界。"这也正是他一家几代人立志写史的主要原因。从他三十二岁那年(崇祯元年,1628)开始,便利用家藏资料,着手编撰一部纪传体的明代历史。在他编写过程中间,时局发生了巨大变化,崇祯十七年(1644),以李自成为首的农民起义军攻下北京,推翻了腐朽的明王朝。不久清军南下。在这巨大的社会变革中,张岱的生活也发生了急剧的变化。他在《自为墓志铭》中说:"少为纨袴子弟,极爱繁华","年至五十,国破家亡,避迹山居,所存者破床碎几,折鼎病琴,与残书数帙,缺砚一方而已。布衣蔬食,常至断炊。回首二十年前,真如隔世"(《石匮书后集·附录》)。他抵制了清朝的怀柔政策,拒绝为清统治者效劳,带着书稿,隐居山村,在非常艰苦的生活中,坚持完成了这部纪传体明史的编写工作,名之曰《石匮藏书》,共二百二十卷,分本纪、志、世家、列传四大部分。志计有:《天文》、《地理》、《礼乐》、《科目》、《百官》、《河渠》、《刑名》、《兵革》、

《马政》、《历法》、《盐法》、《漕运》、《艺文》等，这样的分类法，在一定程度上反映了中国封建社会晚期政治、经济等制度发展上的某些特点。在列传部分，充分利用了类传的形式，把许多历史人物按其不同的特点，分门别类地组织到各个类传中去。类传计分：《循吏》、《独行》、《义人》、《儒林》、《文苑》、《妙艺》、《方技》、《隐侠》、《名医》、《列女》、《宦者》、《佞幸》、《群雄》、《胜国遗臣》、《盗贼》等，类分得很细，使人们翻阅目录，大体可以一目了然。凡此种种，都说明张岱对于史学还是有一定修养的，他利用纪传这种传统的正宗史体，来编写内容十分庞杂的当代历史，通过分门别类的方法，来达到反映社会的某些特点。在类传的前面或后面，又往往写有总论或附论，通过这些评论，发表个人对历史人物或历史事件的看法。说明张岱在史学编纂上，不仅具有相当的组织才能，而且也确实具有一定的史识，当然这与他的家学渊源也是分不开的。

全书的编写，先后经过二十七个年头方得完稿。在写作过程中，那种认真不苟的精神是很值得称赞的。《自叙》云："事必求真，语必务确，五易其稿，九正其讹，稍有未核，宁阙勿书。"这种传信阙疑的求真精神，正是编写一部信史的先决条件。没有这个前提，就根本不可能写成为"信史"、"实录"，当然也就很难传之于后世。由于崇祯一朝材料不全，因而使得这部纪传体明史只能写到天启而中止。

康熙初年，谷应泰提督浙江学政，搜集了崇祯朝十七年邸报资料，内容非常丰富，邀请张岱参与编修《明史纪事本末》，于是他才有机会饱览崇祯一朝的大量材料。这样，他在帮助完成《明史纪事本末》一书外，便着手补撰了崇祯朝纪传及南明史事，因为是续《石匮藏书》而作，所以称为《石匮书后集》，计六十三卷。它与《明史纪事本末》使用了相同的材料来源，但因体例不同，史识有别，取舍也就有所不同，加之在编写过程中又陆续地补充了新的材料，因而它所保存的材料比《明史纪事本末》丰富得多。

张岱是站在明朝遗民的立场来编写明史的，因此，对于在抗清斗争中涌现出来的英雄人物，都予以热情的歌颂，这与《明史纪事本末》有着显著的不同。谷应泰身为清朝官吏，对于这些抗清斗争事迹就不能不有所回避，这也是可以理解的。张岱的情况不同，因此在本书类传的总论和纪传的附论中，对许多历史人物和事件，都发表了个人的看法和评论。这些评论既反映了他的政治思想，也体现了他的史学观点。张岱认为，明朝的灭亡，应从崇祯甲申（1644）三月算起，所以南明诸王均不入本纪，而列为世家，他说："我朝得天下之正，无过太祖，失天下之正，无过思宗，崇祯甲申三月，便是明亡。"（《后集》卷五《明末五王世家》总论）又说："余故于甲申三月，遂痛明王，乃以弘光、永历，仅列世家，不入本纪"（同上书，《福王世家》）。这种承认历史现实的态度，应当说是比较可贵的。因为自从李自成进入北京以后，崇祯帝吊死煤山，实际上宣告了明王朝的覆灭，以后在东南先后建立的小朝廷，充其量只不过是偏居一隅的地方政权而已，说它是明王朝的继续，也仅仅是个象征，这是历史的真实，能够看到并且公开承认它，对于一个以明朝遗民自称的人来说，自然是很不容易的。

张岱对于亡国之君崇祯帝抱着极为同情的态度，多次表示叹惜，说："古来亡国之君不一，有以酒亡者，以色亡者，以暴虐亡者，以奢侈亡者，以穷兵黩武亡者。嗟我先帝，焦心求治，旰食宵衣，恭俭辛勤，万机无旷，即古之中兴令主，无以过之。"对于这样一个君主之所以竟至亡国，他所列举的种种原因，都是切中要害的。他说："我先帝惟务节省，布衣蔬食，下同监门，遂以宫中内帑，视为千年必不可拔之基，祖宗所贻，不可分毫取用，致使九边军士，数年无饷，体无完衣，其何以羁縻天下哉？""先帝起信邸，知民间疾苦，不肯轻用一钱，故省织造、省宴会、省驿递，使天下无所不节省。而又日贷之勋臣、日贷之戚畹、日贷之内珰，天下视之，真谓帑藏如洗矣。而逆闯破城，内帑所出，不知几千百万，而先帝何苦日事居积、日事节省、日事加派、日事借贷，京师一失，无不尽出以资盗粮，岂不重可惜哉！故为天下求一拨乱反正之主，必如秦皇、汉武之倜傥轻财，方克有济。"在张岱的笔下，崇祯帝哪里还像个君主，而是活像个守财奴。节省本是好事，但总不能节省到"九边军士，数年无饷，体无完衣"！织造、宴会固可节省，而驿递又如何节省得了？身为一国君主，处处惜财如命，哪里还谈得上治理军国大事？既要向勋臣、戚畹借贷，势必加重对人民的剥削，因为这些借贷，最后都将转嫁到广大人民的身上。所有这些揭露，都充分说明了崇祯朝在经济上亡国的原因。另外，他还指出："先帝焦于求治、刻于理财、渴于用人、骤于行法，以致十七年之天下，三翻四覆，夕改朝更。耳目之前，觉有一番变革，向后思之，讫无一用，不亦枉却此十七年之精励哉！

即如用人一节，黑白屡变，捷如弈棋。"结果使得真正有才有识之士得不到用武之地，大家只能唯唯诺诺。所以他又说："只因先帝用人太骤，杀人太骤，一言合则欲加诸膝，一言不合则欲堕诸渊，以故侍从之臣，止有唯唯否否，如鹦鹉学语，随声附和已耳。则是先帝立贤无方，天下之人无所不用，及至危急存亡之秋，并无一人为之分忧宣力。从来孤立无助之主，又莫我先帝若矣。"（以上引文均见《石匮书后集》卷一《烈帝本纪》附论）这些又是从政治上，并突出地集中在用人问题方面，揭露了明朝亡国的原因。对于那些贪赃枉法、贻误国事的官吏，在他们各人的传中，一般也都作了谴责和批判。如他在《宦者列传附后》的附论中，论述明之灭亡实亡于天启时指出："魏忠贤流毒海内，天下已成瓦解之势……嗟呼！我明天下不亡之崇祯，而实亡之天启；不失之流贼，而实失之忠贤。"（同上书，卷六一）他虽然在书中还不可能把当时社会的阶级矛盾状况反映出来，但他能够看出由于魏忠贤的专权，造成阶级矛盾的恶化，致使明王朝垮台，这是符合历史的真情实况的。如众所知，天启末年，魏忠贤的势力控制了整个明朝政府，自内阁六部至四方总督巡抚，遍置死党。他派遣大批爪牙到处搜刮民财，利用特务残杀人民和反对派，"所杀不可胜数"。他还下令拆毁全国各地书院，钳制舆论，摧残文化。当时其爪牙浙江巡抚潘汝桢给魏忠贤在杭州西湖修建了一座生祠，皇帝竟然为该祠亲笔题了门额，从此各地政府争相仿效，几遍全国（参见《明史·魏忠贤传》）。由于残酷的剥削和掠夺，使得明朝统治元气大伤，从此一蹶不振。这就是张岱之所以说明的灭亡，"实亡之天启"，"实失之忠贤"的事实根据。由此可见，张岱对于有明一代的历史发展，虽不能说已经把握住盛衰之症结，但起码看出了兴亡的现象和根由。作为封建时代的一位历史学家，能够清楚地看到这一点，应该说是很不容易的。

不过由于张岱顽固的封建地主阶级立场，致使他在处理明末农民起义问题上，反映出来的观点是极端反动的。书中对农民起义和起义军的领导人极尽污蔑之能事，不仅在字面上对李自成、张献忠诬称为"贼"，而且所有涉及农民起义事迹的记载，都充满了污蔑之辞，甚至对起义军的抗清斗争亦均予抹杀，虽李定国也不为列传。这与其他许多野史作者相比，显得格外突出。另外，在材料上，由于见闻不周，因而造成记载失实的也不少。除了关于农民起义的记载，有时出于故意歪曲者姑且不论外，他如《袁崇焕传》，把一位爱国英雄写成一个叛国投敌分子，这个错误就是很不应该的。袁崇焕受诬被杀，实系当时明朝统治者中了清的反间计的结果，到明桂王时已经替他昭雪平冤，而张岱在书中仍沿袭了旧的错误说法，这就不能不责怪其考订之不周详了。类似情况，书中也还不乏其例。所以本书对于明史研究虽有较高的参考价值，但也必须看到它在观点上和史料上所存在着的严重缺点，使用时仍应审慎对待。

三、查继佐的《罪惟录》

查继佐（1601—1676）字伊璜，号兴斋，明亡后，更名省，字不省。晚年讲学于杭州铁冶岭，名其居曰"敬修堂"，学者亦称敬修先生。浙江海宁人，崇祯六年（1633）举人。出生在一个私塾教师的家中，他自己也长期过着教书讲学的生活，并成为浙江文坛上的知名人物。清兵南下后，他到浙东参加了抗清斗争。鲁王监国，任兵部职方郎中，参加保卫钱塘江的斗争，曾督兵赭山打败过清军。斗争失败后，隐居海宁硖石东山之万石窝，从事著述，后来又长期在杭州敬修堂讲学。

在他的后半生中，除了讲学外，几乎全部精力都倾注在有关明代史事的整理、研究和写作上。为了搜集中南和西南的抗清斗争史料，还特地游历广东，访问了有关人物。六十二岁时，著名的文字狱庄廷鑨《明史》案发生，继佐亦受牵连，被捕入狱。释放后，改名左尹，号非人，仍坚持明史的著述工作。一生中所写的历史著作有《罪惟录》、《鲁春秋》、《东山国语》、《国寿录》等。

《罪惟录》的传本不一，有的为一百卷，有的为九十卷，并且均无原目。近人张宗祥据嘉业堂藏清钞本重为校订，参以他本，补《荒节》、《叛逆》二传，并计子目，共一百零二卷。为纪传体明史，分纪、志、传三大部分，凡帝纪二十二，志三十二，列传三十五。帝纪始于太祖（朱元璋），迄于安宗（福王朱由崧），凡南明诸王皆列入本纪，不过鲁王、唐王、桂王、韩王都是以附纪的形式而附于安宗纪之后。

查继佐在编写史书中，很讲求利用书法以达到其褒贬的目的，这一点也正是他所最自负的。书中对于"靖难"、"夺门"、"议礼"等事件的记载尤为注意，他深不满于"靖难"、"夺门"诸"功臣"，把解缙、三杨（即杨士奇、杨溥、杨荣）等均列入《荒节传》，而以顾佐等入《乘时传》，以示贬斥，而《荒节》、《乘时》之类传，亦为查氏所首创。此书材料来源，万历以前，大多取于朱国桢的《史概》、庄廷𬭎的《明史》以及其他有关明代史事的记载。所以崇祯以前各传，都有所承袭，只是为之润色而已。崇祯以后，则大都出于搜访所得。《自序》称："手草易数十次，耳采经数千人。"可见材料来源之广、搜集之勤，都有异于稗史、野乘之道听途说和孤陋寡闻。至于书中三十二志，恐亦有所本，不可能出自查氏一人之手。此书于晚明史事之记载，详于其他官私载籍，为治明史者必不可缺的参考书。如韩王朱本铉之定武年号以及所谓"郧阳十三营"，唯此书存其梗概，他首先在帝纪中列韩王于桂王之后，又在列传中载其定武年号，传后并附以论曰："王本铉，奉从军遗意，崛强郧西，得附唐、桂之后，即号令不出一城，曰：犹是微子抱器之日也，而益武庚者又二年。"韩王为农民军领袖郝永忠、刘体纯等拥立于郧西、巴东山中，改元定武，据守抗清达十七年之久，康熙二年（1663）才为清军所败，时在永历失败之后二年，为存明统之最晚者。不过对于本书的体例与内容，前人早已提出过批评，如缪荃孙在《艺风堂文漫存》卷四指出："列传分门别类，蹈马令《南唐书》之失，又喜悦乱梦，谈征应，惟恐不奇，觉有俶诡之气，似非史氏之正宗也。"这个批评是比较中肯的。如类传之分，有所谓《翼运王国列传》、《逸运外臣传》、《启运诸臣传》、《抗运诸臣传》等，名目烦琐，有失于褒贬之义。但有人在评论此书时竟说："不仅为治明代史者应必读的书，即谓此书为祖国私史中唯一的信史，亦无不可。"这种评论不仅言之过分，而且也说明评论者本人对于"祖国私史"究竟有哪些也是茫然无所知的。

四、计六奇的《明季北略》和《明季南略》

计六奇字用宾，江苏无锡人，一生靠馆谷糊口，著有《明季北略》和《明季南略》两书。《明季北略》二十四卷，上自神宗万历二十三年（1595），下迄思宗崇祯十七年（1644），记载"北都时事大略"，故"题曰《北略》"。《明季南略》十八卷，始于福王弘光元年甲申（1644）五月，止于康熙四年乙巳（1665），记载南明福、鲁、唐、桂四王兴亡史迹。两书前后相接，卷首各有康熙十年辛亥（1671）季冬作者自序一篇。

两书大体依年叙次，而又各标事目，盖合编年与纪事本末为一体。李慈铭在《越缦堂日记》中对此曾提出批评说："其书依年叙次，而标目纷杂，全无体例。"（《越缦堂读书记·历史·明季北略明季南略》）这个批评确是符合事实的。但它们在明清之际野史当中却算得上是比较有条理的两种，所记内容也相当丰富。计六奇在《北略·自序》中说："于国家之兴废，贤奸之用舍，敌寇之始末，兵饷之绌盈，概可见矣。"所以它们为我们保存了明清之际丰富的史料，特别是农民起义的史料，自李自成进入北京后，基本上按日记载，远较他书为详。在《北略》二十四卷、六百四十五篇中，有关农民战争的竟有三百六十四篇，占总篇数的百分之五十三以上。即使《南略》，虽说是记述南明四朝史事，但在三百六十三篇中，涉及农民战争的仍有三十三篇，占总篇数的百分之九强。再就所记具体内容而言，方面尤为广泛，有反映农民起义原因的，有叙述农民起义军领袖人物的，有记载起义军官制、兵制及军事训练的，也有说明起义军所颁发的各种制度以及如何做宣传工作的，等等。当然，尽管计六奇记载了这些内容，但并不因此就说明作者对农民起义的同情，实际上他是坚定地站在地主阶级立场，出于总结历史教训，引为前车之鉴，才作此详尽记载的，而在叙述中则时时流露出他对起义军刻骨的阶级仇恨，因此"流贼"、"逆贼"等污蔑之辞充斥于字里行间。但另一方面，却又不时地透露出许多有关农民起义的史实真相，如在不少篇目中，反映了农民起义军的治军有方，行军神速，出奇制胜，使得明朝政府军经常措手不及，被动挨打的情况。如《北略》卷一六《张献忠围桐城》篇，叙述了张献忠治军有方及对待士人的态度，并在附记中称赞其行军神度："谈笑间数百里猝至，所谓行千里而不劳者，行于无人之地也，献忠得之矣！"卷一七《张献忠陷泌城等处》附识说："献之行兵，其来也如风雨之骤至，其去也若鬼蜮之难知……令官兵追逐不暇，即《孙子》所云'出其所不趋，趋其所不意'，避实击虚之法，将帅堕其术中而不觉耳。"更有许多篇目反映了起义军军纪严明、秋毫无犯，所到之处深得广大群众拥护的情况。卷一九《马世奇入对》篇说："贼知人心之所苦，特借剿兵安民为辞，一时愚民被惑，望风投降。而贼又为散财赈贫，发粟赈饥，以结其志，遂至视贼如归。"卷二〇《朱之冯传》篇谓："传贼所过，秋毫无犯，发帑赈贫，赦粮苏困，真若沛上亭长、太原公子复出矣，兵民望贼愈急。"及起义军从宣府"南门入，满城结彩……焚香跪接"。这种对起义军的热烈欢迎场面，绝不会出于作者的虚构。又同卷三月十五《居庸关陷》篇记："自成行牌郡县云：'知会乡村人民，不必惊慌，如我兵到，俱公平交易，断不淫污抢掠。'"三月二十五《癸丑拷夹百官》篇称："民间误信，遂安心开张店市，嘻嘻自若。"四月三十日《自成西奔》篇又说："四处传布，说贼不杀人、不爱财、不奸淫、不抢掠，平买平卖，蠲免钱粮。且将富家银钱，分赈贫民……真、保间民谣有'开了大门迎闯王，闯王来时不纳粮'等语。因此贼计得售，贼胆益张。"如此等等，都在不同的形式下，如实地透露了当时起义军的历史真相，为后人研究明末农民大起义保留了大量珍贵的资料。

至于两书存在的问题，诚如李慈铭所说，体例上"标目纷杂，全无体例"，有同流水账式，随时间顺序作一记述而已，当然谈不上有多少史识与史才，可贵的是在于它们比同时同类的野史保存了更为丰富的史料。在内容方面，由于其材料主要凭诸传闻，或出于目击，因而记载中是非失实、言过其词者自然也不在少数。李慈铭在《日记》中所指出的"如言袁崇焕之通敌，毛文龙之冤死"等，都是是非失实的明显例子。特别是把爱国英雄袁崇焕说成通敌叛国，更是个极大的错误。袁崇焕的蒙冤而死，是明王朝的自坏长城，而作者只凭传闻，不作考证，就轻下了结论。又如《南略·自序》云："若成功、煌言，出没风涛，徒扰民耳，亦何益乎！"对于郑成功、张煌言的抗清斗争，既不表彰他们为国献身的英勇事迹，又不歌颂他们的爱国精神，而竟然发出这等议论，其史识如何也就不难想见了。

第十六章
清代前期史学概况

第一节　开辟一代新学风的清初史学家顾炎武

一、顾炎武的生平和学术活动

顾炎武字宁人，初名绛。明亡后，有图谋复国之志，更名炎武。后因避仇，变姓名为蒋山佣，学者称为亭林先生。江苏昆山人。生于明万历四十一年（1613），卒于清康熙二十一年（1682），是明末清初一位杰出的思想家和著名的历史学家。他出生于"乡宦豪绅"家庭，到他祖父、父亲时，家道中落，但藏书还是很多。他的祖父是一位很留心时事的人，炎武从小就受到祖父和母亲的严格教育，六岁时母亲就教他读《大学》，七岁跟老师学四书，九岁读《周易》。面对明代社会动荡不安的局面，他的祖父曾教导他一定要研求"实学"，"凡天文、地理、兵、农、水土及一代典章之故，不可不熟究"（《亭林余集·三朝纪事阙文》）。于是就亲自教他读古代军事家孙子、吴子的著作和《左传》、《国语》、《战国策》、《史记》等书。十一岁读《资治通鉴》，到十三四岁才读完。十四岁进了县学以后，又读《尚书》、《诗经》、《春秋》等书，并在他祖父的教育与影响下，阅读邸报。所以顾炎武在学术上主张"经世致用"、提倡"实学"，是与他的家庭教育分不开的。

还在十四岁的时候，顾炎武就同好友归庄一起参加了复社。这是一个知识分子组织的吟诗作文、议论时政的团体。参加复社以后，顾炎武有机会和当时的许多名士往来，讲学论道，开阔了视野，使他对当时社会问题的研究逐步地深入下去。从二十七岁开始，他便着手编写与当时现实有密切联系的两部历史地理著作，即《天下郡国利病书》和《肇域志》。他在《天下郡国利病书·序》里说："崇祯乙卯（1639），秋闱被摈，退而读书，感四国之多虞，耻经生之寡术，于是历览二十一史以及天下郡县志书，一代名公文集及章奏文册之类，有得即录，共成四十余帙。一为舆地之记，一为利病之书。"(《亭林文集》卷六)《天下郡国利病书》主要记录全国各地的疆域、形胜、关塞、兵防、农田、水利、物产、赋役等，他把学术活动与对古今历史的探讨结合起来，密切注意了解社会状况与国计民生，企图从这些方面来了解明末所以致衰的原因，以便针对"时弊"进行改革，挽救垂亡的明政权。他晚年游历北方时，用两匹马、两匹骡装着书，每到关、河、塞、障，就向老兵退卒调查，有与平时所知不相符的，就检书查对，予以改正。从三十岁以后，凡读书都做笔记，经过长期的研究和修订，最后著成《日知录》三十二卷。他在自序中说："愚自少读书，有所得辄记之，其有不合，时复改定；或古人先我而有者，则遂削之，积三十余年，乃成一编，取子夏之言，名曰《日知录》。"书中不分门目，但编次先后，而略以类相从。每论一事，必详其始末，参以考证。

弘光元年（1645）五月，清兵渡江南下，顾炎武参加了江南人民的抗清斗争，为了联络抗清力量，还亲自前往沿海地区。抗清斗争失败后，便长期过着亡命的生活。他在四十五岁那年，决定弃家北游，一来为了避仇，二来为了广泛结纳抗清志士，集结力量，图谋恢复。他在青年时代，就已经留心于明代史事，注意搜罗，因此所藏史录奏状，达一两千卷，后来全数借给了好友吴炎、潘柽章。康熙二年（1663），庄氏《明史》案发，吴、潘二人牵连被杀，所借史籍资料也随同散失。这对顾炎武影响很大，一则怕触犯清廷忌讳，二则多年积累的史料已都散失，加之生活又不安定，于是就放弃了编写有明一代信史的夙愿。他在给其门人潘耒（即潘柽章之弟）的信中，对此曾有过自述："吾昔年所蓄史事之书，并为令兄取去，令兄亡后，书既无存，吾亦不谈此事。久客北方，后生晚辈，益无晓习前朝之掌故者。令兄之亡，十七年矣。以六十有七之人，而十七年不谈旧事，十七年不见旧书，衰耄遗忘，少年所闻，十不记其一二。又当年牛李洛蜀之事，殊难置喙。退而修经典之业，假年学易，庶无大过。不敢以草野之人，追论朝廷之政也。"（同上书，卷四《与次耕书》）在当时的客观形势下，政治斗争既无从进行，编写前朝历史亦失去希望，于是便把全部精力集中在撰著《日知录》上。他在给朋友的信中就曾明白地说过："某自五十以后，笃志经史……著《日知录》，上篇经术，中篇治道，下篇博闻，共三十余卷。有王者起，将以见诸行事，以跻斯世于治古之隆，而未敢为今人道也。"（同上书，卷四《与人书二十五》）可见他是要把自己的政治理想，通过这部著作，留待后起的"王者"得以"见诸行事"。他在初刻本《日知录·自序》中对写作这部书的目的说得更为清楚："明学术，正人心，拨乱世，以兴太平之事……以待抚世宰物者之求。"他还说："所著《日知录》三十余卷，平生之志与业皆在其中。"直到晚年，他始终坚持不做清廷官吏，不食清廷俸禄。清政府为了牢笼汉族地主阶级的反清分子，特开明史馆以罗致之，主持史馆的熊赐履要举荐顾炎武助修明史，他当面拒绝说："果有此举，不为介推之逃，则为屈原之死矣。"他学问越渊博，名气越大，清政府也就越是要拉拢他。康熙十八年（1679），清廷特开博学宏词科，征举国内反清名儒。顾炎武的学术、气节为当时朝野所推重，有人欲推荐他应选，他写信给在京的学生说："刀绳具在，无速我死。"次年，又大修《明史》，史馆中人要想再次请他出来，他写信给叶庵说："七十老翁何所求，正欠一死，若必相逼，则以身殉之矣。"（同上书，卷三《与叶庵书》）他在清朝统治下生活了三十多年，而三十多年如一日，赤胆忠心，独立寒秋，富贵不能淫，威武不能屈，把全部精力都用在学术研究上。正如他自己所说："五十以后，笃志经史。"《日知录》一书，直到晚年还在不断增改。他的治学精神和"平生之志"，都体现在这部不朽的著作中。

二、开创了学术必须"经世"的学风

顾炎武身当明清之际，深感于晚明以来文人空言误国的隐痛，因此对这些空言心性的文人提出了尖锐而严肃的批判，说他们"不习六艺之文，不考百王之典，不综当代之务……以明心见性之空言，代修己治人之实学"（《日知录》卷七《夫子之言性与天道》）。他在《与友人论学书》中又说："窃叹夫百余年以来之为学者，往往言心言性，而茫乎不得其解也。"他还指出："愚所谓圣人之道者如之何？曰'博学于文'，曰'行己有耻'。自一身以至于天下国家，皆学之事也；自子臣弟友以至出入往来、辞受取与之间，皆有耻之事也。"可是明末以来的士人，对于这些都是茫然而无所知，所以他深有感慨地说："呜呼！士而不先言耻，则为无本之人；非好古而多闻，则为空虚之学。以无本之人而讲空虚之学，吾见其日从事于圣人而去之弥远也。"（《亭林文集》卷三）他不仅对当时的不良学风提出了批评，而且还正面提出了学术必须"经世致用"的坚决主张。他说："君子之为学，以明道也，以救世也。徒以诗文而已，所谓'雕虫篆刻'，亦何益哉！"（同上书，卷四《与人书二十五》）写文章，做学问，都不能脱离社会现实，不能无补于国计民生，否则将一无价值，所以他又指出："文之不可绝于天地间者，曰明道也，纪政事也，察民隐也，乐道人之善也。若此者，有益于天下，有益于将来，多一篇，多一篇之益矣。若乎怪力乱神之事，无稽之言，剿袭之说，谀佞之文，若此者，有损于己，无益于人，多一篇，多一篇之损矣。"（《日知录》卷一九《文须有益于天下》）这就清楚说明，学问文章，若是"有益于天下"的，多多益善；反之，多一篇就多一篇的损害。他还以孔子删订六经为例，来申述自己的观点："孔子之删述六经，即伊尹、太公救民于水火之心；而今之注虫鱼、命草木者，皆不足以语此也。故曰：'载之空言，不如见诸行事'……愚不揣，有见于此，故凡文不关于六经之指、当世之务者，一切不为。"（《亭林文集》卷四《与人书三》）当然，他这里所讲的"文"，是泛指学术文化而言的。至于研究历史，也同样不能例外，必须做到"经世致用"。事实上，人们如果精通历史，就可以更好地洞察现实，了解现实，并以历史作为借鉴用来改造现实。所以顾炎武说："人苟遍读五经，略通史鉴，天下之事自可洞然。"（同上书，卷六《与杨雪臣》）为此，他十分强调"引古筹今，亦吾儒经世之用"（同上书，卷四《与人书八》），"夫史书之作，鉴往所以训今"（同上书，卷六《答徐甥公肃书》）。"引古筹今"、"鉴往训今"，这是顾炎武"经世致用"思想在史学研究中的具体发挥与运用，既指出了史学研究领域里如何经世致用的途径与方法，又指出了史学本身的作用与任务。他自己著作《日知录》，就是为了探讨吏治、赋役、典礼等古制的来龙去脉，"疏通其源流，考证其谬误"，以达到"规切时弊"的目的。他在《日知录》卷一六"史学"条里，论述了科举中增设史学项目的重要性，他先引"唐穆宗长庆二年三月，谏议大夫殷侑言：'司马迁、班固、范晔三史，为书劝善惩恶，亚于六经。比来史学废绝，至有身处班列，而朝廷旧章莫能知者。'于是立三史科及三传科"，接着就发表了他自己的议论，认为："今史学废绝，又甚唐时。若能依此法举之，十年之间，可得通达政体之士，未必无益于国家也。"可见他议论史学这个问题，目的正是指出当今的弊病以及谋求解决的方法。他在《日知录》卷一三研究了"周末风俗"、"两汉风俗"、"宋世风俗"，回溯了我国古代历史之后，强调"清议"的重要性，提出"天下不可变之风俗"的结论。他说："春秋时犹尊礼重信，而七国则绝不言礼与信矣；春秋时犹宗周王，而七国绝不言王矣；春秋时犹严祭祀、重聘享，而七国则无其事矣……邦无定交，士无定主，此皆变于一百三十三年之间。"（《周末风俗》）"观哀平（西汉哀帝、平帝）之可以变而为东京（指东汉），五代之可以变而为宋，则知天下无不可变之风俗。"（《宋世风俗》）这就说明，顾炎武从古代历史发展变化的情况，认识到社会历史都是在不断发展变化的，社会风俗、政治制度无一不随着历史的发展而不断地变化，这就为他规切时弊，引古筹今提供了强有力的依据。顾炎武所提倡的"经世致用"、反对空谈心性的学风，以及他那求实的治学精神和严密考订的治学方法，都直接地影响到清代学术思想的发展，开创了一代新的学风。

三、考据学上的杰出贡献

顾炎武是清代考据学的先驱者，在考据学上作出了杰出的贡献。他的许多著作是用考据的方法写成的，《日知录》就是其中的典型代表。他的考据方法，概括起来有如下几个方面：

第一，探讨事物的源流，研究事物的发展，从事物的历史发展中间考察出"异同离合之指"（《亭林文集》卷四《与人书四》）。潘耒在《日知录·序》说："综贯百家，上下千载，详考其得失之故，而断之于心，笔之于书，朝章、国典、民风、土俗，元元本本，无不洞悉。""凡经义史学、官方吏治、财赋典礼、舆地艺文之属，一一疏通其源流，考证其谬误……学博而识精，理到而辞达。"这是研究任何学问都应该具有的方法。要做到这点，就得实事求是地认真读书，不读书便无从考知事物的真相，当然也就更谈不上研究其发展源流了。顾炎武的考据之学，正是在反对束书不观、空谈心性的斗争中建立起来的。他对晚明那种学风曾一再予以抨击，他说："刘

（渊）、石（石勒）乱华，本于清谈之流祸，人人知之，孰知今日之清谈，有甚于前代者。昔之清谈谈老庄，今之清谈谈孔孟。未得其精而已遗其粗，未究其本而先辞其末……昔王衍妙善玄言，自比子贡。及为石勒所杀，将死，顾而言曰：'呜呼！吾曹虽不如古人，向若不祖尚浮虚，戮力以匡天下，犹可不至今日。'今之君子，得不有愧乎其言。"（《日知录》卷七《夫子之言性与天道》）顾炎武怀着亡国之隐痛，面对着严峻的现实，发表这一议论，无疑是对明末那批空言误国的士人的莫大的讽刺和谴责，说明凡是不务实际，专事空谈，结果必然导致破家亡国，既害国家，又害自己，血的历史教训，不能不引以为戒。

第二，广收证据，既要有本证，又要有旁证。诚如梁启超所说：顾炎武所作的考证，"论一事必举证，尤不以孤证自足，必取之甚博，证备然后自表其所信"[①]。潘耒在《日知录·序》中也说："有一疑义，反复参考，必归于至当；有一独见，援古证今，必畅其说而后止。"这在《日知录》的各条中都可以得到证实。

第三，重视原始材料。凡所搜集的材料，都要求能够真实地说明问题，既不凭道听途说，也尽可能不用第二手材料。顾炎武曾把所著《日知录》中的材料，比作采山之铜，他说："尝谓今人纂辑之书，正如今人之铸钱。古人采铜于山，今人则买旧钱，名之曰废铜，以充铸而已。所铸之钱既粗恶，而又将古人传世之宝，舂剉碎散，不存于后，岂不两失之乎？承问《日知录》又成几卷，盖期之以废铜。而某自别来一载，早夜诵读，反复寻究，仅得十余条，然庶几采山之铜也。"（《亭林文集》卷四《与人书十》）可见他所做考据，是非常重视采用原始材料的。这一点非常重要，因为引用第二手材料，势必受到别人的牵制。

第四，重视对史料的鉴别。史料的真伪，直接影响到史书的质量，因此绝不能盲目地迷信史料，真伪不辨。在顾炎武看来，一般历史著作，即使是最原始的资料，也难保证没有错误，使用时同样必须审慎鉴别，既要校勘文字，又要辨别内容真伪。这一方法的提出，也影响到经学和史学的许多辅助学科，诸如文字学、声韵学、训诂学、校勘学、版本学、辨伪学、金石学等

[①] 《清代学术概论》，中华书局1954年版，第10页。

得到了独立和进一步的发展，反过来又对史学的发展起着促进的作用。

需要指出的是，顾炎武的考据学对乾嘉时期的考据学风虽然有着一定的影响，但两者之间却存在着很大的区别。首先，顾炎武的史学思想是重视当今，而考据则是为他的经世致用史学思想服务的。而乾嘉考据学者则是颂古非今，离今而言古。其次，顾炎武提倡的考据方法，是为史学的目的而服务，考据本身并不是目的，只不过是一种达到目的的手段而已。乾嘉学者则是为考据而考据，把考据本身当作目的，因而考据完了，一切也就结束了。再次，顾炎武在考据中，还相当重视社会实践的知识，因为有许多知识在书本上是无法得到的，有许多问题单凭书本也是无法解决的。而乾嘉考据学者则终日埋头故纸堆中打圈子。像顾炎武这种"修己治人之实学"，并不是流于玩物丧志倾向的乾嘉考据学者所能继承得了的。顾炎武通过实际生活与社会调查，大大丰富了他的考据学的内容，解决了书本上无法解决的问题。他曾长期跋山涉水，往返于鲁、冀、晋、豫、陕等广大地区，亲历了许多名山大川、关津险隘，以至名胜古迹之区，自云："九州历其七，五岳登其四。"（同上书，卷六《与杨雪臣》）每到一地，都进行了仔细的考察，特别留心于有关国计民生的利弊、时政的得失。如他在《钱粮论》中说："往在山东，见登莱并（通"傍"）海之人，多言谷贱，处山僻不得银以输官。今来关中，自鄠以西至于岐下，则岁甚登，谷甚多，而民且相率卖其妻子。至征粮之日，则村民毕出，谓之人市。问其长吏，则曰：一县之鬻于军营而请印者，岁近千人；其逃亡或自尽者，又不知凡几也。何以故？则有谷而无银也，所获非所输也，所求非所出也。""愚尝久于山东，山东之民无不疾首蹙额而诉火耗之为虐者。独德州则不然，问其故，则曰：州之赋二万九千，二为银八为钱也，钱则无火耗之加，故民力纾于他邑也。"（同上书，卷一）像这样一些重要的材料，如果不身历其境，单靠书本是根本无法得到的。所以顾炎武的这一套考据之学，从内容到方法，都与乾嘉考据之学有着很大的差别。乾嘉学者从他那里仅仅学去了形式，实际是貌同而心异，形合而神离。两者相比，就更显示出顾炎武在考据学上的杰出贡献。

四、历史编纂学上的见解

顾炎武虽然没有史学评论的专门著作，但他对史书的编写、史著的评论等方面，还是发表了许多可贵的见解。如他对《史记》的评价极高，说出了前人所未说过的话，认为《史记》的突出优点是长于叙事，是后代史家所难以企及的。他说："古人作史，有不待论断而于序事之中即见其指者，惟太史公能之。《平准书》末载卜式语，《王翦传》末载客语，《荆轲传》末载鲁勾践语……皆史家于序事中寓论断法也。后人知此法者，鲜矣。"（《日知录》卷二六《史记于序事中寓论断》）他能抓住《史记》的真正特点，并用简明的语言加以表达，非有超人的史识自然是办不到的。像这样地评论史家和史著，确是真正评出了水平。又如他说："秦楚之际，兵所出入之途，曲折变化，唯太史公序之如指掌。以山川郡国不易明，故曰东、曰西、曰南、曰北，一言之下，而形势了然……盖自古史书兵事地形之详，未有过此者，太史公胸中固有一天下大势，非后代书生之所能几也。"（同上书，卷二六《史记通鉴兵事》）由于顾炎武对古代史籍十分谙悉，观察问题又很细致，因此才有可能对《史记》作这样恰到好处的评价。言语并不惊人，但却道出了前人不曾说，后人共首肯的意见来，这就是他的杰出之处。他很注意对历史源流的探讨，即使对于经书，也是从辨析历史源流出发，并从而得出"六经皆史"的观点。他说："《春秋》书公、书郊禘……孟子曰：'其文则史'。不独《春秋》也，虽六经皆然。"（同上书，卷三《鲁颂商颂》）他正是从研究经书的源流着眼，发现了六经实为古代典章制度的记载，从而把它们又还原于"史"。

史书的编写是一件严肃而复杂的工作，因此，这一工作并不是任何人都能担当得了的。顾炎武认为，要从事这一项工作，既要掌握丰富的史料，又必须懂得《春秋》笔法。他在《志状不可妄作》中就曾严肃地指出："志状在文章家，为史之流，上之史官，传之后人，为史之本。史以记事，亦以载言，故不读其人一生所著之文，不可以作；其人生而在公卿大臣之位者，不悉一朝之大事，不可以作；其人生而在曹署之位者，不悉一司之掌故，不可以作；其人生而在监司守令之位者，不悉一方之地形土俗、因革利病，不可以作。今之人，未通乎此，而妄为人作志，史家又不考而承用之，是以牴牾不合。"(同上书，卷一九）为人作一志状，要求尚且如此，编写一部国史自然更可想而知了。有了丰富的史料，还要仔细认真地做好辨别真伪的工作，即使对原始资料也不能轻易盲从。顾炎武不仅提出这样的要求，他自己平时也正是这样实践的。他继承了历史上的优良传统，强调编写史书，必须做到据事直书，反对曲笔，反对任情褒贬。他认为孔子作《春秋》的"多闻阙疑"精神值得每一个修史的人学习（同上书，卷四《春秋阙疑之书》）。本着这一精神，顾炎武对于清廷要求在短时期内草草完成《明史》的做法，表示了很大不满，多次写信给史馆人员，提出了不同的看法。如给他外甥徐元文的信中指出，为急于修成《明史》，清廷屡下征书之诏，求藏书于四方，结果书未征到，而百姓已不胜"借端派取"之苦。因此，他建议"此番纂述，止可以邸报为本，粗具草稿，以待后人"，"章奏是非同异之论，两造并存，而自外所闻，别用传疑之例"。认为只有采取这种审慎态度，才是编撰《明史》的正确途径。为此，对史馆"诸公多引洪武初修《元史》故事"，为《明史》仓促成篇找借口，表示了很大不满，他反驳说："不知诸史之中，《元史》最劣，以其旬月而就，故舛误特多。"（《亭林文集》卷三《与公肃甥书》）事实上，明季史料庞杂，清廷忌讳又多，时间仓促，是非难明，若竟率尔操觚，遽成定本，必不能信今而传后。可是信的最后，顾炎武又再三叮嘱说："此虽万世公论，却是家庭私语，不可告人，以滋好事之腾口也。"寥寥数语，正反映了他当时矛盾着的心理状态。为了使自己的主张得以实现，他在写给潘耒的信中再次作了申述："自庚申至戊辰邸报皆曾寓目，与后来刻本记载之书殊不相同。今之修史者，大段当以邸报为主，两造异同之论，一切存之，无轻删抹而微其论断之辞，以待后人之自定，斯得之矣。"（《亭林文集》卷四《与次耕书》）顾炎武之所以一再力主先成草稿，不作定本，就是因为史料抉择尚需时日，仓促成书势必伪误杂出，难以保存一代之信史。他在《日知录》卷一八《三朝要典》中更提出据事直书乃是"万世作史之准绳"的主张，可见他对于秉笔写史的人，要求是很严格的。反之，对于那些捏造事实，篡改历史的恶劣做法，则再三予以严斥笔伐。他说："门户之人，其立言之指，各有所借，章奏之文，互有是非。作史者两收而并存之，则后之君子，如执镜以照物，无所逃其形矣。褊心之辈，谬加笔削，于此之党，则存其是者，去其非者；于彼之党，则存其非者，去其是

者。于是言者之情隐,而单辞得以胜之……此国论之所以未平,而百世之下,难乎其信史也。"(《三朝典要》)

史书的编写,内容必须真实,方可以成为信史;但对于形式的表达,也必须讲究,才能真正传之于后世。对此,顾炎武同样也提出了一定的要求,这就是文辞的繁简必须适中。他说:"辞主乎达,不论其繁与简也。繁简之论兴而文亡矣。"他批评了《新唐书》用词过简的弊病:"刘器之曰:'《新唐书》叙事,好简略其辞,故其事多郁而不明。'此作史之病也。且文章岂有繁简邪?昔人之论,谓如风行水上,自然成文。若不出于自然,而有意于繁简,则失之矣。当日《进新唐书表》云:'其事则增于前,其文则省于旧。'《新唐书》所以不及古人者,其病正在此两句也。"(《日知录》卷一九《文章繁简》)在顾炎武看来,文章的繁简,应当顺其自然,不能勉强为之,该详者详,该略者略。他还说:"史家之文,例无重出,若不得已而重出,则当斟酌彼此,有详有略。"(同上书,卷二六《新唐书》)这就是说,表达的形式必须服从于文章的内容,要"有详有略",繁简适中。

顾炎武在《日知录》里还写了《作史不立表志》的专篇,详细论述了纪传体史书中表志的重要作用,他说:"表以纪治乱兴亡之大略,书以记制度沿革之大端。"因此,凡是撰写纪传体史书,表与志是缺一不可的。然而陈寿《三国志》首不修志,以后《梁书》、《陈书》、《北齐书》、《周书》以及《南史》、《北史》也均不修志,这对于记载历代制度沿革极为不利。因此,他对沈约《宋书》作志,补前代史籍之缺;于志宁、李延寿诸人另撰《五代史志》,附于《隋书》以行,表示极为赞赏,说他们的这种"绍闻述往之意,可谓宏矣"。至于史表,则是"昉于周之谱牒,与纪传相为出入。凡列侯将相、三公九卿,其功名表著者,既系之以传。此外,大臣无积劳,亦无显过,传之不可胜书,而姓名、爵里、存没盛衰之迹,要不容以遽泯,则于表乎载之。又其功罪事实,传中有未悉备者,亦于表乎载之。年经月纬,一览了如,作史体裁,莫大于是。而范书阙焉,使后之学者,无以考镜二百年用人行政之节目,良可叹也"。所以他强调指出:"作史无表,则立传不得不多,传愈多,文愈繁,而事迹或反遗漏而不举。"(同上书,卷二六《新唐书》)这就说明,纪传体史书只有充分发挥表的作用,才能够做到文简而事丰。

综上所述,顾炎武在历史编纂学方面虽无专门论著,但他在《日知录》

中，却有不少关于这方面的内容，其中有许多的论述，见解还相当精辟，充分显示了他的学问之博大精深。顾炎武在学术思想史上的影响很大，阎若璩曾在《潜邱札记》中说："上下五百年，纵横一万里，仅仅得三人。"顾炎武就是其中之一，可见他在当时学术界声誉之高了。

当然，我们也应该看到，顾炎武毕竟是封建社会的知识分子，对他的学术思想和全部著作也必须以批判继承的态度去对待。他和其他封建文人一样，对于农民群众怀着明显的阶级仇恨，把明末农民起义军及其领袖统统斥为"流寇"、"盗贼"，并主张加强地主武装力量用来镇压农民起义。由于他还是以孔子之是非为是非，因而对李贽批评得很不公道，他说："自古以来，小人之无忌惮而敢于叛圣人者，莫甚于李贽。"（同上书，卷一八《李贽》）其实在当时来说，李贽敢于"叛圣人"，正是他胆识卓越过人之处。顾炎武的责骂，正表明他头脑里的封建正统思想还在起着相当大的作用。所以在他的进步思想当中，仍有其保守落后的一面。

第二节　王夫之和《读通鉴论》

一、王夫之的生平和著作

王夫之字而农，号姜斋，湖南衡阳人。生于明万历四十七年（1619），卒于清康熙三十一年（1692）。他是明末清初的重要思想家和历史学家。晚年定居衡阳石船山，故学者称他为船山先生。明崇祯十五年（1642）举人，本拟赴北京会试，因正值农民起义军声势空前高涨，未果行。次年，拒绝农民军领袖张献忠的召请，隐居读书不出。清顺治十五年（1658），清军进占衡州，他参加了抗清斗争，并于翌年投靠南明桂王小朝廷，还到过桂林。几经周折，终觉国事之不可为，遂决心隐居从事著述。先隐居于湘西山中，变姓名，易装束，隐身瑶洞，自称瑶人。康熙八年（1669），最后定居在衡阳的石船山。一生中重要著作，大半在这以后整理完成。从三十三岁开始隐居，直到去世，始终以亡明遗臣自居，在穷乡僻壤的深山中，刻苦钻研，备尝艰辛，从事著述四十年，对天文、地理、历法、数学等都有研究，尤精于经学、史学和文学,对后世学者影响很大,和顾炎武、黄宗羲并称为明末清初三大思想家。他的著作很多,有一百多种,后人汇编的《船山遗书》共搜录了七十种,二百八十八卷。由于王夫之从年轻时候开始,就很注意把历史研究和当前政治联系起来,并对现实社会非常关心,王敔写的《姜斋公行述》里说他父亲"自少喜从人间问四方事,至于江山险要、士马食货、典制沿革,皆极意研究",所以在早年的许多著作中,虽名为说经,实际大都是历史评论之作。如《尚书引义》、《春秋家说》、《春秋世论》、《读春秋左氏传博议》等,是他系统论述的古代史论部分著作;而晚年写的《读通鉴论》和《宋论》两部巨著,则是他对秦以后中国封建社会历史的系统分析和评论,也是他史论中的代表作,因而得以广泛流行,成为人们所熟知的史论名著。他在写作这些书时,从"经世致用"的史学观点出发,有机地把评史和论政结合起来,借评论历史来表达自己的政治主张。除此之外,还有其他许多说经论政之作以及一些杂文随笔,也往往涉及史论问题。至于普通史书的撰著,仅有记载南明桂王政权事迹的《永历实录》和《大行录》、地方志《莲峰志》三种。

二、王夫之的《读通鉴论》

在我国古代史学领域里,史论向来比较发达,先秦时期《左传》里的"君子曰"发其端,秦汉之际并出现了贾谊《过秦论》这样长篇的论著。唐代刘知幾的《史通》,主要是对史家、史著和历史编撰的方法进行评论。宋明以来,写史论的人就更多了,司马光、苏轼兄弟、陈亮、叶适、王世贞、李贽等都是著名的史论作者,不过他们的史论都还是片断的、个别的、不系统的。对于古代历史进行系统的分析评论并写成专著的,那还只有王夫之和他的《读通鉴论》。

《读通鉴论》三十卷,其中评论秦史的一卷,两汉史八卷,三国史一卷,两晋史四卷,南北朝史四卷,隋史一卷,唐史八卷,五代史三卷。每卷根据《资治通鉴》所列帝王系统,又分为若干篇,每篇选择这一时期的历史事件和历史人物若干进行分析和评论,对于历史事实的具体过程都略而不载。卷末附《叙论》四篇,集中说明该书的写作意图和主导观点。这是一部根据《资治通鉴》所载史事，用评论历史的形式来发表自己政治主张和历史哲学的史论专著。王夫之编撰此书的目的，是为了从史书当中找出"经世之大略"，吸取历史上的经验教训，以为当前的现实斗争服务。他说："所贵乎史者，述往以为来者师也。为史者，记载徒繁，而经世之大略不著，后人欲得其得失之枢机以效法之无由也，则恶用史为？"（《读通鉴论》卷六《光武十》。本节凡不特别注明者，均出自《读通鉴论》一书）这可以说是他研究历史，评论历史最终目的的自我表白。他在解释《资治通鉴》这个书名、阐明"资治"两字的含义时，对于"经世致用"的史学思想又作了进一步的说明，提出："'资治'者，非知治乱而已也，所以为力行求治之资也。"这就是说，研究历史，不仅是在于"知治乱"而已，更重要的是在于以此作为"力行求治之资"。如果读了历史，而起不了任何作用，那就必将变成"玩物丧志"。但是，要从历史研究中得到"资治"，也不是一件简单的事，尤其是历史上的善恶是非、成败兴亡，往往互相依附，变化多端，必须用心推敲，并"设身于古之时势，为己之所躬逢；研虑于古之谋为，为己之所身任。取古人宗社之安危，代为之忧患，而己之去危以即安者在矣；取古昔民情之利病，代为之斟酌，而今之兴利以除害者在矣。得可资，失亦可资也；同可资，异亦可资也。故治之所资，惟在一心，而史特其鉴也"。这就说明，能否从历史研究中得到"资治"，关键在于人的主观能动性，只有充分发挥人的主观能动作用，才能收到"得可资，失亦可资"，"同可资，异亦可资"，左右逢源、运用自如的效果。因为历史毕竟只是一面镜子，"照之者"还是在人，所以他说："故论鉴者，于其得也，而必推其所以得；于其失也，而必推其所以失。其得也，必思易其迹而何以亦得；其失也，必思就其偏而何以救失；乃可为治之资，而不仅如鉴之徒悬于室，无与炤之者也。"正因如此，他认为只要古今打通，那么就可以看到"君道在焉，国是在焉，民情在焉，边防在焉，臣谊在焉，臣节在焉，士之行己以无辱者在焉，学之守正而不陂者在焉。虽抱穷独处，而可以自淑，可以诲人，可以知道而乐"（卷末《叙论四》）。要知道，这是他晚年的一部作品，成书于康熙二十六年（1687），当时，他是满怀着亡国之隐痛撰述本书的，因此书中所选择的评论批判的史实事例，都是针对着明末清初各种社会政治流弊而发。鉴于明末党争误国，因此书中涉及前代党争，都予以反复贬斥，说他们"寻戈矛于不已","导人心于嚣讼而不可遏"(卷二六《文宗五》),结果使得当时的人们"皆知有门户,而不知有天子"(《文宗一》),要是再任其自流,则"朋党恶得而禁,士习恶得而端,国是恶得而定?"(《文宗八》)所以他愤慨地指出:"朋党兴,而人心国是如乱丝之不可理,将孰从而正之哉?"(《文宗二》)这类话在本书中是很多的,只要把这些议论和晚明统治阶级内部党派斗争的风气相对照,就不难明白他反对朋党的用心之所在了。又如他痛于明朝的灭亡,对于清初征服者的仇恨超过了他的阶级偏见,所以书中凡涉及少数民族时,对"夷夏之辨"特别用力,大谈其"夷夏之大防"。他说:"呜呼!天下之大防,夷夏之大辨,五帝、三王之大统,即令桓温功成而篡,犹贤于戴夷狄以为中国主"(卷一三《[东晋]成帝十四》)。甚至提出"夷狄者,歼之不为不仁,夺之不为不义,诱之不为不信。何也?信义者,人与人相与之道也,非以施之夷狄者也"(卷四《汉昭帝三》)。对历史上那些民族投降主义者则痛加斥责。他谴责了割让燕云十六州给契丹贵族以换取儿皇帝地位的石敬瑭和为石敬瑭出谋划策的桑维翰,谴责了宋代的汉奸张邦昌、刘豫之流,指出这伙人"称臣称男,责赂无厌,丑诟相仍,名为天子,贱同仆隶"(卷三〇《五代下六》),并把他们斥为"祸及万世"的"万世之罪人"(卷二九《五代中十六》)!这种论点在今天看来,纯粹是狭隘的种族主义思想,并无可取之处,然而从历史条件来看,却是不能苛责的。王夫之亲眼看到明王朝亡于清人之手,在当时汉族士人看来,文明远为落后的满族征服汉族,认为是奇耻大辱,加之清兵所到之处,野蛮、残暴的行为在历史上又属少见,"扬州十日"、"嘉定三屠",激起了强烈的民族仇恨。因此在当时的历史条件下,起而号召抗清斗争,自然属于进步主张,不应多加苛责。基于上述思想认识,因而在书中对于历代统治者借用少数民族兵力镇压农民起义的暴行,王夫之都是严正地加以抨击。如唐末借沙陀兵镇压农民起义,书中作了反复评论,显然他是借此抨击吴三桂等人"借清兵"的卖国罪行。以上事实,都足以看出王夫之的评论历史,多是从"经世致用"这一目的出发的。

王夫之在论史方面有不少的独到见解。他曾明确指出,评论历史要切忌两种偏向,他说:"论史者有二弊焉:放于道而非道之中,依于法而非法之审,褒其所不待褒,而君子不以为荣,贬其所不胜贬,而奸邪顾以为笑,此既浅中无当之失矣;乃其为弊,尚无伤于教、无贼于民也。抑有纤曲觤琐之说出焉,谋尚其诈,谏尚其谲,徼功而行险,干誉而违道,奖诡随为中庸,夸偷生为明哲,以挑达摇人之精爽而使浮,以机巧裂人之名义而使枉;此其于世教与民生也,灾愈于洪水,恶烈于猛兽矣。"这里一方面反对了庸俗的史论,即貌似正经的迂腐俗论,另一方面更反对了那种诡异的史论,即"纤曲觤琐之说"。在王夫之看来,前者还只是在于肤廓无聊,"浅中无当之失",尚无害于世道人心;而后者则是脱离正轨,走向邪道,这种"卑污之说","灾愈于洪水,恶烈于猛兽",因为"闻其说者,震其奇诡,歆其纤利,惊其决裂,利其呴呕,而人心以蛊,风俗以淫,彝伦以斁,廉耻以堕"(以上引文均见卷末《叙论三》)。这两种倾向确实都需要批评,不过他所列举的例子有许多很不妥当,他把敢于违背儒家正统观念的李贽等人都列入其中,并视为"愈于洪水、烈于猛兽者"。更有甚者,还对司马迁、班固那些"恢奇震耀之言",描写得有声有色、激动人心的地方,也都加以非议,自然就不能令人信服了。关于这点,嵇文甫先生曾经指出:"这里面有些地方自然也不免囿于封建士大夫传统的阶级成见。可是他的确是一本正经地作两线斗争而力求斟酌至当,非故意标奇立异、哗众取宠者所可比。他的态度是严肃认真的!"[1]

王夫之不仅批判了上述两种论史的错误倾向,而且在书中还正面地提出了一套他所主张的论史方法,并且努力地按照这套方法在实践着。他认为,评论历史要力求避免一般化,要针对具体史实进行评论,少说千篇一律的大道理和空洞无物的说教,要做到"于大美大恶、昭然耳目、前有定论者,皆略而不赘。推其所以然之由,辨其不尽然之实,均于善而醇疵分,均于恶而轻重别,因其时,度其势,察其心,穷其效"(卷末《叙论二》)。这些要求提得都很确当,对于那些大美大恶、人所共知并且前有定论的人和事,自然就可不必再去重复了。同时,评论历史人物也只有做到知人论世,了解其时代背景,熟悉其当时处境,分析其动机,研究其效果,才能作出符合于历史事实的评论。一句话,评论历史人物一定要根据具体情况进行具体的分析,而不能光用一个呆板的公式去生搬硬套,所以他又说:"有一人之正义,有

---

[1] 《王船山史学方法论》,《历史研究》1962年第2期。

一时之大义，有古今之通义，轻重之衡，公私之辨，三者不可不察。以一人之义，视一时之大义，而一人之义私矣。以一时之义，视古今之通义，而一时之义私矣；公者重，私者轻矣，权衡之所自定也。三者有时而合，合则亘千古、通天下；而协于一人之正，则以一人之义裁之，而古今天下不能越。有时而不能交全也，则不可以一时废千古，不可以一人废天下。执其一义以求伸，其义虽伸，而非万世不易之公理，是非愈严，而义愈病。"这一番议论，关键就在于说明不能"执其一义以求伸，其义虽伸，而非万世不易之公理"。因为历史事件是千变万化的，而历史人物也是千殊万别的，如果硬要套公式，贴标签，那么所要评论的史实，有时虽然最后也可以符合公式，结论也能够符合原则，但它却不一定会符合于"万世不易之公理"。他还列举了桓温、刘裕二人同样是抗表伐敌，两者却不可作一样的要求，他说："桓温抗表而伐李势，讨贼也。李势之僭，溃君臣之分也；温不奉命而伐之，温无以异于势。论者恶其不臣，是也，天下之义伸也。刘裕抗表以伐南燕，南燕，鲜卑也。慕容氏世载凶德以乱中夏，晋之君臣弗能问，而裕始有事，暗主不足与谋，具臣不足与议，裕无所可奉也。论者亦援温以责裕，一时之义伸，而古今之义屈矣。"（卷一四《安帝十四》）

根据上述主张，他还提出对于历史人物，不仅要"因其时，度其势，察其心，穷其效"，来评论其为人之邪正、立言之是非、做事之功罪，而且还要注意不能盲目地全盘肯定，或者全盘否定，好之中往往有坏，坏之中也许有好，要做到瑕瑜不掩，功过分明，既不以人废言，亦不因言废功。他还举例作了具体的说明："谋国而贻天下之大患，斯为天下之罪人，而有差等焉。祸在一时之天下，则一时之罪人，卢杞是也；祸及一代，则一代之罪人，李林甫是也；祸及万世，则万世之罪人，自生民以来，唯桑维翰当之。"（卷二九《五代中十六》）同为奸邪，而秦桧、韩侂胄、贾似道、史弥远有别。同样，正面地肯定人物，亦是如此。这就说明，评论历史人物切忌绝对化、走极端，一个人不可能样样都好，好中有坏；一个坏人也不会是样样都坏，也许有其可取之处。这就必须通过具体分析，然后才能作出定论。作为封建社会历史学家的王夫之，能够提出这样的看法，应当说是很了不起的。另外，他还指出，一个历史人物的所作所为，往往有这样的情况："以一时之利害言之，则病天下；通古今而计之，则利大而圣道以弘。"他列举"（汉）

武帝抚已平之天下，民思休息。而北讨匈奴，南诛瓯、越，复有事西夷，驰情宛、夏、身毒、月氏之绝域。天下静而武帝动，则一时之害及于民而怨讟起……然因是而贵筑、昆明垂及于今而为冠带之国"（卷三《武帝十五》），来说明评论历史人物和事件，还应当考虑到暂时的利益与国家民族的长远利益相结合，只要是对国家、民族长远有利的，即使"以一时之利害言之，则病天下"，也仍然应予大胆地肯定。王夫之在《读通鉴论》中能够提出这些独到的主张，确实是不愧为一位别具史识的卓越史论家。正因如此，他对许多历史事件和历史人物的评论，能够大胆提出不同于前人的看法，敢于推翻前人的定论。如对于唐朝中期以王叔文、王伾为首的"二王八司马"政治集团的革新活动，向来是"以邪名古今"，王夫之认为这是很不公正的，历史学家没有辨清事实真相，就随声附和加以记载，影响很坏，"恶声一播，史氏极其贬诮，若将与赵高、宇文化及同其凶逆者，平心以考其所为，亦何至此哉！"正因为他能够"平心以考其所为"，而不是人云亦云，所以才能发现前人结论的不合理，指出王叔文等"自其执政以后，罢进奉、宫市、五坊小儿，贬李实，召陆贽、阳城，以范希朝、韩泰夺宦官之兵柄，革德宗末年之乱政，以快人心、清国纪，亦云善矣"（卷二五《顺宗》）。我们知道，这次历史上所称的"永贞革新"，虽然在打击宦官和藩镇方面的成效并不大，但在某些方面来看，确实减轻了人民的痛苦，使德宗以来的腐朽政局为之一新。王夫之的结论，显然是符合历史的真实情况的。可是不少历史学家在评论历史人物时，却没有做到"因其时，度其势，察其心，穷其效"，因而他们所作的分析，往往是既违背历史真实，也得不出正确结论。如他对司马光所作"牛李维州之辨"错误论断的批评，就是个明显的例子。他说："牛李维州之辨，伸牛以绌李者，始于司马温公。公之为此说也，惩熙丰（熙宁、元丰，北宋神宗年号）之执政用兵生事，敝中国而启边衅，故崇奖处镎之说，以戒时君。夫古今异时，强弱异势，战守异宜，利害异趣。据一时之可否，定千秋之是非，此立言之大病，而温公以之矣。"（卷二六《文宗四》）这个评论是很有道理的。古今情况不同，不能以当前的政治斗争为标准，来定前人之功过是非，否则，必然会歪曲历史的真相。何况"牛李维州之辨"，李德裕的做法是符合国家民族利益的，他是当时比较进步的政治家。在对待吐蕃奴隶主骚扰问题上，牛李两派的意见是对立的。吐蕃奴隶主在安史之乱后时常侵扰唐朝，威胁唐朝西部边境的安全。成都西北的维州（今四川汶川）地势险要，控制四川进入西北山区的要道，吐蕃用计把它攻下。从此，吐蕃在进攻甘肃、陕西时，唐兵不能从成都增援，唐朝屡次出兵，都未能收复。李德裕到四川后，经过整顿调查，一举收复了维州。这本是件好事，可是牛僧孺却大肆攻击。这就是当时的历史真相。司马光为了攻击王安石变法，竟利用这一事件大做文章，作出了违背历史真实的评论。因此，王夫之的批判正击中了司马光的要害。还有对刘晏的理财，他也进行了辩白，他说："言治道者讳言财利，斥刘晏为小人。晏之不得为君子也自有在，以理财而斥之，则倨骄浮薄之言，非君子之正论也。"他还指出：刘晏的理财，其历史背景是在"兵兴之日"，"非宇文融、王铄、元载之额外苛求以困农也"。而其理财目的，则是为了"使自有余息以供国，而又以蠲免救助济民之馁瘠"，"仁民也，非以殃民也"。再察其理财的效果是户口大增，"兵兴以来，户不过二百万，晏任财赋之季年，增户百万，非晏所统者不增"。最后他得出结论，认为"（刘）晏之于财赋，君子之用心也，不可以他行之瑕责之也"，"晏体国安民之心，不可没矣"。在书中，他还运用以其人之道，还治其人之身的手法，对那些所谓"君子"进行了反驳，指出："晏死两年，而括富商、增税钱、减陌钱、税间架，重剥余民之政兴，晏为小人，则彼且为君子乎？"（卷二四《德宗五》）这一批驳是十分有力的。

历史上许多著名的思想家、史学家，在他们的著作中，都很重视反映对人才的使用。千百年的历史事实证明，凡是有作为的君主，总都非常注意选贤用能，在自己的周围聚集着大批各有专长的人才。王夫之在《读通鉴论》一书中的许多地方也很强调这一点。秦王朝为什么短命？他认为主要是用人不当。他说："秦始皇之宜短祚也不一，而莫甚于不知人。非其不察也，惟其好谀也。托国于赵高之手，虽中主不足以存，况胡亥哉！汉高之知周勃也，宋太祖之任赵普也，未能已乱而足以不亡。建文立而无托孤之旧臣，则兵连祸结而尤为人伦之大变。徐达、刘基有一存焉，奚至此哉？"（卷一《秦始皇三》）而对于曹操之善于用人则非常赞赏，他将曹操先后与诸葛亮、刘裕相比较，来反复说明用人的重要性。他认为一个政治家，要使自己能够很好地施展才能，"必下有人而上有君"，可是诸葛亮"上非再造之君，下无分猷之士，孤行其志"（卷一〇《三国五》），要想取得成功，自然是很难想象的。而"曹孟德推心以待智谋之士,而士之长于略者,相踵以兴"(《三国十一》),并且他"又能用人而尽其才,人争归之"(《三国五》)。这是曹操能够取得胜利的重要因素。所以他在书中指出:"魏足智谋之士,昏主用之而不危。故能用人者,可以无敌于天下。"(《三国十一》)他又以刘裕与曹操的对比来说明善于选拔人才的重要性:"裕之为功于天下,烈于曹操,而其植人才以赞成其大计,不如操远矣。操方举事据兖州,他务未遑,而亟于用人;逮其后而丕与睿犹多得刚直明敏之才,以匡其阙失。"刘裕则"起自寒微,以敢战立功名,而雄侠自喜,与士大夫之臭味不亲……当时在廷之士,无有为裕心腹者"。加之他"又无驭才之遭",自然也就无人替他卖命了。所以王夫之在书中非常恳切地指出:"曹操之所以得志于天下,而待其子始篡者,得人故也。岂徒奸雄为然乎?""圣人以仁义取天下,亦视其人而已矣。"(卷一四《安帝二十一》)可见在他看来,一个有作为的君主,如果没有一大批有才有识之士,要治理好国家,那是不可设想的。

王夫之对于申韩作风和申韩道路是非常反感的,他曾写过一篇《老庄申韩论》,指出老庄虽不合乎道而尚有可取,至于申韩则必须根绝。他在《读通鉴论》一书中同样也贯彻了这一精神,认为行申韩之术,严刑峻法,残忍好杀,使得人们无所措手足。他对曹操、诸葛亮都很称赞,但对他们流于申韩却很不满意,认为曹操的统治,"王道息,申韩进,人心不固,而国祚不长"(卷一一《三国七》)。在封建君主当中,他最推崇的是汉光武帝,说:"汉光武抚千余万之降贼,使各安于井牧,遐哉!自武王戢干囊(古代盛放弓矢的袋子)矢之后,未有能然者矣。"(卷三〇《五代下八》)在他看来,汉光武之所以能够收到这样的效果,就在于他能用"仁慈之吏以抚之","宽缓之政以绥之","文教之兴以移之",一句话就是与能够"以柔道行之"是分不开的。唐玄宗初年,晋陵尉杨相如上言说:"法贵简而能禁,刑贵轻而必行。小过不察,则无烦苛;大罪不漏,则止奸慝。"对于这段话,王夫之非常赞赏,他说:"斯言也,不倚于老氏,抑不流于申韩,洵知治道之言乎!"(卷二一《玄宗一》)凡此种种,都只能说明王夫之所主张的政术是"法贵简","刑贵轻",而不是法家那套峻法严刑。

《读通鉴论》一书不仅反映了王夫之的政治思想和他的历史方法论,而且也比较集中地反映了他的进化论的历史观。他在书中很多地方的论述,都肯定了历史是进化的，批驳了各种复古的论调。如他曾明确指出："唐虞以前，无得而详考也，然衣裳未正，五品未清，婚姻未别，丧祭未修，狉狉獉獉，人之异于禽兽无几也……若夫三代之季，尤历历可征焉。当纣之世，朝歌之沈酗，南国之淫奔，亦孔丑矣……春秋之民，无以异于三代之始。帝王经理之余，孔子垂训之后，民固不乏败类，而视唐、虞、三代帝王初兴、政教未孚之日，其愈也多矣。"唐朝建国以后，"以太宗为君，魏徵为相，聊修仁义之文，而天下已帖然受治，施及四夷，解辫归诚，而不待尧、舜、汤、武也……孰谓后世之天下难与言仁义哉？"（卷二〇《太宗八》）这就有力说明，人类社会的历史，从来就是在不断发展进步的，是后世胜过前世，而不是一代不如一代。尤其可贵的是，他在探讨中还能认识到历史的发展由分裂而逐步走向统一的趋势："古之天下，人自为君，君自为国，百里而外，若异域焉，治异政，教异尚，刑异法，赋敛惟其轻重，人民惟其刑杀，好则相昵，恶则相攻，万其国者万其心，而生民之困极矣。尧、舜、禹、汤非能易也。"这里生动地指出了在古代，国家林立，"国小而君多"，政教不一，统治者互相争斗，攻杀掠夺，给人民造成了极大的痛苦。自从周朝建立以后，"则渐有合一之势，而后世郡县一王，亦缘此以渐统一于大同，然后风教日趋于划一，而生民之困亦以少衰"（卷二〇《太宗二》）。由于国家统一，废除分封，设立郡县，全国有了统一的法令制度，人民的生活也得到了相对的安定。因此由分裂而到统一，乃是划时代的一大进步。所以他对于历史上那些为国家统一作出过贡献的人物，大多予以赞扬和肯定；而对那些破坏国家统一，搞分裂割据的人，则痛加批评和贬斥。在王夫之看来，随着历史的发展、社会的进步，各个时代的典章制度也同样在不断发展变化，一成不变的制度和法令是根本没有的。他说："以古之制，治古之天下，而未可概之今日者，君子不以立事；以今之宜，治今之天下，而非可必之后日者，君子不以垂法。故封建、井田、朝会、征伐、建官、颁禄之制，《尚书》不言，孔子不言。岂德不如舜、禹、孔子者，而敢以记诵所得者断万世之大经乎？"（《叙论四》）因此，他非常肯定地说："事随势迁，而法必变"，就如"汉以后之天下"，只能"以汉以后之法治之"（卷五《成帝八》）。"就今日而必法尧、舜也，即有娓娓长言为委曲因时之论者，不可听也。"（卷二四《德宗三十三》）而对于社会发展、变化的根源，他便用一个"势"字来说明，即所谓"事随势迁"。十分明显，他的这种思想，正是继承了刘知幾、柳宗元等人重"势"的进步历史观。

《读通鉴论》是一部王夫之晚年时期所写定的作品，因此书中所论，足以反映他一生的政治思想和历史观点。书中所提出的许多可贵的政治主张和进步的历史观点，这是应该加以充分肯定的。但同时也暴露出他的比较顽固的地主阶级立场和十分落后的观点。他提出"天下之大防二，中国、夷狄也，君子、小人也"。认为这是两对严重对立的矛盾，必须时刻严加提防。在国亡家破的历史条件下，他对边境民族产生如此深刻的仇恨，这还是可以理解的。但他强调"君子"与"小人"之分，那就明显地反映出他的顽固的地主阶级立场。他说："君子之与小人，所生异种，异种者，其质异也；质异而习异，习异而所知所行蔑不异焉。"因此，"君子、小人殊以其类，防之不可不严也"（卷一四《哀帝三》）。这种观点，实际上就是反动的封建等级观念的变种。为了防止"小人""犯上作乱"，对于那些不利于封建统治的言论，主张严加禁止和取缔，认为这种"邪淫"、"卑污"之说的危害极大，它会引导人们走上邪路去干"犯上作乱"之事。所以他在《读通鉴论》中，把历史上的那些所谓"邪说"一一挑出，予以批驳，就连司马迁、班固等人也不例外。王夫之认为，士大夫的责任就在于"匡维世教以救君之失，存人理于天下"（卷二七《僖宗九》），而不应当"诅咒其君父"。即使君父有过错，也不能公开揭露指责，否则就将造成天下大乱。他还把辟邪说、正人心作为自己的职责而"不敢姑容"（《叙论三》）。这就无异于一位忠诚的封建卫道士了。因此，我们对于王夫之的《读通鉴论》必须加以具体的分析研究，肯定其积极的进步成分，扬弃其封建的毒素。只有这样，才能对它作出恰如其分的正确评价。

第三节　顾祖禹和《读史方舆纪要》

清代学者研究舆地学的风气也比较盛行，并且出现了一批著名的地理学家，如顾祖禹、黄仪、胡渭、阎若璩、赵一清、沈炳巽等人，他们都以研究地理而著称于时，并各有专门著作留传于世。其中以顾祖禹和他的《读史方舆纪要》影响最大。

一、顾祖禹的生平和《读史方舆纪要》的编纂

顾祖禹字瑞五，号景范，江苏无锡宛溪人，学者尊称他为宛溪先生。生于明崇祯四年（1631），卒于清康熙三十一年（1692），享年六十二岁。[①] 其父柔谦，入赘常熟谭氏，年二十而生祖禹，故间亦自署常熟顾祖禹。年幼时，在父亲教导下，能背诵经史如流。稍长，博览群书，尤好地理之学。顺治元年（1644），清军入关，祖禹年方十四，因遭此亡国之变，随父徙居常熟虞山，自谓"躬耕于虞山之野，久之益穷困"（《读史方舆纪要》总序一。以下括注中简称《纪要》）。明亡以后，"先世薄有藏书，悉已委之兵燹，此身既穷田野，无从更列缥缃（缥缃，书卷的代称）"[②]。无力买书，只好各处借读。这种贫困的生活，迫使年方弱冠的顾祖禹便为里塾师，"月得脩脯只六金，以半与妇，俾就养妇翁家，余尽市纸笔灯油"（《光绪无锡金匮县志》卷四〇《杂识》）。他宁愿忍受贫困，过着"子号于前，妇叹于室"的生活，坚决不求名于时。甚至中年以后，仍是过着"既无负郭之户，又乏中田之庐，寄食庑下，聊以自活"（顾祖禹《历代纪元汇考序》）的生活。从顺治十六年（1659）起，便一面教书，一面撰写《读史方舆纪要》。当康熙十三年（1674）三藩起兵后，遂弃南游，只身入闽，参与耿精忠幕中，想借此进行反清复明。失败后北归，馆于昆山徐氏，得以饱览传是楼藏书（《光绪无锡金匮县志》卷二一《顾祖禹传》），复理旧业。康熙二十六年（1687），徐乾学奉诏修《大清一统志》，"知祖禹精地理学，固延请，三聘乃往"（姚椿《通艺阁文集》卷五《顾处士祖禹传略》），与太原阎若璩、常熟黄仪、德清胡渭同在京师志局。他们都是当时第一流地理学家。后来徐乾学南下，开局洞庭东山，他们四位依旧共事，共同研讨。在志局时，徐乾学将荐之，顾祖禹断然加以拒绝。"书成，将列其名上之，祖禹不可，至于投死石阶，始已"（同上书），充分反映了他不愿效忠清廷的爱国思想。从志局归里不久，于

[①] 关于顾祖禹的生卒年，近人记载多误，笔者作过考证，刊于《历史研究》1978年第5期。
[②] 《方舆书目序》，《方志月刊》第7卷第2期。

康熙三十一年与世长辞。他身遭亡国之痛，秉承父志，坚守志节，全部精力贯注于《读史方舆纪要》一书的写作，寄心事于简编，存故国之文献。全书完成历三十余年之久，一生精力可谓尽于是书。

二、《读史方舆纪要》的内容和价值

关于《读史方舆纪要》的命名，作者在凡例中曾作解释："是书以古今之方舆，衷之于史，即以古今之史，质之于方舆，史其方舆之向导乎，方舆其史之图籍乎！苟无当于史，史之所载不尽合于方舆者，不敢滥登也，故曰《读史方舆纪要》。"全书共一百三十卷（后附《舆图要览》四卷），前九卷为历代州域形势，中一百十四卷为两京十三司及所属府、州、县分叙，山川原委异同及分野七卷以殿其末。关于卷次的排列，都有一定的用意，其凡例云："是书首以列代州域形势，先考镜也；次之以北直（原文'北直'疑当作'两直'或'两京'，似不应漏列'南直'即'南京'。'南直'今本改作'江南'。——引者注），尊王畿也；次以山东、山西，为京室之夹辅也；次以河南、陕西，重形胜也；次之以四川、湖广，急上游也；次以江西、浙江，东南财富所聚也；次以福建、广东、广西、云南、贵州，自北而南，声教所为远暨也；又次以川渎异同，昭九州之脉络也；终之以分野，庶几俯察仰观之义与！"每省卷首，都冠以总序一篇，论其在历史上关系最重要之诸点，务使全省形势了然。每府亦仿此例，而所论更分析详密。一县则纪辖境内主要山川、关隘、桥、驿及城镇等。各卷论述，皆采朱子纲目之法，自撰纲要，自为之注。编写体裁，独创一格，历代州域，以朝代为经，地理为纬；京省形势，以地理为经，朝代为纬，经纬互持，纵横并立，构成一部眉目清晰、体例新颖的舆地著作。梁启超说：这部著作，"体裁组织之严整明晰，古今著述中盖罕其比"（《中国近三百年学术史·清代学者整理旧学之总成绩》），"可以说是一百三十卷几百万言合成一篇长论文……眉目极清晰，令读者感觉趣味"（同上书，《清初史学之建设》）。

《读史方舆纪要》就其性质而言，实是一部历史地理著作，作者在该书的凡例中说："方舆所该，郡邑、河渠、食货、屯田、马政、盐铁、职贡、分野之属是也。"可见他认为舆地志书的内容，不仅要包括历代疆域、政区的演变，同时还应包括历史时期的自然地理（如河渠）变化和历史时期经济地理（如食货、屯田）变化等。不过由于种种原因，限制了他没有能够将这种主张全部贯彻到《读史方舆纪要》的撰述中去。特别是由于他写作此书有所寄托，内容就不能不有所偏重。这在自序中表述去取标准时，曾有所反映："祖禹之为此书也，以史为主，以志证之；形势为主，以理通之。河渠沟洫，足备式遏；关隘尤重，则增入之。朝贡四夷诸蛮，严别内外，风土嗜好，则详载之。山川设险，所以守国，游览诗赋，何与人事？则汰去之。"什么内容当写，什么内容不当写，交代得非常清楚，即有关国计民生的便写，无关的便不写，还要求做到详人之所略，略人之所详，这就是他详略取舍的标准。

《读史方舆纪要》与历来舆地志书最大的不同点，是具有极为浓厚的军事地理特色，经世致用思想贯穿始终。前人所写之舆地志书，内容大多偏重于名胜古迹的记叙，至于山川攻守之利，不是略而不书，就是书而不详。而该书则不然，因作者有经世致用的目的，撰写此书时，郑成功等领导的抗清斗争方兴未艾，爱国志士尚在奔走以谋匡复。他痛心明朝统治者不善于利用山川形势的险要，不会汲取古今用兵成败的教训，因而最后遭致亡国。这种思想感情，字里行间，随处可见。他要通过"一代之方舆，发四千余年之形势，治乱兴亡，于此判焉。其间大经大猷，创守之规，再造之绩，孰合孰分，谁强谁弱，帝王卿相之谟谋，奸雄权术之拟议，以迄师儒韦布（韦布，指未仕或隐居在野的人）之所论列，无不备载"（《纪要》凡例）。因为言有所寄，故于山川险易与古今用兵战守攻取之宜、兴亡成败之迹，叙述最详，而于景物游览之胜，则多从略。正因如此，张之洞的《书目答问》将此书列入兵家，并说："此书专为兵事而作，意不在地理考证。"实际情况也确实如此，这部著作的每一卷，都贯串着珍贵的军事思想。每叙一城一镇、一山一水、一关一隘，无一不详列其位置，叙其沿革，然后从历史上穷源探本地各述其军事上的价值。每有所得，必发议论。每省首卷，均以疆域、山川险要开其端，而对各省形势及其军事上的重要性，皆有总序一篇进行论述。他很注意各地形势，因为地利是"行军之本"，"地利之于兵，如养生者必藉于饮食，运行者必资于舟车"（《纪要》凡例）。所以他认为要"先知地利，而后可以行军。以地利行军，而复取资于向导，夫然后可以动无不胜"(《纪要》总序三)。唯其如此,他于各地形势特点,都备述无遗。其于直隶曰:"北直雄峙东北,关山阻险,所以隔阂奚戎,藩屏中夏,说者曰:沧海环其东,太行拥其右,漳卫襟带于南,居庸锁钥于北,幽燕形胜,实甲天下。又曰:文皇(明成祖)起自幽燕,尊涿鹿而抚轩辕之阪,勒擒狐而空老上之庭。前襟漕河,北枕大漠。川归毂走,开三面以来八表之梯航;奋武揆文,执长策以扼九州之吭背。秦晋为之唇齿,而斥堠无惊;江淮贡其困输,而资储有备。鱼盐枣粟,多于瀛海碣石之间;突骑折冲,近在上谷渔阳之境。修耕屯而塘泊之利可兴,振师干而开宁之疆在握。此真抚御六合之宏规也。然而居庸当陵寝之旁,古北在肘腋之下。渝关一线,为辽海之噤喉;紫荆片垒,系燕云之保障。近在百里之间,远不过二三百里之外。藩篱疏薄,肩背单寒。老成谋国者,早已切切忧之。"直隶形势要害,于此历历在目。

地理形势的好坏,于战争取得胜负固然有很大关系,而指导战争的将领之主观能动性,对于战争能否取得胜利,关系更为重大。所以顾祖禹在《读史方舆纪要》中,于谈论"地利"的同时,对将领之如何利用"地利"这一点也非常注意。他曾指出,同样的关险在不同时期所起的作用并不相同:"夫地利亦何常之有哉,函关剑阁,天下之险也。秦人用函关,却六国而有余;迨其末也,拒群盗而不足。诸葛武侯出剑阁,震秦陇,规三辅;刘禅有剑阁,而成都不能保也。故金城汤池,不得其人以守之,曾不及培塿之丘,泛滥之水;得其人,即枯木朽株,皆可以为敌难。是故九折之阪,羊肠之径,不在邛崃之道,太行之山;无景之溪,千寻之壑,不在岷江之峡,洞庭之津;及肩之墙,有时百仞之城不能过也;渐车之浍,有时天堑之险不能及也。知求地利于崇山深谷、名城大都,而不知地利即在指掌之际,乌足与言地利哉……不变之体,而为至变之用;一定之形,而为无定之准。阴阳无常位,寒暑无常时,险易无常处。知此义者,而后可与论方舆。"(《纪要》总序二)他还列举弈棋、种田为例:"布子同而胜负不同,则存乎弈者之心思而已矣;垦辟同而获否不同,则存乎田者之材力而已矣。"(《历代州域形势纪要序》)所有这些都说明:"虽然攻守万端,巧拙异用,神而明之,亦存乎其人而已矣。"(《纪要》卷九三《浙江五》)由此可见,顾祖禹虽然非常重视地理形势的作用,但他并不是一个地理环境决定论者,归根到底还是强调人的作用。

当然，《读史方舆纪要》毕竟不是一部纯粹的军事地理著作，它的内容，除了那些涉及军事形势方面的详细叙述外，凡是有关国计民生的也很注意。他在《江南方舆纪要序》里就曾指出："自古未有不事民生而可以立国者。"尽管书中没有专列历代经济地理变化一项，但它仍为我们研究历史时期的经济地理，如交通的变迁、城市的兴衰、漕运的增减以及经济中心的转移等提供了丰富的资料。农业是国民经济的基础，这在任何时期都是如此。一个地区农业生产有了发展，随之而来的就会出现交通的发达、城市的兴起，乃至经济的繁荣。书中对于各省区农业生产的特点，能扼要地予以点出，使人们可以了解这些地区在历史上农业生产发展的概况。如于苏州府曰：苏州"枕江而倚湖，食海王之饶，拥土膏之利，民殷物繁，田赋所出，吴郡常书上上。说者曰：吴郡之于天下，如家之有府库，人之有胸腹也。门户多虞而府库无恙，不可谓之穷；四肢多病而胸腹犹充，未可谓之困。盖三代以后，东南之财力，西北之甲兵，并能争雄于天下"（《纪要》卷二四《江南六》）。其于两湖曰："今者荆土日辟，沃野弥望，再熟之稻，方舟而下，吴会（吴郡、会稽郡）之间，引领待食。"（《纪要》卷七五《湖广一》）其于四川曰："志称蜀川，土沃民殷，货贝充益，自秦汉以来，迄于南宋，赋税皆为天下最。"（《纪要》卷六七《四川二》）虽仅寥寥数语，却把这些地区的经济特点点了出来。另外，城市的兴衰，垦田数的增减，交通路线的兴废，也都反映着当时农业生产的发展和经济文化的繁荣。通过对这些情况的研究，我们可以进一步探求出某一地区在历史时期农业生产上的地位及其升降之趋势。

《读史方舆纪要》对于与人民群众生活有密切关系的江、河、湖、海的沿革、变迁及其利弊也相当重视，不仅在各省区都有分论，还特地专列章卷，对几条重要的江河，穷原竟委地加以叙述。众所周知，河流的改道，湖沼的变迁，都直接影响着当地经济的各个方面，与人民生活息息相关。正如顾祖禹在本书中所指出的："夫三江（松江、娄江、东江）之通塞，系太湖之利病，太湖之利病，系浙西之丰歉，浙西之丰歉，系国计之盈缩，未可置之度外也。"（《纪要》卷一九《江南一》）历代统治者对于三江采取不同的态度，因而带来了不同的后果。特别是黄河，它是我们中华民族的摇篮，千百年来，给我们民族带来了幸福，但同时也带来过不少灾难。对于这条大河，顾祖禹在书中用两卷的篇幅，对它的发源、经过、变迁、祸患等，详加叙述。他指出："自禹治河之后，千百余年，中国不被河患。河之患，萌于周季，而浸淫于汉，横溃于宋。自宋以来，淮济南北，数千里间，岌岌乎皆有其鱼之惧也。神禹不生，河患未已，国计民生，靡所止定矣！"（《纪要》卷一二五《川渎二》，《大河上》）这里在赞扬大禹治水功绩的同时，对历代统治者作了无情的谴责。千百年来，劳动人民曾不断与河患展开斗争，积累了丰富的治河经验，可是河患为什么一直无法治理好，甚至有时还严重到"御河如御敌"的程度呢？显然这是与历代统治者只顾盘剥人民，而对黄河不加积极治理是分不开的。如明代的统治者，一贯消极治河，积极保运，只求南粮能够北运，却不顾黄河两岸人民的死活。顾祖禹对于统治者的这些罪恶行径，都给以无情的抨击。特别是对于明代那一伙主张"别穿漕渠，无藉于河"的保运派论调，作了更为严厉的驳斥："夫漕渠纵无藉于河，河可任其横决乎？淮济诸州之民何罪，而尽委之溪壑乎？且自禹贡以至于今，大河常为转输之道，置河而言漕，不犹因咽而废食乎？"（《大河下》）而对于潘季驯的既要保证漕运通畅，又要维护人民生命财产安全的积极治河主张，则表示了热情的赞同。他在书中把这位嘉靖、万历年间四任总理河道的水利专家潘季驯之治河主张、治河方略，作了很大篇幅的介绍。此外，他在书中还大量辑录了前人治水的主张，每有所感，必发议论。这种做法在历来的舆地志书中间，是非常少见的。

　　历史政治地理所研究的主要内容是历代王朝政区的沿革、国家疆界的变迁，以及政治中心首都位置的转移等，沿革地理之所长正在于此。《读史方舆纪要》一书从严格意义上来说，就正是一部杰出的沿革地理著作，它比较全面而又系统地叙述了祖国舆地沿革的历史，对于地理沿革变迁，都能做到广引博征、叙述详明，真可称得上是"自禹贡、职方、桑经、郦注而上一大归宿"。它不但是研究历史地理极其重要的著作，也是研究祖国历史一部很重要的典籍。然而它同历来的沿革地理一样，只讲了疆域政区的变化，而没有指出所以产生变化的原因，更没有推求这种变化的发展规律。不过在研究政治中心国都的时候，顾祖禹却又表现出他那种"发前人所未发"的独创精神，他认为一个朝代都城的建立，是由这个时期的历史形势所决定的。因此，某地是否适合于此时建都，不仅要看它形胜是否险固，交通是否方便，而且还要看它生产是否发达，对敌斗争形势是否有利等因素，而绝不是单纯地由地理位置是否险要来决定的。因为各种情况都在不断地发生变化，此时可以建都之地，而到彼时就不一定适合于建都了。[①] 在当时就能够这样从多方面辩证地来论述历代政治中心的变迁，实在是难能可贵的。最后还值得一提的是，顾祖禹的文学才能也相当卓绝。《读史方舆纪要》原为舆地之作，并非文艺之书，然而其中文字清新、声调抑扬、叙述生动、朗朗上口、沁人心脾的篇章，也为数颇多，以致读了有不忍释手之感。顾祖禹以一人之精力，发凡起例，贯通古今，为我们留下了这样一部体大思精的历史地理巨著，实在令人敬佩！所以其书问世以后，读者无一不为之赞叹。江藩认为："读其书可以不出户牖而周知天下之形胜，为地理之学者，莫之或先焉。"（《汉学师承记》卷一）刘继庄则说："方舆之作，诚千古绝作。"（《广阳杂记二》）当时人们曾把它列为"海内三大奇书"之一。我们只要与前乎此书的《元和郡县志》、《太平寰宇记》、《舆地纪要》、《方舆胜览》等书作一比较，就可发现无论是取材之丰富、考订之精详、结构之严整，都远远超过了它们。即使与后乎此书而成的《大清一统志》相比较，尽管《一统志》是用官府之力、集众手而成，两书在内容、体例上也确是互有长短得失，但从总的价值来看，仍是未能超过《读史方舆纪要》。因此，当《大清一统志》修成后，《读史方舆纪要》非但没有被废弃，而且继续受到学者们的重视。直至今天，仍为治历史地理者的必读之书。

当然我们也应该看到，由于时代和科学发展水平的局限，他还不可能写出一部科学的历史地理著作。即使地理沿革方面，书中错误之处仍是在所难免。因他生当明末清初，在考据之风尚未兴起之前，以一个人有限的精力，要把国内全部山川河流、政区沿革等的原委名称考证得一清二楚，自然是非常困难的。同时作者身为封建地主阶级知识分子，思想上不可避免地带着维护封建统治利益的烙印，这在书中也不时地有所反映。

[①] 详见笔者所撰《顾祖禹和他的〈读史方舆纪要〉》，《江海学刊》1963 年第 5 期。

第四节　清政府设馆编修《明史》

一、《明史》编修的经过

　　《明史》是二十四史中的最后一部，也是官修正史中体例、内容较好，编纂时间最长的一部，前后达九十余年之久。清统治者在入关后就急急忙忙地要纂修《明史》，企图打着表彰明朝的幌子，以缓和各地抗清斗争的情绪，并企图通过纂修《明史》来宣扬封建理学，达到其巩固统治的目的。因此早在顺治二年（1645），即命冯铨、洪承畴等负责这一工作。但因当时政局未定，人才缺乏，史料不备，加之洪承畴之流不但缺乏史学修养，而且身为降臣，于修明代历史自然避忌多端，没有什么成效而告终。康熙四年（1665），重开史馆，但也仅翻译《明实录》为满文，因修《清世祖实录》而停止。直到康熙十八年（1679）三月，才再一次开馆修史。在这前一年曾开"博学鸿词科"，用以网罗明末遗民中隐居不应科试的，但负有众望的学者多不应征。开局修《明史》后，又广征士人，给七品俸，称翰林院纂修官，这一招却取得了相当成效，录取了彭孙遹、倪粲、朱彝尊、潘耒、尤侗等五十人，命入史馆，充当纂修官。当时不少学者虽然不愿为清廷效劳，但对于故国文献却是十分爱恋，因而也就勉强参与，即使像万斯同那样的名士，虽不入史馆受俸、署衔，亦请以布衣参与其事，这也是前所未有的举动。万氏自云："吾所以辞史局而就馆总裁所著，唯恐众人分操割裂，使一代治乱贤奸之迹，暗昧而不明耳。"（《潜研堂文集》卷三八《万先生斯同传》）这批应征参与其事的人用心之良苦，于此可以想见。当时以徐元文为监修，叶方蔼、张玉书任总裁。只有这一次，才正式商讨方法，确定体例，依类分题，分工负责，开始了实际的编纂工作。但其间人事屡变，自然影响着写书的进程。特别是总裁调动频繁，康熙二十一年，以李霨为监修，汤斌、徐乾学任总裁；二十五年，又以王熙、张玉书为监修，陈廷敬、张英、王鸿绪任总裁。直到康熙末年，初稿始大部完成。这部史稿的编纂，出力最大的首推万斯同，二十年中，凡史局里的大事、纂修的稿件，都送他复审、改定，虽无总裁之名，实操总裁之实权，手定史稿总共不下五百卷。康熙六十一年（1722），已致仕的王鸿绪就在此基础上稍加改动后进呈,这就是世传的《横云山人明史稿》。雍正元年（1723）七月,续修《明史》,总裁张廷玉、朱轼等即以"王稿"为蓝本,增删修改,到雍正十三年十二月,全书正式告成,乾隆即位,命付武英殿刊板,至四年七月刊印完毕进呈,这就是今日通行的《明史》。全书分本纪二十四卷,志七十五卷,表十三卷,列传二百二十卷,目录四卷,总计三百三十六卷。张廷玉虽领衔进呈,但不掠人之美,所以在上书表中,尽述承前人遗稿修订成书的真实情况。《上明史表》中说:"先是康熙中,户部侍郎王鸿绪撰《明史稿》三百十卷,颇称详赡。廷玉等因其本而增损之,其间诸志,一从旧例,而稍为变通……复经圣上睿裁,始成定本。"表中还讲到,在编修过程中,"聚官私之记载,核新旧之见闻,签帙虽多,牴牾互见。唯旧臣王鸿绪之史稿,经名人三十载之用心,进在彤帷,颁来秘阁,首尾略具,事实颇详。在昔《汉书》取裁于马迁,《唐书》起本于刘昫,苟是非之不谬,讵因袭之为嫌,爰即成编,用为初稿"。可见他并不贪功,充分肯定了前人的劳动成果,还特别指出"王稿""经名人三十载之用心","首尾略具,事实颇详"。这与王鸿绪的居心不良、贪天之功为己有截然不同。

二、关于《明史》的评价

对于《明史》的评价,后世史家总的来说是褒多于贬,在二十四史当中,除前四史外,《明史》的地位是比较高的。由于史料丰富,为编纂上创造了有利条件。除官修的实录和《明会典》作依据外,还有大量的私人著作可资参考。因为明中叶以来,私人写史之风盛行,因而记述有明一代的史籍也特多,《四库全书总目提要》就曾指出:"明人学无根柢,而最好著书,尤好作私史,其以累朝人物汇辑成编者,如雷礼之《列卿记》,杨豫孙之《名臣琬琰录》,焦竑之《国史献征录》,卷帙最为浩博。"(《史部·传记类二》)其他如朱国桢的《明史概》、何乔远的《名山藏》、邓元锡的《明书》、陈建的《皇明通纪》、王世贞的《弇山堂别集》、谈迁的《国榷》等均为明人之老于掌故、习于作史者记述本朝史事的作品,虽非尽为名著,亦总不失为明代史料记载中之重要著述。至于明末清初类似的著作亦为数甚多。黄宗羲以一代大师，成《明史案》二百四十二卷，他自己虽未赴史局，其门人在史局者凡遇史局大案，必千里贻书咨询。顾炎武亦有志于明代史事的编写，曾搜集史录奏状一两千本，监修徐元文是他的外甥，门人潘耒又在史馆，对于编修《明史》，曾多次信札往来，进行讨论。因此，顾炎武和黄宗羲等虽非史馆中人，但对《明史》的编撰，实际都起了很大的影响作用。况且在修史时距明亡不远，"见闻尚接，故事迹原委，多得其真"（《廿二史劄记》卷三一《明史》）。而且编纂中间又是人才济济，许多著名学者参与其事。特别是因为有"博闻强识"、殚熟明代掌故的史学名家万斯同作指导，因而编写得法，排比得当。在材料取舍上，一般也都比较审慎，凡不可信者，皆弃而不取；对歧说难定是非者，则采取存疑互见的方法，列出各种不同记载，以待后人自定。如对韩林儿之死，在其传中就是并存异说，不下定论。在取舍之中，又都经过逐步提炼的过程，如潘耒撰《食货志》，共抄录资料六十余本；分撰人物传记的，也都先抄录各人生平事迹，经过排比，然后才写成本传。在剪裁上的一个显明特点是多载史料原文，如诸臣奏议中凡切时弊者，多加采录，这些引文一般比修史者用自己的话来表达更为形象生动和真切。就体例而言，根据明代社会特点，增加了《阉党传》、《土司传》、《七卿年表》等。以前正史有志而无图，《明史》的《历志》则增图以明之，这正是实现了郑樵所提倡的"左图右书，不可偏废"的主张。又前史《艺文志》多失之断限，而《明史》则只载当代艺文，尤为深得体要。这些都是《明史》编纂在体例上所反映出来的一些特点。

就内容而言，《明史》记载了有明一代近三百年史事，基本反映了这一时期阶级矛盾和统治阶级内部斗争的情况。因为清朝统治者编写《明史》的目的，是为巩固其统治服务，通过明朝兴亡的历史，引为自己的借鉴，因而对明代的黑暗统治、政治得失、阶级矛盾等，都要求在书中加以揭露，这样就使《明史》基本上反映了有明一代阶级矛盾和统治阶级内部斗争的情况。如关于农民起义，书中直接间接记载的地方相当多，尽管作者记述这些情况，目的在于表彰那些镇压农民起义的刽子手，或指责那些镇压农民起义不力的官吏，但它毕竟也反映了当时阶级斗争的情况，留下了有关农民起义的大量史料。当然，书中记载得最详细的内容，是关于统治阶级内部的矛盾和斗争。从洪武时期朱元璋杀戮功臣，到万历以后的东林党争等，都备载无遗，这也是封建时代史书的共同特点。在记载统治阶级内部斗争的同时，也一定程度地暴露了当时统治阶级政治的腐朽与黑暗，而这些暴露又大多是通过臣僚们的奏议反映出来的，其中有的还采取了直接批评的方式。如明成祖大兴土木带给人民的灾难，明武宗时统治者的挥霍无度和财政困难，明神宗时派遣矿使税监残酷地敲诈勒索和杀害人民的暴行，等等，诸如此类的揭露，应当说还是有一定积极意义的。

《明史》对于统治阶级人物的评价，一般都能做到功过并举，很少有完全肯定的，这正是写史当中值得提倡的一个优点。而人物评价的标准，一般是同情代表中小地主利益的集团，反对大地主集团；赞扬主张轻徭薄赋的清官，反对残酷压榨人民的贪官；歌颂抵抗派，反对妥协投降派。书中还肯定实行改革的张居正"通识时变，勇于任事"（卷二一三《张居正传赞》），赞扬被杀害的于谦"忠心义烈，与日月争光"（卷一七〇《于谦传赞》），而在《史可法传》中则详细生动地叙述了史可法戮力抗清，废寝忘食的事迹。这些论述自然也反映了作者的思想倾向。

至于《明史》存在的问题，首先是和其他正史一样，偏重于政治方面的记载，对于经济，特别是生产发展、技术改进方面的记载就很少，至于有关自然科学和自然科学家的篇章更是少得可怜，因而未能充分反映出明代自然科学发展的水平。虽然立了《外国传》，叙述了明朝与周边各国贸易往来和经济关系不断发展的情况，然而范围仅限于邻近及南洋诸国。像郑和七下"西洋"，前后经数十年、历数十国，为中国人民在这些国家播下了友谊的种子，见闻十分丰富，这一壮举不仅在中国，而且在世界航海史上都占有极重要的地位，但《明史》对此却记载得十分简略。对于欧洲殖民者东来侵略的记载也很少。至于涉及明清关系的史事，由于易代之际忌讳太多，当时又正值法网森严，致使清人入关以前及南明福、唐、鲁、桂诸王的史实大多回避隐讳，特别是经过王鸿绪、张廷玉的两次修改，大量删削，已非万氏史稿的本来面目。在史学思想方面，不仅夸大统治阶级"英雄"人物的作用，而且在解释历史进程中，又归结为天神的意志。书中对于纲常名教思想也极尽渲染之能事，对于所谓"直谏死忠"、"死义死事"之臣，不在明朝做官的元末"遗臣"，死于"靖难之役"的大臣，以及镇压农民起义的刽子手等，都倍加称颂。特别是对于明末抗清诸臣，也从"忠"的角度予以歌颂。

此外，还一再强调纲常名教的永恒不变。为了宣扬纲常名教，树立榜样，在《忠义》、《孝义》、《列女》等传中，罗列了近两千人，并吹捧这些人是"至性所激，感天地，动神明，名留天壤，行卓古今，足以扶植道教，敦励末俗"，是"至性所存，伦常所系，正气之不至于沦澌，而斯人之所以异于禽兽"。这些议论的反动性，当然是十分露骨的。书中对农民起义则横加污蔑，把农民起义领袖立为《流贼传》。所有这些，正是作者地主阶级反动立场的大暴露。

但是总的来说，《明史》在编纂方面有不少长处，史料依据又非常丰富，文字也比较简练，因此可以说，它是唐以后官修正史中比较完善的一部史书。

第五节　对《资治通鉴》的续补

一、徐乾学的《资治通鉴后编》

元明以来，续补《资治通鉴》者虽然有很多家，但都"疏谬殊甚，皆不足继司马光之后"。徐乾学便利用奉诏修《大清一统志》之便，与万斯同、阎若璩、胡渭诸人一道，编纂了《资治通鉴后编》一百八十四卷。书稿编成后，本欲进呈，后遇徐乾学去世而未果。该书的编纂方法，亦依司马光之成规，对于史实之详略先后者，作考异以定之；对于各家有价值的议论，一并采录附于各条之下，自己的看法也同时加注在每条下面，并仿"臣光曰"之例，标"乾学曰"以示区别。全书起自宋太祖建隆元年，迄于元顺帝至正二十七年（960—1367），中间所记南宋末年史事，则以端宗、帝昺继恭帝之后，系年纪号，并可正《宋史》之失。可是《四库全书总目提要》的作者，站在清王朝立场，指责这是"误沿旧史，系年纪号，尤于断限有乖"。当时由于四库馆未开，许多宋人著作尚未辑出，如熊克的《中兴小纪》、李心传的《建炎以来系年要录》等重要著作都未得见，即使李焘的《续资治通鉴长编》，亦仅见一百七十五卷之残本，这自然要影响到该书的内容。特别是宋自嘉定以后，元在至顺以前，由于史料缺乏，尤为简略。而其有利条件是徐乾学方领《大清一统志》局，宋元以来郡县志书大都可以见到，加之阎若璩、胡渭等人又都是闻名一时的地理学家,故书中有关舆地之事尤为精核,而万斯同更是一位博学强识之士,因此,尽管史料缺乏,"然其裒辑审勘,用力颇深,故订误补遗,时有前人所未及"。"年经月纬,犁然可观,虽不能遽称定本,而以视陈、王、薛三书则过之远矣。"(《四库全书总目提要·史部·编年类》)

二、毕沅的《续资治通鉴》

徐乾学所主编的《资治通鉴后编》虽是出于万斯同等几位名家之手,但因史料不足,缺点仍然不少,这主要是受客观条件所限,正如章学诚所说:"顾《永乐大典》,藏于中秘,有宋东都则丹棱李氏《长编》足本未出,南渡则井研李氏《系年要录》未出,元代则文集说部散于《大典》中者亦多逸而未见,于书虽称缺略,亦其时势然,未可见全咎徐氏。"这一评论是比较中肯的,他充分地肯定了前人在这方面所作出的贡献,清楚地看到了人家的长处。不仅如此,即使对于陈、王、薛氏诸作,也都给予适当的评价,认为"陈氏草创于始,亦不可为无功;薛氏值讲学盛行之时,故其书不以孤陋嫌为,而惟详于学派;徐氏当实学竞出之际,故其书不以义例为要,而惟主于多闻"。他从每一时代的风尚,来评论各书的得失,并指出"后起之功,易于借手",这些评论应该说都是相当客观的。

既然徐乾学所修《资治通鉴后编》仍存在着不少缺点,所以后来毕沅又立志编撰《续资治通鉴》以正其失。他搜罗了一批名家学者,集中于幕府中从事这项工作,著名史家章学诚和邵晋涵都是其中的重要成员。章学诚代毕沅致钱大昕的那封信中,基本上反映了《续资治通鉴》编纂的大体过程。他们主要利用徐乾学的《通鉴后编》作为底本加以损益而成。历时二十年,成书二百二十卷,二百三十五万多字。原名《宋元编年》,后改定为《续资治通鉴》。书的内容,于宋、辽、金、元四朝史事同样重视,还特别指出"其辽、金二史所载大事,无一遗落,又据旁籍以补其逸"。宋事则据李焘《续资治通鉴长编》、李心传《建炎以来系年要录》"而推广之",兼采《中兴小纪》、《宋季三朝政要》诸书以补其不足。"元事多引文集,而说部则慎其可征信者。"总共参阅著作达一百十种之多,不仅史料之丰富大大超过前此所有宋元编年诸家，而且内容上也改变了详宋而略辽、金、元的弊病。对于所用史料，亦用司马光《资治通鉴》之成例，作出考异，但不单独刊行，而是仿胡三省注《通鉴》之义例，"注于本文之下以便省览"。与《资治通鉴》和《资治通鉴后编》一个很大不同点，是去掉了所附的作者评论，不用"臣某曰"的形式，理由是："据事直书，善恶自见，史文评论，苟无卓见特识，发前人所未发，开后学所未闻，而漫为颂尧非桀，老生常谈，或有意骋奇，转入迂僻，前人谓如释氏说法，语尽而继之以偈；文士撰碑，事具而韵之以铭，斯为赘也。"对于这部著作，邵晋涵作出了很大贡献，从商定义例、校订事实，直到最后的通篇复审，始终参与其事。钱大昕也曾为本书作了校阅。因此从质量而言，确是达到了"后来居上"的要求。但编者并不因此居功自喜，而是把这个成绩的取得归功于时代所提供的有利条件："今兹幸值右文盛治，四库搜罗，典章大备，遗文秘册，有数百年博学通儒所未得见而今可借抄于馆阁者，纵横流览，闻见广于前人，亦借时会乘便利有以致此，岂可以此轻忽先正苦心，恃其资取稍侈，悯然自喜。"（以上引文均见《文史通义新编新注》外篇三《为毕制军与钱辛楣宫詹论续鉴书》）于此可见古代学者在做学问上的那种可贵的虚心精神。全书最大的缺点是多取旧史原文入录，缺乏熔裁，因此未能通过融会贯通，用自己的语言加以叙述，这样，文字就不可能做到流利通畅，更难做到生动优美，这与司马光之融会众家、冶于一炉，自不可相比。但总的来说，它远在前此诸家宋元编年之上，因此后世史家便把它作为可续司马光《资治通鉴》的唯一著作，并把两者一起合刻，称为《正续资治通鉴》。《续资治通鉴》所载内容，上起宋太祖建隆元年（960），正与《资治通鉴》相衔接，下迄元顺帝至正三十年（1370），比《资治通鉴后编》推迟三年。徐乾学、毕沅二人于清续修《资治通鉴》，本应下及明末，但都止于元末，其原因在于明清之际史事容易触犯忌讳，遂使人人都存有戒心，宁可缺而不书。直至清末，文网渐疏，于是才有陈鹤撰《明纪》六十卷，夏燮撰《明通鉴》九十卷。这样一来，除清代以外，编年史体的史书也做到了时代相续。

第六节　三通、四库馆的开设

一、续三通和清三通的编纂

"三通"(《通典》、《通志》、《文献通考》)成书以后，仍有私人对此加以续作，宋人宋白曾撰《续通典》二百卷，起唐至德初，至五代后周显德末。其后魏了翁又续宋白之书，名曰《国朝通典》。前者久已失传，后者属稿而未成书。明人王圻所撰《续文献通考》二百五十四卷，上接宋宁宗嘉定，下迄明神宗万历。其书以多为胜，辑明事甚备，且增节义、书院、氏族、六书、谥法、道统、方外诸考，以补《文献通考》之遗。因此，尽管后来有清朝官修之续三通，此书仍自有其参考价值，而且研究典制者重视此书犹往往过于官书。

乾隆十二年(1747)，清廷开始设馆对"三通"进行续修。首先是修《续文献通考》，由张廷玉、梁诗正、汪由敦经理其事，根据王圻所编加以改纂，体例与《文献通考》相同，共二十六门，比《文献通考》多出群社(从郊社考分出)、群庙(从宗庙考分出)两门，上接《文献通考》，下迄于明亡，记载了自宋宁宗嘉定年间至明末四百多年政治、经济等的沿革变迁，眉目门类比较清楚，史料引证宋、辽、金、元、明各代旧史以及文集、史评、语录，并参以说部杂编等加以考证，后又经纪昀等人校订，至乾隆三十二年书成，共二百五十卷。

《清朝文献通考》亦称《皇朝文献通考》，共三百卷，初与《续文献通考》共为一编，乾隆二十六年(1761)时，"以前朝旧事，例用平书，而述昭代之典章，录列朝之诏谕，尊称鸿号，于礼当出格跳行，体例迥殊，难于划一，遂命自开国以后，别自为书，后《续通典·续通志》，皆古今分帙，即用此书之例"(《四库全书总目提要·史部·政书类一》)。体例与《文献通考》相同，唯门类里增群庙、群祀，计二十六门，集录从清初到乾隆的各种文献编成。根据清代制度的特点，于子目中，田赋增八旗田制，钱币增银色、银直，户口增八旗壮丁，土贡增外藩，学校增八旗官学，封建增蒙古王公等项，而于市籴则删均输、和买、和籴，选举删童子科，兵删车战等。本书对于研究清代历史有参考价值。

《续通典》一百五十卷，体例与《通典》相同，仅将兵刑分为两门。记载从唐肃宗至德元年（756）到明崇祯末年共约九百年的典章制度，因明代见闻最近，故史料也以明代的为最丰富。

《续通志》五百二十七卷，纪传谱略，一仍郑氏之旧，内容体例亦无多少变化。

《清通典》一百卷，亦称《皇朝通典》，体例与《续通典》相同，分为九门，而各门子目则根据清朝实际情况作了调整而有增减。所载典章制度，自清初迄于乾隆。所用材料，采自《大清通礼》、《皇朝礼器图式》、《大清律》、《中枢政考》、《大清一统志》、《满洲源流考》、《大清会典》等书编纂而成，材料比较丰富，分门别类，颇便检阅。

《清通志》一百二十六卷，亦称《皇朝通志》，体例与《通志》、《续通志》不同者，省去了本纪、列传、世家、年谱，仅存二十略。二十略之目，亦与郑樵原书相同。其内容除氏族、六书、七音、校雠、图谱、金石、昆虫草木诸略外，大体与《清通典》重复。所以连《四库全书总目提要》也说："名为《通志》，实与《通典》、《通考》为类。"这就说明，当时官府修书，并不是从实际需要出发，而是硬套名目，其目的不在真正著书立说，只是为了"附庸风雅"而已。但是更为主要的意图，还在于通过对这些书籍的编纂，以达到禁锢一般士人的思想，消磨他们对清朝的不满情绪。实际上这只不过是在实行文化专制主义政策下所采取的另一种手段罢了。

乾隆时期共编纂了六部《通典》等，加上原来的"三通"，这就是人们通常所说的"九通"。后来近人刘锦藻又编了一部《清续文献通考》，于是便有了"十通"之称。

二、《四库全书》的编纂

乾隆三十八年（1773）开设四库全书馆，任命皇室郡王及大学士十六人为总裁，六部尚书及侍郎十人为副总裁，组织了三百六十人的庞大机构，纂修《四库全书》。而实际担任编校责任的，则为总纂官纪昀（字晓岚）、陆锡熊和总校官陆费墀。其中尤以纪昀出力为最多。其他任分校的有戴震、邵晋涵、翁方纲、姚鼐、周书昌等人，都是当时著名的学者。到乾隆四十七年

（1782）全书告成。共收录图书三千四百五十七种、七万九千七十卷，"存目"之书六千七百六十六种、九万三千五百五十六卷。书成后，先后缮写七部，分别存在北京大内的文渊阁，圆明园的文源阁，奉天的文溯阁，热河的文津阁，扬州的文汇阁，镇江的文宗阁，杭州的文澜阁。从开馆编纂，至七部缮写完毕，历时十七年之久，这是一项十分巨大的工程。

乾隆下令编纂《四库全书》，是他实行文化专制主义政策的集中表现，他要通过这一措施，对全国所有书籍来一次大搜集、大审查、大删改、大烧毁，而名义上却是打着"稽古右文"的旗号。其实在开馆后的第二年八月，乾隆在一次诏书中就曾明确提出："明季造野史者甚多，其间毁誉任意，传闻异词，必有诋触本朝之语，正当及此一番查办，尽行销毁，杜遏邪言，以正人心而厚风俗，断不宜置之不办。"这一番话便是乾隆通过开设四库馆禁书毁书的最好自供状。这次查禁烧毁的书籍，数字十分惊人，据郭伯恭依照许多资料校对统计，四库馆开馆的十多年中，被销毁书籍的总数至少在十万部左右（其中大量的是复本），这个数字相当于《四库全书》著录与存目总数的十倍。所以1937年顾颉刚先生在给郭伯恭《四库全书纂修考》一书写的序言中指出："海汇百川，纲举条贯，萃四千余年之文化，以成历代典籍之大观，甚盛事也。惜乎学术其名，芟刈其实，去取之际，率狃主观，以故网罗虽富，而珍闻秘籍之横遭屏斥者乃难悉数。惟其寓禁于征，故锢蔽摧残靡所不至，其沦为灰烬者又不知几千万卷也。试盱衡《四库》所入，忌讳略撄，即予点窜，删削更易，多失厥真。夫其集者则散焉佚焉，其采者又残焉讹焉，书之厄运，岂非秦火而降一大事乎！而世之学者往往忽略真相，但惊其卷帙之浩繁，遂崇为不世之盛业，兹可慨也！"可见《四库全书》的编纂，所花之代价是无法估量的，在其编纂过程中，不仅大量古籍被销毁，还有大批知识分子身遭杀害，这正是清朝统治者文化专制主义所造成的严重后果。

当然，我们同时也应看到，《四库全书》毕竟是我国历史上空前未有的大丛书，也是历史上前所未见的书籍大集结，对于图书的保存还是起着一定的积极作用，给学术研究提供了丰富的资料。全书分为经、史、子、集四大部，部下分类，类下又分子目，便于检阅。在编纂过程中，每进一书，便由经手分校各人撰述提要，四部又各有专人负责：经部戴震，史部邵晋涵，子部周书昌，集部纪昀，并由纪昀作总的审定、删润，冠诸卷首，最后增订，汇为一编，题名为《四库全书总目提要》，共二百卷。在这提要里，对于各书撰写人的字号、爵里、作品的内容得失，均有详细介绍，尽管其中也存在许多缺点，但却为人们的学术研究提供了很大方便。四部之首还各有总叙，各类又有分叙，对几千年来的学术源流作了概括的评述，为辨章学术、考镜源流提出了一条线索。从目录学角度看，像这样体例完整、分类精细明确，也是目录学史上一部空前的巨著，就是对于今天的研究工作来说，仍具有很高的学术价值，甚至成为文史研究人员案头上所必不可少的著作之一。由于《四库全书总目提要》卷帙繁富，分类又多（经、史、子、集合共四十四类），检阅困难，故乾隆三十九年七月，又命纪昀等另编《四库全书简明目录》二十卷，略去存目，提要亦力求精简，其内容仍是根据《总目提要》加以缩编而成，因此对每部著作都能做到简明扼要地评价。当年鲁迅先生还曾提出把本书列为研究古典文学青年的入门书之一，可见这书的价值和作用也是不应忽视的。

第十七章
清代浙东史学

第一节　浙东史学的统系和特点

一、浙东史学的统系

　　清代浙东史学在清代史学发展上占有主导地位。有清一代史学家中，有创见、有贡献、有作为、有影响的大多出自浙东学派。黄宗羲生当明清之际，为浙东史学的创始人，同时也是有清一代史学的开山祖。学术发展以地域为限而形成某种学派，在古代特殊情况下往往如此，特别是宋代以来，如张载和他的弟子多是陕西关中人，他的学派被称为"关学"；程颢、程颐皆受业于周敦颐，他们都是河南人，又在洛阳讲学，他们的学派就被称为"洛学"。这一方面有师承关系，名师的讲学传习，前后相继，有如家学渊源，一个地区就近从业方便，这在古代交通不便的情况下，显得尤为突出；另一方面，学风的影响也很重要。江浙一带自宋以来，经济、文化的发展一直居于全国首位，不仅人才辈出，各地藏书亦为全国之冠，特别是在宋室南渡以后，遂为"文物会萃之邦"。南宋时代"永嘉学派"、"永康学派"、"金华学派"等学术思想，不仅对浙东本地有着深远的影响，就是在中国学术史上也占有极重要的地位，他们当中的不少人多专心于史学的研究，特别是吕东莱的文献之学，陈傅良、叶适的经制之学，陈亮等人的事功之学，对于清代浙东史学都有其重要的影响。全祖望在谈到黄宗羲学术思想的渊源时曾指出："公（指黄宗羲）以濂洛之统，综合诸家，横渠（张载）之礼教，康节（邵雍）之数学，东莱（吕祖谦）之文献，艮斋（薛季宣）、止斋（陈傅良）之经制，水心（叶适）之文章，莫不旁推交通，连珠合璧，自来儒林所未有也。"（《鲒埼亭集》卷一一《梨洲先生神道碑文》）关于这点，章学诚在其著作中亦曾多次提及，他在《与阮学使论求遗书》里说："浙中自元明以来，藏书之家不乏，盖《元》、《明》两史，其初稿皆辑成于甬东人士，故浙东史学，历有渊源，而乙部储藏，亦甲他处。"（《文史通义新编新注》外篇三）又在《邵与桐别传》中说："南宋以来，浙东儒哲讲性命者，多攻史学，历有师承，宋明两朝，记载皆稿荟于浙东，史馆取为依据，其间文献之征，所见所闻，所传闻者，容有中原耆宿不克与闻者矣。"（《章氏遗书》卷一八）章学诚是以浙东史学之一员自居的，所以在谈论或叙述这些情况时，都特别富有自豪感，但是他所讲的却确系事实，并无夸张之辞。还有一点值得指出的是，两浙为边远省份，去京城北京较远，又濒临东海，因而清入关后，这里一度成为明末遗民反清复明的重要根据地。就这点而言，宋末元初爱国史家胡三省的史学思想，自然对他们也产生重要的影响。黄宗羲曾于此处多次起兵抗清，失败后，先后主讲于绍兴之证人书院、余姚之姚江书院。他有感于明季士人好为游谈，束书不观，以致最后亡国的衰敝学风，教育生员博览经史，从事核实之学，以挽救其颓风。全祖望在《梨洲先生神道碑文》中说："公谓明人讲学，袭语录之糟粕，不以六经为根柢，束书而从事于游谈，故受业者必先穷经，经术所以经世，方不为迂儒之学，故兼令读史。又谓读书不多，无以证斯理之变化，多而不求于心，则为俗学。"他又在《甬上证人书院记》中说："自明中叶以后，讲学之风，已为极敝，高谈性命，直入禅障，束书不观，其稍平者，则为学究，皆无根之徒耳！先生始谓学必原本于经术，而后不为蹈虚，必证明于史籍，而后足以应务。元元本本，可据可依。前此讲堂锢疾，为之一变。"（《鲒埼亭集外编》卷一六）因之一时前来受业者云集，学风之盛可谓空前。全祖望在叙述黄宗羲甬上讲学之风的影响时说："先生自言平生师友，皆在甬上。及风波稍息，重举证人之席，虽尝一集于会稽，再集于海昌，三集于石门，而总不甚当先生之意。尝曰：'甬上多才，皆光明俊伟之士，足为薪火之寄。'而吾甬上当是时，经史之学蔚起，雨聚笠，宵续灯，一振前辈之坠绪者，亦以先生左提右挈之功为大。"（《续甬上耆旧诗》）由于前来受业者甚众，人才辈出，因而为浙东培养出一大批有才有识之士，其中最著名者为万氏兄弟，他们直接承继了黄氏经史之业，万斯大专治经学，斯同博通诸史，尤熟于明代掌故。与万氏同时，尚有邵念鲁，亦尝问业于梨洲而传其文献之学。继邵氏之后，又有全祖望，私淑黄、万，向慕其风，于晚明文献，搜罗贡献尤大。其后出者则有邵晋涵、章学诚，而章学诚实为浙东史学之殿军，他以史学理论而总其成。非常明显，从黄宗羲到章学诚，史学宗旨一脉相承。章学诚在叙述清代浙东史学之统系时就曾这样说过："梨洲黄氏出蕺山刘氏之门，而开万氏弟兄经史之学，以至全氏祖望辈尚存其意。"又说："世推顾亭林氏为开国儒宗，然自是浙西之学，不知同时有黄梨洲氏出于浙东，虽与顾氏并峙，而上宗王刘（王守仁、刘宗周），下开二万（万斯大、万斯同），较之顾氏，源远而流长矣。"（《文史通义新编新注》内篇二《浙东学术》）这不仅指出了清代浙东史学的统系，还说明了这个学派是有源有流，"源远而流长"的。所以后来梁启超说："浙东学风，从梨洲、季野、谢山起以至于章实斋，厘然自成一系统，而其贡献最大者实在史学。"（《中国近三百年学术史·清初史学之建设》）

综观清代史学阵容，如果抽掉富有生气、具有活力的浙东史学的内容，那将会黯然失色的。众所周知，乾嘉史学是清代史学发展上比较鲜艳夺目的一丛鲜花，而其中就有浙东史学名将全祖望、章学诚等人在为其衬托扶持。若是去掉这些内容，那么留下的就只有以考史而著称的钱大昕、王鸣盛和赵翼等人了。这些史家虽说在整理古籍、考订真伪方面作出了贡献，但毕竟只是"襞绩补苴"的工作，他们的著作只是为古人著作添花弥缝，并无发挥创造之精神，这是大家所公认的。至于浙东学派的史学则不然，他们大多贵创造发明，并且在史学上亦多有重大贡献。因此，清代浙东史学在清代史学发展上，占有举足轻重的地位。

二、浙东史学的特点

清代浙东史学的特点是什么？关于这个问题，章学诚在《浙东学术》一文中言之甚详，归纳起来有如下三个方面：一是反对门户之见，二是贵专家之学，三是主张学术要经世致用。

章学诚在《浙东学术》一文中，开宗明义就指出："浙东之学，虽出婺源（指朱熹），然自三袁之流（指袁燮及其子袁肃、袁甫），多宗江西陆氏（指陆九渊），而通经服古，绝不空言德性，故不悖于朱子之教。至阳明王子揭孟子之良知,复与朱子牴牾;蕺山刘氏(指刘宗周)本良知而发明慎独,与朱子不合,亦不相诋也。梨洲黄氏出蕺山刘氏之门,而开万氏弟兄经史之学,以至全氏祖望辈尚存其意,宗陆而不悖于朱者也。惟西河毛氏(指毛奇龄),发明良知之学,颇有所得;而门户之见,不免攻之太过,虽浙东人亦不甚以为然也。"又说:"顾氏(指顾炎武)宗朱而黄氏(指黄宗羲)宗陆,盖非讲学专家各持门户之见者,故互相推服而不相非诋。学者不可无宗主,而必不可有门户,故浙东浙西道并行而不悖也。"这就说明,浙东学派的史家们虽然有其自己的宗主,但却反对树立门户,主张学派之间相互尊重,相互推服。众所周知,学术上一旦存在门户之见,必然产生攻击非诋,如宋明以来程朱、陆王两派之间的交相攻讦,到了清代又一变而为汉、宋门户之争,长期纠缠不休。可是浙东学派的史家们,不仅没有介入,而且对于这种无谓的纷争表示坚决的反对,他们明确主张,在学术上要兼取朱、陆之所长,并蓄汉、宋之精华。就以浙东史学开创人黄宗羲而言,不论研究学问,或者书院讲学,都是本着这一兼收并蓄各家之长的精神。他在《明儒学案》一书的凡例中说:"此编所列,有一偏之见,有相反之论,学者于其不同处,正宜着眼理会,所谓一本而万殊也。以水济水,岂是学问!"明确表示在做学问上,对于不同学者都应一视同仁加以研究,而反对"今之君子必出于一途"的作风。他在《清谿钱先生墓志铭》中表述得更加明确,他说:"昔明道(指程颢)泛滥诸家,出入于老释者几十年,而后返求诸六经。考亭(指朱熹)于释老之学,亦必究其归趣,订其是非。自来求道之士,未有不然者。盖道非一家之私,圣贤之血路,散殊于百家,求之愈艰,则得之愈真。虽其得之有至有不至,要不可谓无与于道者也。"(《南雷文定·三集》卷二)这段话说得何等恳切而入理。抱有门户之见的人,总是一意吹嘘自己,把自己学派说成是真正"得道统者",似乎真理只在他们手中,对其他学派则攻为异端,说得一无是处,必将其置于死地而后快。黄宗羲在这里提出"道非一家之私",正是在于反对树立门户,反对学术垄断。在他看来,各家学说总都有其所长,"虽其得之有至有不至,要不可谓无与于道也"。这种虚怀若谷、取长补短的精神是多么的可贵!万斯同是黄氏的得意门生,学术上无门户之见更胜过其师,并且受到了当时人的称许。如《四库全书总目提要》说:"明以来谈道统者,扬己凌人,互相排轧,卒酿门户之祸,流毒无穷。斯同目击其弊，因著此书（指《儒林宗派》）……凡汉后唐前传经之儒，一一具列，除排挤之私以消朋党，持论独为平允。"（《史部·传记类二》）邵念鲁亲承黄氏之教授史学，又以推宏王学为己任，然于朱子之学，也备加推崇，亦无门户之恶习。他在主讲姚江书院时，立志要扫除朱陆之辨的"客气"，在为书院所订《训约十则》中，为此专列一条，题曰"识量宜弘"，其条文曰："从来朱陆之辩，洛蜀之党，此等客气，俱要扫除。好学之士，只问自家得力何如，过失何如，安得道听口传，坐论他人是非同异。"（《思复堂文集》卷一〇《姚江书院训约》）作为黄氏私淑弟子的全祖望，对于汉宋门户之见，更是破除无余。他替黄宗羲续成之《宋元学案》，能够做到不定一尊，各家各派都是平等看待。而在表彰遗献方面，无论宋代大儒，还是清初经师，均能并为重视；对待朱、陆的看法，观点亦很持平。至于章学诚，由于当时处境所致，"人微言轻"，为"一时通人所弃置而弗道"，因此对于那些自我标榜、树立门户、相互攻击的风气，他更为气愤，他说："盖好名之习，渐为门户，而争胜之心，流为忮险。学问本属光明坦途，近乃酿成一种枳棘险巇，诡谲霭昧，殆于不可解释者。"在宋学、汉学之争非常激烈的时候，他发表了《言公》、《说林》诸篇，希望对于改变"纷争门户，势将不可已"的"风俗人心"能够有所补益（《文史通义新编新注》外篇三《又与朱少白》）。尤为可贵的是，他在批判门户之见时，还能够揭示出产生门户之见的根源是争名逐利，并指出："好名之甚，必坏心术"，"好名之心，与好利同。凡好名者，归趣未有不俗者也"（同上书，外篇三《家书七》）。他那被汉学家们指责为"蹈宋人《语录》习气"的《原道》篇，自己明确表示正是"为三家（指考订、义理、文辞）之分畛域设也"（同上书，外篇三《与陈鉴亭论学》）。他还指出，真正有学问的人倒不见得会去树立门户只有那些既无真才实学，又不愿下苦功研究学问，单凭鼓唇弄舌，好发空头理论的人，才热衷于拉宗结派，树门立户。他们不是以学术见解服人，而是希图用势压人，章学诚痛骂他们为"陋儒"，并尖锐地批评说："彼不事所事，而但空言德性，空言问学，则黄茅白苇，极面目雷同，不得不殊门户以为自见地耳，故惟陋儒则争门户也。"（《浙东学术》）大家知道，宗派、门户自古以来就是学术发展的大敌、真理的大敌。浙东史学各位大师当时能在学术上提出反对门户之见这不仅是他们对历史学发展的一大贡献，而且对整个学术的发展也都有巨大贡献，因此，对这一特点必须大书特书。

当然，应该指出的是，门户之见与学术宗旨是两回事，反对门户之见，不等于说连学术宗旨也不要了，也不等于说反对所有的学派。对此，章学诚在《浙东学术》一文中说得非常明白："学者不可无宗主，而必不可有门户。"有不同学派的存在，可以互相竞争，互相促进，取长补短，共同提高，以推进学术的发展和繁荣。至于学术宗旨，黄宗羲在《明儒学案》的凡例中曾作论述，他说："大凡学有宗旨，是其人之得力处，亦是学者之入门处。天下之义理无穷，苟非定以一二字，如何约之使其在我，故讲学而无宗旨，即有嘉言，是无头绪之乱丝也。学者而不能得其人之宗旨，即读其书，亦犹张骞初至大夏，不能得月氏要领也。是编分别宗旨，如灯取影。杜牧之云：'丸之走盘，横斜圆直，不可尽知，其必可知者，是知丸不能出于盘也。'夫宗旨亦若是而已矣。""每见抄先儒语录者，荟撮数条，不知去取之意谓何，其人一生之精神未尝透露，如何见其学术。"这段论述确属经验之谈，他告诉人们，研究一个人的学术思想，必须要捉住其学术宗旨之所在，所学才能算是有所得，否则，若不得其要领，即使将其著述全部背得滚瓜烂熟，也只不过是个学究而已。

章学诚在《浙东学术》一文中还指出："浙东贵专家，浙西尚博雅，各因其习而习也。"这的确道出了浙东史学的另一大特点。所谓"贵专家"，其实就是贵有独创精神的专门之学，贵创造发明，而不是单纯地只是为前人的著述作注释考订。章学诚的另一句话，可以作为对这一精神的很好注脚，他说："吾于史学，贵其著述成家，不取方圆求备，有同类纂。"（《文史通义新编新注》外篇三《家书三》）当然，要成专家之学，必须以渊博的知识为基础，有了丰富的学问，才能择一而专。同样，如果单纯追求学问的渊博，而不能进一步从专精着眼，那也无从成专家之学。对此，章学诚论之甚详，他说："学贵博而能约，未有不博而能约者也；以言陋儒荒俚，学一先生之言以自封域，不得谓专家也。然亦未有不约而能博者也；以言俗儒记诵，漫澷至于无极，妄求遍物，而不知尧、舜之知所不能也。博学强识，自可以待问耳；不知约守而只为待问设焉，则无问者，儒将无学乎？且问者固将闻吾名而求吾实也；名有由立，非专门成学不可也，故未有不专而可成学者也。"（《文史通义新编新注》内篇二《博约中》）这段议论，把博约之间的辩证关系叙述得十分透彻。清初浙东诸家于学问莫不博大精深，并都能自成一家之说。作为一代大师的黄宗羲，其学识之博大精深是不言而喻的，他对上下古今、天文地理、九流百家，无不精研，全祖望说他"于书无所不窥者"，"兼通九流百家……皆能不诡于纯儒，所谓杂而不越者是也。故以其学言之，有明三百年无此人，非夸诞也"（《鲒埼亭集外编》卷四四《答诸生问南雷学术帖子》）。特别是史学，自二十一史以至明十三朝实录所载史事都很熟悉，而对于学术思想史上的各家流变离合更是了如指掌，自云："自濂洛至今日，儒者百十家，余……皆能知其宗旨离合是非之故。"（《南雷文定》卷八《前乡进士泽望黄君圹志》）当然这些只不过说明他学识的渊博，然而在学术上，黄宗羲并不是以渊博而享盛名，更重要的还在于他有独创精神，能够自成一家之说。他自己也曾说过，做学问不患不博，但患不精。在学术上，黄宗羲就是以多方面的专精而著称的。他的《明儒学案》开创了学术思想史的先河，像这样有组织的学术思想史专著，在整个中国封建社会还是第一部，因此，它不但是清代史学上的最大收获，而且在中国史学史上和学术、思想史上也都具有极其重要的地位。它的出现，为中国史学史开辟了又一条新的途径，所以梁启超在《中国近三百年学术史》中说：黄宗羲"在学术上千古不磨的功绩，尤在两部学案（指《明儒学案》和《宋元学案》）"。至于《明夷待访录》，更是黄宗羲的一部具有进步民主主义思想的杰出著作。万斯同博学强识，尤长于史，"自两汉以来，数千年之制度沿革，人物出处，洞然腹笥。于有明十三朝之实录，几能成诵，随举一人一事问之，即详述其曲折始终，听若悬河之泻"（黄百家《万季野先生墓志铭》）。由于他是黄宗羲的最得意弟子，所以黄氏在明史研究上的成就，几乎全数由他继承了下来。清代《明史》的编修，万斯同实际上起到主编的作用，单就这点而言，其功绩已足可载入史册。他的著作很多，其中《历代史表》六十卷，《纪元汇考》四十卷，单从体例而言，这两书亦都具有开创性质。全祖望在学术上的贡献也是多方面的，"其学渊博无涯涘，于书靡不穿贯"，他的学问有"今之刘元父"之称（刘光汉《全祖望传》）。阮元在《鲒埼亭集·序》中极口称赞祖望兼经学、史学、辞章三者之长，并认为"百尺楼台，非积年功力不可"。严可均也说："余观古今宿学，有文章者未必本经术，通经术者未必具史裁，服、郑（服虔、郑玄）之于迁、固（司马迁、班固），各自沟浍，步趋其一，足千古矣，祖望殆兼之，致难得也……自祖望殁后至今五十余年，其遗书出而盛行，知不知皆奉为浙学之冠。"（《铁桥漫稿》七《全绍衣传》）声誉之高，影响之大，于此可见。他一生中贡献最大的亦在史学方面，一则是搜集晚明文献，表彰明季忠烈；再则为以十年之精力续编了《宋元学案》，这项工作虽说是替黄宗羲续作的，但在体例和组织上比《明儒学案》已有很大发展，完全体现了他的独创精神和专家之学。这一精神在章学诚身上，得到了更大的发扬，他曾在理论上专门论述了博与约的关系，明确指出，在知识上求博的目的，是为了在学术上更好的专精；只有在渊博的基础上，才能出高精尖的水平，这也就是他自己所说的"学贵博而能约，未有不博而能约者也"。可见由博而约，这就是章学诚在治学道路上一贯倡导的总精神，所以他说："学必求其心得，业必贵于专精"，"博而不杂，约而不漏，庶几学术醇固，而于守先待后之道，如或将见之矣"（《文史通义新编新注》内篇二《博约下》）。说明做学问的人，要是把博与约的关系处理好了，最后就必然会有所心得、有所创见而自成一家之学。他所著的《文史通义》和《校雠通义》，就是按照这一主张实践的，两书中提出了很多有价值的独到见解，无论是在史学史上还是在学术史上，都有其重要的地位。以上事实充分表明，清代浙东史学的诸位大师，他们都是学问渊博而又各有所长、各有贡献的专门名家。

清代浙东史学的第三个特点，就是主张学术研究要"经世致用"。这一优良传统，也是源远而流长的。众所周知，永嘉学派的治学精神即在于"经世致用"，这也就是叶适所说的"必弥纶以通世变"（《水心文集》卷一〇《温州新修学记》）。这一精神在清代得到了浙东史学家们的继承和发扬，并成为他们治学的宗旨。

我们在叙述这一问题时，有必要先辨明一点，就是有的著作中把"民族思想之精神"，也作为清代浙东史学的特色之一，这种说法笔者认为是不很确切的。所谓"民族思想之精神"，其实只不过是"经世致用"思想的表现形式之一种。由于各人所处的时代不同，因而学术思想上的"经世致用"的表现形式也就不同。关于这一点，章学诚早在《浙东学术》一文中就已经指出过："浙东之学，虽源流不异而所遇不同，故其见于世者，阳明得之为事功，蕺山得之为节义，梨洲得之为隐逸，万氏兄弟得之为经术史裁，授受虽出于一，而面目迥殊，以其各有事事故也。"说明各人"经世致用"的特点表现，是与其所处的时代密切相关联的。如果按照"民族思想之精神"这一所谓"特色"去套，把出生于康熙中期以后，生活在雍乾年间的全祖望，由于他大量表彰了明季忠烈，就硬说他是出于故国之思，显然很不妥当，试问，既然他生于清代，长于清代，又有何"故国"之可言呢？其实全祖望的表彰明季忠烈，与其说是出于"故国之思"的民族思想，不如说是出于史家忠于史实、据事直书的直笔精神更加接近于事实。因为把鼎革之际那些忠于明王朝的忠臣、义士之可歌可泣事迹如实地记载下来，这本来就是每个正直历史学家应尽的职责，全祖望这样做了，正说明他尽到了史家之职责，当然这里也并不排斥他有忠君思想的因素在内。清末刘光汉所撰《全祖望传》中就曾指出："据事直书，隐寓褒贬，说者谓雍、乾以降，文网森严，偶表前朝，即膺显戮，致朝多佞臣，野无信史，其有直言无隐者，仅祖望一人！直笔昭垂，争光日月，可步南、董之后尘者矣。"虽然这中间也有其家庭及黄宗羲、万斯同等先辈的影响，但他毕竟不像黄、万等人那样亲历鼎革之际，抱有明亡之痛。全祖望尚且如此，邵晋涵、章学诚等人就更不用说了。因此笔者认为不能把"民族思想之精神"作为清代浙东史学的一大特色，而只能视为"经世致用"史学思想的具体表现形式之一种。

这在黄、万二人身上反映得尤为明显。黄宗羲在清兵南下后，奔走国难，死里逃生，不受清朝诏旨，坚持"身遭国变，期于速死"的爱国思想，这自然是完全可以理解的。在这种思想指导下，他所从事的学术研究，全然具有十分明显的"经世致用"色彩，他的《明夷待访录》体现了这一点，而他的整个历史研究更是如此。他曾编纂过《明史案》二百四十卷（此书惜已亡佚）；又有《行朝录》九种，记南明经营恢复事迹；而所著文集，对明季忠烈之士，亦多所表彰。清开馆纂修《明史》，他本人虽不应聘，却同意门生万斯同以布衣参与其事，目的在于保存故国历史之完整，如实反映明代历史之真相，这正体现了他们做学问上的"经世致用"精神。他们论史治史，也无不刻意于治乱兴衰、利弊得失，教人以"有用之学"。邵念鲁亦称学术文章必为时所用，自云所作《治平略》十二篇及《史略》六篇，亦皆本着此意，前者泛论上下古今，后者畅述明代政治得失，尤足表明其经世之志。他曾对人说："文章无关世道者，可以不作；有关世道者，不可不作；即文采

未极，亦不妨作。"（王揆《思复堂文集序》）

这一主张，对章学诚影响极大，章氏在《与邵二云论学》一文中说："君家念鲁先生有言：'文章有关世道，不可不作；文采未极，亦不妨作。'仆非能文者也，服膺先生遗言，不敢无所撰著，足下亦许以为且可矣。"（《文史通义新编新注》外篇三）这就说明，章学诚对于邵氏之提倡是大力响应的。他的《文史通义》一书，确是集中地反映了"经世致用"思想，许多篇章并在理论上从各个不同角度论述了"经世致用"的重要意义，把浙东史学诸大师们的这一思想特色推到了一个新的高峰，真正做到了集浙东史学之大成。单就发挥"经世致用"这一学术主张而言，章学诚亦无愧于浙东史学之殿军的称号。他的论著，大多是关于当前学术之发展及社会风尚之利弊得失等诸问题。他说："学业将以经世，当视世所忽者而施挽救焉。"（同上书，外篇三《答沈枫墀论学》）因此，他认为做学问千万不能赶风头，趋时好，自己既无所长，就不要强不知以为知，更"不强其所不能，必欲自为著述以趋时尚"（同上书，外篇三《家书二》）。生活于考据之风占学术界统治地位的乾嘉时代，人人竞言考订，甚至达官贵人也都纷纷借此以炫耀自己身份，可是章学诚竟然不为此风所囿，坚定地走自己所主张的"经世致用"道路，倡言"世之所重而非吾意所期与，虽大如泰山，不遑顾也；世之所忽而苟为吾意之所期与，虽细如秋毫，不敢略也"（同上书，外篇三《与朱沧湄中翰论学书》）。这种在做学问上实事求是的精神，是很值得称颂和发扬的。为此，他再三强调："文章经世之业，立言亦期有补于世，否则古人著述已厌其多，岂容更益简编，撑床叠架为哉！"（同上书，外篇三《与史余村》）而在《说林》一文中，对此又反复举例加以论述："人生不饥，则五谷可以不艺也；天下无疾，则药石可以不聚也。学问所以经世，而文章期于明道，非为人士树名地也。"又说："学问经世，文章垂训，如医师之药石偏枯，亦视世之寡有者而已矣。以学问文章徇世之所尚，是犹既饱而进粱肉，既暖而增狐貉也；非其所长而强以徇焉，是犹方饱粱肉而进以糠秕，方拥狐貉而进以裋褐也。"（同上书，内篇四）这表明在学术研究上，他要求学者们提倡雪中送炭的精神，而不去做雨后送伞的人。这种实事求是、"经世致用"的思想，正是浙东史学最为卓著的一个特色。

第二节　浙东史学的开山祖——黄宗羲

一、黄宗羲的生平与学术生涯

黄宗羲字太冲，号南雷，学者称梨洲先生，浙江余姚人，生于明万历三十八年（1610），卒于清康熙三十四年（1695），是明末清初重要的思想家和历史学家，清代浙东史学的开山祖。父尊素，东林名士，天启间官御史，为魏忠贤阉党所害，当时黄宗羲只十七岁。两年后，即崇祯元年（1628），魏忠贤败，他袖铁锥入京讼冤，并击毙魏忠贤爪牙两人。福王即位南京时，魏忠贤党人马士英等又得势，黄宗羲及其同学一百四十人联名发表《南都防乱揭》，痛斥权奸阮大铖、马士英等人的罪行，因此遭到马士英等人的痛恨和迫害，他们按照《防乱揭》中所开具的一百四十人名单，逐个加以逮捕杀害，黄宗羲亦几乎险遭不测。清军南下后，与钱肃乐等人组织地方抗清武装，号"世忠营"，据四明山结寨防守，为反清复明而奔走呼号。他晚年回忆这一段遭遇时说："自北兵南下，悬书购余者二，名捕者一，守围城者一，以谋反告讦者二，绝气沙墠者一昼夜，其它连染逻哨所及，无岁无之，可谓濒于十死者矣。"（《南雷余集·怪说》）明朝既亡，知事不可成，于是就伴着老母回到乡里，一面讲学，一面"闭户著述，从事国史，将成一代金石之业"（《南雷文定》附录《李逊之与黄氏书》）。

宗羲幼年读书即不守章句，年十四补诸生，随学京邸，其父科以举业，他却毫无兴趣。后来致力于史学，自云亦受其父遗志之影响："先忠端公就逮时，途中谓某曰：'汝近日心粗，不必看时文，且将架上献征录，涉略可也。'自后三年，始读二十一史，因先公之言也。"十九二十岁时，便读完了二十一史。时"每日丹铅一本，迟明而起，鸡鸣方已"。用功之勤，于此可见。他自己感到"付性鲁钝，一传未终，已迷其姓氏者往往有之。朱子云：'思虑计划者，魂之为也；记忆辨别者，魄之为也。'固知余之魄弱也"（《历代史表序》）。承认自己记忆能力较差，可是这个弱点丝毫也没有影响或动摇过他的学习积极性，反而倍加努力，勤奋学习，最后成为一位伟大的学者。当时社会上的学术风气，也使他深深感到史学的危机，这可以说是他立志于史学的又一个重要原因。他说："自科举之学盛，而史学遂废。昔蔡京、蔡卞当国，欲绝灭史学，即《资治通鉴》板亦议毁之，然而不能。今未尝有史学之禁，而读史者顾无其人，由是而叹人才之日下也。"（同上引）从黄宗羲的经历来看，他之所以能够成为一位杰出的思想家和史学家，根本的原因是他自己勤奋刻苦学习。

他的著作十分繁富，多至六十余种，并且许多是大部头的巨著，如《明儒学案》、《明文海》诸书，取材极广，非遍读有关书籍是无法完成的。自己藏书不足，便向那些著名藏书家借读借抄，如同里世学楼钮氏，澹生堂祁氏，南中千顷堂黄氏，鄞之天一阁范氏，歙之丛桂堂郑氏，禾中倦圃曹氏，吴中绛云楼钱氏，传是楼徐氏，等等，"穷年搜讨，游屐所至，遍历通衢委巷，搜鬻故书。薄暮，一童肩负而返，乘夜丹铅，次日复出以为常"（《梨洲先生神道碑文》）。他阅读过的书籍是非常可观的。像这样的求学精神是多么令人钦佩！他还写过一篇《天一阁藏书记》，记述了他生平阅读书籍之概况。黄宗羲是既喜欢读书，也很爱好藏书，全祖望作《二老阁藏书记》一文，叙述了黄氏藏书之富，介绍了黄氏藏书之宗旨，是研究黄宗羲学术思想的一篇重要文章。文中说："太冲先生最喜收书，其搜罗大江以南诸家殆遍。所得最多者，前者澹生堂祁氏，后则传是楼徐氏，然未及编次为目也。垂老遭大水，卷轴尽坏；身后一火，失去大半。吾友郑丈南溪，理而出之，其散乱者复整，其破损者复完，尚可得三万卷。而如薛居正《五代史》，乃天壤间罕遇者，已失去，可惜也。"虽经一水一火，仍有三万卷之多，藏书之富可以想见。文中还转引了郑南溪的话来说明黄氏并不是一个单纯的藏书家，也不以藏书之多来显耀自己。他的藏书，目的在于利用这些丰富的典籍，从事学术的研究。这些书籍既是他治学的工具，又是他从事创作的原料。所以郑南溪说："太冲先生之书，非仅以夸博物示多藏也。有明以来，学术大坏，谈性命者迂疏无当，穷数学者诡诞不精，言淹雅者诒讥杂丑，攻文词者不谙古今。今先生合理义、象数、名物而一之，又合理学、气节、文章而一之，使学者晓然于九流百家之可以返于一贯。故先生之藏书，先生学术之所寄也，试历观先生之《学案》、《经说》、《史录》、《文海》，睢阳汤文正公以为如大禹导山导水，脉络分明，良自不诬。末学不知，漫思疵瑕，所谓蚍蜉撼大树者也。古人记藏书者，不过以蓄书不读为戒，而先生之语学者，谓当以书明心，不可玩物丧志，是则藏书之至教也。"（《鲒埼亭集外编》）从这一记载可以看出，黄宗羲一反明末空疏玄谈之陋习，他除了自己如饥似渴地阅读着大量文献典籍，从事切切实实的学术研究工作外，还教育学生既要读经，又应读史，勤奋学习。对于那种束书不观、空谈性理的学风则十分反感，即使是自己的朋友，也毫不客气地进行批评。特别是对于那些如同猪嘶狗嗥专喜诽谤人者，更是深恶痛绝，他说："昔之学者，学道者也；今之学者，学骂者也。矜气节者则骂为标榜，志经世者则骂为功利，读书作文者则骂为玩物丧志，留心政事者则骂为俗吏。接庸僧数辈，则骂考亭为不足学矣；读艾千子定待之尾，则骂象山、阳明为禅学矣。濂溪之主静，则曰盘桓于腔子中者也；洛下之持敬，则曰是有方所之学也。逊志骂其学误主，东林骂其党亡国。相讼不决，以后息者为胜。东坡所谓墙外悍妇，声飞灰火，如猪嘶狗嗥者也。"（《南雷文案》卷四《七怪》）这一番议论，把明末学术界那种离奇古怪的学风活脱脱地刻画了出来。在当时只有那些说空话者可以吆三呼四，凡是有志真正做些实际工作的人，都被扣上帽子加以骂倒，这正是当时社会的一种病态。黄宗羲认为这些不正之风，必须坚决予以扫荡，所以他针锋相对地积极提倡学术研究必须"经世致用"的新学风。

自反清复明的活动失败以后，黄宗羲感到已无补于祖国的覆亡，遂搜集南明经营恢复之事迹，成《行朝录》九种，包括《鲁纪年》一卷，《赣州失事记》一卷，《绍武争立纪》一卷，《四明山寨记》一卷，《海外恸哭记》一卷，《日本乞师记》一卷，《舟山兴废》一卷，《沙洲定乱记》一卷，《赐姓始末》一卷等，又编《明史案》二百四十卷（今仅存篇目）。而所著《南雷文集》，对于明季忠烈之士，亦多所表彰，其自述著作的目的时说："余多叙事之文，尝读姚牧庵《元明善集》，宋元之兴废，有史书所未详者，于此可考见。然牧庵明善，皆在廊庙（指朝廷），所载多战功。余草野穷民，不得名公巨卿之事以述之，所载多亡国之大夫，地位不同耳，其有裨于史氏之缺文一也"。（《南雷文定·凡例》）此外，还有《明文海》四百八十二卷。

康熙十八年（1679），开明史馆，他虽不应聘，而其门生万斯同则以布衣参史局；在史馆编修中还有好多人也是他的学生。同时，在《明史》纂修中，凡遇重大疑难之问题，往往"总裁千里贻书，乞公审正而后定"（《梨洲先生神道碑文》）。其后《明史》历志亦多赖其审校，而地理志则强半采其所著《今水经》原文。至于史料经其鉴别者更不在少数。特别是万斯同之

《明史稿》，为修《明史》时所本，推其本原，实出于黄氏。故宗羲虽未身赴史局，而对于《明史》编修之贡献，实非浅鲜。他后半生的全部精力，几乎全用在学术研究上面，直至八十六岁去世为止。著作中著名的有《明夷待访录》、《明儒学案》、《宋元学案》、《南雷文定》等。

二、黄宗羲的《明夷待访录》

《明夷待访录》一书是反映黄宗羲政治、经济思想的代表作，也是反映他历史观的代表作，书中所有结论，基本上都是从历史事实的研究中得出的，因此，我们不应把它看作是单纯的"政治专著"。全书分量虽然只有一卷（分为十三类），而所涉及的问题却非常广泛。

黄宗羲在这部著作中，从多方面批判了封建制度，并着重抨击了封建专制主义统治的弊害。值得注意的是，他所反对的并不只是某些皇帝个人，而是反对整个封建制度，透露了封建社会末期所出现的一些民主主义的进步思想。书中首先抨击了封建的君主制度，指出在君主制度下，"使天下之人不敢自私，不敢自利"，而只允许皇帝一人大私大利。他根据古代公天下的传说，认为君主的设立，本来是为天下兴利除弊，可是后世的君主却把天下当成了自己的产业，"传之子孙，受享无穷"，给天下造成了无穷无尽的罪恶，于是他勇敢地宣布君主的罪状是："屠毒天下之肝脑，离散天下之子女，以博我一人之产业"；"敲剥天下之骨髓，离散天下之子女，以奉我一人之淫乐"。君主，是"天下之大害者"。"天下之人怨恶其君，视之如寇雠，名之为独夫，固其所也"（《原君》）。这里，他把封建君主的罪恶揭露得淋漓尽致，而又痛骂得使人无不感到痛快。作为一个封建社会的文人，能够对封建君权进行如此直接的揭露和痛骂，充分说明了他那超人的胆量和卓识。

书中对于封建的官吏制度，也同样作了严厉的批判。黄宗羲认为官吏的设置，为的是与君主分工共同治理天下，而不是"私其一人一姓"，官吏的工作，不能以君主的好恶是非为依从，他说："我之出而仕也，为天下，非为君也；为万民，非为一姓也。吾以天下万民起见，非其道，即君以形声强我，未之敢从也，况于无形无声乎！非其道，即立身于其朝，未之敢许也，况于杀其身乎！不然，而以君之一身一姓起见，君有无形无声之嗜欲，吾从而视之听之，此宦官宫妾之心也。"此外，在书中他还提出了看待天下治乱的标准，"不在一姓之兴亡，而在万民之忧乐"。因此，"为臣者轻视斯民之水火，即能辅君而兴，从君而亡，其于臣道固未尝不背也"（《原臣》）。这种君臣关系，显然已朦胧地带上了一层近代民主政治的色彩。

对于封建社会里的法律制度，黄宗羲在书中也以显要的地位列出专篇作了详尽的论述。他指出，三代以上，君主创立的一切法度，都是为了天下的利益，而后世君主所创立的法度，只不过为了巩固一家一姓的统治，所以他说："三代以上有法，三代以下无法。"所谓"无法"，并不是说真的就没有法律了，而是说没有了维护"天下之利"的法。因为三代以后之君主，"既得天下，唯恐其祚命之不长也，子孙之不能保有也，思患于未然以为之法。然则其所谓法者，一家之法而非天下之法也"。这种完全为了维护一家一姓利益之法，其"法愈密，而天下之乱即生于法之中"（《原法》）。向来认为有"治人"而无"治法"，黄宗羲在这里却提出了相反的论断，认为有"治法"而后有"治人"。前者强调的是个人统治，只要有能干的人，天下就可以得治，这种强调个人统治作用的弊病是很大的。而黄氏强调的则是法律制度的作用，正如他自己所说："论者谓有治人无治法。吾以谓有治法而后有治人，自非法之法桎梏天下人之手足，即有能治之人，终不胜其牵挽嫌疑之顾盼；有所设施，亦就其分之所得，安于苟简，而不能有度外之功名。使先王之法而在，莫不有法外之意存乎其间；其人是也，则可以无不行之意；其人非也，亦不至深刻罗网以害天下。故曰有治法而后有治人。"（《原法》）无数事实证明黄宗羲的这一论断是很有道理的，要是无法可依，就会失去衡量是非的标准；有法可据，则官吏也就有了一定的约束，不至于毫无限制地胡作非为。

黄宗羲在书中还指出了封建国家的赋税一代重于一代，人民生活一代贫困于一代的趋势。他说："吾见天下之赋日增，而后之为民者日困于前。"汉代"虽三十而税一，较之于古亦未尝为轻也"，而"魏晋之民又困于汉，唐宋之民又困于魏晋"，"今天下之财赋出于江南；江南之赋至钱氏而重，宋未尝改；至张士诚而又重，有明未尝改"。这样，人民的负担就越来越重，生活也越来越贫困。所以他迫切期待一旦"有王者起，必当重定天下之赋"（《田制一》）。为了减轻人民的负担，他还提出了革除奢侈的风俗习惯和禁止佛巫等宗教迷信的主张，他说："治天下者既轻其赋敛矣，而民间之习俗

未去,蛊惑不除,奢侈不革,则民仍不可使富也。"(《财计三》)

当然,《明夷待访录》的内容远不止上述这些。而这一切认识,正是他从大量历史事实的研究中,特别是从自己亲身经历过的明朝覆亡的历史教训中总结提炼出来的。这种思想,显然是中国封建社会晚期的产物;而从他个人来说,又正是他的"经世致用"史学思想的产物。这部著作写成于清康熙二年(1663),可惜的是今天所见者已不是黄氏的全本了。全祖望在该书跋中指出:"原本不止于此,以多嫌讳不尽出,今并已刻之板亦毁于火。"一代大师顾炎武对此书十分称颂,他在给黄宗羲的信中说:"大著《待访录》读之再三,于是知天下之未尝无人,百王之敝可以复起,而三代之盛可以徐还也。天下之事,有其识者未必遭其时,而当其时者或无其识。古之君子所以著书待后,有王者起,得而师之……圣人复起而不易吾言,可预信于今日也。"(《顾亭林诗文集·亭林佚文辑补·与黄太冲书》)由于这部书有着浓厚的近代民主思想,因此在当时的封建压力下得不到流传,而在清末的民主革命运动中,却被大量印刷散布,用来作为传播革命思想的工具,起过很大的作用。正如梁启超所说:《明夷待访录》一书,"对于三千年专制政治思想为极大胆的反抗,在三十年前——我们当学生时代,实为刺激青年最有力之兴奋剂,我自己的政治运动,可以说是受这部书的影响最早而最深"。又说:"此书乾隆间入禁书类,光绪间我们一班朋友曾私印许多送人,作为宣传民主主义的工具。"(《中国近三百年学术史·阳明学派之余波及其修正——黄梨洲》)其影响之大,于此也就可以想见了。

三、学术史的编修——《明儒学案》和《宋元学案》

《明儒学案》是黄宗羲历史著作中的代表作,全书六十二卷,记载了有明一代二百余年学术思想之发展概况,为我国封建社会中最早、最完备的一部学术思想史著作。在这之前,周汝登作过《圣学宗传》,孙钟元作过《理学宗传》,但是这两部书不仅疏略粗陋,而且也未能反映出各家的学术宗旨,黄宗羲在《明儒学案·凡例》中,对它们都曾提出了批评,说海门(即周汝登)见闻狭陋,"且各家自有宗旨,而海门主张禅学,扰金银铜铁为一器,是海门一人之宗旨,非各家之宗旨也。钟元杂收,不复甄别,其批注所及，未得其要领，而其闻见亦犹之海门也"。为此，他决心自己搜集有明一代学者文集、语录，编著《明儒学案》一书，自谓著作当中，不以爱憎去取，尽量反映各家学术思想的真实面貌与特色。为了达到这一要求，他在凡例中曾明确规定了该书的编纂原则与方法，其要点主要有：第一，学者各家有各家的宗旨，而这些宗旨，正是"其人之得力处，亦是学者之入门处"，"讲学而无宗旨，即有嘉言，是无头绪之乱丝"。因此，他强调是书的编纂，一定要体现出各人的学术宗旨，做到"分别宗旨，如灯取影"。第二，所有材料，皆从每人的全部著作中纂要钩玄，既不袭前人之旧本，又要能透露其人一生的精神。第三，按学问的传授统系，分立不同学案，"有一偏之见，有相反之论，学者于其不同处，尤宜着眼理会"。第四，学贵自得，"凡依门傍户，依样葫芦者"，一概不取。这几点既是他编纂方法的说明，也是该书内容取舍的标准。

《明儒学案》所列学案的排列顺序是有着密切的内在联系的，实际上体现了作者的著书宗旨与意图，而不是任意罗列。从全书所列十九个学案看，大致可分为三个时期、四个部分。

明初九卷，以程朱之学为主，陆象山派为次，故先立崇仁、白沙两学案，将两个学派对峙局面一开始就向人们作出交代，如同摆开两方之阵势。崇仁以吴与弼为首，这个学案的小序说："康斋倡道小陂，一禀宋人成说。言心，则以知觉而与理为二，言工夫，则静时存养，动时省察。故必敬义夹持，明诚两进，而后为学问全功。其相传一派，虽一斋、庄渠稍为转手，终不敢离此矩矱也。白沙出其门，然自叙所得，不关聘君，当为别派。于戏！推轮为大辂之始，增冰为积水所成，微康斋，焉得有后时之盛哉！"此论正是饮水思源，说明吴与弼乃是有明一代学术思想之先导，上承宋人成说，有继往开来之功，"微康斋，焉得有后时之盛哉！"故将《崇仁学案》列为首位，自然是名正则言顺。只此一点，就足以证明贾氏刻本确实有违于作者本意。次即《白沙学案》，以陈献章为主，此则为陆学一派，开后来王学之基，故其小序曰："有明之学，至白沙始入精微……至阳明而后大"，又于《姚江学案》小序曰："有明学术，白沙开其端，至姚江而始大明。"在黄宗羲看来，陈献章实际上是陆王之学的中介人，所谓"白沙开其端"，就是指陆学在明代开始传播之端，所以这个学案就被列在第二。至于《河东学案》，皆属程朱之学。明初九卷之中，还另有《三原学案》，小序云："吴学大概始薛氏。三原又其别派也。其门下多以节气著，风土之厚，而又加之学问者也。"这就是说，这个学派本出河东薛氏，但其学术宗旨又不尽相同，乃成为派生出来的别派。这些事实说明，此书对各个学派的源流委曲，是条理得非常分明的。而在分立学案之时，既照顾到各个学派各家之间相互关系与影响，又尽量区分出各派各家之间学说宗旨之不同，如果对于这些学者的著作、思想特别是其学术宗旨不是了如指掌，要做到这样脉络分明是不可能的，这也足见作者学问之博大精深。中期则专述王学，首立《姚江学案》，叙述这一学派创始人王守仁的学术思想，以下依次分立浙中、江右、南中、楚中、北方、粤闽各学案，并皆冠以"王门"二字，以见其传授之系统。同时还另立止修、泰州、甘泉三个学案，虽都出于王学，但各有其不同宗旨，故别立学案，以示区别。如止修学派，虽出王门，已另立宗派，与王学是同中有异。而泰州学派，亦出于王学，但对王学提出了重大的修正，别立宗旨，成为王学之左派，既已另打旗号，与王学宗旨分道扬镳，自然也就不能再统属于王学之门下了。至于《甘泉学案》之立，黄宗羲认为，湛若水亦曾从学于白沙，而"王、湛两家，各立宗旨，湛氏门人，虽不必王氏之盛"，但"其后源远流长，王氏之外，名湛氏学者，至今不绝，即未必仍其宗旨，而渊源不可没也"（《甘泉学案·序》）。这三个学案，尽管渊源均与王学有过不同关系，但因各自别立宗旨，已不同于王学，故学案之上皆无"王门"字样。末期则立东林、蕺山两学案。东林以顾宪成、高攀龙为首，蕺山则仅刘宗周一人，此人乃宗羲之本师。在中期与末期之间，又另立《诸儒学案》，以收各学派以外之学者，这与他在凡例中所提出"此编所列，有一偏之见，有相反之论"者，"正宜着眼理会"的原则是一致的。

其编次顺序，每一学派之前写有小序一篇，接着就是每位学者的小传，对各人的生平经历、著作、思想以及学术传授，作扼要介绍，然后是学者本人著作或语录的选辑，间有作者自己的意见。像这样全面而有组织的学术思想史专著，在中国封建社会还是个首创。综观全书内容，讲阳明学派的几占一半，有人以为这是黄宗羲著书时的一种偏见，其实不然。应当知道，明代中叶以来，王学在社会上风靡一时，成为当时的显学，时代精神既然如此，编写史书就应当把这个时代的特点反映出来，特别是学术思想史，理应把占统治地位的学术思想全面反映出来，这对研究当时社会各方面的历史是很有必要的，何况本书对于阳明以外的各学派，也都分别立有各自的学案，给予了一定的位置。另一方面，书中的许多按语，对理学也不断地进行了批判，就如他在凡例中说的，"尝谓有明文章事功，皆不及前代，独于理学，前代之所不及也，牛毛茧丝，无不辨晰"。表面看去似乎是在称颂，其实亦是个批评，因为黄宗羲的学术思想是主张"经世致用"的，对于反对"文章事功"的学风则深恶痛绝，而明代理学对"天崩地裂"般的大事置而不问，对"牛毛茧丝"般的东西却无不进行"辨晰"，结果是辨析得越细致，逃避现实也就越巧妙，这与黄氏"经世致用"的学术主张是完全背道而驰的，那么黄宗羲说这番话是称颂还是批评，也就不难明了了。

《明儒学案》是黄宗羲一生治学心血的结晶，此书的写作，不仅表明了他的学识渊博，也说明了他的独创精神，特别是全书编写内容的去取，更反映了他的治学精神及为学宗旨，因此书成后，不仅受到人们的交口称赞，就是作者本人亦甚为自负。梁启超在论述学术史著作时说："著学术史有四个必要的条件：第一，叙述一个时代的学术，须把那个时代重要的各学派全数网罗，不可以爱憎为去取。第二，叙述某家学说，须将其特点提挈出来，令读者有很明晰的观念。第三，要忠实传写各家真相，勿以主观上下其手。第四，要把各个人的时代和他一生经历大概叙述，看出那人的全人格。梨洲的《明儒学案》，总算具备这四个条件。"（《中国近三百年学术史·阳明学派之余波及其修正——黄梨洲》）梁启超提出的这四个条件都很重要，尤其是一、三两点，要真正做到是很不容易的。"不可以爱憎为去取"，"勿以主观上下其手"，"要忠实传写各家真相"，这本来就是历史学家撰写历史的神圣职责，但真正做到的能有几人？因此，千百年来曾有许多杰出的历史学家一再大声疾呼，要求直书，反对曲笔！可是史家一旦有了宗派，就必然产生偏见；有了偏见，就不可能"忠实传写各家真相"，必然要"以爱憎为去取"，"以主观上下其手"。不仅中国历史上是如此，中外古今都是这样。《明儒学案》的编纂，能够基本上做到反对宗派，不树门户，不以主观下结论，这一精神自然值得称颂！《明儒学案》成书于康熙十五年（1676），时作者已年近七十，然犹发凡起例，续纂《宋元学案》，可惜岁月不予，仅成书十七卷即逝世。

当然，黄宗羲的史学思想中，同样也存在着不少保守的成分，这是完全可以理解的。元人修《宋史》，于《儒林传》外另立《道学传》，对此一举，黄宗羲父子均表反对。清修《明史》时，他在回答史馆人员的问题时指出："《宋史》别立《道学传》，为元儒之陋，《明史》不当仍其例。时朱检讨彝尊方有此议，汤公斌出公书以示众，遂去之。"（《梨洲先生神道碑文》）又其子黄百家说："先遗献曰：'以邹鲁之盛，司马迁但言《孔子世家》、《孔子弟子列传》、《孟子列传》而已，未尝加道学之名也。《儒林》亦为传经而设，以处夫不及为弟子者，犹之传孔子之弟子也。历代因之，亦是此意。周程诸子道德虽盛，以视孔子则犹然在弟子之列，入之《儒林》，正为允当。今无故而出之为道学，在周程未必加重，而于大一统之义乖矣。通天地人曰儒，以鲁国而止儒一人，儒之名目原自不轻。儒者成德之名，犹之曰贤也、圣也。道学者，以道为学未成乎名也，犹之曰志于道，志道可以为名乎？欲重而反轻，称名而背义，此元人之陋也。'"（《宋元学案》卷二《泰山学案》黄百家按语）这个观点从史学发展的角度来看是很不妥当的。至宋代，既然学术界分成了不同的学派，编写这一代的历史，自然就应当如实地反映这一社会现象。《宋史》这样做了，正说明其作者在这个问题上还是具有一定史识的。其后章学诚对此曾表示了与黄氏父子完全相反的看法，他从史家写史应当反映社会现实情况的原则出发，尽管对《宋史》很不满意，但却肯定了《宋史》另立《道学传》的这一做法，他说："《道学》、《儒林》分为二传，前人多訾议之，斯为吾道一贯，德行文学，何非夫子所许，而分门别户以启争端？此说非也。史家法度，自《春秋》据事直书，枝指不可断，而兀足不可伸，期于适如其事而已矣。儒术至宋而盛，儒学亦至宋而歧。《道学》诸传人物，实与《儒林》诸公迥然分别，自不得不如当日途辙分歧之实迹以载之。夫道学之名，前人本无，则如画马，自然不应有角。宋后忽有道学之名、之事、之宗风派别，则如画麟，安得但为麕而角哉？如云吾道一贯，不当分门别户，则德行文学之外，岂无言语政事？然则《滑稽》、《循吏》，亦可合于《儒林传》乎？"（《章氏遗书》外编卷三《丙辰札记》）这段话说得入情入理，既然学术思想界本身已经分门别户，《宋史》如实反映，绝不能因此而说是《宋史》作者故意"分门别户以启争端"。在这个问题上，元人并不"陋"，而是黄宗羲自己的某些保守思想在作祟。

第三节　万斯同在史学上的贡献

一、万斯同与《明史稿》

万斯同字季野，号石园。生于明崇祯十一年（1638），卒于清康熙四十一年（1702），浙江鄞县（今宁波鄞州）人。父万泰，鲁王监国时，授户部主事。共生八子，即斯年、斯程、斯祯、斯昌、斯选、斯大、斯备、斯同，斯同最小。年长后，兄弟八人皆从学黄宗羲，其中最有成就的是斯大、斯同两人。顺治三年（1646），万斯同刚九岁，浙东抗清义师先后失败，清军南下，万泰乃携其全家避难奉化山中。就在这年，其母去世。时家财尽失，最后连随身带出的书物亦被劫光，经常无米下锅，多从民家借米而炊。为生活计，全家都从事农业生产劳动。后来斯同在《石园集·述旧诗》中还说："穴居逾三年，脱粟常不继。重返西皋居，遂作灌园计。田圃久成芜，桑麻亦已废。再葺耕耨基，复理桔橰器。时或从父兄，荷锄畦边憩。渐成田舍儿，颇谙村居味。"（引自王焕镳《万季野先生年谱》）可见在十岁前后，由于战乱，斯同尚无法入学读书，只是从诸兄处问字，默识经史而已。乱定返家后，始得入私塾读书。年十四，已遍读家中所藏之书，并尽知其大略，于是这年便开始就学于黄宗羲，熟读二十一史和有明各朝实录，几能成诵。当时生活条件相当艰苦，但学习从未中断，即使"日不饱一粥，毅然磨厉史学"，"入夜无油，就月光读之"（引自《万季野先生年谱》）。这种勤奋的学习精神，使他很早就成为一位名重一时的著名学者。

万斯同承受父师之教，以遗民自居，自幼读书即不为时文，绝意于科举仕进，深为黄宗羲所器重，是黄氏最得意的门生。黄百家说他一生中除了读书，别无其他嗜好。他博学强识，于书无不读，尤长于史，"自两汉以来，数千年之制度沿革，人物出处，洞然腹笥。于有明十三朝之实录，几能成诵。其外，邸报、野史、家乘，无不遍览熟悉，随举一人一事问之，即详述其曲折始终，听若悬河之泻"（黄百家《万季野先生墓志铭》）。他深感所有记载明代的史籍，皆疏漏抵牾，无一满意者，因此早就有志仿《资治通鉴》体例，编写一部明代的编年史。还在康熙九年（1670）写的《寄范笔山书》中即已明确提出这一志向：

生平素志，有人所不知而不可不使吾兄知者，谨一白之，唯吾兄与我同志焉。弟向尝流览前史，粗能记其姓氏，因欲遍观有明一代之书，以为既生有明之后，安可不知有明之事，故尝集诸家记事之书读之，见其抵牾疏漏，无一足满人意者。如郑端简之《吾学编》、邓潜谷之《皇明书》，皆仿纪传之体，而事迹颇失之略；陈东莞之《通纪》，雷古和之《大政纪》，皆仿编年之体，而褒贬间失之诬。袁永之之《献实》，犹之《皇明书》也；李宏甫之《续藏书》，犹之《吾学编》也；沈国元之《从信录》，犹之《通纪》也；薛方山之《献章录》，犹之《大政纪》也。其他若《典汇》、《史料》、《史概》、《国榷》、《世法录》、《昭代典则》、《名山藏》、《颂天胪笔》、《同时尚论录》之类，要皆可以参观，而不可以为典要。唯焦氏《献征录》一书，搜采最广，自大臣以至郡邑吏，莫不有传，虽妍媸备载，而识者自能别之，可备国史之采择者惟此而已。客岁馆于越城，得观有明历朝实录，始知天下之大观，盖在乎此。虽是非未可尽信，而一朝之行事，暨群工之章奏，实可信不诬，因其事以质其人，亦思过半矣。始叹不观国史，而徒观诸家之书者，真犹以管而窥天也。弟窃不自揆，尝欲以国史为主，辅以诸家之书，删其繁而正其谬，补其略而缺其疑，一仿《通鉴》之体，以备一代之大观。故凡遇载籍之有关于明事者，未尝不涉览也，即稗官野史之有可以参见闻者，未尝不寓目也，弟之素志如此。顾其事非一人之所能为，亦非数年之所能就，又自苦记诵不广，观览无暇，非得高才如吾兄者相与共事，亦安能以有成。故弟之意愿吾兄暂辍诗古文之功，而留意与此，俟胸中稍有条贯，纵儒生不敢擅笔削，他年必有修史之举，亦可出而陪末议，其与徒事诗文而无益于不朽之大业者，果孰缓而孰急也……弟向尝从事于此，数年以来，绝笔不为者，非不好也，将有所专力而不敢分也。尝与同志言，吾辈既及姚江之门，当分任吾师之学，今同志之中，固有不专于古文而讲求经学者，将来诸经之学，不患乎无传人。唯史学则愿与吾兄共任之。诚留意于此，不但可以通史，并一代之制度，一朝之建置，名公卿之嘉谟嘉猷，与夫贤士大夫之所经营树立，莫不概见于斯，又可以备他日经济之用，则是一举而兼得之也。（《万季野先生年谱》）

这是研究万斯同史学思想一篇极为重要的资料。此信写于二十三岁前后,就在这时,他对于编写史书已经有了比较系统的看法,而有些看法是很有价值的。从这封信中,我们可以了解到如下几点:第一,他早已立下了编写一部比较完善的明代历史的宏愿。第二,他对于所有明代的史书,不仅一一阅读,而且洞悉其长短利弊得失。第三,他认为"吾辈既及姚江之门,当分任吾师之学"。在万斯同看来,当今其师黄氏之学乃学术之大宗,必须予以发扬光大。他的朋友李文胤曾说:斯同"尝与余辈言,今日学术文章,当以姚江黄氏为正宗。一时若余与高旦中诸人俱得少从黄先生游,则万氏教之也。先生因使诸子尽事黄先生,黄先生亦独奇季野及贞一,遂悉以所学授之"(《杲堂文钞·送万季野授经会稽序》)。因此,研究历史,对于万斯同来说,不仅因为自己是"生有明之后",应"知有明之事",而且更重要的是分任其师之学,续承其师之志。何况编写史书,又是一桩有"益于不朽之大业","可以备他日经济之用",能够收到一举而兼得之益。第四,指出要在学术上真正有所成就,千万不能分散精力,必须做到专心致志。他原来对古文词诗歌非常爱好,并且"弱冠时为古文词诗歌,欲与当世知名士角逐于翰墨之场"(刘坊《万季野先生行状》)。可是为了研究历史,便毅然绝笔不为,而"绝笔不为者,非不好也,将有所专力而不敢分也"。由于他把全部精力都倾注在明史的学习和研究上,所以很快就对有明一代史事了如指掌,十分精通。

万斯同一生坚守志节,不食清朝俸禄,抱定以任故国史事而报故国之志,故把纂修一部明代历史作为己任。康熙十七年(1678)诏征博学鸿儒,力辞得免。次年开局修《明史》,征士以七品俸,称翰林院纂修官,总裁徐元文欲荐之入史局,斯同力辞不就。后秉父师之教,以布衣参史局,不署衔,不受俸。当道尊其学,只得应许,延至徐元文家中,史馆纂修官史稿送到,皆由万斯同审定。徐元文之后,继任总裁的张玉书、陈廷敬、王鸿绪诸人,亦皆以礼相敬。他在审阅史稿时,常对侍者说"取某书、某卷、某叶,有某事当补入;取某书、某卷、某叶,某事当参校"(全祖望《万贞文先生传》),每次很少有差误的。凡《明史》编写中的许多疑难问题,亦均由他据理而定。整整花了十多年时间,才把五百卷的《明史稿》写成。这部史稿,既是他一生心血的结晶,又是他一生精神的寄托。他在讲述自己参加编撰《明史》的心情时说："吾所以辞史局而就馆总裁所者，惟恐众人分操割裂，使一代治乱贤奸之迹，暗昧而不明耳。"（钱大昕《万先生斯同传》）黄宗羲在他赴京时，曾作诗相赠，其中有"四方声价归明水，一代贤奸托布衣"之句。他们师生的这种宏愿与心情，自非一般人所能理解。直到康熙三十一年黄宗羲为《历代史表》作序时，还十分感慨地说："嗟乎！元之亡也，危素趋报恩寺，将入井中，僧大梓云：'国史非公莫属，公死，是死国史也！'素以此不死。后修《元史》，不闻素赞一词。及明亡，朝廷之任史事者甚众，顾独借一草野之万季野以存之，不亦可慨耶！"说明黄氏对万斯同之参与整理故国文献一事，是何等的器重！至于《明史稿》为什么要写成五百卷这样庞大的规模，这在万斯同来说，是有其难言之苦衷的。他清醒地预料到，他所审定的史稿，当权者必然还要按照他们的口径加以增删，"故先为之极"。他说："昔人于《宋史》已病其繁芜，而吾所述将倍焉。非不知简之为贵也，吾恐后之人，务博而不知所裁，故先为之极，使知吾所取者有可损，而所不取者，必非其事与言之真，而不可益也。"（方苞《万季野先生墓表》）

在北京期间，万斯同还积极举行讲会，每月两次，听者无不敬佩。他不慕荣利，不务虚名，对人一一以至诚相待。与任何人往来，皆自署曰"布衣万斯同"。因而自王公以至下士，无不呼曰"万先生"。"在都门十余年，士大夫就问无虚日"（钱大昕《万先生斯同传》），其影响之大、名望之重，于此可以想见。

万斯同成《明史稿》后不久，即卒于北京，旁无亲属，所有藏书全数为钱名世所占有；而以多年心血所纂成的《明史稿》则落入王鸿绪手中，据为己有，后略加增损，转抄成书，每卷都题上"王鸿绪著"字样，书之板心且印"横云山人集"（横云山人为王之别号），进呈于朝，于是万氏之史稿遂成王氏之著作了。更为可恨的是，王鸿绪自己一无史才，二无史识，却对斯同史稿任意改削，遂使史事失真，是非颠倒，致使史稿原有面目泯没，而毕生精力的成果竟付诸东流。这是史学界的一大损失。

万斯同的著作，除规模宏大的《明史稿》外，有关历史方面的，尚有《历代史表》六十卷，《纪元汇考》四卷，《历代宰辅汇考》八卷，《儒林宗传》八卷，《石经考》二卷，《宋季忠义录》十六卷，《群书疑辨》十二卷，

《书学汇编》二十二卷,《庙制图考》四卷,以及《两浙忠贤录》、《明季两浙忠义考》等。可惜客死京邸,旁无亲人,遗著大多散失。另外,还有徐乾学的《读礼通考》一书,据全祖望云亦出自斯同之手。又据《万氏宗谱》所载,斯同生前曾撰有《明通鉴》一书,但已亡失,这当是他早年立志仿《资治通鉴》之体例而作的未定之稿。综观上述,可见万斯同的一生,其著作是非常丰富的,他对史学作出了很大贡献,尽管许多著作已经散失,但就其为史学而奋斗一生的精神,亦足以留传于史册了。

二、万斯同的史学思想

万斯同的史学思想,最为突出的一点是主张研究历史必须注意"经世致用"。这一思想还在他青年时代就已经显露出来了,他在给侄儿万贞一的一封信中,曾尖锐批评了当时社会上"皆为自私之学",人人"但知制举业","其下者既溺志于诗文,而不知经济为何事;其稍振拔者,则以古文为极轨,而未尝以天下为念"的不正之风,明确提出:"经世之学,实儒者之要务,而不可不宿为讲求者。今天下生民何如哉?历观载籍以来,未有若是其憔悴者也。使有为圣贤之学,而抱万物一体之怀者,岂能一日而安居于此……吾窃不自揆,尝欲讲求经世之学……吾之所为经世者,非因时补救,如今所谓经济云尔也。将尽取古今经国之大猷,而一一详究其始末,斟酌其确当,定为一代之规模,使今日坐而言者,他日可以作而行耳。若谓儒者自有切身之学,而经济非所务,彼将以治国平天下之业,非圣贤学问中事哉,是何自待之薄而视圣学之小也。"他劝其侄儿"暂辍古文之学,而专意从事于此,使古今之典章法制,烂然于胸中,而经纬条贯实可建万世之长策,他日用则为帝王师,不用则著书名山,为后世法,始为儒者之实学,而吾亦俯仰于天地之间而无愧矣"(《万季野先生年谱》)。这里,他把研究历史的意义和作用提得很高,从中我们可以看到,他自早年立志于史学研究以后,就已经树立了比较明确的目的,因此,"经世致用"的思想可以说是贯彻于始终的。另外,万斯同在史学研究中还很强调贵专家之著述,认为没有从事过专门研究的人,要想写出有价值的史著来是根本不可能的。自唐以后,设馆修史,集众人成书,而所成之书利少弊多,关键就是因为这些人大多均无专门之学，所以他说："昔迁固才既杰出，又承父学，故事信而言文。其后专家之书，才虽不逮，犹未至如官修者之杂乱也。譬如入人之室，始而周其堂寝匽溷，继而知其蓄产礼俗，久之，其男女少长，性质刚柔，轻重贤愚，无不习察，然后可治其家之事。若官修之史，仓卒而成于众人，不暇择其材之宜与事之习，是犹招市人而与谋室中之事也。"（钱大昕《万先生斯同传》）这一比喻非常形象生动，说明了不从事专门研究，就不可能写出反映真实情况的历史著作来。他作的《历代史表》，不仅需要有超人的组织才能，而且需要有十分精通的古代历史知识；而《儒林宗派》一书，于汉后唐前传经之儒，一一具列，所论尤能持平，如果对于所列各人的学术思想不作深入研究，要写出这样系统条贯、立论持平的著作来也是根本不可想象的。

在史书编写的内容上，与其老师一样，万斯同也很强调尊重历史的真实，反对"好恶因心"。他说："史之难为久矣……由无迁、固之文是也，而在今则事之信尤难，盖俗之偷久矣，好恶因心，而毁誉随之，一室之事，言者三人，而其传各异矣。况数百年之久乎！故言语可曲附而成，事迹可凿空而构。其传而播之者，未必皆直道之行也；其闻而书之者，未必有裁别之识也。非论其世知其人，而具见其表里，则吾以为信，而人受其枉者多矣。"因此，他认为在史料真伪的鉴别上，必须深入细致、周密审慎，并应旁推复勘，期得其真。他在叙述自己编写明代历史的态度时曾说，他是以实录为主，参以他史。因为在他看来，"实录者，直载其事与言而无可增饰者也。因其世以考其事，核其言而平心以察之，则其人之本末可八九得矣。然言之发或有所由，事之端或有所起，而其流或有所激，则非他书不能具也。凡实录之难详者，吾以他书证之，他书之诬且滥者，吾以所得于实录者裁之，虽不敢具谓可信，而是非之枉于人者盖鲜矣"（方苞《万季野先生墓表》）。这段叙述不仅介绍了他处理史料的方法，也反映了他在治史上一丝不苟、认真负责的精神。

在史书编纂的体例上，万斯同十分强调发挥图表的作用，他说："史之有表，所以通纪传之穷，有其人已入纪传而表之者，有未入纪传而牵连以表之者，表立而后纪传之文可省，故表不可废。读史而不读表，非深于史者也。"（钱大昕《万先生斯同传》）唯其如此，所以他作了《历代史表》，以补历代正史中未作史表者之不足。黄宗羲替该书作序时，曾盛称其为"不朽之盛事，大有功于后学"。因为"杜氏《通典》、郑樵《通志》、《文献通考》，皆足以补史志之缺文，而补表者，古今以来无其人也"。朱彝尊在本书序中则说：万氏史表之作，使人们"揽万里于尺寸之内，罗百世于方册之间，其用心也勤，其考稽也博，俾览者有快于心，庶几成学之助，而无烦费无用之失者与"（以上引文均见《历代史表》卷首）。

总之，万斯同的一生，对于史学的贡献是很大的，可惜的是他的许多著作特别是史学方面的重要著作，遭到散失而未能留传下来，这是史学界的一大损失。

第四节　全祖望在史学上的贡献

一、全祖望的生平

全祖望字绍衣，号谢山，自署鲒埼亭长，故其文集称《鲒埼亭集》，学者称谢山先生。浙江鄞县（今宁波鄞州）人，生于康熙四十四年（1705），卒于乾隆二十年（1755）。明亡后，家道中衰，至其父，以经术教授里中，并兼治史，尤致力于民间故国遗闻轶事之搜集，这对全祖望后来治文献之学有着一定的影响。全祖望年四岁，其父即教其读书识字，并能粗解章句。八岁开始，于诸经之外，兼读《资治通鉴》、《文献通考》诸史书。年十四，补诸生，"谒学宫至乡贤名宦祠，见谢三宾、张杰木主，大怒曰：'此反复卖主之贼，奈何污宫墙！'取捶碎之，投之泮池"（蒋天枢《全谢山先生年谱》）。谢三宾是当地最早迎降清兵、破坏浙东抗清斗争的"反复无行"人物；张杰原为张煌言部将，降清后，为了求荣取宠，以计诱捕张煌言。因此在全祖望看来，他们两人都是"反复卖主之贼"、贪生怕死的无耻之徒，哪里配得上称"乡贤名宦"、士人表率！可见早在青少年时代，全祖望就已具有强烈的正义感。不久举顺天乡试，雍正七年（1729）充选贡入都，乾隆元年（1736）成进士，选庶吉士，这时年已三十二岁。因"尝忤首辅张廷玉，故散馆以知县用。祖望遂返里不复出"（刘光汉《全祖望传》），绝意于仕途。

祖望一生，性好聚书，青年时就曾登范氏天一阁、谢氏天赐阁、陈氏云在楼，凡遇稀有之本必加抄录，入都后更是抄书不辍。在翰林院时曾与李绂共借读《永乐大典》，他在《钞永乐大典记》一文中说："与公（指李绂）定为课……抄其所欲见而不可得者，而别其例之大者为五：其一为经诸解……其一为史……其一为志乘……其一为氏族……其一为艺文……自从事于是书，每日夜漏三下而寝，可尽二十卷。"（《鲒埼亭集外编》卷一七）他们从《永乐大典》中抄录的佚书，虽说数字不大，但这种纂辑佚书的工作，对后来学术的发展曾起了相当大的影响，不仅使人们逐渐注意到《永乐大典》中保存着许多早已失传的史籍，而且实际上开了清代辑佚学的先河。全祖望在当时就已经指出："其余偏端细目，信手荟萃，或可以补人间之缺本，或可以正后世之伪书。"（同上引）这一功劳是不可忽视的。到了晚年，曾先后讲学于蕺山书院和端溪书院，讲学中力戒诸生不为时文，期以远大之业。讲学之余，则闭门专心著述，不求闻达。他在主讲蕺山书院时，深受诸生欢迎，"一月之后，从者云集，学舍至不能容"。可是由于祖望秉性慷直，不愿屈从于当权者，逾年，以"主人（指绍兴太守杜补堂）微失礼"，固辞归。诸生叶绍基等来宁波请曰："今学舍满五百人，请先生勿受太守之馈，但一过讲堂，五百人者以六铢为贽，千金可立致，岂伤先生之廉乎？"祖望呵之曰："是何言欤！夫吾之不往，以太守之失礼也，岂千金可货乎！"（董秉纯《全谢山年谱》）晚年贫病交迫，饔飧不给，而读书著述，直至临死，始终不辍。在他的一生中，于晚明文献的搜集与整理，用力尤深。《鲒埼亭集》所载文字，强半皆为明清之际掌故，可视为明末史料之汇编，亦是治明清间学术思想史的最好资料。他曾补纂《宋元学案》、三笺《困学纪闻》、七校《水经注》，在学术上作出了很大贡献。关于史学方面的著作，则尚有《经史问答》、《汉书地理志稽疑》等。

二、补纂《宋元学案》

黄宗羲在完成《明儒学案》一书的编纂以后，虽年已七十，仍"壮心不已"，续纂《宋元学案》，想利用晚年的全部精力，来完成宋元七百年学术思想史的纂辑工作，但仅完成十七卷就去世了。其子黄百家继其业，亦未成而卒。直到全祖望，才大体完成了这一学术史巨著。从全书九十一个学案来看，全祖望自立的有四十五个，修补的十七个；黄氏原作的二十五个学案中，亦有经过全祖望修补的。因此这部著作出于全祖望之手者不下十分之七，他用于此书的时间达十年之久（自乾隆十年至十九年）。但直至祖望去世，尚未最后定稿，稿本由其门人卢镐保存，后又由黄宗羲玄孙稚圭及其子平黼加以整理补充，编为八十六卷。道光十八年（1838）《宋元学案》第一次付刻时，鄞县王梓材又为之校补，按全祖望叙录中所定百卷之数予以补全。可见此书先后经数人之手才最后纂成，而其中花功力最大者自然首推全祖望。不过后来保存、修补诸人，能恪遵黄、万二人生前所订之义例精神，特别是王梓材最后定稿刊刻不没其真，尽量反映原作者之本来面貌，也是非常难能可贵的。王梓材在书中努力做到："梨洲原本所有而为谢山增损者，则标之曰'黄某原本，全氏修定'。有梨洲原本所无，而为谢山特立者，则标之曰'全某补本'。又有梨洲原本，谢山唯分其卷第者，则标之曰'黄某原本，全某次定'。亦有梨洲原本，谢山分其卷第而特为立案者，则标之曰'黄某原本，全某补定'。"又于"每学案中所采语录、文集各条，有知为梨洲原本者，则注明'黄氏原本'；有知为谢山所补者，则注明'全氏补'。至于学派诸小传，有梨洲有传，而谢山修之加详者，则注'修'字；有梨洲无传，并无其名，而谢山特补之者，则注'补'字，庶使一览了然，不至两家混淆"（《宋元学案·刊例》）。可见校定其书者，工作做得何等细致！经过这一番整理校定，为后人研究此书，特别是黄、万两人的学术思想，提供了极大的方便。虽说两人为同一学派，又有直接的师承关系，但在学术见解上毕竟还是有其差异之处。

全祖望把续补黄氏《宋元学案》视为自己义不容辞的责任；由于他多年来早有重修《宋史》的志愿，对于有宋一代史事早有留意，这对续补《宋元学案》又是个极为有利的先决条件，所以乾隆十年（1745）二月，在半浦陪祭黄宗羲时，就欣然接受了续成《宋元学案》的委托，当时他曾有诗云："黄竹门墙尺五天，瓣香此日尚依然。千秋兀自绵薪火，三径劳君盼渡船。酌酒消寒欣永日，挑灯讲学忆当年。《宋元学案》多宗旨，肯令遗书叹失传。"次年为续此书，便赴扬州，身在舟中，即取黄氏《宋元学案》编次序目，重为增定，当时亦有诗云："关洛源流在，丛编细讨论。茫茫溯薪火，渺渺见精神。世尽原伯鲁，吾惭褚少孙。补亡虽兀兀，谁与识天根。"（以上引文均见蒋天枢《全谢山先生年谱》）为了编好此书，他尽了自己最大的努力，特别在晚年，精力几乎全用在此书的编纂上。他自己曾说："予续南雷《宋儒学案》，旁搜不遗余力，盖有六百年来儒林所不及知而予表而出之者。"（《鲒埼亭集》卷三〇《蕺山相韩旧塾记》）

《宋元学案》在编纂体例上，比之《明儒学案》有许多更为优越的地方。首先是不定一尊，这是历来所公认的，书中对于各派各家均能平等相待，不持任何偏见。其次是充分利用表的作用，在每一学案之前，先立一表，备举该学派之师友弟子，以明其学派渊源及传授统系，在书中若已为立案者，还注明"别见某学案"；附于他学案者，则注曰"附见某学案"。这对于读者了解这些学者在学术思想上的承授关系，提供了很大方便。第三是在每一学案前，为案主立一小传，以明学者之生平及学术宗旨。由于全祖望立志重修《宋史》，熟悉宋朝史事，故所立之小传，有详于《宋史》本传者，有为《宋史》所无者，故这些小传可补《宋史》之不足。第四是对案主学术论著，都一一注明其出处，而采择的范围也相当广博，这为读者进一步了解案主的学术思想提供了方便。第五是小传之后另有"附录"，载其遗闻轶事，特别是当时和后人的评论，长短得失，备录无遗，使读者自为判断。至于本书存在的问题，有的前人已经指出，如所采资料，不少地方繁简失当，特别是失于太繁；也有史料错误、年代颠倒的。但是我们必须看到，此书草创初定，尚未着手删改修饰，全祖望就不幸病死，因此书中存在不当或错误之处，是完全可以理解的。但很难说这是作者故意颠倒事实，有心"调和朱陆学术"，如果这样看，恐怕未必就符合编纂者的本意。至于有些地方存在着体例上的不统一，称谓上的重复、迭出，从草创、初稿的角度来看，自然更属难免，尤不应以此苛求于作者。

三、全祖望在历史文献上的贡献

全祖望对历史文献的整理，内容是多方面的。一则是表彰明末抗清忠烈之士，再者是表彰乡邦先贤，还有明末清初的那些著名学者，也是他着意表彰的对象。他在《万贞文先生传》中曾说："自先生之卒，蕺山、证人之绪，不可复振，而吾乡五百余年攻媿、厚斋文献之传，亦复中绝，是则可为太息者矣!"(《鲒埼亭集》卷二八)这一段话,可以看作他整理乡邦文献的指导思想。如众所知,浙东自宋以来,一直为讲学之中心,至明朝则有阳明、蕺山以及梨洲之再举证人讲会,学者辈出。然自清康雍以后,逐渐衰替。全祖望在《范冲一穿中柱文》中说:"甬上师友源流,自昔甲于吴越。年来耆老凋丧,无复高曾之规矩。经史沟浍,俱成断港……其余则奉场屋之文为鸿宝,展转相师,一望茅苇,封己自足,要皆原伯鲁家子弟也。"(同上书,卷二二)又在《槎湖书院记》中说:"呜呼,吾乡自宋元以来,号为邹鲁(孟子生于邹,孔子生于鲁,后因以'邹鲁'为文教兴盛之代称)……槎湖殁后,吾乡之讲堂渐替,而人物亦骤衰。"(《鲒埼亭集外编》卷一六)为了使"五百余年攻愧、厚斋文献之传"不致中绝,于是他积极刊刻乡贤之遗著,阐明其学术之渊源,自北宋之"庆历五先生"直至证人书院之耆旧,皆为采其言论,著其学行,撰次碑铭传记,从而使乡贤文献得以大彰。与此同时,对于有贡献的其他学者,如顾亭林、李二曲、陆桴亭、刘继庄、李穆堂(即李绂)等人,亦皆为之撰写神道碑文或传记,叙其生平与学说。全祖望的这些努力,对于研究明末清初的学术思想史有很大的贡献。所以有的学者说,这类文章可以作为《明儒学案》的续编来读,是很有道理的。

但是全祖望一生中用力最多的是对明末抗清忠贞志士的表彰。大家知道,浙东是明末抗清斗争的重要根据地之一,许多忠贞志士为抗清斗争而壮烈地牺牲于此。因此,搜集、整理并表彰这部分人物的事迹,便成为他整理历史文献的主要内容。他说:"明之亡也,浙东山寨云起,而四明之义师尤壮。夫翁州(即舟山)一弹丸小岛耳,然而残明一线,实寄于此,其关系至与宋厓山(或作崖山,在广东新会县南之海中,为南宋抗元之最后据点)等……特自康雍以来,转盼百年,故老凋谢,遗献消腐,后学新进,茫然于桑梓典型之无望。至于故国大节,足以扶元气而维日星者,则几无一人能言之矣。"[1] 又说:"志士之精魂终古不朽,而莫为宝之,使冥行于太虚而人莫得见,则后死者之恨也。"(《鲒埼亭集》卷三二《董高士晓山墨阳集序》)这就是说,搜集、表彰那些忠贞死节之士的事迹,乃是生者应尽之职责。若"不及是时大阐幽德,将与桑海劫灰同归脱落"(《鲒埼亭集外编》卷六《赣

---

[1] 转引自吴景贤:《清代史学与民族思想》,《国师季刊》第7—8期合刊。

庵陆墓碑铭》），使"志士之精魂""冥行于太虚而莫得见"，这是"后死者"最大之憾事。同时他又发现，"明末纪述，自甲申以后，萤光爝火，其时著述者捉影捕风，为失益多。兼之各家秉笔，不无所左右袒，虽正人君子或亦有不免者。后学读之如棼（紧密的意思）丝之不可理"（同上书，卷四三《与史学汀论行朝录书》）。因之，全祖望毅然以此为己任，对明末死难于浙东者，他均为之博考野史，旁及家乘，广搜遗闻，一一写成碑铭志传。每撰一文，不仅搜罗宏富，而且经过缜密考核，作出了重大的贡献。

综上所述，我们可以清楚看到，全祖望的一生，很大部分时间是用在文献的搜集和整理上，成为这一时期文献学的杰出代表。章学诚就曾说过：全祖望于文献整理，"生承诸老之后，渊源既深，通籍馆阁，闻见更广，放其所见，较（邵）念鲁先生颇为宏阔"（《章氏遗书》外编卷二《乙卯札记》）。不过这里需要强调指出的是，尽管全祖望搜集、整理文献的内容是相当广泛的，但表彰明季忠义则是其中最重要的部分；其搜集、表彰的原因也是多方面的，但归结起来，还是出于史家之职责。正如他自己所说，表彰明季"忠臣"、"义士"，为的是"欲存君臣之义于天地之间"（《鲒埼亭集外编》卷一〇《华氏忠烈合状》），"而后知亡国之际未必无人，而回天之力无自而施也"（同上书，卷三〇《明大学士熊公行状跋》）。很明显，这正是出自封建的忠君思想，它在任何一个王朝都是很适用的。加之他曾两次应考进士，身食清廷俸禄，与黄宗羲、万斯同的处境全然不同。因此，他所撰写的明季忠义人物的碑铭传记，就不可能如同某些人所说的那样，也是完全出于"民族之气节"了。再就实际情况来看，全祖望在评论历史人物的时候，最看重的是"其忠贞大节，而不在区区著述之间"（《鲒埼亭集》卷二九《刘（向）扬（雄）优劣论》），因此，他所表彰的都是些"忠臣义士"，而贬斥的则是那些所谓"叛臣逆子"。这是他评价历史上所有人物（明季忠义自然也不例外）的一条标准。同时，他还明确主张史书应立《节烈传》，并"谓史臣不立《节烈传》，所当立传者何人！"（刘光汉《全祖望传》）这一主张和上一标准，以及他评论历史人物时的一系列言论，其精神是完全一致的。懂得了这一点，那么为什么在全祖望所写的那些表彰明季忠义的文章中，有很多地方廉价地、不着边际地称颂清朝统治者，也就不难理解了。这就说明，尽管全祖望整理晚明文献，是在黄宗羲和万斯同的直接影响下进行的，他又私淑黄氏，而所做的工作从形式上看也完全一样，可是由于生活的时代不同，特别是各自的处境不同，因而他们虽同为浙东学派人物，有共同的学术宗旨，但对具体问题的看法和处理，还是可以有所不同。我们绝不能因为黄、万二人整理、表彰晚明忠节是出自民族思想，就认定全祖望既是他们的门生，他的搜集、整理明季文献，也就理所当然地具有同样的思想。这种主观的逻辑推理，显然是很不恰当的。事实上，尽管全祖望对黄宗羲的学术思想推崇备至，但并不因此妨碍他对黄宗羲提出批评，在《答诸生问南雷学术帖子》中，全祖望曾非常中肯地指出："先生不免余议者则有二：其一，则党人习气未尽，盖少年即入社会，门户之见，深入而不可猝去，便非无我之学；其二，则文人之习气未尽，不免以正谊明道之余枝，犹留连于枝叶。"（《鲒埼亭集外编》卷四四）在这个问题上，显然比黄宗羲前进了一大步。同样，全祖望对于《明夷待访录》一书，也是十分推崇赞赏的，认为它是经世之宏文。他自己亦"尝谓国家刑赏，非君主所得私，三代而后，人君日骄，奉《洪范》作威、作福二语为圣书，而圣王兢业之心绝"（刘光汉《全祖望传》），正与黄宗羲抨击封建法律为"非法之法"的观点相一致。可是在对待天命鬼神的问题上，他们的看法却又大不相同了。黄宗羲对鬼神迷信、吉凶祸福等无稽之谈一律持反对态度，并多次撰文加以批驳，而对范缜《神灭论》则极力称颂。全祖望则不然，由于仕途失意，长期贫病交加，思想消沉，加之又受理学的影响，产生了浓厚的宿命论思想。他曾写了《原命》一文，大谈其人之贵贱寿夭均由命中所注定的命定论观点（《鲒埼亭集外编》卷四八）。这又是他史学思想中远远落后于黄宗羲的消极有害部分。当然，他也还有不少独到的史学见解，如对于朱熹升祀之举很不以为然，对把《通鉴纲目》吹捧为《春秋》后第一书斥为耳食之言，等等。所有这一切都充分说明，浙东学派诸大师在学术宗旨一致的前提下，由于时代和处境的不同，他们也还是存在着各自的差别，同为表彰明季忠烈，却各有其不同的指导思想，应该进行具体的分析。只有这样，才能作出符合于历史实际的结论，恰如其分地肯定他们在史学上的贡献。

第五节　邵晋涵的史学

一、邵廷采的史学

邵廷采字念鲁，浙江余姚人，生于清顺治五年（1648），卒于康熙五十年（1711），亦为浙东学派之一员。他以推宏王学为己任，并宗述刘蕺山，可称为浙东王学之后劲。又尝问业于黄宗羲，亲承黄氏之教授史学而传其文献之学，还曾以《读史百则》呈正于黄宗羲。对于从黄氏处所受到的教益，一直铭记心中，他在《谢陈执斋先生书》中云："十余年前，尝以《读史百则》呈正黄先生，后又蒙授《行朝》一编，殷勤提命，难忘是恩。立名真伪，学术异同，海内后贤，自有定论。"（《思复堂文集》卷七）先后主讲姚江书院十七年，以授徒为生，终老乡里。然于宋明忠烈和晚明恢复事迹，皆能极意搜罗，予以表彰。所著《宋遗民所知录》、《明遗民所知录》，均寓有故国民族兴亡之痛。而《东南纪事》、《西南纪事》二书，记录闽、浙、滇、桂匡复之事，有补于南明史之研究。《思复堂文集》里，尤多明人传记。其于明代文献之征存，颇能上承黄、万之绪。由于穷老海滨，闻见不广，因而所记错误疏略，亦是在所难免。

清廷因纂修《明史》，诏访天下遗书，邵氏曾作《拟征启祯遗书谢表》一文，发表了他对写史的看法，文中说："伏以笔削纪前朝，赏罚出大君之命。是非明异代，文章持万世之公。事虑久而渐湮，征求宜豫。道与天而均重，编次非轻。古者一史自出于一人，或以父子而世其业。后世众传分成于众手，至以崇卑而监其官。马迁分散数家，刊落犹多未尽。范氏淹通后传，条例且虞过烦。《晋书》经瀛洲之十八士而始成，《宋史》（当为《新唐书》或《新五代史》之误）费欧阳之百万言而尤杂。辞之烦简以事，文之今古以时，固欲自成一家之体。然述一事而先后不同，叙一人而彼此不同，遂至踵坏百代之书，又况周臣不立韩通，国嫌宜慎；唐录难私张说，公道谁明？魏则为王，蜀则为寇，名儒且与陈寿同讥。按之入地，扬之上天，何物敢与魏收作色？总之，本朝自尊其人物，多称贤者而不列小人。若夫后王追定其权衡，当讨大夫而并及天子。"这段议论对于史书的编纂，既提出了方法技术问题，也提出了取舍标准问题。特别是他要求修史者做到"辞之烦简以事，文之今古以时"，即撰写史书，一切应从实际出发，该繁者繁，该简者简，文辞力求运用时代语言，以及力戒随心所欲地任情褒贬，"按之入地，扬之上天"，要求做到据事直书，"持万世之公"等等，这些虽属老生常谈，但却都是古今之至论。特别是在清廷开馆纂修《明史》之时提出，显然是言有所指，而又寓有深意的，即希望那些修史者对有明一代历史不要任意割裂和篡改。所以他紧接着又说："有明……一代无奇功，故百姓蒙其休养；累朝多教泽，故缙绅皆重廉隅。第正（德）嘉（靖）以前之书足征文献，（天）启（崇）祯以后之事半散冰灰。（蔡）伯喈之逸才，恐其亡形江海；（郑）所南之《心史》，亦虞缄袭金函。若不及此搜罗，何以终其条贯？纪表志传，当如班椽（固）之精严，毋仍（谷）应泰纪事之体。予夺贬褒，愿学（朱）文公之平恕，勿等李贽《续藏书》之偏……宜开忌讳之门，大肆专家之学。伏愿除俗弊而布宽政，若明祖之听刘基；无欲速以致太平，法孝宗之用（刘）大夏。复建文之号，不必别立革朝之名。存弘光之年，使得概从亡国之例。"（《思复堂文集》卷一〇）一句话，就是要求如实反映有明的本来面目，以存一代之信史。他的这封信，既表达了明代遗民之真挚感情，又道出了忠诚史家之善良愿望。

他的这些史学思想，对其从孙邵晋涵以及章学诚都起过重大的积极影响。章学诚在早年时，与邵晋涵的交谈中就已盛推《思复堂文集》，他说："班马韩欧，程朱陆王，其学其文，如五金贡自九牧，各有地产，不相合也。洪垆鼓铸，自成一家，更无金品州界之分，谈何容易！文以集名，而按其旨趣义理，乃在子史之间，五百年来，谁能辨此！"（《章氏遗书》卷一八《邵与桐别传》赀选按语）后来在给其儿子写信中又说："盖马、班之史，韩、欧之文，程、朱之理，陆、王之学，萃合以成一子之书，自有宋欧、曾以还，未有若是之立言者也。"（《文史通义新编新注》外编三《家书三》）

二、邵晋涵的生平与学术思想

邵晋涵字与桐，又字二云，浙江余姚人。以《禹贡》三江，其南江自余姚入海，遂自号南江。生于乾隆八年（1743），卒于嘉庆元年（1796），享年仅五十四岁。为邵念鲁之从孙，学术思想上深受其叔祖的影响。祖父邵向荣，康熙壬辰（1712）进士，以书劣复试被黜，由中书改授定海县教谕，晚补镇海县教谕。邵晋涵自幼即随祖父身边读书，因聪敏而为祖父所钟爱，"亲课读于镇海学署，四五岁即知六义四声。稍长，益涉猎，博闻强识，见者惊犹鬼神"（黄云眉《邵二云先生年谱》）。七岁即能赋排律五十韵，同里朱文治有诗称颂云："只眼观书喜独明，先生智慧自天生。七龄早已工长律，花烛词成老辈惊。"（《绕竹山房诗稿》卷一一《邵丈二云学士南江诗钞题词》）因晋涵生来左目微眚，故有"只眼观书"云。十二岁，会县试，知县李化楠呼至案前，命背诵五经，一字不失。二十三岁乡试中式，二十九岁礼部会试第一。乾隆三十八年（1773），四库馆开，纪昀为总裁，他与戴震、周永年等人同入馆编校，充纂修官。他负责史部，凡史部之书，多由他最后校定，史部提要亦多出自其手。次年授翰林院编修，仍编校《四库全书》，兼辑续"三通"。晚年擢翰林院侍讲学士，日讲起居注官，兼文渊阁直阁事。历充成安宫总裁，《万寿盛典》、《八旗通志》、国史馆、三通馆纂修官，并任国史馆提调，兼掌进拟文字。前后任职史馆十余年，数十年来名卿列传皆出其手。纂修中，能据事直书，未尝依阿瞻徇。"馆中收贮先朝史册，以数千计，总裁问以某事，答曰：在某册第几页中，百不失一。"（江藩《国朝汉学师承记》卷六《邵晋涵传》）五十岁那年，毕沅《续通鉴》修成，因"大率就徐氏本稍为损益，无大殊益。公（指毕沅）未惬心，属君（指邵晋涵）更正，君出绪余为之复审，其书即大改观。时公方用兵，书寄军营，读之，公大悦服，手书报谢，谓迥出诸家《续鉴》上也"（《章氏遗书》卷一八《邵与桐别传》）。于此足见其超人之史才。

  他一生中交往的朋友很多，唯与章学诚情谊最深，两人志同道合，均有志于改编《宋史》。他认为《宋史》自南渡以后，尤为荒谬，于是仿王偁《东都事略》，并采熊克、李焘、李心传、陈均、刘时举所撰之书，及宋人笔记，"先辑《南都事略》，欲使前后条贯粗具，然后别出心裁，更为赵宋一代全书"（《邵与桐别传》贻选按语）。章学诚对于邵晋涵的改作《宋史》之举十分关心，晚年曾一再写信催促，而对他曾花十年之功写成的《尔雅正义》则很不以为然，并曾写信给他，作了直率的批评，信中说："足下《尔雅正义》，功赅而力勤，识清而裁密，仆谓是亦足不朽矣。抑性命休戚之故，亦有可喻者乎？《尔雅》字义，犹云近正，近正之义，犹世俗云官常说话，使人易解。足下既疏《尔雅》，则于古今言语能通达矣；以足下之学，岂特解释人言，竟无自得于言者乎？君家念鲁先生有言：'文章有关世道，不可不作；文采未极，亦不妨作。'仆非能文者也，服膺先生遗言，不敢无所撰著，足下亦许以为且可矣。足下于文，漫不留意，立言宗旨，未见有所发明，此非足下有疏于学，恐于闻道之日犹有待也。足下博综十倍于仆，用力之勤亦十倍于仆，而闻见之择执，博综之要领，尚未见其一言蔽而万绪该也。足下于斯，岂得无意乎？《宋史》之愿，大车尘冥，仆亦有志而内顾枵然，将资于足下而为之耳。足下如能自成一史，仆则当如二谢、司马诸家之《后汉》，王隐、虞预诸家之《晋书》，亦备一家之学。如其未能，则愿与足下共功；其中立言宗旨，不俟而合，亦较欧、宋《新唐》必有差胜者矣。"（《文史通义新编新注》外编三《与邵二云论学》）可见章学诚是多么希望邵晋涵能把自己的全部精力，用之于《宋史》的研究上面，以成一家之学，而不要把自己有限的精力，花费在"解释人言"上面，这也反映了当时学术界在学术研究上的一种趋向。事隔两年，章学诚又再次写信给他谈及此事，他说："足下今生五十年矣，中间得过日多，约略前后自记生平所欲为者，度其精神血气尚可为者有几？盖前此少壮，或身可有为，未可遽思空言以垂后世；后此精力衰颓，又恐人事有不可知；是以约计吾徒著述之事，多在五十六十之年，且阅涉至是不为不多，中间亦宜有所卓也。足下《宋史》之愿，大车尘冥，恐为之未必遽成；就使成书，亦必足下自出一家之指，仆亦无从过而问矣。"（《文史通义新编新注》外篇三《与邵二云论修〈宋史〉书》）果然不出章学诚所料，又隔四年，即邵晋涵五十四岁那年，便与世长辞了，一生所要经营的《宋史》，亦全部成了泡影。

对于邵晋涵的去世，章学诚是非常悲痛的，在《邵与桐别传》中，章学诚沉痛地说：邵的去世，"不特君之不幸，亦斯文之厄也！"事情正是这样，像邵晋涵这样一位才识卓越的史学家，一生当中，关于史学方面的著作，除了《四库全书》史部提要外，几乎一无所有，这正是章学诚感到最痛心的事。这种情况的造成，一则是其不幸短命，仅享中寿之年；再则是把有用之精力浪费在无用的官场应酬之中。一个有才有学之士，一旦进入官场，势必影响其在学术上的成就，邵晋涵可算得上是个典型。四库馆开，他所负时誉仅次于戴震，而其成就竟不如举世弃置弗论之章学诚，究其原因，不单是如同章学诚所说的那样："邵长于学，吾善于裁"，更主要的是在于邵晋涵碌碌京师，整日忙于应付官样文章，劳顿于各方应酬，把一生中宝贵的精力与聪明才智，尽花费在这些无用之地，严重地妨害了他在学术上的成就，结果是学既不传，书亦未著。这正是章学诚所一再替他惋惜的大憾事。

三、邵晋涵与《旧五代史》的整理

自从欧阳修的《新五代史》问世以后，由于它的正统观念强烈，而且一意仿效《春秋》笔法，特重褒贬之义例，加之欧阳修又是一代文豪，官场显宦，于是《旧五代史》逐渐为人们所冷落，特别是金章宗明令《旧五代史》不得列于学官以后，终遭废削，元明之间，已罕闻其书。明修《永乐大典》，《旧五代史》虽在辑存之例，但《大典》编纂的体例是"因韵求字，因字考事"，全书自然也被割裂分纂，所以名义上《大典》收录了此书，实际上仍归湮没，迄于清初，社会上竟已无由得见。邵晋涵入四库馆后，因工作之便，乃从事《旧五代史》的辑佚工作，大抵"就《玉海》以辨其篇第，就《大典》以辑其遗文"。然《大典》中多有缺文，晋涵便采《册府元龟》、《太平御览》、《通鉴考异》、《五代会要》、《契丹国志》、《北梦琐言》等以补其缺，并参考新旧《唐书》、《东都事略》、《宋史》、《辽史》、《续通鉴长编》、《五代春秋》、《九国志》、《十国春秋》和宋人说部文集，以及五代碑碣之尚存者，一一加以辨证。凡所补之文，又为分行注明其书名、卷数之出处，以与《大典》原文相区别；而所辑录自《大典》之文，亦皆标注卷数。至于《大典》所载字句脱落、音义错误者，则据前代征引《旧五代史》之书，进行校订。在他三十三岁那年（乾隆四十年）全书编校完成，"会萃编次，得十之八九"。书成后，馆臣请仿刘昫《旧唐书》之例，列于二十三史，刊布学宫。《旧五代史》之得以重见天日，全赖邵晋涵的辛勤辑录编校，虽非他个人撰著之书，仍不失为对史学界之一大贡献。彭元瑞在《知圣道斋读书跋》卷一《钞本旧五代史》云："《永乐大典》散篇辑成之书，以此为最，以其注明《大典》卷数及采补书名卷数，具知存缺章句，不没其实也。《四库全书》本如此，后武英殿镌本遂尽删之。曾屡争之总

裁，不见听。于是薛氏真面目，不可寻究，后人引用多致误矣。"（转引自《邵二云先生年谱》）

四、从史部提要看邵晋涵的史学思想

邵晋涵在四库馆时，负责史部之书的审订工作，提要亦多出自其手，这本是研究其史学思想的很好材料，但就其《南江文钞》所载《史记》、《史记集解》、《史记正义》、《汉书》、《后汉书》、《晋书》、《宋书》、《南齐书》、《梁书》、《陈书》、《魏书》、《北齐书》、《周书》、《隋书》、《南史》、《北史》、《旧唐书》、《新唐书》、《五代史记》、《宋史》、《辽史》、《金史》、《元史》、《明史》及《两朝纲目备要》、《通鉴前编》、《通鉴纲目前编》等各书提要来看，与《四库全书总目提要》所载，内容文句颇多异同，特别是《史记》、《后汉书》、《新唐书》和《五代史记》的提要，更为面目迥殊。《南江文钞》所载，多从评论史书的性质出发，既谈史家思想渊源，又谈其书的内容价值及其笔法；而《四库全书总目提要》则多属介绍性质，偏重于对史书之编纂及史料之辨证。谭献在《复堂日记》中曾说过："阅邵二云先生集诸史提要，语见渊源，深识玄解，因检官本互勘，多所删改矣。"可见前人对邵氏所写之提要被他人删改一事，已深感惋惜和不满了。如关于《史记》，《四库全书总目提要》主要介绍了全书篇数及后人补撰篇目之考证，以及辨证文字之散佚窜易处，而对该书的内容及编纂方法则一语未谈。《文钞》所载，与此就大不相同，其《史记提要》云：

迁自言继《春秋》而论次其文，后之学者，疑辨相属。以今考之，其叙事多本《左氏春秋》，所谓古文也。秦汉以来故事，次第增叙焉。其义则取诸《公羊春秋》，辨文家质家之同异，论定人物，多寓文与而实不与之意，皆公羊氏之法也。迁尝问《春秋》于董仲舒，仲舒故善《公羊》之学者，迁能伸明其义例，虽未必尽得圣经之传，要可见汉人经学，各有师承矣。其文章体例，则参诸《吕氏春秋》而稍为通变。《吕氏春秋》为十二纪、八览、六论，此书为十二纪、十表、八书、三十世家、七十列传，篇帙之离合先后，不必尽同，要其立纲分目，节次相成，首尾通贯，指归则一而已。世尝讥史迁义法背经训，而称其文章为创古独制，岂得为通论哉！(《南江文钞》卷一二《史记提要》)

这篇提要除了介绍该书的作者、篇卷、书名外，还着重指出司马迁在《史记》中"其叙事多本《左氏春秋》"，而"其义例则取诸《公羊春秋》"，并说明了司马迁学术思想之渊源，谓"迁尝问《春秋》于董仲舒，仲舒故善《公羊》之学者，迁能伸明其义例"。像这样从学术渊源之师承关系来探明作者著书之义例，评价其书之优劣，可谓真正抓住了实质，评出了水平。杨向奎先生在《司马迁的历史哲学》一文中说："太史公对于许多新生事物的肯定和公羊学有一定的关系，是受经公羊学的一定影响的，过去曾经有过一篇《汉晋人对于〈史记〉的传播及其评价》一文在小结中曾经涉及此一问题……这些话虽然有值得商量处，但它指出《史记》曾取法《公羊》，还是有一定见解的。"(载《中国史研究》1979年第1期)其实两百多年前乾嘉时代的邵晋涵，早已提出了这个看法，可见其眼光之敏锐与史识之高超了。

邵晋涵最大的长处是，看问题不受前人结论所囿，能够大胆发表自己的见解，并且言之有理有据。特别是对史书的评价，能从思想内容的大处着眼，而不像当时一般汉学家们那样津津于一人一事、一字一句之考订。即使对各注家的介绍，亦尽可能地指出其源流史法，如说："迁引六经之文，间易以训诂，皆本西汉诸儒之旧说。裴骃引徐广音义，多识古文奇字，复取经传训释以为《集解》，扶微学而阐隐义，赖以不坠，是迁能述经典之遗文，而骃能存先儒之轶说，考诸经古义者必归焉，不仅史法为后人所遵也。"(《南江文钞》卷一二《史记提要》)在对《后汉书》的评价中，也能从当时社会的风尚，来说明范晔在书中所创立的许多类传及其对后世的影响，他说："东汉尚气节，此书创为《独行》、《党锢》、《逸民》三传，表彰幽隐，搜罗殆尽。然史家多分门类，实滥觞于此。""范氏所增《文苑》、《列女》诸传，诸史相沿，莫能刊削，盖时风众势，日趋于文，而闺门为风教所系，当备书于简策，故有创而不废也。《儒林》考传经源流，能补前书所未备，范氏承其祖宁之绪论，深有慨于汉学之兴衰，关于教化，推言终始，三致意焉，岂独贾逵、郑康成诸传为能阐其微意哉！"(同上书，《后汉书提要》)这种贵创造发明的特点，正是继承和发挥了浙东史学所具有的本色。邵晋涵不愧为浙东学派中一名出色的成员。

在对史书的评论中，邵晋涵的又一突出长处是，一般都能做到持公允之论，不盲从附和前人之说。如对于新旧《唐书》与新旧《五代史》，他认为应"集长去短，各有取裁，学者亦无庸过分轩轾矣"（同上书，《新唐书提要》）。不过对于《新五代史》中所存在的问题，除了前人已经指出者外，他还另外列举了三大缺点：

第一是取材不富："夫史家以网罗放失为事，故曰'其轶时时见于他说'，又曰'整齐旧闻'。李延寿《南北史》于旧史外，时有增益，斯其为可贵也。修则不然，取旧史任意芟除，不顾其发言次第，而于旧史之外所取资者，王禹偁之《阙文》，陶岳之《史补》，路振之《九国志》三书而已。所恨于修者，取材之不富也。"

第二是书法不审："修与尹洙同学古文，法《春秋》之严谨。洙撰《五代春秋》，虽行文过隘，而大事不遗。修所撰帝纪，较《五代春秋》已为详悉矣；然于外蕃之朝贡必书，而于十国之事，俱不书于帝纪，岂十国之或奉朝贡或通使命者，而反不得同域外之观乎！所恨于修者，书法之不审也。"

第三是掌故不备："法度之损益，累代相承，五代虽干戈相继，而制度典章，上沿唐而下开宋者，要不可没。修极讥五代文章之陋，只述《司天》、《职方》二考，而于礼乐、职官、食货之沿革，削而不书，考古者茫然于五代之成迹，即《职方考》于十国之建置，亦多疏漏。所恨于修者，掌故之不备也。"（同上书，《五代史记提要》）

这三条，确实都是《新五代史》无可讳饰的重大缺陷。实际情况如此，为什么欧书反而会压倒薛史呢？邵晋涵认为其中一个很重要的原因是在于"旧史但据实录，排纂事迹，无波澜意度之可观；而修则笔墨排骋，推论兴亡之迹，故读之感慨有余情，此其所由掩旧史而出其上欤！"（同上引）这个看法，笔者认为是比较符合实际情况的。可是直到今天，有人在评论欧阳修史学时，还认为欧阳修在《新五代史》中之所以只立《司天》、《职方》二考，是由于五代典制荒略，不足为法，并且还反过来指责四库馆臣不明此理。这种评论，显然是无法使人信服的。其实邵晋涵在这个问题上已经说得非常清楚："法度之损益，累代相承，五代虽干戈相继，而制度典章，上沿唐而下开宋者，要不可没"，"所恨于修者，掌故之不备也"。又怎么能以

"荒略"为借口而不作呢？其实这正反映了文人修史的通病，因为欧阳修只以文学见长，对于典章制度，也就是所谓"掌故"则并不熟悉，这个重大缺陷的铸成，是难以用任何借口所掩饰得了的。

魏收的《魏书》向来就有"秽史"之称，邵晋涵则认为这一评论很不公道，因此在提要中据事逐条加以驳正，指出：

> 收以修史为世所诟厉，号为"秽史"。今以收传考之，则当时投诉，或不尽属公论，千载而下，可以情测也。议者云："收受尔朱荣子金，故减其恶。"夫荣之凶悖，恶著而不可掩，收未尝不书于册。至论云："若修德义之风，则韩、彭、伊、霍，夫何足数！"反言见意，史家微辞，乃转以是为美誉，其亦不达于文义矣。又云："杨愔、高德正势倾朝野，收遂为其家作传；其预修国史，得阳休之助，因为休之父固作佳传。"夫愔之先世为杨椿、杨津，德正之先世为高允、高祐。椿、津之孝友亮节，允之名德，祐之好学，实为魏之闻人，如议者之言，将因其子孙之显贵，不为椿、津、允、祐立传而后快于心乎！《北史·阳固传》：固以讥切聚敛，为王显所嫉，因奏固剩请米麦，免固官。从征峡石，李平奇固勇敢，军中大事悉与谋之，是固未尝以贪虐先为李平所弹也。固它事可传者甚夥，不因有子休之而始得传。况崔暹尝荐收修史矣，而收列崔暹于酷吏，其不徇私惠如此，而谓得休之之助，遂曲笔以报德乎！

邵晋涵在逐一驳斥了"议者"的论点以后，又从正面提出："李延寿以唐臣修《北史》，多见馆中坠简，参校异同，多以收书为据。其为收传论云：'勒成魏籍，婉而有章，繁而不芜，志存实录。'于是秽史之谤，可以一雪矣。"经过如此反复论证，邵晋涵最后又下结论说："收叙事详赡而条例未密，多为魏澹所驳正，《北史》不取魏澹之书而于澹传存其叙例，亦史家言外之意也。澹等之书俱亡，而收书终列于正史，然则著作之业，固不系乎一时之好恶哉。"（《南江文钞》卷一二《魏书提要》）

邵晋涵对以前史家著作的评论，能坚持以事以理服人，而不是以势压人，这种实事求是的态度是非常可贵的。后来王鸣盛在《十七史商榷》中也

指出:"魏收手笔虽不高,亦未见必出诸史之下。"(卷六五《魏收魏书》)

和以往许多著名史家的主张一样,邵晋涵也十分强调编写历史必须据事直书,反对人为地进行主观褒贬。他在《后汉书提要》中说:"夫史以纪实,综其人之颠末,是非得失,灼然自见,多立名目奚为乎!名目既分,则士有经纬万端,不名一节者,断难以二字之品题举其全体,而其人之有隐匿与丛恶者,二字之贬转不足以蔽其辜。宋人论史者不量其事之虚实,而轻言褒贬;又不顾其传文之美刺,而争此一二字之名目为升降,辗转相遁,出入无凭,执简互争,腐毫莫断。"而在《新唐书提要》中也同样指出:"使修、祁修史时,能溯累代史官相传之法,讨论其是非,决择其轻重,载事务实而不轻褒贬,立言扶质而不尚挦撦(摘取,此谓割裂文义),何至为后世讥议,谓史法之败坏自《新书》始哉!"由此可见他对"不量其事之虚实而轻言褒贬"的做法是多么的反感!

综观以上所述,《四库全书》史部提要我们完全可以直接视为邵晋涵的史学评论专著,中间反映了他对历史学上许多问题的独到看法,既有谈及史书编纂的方法与体例,也有论述对史家史著评论的标准。尽管其中也有一些很不确当的看法,如范晔《后汉书》立了许多反映当时社会风气的类传,对历史编纂学的发展作出了一定的贡献,可是邵晋涵只看到后来各家史书在沿用中所产生的一些弊病,如利用这种名目而"轻言褒贬,又不顾其传文之美刺,而争此一二字之名目为升降",从而就否定创立类传的进步意义,显然是很片面的,但总的说来,这些提要仍不失为研究邵晋涵史学思想的重要材料。遗憾的是大部分已被他人进行了删改,当然就不可能完全代表他的思想和观点了。

第十八章
清代杰出的史学评论家、浙东史学殿军章学诚

第一节 章学诚和《文史通义》

一、章学诚的学术生涯

章学诚是浙东史学的殿军，是我国历史上后于唐代刘知幾约千年的又一位杰出的史学评论家。他的代表作《文史通义》，是一部可与《史通》相比美的历史评论专著。

章学诚字实斋，号少岩，浙江会稽（今绍兴）人。生于清乾隆三年（1738），卒于嘉庆六年（1801），终年六十四岁。他生活的时代，正是所谓"乾嘉盛世"。出生于中小地主家庭，其父镳，字骧衢，"少孤，先祖遗书散失，家贫不能购书，则借读于人"（《章氏遗书》卷二二《瀚云山房乙卯藏书日记》）。乾隆七年成进士，十六年得官湖北应城知县，二一年，"以疑狱失轻免官"，"贫不能归，侨家故治"，以讲学维持全家生计。

章学诚对于历史学，从青少年起就产生了特殊的爱好，自云："当时闻经史大义，已私心独喜，决疑质问，间有出成人拟议外者。"（《文史通义新编新注》外篇三《与族孙汝楠论学书》。本章内凡不特别注明者，均引自该书）二十岁以后，学业便"骎骎向长，纵览群书，于经训未见领会，而史部之书，乍接于目，便似夙所攻习然者，其中利病得失，随口能举，举而辄当"（外篇三《家书六》）。他曾很自负地说："吾于史学，盖有天授。"在学习上，他重理解而不重死记，以为"读书当得大意"，所以青年时代，他便"专务涉猎，四部九流，泛览不见涯涘"（《与族孙汝楠论学书》）。他自己承认，"读古人文字，高明有余，沈潜不足，故于训诂考质，多所忽略"。然而"神解精识，乃能窥及前人所未到处"（外篇三《家书三》）。这种"不见

涯涘"的泛览，为他在史学上深入研究打下了基础，为其辨章学术、考镜源流的工作创造了条件。当然对史学上的重要著作还是反复研读的，如"班马而下，欧宋以前，十六七种"，就曾"丹铅往复约四五通"（《与族孙汝楠论学书》）。

章学诚在青年时代，"意气落落，不可一世，不知人世艰也"。然而"试其艺于学官，辄置下等"（《章氏遗书》卷一九《庚辛之间亡友列传》）。对于科举，他从不放在眼中，二十三岁时，初应顺天乡试，不第；二十五岁再试，又落选，不得已入国子监读书。三年后始学文章于朱筠。筠家藏书甚富，因得纵览群籍，并得与往来于朱氏之门的当时学界名流讨论学问。可是他的学术思想始终不合时好，而自己亦不愿"舍己以从时尚"。

章学诚主张做学问要"经世致用"，提倡学术应当为时所用。对于那盛极一时的寻章摘句、专务考索的学风，展开了强烈的批评。由于他性情孤僻，知音很少，师友中真正称得知音的，于师则为大兴朱笥河（筠），于友则为余姚邵二云（晋涵）。其自述学业上的承受，"根底则出邵氏（念鲁）"，至于讨论修辞后起之功，则"得之于朱先生（筠）"。他与邵二云交谊尤笃，论史"契合隐微"，二云对其《文史通义》推许甚至，以为"探其胸中所言"。他的一生穷困潦倒，从三十一岁父亲去世而肩负起家庭重担，直到晚年，生活几乎全靠朋友帮助，或通过朋友介绍得以主持书院讲席和编修方志来维持，即使这样，也还是经常怀着"蹙蹙无骋"之忧的心情。"逼于困苦饥寒"，"家贫亲老，不能不望科举"，想通过科举解决生活出路（外篇三《与汪龙庄简》）。但偏偏"又屡困棘闱，晚登甲第"（《章氏遗书》卷一七《柯先生传》）。直到四十一岁才考上进士，却又顾虑重重，"自以为迂拘，不合世用"（同上书，卷二九《上梁相公书》），终究不敢进入仕途。虽长于史学，始终没有受到清朝当局的丝毫重视。所以自叹"三十年来，苦饥谋食，辄藉笔墨营生"（同上书，卷二九《与宗族论撰节愍公家传书》），常常奔波于大江南北，备尝了人世间的崎岖险阻，颠倒狼狈，几难过活。难怪他在《与史余村论学书》中说："仆困于世久矣，坎坷潦倒之中，几无生人之趣。"（外篇三）特别值得提出的是，乾隆四十六年（1781），在去河南时，中途遇盗，不仅行李遭劫，而且四十四岁以前的著作文稿亦荡然无存，其中包括重要著作《校雠通义》原稿四卷，损失惨重。这些文稿，虽"后从故旧家存录别本借钞",亦只"十得其四五耳"。这件事对章学诚精神上的打击,自然不是言语可以形容的。现存的《校雠通义》已非本来面貌。对此,章学诚自己曾有过说明:"己亥著《校雠通义》四卷,自未赴大梁时,知好家前钞存三卷者,已有数本,及余失去原稿,其第四卷竟不可得,索还诸家所存之前卷,则互有异同,难以悬断,余亦自忘真稿果何如矣,遂仍讹袭舛,一并钞之。戊申,在归德书院,别自校正一番,又以意为更定,则与诸家所存又大异矣。然则今存文字,诸家所钞,宁保与此稿本必尽一耶!"(《章氏遗书》卷二九《跋酉冬戌春志余草》)遇劫以后,他给梁治国写了一封请求援助的信,词语甚为悲切,信中说到自己"读古人书,泾渭黑白,差觉不诬,若不逼于困苦饥寒,呼吁哀号,失其故态……尚思用其所长,殚经究史,宽以岁月,庶几勒成一家,其于古今学术,未必稍无裨补。若使尘封笔砚,仆仆风霜,求一饱之无时,混四民而有愧,则不过数十寒暑,便无此身"(同上书,卷二九《上梁相公书》)。由于生活上的极不安定,他的许多著作几乎都是"撰著于车尘马足之间"。他在史学理论上虽有不少创见,也因迫于生活而未能运用自己的主张写出一部完整的史著来。想改编《宋史》,亦美志未遂。就是刻意经营的规模宏大的《史籍考》一书,先后借助于毕沅、谢启昆的经济力量,历时十二年之久,真可谓"竭毕生精力而后成",仍始终未能问世。代表作《文史通义》,生前因恐"惊世骇俗",只是刻印了一些"近情而可听者",以就质于诸同志。直到道光十二年(1832),次子华绂才在开封第一次刊印《文史通义》八卷、《校雠通义》三卷。这样,他的著作始正式公之于世。清末以来,《文史通义》得到了广泛的流传。1920年,吴兴刘承干搜集章氏遗稿,编成《章氏遗书》三十卷,《章氏遗书》外编二十一卷,从此,章学诚的著作遂全部刊行于世。

二、《文史通义》编著的经过和著作目的

1.《文史通义》编著的经过

章学诚在史学方面贡献最大的著作是《文史通义》。他在三十岁以前,已有著述此书的愿望。乾隆三十一年(1766)就曾表示:"尝以二十一家义例不纯,体要多舛,故欲遍察其中得失利病,约为科律,作书数篇,讨论笔削大旨,而闻见寥寥,邈然无成书之期,况又牵以时文,迫以生徒课业,未

识竟得偿志否也？"（外篇三《与族孙汝楠论学书》）因生活的纠缠，迟迟未得动笔。后来他真正有意识地撰写此书，始于乾隆三十七年（1772），即他三十五岁那年，他在《与国子司业朱春浦先生书》中写道："是以出都以来，颇事著述，斟酌艺林，作为《文史通义》，书虽未成，大旨已见辛楣先生候牍所录内篇三首。"（外篇三）但严格地说，全书直到逝世仍尚未写完，像《浙东学术》这一篇，即成于逝世前一年，而很重要的《圆通》、《春秋》等篇，虽是早有计划，却终未撰成。由此可见，该书撰述几乎历三十年之久。

2.《文史通义》著作的目的

《文史通义》的著作目的，据章学诚本人所述，归纳起来，有如下几点：

第一，阐明史学的意义，进一步发扬史学的"义"——"史意"。他说："吾于史学，盖有天授，自信发凡起例，多为后世开山，而人乃拟吾于刘知幾。不知刘言史法，吾言史意；刘议馆局纂修，吾议一家著述；截然两途，不相入也。"（外篇三《家书二》）他认为"史所贵者义也"，因此"史家著述之道，岂可不求义意所归乎？"（内篇四《申郑》）但是，"郑樵有史识而未有史学，曾巩具史学而不具史法，刘知幾得史法而不得史意。此予《文史通义》所为作也"（外篇四《和州志·志隅自叙》）。

第二，为著作之林校雠得失。他在《与陈鉴亭论学书》（《文史通义新编新注》外篇三）中说明自己著作宗旨时，就曾直接谈到"《文史通义》，专为著作之林校雠得失"。他还多次表白："鄙人所业，文史校雠"，要"上探班刘，溯源《官礼》，下该《雕龙》、《史通》，甄别名实，品藻流别，为《文史通义》一书"（《章氏遗书》卷二九《与严冬友侍读》）。关于这点，他在《与孙渊如观察论学十规》（外篇三）一文中并有进一步的论述，他说："鄙人于文史自马班而下，校雠自中垒父子（指刘向、刘歆）而下，凡所攻刺，古人未有能解免者。"他之所以要这样做，则是因为"古人差谬，我辈既已明知，岂容为讳！但期于明道，非争胜气也"。

第三，"盖将有所发明"。他不是为了校雠而校雠，而是要在驳正前非以后，积极树立己见。他在三十五岁那年给钱大昕的信中就已作过表述："学诚从事于文史校雠，盖将有所发明。"（外篇三《上钱辛楣宫詹书》）他在史学上"贵著述成家，不取方圆求备"，学术研究上重创造发明，反对依傍门户。他认为"史学义例,校雠心法,则皆前人从未言及"(外篇三《家书二》)。因而他自己立志于"文史之争义例,校雠之辨源流"(外篇三《与孙渊如观察论学十规》)。所以他在《与汪龙庄书》中又说:"拙撰《文史通义》,中间议论开辟,实有不得已而发挥,为千古史学辟其蓁芜。"(外篇三)

第四,评论当时学风流弊、世教民俗。他在六十二岁那年《上尹楚珍阁学书》中,曾作过明确的说明:"学诚……读书著文,耻为无实空言,所述《通义》,虽以文史标题,而于世教民彝,人心风俗,未尝不三致意,往往推演古今,窃附诗人义焉。"(《章氏遗书》卷二九)他对于当时不正之学风、文风,都有专篇进行评述。

第五,就是与同时代人作学术上的论战。他在《与胡雒君》书中曾说:"又区区之长,颇优于史,未尝不受师友之益,而历聘志局,频遭目不识丁之流横加弹射,亦必补录其言,反复辨正,此则虽为《文史通义》有所藉以发明,而屡遭坎坷,不能忘情。"(外篇三)。这类性质的文章,在本书中还是比较多的。

三、《文史通义》的内容和版本

《文史通义》一书,究竟应该包括多少篇卷,至今尚乏定论。我们知道,由于该书无严格义例,而全书在作者生前既未最后定稿,又未排定书目,因而为后人留下了难题。当时为了就正于诸同志,纠正学风,虽有选刊之本,究非全豹。章学诚在五十九岁那年写的《跋丙辰中山草》一文中,有一段话很值得研究,他说:"所草多属论文,是其长技,故下笔不能自休。而闲居思往,悼其平日以文墨游,而为不知己者多所牴牾,而谬托于同道也,故其论锋所指,有时而激,激则恐失是非之平,他日录归《文史通义》,当去芒角,而存其英华,庶俾后之览者,犹见其初心尔。"(《章氏遗书》卷二八)这一段话表达了两层意思:一则是他写的文章,并不都是《文史通义》的内容,凡是要编入《文史通义》的文章,还得再经过选择,这就是他所说的"他日录归《文史通义》";再则是凡选入《文史通义》的文章,还要再经过必要的修改,即"当去芒角,而存其英华"。这也说明他原打算在去世之前,对自己的著作作一番全面的整理,并把《文史通义》审选定稿。写《跋丙辰中山草》一文时，距离其去世之日仅仅五个年头，看来他的这个打算也由于生活的不安定而未能实现，所以临终之前数月，不得不将所著文稿匆匆委托友人萧山王宗炎代为校定。王宗炎将其全部文稿"拟分内外二篇，内篇又别为子目者四：曰《文史通义》，凡论文之作附焉；曰方志略例，凡论志之作附焉；曰《校雠通义》；曰《史籍考》叙录。其余铭志叙记之文，择其有关系者录为外篇，而以《湖北通志》传稿附之"（《晚闻居士集》卷五《复章实斋书》）。现今流传的刘氏嘉业堂刻本《章氏遗书》，就是刘承干依据王宗炎所编之目加以补订刊行的。对于王宗炎的这种编排分类，章学诚本人态度如何，已不可得知。不过章氏次子华绂对此并不同意，特别是对《文史通义》内容的编定更表示不满，所以他在道光十二年壬辰（1832）于开封另行编印了"大梁本"《文史通义》，并在跋文中说："嘉庆辛酉年（即章学诚去世之年），其父"以全稿付萧山王縠塍先生，乞为校定"。"縠塍先生旋游道山。道光丙戌，长兄杼思自南中寄出原草，并縠塍先生订定目录一卷。查阅所遗尚多，亦有与先人原编篇次互异者，自应更正，以复旧观，先录成副本十六册……今勘定《文史通义》内篇五卷，外篇三卷，《校雠通义》三卷，先为付梓。尚有杂篇及《湖北通志检存稿》并文集等若干卷，当俟校定，再为续刊。"可见他对王氏所编定的目录因与其父文稿原来的编排差异甚大，是深感不满的，因此尽量按照其父原意而加以重新编定。现今流传的《文史通义》，尽管版本很多，但都是根据这两种版本而来，即华绂刻于开封的"大梁本"和刘氏嘉业堂的《章氏遗书》本。若以华绂所编与王目相较，内篇除排列次序及分卷不同外（前者五卷，后者为六卷），总篇数后者多出《礼教》、《朱陆篇书后》、《所见》、《士习》、《书坊刻诗话后》、《同居》、《咸赋》、《杂说》八篇，而缺少《妇学篇书后》，大体可说差异不大。唯外篇虽皆分为三卷，内容则完全不同，前者是论述方志之文，后者为"驳议序跋书说"。孰是孰非，前人亦曾有过争论。1956年当时设在北京的古籍出版社出版的《文史通义》，系根据《章氏遗书》本排印，"大梁本"外篇三卷全未收入。笔者认为，方志之文是否为《文史通义》之一部分，应以作者本人意愿为准比较妥当。从现有情况看来，作者本意是把方志论文列入《文史通义》之中的，证据如下：其一，《又与永清论文》云："近日撰《亳州志》，颇有新得……此志拟之于史，当与陈、范抗行，义例之精，则又《文史通义》中之最上乘也。"（外篇三）其二，《论文上弇山尚书》中云："欧苏族谱，殊非完善，而世多奉为法式；康氏《武功》之志，体实芜杂，而世乃称其高简，其名均可为幸者矣。鄙选（撰）《文史通义》，均有专篇讨论。"（外篇三）所谓"专篇讨论"，即指"大梁本"《文史通义》外篇三《书武功志后》一篇而言。其三，《释通》篇云："又地理之学，自有专门，州郡志书，当隶外史。"自注云："详《外篇·亳州志议》。"（内篇四）由此可见，章学诚不仅将有关方志论文作为《文史通义》的内容之一，而且明确地把它放在外篇里。同时，从这些文章本身来看，名为讨论方志，而大量篇幅的内容是论述历史编纂等问题。章学诚曾明确表示，方志本属史体，两者不分畛域，那么把它编在《文史通义》当中，显然是名正而言顺的。至于王宗炎所编之外篇——序跋书评驳议之类，当然也属《文史通义》的内容，但其所选尚有不尽恰当之处。今仅举一例说明：上文所引《论文上弇山尚书》一文中所谓"欧苏族谱"，作者就明白表示，在《文史通义》中曾有专篇讨论。这里所说的专篇，实指《家谱杂议》（外篇三）一文，然而王氏所编《文史通义》外篇并未收入。

综上所述，笔者认为，为了使《文史通义》按照作者撰述本意所应具之面目出现，不仅上述两种版本外篇的内容皆需收入（当然王氏所编之外篇也不全是《文史通义》之篇章），而且《章氏遗书》中现存有关论述文史的篇章也应加以选录。这样做，对于研究章氏学说无疑创造了更为方便的条件。事实上由于版本的不统一，学术界有关论著的引文已经出现了混乱情况，这种局面应当早日改变。

为了解决这一矛盾，并尽可能恢复《文史通义》内容的原貌，笔者花了三十年时间进行研究，认为两种外篇都是《文史通义》的内容，所以在1993年出版的《文史通义新编》中，将两种流传的外篇，全部编入《新编》的外篇，并且还收入两种外篇都不曾有的八十余篇，其中就包括《上晓征学士书》和《上慕堂光禄书》两文。这是章氏的两篇佚文，胡适、姚名达在作《章实斋先生年谱》时都未见过这两篇文章。特别是《上晓征学士书》很重要，章氏在文中讲了"取古今载籍，自六艺以降讫于近代作者之林，为之商榷利病，讨论得失，拟为《文史通义》一书。分内外杂篇，成一家言"。这就是说，他的《文史通义》应由内篇、外篇、杂篇三部分组成。而章氏次子华绂在"大梁本"《文史通义》的序中也曾指出:"道光丙戌,长兄抒思自南中寄出原草并穀塍先生订定目录一卷,查阅所遗尚多,亦有与先人原编篇次互异者,自应更正,以复旧观……今勘定《文史通义》内篇五卷,外篇三卷,《校雠通义》三卷,先为付梓。尚有杂篇及《湖北通志检存稿》并文集若干卷,当俟校定再为续刊。"这就表明,华绂当日是知道其父《文史通义》内容的编排次序的,其中还有"杂篇",但当时不知何故未收入。他也看到王宗炎所编定之目录,王氏所编篇目是将"驳议序跋书说"作为外篇,而将方志论文排除在《文史通义》内容之外,故序中说这个篇目"所遗尚多,亦有与先人原编篇次互异者",所指大约正是这个。因为关于方志论文是《文史通义》内容的组成部分,章学诚在有些论著中不仅讲了,而且明确指出是该书的外篇。那么"驳议序跋书说"是否又都是"杂篇"呢?其实也并不如此,如章氏在《与邵二云论文书》中就曾讲到"《郎通议墓志书后》,则《通义》之外篇也"。正因如此,笔者在《文史通义新编》的《前言》中说:"为了保持新编本与习见的通行本之间的连贯,也便于读者的使用,这次就不再另行分设'杂篇',而将这一问题留给有关专家再作研究了。"也就是说,仍将两种通行本的外篇全部编为外篇,因为要将"驳议序跋书说"之文区分出外篇和杂篇实在太难。区分的标准是什么呢? 2003年在绍兴召开的"章学诚国际学术研讨会"上,中国人民大学梁继红博士的《章学诚〈文史通义〉自刻本的发现及其研究价值》一文,曾谈及章氏自刻本的编排问题,笔者本以为可以解决"杂篇"的范围问题,着实高兴了一阵子,但通过仔细研究后,发现问题仍未得到解决,只能还是一个悬案。文章中有这样一段,现抄录于下:

从《文史通义》自刻本的编排体例上看,章学诚将《文史通义》分为三个部分,即内篇、外篇及杂篇,后附杂著,其篇目如下:

《文史通义·内篇》:《易教》(上中下)、《书教》(上中下)、《诗教》(上下)、《言公》(上中下)、《说林》、《知难》;

《文史通义·外篇》:《方志立三书议》、《州县请立志科议》;

《文史通义·杂篇》:《评沈梅村古文》、《与邵二云论文》、《评周永清书其妇孙孺人事》、《与史余村论文》、《又与史余村》、《答陈鉴亭》;

《杂著》:《论课蒙学文法》。

从以上所列篇目看，内篇和外篇本来就无多大异议。特别是方志作为外篇，笔者在多篇文章中都有论定。至于"杂篇"，看了自刻本所列篇目后，笔者觉得还是很茫然。上文提到的《郎通议墓志书后》，章氏在给邵晋涵那封论文的信中，就明确定为"外篇"，这封信写于四十六岁那年，距离给钱大昕的那封信已经十一年了，此时的想法应当都是相当成熟了，既然这篇属于"外篇"，当然同性质的文章还是不在少数，自然也都应当归入"外篇"。而这类文章究竟有多少，现在看来这个界线谁也划不清楚。基于这种情况，如今笔者有一个大胆的想法：当年章氏次子华绂只将方志论文列为外篇，而其他的"驳议序跋书说"中还有哪些是属于"外篇"，他自己也说不清，只有这样一做了事，于是杂篇和其他内容"当俟校定再为续刊"，只不过是借口而已。后来的事实证明，也确实如此，他再也未作过任何校定续刊。因此，这里只好再重复一句，尽管大家都看到了章氏自刻本的部分分类篇目，但是原来的"驳议序跋书说"，究竟哪些篇应当留在"外篇"，哪些篇应当归入"杂篇"，还是无人能分辨清楚，看来只好仍旧维持现状，待以后能有所发现再来定夺。

《文史通义新编》于1993年在上海古籍出版社出版以后，曾获得了中外学术界师友们的好评，为研究章氏学说创造了方便条件。许多学者并认为可以作为《文史通义》的定本。但是，同时亦有许多友人，特别是青年朋友提出，章氏之书比较难读，最好能够有个注本，于是为《新编》再作"新注"的任务便又放到笔者的面前。特别要指出的是，浙江古籍出版社张学舒先生更是这种"新注"的倡导者和策划者。而笔者本人却一直心存疑虑，担心自己才疏学浅，恐怕难以胜任，因为这部书的内容涉及知识面实在太广。但是，为了不负众望，最终还是勉为其难地接受下来。2005年，浙江古籍出版社出版了《文史通义新编新注》。

这里还要附带说明的是，从前曾有人认为，《校雠通义》也应统属于《文史通义》之中，这种说法笔者认为是不能成立的。章学诚在《上毕抚台书》中曾经明白地说过："生平撰著，有《校雠通义》、《文史通义》，尚未卒业，然颇有文理，可备采择。"（《章氏遗书》卷二二）可见他本人就是把《校雠通义》当作与《文史通义》并立的著作看待的，否则为什么要两者并提呢？

《文史通义》是一部纵论文史，品评古今学术的著作，它不仅是史学评论著作中不可多得之书，而且也是文学批评园地里的有数之作。由于该书著作目的，是要为著作之林校雠得失，品藻流别，进而讨论笔削大旨，故全书皆用辩驳评论的体裁作为写作的方法，而其中心则侧重于史。又由于它是"文"、"史"通义，综合讨论文史理论问题，因而其内容就不像《史通》论史、《文心雕龙》论文那么单一，除部分篇章是分别论述文史外，多数篇章均为文史兼论，所以要严格区分哪些是专门论文，哪些是专门论史，是比较困难的。

第二节 章学诚的史学思想和在史学上的贡献

一、章学诚的史学思想

1. 史学要"经世致用"

浙东史学特色之一，就是强调学术必须"经世致用"，既反对空谈义理，又反对专务考索。这种优良的传统，可以说是源远而流长了。章学诚是浙东史学的殿军，集浙东史学之大成，所以他的"经世致用"史学思想更加明显。这一方面固然是继承了先辈的优良传统，但更重要的是反映了这一时代对史学理论的要求。封建社会的史学发展到清代，已经达到成熟阶段。就历史方法论而言，刘知幾早已打下了基础，继而郑樵也有所发展。唯史学意义尚有待于进一步地阐明。特别是乾嘉时代，在人人争言考据的潮流中，不但治经的专搞训诂名物，攻史者亦停留在襞绩补苴上。在此情况下，如何阐明史学的目的，强调史学的教育作用，以便有效地为巩固封建统治服务，就显得更为重要了。因此，研究史意便成为章学诚治史的重点。《文史通义》开头两卷，即从不同角度来论述了史学的意义，而其他许多篇章，也一再谈到学术应当经世致用。他与刘知幾同以史学理论而著名，但是他们评论的重点则并不相同，"名曰同条共贯，实则分道扬镳"（萧穆《敬孚类稿》卷五《跋文史通义》）。他自己也说："刘言史法，吾言史意。"并认为史家"作史贵知其意，非同于掌故，仅求事文之末"，"此则史氏之宗旨也"（内篇四《言公上》）。他还列举《春秋》为例，来说明史意的重要性，他说："孔子作《春秋》，盖曰其事则齐桓、晋文，其文则史，其义则孔子自谓有取乎尔……史家著述之道，岂可不求义意所归乎！"（内篇四《申郑》）他劝导史家，若有志于《春秋》之业者，"固将惟义之求，其事与文，所以藉为存义之资也"（内篇四《言公上》）。他的《文史通义》，主要就在于抒发史家的意义，论述史学的作用，阐明治史必须经世致用。他说："文章经世之业，立言亦期有补于世，否则古人著述已厌其多，岂容更益简编，撑床叠架为哉！"（外篇三《与史余村》）尽管他在撰文论学上贵创造发明，但更强调于世有用。在他看来，如果只是"有所发明而于世无用"，那只不过"是雕龙谈天之文"（外篇三《答沈枫墀论学》）。因此，在学术研究上，他主张"得一言而致用，愈于通万言而无用者矣"（内篇四《说林》）。尤其是史学之目的，他强调要能起善恶惩劝的作用，因为"史家之书，非徒纪事，亦以明道也。如史儒林、文苑不能发明道要，但叙学人才士一二行事，已失古人命篇之义矣"（外篇五《永清县志前志列传序例》）。所以他坚决反对那种"舍器而求道，舍今而求古，舍人伦日用而求学问精微"的治学态度和不良学风，提倡"君子苟有志于学，则必求当代典章以切于人伦日用，必求官司掌故而通于经术精微，则学为实事而文非空言，所谓有体必有用也。不知当代而言好古，不通掌故而言经术，则鞶蜕之文（鞶，皮制衣带；蜕，佩巾。鞶蜕之文，喻学者之文烦碎），射覆之学（意谓游戏之学。射覆，古代一种游戏，猜度被预先隐藏之物），虽极精能，其无当于实用也审矣"（内篇五《史释》）。

研究历史既要经世致用，史家写史也就不能不详近略远，特别是要多写当代之事。他说："史部之书，详近略远，诸家类然……太史公书详于汉制，其述虞夏商周，显与六艺背者亦颇有之。然六艺俱在，人可凭而正史迁之失，则迁书虽误，犹无伤也。秦楚之际，下逮天汉，百余年间，人将一惟迁书是凭；迁于此而不详，后世何由考其事邪？"（外篇四《记与戴东原论修志》）在考据之风占绝对优势的乾嘉时代，学者们普遍不敢研究现实，研究历史的仅限于对古史的研究、考证和补订。独有他不为风气所囿，逆潮流而进，企图改变学术研究脱离现实的不良学风，大声疾呼"学术所以经世，固非空言著述"（内篇二《浙东学术》）。这些言论，对于当时一潭死水般的学术界，如同吹进了一股带有生气的新鲜空气，从学术思想史的角度来讲，当然是进步的举动。

2. 高唱"六经皆史"

明代中叶，王阳明曾提出过"六经皆只是史"这一命题，后来王世贞、李贽等人也有类似的意见，但均未作具体论述。章学诚针对时弊，重新提出这一命题，并且加以详尽阐明，充实内容，成为他经世致用史学思想的核心。

为什么说"六经皆史"？章学诚认为，在古代根本就"无经史之别，六艺皆掌之史官，不特《尚书》与《春秋》也"（外篇一《论修史籍要略》）。再则，"三代学术，知有史而不知有经，切人事也"（内篇二《浙东学术》）。三是"古人未尝离事而言理，六经皆先王之政典也"（内篇一《易教上》）。"古之所谓经，乃三代盛时典章法度见于政教行事之实"（内篇一《经解上》）。既然六经只是"政典"、"典章"的记录，自然在当时也就不会像后世那样把它奉为神圣不可侵犯的经典了。至于尊之为经，那是后来"儒家者流"所为。这样，他把儒家所加于六经的一层面纱全部撕了下来。这种言论举动，在当时是十分大胆的，无怪乎要被视为异端邪说了。

"六经皆史"的意义有二：其一，它扩大了历史研究、史料搜集的范围。因为六经既然都是先王的"政教典章"，无疑皆为研究当时社会政治制度的重要史料。不仅如此，他还进一步提出"盈天地间，凡涉著作之林，皆是史学"（外篇三《报孙渊如书》）的主张（关于这点，看法上尚有分歧，限于篇幅，另有专篇论述）。其二，"六经皆史"说是针对空谈性命的"宋学"和务求考索的"汉学"两种不良学风而提出的。"宋学"空谈性天，离事言理，把六经当作载道之书，并认为"于学问、文章、经济、事功之外，别见有所谓'道'耳"（外篇三《家书五》）。"汉学"专务考索，不求其义，"但知聚铜，不解铸釜；其下焉者，则沙砾粪土，亦曰聚之而已"（外篇三《与邵二云书》）。章学诚批驳了"宋学"离事言理，"六经皆载道之书"的错误思想，指出六经是具有实在内容的"史"，是"器"，是先王的典章制度，而不是空洞说教的"道"。孔子删订六经，目的在于取先王典章，借此"存道"，垂训后世，因此，人事之外，别无所谓"道"可言。同时，对于"汉学"家们那种终日"疲精劳神于经传子史"的考证补订，以为除此之外，无"道"之可言的主张，也予以无情的抨击。他说孔子之所以述六经，为的就是让后人从先王的政典中获知治国平天下的道理，绝不是把它当作圣经而尊奉，更不是当作古董而玩弄，六经所载，无不切合于当时人事，因而研究六经也就同样不能脱离当今的人事，要是只知满足于为古人著作拾遗补阙，是根本无益于世的。

至于如何研究六经，怎样从六经中求道，章学诚提出应从六经具体事实中去领会其精神实质，而不能泥古不化，硬搬其中成法。由于古今情况不同，制度随时变化，而研究六经的目的，又是为政治服务，因此必须联系现实生活，特别是要联系当前的国家典章制度加以研究，方能求得真正的"道"。他认为："一朝典制，可以垂奕世而致一时之治平者，未有不于古先圣王之道得其仿佛者也。故当代典章，官司掌故，未有不可通于《诗》《书》六艺之所垂；而学者昧于知时，动矜博古，譬如考西陵之蚕桑，讲神农之树艺，以谓可御饥寒而不须衣食也。"（内篇五《史释》）这样的研究，于时于事有何裨益？所以他大力提倡学术要经世致用，学者应面向现实，重发挥，重创造；反对死守章句，力主通今致用。根据这一精神，学习六经自然是为了更好地认识现代，而"约六经之旨而随时撰述以究大道"（内篇二《原道下》），自然也就成为最好的学习方法了。

3. 史家必须具有"史德"

唐代刘知幾曾经提出，作为一名优良的史家，必须具备才、学、识"三长"。章学诚在《文史通义·史德》篇里，对此三个条件首先加以肯定，指出"才、学、识三者得一不易，而兼三尤难。千古多文人而少良史，职是故也"。他还说："史所贵者义也，而所具者事也，所凭者文也……非识无以断其义，非才无以善其文，非学无以练其事。"但是，他认为品评"良史"的标准，这"三长"还不够全面，所以又增补了一个"史德"。① 什么是"史德"？章学诚认为"史德"就是"著述者之心术"；什么是"著述者之心术"？他认为就是指史家作史时能否忠实于客观史实，做到"善恶褒贬，务求公正"的一种品德。因为史家撰述历史时，一定要渗透进自己主观的爱憎

---

① 近人对此持有不同看法，笔者已撰《"史德""史识"辨》一文，刊于《中华文史论丛》1979年第三辑，已收入《史家·史籍·史学》。

情感，而每个人对于客观存在的历史事实，在取舍之间又往往会随其所好，所以他说："欲为良史者，当慎辨于天人之际，尽其天而不益以人也。"（内篇五《史德》）这就是要求史家能够客观地去观察事物，如实地反映历史发展真相，不得以私意为褒贬。但是在现实生活中，却常常出现这种情况：有的史家，以才而论，文笔流畅；以学而论，相当渊博；以识而论，分析判断能力很强，可是就因品德不端，怀有私心、野心，于是在著述历史中间，往往对史实肆意篡改，任情褒贬，而且古往今来大有人在。章学诚在这里看到了客观历史与史家主观意图常常产生矛盾这一现象，要求史家培养史德，端正心术，试图解决这种矛盾，当然愿望是良好的，值得我们肯定。但实际上这个矛盾在封建社会是根本不可能解决的，因为在阶级社会里，每个人的思想意识、道德品质无不打上阶级的烙印，反映本阶级的利益。由于时代和阶级的局限，章学诚是无法了解到这一点的。

关于"四长"，在章学诚看来，还是有个主次之别的，"史识"、"史德"比之"史才"、"史学"更为重要得多，前者是灵魂、是统帅，后者是躯体、是三军。单有好的文笔和丰富的历史知识，如果没有观察、判断历史的能力，对历史事件就不可能作出正确的判断。但是"著述者之心术不正"，没有史德，尽管有能力判断出历史事件之真伪，也不可能忠实于史实，如实地描绘出客观历史面貌。故两者缺一，即使具备"史才"、"史学"也是无济于事。当然，作为一个优秀的史家，"史才"、"史学"同样也是不可缺少的。写出的文章不生动，就达不到良好的教育效果；没有丰富的史实，也无法写出动人的历史。所以他说："史所载者事也，事必藉文而传，故良史莫不工文。"（《史德》）总之，他认为一个史家，首要之务在于求义，而"史之义出于天"，故必须"尽其天而不益于人"，要努力探寻出历史发展的客观事实，而所撰之史书，既要"自成一家"，又要"传人适如其人，述事适如其事"（内篇二《古文十弊》）。在此前提下，再进行必要的文辞修饰。如果只是单纯地追求文句上的华丽，而忽略内容的真实，这是"舍本而逐末"，就不足为取了。

4. 进化论的历史观

章学诚继承并进一步发展了柳宗元、王夫之等前人重"势"的社会历史观，认为整个社会的发展，有它自己固有的、不以人的意志为转移的必然过程，每个社会阶段的出现，不是由什么圣人的主观愿望所决定的，而是完全出于"势使然"而"不得不然"的。这是一种建立在朴素唯物主义基础上的进步历史观。这种观点，是他在同当时流行的复古主义思想和天命论观点斗争中建立起来的。唯心主义思想家把社会历史的发展说成是由天或神的意志所决定，章学诚则针锋相对地提出，社会制度的形成和发展，完全是由客观形势所造成的，是社会发展的必然趋势。他把历史的发展比作江河，都是由涓涓之水汇聚而成，继而滔滔不绝地奔腾向前，即所谓"滥觞流为江河，事始简而终巨也"（内篇一《书教中》）。他在《原道》篇里还对此进行了反复的论述，从"三人居室"到"部别班分"，从"作君作师"，到各种礼法制度的出现，他认为绝对不是"圣人智力之所能为，皆其事势自然，渐形渐著，不得已而出之，故曰'天'也"。他还指出："人之初生，至于什伍千百，以及作君、作师，分州划野，盖必有所需而后从而给之，有所郁而后从而宣之，有所弊而后从而救之……譬如滥觞积而渐为江河，培积塿而至于山岳，亦其理势之自然，而非尧、舜之圣过乎羲、轩（指伏羲氏、轩辕氏），文、武（指周文王、武王）之神胜于禹、汤也。"（内篇二）可以看出，章学诚在这篇文章里是试图探寻历史发展的规律的，但由于阶级和时代的局限，在当时他并没有做到，也是不可能做到的。至于社会为什么会有这样变化，他虽仅仅只能说是"时会使然"而"不得不然"，但在当时来说，这应当说是很了不起的，因为他已经明确地认为历史发展的趋势并不是受上天或神所主宰，也不是由圣君贤相所决定的，这可以说是对君权神授这种"天命论"的无情抨击。根据这个观点，章学诚进而论证了典章制度的演变和学术文化的发展，也都是取决于社会发展的必然趋势。他认为典章制度尽管有其一定的继承性，但更为重要的是随着时代条件的变化，它也必然发生不断的更新。"历自黄帝以来，代为更变。"（内篇一《易教中》）他还举周公制订的《官礼》为例，说明它的产生虽鉴于夏殷，而必"折衷于时之所宜，盖有不得不然者也"。并说："由所本而观之，不特三王不相袭，三皇五帝亦不相沿矣。"（内篇一《易教上》）这样，他就大胆地提出了"古今时异，先王成法不可复也"（《章氏遗书》卷二五《复社名士传》）的论断，公然宣布先王所制订的法制，在当今并不适用。这种言语出自乾嘉时代，自然是"惊世骇俗"了,它对当时流行的崇古非今思潮无疑是个当头棒喝。

一定的学术文化是一定社会的政治、经济在观念形态上的反映,同时又反过来作用并影响于一定的政治和经济。因此,不同时代,总要出现为这一时代服务的学术文化思想体系。当然,文化知识的繁荣,学术思想的演变,又是社会进化的反映。章学诚曾经列举大量事实,论证了文化知识、学术思想,是随着社会不断进步而在向前发展的。他还断言,由于"古今时异势殊","古之学术简而易","后之学术曲而难",这个论断应该是很科学的。就如自然科学的"历象之学,后人必胜前人,势使然也"(内篇二《朱陆》)。作为社会科学的历史学,其体裁之演变,同样也是社会发展的反映,而且这些演变总是后者胜过前者,他说:"历法久则必差,推步后而愈密,前人所以论司天也;而史学亦复类此。《尚书》变而为《春秋》,则因事命篇,不为常例者,得从比事属辞为稍密矣。《左》《国》变而为纪传,则年经事纬,不能旁通者,得从类别区分为益密矣。"(内篇一《书教下》)至于文学也是一样,他说:"凡言义理,有前人疏而后人加密者,不可不致其思也。古人论文,惟论'文辞'而已矣。刘勰氏出,本陆机氏说而昌论'文心';苏辙氏出,本韩愈氏说而昌论'文气';可谓愈推而愈精矣。"(内篇二《文德》)

为什么会产生这样的变化?章学诚的回答是"时异势殊","势使然也"。这就是说,由于历史在发展,社会在变化,所以学术思想、文化知识自然也要随之而发生变化。从他的思想反映来看,他是认为社会的意识形态、人们的精神生活乃至政治制度,无一不是各个时代客观现实的反映,他说:"文人之心,随世变为转移,古今文体升降,非人力所能为也。"(外篇三《与邵二云论文》)笔者认为,在当时的社会条件下,章学诚能够提出这种文人之心随时代的变化而转移的论断,是一种颇为杰出的见解。普列汉诺夫曾经作过这样的论述:"社会的心理永远顺从它的经济的目的,永远适合于它,永远为它所决定","任何进步着的社会经济是变化着的;生产力的新的状态引起新的经济机构,同样引起新的心理、新的时代精神"(《论一元论历史观之发展》)。章学诚的论述,尽管没有明确提出社会经济的发展是"文人之心"变化、"古今文体升降"的依据,但他那"随世变为转移"一语的含义,也是颇为深刻的。正因为学术思想、文学艺术一定要反映各个时代的精神，所以各个历史时期所出现的学风文体，自然也就不可能是以某些个人的意志为转移了。"文有一时体式，今古各不相袭"，"世代升降，而文辞语言随之，盖有不知其然而然，圣人不能易也。三代不摩唐虞之文，两汉不摩三代之语，经史具在，不可诬也"（《章氏遗书》外编卷一《信摭》）。

　　章学诚依据历史进化论的观点，认为事物的变化、学术的发展，总是后者超越前者，这也是历史发展的必然趋势。但是有人却提出了一些使人感到费解的现象，如为什么后人"致力倍难于古人，观书倍富于前哲，而人才愈下，学识亦愈以卑污"？是不是后人才智不及前人？关于这个问题，章学诚作了令人信服的回答，他说："今人为学，不能同于古人；非才不相及也，势使然也……天时人事，今古不可强同，非人智力所能为也。"（内篇二《博约下》）为了说明前人易学而后人难成绝不是后人才智不及前人，在书中还进一步作了更为具体的论述，指出这一方面与学术的繁简有很大关系，古之学术简而易，今之学术曲而难；而另一方面则与时代远近及社会风气有不可分割的关联。如"六书小学，古人童蒙所业，原非奇异。世远失传，非专门名家，具兼人之资，竭毕生之力，莫由得其统贯"（外篇二《说文字原课本书后》），"去古久远，音义训故再失师传，非终身专力于是，不能成家"（外篇三《报谢文学》）。古人今人俱学六艺，收效就是不同，其原因就在于"古人于六艺，被服如衣食，人人习之为固然，未尝专门以名家者也。后儒但即一经之隅曲，而终身殚竭其精力，犹恐不得一当焉，是岂古今人不相及哉？其势有然也。古者道寓于器，官师合一，学士所肄，非国家之典章，即有司之故事，耳目习而无事深求，故其得之易也；后儒即器求道，有师无官，事出传闻而非目见，文须训故而非质言，是以得之难也"（内篇二《原道下》）。

　　综上所述，在学术上复古之风盛行的乾嘉时代，章学诚能够旗帜鲜明地提出这样的看法，自然有其明显的进步意义。基于上述观点，他要求人们在撰述文章、评论著作时，都必须注意"因地"、"因时"而"论世"，切不可墨守成规，拘泥经句，食古不化。并且他还强调指出："时势殊异，封建、井田必不可行，人事不齐，同居亦有不可终合之势；与其慕虚名而处实患，则莫如师其意而不袭其迹矣。"（内篇六《同居》）看，这是多么恳切的忠告!

5. 反对英雄史观

章学诚既然具有重"势"的观点，就必然反对英雄史观。众所周知，是时势造英雄，还是英雄造时势，长期以来就是哲学领域里唯物论与唯心论斗争的重要焦点之一。具有英雄史观的人，总是把社会生活和人类历史的发展归之于帝王将相、英雄豪杰活动的结果。一个时代、一个国家，人们之所以要这样地生活而不是那样地生活，是由于当时的"圣君"、"贤相"、"圣人"、"豪杰"创立了一套制度，而这套制度支配了当时人们的衣食住行等社会生活。章学诚从重势的观点出发，针对这种论调提出了截然相反的看法。他认为，无论是帝王将相，还是圣贤豪杰，都不能以主观意志创造历史、改革制度，即使是像尧、舜、禹、汤、文、武以及周公、孔子那样的圣贤也不例外。他说："当日圣人创制，只觉事势出于不得不然，一似暑之必须为葛，寒之必须为裘；而非有所容心，以谓吾必如是而后可以异于前人，吾必如是而后可以齐名前圣也。"而周公之所以能够集古代典制之大成，正是由于他"适当积古留传道法大备之时，是以经纶制作，集千古之大成，则亦时会使然，非周公之圣智能使之然也"（内篇二《原道上》）。可见在章学诚看来，正是"时会"造就了周公这样的英雄人物，而不是周公创造了当时的"时会"。所以他认为社会制度、学术风气，都不是以某一个人的意志为转移的，相反，英雄人物还必将受到某种必然的"时会"或者"势"的制约，他说："风会所趋，庸人亦能勉赴；风会所去，豪杰有所不能振也。汉廷重经术，卒史亦能通六书，吏民上书讹误辄举劾；后世文学之士，不习六书之义者多矣。岂后世文学之士，聪明智力不如汉廷卒史之良哉？风会使然也。"（内篇四《说林》）英雄史观的鼓吹者总是把"圣人"说成是像个无所不知、无所不晓的人，章学诚则大不以为然，认为："人之有能有不能者，无论凡庶圣贤有所不免者也；以其所能而易其不能，则所求者可以无弗得也。"（同上引）这就说明，不论何人，知识学问都不是先天的，而是后天所求得的。即使圣人也不可能生而知之，更不可能无所不知，"人各有能有不能，虽尧、舜之知，不能遍物也"（外篇三《与周永清论文》）。与此相反，如果一般的常人，能够刻苦努力，不务虚名，肯于钻研，发挥自己的专长，同样可以成就不朽的功业，他说："天地之大，人之所知所能，必不如其所不知所不能。故有志于不朽之业，宜度己之所长而用之，尤莫要于能审己之所短而谢之，是以舆薪有所不顾，而秋毫有所必争，诚贵乎其专也。"（《章氏遗书》卷二二《与周次列举人论刻先集》）这些议论不仅相当中肯，而且还具有科学的道理。他还说，一个人如果要想"卓然自立以不愧古人"，那就应当"不羡轻隽之浮名，不揣世俗之毁誉，循循勉勉，即数十年，中人以下所不屑为者而为之，乃有一旦庶几之日"（外篇三《与族孙汝楠论学书》）。这就是说，不管天资如何，只要勤勤恳恳数十年，不居功、不为名，冲破艰难险阻，就一定能登上光辉的顶峰。这些论述是对英雄史观鼓吹者的无情批判，对唯心论的先验论者的有力抨击。基于这个观点，所以章学诚大胆而肯定地宣告："天下无全功，圣人无全用。"（内篇四《说林》）

尤为可贵的是，章学诚还能在一定程度上看到众人的力量、集体的智慧，这也是他学术思想中杰出的地方。他说："天下有公是，成于众人之不知其然而然也。圣人莫能异也。"（内篇三《砭异》）又说："一夫之力可耕百亩，合八夫之力而可耕九百亩者，集长易举也。学问之事，能集所长而不泥小数，善矣。"（内篇四《说林》）在他的文章中，还反映出这样的思想："圣贤"所为之事，"凡庶"不一定就不能为；而"凡庶"所建之功业，"圣贤"却不一定能够做得到，所以"圣贤"也不可不向众人学习。他说："道有自然，圣人有不得不然……圣人有所见，故不得不然；众人无所见，则不知其然而然。孰为近道？曰：不知其然而然，即道也……圣人求道，道无可见，即众人之不知其然而然，圣人所藉以见道者也。"这就是说，圣人所掌握的知识，不过是从群众中得来，通过群众日常生活的创造而加以总结、概括和提炼，离开了群众的生活实践，便将一无所得。唯其如此，所以他才能说出"盖自古圣人皆学于众人之不知其然而然"，"学于众人，斯为圣人"这样颠扑不破的真理性语言来（以上引文均见内篇二《原道上》）。正是在这种思想指导下，他大力提倡要发挥众人的智慧，赞扬以集体力量所成之著作。他说："文章自在天地，借人发挥之耳，人才分则不足，合则有余，著述私则力微，公则功巨，刘安合八公之徒，撰辑《鸿烈》内外诸篇，实周秦以后之伟制，此非一人聪明手足所能为也……人才难萃而易分，良时难觏而易逝，概然因地乘时，集众长而著为不朽之业，且为学者无穷之衣被焉。"

(《章氏遗书》卷二九《跋邢上题襟记》)

上述情况表明,章学诚非常强调"理势"之自然在社会进程中的决定作用,一再表明,社会的发展、制度的出现、学术文化的盛衰以及文体的演变等,都不是以个人意志为转移的,而是完全出于"时会使然"、"势之使然"、"理势之不得不然"。这里的"势",其实就是他经常所讲的"天"的同义词,他借用了"道之大原出于天"这句话,表明他所说的"天"是指自然之象,是无色、无臭、无意志的,它与历代"天人感应"论及一切神学史观所讲的"天"全然不同。章学诚并没有给"天"蒙上一层神秘的面纱,只不过用它来说明自然发展的趋势罢了。值得注意的是,尽管他强调"势"在社会历史进程中的作用,但同样也重视人的主观因素,并不像宿命论者那样,把一切都归之于命中所注定,人只能是听天由命,受命运的支配。他在《天喻》篇里说:"天定胜人,人定亦能胜天。"(内篇六)尽管该文所举人定胜天的例并不确当,可是他能够在理论上肯定"人定亦能胜天",无疑是很可贵的,说明他承认人类对于自然界是可以有所作为,可以加以利用和改造的。虽然在这方面的论述并不太多,然而他既然肯定"势"的客观作用,又肯定人的主观能动性,这就反映了他还具有一定的朴素的辩证观点。他的这种"天定胜人,人定亦能胜天"的命题,显然是受到唐代刘禹锡"天人交相胜"的唯物主义思想的影响。章学诚很注意天与人的关系,他和刘禹锡一样,也是把天(自然界)与人(人类社会)看作是既有区别又有联系的。他提出,作为国家最高统治者,就应该努力处理好这两者的关系,他说:"天与人参。王者治世之大权也。"(内篇一《易教上》)这就是说,如果能够处理好这两者的关系,那么国家统治权也就可以解决了。历史是阶级斗争的教科书,所以他还主张,写历史时必须做到"究天人之际,通古今之变"。他盛赞"《骚》与《史》,千古之至文也;其文之所以至者,皆抗怀于三代之英而经纬乎天人之际者也"(内篇五《史德》)。

6. 章学诚史学思想的局限性

章学诚在史学理论上提出了不少创见,而《文史通义》一书更是集中地反映了他在学术上的造诣,创造性地发展了刘知幾、郑樵等前辈史家的史学理论。但在他的史学思想中,同样也存在着许多局限性。他是一个封建主义的史学家，因此论史就不可能不从其地主阶级的立场观点出发。他力主史学必须经世致用，大力地发挥了"六经皆史"说，这对于针砭当时学术界的不良学风，自有其积极作用。但究其目的，与所有封建文人一样，仍然在于维护封建专制统治，他所经的是封建社会之世，致的是封建统治之用，这是时代的限制，章学诚是不可能超越这个限制的。清代乾嘉时期，封建社会已经进入了后期阶段，资本主义因素在其内部继续萌芽增长着，这就预示了封建制度行将崩溃。在这种情况下，封建社会的上层建筑就从各个方面对其基础进行强化，史学自然也不例外。作为封建文人一员的章学诚，既不愿意做本阶级的叛逆，自然就要用其史学理论来向封建统治说教，这就是他精心研究史意的精神实质之所在。清朝统治者在前期表彰理学是为了巩固封建统治，继之提倡考据也是为了巩固封建统治，而章学诚既反对宋学的空谈义理，又反对汉学的专务考索，何尝不是为了巩固封建统治！表面看似乎是个矛盾，实则殊途而同归。在章学诚看来，空谈义理既会误国，埋头考索同样害事，只有重视现实，才能把学术研究引导到有效地为封建政治服务的轨道上去。他曾毫不掩饰地宣扬，"史志之书，有裨风教者"，就在于它能"传述忠孝节义"，"使百世而下，怯者勇生，贪者廉立"，"纲常赖以扶持，世教赖以撑柱"（外篇四《答甄秀才论修志第一书》）。可见他对史书的封建教育作用所寄托的希望是何等之大！因此，在他看来，为封建统治提供史鉴，宣传忠于封建统治，维护封建秩序，自然就成为封建史家天经地义的职责了。其实唐代杰出的史学评论家刘知幾也是主张要"维持名教"，而南宋史家郑樵亦同样直言不讳地承认自己著书目的在于维持名教，为巩固封建统治秩序服务。我们必须看到这些实质，认清其史学思想中的糟粕，但绝不是要以此来否定他们在史学上的贡献和史学思想中的那些进步成分，因为这是时代和阶级局限的具体表现。章学诚在他晚年编纂的《湖北通志》里，就曾用明王朝灭亡的历史事实，提醒清统治者应引以为戒。他说："民穷财尽，而上不知恤，明之所以亡也。湖襄虽曰四战之地，然流贼一呼，从者数十百万，亦贪虐之吏，有以驱使然也。盖朋党纷而国是乱，民隐之不上闻也久矣。呜呼！民隐苟不上闻，虽无朋党，亦足以亡国矣。"（《章氏遗书》卷二五《明季寇难传》）这就说明，他也认识到明朝的亡国是由于政治的败坏，特别是吏治的腐朽，使得民隐不能上闻，最后招致官逼民反的结局。从这一认识出发，目睹当时全国各地农民反抗纷起、危机四伏的章学诚，在他六十二岁那年，曾先后六次上书当局谈论时务，在《上执政论时务书》中，大声疾呼："今之要务，寇匪一也，亏空二也，吏治三也。……事虽分三，寻原本一，亏空之与教匪，皆缘吏治不修而起，故但以吏治为急，而二者可以抵掌定也。"（《章氏遗书》卷二九）要求清朝当局倾听民情，实行政治改革，整顿吏治，如不及时采取措施，后果将不堪设想。他还警告清统治者："必待习气尽而人心厌而气运转，而天下事已不可知矣，岂不痛哉！"（同上书，卷二五《湖北通志检存稿》二《复社名士传》）另外，《文史通义》中的许多篇章，如《妇学》、《妇学篇书后》、《诗话》、《书坊刻诗话后》等，都是很明显地在维护封建道德，宣扬封建伦理，他说："《妇学》之篇，所以救颓风，维世教，饬伦纪，别人禽，盖有所不得已而为之，非好辩也。"（内篇五《妇学篇书后》）他批评戴震"心术不醇"，责怪汪中、袁枚对于封建伦理的某些越规言行，以及他所再三强调的学者应遵守"时王之法"，"贵时王之制度"，等等，无一不是出于这种维护封建礼教的立场。不过需要说明的是，近来还有学者认为章学诚在学术上维护程朱理学，反对提出以理杀人、勇于抨击反动理学的戴震。这个看法显然是不正确的，还是受着传统观念的影响。笔者认为章学诚并不维护程朱理学，更没有反对提出抨击理学的戴震。由于学术上的分歧，他曾经批评过戴震，但这与戴震抨击理学一事毫无关系，必须实事求是。关于这一问题，笔者曾撰有《章实斋评戴东原》一文[①]，作过详细的辨证，这里就不多论述了。

二、对历史编纂学的贡献

1. 通史编写要做到"纲纪天人"、"通古今之变"

唐宋以来，由于社会经济的发展，典章制度的不断变化，以及学术思想和史学本身的进步，人们产生了"明变"思想，反映在史学上是通史观念盛行起来。刘知幾的《史通》是这一时期以"通"命名的第一部史书，不过他对通史的编修还不太强调。南宋郑樵则竭力主张编写通史，反对断代为

[①] 载《开封师院学报》1979 年第 2 期，已收入《史家·史籍·史学》。

书。章学诚在总结前人经验的基础上,将"通"的观念作了进一步发挥。他在《文史通义》中论述了历史发展、学术变化、制度沿革等,都有其不可分割的因袭关系,指出社会发展趋势在不断地进步着,而历史的发展又是一个连贯的整体,自人之初生,经过作君、作师、分州、划野,直到"法积美备",后者对于前者都有着继承和发展的关系。基于这种认识,反映在历史编纂学上,他虽然也还是肯定了班固所撰断代为书的《汉书》,说"迁书一变而为班氏之断代,迁书通变化,而班氏守绳墨,以示包括也"(内篇一《书教下》),但他更主张编写通史,并在《文史通义》中专门写了《释通》篇,论述"通"的概念,历叙书名标"通"的由来,阐明编写通史的长短利弊。他说:"通史之修,其便有六:一曰免重复,二曰均类例,三曰便铨配,四曰平是非,五曰去牴牾,六曰详邻事;其长有二:一曰具剪裁,二曰立家法。"这种不限于一朝一代的通史,可以避免正统是非,不受历朝统治势力的牵制,并使整个历史发展连成一贯,不仅"事可互见,文无重出",更重要的还在于历代人物、学术典制,皆可依照时代,"约略先后,以次相比"。于是,"制度相仍"、"时事盛衰",均"可因而见矣"(内篇四《释通》)。说明通史的编写优点很多,特别是便于阐明历史的发展和变化。所以他对郑樵备加称颂,认为"郑樵生千载而后,慨然有见于古人著述之源,而知作者之旨,不徒以词采为文,考据为学也……而独取三千年来遗文故册,运以别识心裁,盖承通史家风,而自为经纬,成一家言者也"(内篇四《申郑》)。又说:"郑氏《通志》,卓识名理,独见别裁,古人不能任其先声,后代不能出其规范;虽事实无殊旧录,而辨名正物,诸子之意寓于史裁"(《释通》)。他之所以如此推崇郑樵及其《通志》,就因为通史之修,可以达到"纲纪天人,推明大道","通古今之变而成一家之言"(内篇四《答客问上》)。

2. 区分史籍为撰述、记注两类

长期以来,我国史籍大都按照史体进行分类,而章学诚在《文史通义》里却提出了把史籍分为撰述(著作之书)和记注(为著作提供材料的资料汇编)的主张。他在《报黄大俞先生》中说:"古人一事必具数家之学,著述(即撰述)与比类(即记注)两家,其大要也。班氏撰《汉书》,为一家著述矣,刘歆、贾护之《汉纪》,其比类也;司马撰《通鉴》,为一家著述矣，二刘、范氏之《长编》，其比类也；两家本自相因而不相妨害。"（外篇三）这里他用具体类比的办法，来说明著述、比类性质之不同。关于记注的作用，他曾作过明确的叙述："若夫比次之书，则掌故令史之孔目，簿书记注之成格，其源虽本柱下之所藏，其用止于备稽检而供采择。"（内篇四《答客问中》）根据记注之书的性质与功用，他又提出了撰写记注的要求与方法，概括起来，其"比次之道，大约有三"：其一，"及时撰集以待后人论定者"，其要求是"详略去取，精于条理而已"。其二，"有志著述，先猎群书以聚薪樒（薪樒，积木柴以备燃烧）者"，只要求做到"辨同考异，慎于覆核而已"。其三，"陶冶专家，勒成鸿业"，也仅要求"钩玄提要，达于大体而已"（内篇四《答客问下》）。至于撰述，则为经过整理加工的高级产品，要求能够反映别识心裁，可以嘉惠后学。为了说明两者性质与任务之不同，他还特地用圆神方智来作比拟："撰述欲其圆而神，记注欲其方以智也。夫'智以藏往，神以知来'，记注欲往事之不忘，撰述欲来者之兴起，故记注藏往似智，而撰述知来拟神也。藏往欲其赅备无遗，故体有一定而其德为方；知来欲其决择去取，故例不拘常而其德为圆"（内篇一《书教下》）。透过这些论述，显而易见，撰述较之记注是更难而可贵了。因为撰述是一种有观点、有材料、有组织、有体例的著作，它具有一定的创造性；而记注只不过是原始资料的记录、选辑和汇编而已，并不要求具有什么发凡起例与别识心裁。当然就其用途来说，由于肩负着不同的任务，"著述譬之韩信用兵，而比类譬之萧何转饷"（外篇三《报黄大俞先生》），两者又是缺一而不可的。章学诚之所以竭力辨清这两者的区别，为的是向来学者不解其意，只知一意模仿迁史、班书，以致出现了许多"于记注、撰述两无所似"的作品，"以云方智，则冗复疏舛，难为典据；以云圆神，则芜滥浩瀚，不可诵识"（内篇一《书教下》），因此不可不辨。

3. 创立新史体，改造旧史籍

章学诚不仅是一位史学评论家，而且是一位史体创造者。在《文史通义》中，对于各种旧史体的发展演变、长短得失，可说是备论无遗。他肯定史体的演变发展是历史编纂学的进步表现，他说："《尚书》一变而为左氏之《春秋》，《尚书》无成法而左氏有定例，以纬经也；左氏一变而为史迁之纪传，左氏依年月，而迁书分类例，以搜逸也；迁书一变而为班氏之断代，迁书通变化，而班氏守绳墨，以示包括也。"（内篇一《书教下》）他盛赞司马迁所创立的纪传史体，"实为三代以后之良法"，也是"三代以后之绝作"（内篇三《匡谬》）。由于后世学者袭用其成法而不知变通，以致成了如守科举之成法，如治胥吏之簿书，只知求全于纪表志传之成规，不敢稍作破格变通之尝试，这样一来，史学的发展就受到了很大的影响。宋代袁枢打破常规，将《资治通鉴》分事类纂，于编年、纪传之外，创纪事本末之体，为历史编纂学打开了另一条新的途径。章学诚非常称颂袁枢的这一创举，认为起了化臭腐为神奇之功。他说："本末之为体也，因事命篇，不为常格，非深知古今大体，天下经纶，不能网罗隐括，无遗无滥"，并指出它的优点在于"文省于纪传，事豁于编年，决断去取，体圆用神，斯真《尚书》之遗也"（内篇一《书教下》）。评价尽管很高，但他总觉得还称不上是一种很完善的史体。为了克服以前各种史体之短，尽取前此史体之长，他打算创立一种新的体裁，在《与邵二云论修宋史书》中曾谈及此事，他说："仍纪传之体而参本末之法，增图谱之例而删书志之名，发凡起例，别具《圆通》之篇。"（外篇三）为了表明"所著之非虚语"，曾择定赵宋一代史事作为试点，用其新创之义例改编《宋史》。可惜《圆通》篇既未撰就，新的《宋史》亦未编成，都因早逝而计划全部落空。

不过关于其新史体的设想，从《书教》篇中尚可窥见其大略。它是由三个部分组成的：第一，本纪，相当于按年编排的大事纪要。历来史家一直把本纪看作专记天子历史的一种体裁，刘知幾在《史通·本纪》篇中还明白表示，本纪是"书君上以显国统"，"唯叙天子一人"。章学诚不同意这种看法，认为"纪之与传，古人所以分别经纬，初非区辨崇卑。是以迁书中有无年之纪，刘子玄首以为讥；班书自叙称十二纪为《春秋》考纪，意可知矣。自班马而后，列史相仍，皆以纪为尊称，而传乃专属臣下"（外篇五《永清县志恩泽纪序例》）。在他看来，司马迁初创本纪，"意在绍法《春秋》"，而另"著书表列传以为之纬"，至于"加纪以'本'，而明其纪之为经耳"（外篇五《永清县志皇言纪序例》）。所以他说："史部要义，本纪为经，而诸体为纬。"（外篇二《永清县志舆地图序例》）他的新纪传的创立，正是这种主张的具体化。第二，因事命篇的纪事本末，"略如袁枢《纪事》之有题目，虽不必尽似之，亦贵得其概而有以变通之也"（外篇三《与邵二云论修宋史书》）。为什么必须用"因事命篇"呢？他认为："史为纪事之书，事万变而不齐，史文屈曲而适如其事，则必因事命篇，不为常例所拘，而后能起讫自如，无一言之或遗而或溢也。"所谓"因事命篇"，就是按照事类分别写成专题，如"考典章制作"、"叙人事终始"、"究一人之行"、"合同类之事"、"录一时之言"、"著一代之文"等等（内篇一《书教下》）。第三，图、表。"人名事类，合于本末之中，难于稽检，则别编为表以经纬之；天象、地形、舆服、仪器……难以文字著者，别绘为图以表明之。"（同上引）章学诚对图表的作用非常重视，特别是图，认为"史不立表，而世次年月，犹可补缀于文辞；史不立图，而形状名象，必不可旁求于文字，此耳治目治之所以不同，而图之要义所以更甚于表也……虽有好学深思之士，读史而不见其图，未免冥行而擿埴（盲人以杖点地，比喻暗中摸索）矣"（外篇五《永清县志舆地图序例》）。对于史表的作用，他说："史之大忌，文繁事晦……使欲文省事明，非复人表不可；而人表实为治经业史之要册。"（外篇二《史姓韵编序》）总之，"图象为无言之史，谱牒为无文之书，相辅而行，虽欲阙一而不可者也"（外篇四《和州志舆地图序例》）。所以他竭力提倡在史书的编写中，一定要给图表以应有的地位。在这三个部分中，后两者又是共同"以纬本纪"。这种新史体的长处，据他自己所讲，"较之左氏翼经，可无局于年月后先之累，较之迁史之分列，可无歧出互见之烦，文省而事益加明，例简而义益加精"。他曾自负地说："盖通《尚书》、《春秋》之本原，而拯马史班书之流弊，其道莫过于此。"邵二云亦以为其功之大，"于前史为中流砥柱，于后学为蚕丛开山"（内篇一《书教下》）。此种评论，虽不无溢美之处，但确实为后来新史学的编纂开了先河，因为这种新的纪传史体，就是希望能编写出纲举目张、图文并茂的史著来。当然，这种新史体的创立，一方面固然表现了章学诚敢于创新的可贵精神，同时也反映了这是历史编纂学发展的必然产物。封建社会发展到清代，已经达到了它的顶峰，各种史体均已经过长期的实践，证明了它们都不能完满地继续肩负起史学向前发展的重荷，于是就在史学家面前提出了必须革新史体的要求。章学诚的这种新史体，正是在总结前人经验的基础上，适应时代的需要而产生的。

为了便于人们整理研究旧史，补救编年、纪传两种史体的缺陷，章学诚还设计了一种叫作"别录"的方法，他说："纪传之史，分而不合，当用互注法以联其散；编年之史，浑灏无门，当用区别之法以清其类。"（外篇三《为毕制军与钱辛楣宫詹论续鉴书》）为此，曾特地写了《史篇别录例议》（外篇一）一文，纵论编年、纪传之流弊以及如何进行改造的做"别录"的方法，他说："纪传之书，类例易求而大势难贯"；"编年之史，能径而不能曲"。前者是"事同而人隔其篇"，后者是"事同而年异其卷"。针对这一缺陷，他提出的解决办法是："纪传苦于篇分，别录联而合之，分者不终散矣；编年苦于年合，别录分而著之，合者不终混矣。"这两种体裁的史书，只要做了"别录"，都将收到"如振衣之得领，张网之得纲"的效果。可惜这一创造与他的新史体一样，并没有得到应有的重视。

4. 校雠学上的贡献

章学诚曾作过《校雠通义》四卷，游古大梁时，遇盗失去，前三卷幸有朋友抄存，第四卷却不可复得。乾隆五十三年（1788），章氏将所录朋友抄存各种本子，亲自校正一番，加以更定，这就是现在通行的三卷本。他撰写这部书的目的，就在于宗刘、补郑、正俗。该书开宗明义就提出校雠学的任务是"辨章学术，考镜源流"。他说："校雠之义，盖自刘向父子部次条别，将以辨章学术，考镜源流，非深明于道术精微，群言得失之故者，不足与此。后世部次甲乙，纪录经史者，代有其人，而求能推阐大义，条别学术异同，使人由委溯源，以想见于坟籍之初者，千百之中不十一焉。"（《校雠通义》卷一《叙》）这就是说，校雠之学，不单纯是为了寻求、整理、保管书籍，更主要是为了"辨章学术，考镜源流"，这就非得对这些著作有所研究不可，否则是无法达到这个要求的。在章学诚看来，各类书籍只有经过整理、校勘，并写出序言，加以分类，人们才能从中看出学术类别之源流，所以对这一项工作非常强调，他说："由刘氏之旨，以博求古今之载籍，则著录部次，辨章流别，将以折衷六艺，宣明大道，不徒为甲乙纪数之需，亦已明矣。"（同上书，卷一《原道之三》）另外，该书对于书籍的管理、分类、辑佚等方面也都作了专门的论述。所以有的把它看作一部研究目录学的重要著作，并不是没有道理的，而且其中有不少的方法和理论，还具有较大的参考价值，在我国目录学史上占有很高的地位。如关于书籍的分类，他要求应该达到"部次流别,申明大道,叙列九流百氏之学,使之绳贯珠联,无少缺逸,欲人即类求书,因书究学"。这个要求应该说是相当高的,但也是很合理的。特别是他提出的互著法,解决了长期以来图书分类中的一大困难。郑樵对图书的归类,曾提出过四大原则,但仍有几种难分而易淆的书籍未能得到解决。章学诚在《校雠通义》中,从"辨章学术,考镜源流"的角度出发,提出了"互著法",他说:"至理有互通,书有两用者,未尝不兼收并载,初不以重复为嫌,其于甲乙部次之下,但加互注,以便稽检而已。古人最重家学,叙列一家之书,凡有涉此一家之学者,无不穷源至委,竟其流别,所谓著作之标准,群言之折衷也。如避重复而不载,则一书本有两用,而仅登一录,于本书之体,既有所不全,一家本有是书,而缺而不载,于一家之学,亦有所不备矣。"(同上书,卷一《互著三之一》)这就是说,如遇一书的内容论及两种主题或涉及两类以上时,那么该书就应在有关的各类中,互为著录。同时他还进一步指出,互著法主要是用在"书之易淆者"与"书之相资者"的情况之下,他说:"书之易淆者,非重复互注之法,无以免后学之牴牾;书之相资者,非重复互注之法,无以究古人之源委。"(同上书,卷一《互著三之四》)又说:"部次群书标目之下,亦不可使其类有所阙,故详略互载,使后人溯家学者可以求之无弗得,以是为著录之义而已。"(同上书,《互著三之五》)如《太公》既见于兵家,又见于道家,《荀卿子》亦互见于兵家和儒家,如此等等。这样,就把多年争论悬而未决的困难解决了。

第三节 章学诚的方志学

一、方志的性质和作用

1. 章学诚的史学理论在修志中的实践

章学诚一生中,因学问不合时好,自己又不愿"舍己以从时尚",所以政治上始终很不得志,直到四十一岁才考取进士。中进士后,又"自以迂疏,不敢入仕",政治活动固然从未参加,就是史馆之职也不曾取得,所以平生精力,除了论史、讲学外,多用于方志的编修和讨论上,他把自己在史学方面的理论,在编修方志中加以实践,正如他自己所说:"丈夫生不为史臣,亦当从名公巨卿,执笔充书记,而因得论列当世,以文章见用于时。如纂修志乘,亦其中一事也。"(外篇四《答甄秀才论修志第一书》)所以他一生中编修的方志很多,主要的有《和州志》、《永清县志》、《亳州志》、《湖北通志》、《常德府志》、《荆州府志》等。特别是《湖北通志》,是他晚年修志理论成熟时期的代表作,完全按照他的修志理论进行编修的。全书分为四大部分:《通志》七十四篇,《掌故》六十六篇,《文征》八集,《丛谈》四卷。他自己对于这部通志是非常自负的。本书原是替毕沅所修,于乾隆五十九年(1794)三月全书脱稿,但是到了八月,毕沅即以湖北教案奏报不详实,被议,降补山东巡抚,章学诚因遭此人事之变迁,亦于这年离开湖北,于是书稿遂落入别人手中。虽然此书未能完整地保存下来,但却为我们留下了一整套修志的理论。他在总结前人修志经验的基础上,加以自己长期实践所得,提出了一套修志理论,创立了修志体例,建立起完整的方志学。

2. 方志的性质即"古者一国之史"

我国方志的起源很早,章学诚从"志为史体"的角度出发,认为春秋战国时期那些记载地方史事的书籍,如晋之《乘》、楚之《梼杌》、鲁之《春秋》等,都应是最早的地方志。但有人从体裁形式着眼,主张方志应导源于《禹贡》、《山海经》等书。笔者认为,从后来方志所具有的内容来看,它是记载某一地区的有关历史、地理、社会经济等内容的著作,这种亦地亦史的著作特点,实际上在西汉以来所出现的"地记"中已经得到了体现,这种地记一般是既载人物,又言风土。如晋习凿齿所撰《襄阳耆旧记》,马端临谓其"前载襄阳人物,中载其山川、城邑,复载其牧守"(《文献通考·经籍考》)。常璩的《华阳国志》等书,其内容亦多类此。无疑,这类著作已经具备了地方志的规模,因此,笔者认为地方志的萌芽,始于西汉末年,而在魏晋以后,得到了进一步的发展(可参阅笔者《方志学通论》第一章《方志的起源》),它的出现,正反映了当时地方经济的发展和地方豪族势力的成长。宋元以来,方志纂修日渐增多,明清时期更是蔚然成风。尤其是清代,为了纂修《一统志》,曾多次下诏各地修辑志书,后来还规定每六十年一修，著为政令，因而清代修志之风特盛。不过当时所修志书，大半成于俗吏之手，其间虽亦有不少是经过名家学者的编撰或参订商榷，终因对方志性质不明，因而所成之书也是五花八门。特别是清代以前的许多学者，一直把方志归入地理类，在史学上的地位与作用并不重要，也不为史家所重视，反而由文人纂修的倒比较多。直到清代乾嘉时期，章学诚才提出地方志是地方史的重要创见，辨明了方志在史学上应有的地位与作用。

章学诚第一次提出"志属信史"的意见，认为方志乃"封建时列国史官之遗"（外篇六《为张吉甫司马撰大名县志序》），"志乘为一县之书，即古者一国之史也"（外篇五《永清县志前志列传序例》）。因此，它既不属于地理书类，又有别于唐宋以来的图经，而是"国史羽翼"，故其价值亦应与国史相同。他在《为张吉甫司马撰大名县志序》里说："夫家有谱，州县有志，国有史，其义一也。"（外篇六《为张吉甫司马撰大名县志序》）所不同者，不过一纪全国之事，一叙地方之言，只有范围广狭之殊，绝无内容本质之异。方志性质既然如此，则其内容就不应当只局限于地理沿革的考证。为此，他同戴震曾进行过反复的论战，而《记与戴东原论修志》（外篇四）一文就记录了他们之间一次论战的情况。戴氏仍将方志看作地理类书，因此主张："志以考地理，但悉心于地理沿革，则志事已竟。侈言文献，岂所谓急务哉？"对此论调，章学诚予以有力的反驳，指出："方志如古国史，本非地理专门。如云：'但重沿革，而文献非其所急。'则但作沿革考一篇足矣，何为集众启馆，敛费以数千金，卑辞厚币，邀君远赴，旷日持久，成书且累函哉？"况且"考沿革者，取资载籍；载籍俱在，人人得而考之"。他们争论的焦点虽是方志的性质，但更重要的还反映了他们各自的学术主张。按照戴震的见解，其后果必然是把当时考据学家那种专务载籍考索、轻视现实资料、埋头书本、不问现实的学风带到修志领域中来。章学诚本着经世致用的观点，认为一方之志，要"切于一方之实用"，而其材料必须取自当时一方之文献。所以他说："考古固宜详慎，不得已而势不两全，无宁重文献而轻沿革耳。"（《记与戴东原论修志》）

3. 方志的作用与修志的断限

方志的性质既属史体，当然它的作用也就无异于国史。因此它的任务，首先就要具有"经世"之史的作用，能对社会起教育作用。他说："史志之书，有裨风教者。原因传述忠孝节义，凛凛烈烈，有声有色，使百世而下，怯者勇生，贪者廉立。《史记》好侠，多写刺客畸流，犹足令人轻生增气，况天地间大节大义，纲常赖以扶持，世教赖以撑柱者乎！"（外篇四《答甄秀才论修志第一书》）当然，章氏所谓教育，就是利用方志来对广大人民灌输封建的忠孝节义思想，目的在于扶持封建纲常，撑柱封建世教，从而巩固封建统治。其次方志还负有为朝廷编修国史提供资料的任务，"国史于是取裁，方将如《春秋》之藉资于百国宝书"（外篇四《方志立三书议》）。"惟分者极其详，然后合者能择善而无憾也"（外篇一《州县请立志科议》）。他在《方志立三书议》一文中还很风趣地说："盖方志亡而国史之受病也久矣。方志既不为国史所凭，则虚设而不得其用，所谓觚不觚也，方志乎哉？"当然这里所说的"方志亡"，是指方志之徒有虚名、名存实亡而言的。

那么为什么会造成方志徒有虚名，起不到上述两个方面的应有作用呢？章学诚认为原因很多，归纳起来，主要有以下三点：其一，修志诸家不明方志的性质，误仿唐宋州郡图经，把方志当作地理之书。其二，方志变成了文人游戏、应酬文字或私家墓志寿文的汇集（详见《方志立三书议》、《答甄秀才论修志第一书》）。其三，修志者并无真才实学，而且又多是旨在名利，舞弊曲笔成为风气，于是记载"全无证实"（《答甄秀才论修志第一书》）。这样的方志当然起不到"善恶惩创"的作用，也无从为修国史提供资料了。

关于修志的断限问题，当时有人提出"方志统合古今，乃为完书"。章学诚认为这种看法不够全面，他认为"修志者，非示观美，将求其实用也"。故每部方志不必都从古修起，"如前志无憾，则但当续其所有；前志有阙，但当补其所无。果前志可取，正不必尽方志而皆计及于三数百年也"。况且为了切合实用，也必须着重修当代之书，记当代之事，"史部之书，详近略远，诸家类然，不独在方志也"。所以"方志之修，远者不过百年，近者不过三数十年"（《记与戴东原论修志》）。这种修志求其实用、详近略远的主张，正是他"经世致用"史学思想在修志问题上的具体表现。这种思想在乾嘉时代来说，还是难能可贵的。

二、方志分立三书

章学诚在方志学上另一杰出贡献，是创立了一套完整的修志义例，提出了方志分立三书的主张。《方志立三书议》可以说是章学诚所创立的方志学精义之所在。这一主张的提出，标志着章学诚方志理论的成熟、修志体例的完备和方志学的建立。我们知道，他的修志理论是在长期辩论和具体实践中不断充实、逐渐完备起来的。他早年《答甄秀才论修志》二书和《修志十议》（外篇四）一文，对于编修方志已经提出了不少卓越创见，如"志及史体"、"立志科"、另立"文选与志书相辅而行"等。此后，在方志的性质、内容、体例等方面，与戴震、洪亮吉等人曾专门进行了论战，尤其是屡次主修志书的实践经验，更不断地丰富了他的修志理论。所以，他的修志理论是在不断发展的，而反映在他所主修的方志上，则是一部比一部来得完善。晚年所修之《湖北通志》，可视为已达成熟阶段的代表作，它是在《方志立三书议》提出以后撰成的。

章学诚经过长期的研究和实践，总结出要撰好方志，必须分立三书。他说："凡欲经纪一方之文献，必立三家之学，而始可以通古人之遗意也。仿纪传正史之体而作志，仿律令典例之体而作掌故，仿文选文苑之体而作文征。三书相辅而行，阙一不可；合而为一，尤不可也。"（《方志立三书议》）这种主张，可谓前无古人，他是针对当时修志中所存在的问题而提出的。在《报黄大俞先生》（外篇三）里，章学诚批评了当时许多方志只是纂类家言，是记注而不是著述。而更有甚者，"猥琐庸陋，求于史家义例，似志非志，似掌故而又非掌故，盖无以讥为也"（外篇五《亳州掌故例议下》）。为什么会出现这些现象？章学诚以为："自唐宋以后，正史之外，皆有典故会要以为之辅，故典籍至后世而益详也。"可是"方志诸家，则犹合史氏文裁，与官司案牍混而为一，文士欲掇菁华，嫌其芜累；有司欲求故事，又恐不详，陆机所谓'离之则双美，合之则两伤'也"。若要防止此种现象的继续发展，就必须采用陆机所谓"离之则双美"的办法，于志文之外，别立掌故、文征，这样，"则义例清而体要得矣"（外篇六《湖北掌故叙例》）。所以方志分立三书，正好解决了"不失著述之体"与保存重要资料之间的矛盾。

三书当中，"志"是主体，是"仿纪传正史之体而作"的，"是《春秋》

之流别",因此,它是"词尚体要"、成一家之言的著述。章学诚说:"夫志者,志也,其事其文之外,盖有义焉。所谓操约之道者此也"(《亳州志掌故例议下》)。又说:志者,"有典有法,可诵可识,乃能传世而行远。故曰:'志者,志也,欲其经久而可记也。'"(《方志立三书议》)由此可见,"志"乃是具有经世目的、有裨社会风教的史著,它与撰史一样,不仅在体例上有所讲求,还必须注意内容、文字上的"属辞比事"。唯其如此,他认为志书的编纂工作,非具有史才、深通史法的人是无法胜任的。

"掌故"如同会要、会典,目的在于既使志书做到简洁明要,又使重要材料得以保存,故在志书之外,将当地机关的章程条例和重要文件,按类编选,勒成专书,与"志"相辅而行。章学诚认定,"不整齐掌故,别为专书,则志亦不能自见其意"。只有"修其掌故,则志义转可明矣"(《亳州志掌故例议》下)。这种方法,他认为还应当推广到写史中去,以收掌故与史相辅之功,他说:"为史学计其长策,纪、表、志、传,率由旧章,再推周典遗意,就其官司簿籍,删取名物器数,略有条贯,以存一时掌故,与史相辅而不相侵,虽为百世不易之规可也。"(《亳州志掌故例议中》)

"文征"则类似文鉴、文类,其"大旨在于证史",它是挑选那些足以反映本地生活民情,"合于证史"的诗文,以及那些即使"不尽合于证史"而实属"名笔佳章,人所同好"的文章,汇编成书(详见《方志立三书议》)。这一主张他早年在《答甄秀才论修志第二书》里就已经提出,即所谓"略仿《国风》遗意,取其有关民风流俗,参伍质证,可资考校,分列诗文记序诸体,勒为一邑之书,与志相辅"。后来他在《为毕制军与钱辛楣宫詹论续鉴书》中,还主张把这种做法在编年史中普遍采用。

综上所述,可见"掌故"、"文征"的设立,目的在于"证史",保存一套可靠而丰富的资料,为后人著述博览约取创造条件。就其性质而言,是资料汇编,与具有著述之体、"词尚体要"的"志"书自有区别。

三书性质与任务之不同是显而易见的,然而有人却把章氏的方志三书解释为:"志"指地方行政制度;"掌故"指地方行政文件;"文征"指本地人和外地人描述该地的诗文。这种解释势必把"志"同"掌故"、"文征"的性质等同起来,而违背了章学诚的原意,何况"'志'指地方行政制度"一语本身就不确切,哪有方志是单单记载地方行政制度的呢?我们知道,方志分立三书,"志"与"掌故"、"文征"有别,乃是章学诚论史时认为撰述(或著述)与比类(或记注)之不同在方志上的体现,由于两者性质与任务有殊,就决定了对它们的要求有所不同,"撰述欲其圆而神,记注欲其方以智也"。这在上文论述他的历史编纂学方面的贡献时已作了详细说明。我们明白了这点,更有利于辨清方志三书所具的性质及任务之不同。其实章氏所撰的《湖北通志》已对三者不同的性质和内容作了明确的回答。他在《通志凡例》中说:"志者识也,简明典雅,欲其可以诵而识也。删繁去猥,简帙不欲繁重。簿书案牍之详,自有掌故专书;各体诗文,自有文征专书。志则出古国史,决择去取,自当师法史裁,不敢徇耳目玩好也。"(外篇六)又在《为毕制府撰湖北通志序》中进一步指出:"'方志'义本百国春秋,'掌故'义本三百官礼,'文征'义本十五《国风》。"(外篇六。灵鹣阁本《文史通义》将此序题为《毕制府拟进湖北三书序》,文字略有出入)非常清楚,"通志"部分绝不是什么"地方行政制度"。所以笔者说,"志"是主体,是"词尚体要"的著述,"掌故"、"文征"是两翼,是保存史料的资料汇编,两者相辅而行,构成一部完整的地方志。

总之,方志分立三书,确是一种创见,对于旧的方志来说,无论在体例上或是内容上,都将起到巨大的革新作用,它的提出,无疑为方志学的发展开辟了新的广阔天地。

三、志书的体裁和内容

作为方志主体的"志",应当写哪些内容,编撰时要采用何种体裁,这是章学诚最为重视的问题。他一再强调"志及史体","体裁当规史法",内容要写这一地区的山川、物产、风俗、人文、"政教设施,经要所重"。他在《为张吉甫司马撰大名县志序》里,还对内容的详略去取提出了几条具体意见:"知方志非地理专书,则山川、都里、坊表、名胜,皆当汇入地理,而不可分占篇目,失宾主之义也;知方志为国史取裁,则人物当详于史传,而不可节录大略,艺文当详载书目,而不可类选诗文也;知方志为史部要删,则胥吏案牍、文士绮言,皆无所用,而体裁当规史法也。"(外篇六)既然"仿纪传正史之体"而作,那么就必须达到"邑志虽小,体例无所不备"

的要求，因为它与国史相较，只是"所谓具体而微也"。至于志书为什么要仿纪传正史之体，他在《永清县志舆地图序例》中曾表述："史部要义，本纪为经，而诸体为纬。有文辞者曰书曰传，无文辞者曰表曰图；虚实相资，详略互见，庶几可以无遗憾矣。"（外篇五）我们统观章氏所撰诸志，确是纪传书表，诸体具备，一如正史之规，尤其是《湖北通志》更为完备。唯书、志之名，《和州》、《永清》诸志称"书"，《湖北通志》则改称"考"而已。今对其诸体，略加论述如下：

纪：所谓纪者，是指按年编写的大事记，其要求是把这个地方"古今理乱"之重大事件，都"粗具于编年纪"中（外篇六《湖北通志·序传》）。因此，它与一般正史里的本纪不同，方志撰纪，只是以为一书之经而已。而一书之首，所以必冠以编年之纪，亦在于"存史法也"，因为"志者，史所取裁，史以纪事，非编年弗为纲也"（外篇六《为毕秋帆制府撰石首县志序》）。但应当说明的是，他最初所撰的几部方志并没有做到这点。

传："邑志列传，全用史例"，它的设置在于尽本纪未尽之事宜。"史之有列传也，犹《春秋》之有左氏也。左氏依经而次年月，列传分人而著标题，其体稍异，而其为用则皆取足以备经（《春秋》）纪（本纪）之本末而已矣。"（外篇五《亳州志人物表例议中》）"编年文字简严，传以申其未究，或则述事，或则书人，惟用所宜"（外篇六《湖北通志·序传》），而不应"执于一也"。章学诚认为，传分记人、记事，乃是司马迁立传之本意，他在《湖北通志》中曾身体力行，既有事类相从，亦有数人合传。记明末农民起义之事，曾立《明季寇难传》；述明季党争者，则有《复社名士传》。而《欧魏列传》，名为欧阳东风、魏运昌二人立传，实则言"湖北水利之要害，与水利考相表里"。他们"一为明代沔阳之人，一为国朝景陵之人，以论水利，合为一传，亦史家比事属辞之通义"（《章氏遗书》卷二六《欧魏列传》）。

为了写好方志的列传，章学诚认为应当"详今而略远"，"详后而略前"，比起国史应当"加详"。尤其是以往人物，"史传昭著，无可参互详略施笔削者，则但揭姓名为人物表，其诸史本传，悉入文征以备案检"（内篇五《传记》）。"方志家言，搜罗文献，将以备史氏之要删。史之所具，已揭日星，复于方志表扬，岂朝典借重于外乘耶！如谓一方数典，不得不具渊源，则表列姓名，足以知其人之出处。"（外篇六《湖北通志·序传》）所志人物亦应当有所选择，写出特点，不能"面目如一，情性难求"。"如职官而无可纪之迹，科目而无可著之业，于法均不得立传"，因为"志属信史，非如宪纲册籍，一以爵秩衣冠为序者也"（外篇四《修志十议》）。再者，"方志为一方之政要，非徒以风流文采，为长吏饰儒雅之名也"（《为毕秋帆制府撰石首县志序》）。这个看法是非常有见地的，因此，凡立一名宦传，一定要说明此人"实兴何利，实除何弊，实于何事有益国计民生，乃为合例"（《修志十议》）。当然，要撰好列传是很不容易的，正因如此，章学诚认为一个史家的才能可以在列传的撰写中得到充分的体现。

考：考之为体，乃仿书志而作。章学诚以为要撰好书考必须注意书法，"典故作考，人物作传，二体去取，均须断制尽善，有体有要，乃属不刊之书，可为后人取法"（《修志十议》）。他认为，今后方志的书志，"但重政教典礼，民风土俗"，凡是"浮夸形胜，附会景物者，在所当略"（《修志十议》）。如撰艺文者，"当仿三通、七略之意，取是邦学士著撰书籍，分其部汇，首标目录，次序颠末，删芜撷秀，掇取大旨，论其得失，比类成编，乃使后人得所考据，或可为馆阁雠校取材，斯不失为志乘体尔"（《答甄秀才论修志第一书》）。志田赋者，既要采撷州县赋役全书，又得吸取私门论撰，加以别裁，做到文简事明，这样，财赋沿革利病，就可洞若观火了。

图表：在上一节里已经讲了，章学诚对于图、表是非常重视的，而在编修方志当中，他同样强调应当充分发挥图表的作用，所以他自己所撰诸志，部部有表，而《湖北通志》仅人物就立了五个表。对于《食货考》中头绪纷繁的赋役一门，还作了赋役表以相统摄。经过他的苦心经营，史表的作用在方志当中可以说是得到了充分的施展。

至于图的作用，在章学诚看来，有时更甚于表。他在《永清县志水道图序例》中对图表的作用还举例作了对比，他说：若"地名之沿革，可以表治；而水利之沿革，则不可以表治也。盖表所以齐名目而不可以齐形象也，可以得形象者，惟图而已"。难怪他把图像称为"无言之史"。他还指出，图之所作，应当"取其有关经要而规方形势所必须者，详系之说，而次之诸表纪之后"。这样，才可以"用备一家之学"（外篇四《和州志舆地图序例》）。

志的诸体既然一如正史之规，那么措辞命意，无疑当具撰史之笔法。章学诚在《与石首王明府论志例》（外篇四）一文中说："志为史裁，全书自有体例。志中文字，俱关史法，则全书中之命辞措字，亦必有规矩准绳，不可忽也。"因此，为了撰好方志，他提出作者秉笔应当做到"持论不可不恕，立例不可不严，采访不可不慎，商榷不可不公"（外篇六《湖北通志·序传》）的四大要求，继承了古代史家据事直书的优良传统。他说："据事直书，善否自见，直宽隐彰之意同；固不可专事浮文，以虚誉为事也。"（《答甄秀才论修志第一书》）当然，这并不是说不要褒贬了，公正的议论、持平的论赞亦不妨附入，否则也就失去了作史惩劝的本意。何况"史有褒贬，《春秋》以来未有易焉"（外篇五《永清县志列传序例》）。至于在志体既合史例，考信核实无虚的前提下，适当进行文辞修饰，自然也是作者们需要努力之事，因为"志体既承详赡，行文又贵简"，乃是写好一部方志必备的要求。

章学诚在总结前人修志经验的基础上，结合自己的实践经验，还别具匠心地提出了一个修志纲要。从这个纲要的提出，也可看出他想象力之丰富、才能的卓绝，以及创造精神的可敬佩。他说：修志有二便：地近则易核，时近则迹真。有三长：识足以断凡例，明足以决去取，公足以绝请托。有五难：清晰天度难，考衷古界难，调剂众议难，广征藏书难，预杜是非难。有八忌：忌条理混杂，忌详略失体，忌偏尚文辞，忌妆点名胜，忌擅翻旧案，忌浮记功绩，忌泥古不变，忌贪载传奇。有四体：皇恩庆典宜作纪，官师科甲宜作谱，典籍法制宜作考，名宦人物宜作传。有四要：要简、要严、要核、要雅。修志当中，应尽力做到"乘二便，尽三长，去五难，除八忌，而立四体，以归四要"（《修志十议》）。

综上所述，章学诚理想中的方志，实际上就是一部图文并茂、纲举目张、言简义明的地方史。旧的方志按照他的理论改造以后，将改变原来仅具地理沿革之书的面貌，而成为一种具有史义、能够经世的史书了。

四、建议州县设立志科

章学诚以为，"史笔与文士异趋，文士务去陈言，而史笔点窜涂改，全贵陶铸群言，不可私矜一家机巧也"（外篇六《跋湖北通志检存稿》）。这就是说，史家编写历史，必须有所凭借，所写之书才能取信于后世。史家只有具备了丰富的史料，始可言一事之本末，考一事之得失，加以陶铸，成为珍品。他在修志的具体实践中，深深感到搜集资料的困难与及时搜集资料的重要性，认为要修好方志，以往的正史典籍固然"俱须加意采访"，同时"若邑绅所撰野乘、私记，文编、稗史，家谱、图牒之类，凡可资搜讨者，亦须出示征收"，从而可以"博观约取"（《修志十议》）。值得注意的是，方志内容既要详近略远，多写当时事件，那么材料就必定要取之于当时的现实生活之中。因此，他主张除了搜集现行的乡邦文献以外，还需要进行实地访问调查。他竭力赞扬了司马迁修史之前"东渐南浮"实地访问的精神。

为了解决修志过程中所遇到的材料来源的困难，他曾建议清政府在各州县建立志科，专门掌管搜集乡邦文献，为修志创造有利条件。他在《州县请立志科议》中说："州县之志，不可取办于一时；平日当于诸典吏中，特立志科。金典吏之稍明于文法者以充其选，而且立为成法，俾如法以纪载，略如案牍之有公式焉，则无妄作聪明之弊矣。积数十年之久，则访能文学而通史裁者，笔削以为成书，所谓待其人而后行也。如是又积而修之，于事不劳，而功效已为文史之儒所不能及。"（外篇四）至于资料搜集的范围、办法以及如何保管等，文中亦均有详尽的说明。在志科以外，四乡还各设采访一人，聘请"绅士之公正符人望者为之"，平日负责搜集遗文逸事，及时上呈志科。可是，这种具有独创性的积极建议，并没有为清政府所采纳。我们认为，章学诚的这篇《州县请立志科议》，不仅今天历史工作者和档案工作者可以用作借鉴，就是对从事于社会调查的工作人员，也同样具有一定的参考价值。

总之，我们可以看到，章学诚在方志学方面的理论是相当全面的，从方志的性质到内容，从义例的创立到资料的来源，乃至省志与府、州、县志的分合详略等问题，无不一一论及，使得向来不大被人们所重视的地方志，从理论到实践，建立起一整套体系，并使之发展成为专门的学问——方志学。因此，章学诚在方志学上的贡献应当给予充分的肯定。近世有人推许他为"方志之祖"、"方志之圣"，是有一定道理的。

第十九章
乾嘉史学

第一节　乾嘉史学的特点和概况

一、盛极一时的乾嘉考据学

梁启超在《中国近三百年学术史》中指出："乾嘉间之考证学，几乎独占学界势力，虽以素崇宋学之清室帝王，尚且从风而靡，其他更不必说了。所以稍为时髦一点的阔官乃至富商大贾，都要'附庸风雅'，跟着这些大学者学几句考证的内行话，这些学者得这种有力的外护，对于他们的工作进行，所得利便也不少。总而言之，乾嘉间考证学，可以说是清代三百年文化的结晶体。"（《清代学术变迁与政治的影响中》）这几句话非常形象而生动地刻画了当时学术界的精神面貌。"乾嘉时代"在清代历史上被称为"盛世"，而乾嘉时代的学术文化，也被看成清代学术文化的"繁荣"时期，其实这种所谓"盛世"和"繁荣"，正是清朝统治者所实行的文化专制主义统治的产物。诚如鲁迅先生所说："清的康熙、雍正和乾隆三个，尤其是后两个皇帝，对于'文艺政策'或者说得较大一点的'文化统治'，却真尽了很大的努力的……文字狱只是由此而来的棘手的一种，那成果，由满洲这方面言，是的确不能说它是没有效的。"（《且介亭杂文·买"小学大全"记》）这就说明，这个"盛世"和"繁荣"的出现，全国人民是付出了十分惨痛的代价的，特别是乾嘉学派的考据之学，乃是由许多聪明才智之士，为了逃避现实之嫌，将自己毕生精力葬送在故纸堆中的重大牺牲而换来的。所以鲁迅先生又说："到乾隆年间，人民大家便更不敢用文章来说话了。所谓读书人，便只好躲起来读经，校刊古书，做些古时的文章，和当时毫无关系的文章。有些新意，也还是不行的；不是学韩，便是学苏"（《三闲集·无声的中国》),"从清朝的文字狱以后,文人不敢做野史了"(《伪自由书·再谈保留》)。可见当时学术界出现的,并不是"百家争鸣"的繁荣景象,而是"万马齐喑"的沉闷局面,各种学科都是千篇一律的考证,无论是研究经学、史学、文字学、地理学、音韵学、校勘目录学、天文历算学等,走的无一不是这一条考据的途径。生活在当时的章学诚,对这种死气沉沉的局面早就表示了不满,他在写给朋友的书信中和许多文章中都谈到了这种现象:"自四库馆开,寒士多以校书谋生,而学问之途,乃出一种贪多务博而胸无伦次者,于一切撰述,不求宗旨,而务为无理之繁富,动引刘子骏言:'与其过废,无宁过存',即明知其载非伦类,辄以有益后人考订为辞,真孽海也。"(《章氏遗书》外编卷三《丙辰札记》)"方四库征书,遗籍秘册荟萃都下,学士侈于闻见之富,别为风气,讲求史学,非马端临氏之所为整齐类比,即王伯厚氏之所为考逸搜遗。是其研索之苦,襞积之勤,为功良不可少。"(《邵与桐别传》)"于是四方才略之士挟策来京师者,莫不斐然有天禄、石渠句坟抉索之思,而投卷于公卿间者,多易其诗赋举子艺业,而为名物考订与夫声音文字之标,盖骎骎乎移风俗矣!"(《章氏遗书》卷一八《周书昌别传》)以上所引,集中地说明了乾嘉时期的社会学术风气,与清初相比已经大不相同了。清初学者以顾炎武为代表,提出了"凡文之不关于六经之指、当世之务者,一切不为"(《亭林文集》卷四《与人书二》),他们治学所关心的是当世之务,而他们所提倡的考据又正是为了矫正宋明理学空谈心性、束书不观之弊,并且与反对清初民族压迫的形势密切相关联。所以他们积极倡导认真读书,并从小学入手,先求训诂名物的真义;又由于反对清朝统治,因此学术研究力主经世致用,研究历史上的成败与地理形势也就成为他们治学的重点。可是乾嘉时期的考据学者,虽然在治学的方法与研究的对象上继承了清初大师们所开辟的道路,但大师们治学的精神实质却被全部丢个精光。尽管他们也把训诂、校勘深入到诸子、史地以及集部等各方面文献,可惜的是他们把大师们治学的手段当成了目的。于是他们的这种考据学,反而成为清廷用来粉饰所谓"乾嘉盛世"的点缀品,成了为统治者歌颂"升平气象"的工具。因此,他们在古籍整理与考订方面,虽然作出了不少成绩,对后人阅读、研究古籍带来了很大方便,但是所花的代价实在太大了,而创造发明却又是少得可怜,对于他们的成就自然不宜估评过高。尽管梁启超说了:"乾嘉考证学,可以说是清代三百年文化的结晶",其实除了训诂、校勘、整理古籍而外,几乎别无其他创造发明之可言。所以鲁迅先生评论说:"说起清代的学术来,有几位学者总是眉飞色舞,说那发达是为前代所未有的。证据也真够十足:解经的大作,层出不穷,小学也非常进步;史论家虽然绝迹了,考史家却不少;尤其是考据之学,给我们明白了宋明人绝没有看懂的古书……"(《花边文学·算账》)鲁迅的话,既说明了乾嘉考据学的特点,也表达了他对乾嘉考据学的评价。至于当时的史学界,除了浙东少数几个人外,几乎大多局限于对古代史籍的考订与补注,极少再有什么"前人所谓决断去取,各自成家"(《邵与桐别传》)的著作了。

二、对古籍的校注、辨伪和辑佚

乾嘉时代的历史学家,绝大多数以考证的方法从事史学的研究工作,而其中所采用的手段和途径又各有不同,有的是对旧史进行校勘注释,有的是专门从事辨伪,有的则是对已失传的史籍进行辑佚。这些方面在当时都曾做了大量的工作,也取得了不少的成绩。其中校勘之学可以说是乾嘉学者们的特长,他们的注释工作之所以能够做到比较精密,关键就在于他们的校勘工作做得相当细致。而做好校勘工作不仅需要仔细和耐心,因为这种工作非常枯燥无味;同时非有相当学力不能从事这一工作,因为往往只通过一两个字的校正,对于全段文字的解释就会产生很大的出入,这就必须阅读大量的书籍,掌握比较渊博的知识。他们在长期的校勘中,也积累了许多宝贵的经验。当时校注的以先秦子书为最多,而史书的校注数量也是相当可观。在校勘方面成绩最卓著的要推王念孙和卢文弨等人。卢文弨的《群书拾补》,兼有经史子集四个部分,其中有校正,有注疏。此外,也有的是只对一部书进行校注的,如惠栋的《后汉书补注》,沈钦韩的《两汉书疏证》,周寿昌的《汉书注校补》《后汉书注补正》等,而补注《三国志》的则有杭世骏、侯康、赵一清、周寿昌诸人。这些校注为后人研究上述著作提供了很大的方便。

我国古代由于种种原因,书籍散失很多,有许多好事之徒,为了立异争名,往往伪造古书,以假乱真,以致造成真假难分。为了澄清这一混乱,清代学者在辨伪工作上亦曾做了大量的工作,他们从师承关系、思想渊源、文体句式、典章制度、内容材料等各个方面进行辨证，最后判断出一部书的真伪来。在这方面贡献最大的要算是清初的姚际恒了，他作了《古今伪书考》二卷，分经、史、子三类，共七十种，不过由于篇帙过于简单，理由未能充分论述，而且所论未免亦有不很确当的地方。也有人是专门辨证一部书之真伪的，其中与研究历史关系比较大的有阎若璩的《古文尚书疏证》和惠栋的《古文尚书考》两书，一一揭发出东晋时梅赜所献《古文尚书》之全系伪作，这就结束了长期以来今古文《尚书》争论不休的一大悬案。

至于辑佚工作，更是乾嘉学者所长。当然，这一工作在此之前已经有不少学者在做了，如姚之骃《后汉书补逸》二十一卷，其中辑《东观汉记》八卷，谢承书四卷，薛莹、张璠、华峤、谢沈、袁山松诸人书各一卷，司马彪书四卷。后来汪文台更汇辑了七家后汉书。另外，私人从事辑佚工作而卓有成就的还有黄奭、汤球诸人。乾隆间因编纂《四库全书》，遂从《永乐大典》中辑出大量久已失传的重要书籍，其中经部六十六种，史部四十一种，子部一百零三种，集部一百七十五种，合计三百七十五种、四千九百二十六卷。这个数字是十分可观的。史部方面的书，重要的有李焘《续资治通鉴长编》五百二十卷，薛居正《旧五代史》一百五十卷，《宋两朝纲目备要》十六卷，熊克《中兴小纪》四十卷，刘珍等《东观汉记》二十四卷。这些史书的辑出，对于史学史和有关历史研究都有其重要的价值。如《东观汉记》，元代已佚，其书为范晔撰《后汉书》时所不采，而其内容足补《后汉书》之缺失者颇多，因此在当时被重新辑出后，就使人们从中可以看出我国最早的官修史书之规模与面目。又如《旧五代史》，自欧阳修书出后，遂逐渐失传，而欧书刻意模仿《春秋》笔法，许多重要史实多被删削，薛史被重新辑出后，遂使研究五代历史有了比较丰富的史料依据。至于李焘的《续资治通鉴长编》，更是研究北宋历史不可多得的史书，史料极为丰富。到了嘉庆时期，徐松又从《永乐大典》中辑出《宋会要辑稿》三百六十六卷，此书多有《宋史》及有关宋代其他史书所未采录的大量材料，亦为研究宋代历史的重要史料。此外，在辑佚工作方面作出过重大贡献的尚有严可均，他辑有《全上古三代秦汉三国六朝文》，"使与《全唐文》相接，多至三千余家，人各系以小传，足以考证史文，皆从搜罗残剩得之；复检群书，一字一句，稍有异同，无不校订，一手写定，不假众力。唐以前文，咸萃于此焉"（《清代七百名人传》第四编《学术·朴学·严可均》)。所辑者都是散失之文，凡全书留传下来的则一律不予收入。像这样的辑佚工作，自然为后人的学术研究提供了极为方便的条件。

三、对旧史的补作、改写和考证

在现存的二十四史中，清人除《史记》、《汉书》外，对其余诸史大都持有不同程度的看法，甚至对《三国志》和《后汉书》，亦颇有意见，意欲改作。《晋书》为唐贞观年间官修，在官修史书中还算得上是比较好的一部，但嘉庆间周济仍仿鱼豢《魏略》编年之体改作《晋略》六十卷。不过有些改作只是出于正统观念，如魏收《魏书》，世称秽史，特别是东西魏分裂之后，以东为正统，以西为伪，乾隆末年谢启昆作《西魏书》二十四卷，其实只是在这正统问题上纠正《魏书》之作而已。嘉庆间陈鳣作《续唐书》七十卷，以代替五代历史，不称五代，而用后唐李克用直接连接唐昭宗，后唐亡后，则以南唐续之，事实上亦无多大价值。《宋史》芜杂漏略，这是大家所公认的，故历来有志于改作者甚多，但均未能实现；乾嘉时期，浙东史学的两位名家邵晋涵与章学诚，亦皆有志于此，特别是《宋史》的南宋部分，尤为芜漏，故邵晋涵曾仿《东都事略》而撰《南都事略》，但由于他短暂一生的大部分时间用于史馆之应酬，虽经章学诚多次催促，亦仍未能最后实现改编《宋史》的宏愿。而章学诚本人尽管也有意于改编《宋史》，并曾创立了一种新史体，以为载诸空言，不如见诸实事，打算用这种新的史体来改编《宋史》(详见《与邵二云论修〈宋史〉书》)，终因生活上穷困潦倒，整日为生活而奔波于大江南北，改编亦无结果。至于《元史》，康熙间则有邵远平撰《元史类编》四十二卷，但仅将原书重新作了一番安排，既无新意，亦无多少新增史料。乾隆年间，钱大昕曾锐意重修，先作《元史考异》十五卷，亦仅成《氏族志》、《经籍志》两篇。嘉庆间汪辉祖撰《元史本证》五十卷，分证误、证遗、证名三部分，钱大昕为其作序云："自擅新得实事求是，有大醇而无小疵。"当然后人改作成功者也是有的，如魏源《元史新编》九十卷，柯绍忞《新元史》二百五十七卷，但已不属于本篇的论述范围。在这一时期，为各书补作表志的那就更多了。从总体而言，则有万斯同的《历代史表》五十九卷，杭世骏的《历代艺文志》和陈芳绩的《历代地理沿革表》四十七卷。至于对每部史书表、志之补作者,因数量很大,这里就不一一列举了。

对于旧文字内容的考证,亦是乾嘉史学家们治史的主要内容之一,他们对旧史文字上的错误,事实上的讹谬,记载上的遗漏,文句上的含糊,乃至版本上的真伪,等等,都作了详细的考辨和论证。其中最著名的当推钱大昕《廿二史考异》、王鸣盛《十七史商榷》、赵翼《廿二史劄记》三书。而专门从事于一部书的考证校注的,那就很多了,著名的如钱大昭《汉书辨疑》、《后汉书辨疑》、《续汉书辨疑》,陈景云《两汉书订误》,钱大昕《三国志辨疑》,梁章钜《三国志旁证》等。也有专为某部史书中的表志进行考证、校注和整理的,如孙渊如《史记天官书考证》,全祖望《汉书地理志稽疑》,徐松《汉书地理志集释》、《汉书西域传补注》,章宗源《隋书经籍志考证》等。当然,校注与考证,有其共同之处,因此,有许多著作甚至很难截然区分,不过总的说来,都是对旧史所进行的校勘、疏证、整理工作。自然,从事这一工作不仅在某一方面必须掌握非常渊博的知识,而且还要求掌握一定的方法,但它却不需要发凡起例,也用不上什么别识心裁。

四、崔述和《考信录》

乾嘉时期,也有从对史籍的研究考证而引起对古代历史的研究的,其代表人物就是崔述。在他之前的康熙年间,曾有邹平人马骕专门从事过上古史的研究,著成《绎史》一百六十卷,时人称之为"马三代"。崔述则从儒家经典的研究入手,对古代史上许多重大问题提出了大胆的怀疑。尽管他所考证的史实不一定都正确,但他毕竟是这一时期不局限于对古籍的考订补注,而敢于别开生面,独树一帜的代表人物,提出"三代以上,经史不分","圣人之道,体用同原"的主张,打起了不相信汉学的旗号。

崔述字武承,号东壁,直隶(今河北)大名人。生于乾隆五年(1740),卒于嘉庆二十一年(1816)。乾隆二十七年举人,嘉庆元年选授福建罗源知县,四年调上杭知县。后以"老病乞休","乃往来河北,以著述自娱"[①]。其父元森,字灿若,号暗斋,治朱子之学,"有志于明道经世",因此崔述从

---

① 刘师培:《崔述传》,《国粹学报》第34期。

年幼起就受到这种思想之感染，十四岁便泛览群书，起初"笃信宋学，继觉百家言多可疑，乃反而求之六经，以考古帝王圣贤行事之实"（《崔述传》），于是立志要辨其虚实。他在《考信录·自序》中说："自读书以来，奉先人之教，不以传注杂于经，不以诸子百家杂于经传。久之而始觉传注所言有不尽合于经者，百家所记，往往有与经相悖者……于是历考其事，汇而编之，以经为主，传注之与经合者则著之，不合者则辨之，而异端小说不经之言则辟其谬而删削之，题之曰《考信录》。"又在《考信录提要》卷上《释例》里说："今为《考信录》，专以辨其虚实为先务。"可见他写作此书的目的在于"考信"与"辨虚为实"。

《考信录》全书分为三大部分：一是"前录"，包括《考古提要》二卷，《补上古考信录》二卷；二是"正录"，包括《唐虞考信录》四卷，《夏考信录》二卷，《商考信录》二卷，《丰镐考信录》八卷，《洙泗考信录》四卷；三是"后录"，包括《丰镐考信别录》三卷，《洙泗考信余录》三卷，《孟子事实录》二卷，《考古续说》二卷，《考信附录》二卷。合计共三十六卷，对我国上古历史和孔子、孟子事迹作了系统的考订。丰、镐是周代的旧都，《丰镐考信录》就是考释周代的史事；洙、泗原为鲁国两条水名，《洙泗考信录》便是考订孔子的生平事迹。崔述撰著这部《考信录》，花费了十多年时间，虽疾病贫困，也从未间断。他的学生陈履和在《崔东壁先生行略》中说："自暗斋先生卒后，十年之间，迭遭变故，积哀劳，病作，几死者屡矣。母丧既除，痛弟迈笃学而年不永，所恃以成先志者，孑然一身，益发愤自励。始作《考信录》，疾病忧患中，奔走衣食，又十年，而考古著书弗辍也。"这就说明，崔述的这部著作，是他在顽强地同疾病和贫困的斗争中完成的。

作为封建史家的崔述，企图通过考据这一途径，来研究出我国古代历史的真实面貌，这一实践本身就是很可贵的。他有大胆怀疑的精神，也提出了不少独到的见解。他在《赠陈履和序》里提出了"学以专而精，知以少而当"（《考信附录》卷一）的看法，说明他在做学问上与章学诚一样，主张学贵专精，反对那种不着边际地一味追求知识渊博而又无主见的做法。他说："古人之学贵精，后人之学贵博，故世益古则取舍益慎，世益晚则采择益淆。而文人学士又好议论古人是非，而不复考其事之虚实，不知虚实既明，则得失是非昭然不爽，故今为《考信录》专以辨其虚实为先务。凡无从考证者，辄以不知置之，宁缺所疑，不敢妄言以惑世。若摘发古人之误，则必抉其致误之由，使经传之文不致终晦。"(《崔述传》)当然这样笼统地说"古人之学贵精，后人之学贵博"是并不十分确切的，因为时代发展了，古今学术繁简也不同了。但他所指出的文人学士好论古人是非，而又不认真考辨其事迹之虚实，遂使是非莫辨，真假难分，这一意见却是十分恳切的。他作《考信录》能够本着"宁缺所疑，不敢妄言以惑世"(《考信录提要》卷上《释例》)的精神，也还是应该予以肯定的。另外，他在《考信录提要》中还提出："三代以上，经史不分，经即其史，史即今所谓经也。"(卷下《总目·洙泗考信录》)这与章学诚所阐述的"六经皆史"的精神也是相一致的，就是说这些经书，都是记载古代帝王圣贤行事之实迹。同时他还十分强调"圣人因所处之时势不同，则圣人所以治天下亦异"的观点，认为时代不同，治理天下的办法亦异，这个说法自然也是符合于历史事实的真相的。在做学问上，他主张不能计较个人名利，人生在世，就应当尽力而为，他说："世之论者，皆谓经济所以显名于当时，著述所以传名于后世。余之意，窃以为不然，人惟胸有所见，茹之而不能茹，不得已假纸笔以茹之；犹蚕食叶，既老，丝在腹中，欲不吐之而不能耳。名不名，非所计也。"(《考信附录》卷二《书考信录后》)这种不为名利而专心于学术研究的治学精神，即使在今天也是值得称颂的。他还提出，在评论人物和著作时，不能首先抱有成见，既不得因人废言，也不得因言废人，一切要从实际出发。他说："古人之书，高下真伪，本不难辨；但人先有成见者多耳……余生平不好有成见，于书则就书论之，于事则就事论之，于文则就文论之，皆无人之见存。"(《考信录提要》卷上)这种精神无疑更是非常可贵的。不过在事实上他自己也并没有真正做到这一点。由于他是站在儒家的立场上，"以维持圣经为己任"，这就必然抱有偏见，把儒家学派以外的其他学派，一律斥之为异端而加以排斥。他说："圣人因所处之时势不同，则圣人所以治天下亦异。是故二帝以德治天下，三王以礼治天下，孔子以学治天下，尧、舜以圣人履帝位，故得布其德于当世……禹、汤、文、武，虽亦皆有圣德，然有天下至数百年，其后王不必皆有德，其所恃以维持天下者，有三王所制之礼在……故三王之家天下也，非以天下私其子孙也；其子孙能守先王之礼，则德衰而天下有所赖以不乱……夏之礼将敝也，汤起而维之；商之礼将敝也,文王起而维之;至周之衰,礼亦敝矣,非圣人为天子不能维也;而孔子以布衣当其会,以德则无所施,以礼则无所著,不得已而订正六经,教授诸弟子以传于后。是以孔子既殁,杨墨(杨子、墨子)并起……天下尽迷于邪说。及至于秦,焚《诗》、《书》,坑儒士,尽灭先王之法;然而齐鲁之间独重学,尚能述二帝三王之事。汉兴……天子咸知诵法孔子,以故帝王之道得以不坠,至于今二千余年,而贤人君子不绝迹于后世,人心风俗尚不至于大坏。故曰:孔子以学治天下也。是以《孟子》"几希"诸章,述舜、禹、汤、文、武、周公之事而继以孔子;"好辨"章,叙禹、周公救世之功而亦继之以孔子……是以三代以上经史不分……后世学者不知圣人之道体用同原,穷达一致,由是经史始分,其叙唐虞三代事者,务广为纪载,博采旁搜,而不折衷于圣人之经,其穷经者……而不复考古帝王之行事。"(《考信录提要》卷下《总目·洙泗考信录》)他认为由于这样的原因,遂使古代历史真伪莫分,是非难辨,"故居今日而欲考唐虞三代之事,是非必折衷于孔孟,而真伪必取信于《诗》、《书》,然后圣人之真可见,而圣人之道可明"(《考信录自序》)。由上述引文足可看出,崔述强调"三代以上,经史不分"的用意,与章学诚论述"六经皆史"的精神实质是并不相同的,崔述的意图在于"维持圣经",强调经书的地位与作用,他认为上古帝王"以德治天下","其后王不必皆有德","有三王所制之礼在",因此,只要"能守先王之礼",则"德衰而天下有所赖以不乱"。周室衰微以后,"孔子以布衣当其会","不得已而订正六经,教授诸弟子以传于后",而后世"人心风俗尚不至于大坏"者,主要就在于能用孔子之学以治天下,"以故帝王之道,得以不坠"。所以他最后提出,当今若要研究上古历史之真迹,就得"是非必折衷于孔孟,而真伪必取信于《诗》、《书》"。可见其最终目的仍是为了见"圣人之真",明"圣人之道"。这一点也可以说是他著述《考信录》的最后归宿。在他的《考信录》中充满着那么浓厚的封建"卫道"观点,我们自然也就不难理解了。同时,对于崔述所提出的要"考信",要"辨虚为实",这种精神虽然可嘉,可是他把诸子百家一律指斥为异端邪说,把大量的重要书籍撇开不顾,以为"战国秦汉之书,皆难征信,而其所记上古之事,尤多荒谬"(《考信录提要》卷上《释例》),这样的认识显然也是十分偏狭的,势必使他抱残守缺,仅仅以儒家几部经典为依据,而要真正做到"辨虚为实"的"考信",自然也就十分困难了。因此,笔者说他所考的"信",未必尽为可"信";所求的"真",亦未必尽为确"真"。基于上述种种原因,笔者认为对崔述及其所著《考信录》的评价,应当恰如其分,既不能过分夸大其作用与贡献,也不应抹杀其功绩与影响。有人说:"东壁所著之《考信录》,乃辨伪学上最难之工作,而亦史学上最重要之贡献也。""及明胡元瑞《四部正讹》出,辨伪之学始大放光明,入清而集其大成,然纯粹辨证古史之书,则直至东壁《考信录》出世时,实未之见也。即谓有之,亦皆成见甚深,采集驳杂,以之视摈斥史传杂说而不信,专以无人之见存之态度征信于六经之《考信录》,则用力之勤,所获之巨,贡献于史学界者之宏,不可同日而语矣。"(姚绍华《崔东壁年谱》附录《崔东壁之史学》)这种评论未免过分夸大其词,并不符合真实情况。崔述在理论上虽说"生平不好有成见",实际上他写作《考信录》的立足点,仍是站在儒家立场,用封建的"卫道"观点,把儒家学派以外的所有学说,一律鄙视为"异端""邪说",这本身就是最深的门户之见。再说入清以后,集辨伪考证之大成者也绝对轮不到崔述的头上,何况他所作的辨伪工作,有许多也并不真正可信。当然,笔者也不否认《考信录》所具有的参考价值,因为他毕竟是花了十多年的精力和时间,对古代文献作了一番整理、研究和考证,其中也确实提出了不少可贵的见解,对于古史、古籍的考证提供了一些有用的材料,也作出了不少正确的或接近正确的结论,有的考证和解释,至今仍有其参考价值。他的著作在道光年间已有刊本流传,后来顾颉刚先生曾将其所有著作加以搜集,编订成《崔东壁遗书》,《考信录》也收录在内。

第二节　方志与谱牒之盛行

一、清代方志的发展

我国的方志,自宋代定型以后,历元明清三代,体例得到不断发展,内容也不断在丰富,已经成为一种缺少不了的地方文献。尤其是明清两代,出于对一统志编修的要求和政治因素,对地方志编修都非常重视。清朝曾于康熙、乾隆、嘉庆三次编修《大清一统志》，而每次纂修之前，总要求各地编修地方志以供需要。康熙十一年（1672）七月，保和殿大学士卫周祚进奏："各省通志宜修，如天下山川、形势、户口、丁徭、地亩、钱粮、风俗、人物、疆圉、险要，宜汇集成帙，名曰通志。"康熙二十二年，礼部奉旨檄催天下各省设局纂修通志。特别是雍正六年（1728）十一月，《清实录·世宗实录》详细记载雍正帝对于修志的一道"上谕"，这道"上谕"是针对当时一统志总裁官大学士蒋廷锡的请求而作，而对于这一内容，目前出版的许多书籍征引都有错误，现全文征引如下：

> 一统志总裁官、大学士蒋廷锡等奏称：本朝名宦人物，各省志书既多缺略，即有采录，又不无冒滥，必得详查确核，采其行义事迹卓然可传者，方足以励俗维风，信今传后。请敕谕各该督抚，将本省名宦、乡贤、孝子、节妇一应事实，详细查核，无阙无滥，于一年之内保送到馆，以便细加核实，详慎增载。
>
> 得旨：朕为志书与史传相表里，其登载一代名宦人物，较之山川风土尤为紧要，必详细确查，慎重采录，至公至当，使伟绩懿行，逾久弥光，乃称不朽盛事。今若以一年为期，恐时日太促，或不免草率从事……著各省督抚，将本省通志，重加修辑，务期考据详明，撷采精当，既无阙略，亦无冒滥，以成完善之书。如一年未能竣事，或宽至二三年内，纂成具奏。如所纂之书，果能精详公当，而又速成，著将督抚等官，俱交部议叙。倘时日既延，而所纂之书，又草率滥略，或至有如李绂之徇情率意者，亦即从重处分。至于书中各项分类条目，仍照例排纂，其本朝人物一项，著照所请，将各省所有名宦、乡贤、孝子、节妇一应事实，即详查确核，先行汇送一统志馆，以便增辑成书。钦此。

明清两代帝王对编修方志都非常重视，所下有关命令，都见于历朝实录，但有如此具体而详细的还不多见。雍正这段"上谕"，可以说明这样几个问题：其一，清朝每次大规模修志都是为编修一统志服务。鉴于一统志迟迟未能修成，雍正乃于次年将此旨晓谕全国，要求各地重修通志，严谕促修，限期完成，上诸一统志馆，以备采择。今《四库全书》著录的《畿辅通志》、《浙江通志》、《贵州通志》、《江南通志》、《云南通志》、《广东通志》等十六种，都是此次下诏催修的成果。其二，志书编修内容是有统一要求的，即"各项分类条目"显然是早有规定。其三，特重"名宦人物"，因为它可以"励俗维风"，故雍正说"较之山川风土尤为紧要"。其四，志书编修好坏，还有必要的奖惩措施，故封疆大吏们都热衷于修志，这自然是重要因素之一。为了保证方志编修的正常发展，故又颁布一道各省府州县志六十年一修之令。值得注意的是，乾嘉时期，许多著名学者也纷纷参与方志的编修，他们对于编纂体例、内容详略、资料取舍和编修方法也都讲究起来。如周永年、李文藻撰修的《乾隆历城县志》，万经、全祖望参与编修的《乾隆宁波府志》，邵晋涵等纂修的《乾隆杭州府志》，钱大昕等纂修的《乾隆鄞县志》，戴震编修的《乾隆汾州府志》，孙星衍主修《乾隆松江府志》、《三水县志》，杭世骏编纂《乾隆西宁府志》、《乌程县志》，谢启昆主持编纂的《嘉庆广西通志》，阮元主持编纂的《嘉庆广东通志》、《云南通志稿》，章学诚编纂的《永清县志》、《湖北通志》等，这些由学者们编纂的志书，比一般例行公事所编修的自不可同日而语。他们不仅在体例上、书法上有所讲求，而且在记载内容上也颇为多注意实用价值。

清朝统治者的重视和提倡，学者们的参与和大力推动，使得方志编修在清朝形成了全盛的繁荣时代。据《中国地方志联合目录》所载，现存清代所修方志有五千七百零一种，约占现存全国地方志总数八千二百余种的百分之七十。其中康熙、乾隆时期就分别编纂过一千三百九十七种和一千一百五十四种，又成为清王朝修志的最旺盛时期。现存清代二十二个省的通志有八十六种，府州志有九百零一种，县志四千七百一十四种。当时除省、府、州、县外，还有厅志、道志、关志、卫志、所志、乡镇志和乡土志等。特别是南方数省，由于经济发展，资本主义生产关系萌芽，许多乡镇经济发展很快，因而这些乡镇往往亦都修有志书。据统计，仅江苏一省，今存清修乡镇志就有七十七种；浙江省今存清修乡镇志亦有四十多种。著名的，江苏有《甘棠小志》、《震泽镇志》、《周庄镇志》、《开化乡志》、《瓜洲志》、《沙头里志》等，浙江有《塘栖志》、《梅里志》、《双林镇志》、《南浔镇志》、《乌青镇志》、《菱湖镇志》、《桃源乡志》、《剡源乡志》等。此外，还有安徽池州的《杏花村志》，广东佛山的《忠义乡志》，天津的《杨柳青志》，山东博山的《颜神镇志》、阳谷县的《张秋志》，上海的《真如里志》、《南翔镇志》等。特别是江浙一带明清时期的乡镇志，在研究明清时期经济发展史方面，已成为必不可少的重要资料。如明代中叶以后，江南丝织业非常发达，正式史书一般都没有记载，只有方志才能提供可靠的资料。如苏州府的吴江县，"绫绸之业，宋元以前，惟郡人（苏州城里人）为之。至明熙宣（仁宗洪熙、宣宗宣德，1425—1435）间，邑民始事机丝，犹往往雇郡人织挽。成弘（宪宗成化、孝宗弘治，1465—1505）而后，土人亦精其业者，相沿成俗。于是震泽镇及近镇各村民乃尽逐绫绸之利，有力者雇人织挽，贫者皆自织，乃令其童稚挽花。女红不事纺织，日夜治丝，故儿女自十岁以外，皆早暮拮据以糊口"（《乾隆震泽县志》卷二五《生业》）。又如，浙江湖州自明清以来，成为蚕丝的生产基地，南京、苏、杭乃至福建一带的机房织造绸缎，大都要到这里采购蚕丝。这在《乾隆乌青镇志》的《土产》门就有典型的记载："四乡所出，西路为上，北次之。蚕毕时，各处商客，投行收买。平时则有各处机户，零买经纬自织。又有贸丝诣各镇卖予机户，谓之贩子。本镇四乡产丝不少，缘无机户，故价每减于各镇。"这里所称的"贩子"，实际上就是包买商，他买进以后，贩卖到大城市去。志书内容还告诉我们，整个浙西一带，蚕桑事业都是超过农田生产的。像这样具体的资料，在史书中自然是无从找到的。所以著名学者谭其骧先生说："我们的祖宗给我们留下来八千多部方志。这是我国一个很伟大的、特有的宝库，这中间有大量的可贵的史料。"（《中国地方志通讯》1981年第5—6期合刊）

有清一代，全国除新疆和西南个别省份外，几乎县一级基层行政单位都修了志书。而从地域上看，清代方志编修还有一个显著特点，这就是北方许多省份，方志编修远比以往发达，从编纂数量来说，流传至今都在三百种以上，远远超过以往修志发达的江苏、浙江等省，从而打破了自宋以来，方志编修独以江、浙等省为盛的局面。以现今尚存统计，山东有三百八十八种，河北三百七十三种，河南三百七十种，山西三百三十二种，江苏三百三十七种，浙江三百七十三种，安徽二百五十九种。所以会出现这样的现象，看来固有的经济、文化发达的基础尽管十分重要，但政治因素则更不可忽视，因为元明清三代皆建都于北京，政治中心北移，经济、文化也必将相应地随之变化。众所周知，宋元时期流传下来的方志，北方只有山东有过一部元修方志《齐乘》，其余全都产生在南方，并且集中在江、浙两省。两相对照，就足以说明问题。

上文笔者讲了，清代有许多学者参与了修志，因此在编修过程中，对于如何编修、内容详略、资料取舍等重大问题总都要从理论上加以论述，因而积累了许多修志经验和理论。特别是章学诚，由于具有深厚的史学理论，加之多部志书编修的经验和理论升华，从而成为我国方志理论的奠基人。另外，阮元、缪荃孙、李兆洛等人，亦都具有丰富的修志理论和宝贵的修志见解，也都值得我们很好总结和研究。

二、谱牒学的盛行

清代的谱学发展，与以前相比，呈现出多种趋势，除了私家修谱继续发展外，年谱已经占到学术界的主流地位，还有一种就是此时编写各种史表也很多，而不像以前单一的私家之谱独家盛行。当然，私家之谱的编修，在清代前半期曾受到过一定的影响，清朝政府在大兴文字狱之时，对私家之谱的内容亦曾作过检查和删改，乾隆四十四年（1779），就曾下诏删去家谱中僭妄之字句。正因如此，《四库全书总目》之史部，也就不再有谱系一门，编纂人员其意亦在避祸而已。但是不管怎样，私家修谱在民间还是在广泛流行，而编修出的家谱，却很少令人满意，因为编修者大多不得其人，东拼西凑，更有甚者则伪托名贤，假冒郡望，正如黄宗羲所说："而伪谱不问其地之南北，不考其年之上下，一概牵合，某世以至某世，绳联珠贯，至使祖孙倒置，蛇首人身。其有名公墨迹，内府玺书者，尤市儿之狡狯，无识之世宝也。"他非常气愤地说："今日谱之为弊，不在作谱者之矫诬，而在伪谱之流传，万姓芸芸，莫不家有伪谱。"（《黄宗羲全集》第十一册《序类》，《唐氏家谱序》）黄氏所言之当时社会现象，其后一直在社会上泛滥流传，所以后来全祖望、章学诚、杭世骏等学者也都一再指出私家之谱的弊病。杭世骏在看了许多家谱后深有感触地说："纵览天下之籍，每叹夸诞而不足征者，莫如家谱"，在他看来，许多家谱之中，"或虚张功伐而考诸信史竟无其名；或杜撰头衔而稽诸职志竟无其官；或攀附文人而质诸文集竟无其序。踵讹袭谬，恬不知怪"。（《道古堂集》卷五《萧山王氏家族谱序》）所以全祖望在《董氏重修族谱序》中严肃指出:"数典而忘祖,不可为也;扳援华胄而诬视,尤不可为也。"① 对此,实际上黄宗羲在《唐氏家谱序》中早已指出:"诬祖之罪,甚于忘祖。"可见有清一代,许多学者一直地呼吁,各个家族在编修家谱之时,千万要实事求是,绝对不要胡编乱造,否则永远都对不起自己的祖先。

由于私家之谱的编修,自宋以来,历元明至清,已经近八百年历史,对于如何修好私家之谱,已经产生过不少好的议论,到了清代乃形成了系统的理论,其中以章学诚和朱次琦为代表人物。特别是章学诚,一生中有很多时间都在替别人编修方志和家谱,因此积累了丰富的谱学理论。他除了写过多篇家谱、年谱的序,还专门写过《家谱杂议》一文。章学诚认为一部家谱至少要有"谱"(表)、"牒"、"图"、"传"等几部分。特别是"谱"与"牒"两者乃是一部家谱的核心部分,也是家谱编修的最初组成部分,其他内容都是后来逐渐增加的。

众所周知,自宋代产生了年谱的编修外,后继者日渐增多,特别到了清代,更加大为盛行,乾嘉时期风气大盛,不仅成为学术界主流,也成为乾嘉时代史学发展的一个重要特点。杨殿珣先生所编《中国历代年谱总录》(增订本)共收年谱四千四百五十种,笔者作了统计,成于清代者就有一千二百三十三种,这是一个相当大的数字。对于这众多的年谱,可分几种情况:一是自撰年谱,据杨殿珣先生统计,现存的清人年谱,自撰的约占四分之一左右。比较著名的有《黄梨洲自撰年谱》、《竹汀居士(钱大昕)年谱》(此谱记至六十五岁而止,其曾孙庆曾又为续编一卷,并为年谱作注)、《渔洋山人(王士禛)自撰年谱》(谱主七十二岁时自撰,后六年乃病中口授,其子笔录)、《退庵(梁章钜)自订年谱》、《葵园(王先谦)自定年谱》、汪辉祖的《病榻梦痕录》和《梦痕录余》等。需要指出的是,许多自撰年谱名称怪异,若不见其书,真不知其是年谱,汪辉祖的就是如此,其他还有耿定向的《观生记》、王恕的《省身录》、张金吾的《言归录》、陆我嵩的《无成录》、汪荆川的《大梦纪年》、李元春的《检身册》、殷迈的《幻迹自警》、朱廎的《茶史》等。自撰年谱的作者一般以学者居多数,因此其中许多往往

---

① 《全祖望集汇校集注》中,上海古籍出版社2000年版。

能为后人留下鲜为人知的重要史料，如作者亲身经历过的有些重要过程或某些重要细节等；有的则是两人交往中所发生的情节，他人很难了解。就如章学诚逝世之年，全靠汪辉祖的《梦痕录余》有记载，对此胡适、姚名达二位在所撰《章实斋先生年谱》中已经注出。笔者觉得当时汪辉祖的短短几句话，却为我们解决了好几个问题。《梦痕录余》第65页一段文字是：

> 闻章实斋十一月卒。余交实斋三十二年，踪迹阔疏。甲寅归自湖北，就馆近省，往来吾邑，必过余叙谈，见余撰述，即作序言、书后以赠。去春病瘥，犹事论著，倩写官录草。今夏属志《归庐》，实斋易名《豫室（志）》，有数字未安，邮筒往返，商榷再三。稿甫定而疾作，遂成绝笔。昔二云言，实斋古文根深实茂，重自爱惜，从无徇人牵率之作，文稿盈箧，数月前属榖塍编次，异日当有传人也。（《汪龙庄先生遗书》八种本，清同治十年慎明堂刻本）

这则不满两百字的语录，告诉我们这样几件事：第一，章学诚逝世的时间。第二，章学诚绝笔之作应为《豫室志》，对此笔者也是看了《梦痕录余》后方才知道，较早时候笔者曾将《浙东学术》一文视作章氏的绝笔之作。第三，章、汪二人过往甚密，曾有三十二年的友谊。第四，章学诚的为人，"重自爱惜，从无徇人牵率之作"，这正如他自己所言，"仆之生平，不能作违心之论"，"生平惟此'不欺'二字，差可信于师友间也"（《文史通义新编新注》外篇三《与史氏诸表侄论策对书》）。这段文字证实了章学诚做人处事的哲学，确实是言行一致的。可见自撰年谱的学术价值是不应低估。二是谱主的朋友、门人弟子和子孙所作。真正的挚友和门人弟子，对其朋友和老师的学术渊源与宗旨闻见比较真切，生平事迹记载也较详细，这类年谱亦以著名学者居多。如《孙渊如（星衍）先生年谱》为友人张绍南所编写，《吴山夫（五指）年谱》则为友人丁晏所著。至于门人弟子那就更多了，李塨、王源合著的《颜习斋（元）先生年谱》，段玉裁所撰写的《戴东原（震）先生年谱》，董秉纯所撰写的《全谢山（祖望）先生年谱》等都属于这一类。还有一类则是后人对历史上那些名人年谱的补作或改作，这类是属于大多数。因为对历史上许多名人，不可能前人都已经为他们作了年谱，作过的毕竟是少数，况且这种著作宋代方才产生。而宋代一共仅作过九十种，元代只作过二十一种，明代也仅作过二百三十种。凡是未作过的自然都想补作。有的前人虽然已经作过，后人并不满意，于是就进行改作或者重新著作。这类年谱之作，显然困难较大，因时代相隔久远，资料散佚，传闻亦少。非得作极大努力，深入研究，勤加考证，对所作谱主的著作有较为全面深刻的了解，并且要读遍与谱主有关联的人物著作，否则是无法作出有价值的年谱的。因此，编著一部年谱，往往需翻阅百数十种之多。当然有了丰富的资料，还要有决断去取的组织编纂能力与技巧，否则同样不能收到良好的效果。乾嘉学者正是长于史事的搜索与考证，因而补作、改作前人之年谱也就特别多。如顾栋高作《司马温公（光）年谱》，顾栋高、蔡上翔分别作《王荆公（安石）年谱》，赵翼、钱大昕分别作《陆放翁（游）年谱》，钱大昕作《深宁（王应麟）先生年谱》等，都具有不同程度的学术价值。当然更多的是前人并未作过的，这时许多学者都先后为之作了年谱。还有一种则是前人已经作过不少，而清人又作了许多。如孔子年谱、年表就达三十五种以上，孟子也有十多种，杜甫十八种，韩愈七种，朱熹二十种。这种现象，自然有些不大正常。当然，这与当时信息不太流通或许也有关系。至于清代学者为什么如此重视年谱的编修，这与当时整个学术文化的发展有着密切关系，特别是与清统治者的文化专制主义政策有着直接关系。在这种文化制度下，学术界人人都得避免触犯忌讳，特别是对明代和当代历史，往往谈虎色变，于是大搞训诂名物，整理研究校雠古籍，乃成为整个学术界的风气。而编写年谱，仅对一人一事作研究，况且都是历史上人物，不会涉及当朝之政治，尤其编写学者年谱和补作改作前人之年谱，保险系数更大，这本身又是属于历史研究。于是许多学者都纷纷将自己的聪明才智运用于编写年谱上面，这正是当年年谱之风盛行的社会根源。至于年谱的价值则一言难尽，因为每部年谱编写的水平高低相差很大，一般说来，一个著名学者的年谱，只要编纂得好，不仅能体现谱主个人一生的活动和学术主张及学术思想面貌，而且还可以反映出一个时代的精神面貌和学术发展趋势；一个政治家的年谱，不仅是他个人一生政治活动和政治主张的记录，而且也是当时整个时代政治斗争和政治局势发展概况的写照。因此，对于家乘年谱，我们绝不应当仅把它们看成一人一家或一族的历史记录，否则就会忽略它们在历史研究中的作用，降低它们在史学上的地位与价值。

在清代，我们还可以看到，作为谱牒组成部分的"表"，也得到了大量的发展。清初以来，史家们对于史表的作用已经非常重视，到了乾嘉时代，他们便将二十四史中凡是无表者一律予以补上。对于前人所作之表，亦进行校正考释。除了为前史补作之外，独自成篇的著作为数亦相当多，著名的如沈炳震《廿一史四谱》、顾栋高《春秋大事表》、齐召南《历代帝王表》、钱大昕《宋辽金元四史朔闰表》、万斯同《历代史表》等。许多学者不仅著述了各类史表，而且从理论上说明表是来源于周之谱牒及其价值。顾炎武在《日知录》中还专门写了《作史不立表志》一篇，详细论述了表的重要作用，指出，表是"昉于周之谱牒，与纪传相为出入。凡列侯将相、三公九卿，其功名表著者，既系之以传，此外，大臣无积劳，亦无显过，传之不可胜书，而姓名爵里、存没盛衰之迹，要不容以遽泯，则于表乎载之；又其功罪事实，传中有未悉备者，亦于表乎载之。年经月纬，一览了如，作史体裁，莫大于是"。议论者当然还很多。总之，经过清代史家的刻意经营，史表的作用得到了充分的施展，可以说谱牒之学到了此时又恢复到它原来的特有功能，而以表的形式表示世系繁衍，只不过它运用的范围更为广泛罢了。现在有些人把谱学单纯看作是研究家谱而已，有人写文章时甚至直接称作家谱学，这自然是误解，说明他们对谱学的含义、概念并不清楚，显然不了解谱学产生、发展的来龙去脉，其结果不仅缩小了谱学的研究范围，而且贬低了谱学的学术价值与地位。

第三节　乾嘉时代的史家及其代表作

乾嘉时代的史学在有清一代的史学发展中占有极为重要的地位，它不仅产生了许多影响很大的史学家，而且产生了许多影响深远的史学著作，还有一些虽然本身并不是史学著作，但是它们对史学研究和发展却有着密不可分的关系。对于有些史学家和著作，笔者在上述相关内容中已经作了讲述，下面再对王鸣盛、钱大昕、赵翼、阮元及其代表作作些评介。

一、王鸣盛和《十七史商榷》

王鸣盛字凤喈，号礼堂，又号西庄，晚年改号西沚居士，江苏嘉定（今属上海市）人。生于康熙六十一年（1722），卒于嘉庆二年（1797），年七十六。十七岁补诸生，乾隆十二年（1747）中乡试，十九年成进士，授翰林院编修，二十四年便官至内阁学士兼礼部侍郎。曾出为福建乡试主考官，不久左迁光禄寺卿。乾隆二十八年，解官居苏州，不复出仕，时年四十二。年轻时先以诗文著名，后即与惠栋往来讨论经义，研治《尚书》。从二十四岁起便已对《尚书》进行了研究，大约于五十八岁时成《尚书后案》三十卷。他在《尚书后案序》中说："草创于乙丑，予甫二十有四，成于己亥，五十有八矣。寝食此中，将三纪矣。又就正于有道江声，乃克成此编。予于郑氏（即郑康成）一家之学，可谓尽心焉耳，若云有功于经则吾岂敢！"可见他前期精力重在治经，自解官归田以后，便转而治史，对十七史进行校勘。所以他又说："四十有二归田，于今二纪有余，诸文皆辍不为，惟以考史为务。"于此可见其校史与治经实际是同时进行的，并于乾隆五十二年成《十七史商榷》一百卷。他还长于小学，通《说文》，对金石、目录之学也有研究，晚年时把这些零碎考证分成十类，编为《蛾术编》一书。以上三书为王氏一生的代表作，特别是《尚书后案》和《十七史商榷》两书，可以代表其经、史两方面的成就。他曾自比于明朝的王世贞，道光二十一年（1841），吴江沈懋德在《蛾术编》跋里说："西庄先生著述富有，同时后进称其远侪伯厚（王应麟），近匹弇州（王世贞），而先生自任亦曰：'我于经有《尚书后案》，于史有《十七史商榷》，于子有《蛾术编》，于集有诗文。以敌弇州《四部》，其庶几乎！'"这就说明，他认为自己的学问既精且博，可与王世贞相匹敌。

《十七史商榷》包括《史记》以下十三种史著，加上《南史》、《北史》、《新唐书》、《新五代史》，共十七部正史。全书一百卷，其中《史记》六卷，《汉书》二十二卷，《后汉书》十卷，《三国志》四卷，《晋书》十卷，《南史》合宋、齐、梁、陈书十二卷，《北史》合魏、齐、周、隋书四卷，新旧《唐书》二十四卷，新旧《五代史》六卷，别论史家义例崖略，为《缀言》二卷。所谓"商榷"，用王鸣盛自己的话来说，就是为十七部史书"改讹文，补脱文，去衍文，又举其中典制事迹，诠解蒙滞，审核舛驳"（《十七史商榷序》）。可见全书内容主要在于对十七史进行文字校勘以补正其讹脱，并对其中的典章制度进行考证诠释。归纳起来有如下几个方面：

第一，文字的校勘，这是全书的重点。他在该书序中说："好著书，不如多读书；欲读书，必先精校书。校之未精而遽读，恐读亦多误矣。"说明校勘文字，乃是他著作《十七史商榷》的第一步工作，这种工作正是乾嘉学者的专长，而王氏又是其中的名家，加之他已有多年治经的经验，因此，校订古书对他来说并不是生路。在校勘中，他往往能采取几种校法同时并用，除了对校、本校法之外，他更常用一般人不大敢用的理校法。当然，说文字校勘是其重点，并不意味着他所校的问题就全都正确无误了。

第二，典章制度的考证。《十七史》中，除前四史有旧注外，其余各史大都无注。《十七史商榷》对于各代制度进行了考证，无疑对于读者是有很大帮助的。

第三，对史书及其作者进行评论。该书自序云："治经断不敢驳经，而史则虽子长、孟坚，苟有所失，无妨箴而砭之。"在他看来，经书是不能随便议论的，他治经学，完全以尊崇马融、郑康成之学为目的。至于治史，则可以无拘无束地进行议论。所以书中对于各史体例、内容直到作者本人，都一一作了评论。他对范晔及其《后汉书》，不仅有很好的评价，而且竭力为其辨诬。在《十七史商榷》卷三八"党锢传总叙"条云："说两汉风俗之变，上下四百年间，了如指掌。下之风俗，成于上之好尚，此可为百世之龟镜。蔚宗言之切至如此，读之能激发人。袁宏《后汉纪》卷二二论党锢一段，蔚宗虽亦稍取之，然彼乃深斥党人之非，用意与蔚宗不同。"短短数语，就对《后汉书》和《后汉纪》起到了一褒一贬的作用，而且对《后汉书》评价如此之高也是前所未有的。在他看来，"史裁如范，千古能有几人！"又在卷六一"范蔚宗以谋反诛"条下云："沈约史才较蔚宗远逊，为其传不极推崇，似犹有忌心。李延寿为益二语云：'于屈伸荣辱之际，未尝不致意焉。'此稍见蔚宗作史本趣。今读其书，贵德义，抑势利，进处士，黜奸雄，论儒学则深美康成，褒党锢则推崇李、杜；宰相多无述而特表逸民，公卿不见采而惟尊独行。立言若是，其人可知，犯上作乱，必不为也。"对于魏收《魏书》的历来评价，他也认为太不公道了，说它未必在诸史之下。可是对于李延寿的评价，几乎一贬到底，《十七史商榷》卷六二说："李延寿也者，于经非但不见门庭，并尚未窥藩溷，公然肆行芟薙，十去其九，甚矣庸且妄也。"(《陆澄议置诸经学》）不仅如此，有的地方还直骂李延寿无耻。在评论一部史书和一个史家的时候，王氏自己显然也同样是不够公平的。又如他从儒家的卫道观点出发反对佛道，甚至连史书所作有关佛道事迹的记载，也概在非难之列，这自然又是完全出于主观的偏见，不是实事求是的正确态度。因为佛道的流行乃是客观存在，历史既要反映社会现实，那么史书对佛道所作的记载，不仅无可厚非，而且正说明这位史家所具有的卓识。《十七史商榷》卷六四说："（沈）约之叙述佛教于《外国传》中亦差可，若魏收作《释老志》则可笑，《南史》以僧宝志入《隐逸》，《旧唐书》以一行入《艺术》则尤欠妥。此辈纪表志传中实无可位置。"（见《外国传叙佛教》）这种说法，哪里还算得上是在平心静气地评论史著呢？因此笔者说，王鸣盛在《十七史商榷》中对史著和史家的评论，确有不少可取之处，有的尽管免不了有溢美之词，但大体上还算公允。至于其中有的出自偏见，所作评论背离客观真实，当然就不足为取了，不过在全书中毕竟只占少数。

第四，评论历史人物和事件。王鸣盛在《十七史商榷》一书中，评论历史人物和历史事件，能够不受前人定论的束缚，敢于提出不同看法，这也是他的长处。如对于唐朝后期二王（王伾、王叔文）、刘（禹锡）柳（宗元）的"永贞革新"，由于政治上的失败，因此其人其事历来多被贬议。王鸣盛对于这一事件和当事人二王、八司马提出了不同的看法，赞叹他们都是当时难得的人才，肯定他们的改革是为了巩固封建政权，于国实有大功。《十七史商榷》卷八九"王叔文谋夺内官兵柄"条说："叔文之忠于谋国显然矣，乃论赞又云：'叔文沾沾小人，窃天下柄，与阳虎取大弓，《春秋》书为盗无异。'何宋祁之但以成败论人乎！"这个评论是符合事实、比较公正的。可是有人说这"在当时是新议论"，却是不符合实际的，因为这个论点，在他之前的王夫之早已提出过了，说此次革新，目的是"革德宗末年之乱政，以快人心，清国纪，亦云善矣"（《读通鉴论》卷二五《唐顺宗》），王氏的意见当然算不得是个"新议论"了。不过王鸣盛在当时能够发表这样持平的看法，也还是应该予以肯定的。又如对于历来被称为"江左夷吾"的王导，他却持相反的看法，说王导"看似煌煌一代名臣，其实乃并无一事，徒有门阀显荣、子孙官秩而已,所谓翼戴中兴称江左夷吾(管仲)者,吾不知其何在也"(《十七史商榷》卷五〇《王导传多溢美》),甚至还说:"导之庸鄙无耻甚矣!"(同上引)可见他对历史上的人物和事件的评论,一般都有自己的主见,并不随声附和盲从于古人。不过由于他治经治史都是从维护封建统治的立场出发,因此他评论的标准自然也就离不开封建道德,这在《十七史商榷》的史事评论中是暴露得十分明显的。

二、钱大昕和《廿二史考异》

钱大昕字晓徵,号辛楣,又号竹汀居士,晚称潜研老人,江苏嘉定(今属上海市)人,生于雍正六年(1728),卒于嘉庆九年(1804),年七十七岁。十五岁中秀才。乾隆十六年(1751),清帝南巡,钱大昕献赋行在,召试,特赐举人,授内阁中书学习行走。十九年中进士,选入翰林院庶吉士,历官詹事府少詹事、广东学政等职。曾奉旨参修《热河志》、《续文献通考》、《续通志》及《一统志》诸书。乾隆四十年,丁忧归里,不复出仕,时年四十八岁。后即定居苏州,从事著述讲学活动。乾嘉学者往往都只把治经看作是真正的学问,对此,章学诚曾作过批驳。即以考据而著称于当时的钱大昕亦不以为然,他认为一个人若不很好地读点历史,就算不得是个有学问的学者,他说:"尝谓自惠戴(惠栋、戴震)之学盛行于世,天下学者但治古经,略涉三史。三史以下,茫然不知,得谓之通儒乎!"(《汉学师承记》卷三《钱大昕传》)到了晚年,他替赵翼《廿二史劄记》作序的时候,还反复强调史的重要性并不亚于经,指出:"经与史岂有二学哉!昔宣尼赞修六经,而《尚书》、《春秋》实为史家之权舆……初无经史之别,厥后兰台、东观,作者益繁,李充、荀勖等创立四部,而经史始分,然不闻陋史而荣经也……予谓经以明伦,虚灵元妙之论,似精实非精也;经以致用,迂阔刻深之谈,似正实非正也。太史公尊孔子为世家,谓载籍极博,必考信于六艺;班氏古今人表,尊孔孟而降老庄,皆卓然有功于圣学。故其文与六经并传而不愧。"非常明显,他认为起初并"无经史之别",后来由于著述繁富,目录家创立四部,而后"经史始分,然不闻陋史而荣经",像《史》、《汉》之文,"与六经并传而不愧"。即使研究经学,也必须明确"经以明伦"、"经以致用"的宗旨，有力地驳斥了"经精而史粗"、"经正而史杂"的说法，指出这些都不过是"空疏浅薄者，托以藉口"而已。当然，他之所以如此提高史学的地位，把经学、史学视为同样重要，仍是从儒家的传统观念出发的，认为史学在传播"圣学"上自有其特殊的功用。正是在上述思想的指导下，所以他一生治学的重点，以考史为主。此外，他还精通天文、历算、金石、文字、音韵等学，阮元为他作《十驾斋养新录序》中曾说："国初以来，诸儒或言道德，或言经术，或言史学，或言天学，或言地理，或言文字、音韵，或言金石、诗文，专精者固多，兼擅者尚少，惟嘉定钱辛楣先生能兼其成。"他学问之渊博，于此可以概见。不过需要说明的是，他精通这些内容，目的也还是为他的考史而服务。一生著作非常宏富，绝大部分是史学著述，《廿二史考异》是其代表作。《十驾斋养新录》二十卷，《余录》三卷，其内容多为经史学术之考证。《潜研堂全书》中，亦大都为史学方面的著述。

《廿二史考异》一百卷，是钱大昕一生精力之结晶。据自编年谱说：他从十八岁起就对考证史事发生了兴趣，是年"始授徒坞城顾氏，其家颇藏书，案头有《资治通鉴》及不全二十一史，晨夕披览，始有尚论千古之志"。十九岁，"读李延寿《南北史》，抄撮故事，为《南北史隽》一册"。他在《廿二史考异序》中亦说："余弱冠时好读乙部（即史部）书，通籍以后，尤专斯业，自《史》、《汉》讫《金》、《元》，作者廿有二家，反复校勘，虽寒暑疾疢，未尝少辍，偶有所得，写于别纸。丁亥岁，乞假归里，稍编次之，岁有增益，卷帙滋多。戊戌，设教钟山，讲肄之暇，复加讨论。"这样看来，从确切的意义上讲，就不能说是"年四十始撰《廿二史考异》"了，应该说从四十岁这年开始，把多年考史所得，进行了系统的编纂。五十五岁成书百卷，六十七岁开始校刊，七十岁全书告成。可见这部著作，经历了他大半生的时间，而该书的内容则着重于文字校勘、典制考释、名物训诂等方面，他在自序中说："廿二家之书，文字繁多，义例纷纠。舆地则今昔异名，侨置殊所，职官则沿革迭代，冗要逐时。欲其条理贯串，了如指掌，良非易事。以予仳劣，敢云有得？但涉猎既久，启悟遂多，著之铅椠，贤于博弈云尔。"这就非常明白地说明了他著述此书的目的和内容。《清史稿》本传对他这方面的成就十分推崇，说他于"古人爵里、事实、年齿，了如指掌；典章制度，昔人不能明断者，皆有确见"。看来这个评论并非溢美之词，是确有根据的。他的考史精神，颇为令人敬佩，数十年如一日，持之以恒，对于史事的考证，一丝不苟，态度十分严肃认真。并且他还认为，做这种工作，绝不是为了夸耀自己，更不是为了苛责前人，而是在于"祛疑"、"指瑕"、"拾遗规过"，"以开导后学"。他在自序中说："且夫史非一家之书，实千载之书，祛其疑，乃能坚其信；指其瑕，益以见其美，拾遗规过，匪为齮龁前人，实以开导后学。而世之考古者，抬班（固）范（晔）之一言，摘沈（约）萧（子显）之数简，兼有竹素烂脱，豕虎传讹，易斗分作升分，更予琳为惠琳，乃出校书之陋，本非作者之詟（即"愆"），而皆文致小疵，目为大创，驰骋笔墨，夸曜凡庸，予所不能效也。"充分说明，他分析古书之脱讹非常客观，所抱态度亦十分中肯，令人读了心悦诚服。他认为如果真有错误，不管是什么人所著之书，都不应盲从附和。当王鸣盛看到钱大昕著作中有涉及驳正清初顾炎武、胡渭等人时，曾贻书相劝，认为是冒犯了前哲。可是钱氏却不以为然，在复信中说："愚以为学问乃千秋事，订讹规过，非以訾毁前人，实以嘉惠后学。"（《潜研堂文集》卷三五《答王西庄书》）他教诫人们，治学既要谦虚，不固执己见；又必须实事求是，对前人著作，不论是谁所撰，都应有错必纠。正因为他本着这个精神，才有可能对二十二部正史作出比较详尽的考辨，校订了传写和刊刻上的讹谬，审正了注释者的错误，也勘出了各史家原有的疏漏，所花功力之大、所阅资料之多，是不难想见的。就以《宋史》而言，除以本书纪、传、表、志互校外，还引用宋人杂史、方志、诗文、碑传、笔记等来订正《宋史》之误的书达六十余种。书成后，在作《诸史拾遗》时，还对《宋史》继续补订，又增加参考书二十多种。其用心之专，考订之勤，确是令人敬叹！

有人说钱大昕"淡于名利"，因此"丁忧归里，不复出仕"，其实不然。关于这点，柴德赓先生分析得很有道理，他说："竹汀这种谦退的思想并不是从小就有的，他年轻时不是因考不取举人，走了捷径，向乾隆的南巡行宫去献赋，经过临时考试，钦赐举人，一体殿试，才得中进士的吗？足见也是热衷功名的人。"但是"做了官以后，才逐渐认识到满汉界限还是分明的时代，汉人官位越高，风险越大，最好适可而止。《潜研堂诗续集》五有绝句云：'灵鹊不如拙鸠，快马不如钝牛。记得黄涪翁语，真富贵在千秋。'"（涪翁,即黄庭坚)柴先生在引了这诗以后说,钱氏正是"以休官著书为得计"(《王西庄与钱竹汀》)。这个分析确是入情入理,很符合钱大昕当时的思想实际。上面所引的他那晚年自题像赞也同样足以说明这种思想状态。

三、赵翼和《廿二史劄记》

赵翼字耘松(亦作"云松"),号瓯北,江苏阳湖(今常州)人。生于雍正五年(1727),卒于嘉庆十九年(1814),年八十八。乾隆二十六年(1761)进士,授翰林院编修,预修《通鉴辑览》。历官广西镇安知府、贵西兵备道。中年即以亲老乞养归,不复出仕,主讲定安书院,专心著述。李保泰于嘉庆五年为《廿二史劄记》所作的序中说:"甫中岁即乞养归,优游林下者将三十年,无日不以著书为事。"所著有《陔余丛考》四十三卷,《廿二史劄记》三十六卷,《皇朝武功纪盛》四卷,诗文集共八十五卷。其中以《廿二史劄记》的影响最大,而与王氏《十七史商榷》、钱氏《廿二史考异》齐名。

关于《廿二史劄记》著作之目的、方法和内容,赵翼在该书自序中曾有说明:"闲居无事,翻书度日,而资性粗钝,不能研究经学,惟历代史书,事显而义浅,便于流览,爰取为日课,有所得,即札记别纸,积久遂多。惟是家少藏书,不能繁征博采以资参订,间有稗乘脞说,与正史歧互者,又不敢遽诧为得间之奇。盖一代修史时,此等记载无不搜入史局,其所弃而不取者,必有难以征信之处,今或反据以驳正史之讹,不免贻讥有识。是以此编多就正史纪传表志中,参互勘校。其有牴牾处,自见辄摘出以俟博雅君子订正焉。至古今风会之递变,政事之屡更,有关于治乱兴衰之故者,亦随所见附著之。"可见他这部书的著述,完全是由"闲居无事,翻书度日"开始的,积久以后才汇集成编,纯粹属于读书笔记性质。其方法则是"以史证史"、以本书证本书,"就正史纪传表志中,参互勘校"。至于内容,除校勘文字、史事之讹误者外,对于历代"治乱兴衰之故",亦加以评论。全书完成于乾隆六十年,历二十余年之久。

其书名为《廿二史劄记》,其实所考者为二十四史,只不过未把《旧唐书》、《旧五代史》记入数内而已。这是沿明人所谓"二十一史"之习惯,另加《明史》而成的称呼。全书内容，大致分为下列几个方面：

第一，评论诸史体例之得失。对于每部史书，先叙述其著述经过，再评论其长短得失。不仅对纪传体五种体裁有总的评论，而且对于各史凡在编纂上有所创造的，亦多加以肯定。如对于范晔《后汉书》"不拘时代"，"以类相从"，扩大类传的做法极口称赞；而对其他许多史书编纂上的特点，另立专条进行论述，如《齐书带叙法》、《宋书类叙法最善》、《辽史立表最善》等，虽无杰出之见解，但他能把各史编纂中所具有的某些特点予以点出，对读者还是有帮助的。至于有人说他评论史书最注重书法，并特别举出赵翼赞赏欧阳修书法为例："不阅《旧唐书》，不知《新唐书》之综核；不阅薛史，不知欧史之简严。欧史不唯文笔简洁，直追《史记》，而以《春秋》书法，寓褒贬于纪传之中，则虽《史记》亦不及也。"（《廿二史劄记》卷二一《欧史书法谨严》）其实这个评论并无可取之处，因为他的评论标准是以传统的封建道德观念为依据，而其结论更可以说是痴人说梦。欧阳修虽说是宋代文豪，但他所修两部史书，无论哪一方面都无法与司马迁《史记》相比，这是人所共知的。欧阳修根本就没有"寓褒贬于纪传之中"，他所作的褒贬还唯恐人家不知道，几乎达到大声叫卖的地步，而真正能"寓褒贬于纪传之中"的，实际上只有《史记》。关于这点，顾炎武在他的《日知录》中早已指出，说这种做法，"惟太史公能之"。而赵翼在这里作这样的评述，如果说不是出于他的偏见，就只能说明他史识之低劣了。

第二，指出各史材料的来源，考证史实之真伪。关于论述各史之取材的，典型者如《汉书移置史记文》、《南史删宋书最多》、《南史增删梁书处》、《南史于陈书无甚增删》、《薛史全采各朝实录》、《欧史不专据薛史旧本》等篇，都是比较集中地论述了这个问题。至于对史实的真伪，书中亦多作了考证、辨讹和校订。关于这一方面的内容，几乎各史都有举正，说明史事记载矛盾的，如《史记自相歧互处》、《史汉不同处》、《新旧唐书互歧处》、《宋元二史不相符处》、《辽金二史各有疏漏处》，等等；对于史事记载上的辨误和纠谬的，有《借荆州之非》、《宋史各传错谬处》、《赵良嗣不应入奸臣传》、《金史误处》，等等。他不仅指出史书记载上的错误，而且还能说明产生这些错误的原因。这类考证，对后人读史自然有较大的帮助。

第三，评论历史事件和人物，这是本书的重点内容，也是他区别于钱、王二书的一大特点。他在引言中讲了："古今风会之递变，政事之屡更，有关于治乱兴衰之故者"，都是他在本书中评论的范围。这就表明，他并不是单纯地局限于史事的考证，而且还要借历史上典章制度的兴废、朝代的更替、人物的起落，来发表自己的议论，而其特点是，按照自己的观点，综合归纳出若干问题，再从原书摘引史料来阐明自己的见解。有许多问题的归纳，也确实能够反映出一个时代的某些特点，如《两汉外戚之祸》、《党禁之起》、《东汉宦官》、《九品中正》、《六朝清谈之习》、《方镇骄兵》、《宋恩荫之滥》、《宋冗官冗费》、《元制百官皆蒙古人为之长》、《明内阁首辅之权最重》、《明末辽饷剿饷练饷》，等等，都从不同角度反映出一个时代的社会风尚或政治特点，这对初学历史的人来说，尤为入门之径。唯其如此，所以《廿二史劄记》的影响，比之钱、王二书，自然就更要大得多了，因为这些专题的归纳，为读者提供了很大的方便。在这些评论性的条目中，有许多是揭露封建帝王的荒淫无道和统治阶级带给人民的灾难的，如《宋齐多荒主》、《武后之忍》、《海陵荒淫》、《海陵兼齐文宣隋炀帝之恶》等条；有的是揭露各种腐朽制度带给人民的灾难的，如《宦官之害民》、《唐代宦官之祸》、《明代宦官》，就是专门揭露宦官专权、祸国殃民之罪恶的。总之，把同一性质的史事归纳成专题进行论述，这是《廿二史劄记》的一大特色。不过需要说明的是，赵翼在综合一代重大史事进行评论中，虽然对于那些影响当时政局的政治制度的得失，都作了分析和论述，但真正杰出可取之处也并不太多，因为有许多看法，实际上前人早已有过论述；相反由于他用唯心论的历史观解释历史，反而在书中散布了大量的"天命"史观和封建迷信的"因果报应"，他把"国家兴亡"与"天命"扯在一起，宣扬"三代以下，国之兴亡，全系天命，非必有道者得天下，无道者失天下"（《廿二史劄记》卷三〇《元世祖嗜利黩武》）的反动观点，还说："元初用兵多得天助。"而在许多历史事件的评论中，还有不少极其有害的论点，如在"和议"条，对宋与辽、金、元的"和议"评论中说："义理之说与时势之论，往往不能相符，则有不可全执义理者。盖义理必参之以时势，乃为真义理也。宋遭金人之害，掳二帝，陷中原，为臣子者固当日夜以复仇雪耻为念，此义理之说也。然以屡败积弱之余，当百战方张之寇，风鹤方惊，盗贼满野，金兵南下，航海犹惧其追，幸而饱掠北归，不复南牧，诸将得以剿抚寇贼，措设军府，江淮以南，粗可自立，而欲乘此偏安甫定之时，即长驱北指，使强敌畏威，还土疆而归帝后，虽三尺童子知其不能也……自胡铨一疏，以屈己求和为大辱，其议论既恺切动人，其文字又愤激作气，天下之谈义理者，遂群相附和，万口一词，牢不可破矣。然试令铨身任国事，能必成恢复之功乎？不能也。即专任韩（世忠）、岳（飞）诸人，能必成恢复之功乎？亦未必能也。故知身在局外者易为空言，身在局中者难措实事。秦桧谓：'诸君争取大名以去，如桧但欲了国家事耳！'斯言也，正不能以人而废言也……是宋之为国，始终以和议而存，不和议而亡。盖其兵力本弱，而所值辽、金、元三朝皆当勃兴之运，天之所兴，固非人力可争。以和保邦，犹不失为图全之善策，而耳食者徒以和议为辱，妄肆诋諆（諆即诋毁），真所谓知义理而不知时势，听其言则是，而究其实则不可行者也。"（《廿二史劄记》卷二六）这一段议论首先表明，由于他站在封建顽固派立场，对于当时形势的分析不可能是正确的，他把当时全国上下要求抗战、"民心可用"等重要因素丢在一边，而借天命论来自圆其说。"天之所兴，固非人力可争"，这就是赵翼所认为的当时的"时势"。他先以此为其立足之基点，于是对抗战派的主张，硬给套上一顶"全执义理者"的帽子，认为"义理之说"全属空论，不切实际，并把他们全斥之为"大言误国，以邀美名"的历史罪人。这样一来，在他的笔下，英勇抗战的韩、岳诸将都成了不识时势、"争取大名"的小人，而主张屈辱求和的秦桧倒变成为"欲了国家事"的英雄了，他的卖国求荣的谬论，反"不失为图全之善策"。这不仅是对历史的颠倒，而且宣扬了汉奸卖国的反动哲学，其危害性之大自可不言而喻。可见王、钱、赵三人的学术观点和思想范畴，是属于同一个类型的，他们都是以维护封建统治为职志，而赵翼比之王、钱则更加明显得多。

四、乾嘉精神的传承者阮元及其学术贡献

在有清一代的封疆大吏中，曾产生过一批在理政之余，从事兴文教、治学问的学者型地方官，他们与一般政客确实存在着很大差别，因为在他们周围，大多吸引了一大批有着真才实学的人物，这种现象尤其以乾嘉时代最为突出。此时的代表人物以毕沅、谢启昆、阮元为典型。毕沅当年曾汇聚了

一批学者，编修了《续资治通鉴》，又采用章学诚的建议，并让其主持编纂《史籍考》，还主持编修了一批地方志，由章学诚负责编修的《湖北通志》乃是其中之一；谢启昆尝病《魏书》失当，乃作《西魏书》二十四卷，又作《小学考》，以广朱彝尊《经义考》之所未及，故初名《广经义考》，还主编了《广西通志》；至于阮元在学术上的贡献，则远远超过了他们不知多少倍。他们这些人在繁荣乾嘉以来的学术，特别是朴学方面起到了不可忽视的作用，并且为朴学进一步发展，培养了一大批人才，许多人都是得到他们的资助、重用和培养才得以成长起来，有的后来还成为学术界的中坚人物。因此，对于这样一批封疆大吏当时在各地振兴文教、奖掖士子、重视乡邦文献、提倡学术研究等现象，有必要很好地加以总结和研究，无论是对于了解当时的吏治还是总结当时的文教和学术发展都会有重要价值，因为这些人本身都是文教、学术研究发展的组织者和参与者。

阮元（1764—1849），字伯元，号芸台，又号雷塘庵主，死后谥文达，江苏仪征人。乾隆五十四年（1789）进士，两年后升少詹事，不久授詹事，补文渊阁直阁事。五十八年，出任山东学政，任满调浙江学政。嘉庆四年（1799），继谢启昆而任浙江巡抚。后历任江西巡抚，湖广、两广、云贵总督，体仁阁大学士。道光十八年（1838）以老病致仕。在地方任职，所到之处，兴办学校，提倡朴学，延揽大批学者从事编书刊印工作，特别是发掘编修地方文献，为繁荣学术文化作出了贡献。

1. 编纂《经籍籑诂》，校刊《十三经注疏》

阮元在浙江先后任职达十二年之久，还在嘉庆二年（1797）任浙江学政时，便邀请二十多学人会集杭州，从事《经籍籑诂》的编纂工作，并请臧庸、臧礼堂任该书总纂，次年书成，共一百零六卷。全书编纂，阮元自定凡例。采摘经、史、子诸书唐以前人的训诂注释集于每一字之下，按《佩文韵府》韵目归类。《韵府》未载者，分别以《广韵》、《集韵》所载补录。是一部研究经籍的重要工具书，王引之在序中云："展一韵而众字必备，检一字而诸训皆存，寻一训而原书可识。"

嘉庆五年，在杭州设馆校刊《十三经注疏》，好多学人如段玉裁、顾千里、李锐、臧庸、孙同元等先后入馆任事。历时六年，完成了二百四十三卷

《十三经注疏校刊记》的撰写和刊刻工作，这是当时学术界的一件大事，有的论著称这"正是他在校勘领域中树立的一座丰碑"，对于学术界的贡献和影响，自然是可想而知的。全部校刊虽成于众人之手，但阮元除了组织和协调选定版本等外，本人还写了十三篇《校刊记》，对各部经注疏源流得失、版本优劣、校勘根据和方法都作了必要的说明。况且他少年时，已对《十三经注疏》作校读、勘误工作。而全部《十三经注疏附校记》的刊刻，则是在嘉庆二十一年江西巡抚任上。

2. 编辑《畴人传》，汇刻《皇清经解》

阮元组织学者，从古代历史文献中编辑古代科学家传记《畴人传》，将有关古代天文、历法、数学家的资料加以辑佚汇编成书。在李锐、周治平等人协助下，从嘉庆二年（1797）正式开始，至嘉庆四年十月编纂完成《畴人传》四十六卷，四十余万字，共收录二百八十人（中国人二百四十三人，外国人三十七人）。在编纂过程中，阮元曾从《四库全书》中发掘出民间已经见不到的版本，如宋元时代数学家李冶的《测圆海镜》一书，就是从文澜阁《四库全书》中抄得。又如唐代数学家杨辉之书早已失传，他查访近三十年，亲自查阅《全唐文》，后在《永乐大典》中抄得杨辉《摘奇》及《议古》等万余条。再如元朝朱世杰的《四元玉鉴》亦早已流失，经多方搜寻，后在浙购得而编入。可见阮元对这部书的编辑是非常重视的，他在序中曾教导人们："综算氏之大名，纪步天的正轨，质之艺林，以谂来子，俾知术数之妙，穷幽极微，足以纲纪群伦、经纬天地，乃儒流实事求是之学，非方技苟且干禄之具。有志乎通天地人者，幸详而览焉。"

阮元任两广总督以后，在广州创办学海堂书院后，接着就组织人员汇编《皇清经解》。起初阮元欲请江藩主持其事，终因在取舍意旨上两人有异，最终乃选定钱塘人严杰（1763—1843）率领学海堂诸生进行编辑，并于道光五年（1825）八月成立《皇清经解》局。其书编辑，以人之先后为序，不以书为次第。可是次年六月，阮元又要赴云南总督任，行前，只得将此事委托夏修恕代为料理。其实阮元人虽远离广州，而心实系《皇清经解》的编刻工作，因此他与严杰邮件往返，商讨文章的取舍。直至道光九年九月，《皇清经解》刻成，全书共一千四百零八卷，收书一百八十八种，作者七十四家，汇集了清代学者的经解，夏修恕为其作序。因刊于广州学海堂，故一名《学海堂经解》，是有清以来言汉学者之总汇。

3. 搜集金石文字，整理地方文献

阮元非常重视对金石文字的搜集和整理，因为他认为金石文字对于研究经史、校刊书籍等都有重要价值，所以他所到之处总是留心于此，也许与他早年曾充《石经》校勘官有些关系。还在出任山东学政时，就开始编修《山左金石志》，还与时任山东巡抚的毕沅商讨编纂条例。到了浙江，又修《两浙金石志》，并撰《积古斋钟鼎彝器款识》十卷。此前，还撰成《皇清碑版录》。在两广总督任上，他虽然没有单独再编修广东的金石志，但在其主编的《广东通志》中就专门设有《金石略》。而在云南，不仅在主持编修的《云南通志稿》中设有《金石志》，而且在工作之余，对云南各地的碑刻进行调查，并指导其子阮福撰成《滇南金石录》。在调查过程中，虽然年事已高，但兴致不减。在云南陆凉（今陆良）访得《宋故龙骧将军护镇蛮校尉宁州刺史邛都县侯爨使君之碑》（简称《爨龙颜碑》），阮元非常高兴，立刻洗刷碑石，命拓工拓数本。见碑之右下方尚有空隙，便亲书题跋刻之。跋文云："此碑文体书法皆汉晋正传，求之此地亦不可多得，乃云南第一古石，其永宝护之。"（阮福《滇南金石录》）又如他见到《南诏德化碑》还赋五绝一首，足见其对各类碑刻之重视。

由于阮元一生中大部分时间都在任地方官，所到之处，除了兴学以外，便组织力量整理刊刻地方文献。乾隆六十年（1795），到浙江任学政，次年五月便着手辑录《淮海英灵集》，将扬州一郡之诗人诗作汇集成册，共二十二卷，由于每位诗人都还作有小传兼及佚事，其史料价值自然就更加显著。此集于嘉庆三年（1798）编成。由此又编刻《广陵诗事》一书。与此同时，阮元又辑《两浙輶轩录》四十卷，亦于本年四月成稿，并于两年后刊行。接着由杨秉初为其辑《补遗》十卷，共辑录清初至嘉庆年间浙江诗人三千一百三十余人，诗作九千二百四十余首，并附有作者小传，保存了许多有价值资料。

在编辑过程中，尤其注意收录文字未刊之作和稀传之作，这就可以使许多作品得以流传。后又委托王豫编辑《江苏诗征》一百八十三卷，收江苏诗

人五千四百三十余家。

在整理地方文献方面另一个大的内容，就是编修各类地方志书。他除了支持各地方官修志外，自己更直接参与修志工作，在浙江，他就编纂了《两浙防护录》、《浙江图考》和《两浙盐法志》。前一部所记是文物古迹的内容，实际上是要求对浙江的文物古迹加强管理和保护，相当于文物古迹志。浙江营造海塘有悠久历史，阮元到浙江后亦曾重视海塘的修建，但发现沿海无书，乃属陈寿祺编成《两浙海塘新志》三十卷，因阮元丁父忧未能刊行。至嘉庆十一年，杨镳从阮元处获得此稿，并得到其支持，重加整理编纂，成《海塘览要》十二卷。在广东期间，阮元亲自主持编修了《广东通志》，在云南又编修了《云南通志稿》，这两部大型志书都编修得相当成功，内容丰富，都具有特色。《清史稿》本传里提到他曾"重修《浙江通志》"，但未能见到其书或相关资料。对于旧志的搜求和刊刻，阮元也做了大量工作，他从《永乐大典》中发现了南宋所修《绍熙仪征志》和《嘉定真州志》两部，都命书吏抄录副本。又在搜寻四库未收书时，得《嘉定镇江志》二十二卷，《至顺镇江志》二十一卷，都随即命书吏抄录副本，并都设法将其刊刻，得以传世。

最后还要指出的是，他在浙江期间，还利用文澜阁所藏《四库全书》的有利条件，搜集到一百七十五种《四库全书》未收之书，并写出《四库全书未收提要》五卷。

综上所述，我们可以看到，阮元的一生大多数任官时间，都是在地方上担任封疆大吏，在为政之余，为各地振兴文教，发展学术文化确实作出了显著的贡献，此等官员在历史上是不多见的。在当时，他的周围总是吸引着一大批著名学者出入于他的幕府，他依靠这批学人，不仅编纂、辑佚、刊刻出那么多有学术价值的大型著作，而且还借助这批力量为地方上培养出一大批人才，这些人有许多后来成为学术界的中坚人物，如俞樾、孙诒让等。侯外庐先生在《中国思想通史》中把阮元看作"是一个在最后倡导汉学学风的人"[①]。

从他的所作所为，确实表明了他是乾嘉后期一位出色的汉学研究者、推

---

① 《中国思想通史》第五卷第二编第十五章，人民出版社1956年版。

广者和守卫者，是乾嘉精神的真正承传者。他领头编纂、辑佚、刊刻的那些书籍，即使在今天来说，还是有着重要的学术价值。

这里需要再附带叙述一下的是，在嘉乾时期还出现了一批关于学术史性质的著作，如《清学案小识》、《汉学师承记》、《宋学渊源记》等等。

《清学案小识》原名《国朝学案小识》，唐鉴著，十五卷，分"传道"、"翼道"、"守道"、"经学"、"心宗"五个学案，共叙二百六十一人，是记载清代前期学术思想的史著。内容着重在宣扬程朱理学。后人曾把它与《宋元学案》、《明儒学案》合编在一起，称为《四朝学案》。当然这只是从其形式与性质来定的，若以思想内容和著作才能而言，它与另外两书是不能同日而语的。

《汉学师承记》原名《国朝汉学师承记》，共八卷，为江藩所撰。江藩（1761—1830）字子屏，号郑堂，江苏甘泉（今扬州）人。幼年受业于吴县余萧客及元和江声，为"吴派汉学"大师惠栋的再传弟子。他著《汉学师承记》一书，旨在用纪传体的形式叙述清代嘉庆以前所谓"汉学"学者的学术思想和师承关系；另外又撰《国朝宋学渊源记》三卷。不仅明显地将经学分为汉学、宋学两派，而且其用意在于扬汉而抑宋，所以两书内容的叙述具有鲜明的门户之见，这在当时就已经引起了争论，他的一些朋友也不同意他的这种做法，后来宋学阵营的方东树还特地撰写了《汉学商兑》一书进行驳难。但尽管如此，他所著的这两本书，仍为我们保存了清代嘉庆以前许多学者的事迹，不失为研究清代学术思想史的重要史料。

综上所述，乾嘉时代史学的主要特点是考证，而其根本的内容则是对古籍的整理，这是当时整个史学界的主流。虽然古籍整理的内容是多方面的，但其主要方法则几乎都离开不了考证。至于像浙东学派的全祖望和章学诚这样的史家，他们不为此风所囿，强调学术经世致用，但在当时毕竟如同凤毛麟角，少得可怜。何况全祖望也曾七校《水经注》、三笺《困学纪闻》，还是属于上述的内容与方法。而章学诚虽然独树一帜，高唱义理，可是连他自己也承认由于学问"不合时好"，被人们弃置而勿道。可见乾嘉时期的学风，就是考据之学笼罩着当时整个的学术界。因此研究乾嘉时代的史学，要是离开这个特色和重点，那就必然是舍本而逐末，不可能反映出乾嘉史学的真貌来。